本书获中国社会科学院出版基金资助

龚 益◎著

汉语社科术语语略

Chinese Termset in Social Sciences

周有光 题

社会 科学 文献 出版 社

SOCIAL SCIENCES ACADEMIC PRESS (CHINA)

大千世界，经纬广布；
科学发展，术语是纲；
抓住术语，纲举目张。

——题记

本书作者与周有光先生合影 （周丽 摄）

序　言

2006 年春，我曾为龚益同志的书稿《社科术语工作的原则与方法》作序，他对社科术语问题的研究，填补了这方面的空白。现在又读到他的新作《汉语社科术语记略》，真让人高兴。

术语研究是科学问题，因此也要遵循科学研究的规律。我在《世界文字发展史》（第一版）的序言（1996 年）中说过，要把人类文字作为一个整体来研究，首先要收集和了解世界文字的史料。在文化发达、教育普及的国家和地区，人类早期文字的遗迹破坏无遗。只有在文化初步发展的地区，才能找到早期文字的遗迹。研究术语存在同样的问题：偏重规律是术语学，偏重资料是术语史。作为语言现象的共同规律，必定是"先有语言，后有语法"，没有对于术语资料的充分把握，关于术语规律的研究也是"无源之水，无本之木"。龚益同志认识到这一点，把关注点放在对术语资料和标本的采集上，扎扎实实地做了非常有价值的、具有开创性的基础工作。

《礼记·学记》中说，"记问之学，不足以为人师"。龚益同志转引其意而用之，以《记略》冠为书名，说明关于术语采集"记问、约略"的标本性质，既有渊源，又有分寸，非常恰当。特别是他独树新帜，以"时间序列"作为贯穿联络术语的线索，提出构造术语矩阵的概念，是极有价值的创造。龚益同志学识丰富，思想活跃，文笔精彩，兼有理工与人文科学的学问功底，具有难得的综合型知识结构。新时代的科学研究，需要这样跨学科的出色人才。

《汉语社科术语记略》的特点是从术语入手，以时间为纲，强调可读性，堪称既有知识、又有趣味，既重历史、又重现实，是与时俱进的百科全书的雏形。正如其题记所言：大千世界，经纬广布；科学发展，术语是纲；抓住术语，纲举目张。龚益同志以一个具有发散思维、跨学科背景、追求思想自由，并且经常由于忽视了传统学科界限的限制而闯入陌生领地的阅读者的眼光，尝试"以时间为纲领，以数轴为主干，以术语为核心，以综合为特点，以好看为目标，以索引为手段"，提出百科全书式《记略》的结构和组织方案。

真正伟大的思想，一定属于全体人类。龚益同志与我有忘年之交，往来切磋，二十多年。现在他以饱含学识营养的《汉语社科术语记略》贡献给社会，可以不断地有益于仍然在坚持使用汉语的众生有情，其善大焉。为此，我十分高兴地写下这段文字，奉作序言。

[1]

2009–03–13

（时年 104 岁）

---

[1]　周有光，著名语言文字学家。1906 年 1 月 13 日出生于江苏常州，原名周耀平。1923 年就学上海圣约翰大学，学习经济学。1925 年因五卅惨案离校，改读由爱国师生创办的光华大学，1927 年毕业。1927~1948 年任教于光华大学、江苏教育学院、浙江教育学院等校，任职于江苏银行和新华银行，并由银行派驻美国纽约和英国伦敦。1949 年上海解放后回国，任教于复旦大学经济研究所和上海财经学院，教授经济学，业余从事语言文字研究。1955 年奉调到北京，在中国文字改革委员会专职从事语言文字研究。先后担任中国文字改革委员会委员、国家语言文字工作委员会委员、中国社会科学院研究生院教授、语言文字应用研究所研究员、《汉语大词典》学术顾问、《简明不列颠百科全书》中美联合编审委员会委员、《不列颠百科全书》（国际中文版）顾问委员会委员、中国语文现代化学会名誉会长。1950 年代应邀在北京大学、中国人民大学讲授汉字改革等课程。曾任全国政协委员、教育组副组长，是汉语拼音方案的主要制定者之一。先后发表专著二十多种，论文三百余篇。今逾百岁高龄，仍笔耕不辍。

CONTENTS
目　录

二 自公元纪年开始第一个千年中出现的术语 / 81

四　公元 1501 年至 1800 年间出现的术语 / 151

五　公元 1801 年至1850 年间出现的术语 / 201

六 公元 1851 年至 1900 年间出现的术语 / 227

献给执著追求好奇快乐的人

术语，是这条小船的名。

它虽然小，却有无限的包容。

在这条小船上，借着思想的帆，我们航行。

■ 对术语历史沿革现象的理解

天地玄黄，宇宙洪荒。与漫长的宇宙形成和进化相比，人类有文字记载的历史实在是短而又短，至少"不算太长"。但与具体生命个体的长度相比，人类整体的历史，又堪称"路漫漫兮"。从记录和描写历史的角度说，不论那段被描述的历史中是否存在人类，为了表达时代的发展，显示社会的进步，都需要借重术语。随着认识理解的不断深化，为了描述无穷无尽的历史，我们离不开层出不穷的术语。譬如，一位百岁老人讲述无限宇宙 300 亿年超深空的故事，"上穷碧落下黄泉"；又譬如，一位得道高僧要开坛论道，陈述因果，解说须弥芥子，善念"如是我闻"，都需要借助于术语。为了描述和表达时代的不断发展，总会有新的术语不断出现，追随社会发展应运而生，又随着社会新的发展，而成为沉淀的词汇，记录着社会不断发展、不断改变的生动历程。

总而言之，术语描述社会，术语记录科学，术语说明过去，术语表达未来。

以标志人类社会进步成就的发明来说，在动力方面，1765 年有蒸汽机，1867 年有发电机，1885 年有内燃机，1910 年有汽轮机，1939 年有喷气发动机，都是代表了时代技术进步的术语；再有纺织、炼钢方面的术语，1733 年有飞梭，1738 年有珍妮纺纱机，1769 年有水力纺纱机，1779 年有走锭纺纱骡机，1785 年有自动织布机，1940 年有尼龙，1785 年有近代炼钢厂；在交通、通信方面，1807 年有轮船，1829 年有铁路，1837 年有电报，1876 年有电话，1879 年有电灯，1903 年有无线电，1920 年有广播，1886 年有汽车，1903 年有飞机，1939 年有喷气式飞机，1941 年有电视，1945 年有电脑，1986 年有互联网，1990 年有手机[①]。一词一风景，一叶一陶然，术语以最为精简明快的

---

① 周有光：《朝闻道集》，世界图书出版公司，2009。

形式，刻画人类发展的足迹。

近及当前，全面推进建设具有中国特色的社会主义，是我们面临的一项战略性任务。为了实现这一战略目标，完成一系列具体的任务，我们必须认真学习和掌握在世界新的社会科学浪潮中出现的各种新知识、新概念，从中把握特点和规律。然而，我们在长期的社会科学理论研究与具体接触社会的实践中发现，对那些我们经常需要面对的新老术语，其实还有许多不同的理解和认识，甚至存在着似是而非的问题，存在着对同一术语的不同理解甚至完全对立的解释。因此，为了进一步繁荣发展社会科学，我们有必要对其中的重要词语和关键术语进行收集、整理，厘正来源，确定含义，规范内容，摒弃模棱两可，清除似是而非。这样既可以为新社会科学的理论研究提供有益的借鉴和帮助，也可以为普遍提高全民族的社会科学素质提供必要的知识和参考。

基于这样的考虑，我们在广泛收集并阅读相关资料的基础上，沿着历史发展的时间脉络，摘引记录与广义的社会科学有关的名词术语，归并整理，渐次陈列，牵连索引，约略解释，形成这本《记略》（TERMSET）的雏形。

1. 没有术语就没有知识

没有术语就没有知识（There is no knowledge without terminology）。一部人类的历史，都是用术语写成的。没有术语，我们就没有历史，当然也没有科学。从这样的意义上说，大千世界，经纬广布；科学发展，术语为纲；抓住术语，纲举目张。粟武宾认为术语与人类的进步具有同样悠久的历史。随着语言的产生，专业术语就出现了。社会不断发展，知识日益丰富，专业词汇在语言中占的比例也逐渐增多。古希腊的哲学术语，克里特岛上的商业用语，由于战争而产生的军事上的专门用语等等，反映了古代欧洲的发展和繁荣[①]。从语言文字形成的角度看，极有可能是先有术语，而后才有文字语言。

术语是知识的标志，术语是学问的细胞，术语是科学的门径，术语是博学的舟桥。基于术语，是有效率的思维。但是"术语"何来？为了更为深入地研究术语，了解科学，我们需要追随历史的足迹，把前辈们曾经创造、解

---

① 粟武宾：《术语学与术语标准化》，《标准·计量·质量》1990 年第 4 期，第 7~12 页。

释过的"术语"（当然只能是挂一漏万地）浏览一番，这样做，我们可以明白得更多些、理解得更快些、认识得更深些。历史学家杜勒鲁奇曾有名言："从起源中理解事物，就是从本质上理解事物。"①起源包含本质。代表事物本质的基因，在起源时即已加入。

2. 语言传播的双向性

根据物质不灭的原理，传播通常意味着物质的交换。在这样的意义上，任何传播其实都是双向的、交互的。传播具有双向性。中国人去印度取来佛经，传播往还，交相呼应。传播活动所涉及的最小单位是术语。在语言和词汇的意义上，术语是一切传播所关切的最基础的物质形态，也是语言传播活动中最重要的载体。

从人类文化整体的角度观察，术语和典籍的传播甚至还可以具有备份、存储的功效。例如，佛教、佛学起源于印度，后来传到中国。但是，随着时代的变迁，白云苍狗。佛教在印度式微，以往的繁荣昌盛居然于刹那间烟痕无复。许多释迦经传、佛学典籍，却是因为当初流传到中国才得以保存。佛教自东汉时输入，经诸多朝代之努力，将原为梵文（或巴利文）等古天竺文字的佛经翻译成汉语，并通过手工抄写到印刷技术之运用，传播流行，历经各代，使中国成为大乘佛教之重镇、佛教的第二故乡②。

这种传播甚至还包括间接的形式。例如，《翻译名义集》是佛教辞书，全书共七卷六十四篇，宋代释法云编。各篇开头均有总论，叙述大意，次出音释梵文，并一一举出异译、出处、解释。共收梵文2040余条，引用内外典籍400余种。对比较重要的名词，以天台宗的解释为主，详加论释。对历代重要译家有专篇记载，并论及翻译理论。今人检阅其存世版本，有日本宽永五年（1628年）所刊。说明传播的过程可能是一种另类的"备份"途径。

佛教原来是印度文化，在印度式微而在中国兴旺，以中国语言和中国概念解释佛教，佛教典籍大都在印度失传，只有中文译本保存完好，中国成为

---

① 转引自冯天瑜《新语探源》，中华书局，2004，第1页。冯天瑾：《智能学简史》，科学出版社，2007，第1页。
② 觉群编译馆主编觉醒为"佛学丛书"所作《总序》。〔日〕山口益著《般若思想史》，上海古籍出版社，2006，第1页。

佛教的大本营，佛教成为中国佛教和中国文化，但是追溯来源它是印度文化。正如基督教从东方传入西方，在西方生根和兴盛，基督教成为西方的，西方文化被称为基督教文化，追溯来源它原是东方的宗教。这类文化迁移现象，历史上时时出现①。

3. 术语知识的综合性

语言的传播一定是跨领域的，而绝非仅仅是单一的、专业的。因此，在观察语言现象时一定要时刻注意采用综合的观点。西方人给新发现的元素命名，还有各种学科领域知识的建立，都具有博达之性质。细分以达精密，综合更重宏观；精密不等于严密，宏观并不是笼统；要实现准确的概念描述，更需要恰当的语言支持。科学有领域的划分，即使在同一语言体系之内，不同学科之间由于专业领域的差异，在术语交流中已经存在"永恒的矛盾"，需要"努力的理解"，以便达成"必要的交流"②。在不同的语言体系之间，如英语世界与汉语世界，术语交流之间的障碍自然"更有甚之"。编写这本书的目的，虽然界定为"汉语术语"的时间序列，但是毫无疑问，这些术语所要指称的概念内容，定然不能仅仅局限在使用汉语的人群或者国度。"胸怀祖国，放眼世界"，对打算研究汉语术语沿革的人来说，不是口号，而是必修之课。

4. 术语发展的延续性

语言的积累不仅具有跨领域的特点，而且一定依时间延续。术语的积累和发展尤其突出地表现出这样的特点。并且，这种积累又具有类似"随机数据"的性质。自然科学研究中经常会用到"数字时间序列"，简单地说，就是一串数据，而这串数据通常按照时间顺序排列，并且由于受到各种偶然因素的影响，往往表现出某种随机性，彼此之间存在着统计学意义上的依赖关系。

① 周有光：《如何弘扬华夏文化》（2005），载《朝闻道集》，世界图书出版公司，2009。

② 2008 年 9 月 30 日，笔者访问以开创跨学科领域研究而闻名的美国新墨西哥州圣塔菲研究所（Santa Fe Institute：SFI）时，与该所副所长伍德（C. C. Wood）教授等人探讨了在不同学科不同语言体系条件下交流的术语障碍问题。伍德先生认为，在不同学科交叉研究的过程中存在术语障碍，"永远如是"。语言的多样性反映了人类存在的多样性，但是也带来严重的负面问题：语言影响思考，影响认知过程。术语沟通是谋求突破的重要方向。

时间序列是 20 世纪 70 年代刚刚发展的新兴学科分支，其在数据的科学分析、信息的加工提取、模拟、控制和预测的实现等方面功能显著①。我们把"数据"的概念加以扩展，认为"术语"就是在跨时语言研究当中的基本数据素材，并将这些"数据"按照依时间序列发生的顺序加以排列，便有了《汉语社科术语记略》（*Chinese Termset in Social Sciences*）的构造模式。

在运用类似编年体例的同时，为了避免割裂词汇概念主体演进的完整过程，在"术语时间序列"中，必须要结合使用叙事体对术语的前因后果以及发展脉络加以描述。由术语出现或普遍流行的这一时间点切入，尽量讲清楚关于这个术语发展演变的故事。术语是词汇当中的一种类型。而词汇对新生事物最为敏感，是语言中最为活跃的部分。从这样的意义上说，通过掌握和了解"那时的"术语，也可以收到"了解"彼时彼刻历史事实的效果。也许可以这样说，历史通过术语留下足迹，虽然有些词汇如昙花一现，但它们毕竟还是留下了踪迹，可以成为读者"了解"那一时代风云际会的线索和导言。术语之重要，于此亦可得到体现。

5. 术语标本之采集

科学学科发展的基础，是对相关现象的观察和知识资料的积累，研究术语，首先要做的事情，是对术语标本的采集和对术语现象的洞悉。没有事实的集中陈列，就无法完成理论的抽象；没有真切踏实的积累，便不会有科学精辟的结论。如果没有关于物理知识和化学知识的长期积累，便不会有现代意义上的物理和化学。但是，国内现有语言资料数量与质量的状况，实在是大有不足。究其原因很"简单"：重要的事总是简单的，而简单的事总是难做的。正如学者史有为所感慨的那样：

> 一些资料明明是中国的，却在国内难以找到，偏偏在海外倒容易获得。字典，也是中国首创，却落后于国外多多。词典内不是书证欠缺，就是所引书证太晚，而且不注明年代，不知去何处寻找，教人好一番苦恼！其实，注明年代，于编者只是举手之劳，却予人无限方便。哪一年

---

① 项静恬、史久恩、周琴芳、杜金观、孔楠：《动态和静态数据处理——时间序列和数理统计分析》，气象出版社，1991，第1页。

我们的资料记录好了，保管好了，整理好了，利用好了，工具书能确实从读者、用者方面设身处地考虑周到了，我们学术水平迅速而持久的提高才真正有了保障。

——史有为：《汉语外来词》，商务印书馆，2000，第1页。

这本《汉语社科术语记略》的形成，事实上也是基于笔者本人的一种追求：在阅读历史或研究其他社会科学事件的时候，经常会产生一种"希望知道此时此刻世界上其他地方、其他人群正在做些什么"的欲望；如果"历史的航船"并非只有我们的祖先所乘坐的"那一条"，那么，在这波涛滚滚的历史长河上——假如人类只拥有这唯一的一条"历史长河"的话，又曾经发生着什么？

语言文字学家周有光认为，把人类文字作为一个整体来研究，首先要收集和了解世界文字的史料。在文化发达、教育普及的国家和地区，人类早期文字的遗迹破坏无遗。只有在文化初步发展的地区，才能找到早期文字的遗迹①。研究术语似乎存在同样的问题：偏重规律的是术语学，偏重资料的是术语史。但是，作为语言现象的共同规律，必定是"先有语言，后有语法"，没有对于术语资料的充分把握，关于术语规律的研究也是"无源之水，无本之木"。

《老子》有云："合抱之木，生于毫末；九层之台，起于垒土；千里之行，始于足下。"《战国策》中也有"积薄而为厚，聚少而为多"的告诫。研究术语，需要积累，需要从最简单的事情做起。简而言之，就是需要不断关心术语、关注术语，采集术语标本，积累术语知识，参悟术语规律。清代学者袁枚在二月梅花盛开的时候，听到一位村夫说"梅树有了一身花"，便默默记下，久久咀嚼，终于炼出"月映竹成千个字，霜高梅孕一身花"的佳句。送行僧人惋惜道："可惜园里梅花正盛开，你带不去！"袁枚又吟得："只怜香梅千百树，不得随身带上船。"②一路潺湲专注，千里之水奔逐。到悬崖跌落处，便是浩然瀑布。术语标本的采集与术语学科的研究，正需要这样的一番境界。

---

① 周有光：《世界文字发展史》（第1版），上海教育出版社，1996，序言。
② 王伟营：《中学生论点论据金库》，朝华出版社，2009，第96页。

■ 术语是记录历史的画像刻石

无论我们是否承认这种现象的存在；也无论人们如何评价这种现象的理由和原因，功利主义和极端的自我意识已经把人类的历史割裂得不堪入目，在"时间序列"的意义上这种割裂与对历史事实的删除同样惨不忍睹。再加上地域的分隔和人类关于历史知识、科学知识的"信息不对称"，我们所能体会到的"曾经"与"现在"（时髦语言为"当下"）的人类，似乎只是一具支离破碎的残骸。我们的祖先所曾经拥有的历史，正在大段大段地被忘记，宗庙毁灭，根脉断绝，这是非常遗憾而危险的事情。

更为恐怖而且令人忧心忡忡的，是这种割裂并非仅为"过去时"。现实生活中，这种割裂还在变本加厉，并以各种堂而皇之的名义延续。我们经常会听到"尚属首次"的自我评价，以及所有一切均系"开天辟地、就此重来"的"创世纪"。没有历史，没有过去，当然也没有前辈，没有继承，没有祖宗。我们的机关和机构，三天两头地组建、调整、改革、优化、更名，"翻舞飞扬多变化，千姿百态妙无穷"；我们的许多学校，似乎也以历史为耻，绝对不肯沿用祖先的名称……一所"北洋大学"①，如今魂归何处？为什么日本人到如今还能保持着"明治维新"时代的"庆应义塾"②？

有鉴于此，我想，也许我们应该尽一切努力，为自己，也为别人，特别是要为我们的子孙后代做一点什么。这是一个美好的愿望：按照事件发生的时间顺序，抓住足以概括表达这些事件特点的"术语"，给后人，给世界，留

---

① 北洋大学是中国最早的工科大学，原为清光绪二十一年（1895 年）盛宣怀创办于天津的中西学堂，亦称"天津北洋西学学堂"。1896 年改称"北洋大学堂"。1900 年因义和团运动停办；1903 年再建；后于 1912 年改称"北洋大学校"；1913 年改称"国立北洋大学"。1928 年改为"北平大学第二工学院"。1929 年又改为"北洋工学院"。1937 年抗日战争开始后与北平大学、北京师范大学等校迁至西安，合组西安临时大学；次年改名为"西北联合大学"。1946 年迁回天津，再度复校，改为"北洋大学"，分理、工两学院。1952 年经院系调整后改为"天津大学"。参见《辞海》1999 年版音序缩印本，上海辞书出版社，2002，第 85、2227 页。

② 庆应义塾，即庆应大学，全称"庆应义塾大学"，是日本最早的私立大学。1858 年福泽渝吉创立于江户（今东京）。初名兰学塾，1868 年改名为"庆应义塾"，1920 年改为现名。设有文学、经济学、法学、商学、医学、理工等学部及语言文化、新闻、产业、信息科学等研究所。参见《辞海》1999 年版音序缩印本，上海辞书出版社，2002，第 1363 页。

一套能够近似反映真实的"事件序列数据"。尽管这是一件"智者不为"的事情，而且还是一件永远也做不好、同时永远做不完的事情。但是，按照圣雄甘地的信条：既然你认为这是应该做的，那么，就从你自己的努力开始。开端之后，成功的可能只有一半，另一半当然是失败；但是如果没有开端，那么这件事成功的可能性恒等于零。于是，我选择了投身术语，因为在我看来，术语恰似记录历史的画像刻石。

但是，真正身体力行地投入这样的实践中时，《荀子》的教训便越发如雷贯耳："故不登高山，不知天之高也；不临深溪，不知地之厚也；不闻先王之遗言，不知学问之大也。"故以匹夫之力，所为者穷其难也。但是，荀况老夫子在提出教训的同时，也给出了明白无误的鼓励："干越、夷貉①之子，生而同声，长而异俗，教使之然也。"或以一人之为，而使天下利者，其乐孰能胜焉？高天滚滚，寂寞广寒。"书山有路勤为径，学海无涯乐作舟"，当追求成为一种乐趣的时候，幸福也会时刻陪伴在你身边。

科学的道路从来就不是平坦的。事实上，科学所经历的是一条非常曲折、艰难的道路。然而，当今许多教师在对学生进行教育时，往往应用经过了若干次消化的材料来讲授，归纳已有的知识，形成简明扼要的理论体系。这样的教学方法，往往会使学生对科学概念的产生和发展引起误解，以为什么结论都可以用数学推导出来，失去了对观察和实验的兴趣②，其实也是失去了对于活生生的世界的兴趣。剥夺了"后生家"实践与发现的幸福与快感。从这样的意义上说，今天术语学在中国的发展，还没有超出实验和观察的阶段。需要在对"术语"进行"观察"的基础上，展开针对"术语"的实验研究，继而在此基础上，发展"比较术语学"。

周有光认为，历史学如果只研究一个国家的历史，或者只研究一个朝代的历史，而没有世界通史的宏观研究，那么，历史学是不完备的。文字学也一样，如果只研究一个国家的文字，或者只研究一种文字，而没有人类文字的宏观研究，那么，文字学是不完备的③。以此类推，在术语学的研究中，如

---

① 干越：春秋时的两个小国，在今江浙一带。夷貉（mò）：中国古代对居于东方和北方的民族的泛称。

② 郭奕玲、沈慧君：《物理学史》，清华大学出版社，2005，序。

③ 周有光：《比较文字学初探》，语文出版社，1998，第4页。

果只关心一个学科、一个领域、一个种族、一段时期的术语状况，那么，这种术语学同样也不可能完备。

文化具有多元的性质，但历史是一元化的。文化多元，所以有差异；历史一元化，所以要比较。没有一元化的基础，比较便不能成立；没有多元化的现象，比较就没有结果。术语是语言的重要组成部分。研究术语，侧重事实是术语的历史沿革，侧重规律是术语学和语言学。研究的根基则是古今中外的术语资料。历史绵长无际，知识浩如烟海，我们现在所观望的，充其量只是"大海边缘的一个角落"①。初观一叶，已醉秋光，况乎长河腾浪，海阔天苍。

关于此番努力的未来，我仿佛是走在朝圣的路上，在享受快乐的同时充满希望。一如《荀子》所言：积土成山，风雨兴焉；积水成渊，蛟龙生焉；积善成德，而神明自得，圣心备焉。故不积跬（kuǐ）步，无以至千里；不积小流，无以成江海。骐骥一跃，不能十步；驽马十驾，功在不舍。锲（qiè）而舍之，朽木不折；锲而不舍，金石可镂……是故无冥冥之志者，无昭昭之明；无惛惛之事者，无赫赫之功……昔者瓠（hù）巴②鼓瑟而沉鱼出听，伯牙鼓琴而六马仰秣③。故声无小而不闻，行无隐而不形。玉在山而草木润，渊生珠而崖不枯。为善不积邪，安有不闻者乎？④

作家赵鑫珊先生曾经引用马克思的名言："作家绝对不把自己的作品看成手段。作品就是目的本身……在必要时作家可以为了作品的生存而牺牲掉自己个人的生存。"他说："这种境界是我努力要走近的崇高目标。名利双收毕竟是次要的。"写作于我是"朝圣"。走在"朝圣"的路上才是幸福。赵先生也许不是经济学家，但是他道出了"幸福经济学"中对其核心本质展开诉求时所遇到的最严重的困难——"每个人对幸福的理解不尽相同"。

德国哲学家雅斯贝尔斯（1883~1969年）说过："人只有当他是历史的时候才是现实的"。赵鑫珊教授认为，这个命题不是历史知识，而是历史哲学（The Philosophy of History），是历史智慧⑤。然而，在我看来，历史不仅是知识，

① 周有光：《比较文字学初探》，语文出版社，1998，第2页。
② 瓠巴：传说中古代楚国擅长奏瑟的人。
③ 伯牙：传说中古代擅长弹琴的人。仰秣：抬头停食草料。秣：草料。
④ 《荀子》，孙安邦、马银华译注，山西古籍出版社，2003，第1~7页。
⑤ 赵鑫珊：《瓦格纳·尼采·希特勒》，文汇出版社，2007，第2页。

11

不仅是智慧，而且是确切存在的现实。今天所有的真正的幸福，其实都已经存在于历史当中。走在朝圣的路上，或者是立足于一条飘摇荡漾在历史长河的小船上，可以享受到足够的、具有增量意义的幸福。

1. 术语具有无穷分形的抽象美

术语学是研究无穷对象的学问。时间系统是研究语言和术语现象最佳的陈列线索。语言的发展必然是"历时的"，对横断面、截面的研究固然重要，但是只有从历史长河的角度去看，才能发现所有这些按照切面或按照其他分类方式选择进行研究的必要性和重要性。想象我们是在一条轻快的小船上，航行在人类历史的长河中，我们可以与历史在任何一点相会，采撷船舷边激荡起的术语浪花。因为历史是一个无穷的集合，基于数学中关于无穷的定义：无穷集（infinite set）中处处皆可为中点。所以，可以说，我们的观察，正荣幸地处于这所有历史事件的中心。术语是典型的无穷之集。

我们的荣幸还在于，在如此漫长悠久的历史长河中，所激起的每一朵浪花，竟然都是我们所意欲关注并且时时欣赏的"术语"。术语具有"分形"（fractal）的特质，在尺度变化的条件下仍具有不变的形态。因此，可以这样说，除了术语，我们所能欣赏到的还有收获和发现的快乐。这种快乐，是对我们投身科学探索的奖赏，正是为了这种快乐，我们的前人以及后人才会为了科学的追求付出所有，倾其所能。

分形，在数学中通常指具有自相似性质的一类复杂的几何形状，能够描述许多不规则形状的对象或在空间上具有非均匀性质的现象。"分形"一词由出生于波兰的数学家 B.B.曼德尔布罗特创造，源自拉丁语"fractus"，有断裂、破碎之意。分形思想初见于 1875~1925 年间一些数学家的著作，当时人们称这些曲线为"病态曲线"，而将一些研究对象称为"畸形现象"。但是，后来人们发现，分形几乎无所不在——海岸线、云彩、人口分布、抽象艺术，甚至经济学当中也能找到分形的用处。对"病态曲线"的研究已经形成一门数学的分支——分形几何学。伽利略说："宇宙是用数学写的。"[①] 我要说："世界是用术语说的。"包括分形几何在内的数学工具提供了了解、解释自然

---

① 易南轩：《数学美拾趣》，科学出版社，2004，第 156 页。

现象的手段，而在这样的过程中，"术语"须臾不可或缺。试想一下，如果没有"分形"这个术语，我们又如何能够表达分形？

分形是一类数学现象，是世间许多事物规律的表达。各种各样的分形图案很多，如皮亚诺曲线、正方形雪花图、康托洛维奇尘土、谢尔宾斯基三角形等，五彩缤纷，不一而足。普及分形知识，既有快乐，也有科学。

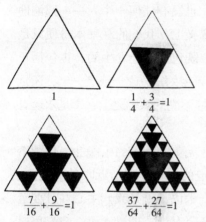

谢尔宾斯基三角形

图版来源：参见易南轩《数学美拾趣》，科学出版社，2004，第155页，图31-10-11-12-13。

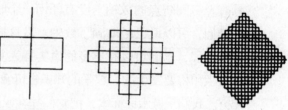

皮亚诺曲线

图版来源：参见易南轩《数学美拾趣》，科学出版社，2004，第154页，图31-7-8-9。

皮亚诺曲线，18世纪90年代由数学家皮亚诺作出。具体操作方法是：先作出一条线段，在其1/3处，向两边各作出一个正方形；再在每一线段的1/3处如法炮制，向两边各作出一个正方形。如此重复，若各正方形都在同一平面，则皮亚诺曲线将会填充给定范围，也就是说，在此平面给定范围每一点都会有曲线通过。这种情况，正好可以说明的是：在这部《汉语社科术语记略》约束的范围中，我们如何选择需要描述的"术语"。更加深入的一个工作，是要从平面转向立体，探讨构造皮亚诺术语空间的法则和规律。

在谈到"分形"举例时，用得更多的可能是1904年瑞典数学家科赫所作的"雪花曲线"，它所包围的面积有限，但周长无限。具体方法是，取一等边三角形，把每边三等分，以居中的1/3向外作一小等边三角形，抹去小三角形向内的底边，得到一个六角星形。再在六角星形的每一条边上以同样方法向外作出更小的等边三角形，于是曲线变得越来越长，开始像一片雪花。再作下去，曲线更长，图形更美。依次类推，则曲线可以无限长，但是它所包围的面积总不会超过最初那个等边三角形的外接圆。

从另一个角度看，一些名词第一次被提出、或被使用的年份也可以给关于历史事件或历史事实的判断或假设提供证据①。就我们的"这一本"书而言，除了某些名词的第一次使用（不论它们出现在何处何地）之外，还存在着它们究竟何时"第一次"作为汉语术语出现的问题。正是基于这样的考虑，我们采取按照时间顺序排列术语事件的方式展开我们的观察。由历史"无穷"的性质所决定，我们无法要求所采集"术语标本"的完全性。时间就像是一条具有无穷间断点的数轴，没有任何一个时刻，也没有任何一个人——哪怕他是神仙，可以说已经填满了数轴。从这样的意义上，我们的观察本身便只是一个过程，永远可以有更多的事实插入其中，既包括已经发生的，也包括正在发生和将要发生的。数学的知识告诉我们，无穷的二分之一或者一半，还是无穷。我们采撷术语标本，把它们挂在永远也挂不满的数轴之上，于是永远有最新颖的满目琳琅。

这也就意味着，我们放弃了获得一个彻底完美的结果的可能性，只留下关于不断接近于完美的永恒的追求。我们要走的，是一条渐近收敛的道路。在这样的意义上，所谓目标就是移动的过程。术语，就是我们关心并且要运用的基本元素。透过术语，我们可以与先哲圣贤对话；透过术语，我们可以面对历史而洗耳恭听。想一想吧，在前面有古人、后面有来者的一条大河之上，我们居然可以乘一条微不足道的小船飘摇其上，荡漾其中。看浪潮如何汹涌，想科学怎样昌明，在浩瀚天地之间，体会天一生水，感受风聚青萍。还有什么，能比这种待遇更加荣幸！

术语，正是这条微不足道的小船的名。它虽然小，却可以有无限的包容。在这条小船上，栉风沐雨，借着思想的帆，我们航行。我想，在天和海接合的地方，定然会有那一缕淡淡的香。我企望这份美好弥漫天际，愉悦所有我爱和爱我的人。写下这些文字的时候，我更加意识到这种机会或机遇都是源

---

① 关于人类历史上臭名昭著的性传播疾病梅毒的起源问题，《牛津英语词典》中给出了下列年份数据：痘1476年，大痘1503年，小痘1518年。"痘"一词出现在梅毒传入前，是任何皮疹的别名。"大痘"一词出现在梅毒传入英国后7年，显然是用于梅毒皮肤病症的通常叫法。1518年出现的"小痘"（Small Pox）一词不可能是指疫病"天花"（smallpox）的专门名词，因为在1518年以前天花早已为人所知，老护士在诊断"穷孩子出痘发热"时，无疑经常把它与其他皮疹混淆。实际上，"小痘"几乎肯定是像它字面意思所指，比"大痘"轻一些，用来指第二期梅毒的皮疹，常与麻疹一类的各种"小痘疹病"相像。因而，可以这样认为，许多患者终身也不治疗，一直没有意识到他们得了梅毒。参见〔英〕弗雷德里克·F.卡特赖特、迈克尔·比迪斯《疾病改变历史》，陈仲丹、周晓政译，山东画报出版社，2004，第56页。

自时代的赠予：在 21 世纪，所有学术都将突飞猛进。这不仅将发生在自然科学方面，也将同样发生在社会科学方面。作为 21 世纪的明显标志，社会科学将打碎枷锁，摒弃教条和图腾，成为真正的科学。未来的中国必将会迎来一个学术自由和学术平等的昌明时代。为了这个新时代的实现，我们需要更多地理解术语。

以中国的社会科学研究而论，在 1978 年改革开放的大潮中才提出如何将社会科学纳入"科学"序列的问题。其中，首当其冲的是数量经济学与技术经济学的发展，得益于对西方经济学思想和研究手段的引进。这种引进，从表面上看是一系列经济分析的方法与程式，但是就其本质来说，则是对一种外来文化甚至是一种思维方式的吸收。多年来开展研究工作的经验告诉我们，这种文化与知识的传播事实上都需要借助"术语"的形式才能"有效率"地完成。从某种意义上说，所谓经济学的本质，就是要研究资源配置的效率问题。关注社科术语，也是从另一种视角关注经济问题。

早在 20 世纪，中国社会科学界的专家即建议开展社科术语工作，认为"这件事应该搞，而且应该尽快搞"、"规范社科术语，不是统一思想，而是统一表达"，明确提出"不研究术语的学问，十有八九是伪学问"，"讨论学科术语，就是学科建设"。2004 年中共中央三号文件提出，要像努力发展自然科学那样，繁荣发展哲学社会科学。术语是基础性的工作，术语思维是有效率的思维。中国要发展，国家要富强，人民要幸福，社会科学必须走在前面，厘清概念，正本清源。在这个问题上，美国的经验值得借鉴。

2. 文字是原始术语的融合统一

先有术语，后有文字。《史记·太史公自序》云："三王不同龟，四夷各异卜，然各以决吉凶。"《史记·龟策列传》云："闻古五帝、三王发动举事，必先决著（shì）龟。"裘锡圭先生认为：

> 一个图形文字只要经常被用来表示族名，就会成为代表一定的词的符号，也就是说，就会具有作为一个文字的基本条件。
> ——裘锡圭：《汉字形成问题的初步探索》，《中国语文》1978 年第 3 期。

出土的刻符图形，很可能还是卜筮的秘密记事符号，是原始文字①。如此说来，作为专门符号、用来表示特定事物的"术语"可能正是文字中较早记录下来的语言要素。

从考古的实物看，中国中原文化区早就有了原始文化。东方夷人文字萌芽早在 7000 年前，相传的太皞（太昊）之地舞阳已经有了卜筮原始文字。稍晚于太皞（太昊）的少皞（少昊），很可能是分出去的一个氏族，继续完善文字体制，大约在 4000 余年前形成了自己的表形文字。西方黄帝氏族在仰韶文化时期广泛地采用抽象记事符号，约在 4500 年前终于发展成为可付实际使用的文字②。这种情况，事实上成为中华民族"自源文化"形成过程当中，为最早期"术语"交流准备的必要条件。

黄帝东下，初步开创了华夏族与东夷族融合的局面。同时，中原地区的部落间的往来和冲突，处于不断变化迁移之中，分散的部落终于有了一个领导中心。传说尧、舜、禹就是依次出现的部落首领。在部落议事、记事、传达中需要借助语言交流和文字记录，为了交流方便，不同文字之间的差异不断缩小。大约在中国第一个王朝——夏朝形成之时，中原地区统一的文字大致形成③。这样说来，所谓统一文字的形成，实际上也可以看成一系列交流翻译与词汇同化的过程。而此间又必然会涉及传说中的造字问题。著名语言文字学家周有光先生为安阳中国文字博物馆撰写的《序言》④指出：

> 语言使人类别于禽兽。文字使文明别于野蛮。
>
> 地球上许多地方的人群创造过原始文字，只有极少几种文字发展到成熟程度，能够按照语词次序无遗漏地书写语言，既写实词，又写虚词。
>
> 西亚两河流域的丁头字（楔形字）和北非尼罗河流域的圣书字，成熟于公元前 3500 年前。东亚黄河流域的汉字成熟于公元前 1300 年前。中美洲的玛雅字成熟于公元前 250 年左右。在成熟之前，经过漫长的逐步发展过程。这些较早成熟的文字都经过了表形阶段，发展了表意和表音的功能。

---

① 陆锡兴：《汉字传播史》，语文出版社，2002，第 8 页。
② 陆锡兴：《汉字传播史》，语文出版社，2002，第 8 页。
③ 陆锡兴：《汉字传播史》，语文出版社，2002，第 8 页。
④ 这份《序言》系 2002 年 4 月 18 日周有光先生应本书作者请求，为策划筹建安阳中国文字博物馆而作。

字母产生于丁头字和圣书字两大文化地区之间的走廊地带，古称叙利亚·巴勒斯坦。字母采用先前文字中的表音符号，加以改变、简化和规范化，最后传到希腊发展成为既表辅音、又表元音的设计。

文字的成熟发生在农业化的后半期，从最早成熟到今天，经过了大约5500年以上。

安阳是汉字的发祥地，在这里建立文字博物馆，能启发人们忆古思今，继往开来。

——周有光：《中国安阳文字博物馆·序言》，2002年4月18日，时年九十七岁。

比较通行的观点认为，中国的文字——汉字，源于图画，由原始的图画演变而成。刚刚从图画中衍生出来的文字，似画非画，似字非字，尚在两可之际，朦胧之中，后人称其为图画文字。图画文字逐渐演变成象形文字，实际上是客观事物形象的抽象模拟或概念记述。到殷商时期，这种象形文字已经演变成较为成熟的文字——既写实词，又写虚词，即现在可以见到的甲骨文了。此后，汉字又经过几次大的整理工程，由古文而大篆，由大篆而小篆，由小篆而隶书，由隶书而楷书，几经规整、划一，成为具有相当稳定性的记录人类文明的符号。

《孝经纬援神契》说："三皇无文，是五帝以下始有文字。"徐慎认为，伏羲氏虽无文字，却有一些记事手段。《易》曰："伏羲作结绳而为网罟，以佃以渔。"为网之时，已有结绳在先。《春秋命历序》："伏羲、燧人始名物虫鸟兽。"按，凡事凡物，须皆有名，然后能识别。太昊知之，凡百事物，皆与以名。由少及多，由甲推乙，以定民志，以一民称①。徐慎

甲骨文字大板（牛骨）
刻于牛肩胛骨的甲骨文。属于第一期（武丁时代），正面刻有约100字，背面刻有约50字。卜骨长32.2厘米，宽19.8厘米。图版来源：参见〔日〕阿辻哲次《图说汉字的历史》，大修馆书店，1989，第27页，图2-9。

---

① 尚秉和：《历代社会风俗事物考》，江苏古籍出版社，2002，第4页。

17

仓圣鸟迹书

仓颉也作"苍颉",原姓侯冈,号史皇氏。传说他仰观天象,俯察万物,首创"鸟迹书"。

图版来源：http://baike.baidu.com/view/40944.htm,于 2009 年 6 月 17 日查阅。

说："封于泰山者七十有二代,靡有同焉。"段玉裁（1735~1815 年）《说文解字·叙》注："五帝之前亦有记识而已。"①流传最广的仓颉造字之说起于战国。《荀子·解蔽篇》及《吕氏春秋·君守篇》有此说法。而战国末期的《仓颉篇》就已"仓颉作书"引首。到了汉代,称"黄帝之史仓颉",《论衡·骨相篇》也说"苍颉四目,为黄帝史"。仓颉也写作"苍颉",原姓侯冈,名颉,号史皇氏。一说为陕西白水县阳武村人,传为轩辕黄帝左史官。传说他仰观天象,俯察万物,首创"鸟迹书"②。这个传说看来相当久远,而黄帝之时即有文字已为陕西长安花园村的骨器刻符所证实。

3. 让我们重新评价仓颉和祝融

但是,陆锡兴认为,即使实有这仓颉之人,造字的说法还是值得怀疑的。文字的起源是一个漫长的过程,不是一蹴而就的,可以大力促进,却不能凭空捏造。而且,就中原地区而言,文字的萌芽似乎在太昊之地更早。因此,仓颉只能起有限的作用。《荀子·解蔽篇》说："好书者众矣,而仓颉独传者,壹也。"这个说法比较合理③。徐旭生提出："仓颉以前,在各氏族里面已经有类似文字符号的使用,但是各作各的符号,不相统一,所以不能通用;仓颉出来把这些庞杂的符号整齐划一起来,因此遂可通用,所以独传于后世。"④历史的真相,可能是仓颉在汉字的搜集与整理方面曾作出了较大的贡献。

---

① 陆锡兴：《汉字传播史》,语文出版社,2002,第 9 页。
② 网络资料：百度百科,http://baike.baidu.com/view/40944.htm,于 2009 年 6 月 17 日查阅。
③ 陆锡兴：《汉字传播史》,语文出版社,2002,第 9 页。
④ 徐旭生：《中国古史的传说时代》,文物出版社,1985。

在河南南乐县西吴村有仓颉陵，仓颉陵旁有仓颉庙，始建于东汉永兴二年（公元 154 年），是历代人民祭祀这位"造字圣人"的地方。庙成 1800 多年，虽历经劫难，依然"斯文不绝"。每年农历正月二十四（传说是仓颉的生日），都要举行盛大的庙会。这里地处河南省边缘，仓颉庙墙北就是河北省。1966 年仓颉庙被"南乐中学和县直机关"的数十名"红卫兵和革命小将"拆毁，仓颉陵被掘，雕刻精美的石望柱也被生产队拉走拴了牲口。时任南乐县委书记崔毅设法阻拦，却在不久后不明不白地死去，一根勒在脖子上的铁丝使他离开了人世。1973 年，南乐人史国强（1950 年生人，《南乐县志》主编）发现，七年前"造反派"从"仓子爷墓"即仓颉陵里挖出来的陶片竟然是龙山文化的遗物。通过仔细寻找，又找到了石斧、石镰。经过省博物馆专家鉴定，确认南乐仓颉陵是龙山文化遗址①。

陕西白水县城东北 35 公里处的史官村正北也有仓颉庙，北屏黄龙山，南临洛河水，占地 17 亩。庙中古柏与周边沃野相映比照，气象非凡，蔚为壮观。据说是仓颉去世后，当地百姓在其墓葬处修建庙宇，并将这里的村庄取名为"史官村"。据《白水县志》：

陕西白水仓颉庙

白水县城东北 35 公里处的史官村正北也有仓颉庙，北屏黄龙山，南临洛河水，占地 17 亩。

图版来源：http://baike.baidu.com/view/40944.htm，于 2009 年 6 月 17 日查阅。

> 仓颉龙颜侈侈四目灵光，上天作令为百王宪，实有睿德，生而能书，及长登阳虚之山，临于玄扈，洛水之纳，灵龟负书，丹甲青文，仓帝受之，于是，穷天地之变，仰观奎星圆曲之势，俯察龟文鸟羽，山川掌指而创文字形成声贝，以相生为字，以正君臣之分，以严父子之仪，以肃尊卑之序，法度以生，礼乐以兴，刑罚以著，为政立教，领事办官；一成不外，于是而天地之蕴尽矣，天为雨粟，鬼为夜哭，龙乃潜藏，文字备于以存乎，记注及著。绩别生正名孚号而升封于介丘，纪文字以恗异也，而文

---

① 网络资料：百度百科，http://travelguide.sunnychina.com/travel_imge/9833/0/1，于 2009 年 6 月 17 日查阅。

乱曰昌矣乱，百有一十载，都于阳武，终葬衙之利乡亭，在治东北六十里。

距白水仓颉庙东一里多为武庄村，相传仓颉生前曾在此地生活居住；庙南一里余为史官村，是后人为纪念仓颉，以其官职为村名；庙西北方向约五里为彭衙村，是古白水县衙所在地；庙西南方向有阳武村，是仓颉的出生地①。

白水、南乐地方存在有关仓颉的丰富遗迹。但是，存在这种遗迹的地方非只一处。此外，在陕西省的西安，山东省的寿光，河南省的开封、虞城、原阳、新郑等地都有关于仓颉其人的纪念性遗存或神话传说故事，这似乎可以理解为仓颉在搜集和整理古文字符号并进行规范的过程中，曾经游历过很多地方。而其他氏族也陆续宾服、归顺，达成了氏族之间的融合。

《竹书纪年·黄帝轩辕氏》："五十九年，贯胸氏来宾，长股氏来宾。"古文宾表服从。《书·旅獒》："明王慎德，四夷咸宾。"《国语·楚语上》："其不宾也久矣。"韦昭注："宾，服也。"《竹书纪年·帝尧陶唐氏》："十六年，渠搜氏来宾。""二十九年春，僬侥氏来朝，贡没羽。"朝是朝见，拜见，表示稳定的关系。但在此之前有极大可能为征伐。如《竹书纪年·帝舜有虞氏》："三十五年，帝命夏后征有苗，有苗氏来朝。"如果不服征讨，则灭之②。如是宾、朝、征、灭以及御（侍奉、进用、奉进）的描述，在《竹书纪年》中比比皆是。

在不断征讨降服的过程中，作为情感、意识表达和交流工具的语文，日渐趋于一统，势所必然。这种情况，与休谟讨论关于人类原初宗教形成的一神论和多神论模式之间有某种相似之处。

1757 年，英国人大卫·休谟（D. Hume）③发表《宗教的自然史》（*The*

---

① 网络资料：百度百科，http://baike.baidu.com/view/40944.htm，于 2009 年 6 月 17 日查阅。

② 《竹书纪年》，时代文艺出版社，2008，第 3~16 页。

③ 休谟（David Hume，1711~1776 年），英国哲学家、历史学家、经济学家、美学家，就读于爱丁堡大学。1734 年到法国后，曾任英国驻法大使馆秘书与代办等职。1767 年任副国务大臣。他认为哲学是关于"人性"（包括知性、情感与道德）的科学。主张知识来源于经验，经验由两类知觉（印象与观念）所组成。在美学上，认为快感与痛感是美与丑的本质，主张同情说。在历史学上，著有《英国史》六卷。其他著作有《人性论》、《道德与政治论文集》、《人类理解力研究》、《道德原则研究》、《论审美趣味的标准》等。

Natural History of Religion）。与他的另一部著作——《关于自然宗教的对话》相辅相成，标志着今天人们一般笼统指称的宗教哲学的开端。关于宗教和宗教信仰固然有更早的研究者，但是作为一项系统性、批判性的研究，作为哲学的一个特殊分支，其在休谟之前几乎没有什么可观的历史。《宗教的自然史》被视为比较宗教研究的范本，开多神论观点之先河。一神论观点的先驱著述，或可归于雪堡的赫伯特勋爵（Lord Herbert of Cherbury）在 1663 年出版的《论异教宗教》（*De Religione Gentilium*）①。

赫伯特从这样一个信念出发，即宗教信仰有一种最高的普遍因素。这就是人类的原初宗教，它基于对一个最高神的信仰，而且有理性和道德贯穿其中。实际存在的宗教却是对那个纯粹无瑕的原型可怕的败坏和扭曲。而作为一个彻底的经验论者，休谟甚至更清楚地看到了败坏和非理性。基于这些特征，他相信某种粗朴的多神教（有时他宁愿称之为偶像崇拜）才真正是人类的原始宗教。假如我们把人类早期对于文字的景仰和崇拜看成与宗教类似的东西——这种现象极有可能是真实存在的，那么可以想见，在缺乏对宏观整体观察能力条件下所形成的偶像崇拜，几乎没有任何可能会集中在"一个"至高无上的"一神"之身上。

或许我们可以这样假设，在每一个独立的原始部族内部，由于生活和生产的实际需要产生关于语言文字（首先是某种符号）的需求，并且受到类似宗教的"神"一般的崇拜，这就是这一部落人群的语言文字之神。在这种情况下，休谟无疑是正确的，"某种粗朴的多神教

三才图会：仓颉身穿鸟羽蓑衣

不同的部落会有各自的众神，伟大的仓颉或许只是他所在部落文字之神的化身。

图版来源：参见〔日〕阿辻哲次《图说汉字的历史》，大修馆书店，1989，第 13 页。

---

① 〔英〕大卫·休谟：《宗教的自然史》，徐晓宏译，上海人民出版社，2003，第 1~2 页。

才真正是人类的原始宗教"。这是关于文字的"偶像崇拜"。换言之，在分散而彼此隔绝的背景之下，不可能形成统一的偶像，即使设想每一个部落都会在想象中构造一个超出实在的"真神"，按照概率或者称为"或然率"的摆布，也无法形成一个至高无上、统一形象的神。

事实上，18世纪英国哲学家大卫·休谟对此曾有明确的论述。

> 神在被人类理解为一个强大但法力有限的、有着人类的七情六欲和四肢五官的存在之前，先是被视为一个无所不知、无所不能、无所不在的纯粹精神，这种说法的荒谬程度，不亚于想象人类居住在棚屋茅舍之前就已住上了宫殿、在从事农业之前就研究过几何学。心灵是由低级向高级逐渐上升的：它通过对不完善之物进行抽象，从而形成一种关于完善的观念……
>
> ——〔英〕大卫·休谟：《宗教的自然史》，徐晓宏译，上海人民出版社，2003，第5页。

4. 造字神话的本义是统一术语

如是我闻。诸神若虑凡间事，则仓颉应该是中国历史上以官方名义从事语言文字规范工作的第一人。他应该是语言大家，通晓"各氏族里面已经使用的文字符号"，以便负责完成不同部落、氏族之间术语或语词的对等交流，实现大家公认可以接受的"编译"。进而可以这样认为，仓颉的伟大贡献，是构造了一部《1：N》或《N to 1》的语言词典，使得一套得到权力确认的文字符号或术语集合得以使用并持久流传。因此，讨论中国的术语编年史略，首先应该请仓颉发言。为什么这样一套术语或文字符号集能够得到权力的确认，则是因为这样一套统一的符号，对于降低不同政治单位之间的交易成本、改善集权统治效率、提高执政能力执政水平来说，实在是具有非常明确的补益。

然而，在历史上从事术语或语词乃至文字规范的，又并非仅仓颉一人。这说明术语规范工作具有广泛性和普遍性，并非少数个人所能完成。

> 黄帝东下占据中原，成为众部落的首领，是有能力统一当时各种不同记事符号的。这种说法可以进一步得到史料证实。晋卫恒《四书体势》

中说："昔在黄帝，创制造物，有沮诵、仓颉者，始作书契，以代结绳，盖睹鸟迹以兴思也。"又说："黄帝之史沮诵、仓颉，眺彼鸟迹，始作书契，纪纲万事，垂法立制。"①沂南画像石中有一画面，有两人对坐，一人四目，上有榜题"苍颉"，坐在对面一人披头散发，这就是沮诵了②。这个墓葬为东汉晚年，这个传说就更早了。段玉裁认为仓颉与沮诵本该并存，而"诸书多言苍颉，少言沮诵者，文略也"③。

　　——陆锡兴：《汉字传播史》，语文出版社，2002，第9~10页。

　　史料考，沮诵、祝诵、祝融本为一人。《白虎通》把祝融与伏羲、神农并列。祝融乃颛顼之后，原属于夷人。但颛顼居卫，卫在濮阳，祝融居郑④，和华夏族关系相当密切。以仓颉、祝融并举造字，其含义为统一不同氏族用字，这和统一文字之说相吻合。祝融与仓颉相似，也是与文字密切有关的人。祝融为夷人的代表，又居于中原，黄帝西来，为统一号令而统一文字，就必须利用他，由他代表较为重要的其他氏族和本氏族的仓颉共同制立统一的原则与方法。总之，从古代文献的传说中，我们可以知道原始的文字因需求鼓动而在不同氏族部落发生，在黄帝所处的中原腹地，文字处于萌芽阶段。黄帝东下，综合了其他部落的书写符号，形成了统一的文字。

　　传说同科学考古的事实可以相互印证⑤。这种结论，能够支持这样的推断，即传说中古人的造字，其实是在政权力量支持下所实施的"术语"和语言规范活动。一般而言，约束总是普及的后续。审定是一种有意识的约束，通常紧随于大规模的普及。在那时，"字"是这种规范的具体单位。如果这种观点得到确认，那么中国历史上有组织的术语规范的历史，便要提前到统一氏族部落强权诞生的时节。

　　仓颉和祝融，无独有偶，都是历史上从事"术语规范"活动的先驱。仓颉很可能是当时由黄帝所任命"皇家术语名词审定委员会"的主任委员。与

① 见《晋书·卫恒传》。
② 南京博物院、山东省文物管理处：《沂南古画像石墓发掘报告》，文化部文物管理局，1956，图版C52、拓片41。
③ 段玉裁：《说文解字·叙》注。
④ 《左传·昭公十七年》："卫，颛顼之虚也"，"郑，祝融之虚也"。
⑤ 陆锡兴：《汉字传播史》，语文出版社，2002，第11页。

仓颉征求术语规范意见

沂南画像石中的场面，有两人对坐，一人四目，其坐席下方榜题有"苍颉"字样，坐在对面一人披头散发，榜题空白，或许就是来自边远部落的沮诵。

图版来源：山东省沂南东汉后期墓葬出土画像石，参见〔日〕阿辻哲次《图说汉字的历史》，大修馆书店，1989，第12页。

此同时，注意到沂南画像石右侧与仓颉对坐之人眉骨高耸，榜题空白，振振有词。说明他之所在，乃为"客位"，那一席之地可能会有不同的来者相继运用。因此，应该可以猜测，在当时的"委员会"中，在仓颉、祝融之外，极可能还有更多的边缘部落之人，或者通晓其他氏族部落文字符号的语文工作者，各自代表一方黎庶或一些部落的意见，相约商定，共谋俗成。尚秉和（1937）认为：

> 书契断非一时所能造成，诸书多言始于轩辕。余以为伏羲能画八卦，必能造书契。神农若无字，百草之名胡从而记？不过初尚少，至轩辕增修大备耳。轩辕时有史官纪录其事，后人不察，以为轩辕命仓颉始创耳。观《荀子》可证之。
>
> 又，仓颉不定为黄帝时人。《司马逸史》引《外纪》曰："仓帝名颉，始创文字，载伏羲前。"又按，《春秋元命苞》："仓帝史皇氏，名颉，姓侯。仰观奎星图曲之势，俯察龟文鸟羽山川，指掌而创文字。天为雨粟，鬼为夜哭。治百有一十载，都于阳武。"是则仓颉为古之皇帝，史皇乃其号，而在伏羲前……其称曰史皇者，以能造字为史所自起耳，犹燧人造燧，即曰燧皇也。
>
> ——尚秉和：《历代社会风俗事务考》[1]，江苏古籍出版社，2002，第9页。

---

[1] 该书原著时间不详。惟其"叙"者署"民国二十六年三月，受业杜琨谨识"，推知书著应在公元1937年前后。

与此论呼应者，汉代《武梁祠堂画像碑》："祝诵氏无所造为，未有耆欲，刑罚未施。"又，《尚书·无逸》："厥口诅祝。"孔颖达疏："诅祝，谓告神明令加殃咎也。以言告神谓之祝，请神加殃谓之诅。""祝"也用作"诅"。《论衡·言毒》："南郡极热之地，其人祝树树枯。""祝"即诅义①。由此看来，祝融不是部落首领，而可能是部落氏族的巫师或通灵之人，掌握语言，并因此而通达神力，沟通神祇。远古时节，有谁识文断字那可是不得了的事情，在部族生活中身份尊贵，地位甚高。古代医学典籍有《祝由十三科》，据传是在黄帝战蚩尤时代的医学大全。《辞海》解释"祝由"是古代治病方法之一，以祷祝方法治疗疾病。《素问·移精变气论》："古之治病，惟其移精变气，可祝由而已。"唐王冰注："祝说病由，不劳针石。"

《书·大禹谟》："无怠无荒，四夷来王。"按《辞海》，四夷指华夏族以外的四方少数民族。此处"王"是动词，朝见曰王。《诗·商颂·殷武》："莫敢不来享，莫敢不来王。"《左传·隐公九年》："宋公不王。"杨伯峻注："诸侯见於天子曰王。""四夷来王"未必都是出自情愿，惟王者之实力与势力使然。但是，仓颉所在的领导集团很知道"文武之道，一张一弛"的道理，仓颉主管语言规范，工作很认真，作风细致，经常与其他氏族部落的"学者"展开讨论，所以对面座位"题榜"常空，时可易也，常白常新。再结合考虑中国历代官僚体制中"一切成绩均归主官所有"的传统习惯，也许还可以部分地听到段玉裁"诸书多言仓颉。少言诅诵，文略也"的弦外之音。文者，应为官方正史记录，当然也可以算是最有地位、权重最大的一家之言。

5. 构造汉语社科术语时间序列

知易行难。任何一个想法都只有在具备了可行条件的基础上才可能拥有实际意义。为了实现"构造汉语社科术语时间序列"的想法，我们必须首先回答一系列非常具体乃至常识性的问题。确切地说，"工欲善其事，必先利其器"，我们就是要用"术语"之利器，而善成"术语"之事。

那么，什么是"汉语"？什么是"社科"或"社会科学"？什么是"术语"？"社科术语"的界线如何确定？"社会科学"与"自然科学"的差异有

---

① 陆锡兴：《汉字传播史》，语文出版社，2002，第10页。

哪些？"社会科学"与"人文科学"的异同又如何体现？毫无疑问，以目前读者所能见到的这本小书而言，绝不具备给出以上种种问题之"权威"答案的能力，我们竭尽绵薄所能争取的，充其量只是抛砖引玉。这也就是为什么我们说"讨论术语，就是开展学科建设"的理由。

为了开展严谨的科学研究，必须先确定所要研究问题的"边界"，力求使"问题"本身满足"收敛"的条件。一般来说，没有"边界"约束的问题，可能也就没有"结果"，即无法找到确切的、可以信服的答案。这或许也就是"科学研究"与"宣传口号"之间的差别：口号可以瞒天过海，无远弗届①；研究却只能平心静气，步步为营。口号通常不会受到"术语"的约束，既可以没有明确的内涵，也可以无穷发散，我说你听，不必交流，"口号"而已。但从这样的意义上说，不需要与外界、与他人交流的"科学"也具有"口号"的特点，同样不必关心"术语"的约束，可以"我心我想"，自行其是。就像在"茶壶里煮饺子"，倒（道）不出来。

既然这是一本通过"术语"线索介绍知识的读物，我们也就从具体的"术语"开笔。

认识到语言的首要特点是继承而不是创新，所以必须对语言、词汇的引用出处进行交代。关于术语词汇的解释，除参考坊间流行的《辞源》、《辞海》、《现代汉语词典》、《规范现代汉语词典》等中文辞书外，也对照《牛津高阶英汉双解词典》、《不列颠百科全书》、《韦伯斯特英语词典》等综合整理。术语对应的英文拼写，主要参照由德范克（John DeFrancis）②主编的

---

① 届：至，极。《书·大禹谟》："惟德动天，无远弗届。"《诗·小雅·小弁》："不知所届。"《大雅·荡》："靡届靡究。"又《小雅·节南山》："君子如届。"另作量词，次，回，为后起义。参见王力《王力古汉语字典》，中华书局，2000，第237页。

② 德范克（John DeFrancis）1933年获耶鲁大学学士学位，1941年获哥伦比亚大学硕士学位，1948年获哥伦比亚大学博士学位（中文、日文）。1933~1936年曾来远东留学和从事研究，并在中国、朝鲜、日本各地旅行。1947~1954年任约翰·霍普金斯大学助教授，1956~1961年任昆宁皮阿斯学院副教授，1962~1966年任西东大学中文研究教授，1966~1976年任夏威夷大学中文教授，后为该校荣誉中文教授。是美国著名汉语学家，多年来在各地名校担任教职，培养了许多汉语人才，主持编写了大量汉语教材。1964~1966年曾任美国中国语言教师协会会长。他与中国学术界有着深厚友谊，1982年曾再次访华。著作宏富，主要有《民族主义和中国的语言改革》、《在越南的殖民主义和语言政策》、《汉语：事实和幻想》、《可视语言：文字系统多样性的同一》、《沿着成吉思汗的足迹》等。

《ABC 汉英大词典》①。

汉语，Chinese/Sinitic Language(s)　以汉字记录的汉民族的语言，是中国各民族的族际语言。是新加坡的官方语言之一，联合国正式语文和工作语言之一。曾是世界上使用人数最多的语言。约 6000 年前汉语已有文字，拥有周、秦以来十分悠久、丰富的文献。现代汉民族共同语是以北京语音为标准音，以北方话为基础方言，以现代白话文著作为语法规范的普通话。

社会，Society　由一定的经济基础和上层建筑构成的整体，也叫社会形态。泛指由于共同物质条件而互相联系起来的人群。

社会科学，Social Sciences（and Humanities）　研究社会现象的科学，包括政治经济学、法律学、历史学、文艺学、美学、伦理学等。在中国亦包含有人文社会科学之意。Humanities，即人文科学。

术语，Technical Term / Teminology　某门学科中的专门用语。设学科总门数为 M，又设每一门学科每年必须并且只能产生一个术语，或选择一个术语作为该门学科的唯一代表，则每年新生的或被选为代表的术语数目即为 M 个。再设所取年份为 T，则在 T 年时间长度内总共列入"术

四川成都出土的汉代画像石《讲学图》
图版来源：参见〔日〕阿辻哲次《图解汉字的历史》，大修馆书店，1989，第 106 页，图 6-21。

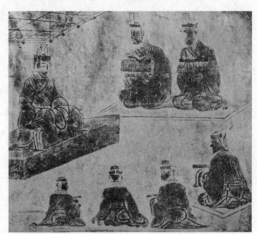

汉代画像石《讲学图》拓片
绘有汉代讲授经书场面的画像石《讲学图》。左上首为经师，听讲者中间有儿童，坐在右手下方的儒生腰间系着小书刀。出土于四川省成都郊外的汉墓。
图版来源：参见〔日〕阿辻哲次《图解汉字的历史》，大修馆书店，1989，第 178 页，图 11-15。

---

① 德范克主编的《ABC 汉英大词典》（*ABC Chinese-English Comprehensive Dictionary*），由汉语大词典出版社于 2003 年出版，是 *ABC Chinese-English Dictionary*（檀香山：夏威夷大学出版社，1996）的增订版。这本词典以单一字母顺序排列词条，显示出很大的优越性，同时提供汉字部首和笔画索引。全书收词 196373 条，包括 233000 多个义项。在词目筛选以及分词规则方面，使用了中国国内词典编纂的最新成果。

语"名单的术语个数 Q 便可以计算得出，恒有：$Q=M \times T$。在此框架之下，只要 T 和 M 都是有穷数目，则其间术语总量 Q 亦非无穷。一旦选定 M 和 T 值，Q 值即已约定。

时间序列，Time-series 按时间次序排好的行列。如自然科学研究与经济研究中常用的时间序列数据 Time-series Data，即按时间顺序排列的数据，或称为数字时间序列，即社会、经济、自然现象的数量指标依时间性顺序排列起来的统计数据。时间序列是 20 世纪 70 年代发展起来的新兴学科分支，在数据的科学分析、信息的加工提取、模拟、控制和预测等方面具有重要的作用[①]。时间序列分析（Time Series Analysis）是一种动态数列的分析，目的在于掌握统计数据依时间变化的规律[②]。本书借用这一概念，按时间顺序排列"术语"，即 Time-series Term。广义而言，术语也可以被看成文字形式的数据。采用此种排列方式，有助于了解彼一年代出现的"术语"，并通过这些术语了解当时所发生的事件，兼及当时事件之所以发生的背景和后续结局。

若以时间序列（数据）的特性来说，由于受到各种偶然因素的影响，往往表现出某种随机性，但这些数据彼此之间存在着统计学意义上的依赖关系。

一般来说，单一维度的术语时间序列[③]可以抽象地表示为：

$$X_1, X_2, X_3, \cdots, X_N \quad 或 \quad \{X_t\}, \ t=1, 2, 3, \cdots, N$$

在这里，X_t 表示第 t 个术语，N 表示术语的总个数。序列的足标 t 代表等间隔的时间长度，如年份，第 t 年。在这种约定下，则术语的次序具有明确意义，不能随意变动。然而如前所述，在实际上，术语时间序列必定是多维的，即每年都会有不同学科的多个术语被采集。为此，必须使用更为通用的表示方法，即：

$$X_{1, M}, \ X_{2, M}, \ X_{3, M}, \ \cdots, \ X_{N, M} \quad 或$$
$$\{X_{t, m}\}, \ t=1, 2, 3, \cdots, N; \ m=1, 2, 3, \cdots, M$$

在这里，序列的第 2 个足标 M 表示对应于当年（t 年）所采集的术语个数。M 亦可代表（或相当于）不同术语所属学科类别的总数目。若此，则可

---

① 项静恬等：《动态数据处理——时间序列分析》，气象出版社，1986。项静恬、史久恩、周琴芳、杜金观、孔楠：《动态和静态数据处理——时间序列和数理统计分析》，气象出版社，1991，第 1 页。

② 刘树成主编《现代经济辞典》，凤凰出版社、江苏人民出版社，2005，第 923 页。

③ 假定在每一个年份只选录一个术语。

构造（理论上的）术语总表，使关于术语材料的分析研究能够在"有限"的数目之内进行。换言之，也就是为术语数目设定一个边界，以避免因其总量发散而导致的研究困难乃至失败。但此时问题的关键点发生了转变，如果假定所要研究的时间长度不变（例如 100 年），则术语总表中所包含的术语总量将取决于学科门类数目的确定。

概而言之，我们企图以归置陈列术语的方式，部分地表达"科学的与人文的叙事传统，以及传统内部积累起来的人类知识，依照康德的分类，呈现出沿时间的秩序和沿空间的秩序。前者称为'历史'，后者称为'结构'"[1]。在我们关于术语位置的表述中，"历史"将透过足标 t 得到反映，而足标 m 被用来反映"结构"。

■ 作者的检讨和对读者的请求

再回到本书的具体操作。如果说在动笔之初已经意识到将要面临的巨大困难，那么在写作开始以后则越发感到这种困境的无可避免。且不说人类历史之漫长，世界疆域之广阔，仅仅看一下在我们目力所及之处社会（或科学）的变化，已经是"山阴道上，目不暇接"。新事物、新术语，比比皆是，夜以继日，层出不穷。从观察与衡量事物的尺度上看，一方面是越发"宏观"，天文宇宙，亿万光年，一如 NASA 哈勃超深空照片的深邃表现；另一方面却又极度"微观"，分形夸克，微乎斯言。除了客观上科学发展导致新概念出现而造成的"术语增加"，在"社会"（且不说科学）层面上还有因为某种"避讳"而创造"新词"而导致的"术语爆炸"。

例如，"罢工"[2]一词，久已有之。但是，在媒体报道 2008 年 10 月下旬中国云南省西双版纳 400 多名客运司机集体罢工[3]以及 11 月 3 日重庆市主城 8000 出租汽车全城罢工消息时，使用的却是"罢运"。数日后媒体报道中共中

---

① 汪丁丁：《何谓"社会科学根本问题"？》，载《走向统一的社会科学》，上海世纪出版集团，2005。

② 罢工：工人为实现某种要求或表示抗议而集体停止工作。引自《现代汉语词典》第 5 版，商务印书馆，2005，第 22 页。

③ 张千帆：《出租车罢运凸现谈判机制缺失》，2008 年 11 月 15 日 B07 版《新京报》。

央政治局委员、重庆市委书记薄熙来与出租司机座谈时，"罢运"又改称"停运"①。稍后，新疆维吾尔自治区百辆大巴集体"停运"，甘肃省永登县部分出租车"罢运"。仅旋踵间，自 2008 年 11 月 10 日开始，持续 5 天，海南省三亚市又有数千名出租汽车司机投入"罢运"，11 月 14 日下午三亚市委书记江泽林"对该市部分出租车管理政策延迟 11 个月未能执行到位，向广大出租车司机表示歉意"，出租车"复运"，即"在对话会结束后，三亚市 1200 多辆出租车已经全部恢复营运"②。截至 11 月 15 日 18 时，各出租车公司已向司机退还多收的"承包金"达到应退总数的 70%。交通局 3 名主要负责人因"罢运"引咎辞职③。到 11 月 16 日 12 时，4 家（三亚全市有 6 家）出租车公司多收 404 辆（全市共 1082 辆）出租车的 322 万元承包金（份钱）全部退还出租车司机④。再后来，广州市出租司机集体"喝茶"、"吃早茶"，南京市出租司机集体"散步"。"罢工"一词的语言表达形式，呈现出多样化的态势。

从积极的方面看，还有源自方言表达的术语差异。例如，薄熙来认为重庆市出租车"份钱"确实高，在当地则称"板板钱"⑤。全国总工会针对全国"近期发生的出租车罢运事件"，下发通知要求各地推进出租车企业组建工会，推动出租车"份钱"（即车辆承包费或管理费）集体协商。真是"翻舞飞扬多变化，千姿百态妙无穷"。虽然可以说明术语、词汇、语言的生命鲜活，但也导致术语数量猛增。以致笔者甚至开始怀疑当初设想的"不自量力"：也许是大脑进水，或者感染了"巴别塔病毒"（Babel Virus）⑥。于是，不得不寻找一个抽身退步的角落，并借古人之名，把这个角落称之为"记略"。

记是记问（rote teaching of undigested matters）。源出《礼记·学记第十

---

① 《薄熙来与的哥座谈停运事件》，2008 年 11 月 7 日 A01 版《新京报》。

② 邓伽：《三亚书记道歉出租车复运》（图片新闻），2008 年 11 月 15 日 A05 版《新京报》。

③ 新华社：《"三亚出租罢运"追踪，三亚市交通局长因罢运辞职》，2008 年 11 月 16 日 A15 版《新京报》。

④ 《三亚全部退还多收的哥"份钱"》，2008 年 11 月 17 日 A15 版《新京报》。

⑤ 李增勇：《重庆 8000 出租车罢运追踪，薄熙来与出租车司机座谈 3 小时》，2008 年 11 月 7 日 A28 版《新京报》。

⑥ 圣经故事，洪水大劫后，挪亚及其子孙在示拿地区搞城市化，造通天塔，以显示人类力量，向自然宣战。众人协作劳动，用同一种语言呼应。上帝于是变乱其语言，使造通天塔成为烂尾工程。后人称那城为"巴别城"，永远无法完工的那座塔叫"巴别塔"（Babel Tower）。巴别，babel，英文本意是"人声嘈杂、乱糟糟的场面"，引申为"混乱"，以借喻空想的计划。巴别塔也译作"罢伯耳塔"。字头大写时，Babel 专指基督教《圣经》中那座始终没有建成的通天塔。

八》："记问之学，不足以为人师。必也其听语乎！力不能问，然后语之；语之而不知，虽舍之可也。"① 译为白话：自己没有心得见解，只靠预先记诵一些问题资料，到时为学生讲说，这种学问，当老师是不够格的。一定要讲的话，也要听到学生的提问再来讲说。学生面有疑色，又没有能力提问，然后可以直接讲说晓告。经过讲说告谕，学生仍然不理解，说明他们目前程度尚低，那么，即使将这问题姑且置而不论，也是可以的②。在此意义上，这本书无非是记述、记录，充其量只相当于一册读书笔记；略是约略、略微 (rough)。合称记略 (Rote-note)，是记问之约略。我企图以此作为本书在选择取舍"术语"时挂一漏万、贻笑大方的借口和遁词。

"记问"是学习、学问和研究的基础，是知识掌握的基础性工作。古人所说"记问之学，不足以为人师"，其中有非常深刻的道理：为人师者，自然负有向莘莘学子传授知识的义务。但是，教授的真正责任，并不仅在于背书本、传知识，更在于促进学生展开思想的羽翼，掌握实际有效的研究方法，鼓励"自由之思想，独立之精神"（陈寅恪③：《寒柳堂集》）。尽管如此，我也清醒地知道，这份"记略"④毫无疑问已经享用（掠夺）了很多人的知识成果。一部《记略》的成就，必须仰仗于对众多学科、漫长历史中无以计数的学者思想的奉献与科学家实验研究成果的继承，是全人类"共创、共有、共享"的知识文化的集合。

---

① 郑玄注："记问，谓预诵杂难杂说，至讲时为学者论之。"后谓仅记诵书本以资谈助或应答问难。欧阳修《蔡君山墓志铭》："学者以记问应对为事，非古取士意也。"参见《辞海》1999年版音序缩印本，上海辞书出版社，2002，第 768 页。

② 王文锦：《礼记译解》（下），中华书局，2001，第 522 页。

③ 陈寅恪（1890~1969 年），江西修水人。早年留学日本及欧美，先后就读于德国柏林大学、瑞士苏黎世大学、法国巴黎高等政治学校和美国哈佛大学。1925 年受聘清华学校研究院导师，回国任教。后任清华大学中文、历史系合聘教授，兼任中央研究院理事、历史语言研究所研究员、第一组主任及故宫博物院理事等，其后当选为中央研究院院士。1937 年"卢沟桥事变"后携全家离北平南行，先后任教于西南联合大学、香港大学、广西大学和燕京大学。1939 年被选为英国皇家学会通讯院士。1942 年后为教育部聘任教授。1946 年回清华大学任教。1948 年南迁广州，任岭南大学教授，1952 年后为中山大学教授。1956 年后为中国科学院哲学社会科学学部委员。著作有《陈寅恪集》13 种，共 14 册。

④ 略字多义。其一，地界。其二，法度，策略。其三，大略，粗略，是"详"的反义。引申为简略，不充足，是"备"的反义。其四，通"掠"，《方言》二："略，求也。秦晋之间曰搜，就室曰搜，就道曰略。略，强取也。"其五，锋利。《诗·周颂·载芟 (shān)》："有略其耜 (sì)，俶 (chù) 载南亩。"

广义而言，一切书本知识都来源于前人的创造性劳动。《记略》中对得自前人的知识，尽量注明出处，牵连索引。一为尊重，亦欲为后读而有兴趣者保留寻根溯源的线索。我坚持认为，从这样的意义上说，一部《记略》从始终至终都是众人的奉献，只唯恐挂一漏万。我无法征得所有的允许，但由衷地向所有曾经对这些知识作出贡献的人表示敬意，并希望以我的祭告慰藉古哲先贤的在天之灵。若有未及注明处，谨在此诚致歉意。行文当中或有判断评述，是笔者个人之陋见，则丝毫不敢透过他人。敬请各界方家不吝赐教，直言批评。

在本书创意、准备、编写、修改、完善，直到出版、印行的整个过程中，我甚至觉得，因为自己的能力和精力所限，由于对《记略》的倾心投入，事实上已经冷落和怠慢了许多朋友和家人，造成了深及灵魂的歉疚，也留下了难以补偿的过失。尽管如此，我还是得到了家人、同事、朋友等许多人在各个方面的宽容、支持和帮助，每每思及，总会使我感恩不已。没有他们的支持和理解，就不会有这部《记略》的完成。在这其中，特别应当感谢以下各位。

语言文字学家周有光先生：作为忘年之交，他的新潮、传统、睿智与博学，身体力行、坚持自学，实践终身教育、不懈思考的形象，已经成为我心中永远的榜样。正是周先生的耳提面命，连同以身作则的引导，使我潜心于同属于语言范畴的术语研究。十数年前他的一句忠告："学术赶工，必定失败"，使我顿然惊醒，从此在求学、治学的道路上努力保持冷静心态，不期旁骛，踏实前行，更不敢在行文引述上有丝毫懈怠。特别是周先生以超过百岁的高龄给我以鼓励和支持，在为拙著《社科术语工作的原则与方法》[①]赐序两年之后，又慨然应允为《记略》作序，令我受宠若惊。

中信出版社王斌先生：出版界的精英，既有高瞻远瞩的眼光，又有细致入微的经验。他认为："在信息爆炸的今天，我们无权将无益的或有害的信息再投入社会，造成对读者的干扰。"因此，要有"强烈的责任心、深厚的专业知识、广博的见识"，站在读者的立场谋求最大的收益。新世纪、新时代的新精神，尤其强调"社会责任"，要把读者的具体要求，诸如对知识的渴求、疑问、可读性，提炼成对《记略》的要求。"读者常在我心中。"这是对所有

---

① 龚益：《社科术语工作的原则与方法》，商务印书馆，2009。

意欲从事写作的人最有益的忠告。

社会科学文献出版社周丽主任：她曾经是我的同事，善解人意，秀外慧中。多年合作，彼此了解，交流探讨，心有灵犀。在推进中国社会科学走向繁荣，特别是关于术语的作用与地位方面，周丽女士有深刻而独到的理解和超凡脱俗的见识。正是由于她的热情鼓励和积极推动，才有这本《记略》的问世。从某种意义上说，周丽女士对我的帮助，是一种深及本质意义的支持。可以肯定地说，我对此所抱有的感谢之情，绝非简单的"感谢"一词所能充分表达。

北京市信杰律师事务所律师余德和先生：数年前我们曾共同探讨中国加入世界贸易组织（WTO）以后需要关注的术语问题，逐渐形成了不同学科领域、不同思维方式、不同专业背景学者之间的合作关系。对我而言，余先生除了在术语学术、英汉语言方面给予的帮助和讨论之外，还有非常及时、恰当的"法律援助"。他的帮助使我得以心无旁骛，更加专注于"术语"研究本身。

商务印书馆汉语编辑室的编辑余桂林先生：在《记略》草稿初成的时候，由余德和先生引荐，经周洪波① 老师介绍，有幸当面向余先生请教。他从辞书专业的视角提出了修改行文体例的重要意见，事实上使这本《记略》的境界，通过更恰当的表达方式得到了实质性的提高。为此占用了桂林先生最宝贵的时间，而我则感到不安和歉意。

北京工业大学生命科学院陈慰祖教授：陈大姐是一位令人尊敬的教授，在生命科学研究方面卓有建树。她认为，术语在跨学科研究交流中具有无出其右的重要性，不仅对这本《记略》的内容体例提出建设性的意见，还亲自搜集资料，撰写词条，为本书充实了当今世界生命科学研究（如 SARS 基因组中非结构蛋白 nsp14、蛋白质折叠病）乃至世界太空探索的新鲜知识。为了补充关于美国养老储蓄 401K 账户的信息，陈大姐甚至专门与远在美国的家人联系，询问情况。他们的无私援助，使我更加坚信——《记略》是众人的奉献。

中国国际工程咨询公司咨询专家、研究员陈文晖博士：文晖兄知识渊博，

---

① 周洪波先生是中国术语学建设书系编辑委员会委员，商务印书馆总经理助理、汉语编辑室主任。

学养深厚，对社会经济问题的许多见解入木三分。在与他之间经常进行的交流和讨论中，我总是可以得到非常重要的建议和启发。他的鼓励与支持，特别是他对术语研究、史料整理与学科建设、学问追求之间关系的理解，也是这部《记略》能够来到世间的重要推动因素。

中信出版社龚臣（小水）毕业于北京印刷学院，以出版印刷方面的专业知识技能小有造就。从血缘关系上说，龚臣是我的儿子，但从编辑安排《记略》的角度，他的帮助和基于专业经验的建议对于我来说是不可或缺的重要支撑。感谢上帝，赐我小水。

事实上，我必须提出感谢的人非常之多，以致我必须考虑到文字篇幅的约束。正所谓：意有所感，词不能达；人将言谢，字不敢夸。走笔同声相应，观望同气相求。怎一个"谢"字了得！在此，我想对所有我应该感谢的人说："知否知否，愿呈我心，江洋天海不够。"

虽然在 21 世纪初的中国"创新"是最时髦的追求，但是，我认为《记略》一书除了继承之外，并无任何本质意义上的创新。我的贡献仅仅在于，以一个具有发散思维、跨学科背景、追求思想自由，并且经常由于忽视了传统学科界限的限制而闯入陌生领地的阅读者的眼光，重新定义"记略"概念，提出并开始尝试实践"以时间为纲领，以数轴为主干，以术语为核心，以综合为特点，以好看为目标，以索引为手段"，百科全书式《记略》的结构和组织方案。而对书中的缺点（对此我十分清醒）的最终责任同样毫无疑问，应该由我承担。一个人的能力总归有限，任何完备的构想都会有缺憾。基于这样的考虑，也为了有助于将来对于《记略》的完善与修订，我衷心希望听到来自各方面的建议与批评。我相信，真正伟大的思想，一定属于全体人类。而一本不断得到新的知识营养补充和思想雨露滋润的《记略》，将会不断地有益于仍然在坚持使用汉语的众生有情。

欢迎来信提出您的批评或建议，来信请寄：

100732　北京建内大街 5 号 1403 室　龚益　收

（中国社会科学院数量经济与技术经济研究所综合研究室）

电子邮件：gongxi52@263.net

公元纪年之前出现的术语

虽然这些术语所描述的是公元纪年以前发生或当时存在的事情，但是提出以下这种术语描述方式的时间却未必——甚至可以肯定并不在当时。当时、当地、当事的人类，想必也有他们的描述方法，创造了他们所能接受和理解的词汇，那是原始的、具有原初属地性质的术语。正所谓：

> 月在高天，
> 引千人抬望眼。
> 千人所望同一月，
> 千人各有月不同。
> 鱼翔潜底，
> 恐万众垂钓钩。
> 后人为说前人事，
> 再造术语后人识。

说明事物的存在并不以术语的存在为前提。存在基于事实，描述催生术语。术语发生的时点，一定迟于事物存在的起点。

■ 公元前 8000 年前　语言，刻符和岩画，原始文字

语言　语言使人类别于禽兽，文字使文明别于野蛮，教育使先进别于落后。语言大约开始于 300 万年前的早期"直立人"，逐渐成熟于 30 万年前的早期"智人"。语言是最基本的信息载体。文字萌芽于 1 万年前"农业化"（畜牧和耕种）开始之后，世界许多地方遗留下来新石器时期的刻符和岩画。

中国的古人类从直立人经早期智人至晚期智人是连续进化的。距今 170 万年前（旧石器时代，约 170 万年前至 1 万年前）的元谋人是在中国发现的最早的直立人，稍晚的重要发现有蓝田人、北京人、和县人等。此外还发现了大荔人、马坝人、山顶洞人、柳江人等智人。这些发现说明中国是人类进化的重要地区之一。

刻符和岩画　文字起源于图画。原始图画向两方面发展：一方面成为图画艺术；另一方面成为文字技术。原始的文字资料可以分为：刻符、岩画、文字画和图画字。刻符，包括陶文和木石上的刻画符号。岩画，包括岩洞、山崖、石壁和其他处所的事物素描。刻符和岩画都是分散的单个符号，没有上下文可以连续成词，一般不认为是文字。但是，刻符有"指事"

北京人背鹿像 (复原雕塑)
图版来源：参见中国历史博物馆《中国通史陈列》，朝华出版社，1998，第 8 页 1-1-1。

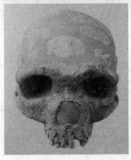

金牛山人头骨化石 (复制品)
旧石器时代早期。高 12.3 厘米。1984 年辽宁省营口市金牛山出土。
图版来源：参见中国历史博物馆《中国通史陈列》，朝华出版社，1998，第 8 页 1-1-2。

二里头遗址出土陶器上刻画符号表
遗留在陶器上的符号，是制陶工匠为表示某种特殊含义而刻画的，当与文字的产生有一定联系。
图版来源：参见中国历史博物馆《中国通史陈列》，朝华出版社，1998，第31页3-1-7。

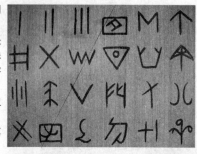

宁夏贺兰山动物岩画
图版来源：龚益摄，2007。

世界各地的岩画举例
图版来源：参见周有光《世界文字发展史》，上海教育出版社，2003，图表1-04。

性质，岩画有"象形"性质，它们具有文字胚芽的作用。文字画（文字性的图画）使图画开始走向原始文字。图画字（图画性的文字）是最初表达长段信息的符号系列。从单幅文字画到连环画式的图画字，书面符号和声音语言逐步接近。

原始文字 世界各地在历史上创造过许多原始文字，大都不能完备地按照语词次序书写语言。有的只有零散的几个符号；有的是一幅无法分成符

(a) 美国亚利桑那岩画　　(b) 拉美巴哈马岩画

(c) 北非岩画

号单位的图画；有的只画出简单的事物，不能连接成为句子；有的只写出实词，不写出虚词，不写出的部分要由读者自己去补充。

原始文字一般兼用表形和表意两种表达方法，称为"形意文字"。例如，画一只小船，船上画九条短线，表示九个人在划船。小船是表形符号，九条

38

短线是表意符号。又如，画一只貂和一头熊，它们的心脏之间被一条线连接着，表示貂氏族和熊氏族有同盟关系。貂和熊是表形符号，心脏之间的线条是表意符号。原始文字大都有表示数目的符号，这是表意符号。

又如中国云南纳西族的东巴文。纳西族以云南丽江纳西族自治县为聚居中心。他们有三种文字：东巴文、哥巴文和玛丽玛萨文。纳西语称东巴文为"木石痕迹"，起初是刻写在木石之上，创制时期大约在 12~13 世纪（元朝）。文字由宗教经师"东巴"掌握，故称"东巴文"，是纳西族的"自源"文字。东巴文类似连环画，遗留文献 2 万多册，内容有宗教经典、医药占卜、历史传说、诗歌格言、风俗习惯的多方面的记录，具有文化史和文字学的价值。

在教育发达的地区，今天很难找到原始文字的痕迹，因为原来资料就不多，书写材料很容易消失，人们学习了现代文字之后，不再注意保留原始文字。只有在文化尚待发展的地区，才有原始文字遗留下来，有的还在使用或者重新创造。非洲和美洲的原住民族有遗留的资料，中国的少数民族也遗留了不少资料，这是新发现的原始文字史料的宝库。氏族社会以巫术宗教为决策向导，原始巫术以图画文字为符咒记录。中国尔苏人的沙巴文和水族的水书是巫术

加拿大印第安人欧吉蓓少女幽会信（Ojibwa love letter）
意译：熊妹问狗哥，狗哥几时闲？我家三姊妹，妹屋在西边。
　　　推窗见大湖，招手唤孤帆。小径可通幽，勿误两相欢。
图解：这是一幅文字画。加拿大印第安人欧吉蓓（Ojibwa）部落一位少女给男友的情书。左上角的"熊"是发信人（女方）的图腾。左下角的"泥狗"是收信人（男方）的图腾。上方三个"十字架"表示信基督教的三个女人。十字架的右边有两间小屋。西边小屋里画一只"招呼的手"，表示这是发信人的住处，欢迎来临。右边有三个湖泊，北面是一个大湖。有三条道路，一条通到发信人的小屋，一条通到收信人的住处。
图版来源：参见周有光《世界文字发展史》，上海教育出版社，2003，第 33 页。

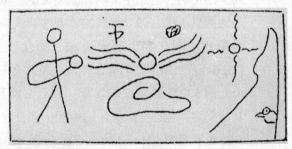

东巴文字类似连环画
意译：抛卵在湖中，卷起黑白风，狂浪冲圣卵，卵击高山峰，一道金光发，天路自此通。
说明：左边"人"持"卵"（拿卵）。中下"湖"，上有"卵"（抛卵入湖）。中左"风"，上为音符"白"（左吹白风）。中右"风"，上有黑点表"黑"（右吹黑风）。右边"山"，内含鸡头形为音符"撞"（撞向山崖）。右中上"卵四面发光"（金光灿烂）。
图版来源：参见《周有光语文论集》第三卷，上海文化出版社，2002，第 160 页。

文字的典型例子。中国纳西族的东巴文，本身正在从形意文字变为意音文字，同时又有从它本身脱胎出来的哥巴音节字。这些活着的文字化石，使我们能够看到原始文字的演变过程。

从公元前 8000 年前出现刻符和岩画，到公元前 3500 年前两河流域的丁头字成熟，这 4500 年时间是人类的"原始文字"时期①。

■ 公元前 4241 年　埃及日历时期

埃及日历时期　世界艺术历史学家伊利·福尔古（Elie Faure）认为，古埃及文明是历史上最古老、最悠久的文明。古埃及最古老的年代（虽然至今仍然不确定）通常被认为是公元前 4241 年的埃及日历时期。当时，埃及的天文学和数学就已经达到了较高的水平。但类似的发展在美索不达米亚（Mesopotamia）也实现了。美索不达米亚是古代西南亚介于底格里斯河和幼发拉底河之间的一个地区，位于今伊拉克境内。可能在公元前 5000 年以前就开始有人居住。这一地区孕育了众多的人类早期文明，其中包括苏美尔文明、阿卡德文明、巴比伦文明和亚述文明。蒙古人在公元 1258 年破坏了该地区发达的灌溉系统，这一地区的重要性就此减小②。考古学家倾向于，"已知历史的最初文明产生于两河流域，即幼发拉底河（Euphrates）和底格里斯河（Tigris）。如果我们明确计算古埃及的文明是始于公元前 4241 年，一直延续到公元前 332 年希腊征服埃及，那么古埃及的文明则拥有超过 3809 年的历史。其他文明，包括历史悠久的中国，都没有这样长时期地持续过"。

希罗多德（Herodotus，约公元前 485~前 425 年）③ 在公元前 430 年描述，埃及是"尼罗河的礼物（馈赠）"。古老的河流滋养着沿岸居民，便于交流和贸易。尼罗河的定期泛滥灌溉了沿岸土地，富庶膏腴。希腊人称这些居民是"省民"（nomes），意为接受法律的群体，所有地方长官则称为"省长"（nomerch）。强悍的人在自己的力量下组织起这样的"省民"。当所有的省长服从于一个君主时，埃及的政治史也开始了。

---

① 周有光：《人类文字的鸟瞰》（1996），载《朝闻道集》，世界图书出版公司，2009。
② 〔美〕威尔·杜兰特：《历史中的英雄》，王琴译，中信出版社，2005，第 30 页。
③ 希罗多德，希腊历史学家。他的作品主要涉及波斯战争，系目前所知叙述体史书的最早样品。

大约在公元前3100年，一位这样的埃及君主——具有半传奇色彩的美尼斯法老（Menes），为自己治下的民众颁布了一项据称是由图特神（Thoth），即埃及神话中的月神，传给他的法令。他在尼罗河西岸修建了自己的首都，其希腊名字就是我们现在所知的孟菲斯（Memphis）①。在那儿，他建立起第一个法老王朝②。

"埃及"一词的来源有多种说法，一般认为是古代埃及名城孟菲斯的希腊语名称，意为黑色。埃及人自称为Kemet，也是黑色的意思，用以指当地居民的肤色、尼罗河水色或其流域土地的颜色。有学者认为，埃及一词源出阿拉伯语，意思是黑色的土地③。

■ 公元前3500年　文字，丁头字，圣书字

文字　文字成熟于5500年前农业和手工业的初步上升时期，最早的文化摇篮（两河流域和埃及）这时候有了能够按照语词次序书写语言的文字。文字不仅使听觉信号变为视觉信号，它还是语言的延长和扩展，使语言打破空间和时间的限制，传到远处，留给未来。有了文字，人类才有书面的历史记录，称为"有史"时期；在此之前称为"史前"时期。从"农业化"发展到"工业化"，文字教育从少数人的权利变为全体人民的义务。

丁头字　公元前3500年以前，西亚的两河流域（在现在的伊拉克）的苏美尔人（Sumer）创造了最早的有重大历史价值的文字。起初主要是象形符号，后来以软泥板为纸、以小枝干为笔，"压刻"成一头粗、一头细的笔，称为"丁头字"。丁头字经传播

方形圆角丁头字泥版

这块泥版的年代大约在公元前2360年，具有苏美尔文明鼎盛时期早期第三王朝泥版的典型外貌。它是一份有关驴子借贷的文件，借贷者包括一位农夫、一位铁匠和一位制革匠。"驴"字的构造是方向朝后的耳朵加上长长的头与脖子。在泥版的右下角，可以清楚地看到两个表示"神"的符号。

图版来源：参见乔治·简《文字与书写》，曹锦清、马振骋译，上海书店出版社，2001，第15页。

---

① 孟菲斯，埃及一古老城市，位于开罗以南。据说系由统一埃及的第一位国王美尼斯建立，在亚历山大大帝占领埃及之前它一直保持原状。该地遗物包括大面积的史前坟墓。

② 〔美〕威尔·杜兰特：《历史中的英雄》，王琴译，中信出版社，2005，第30页。

③ 续建宜、刘亚林：《世界文明古国述略》，上海教育出版社，1998，第101页。

丁头字的表现形式

图版来源：参见周有光《语言文字学的新探索》（上），语文出版社，2006，第21页。

圣书字包括碑铭体、僧侣体、人民体

图版来源：参见周有光《语言文字学的新探索》（中），语文出版社，2006，第21页。

译，改称其为"丁头字"。

成为许多民族的文字，曾经在西亚和北非作为国际文字通用了 3000 多年。

在美索不达米亚的河流沼泽地带有大量的黏土和芦苇。苏美尔人将芦苇秆的一端削成切面呈三角形的尖锋工具，在潮湿的黏土上刻画，出现楔形符号。由于其典型的外观，这些文字便被称为"楔形文字"(cunéiforme，源自拉丁文 cuneus，意即楔形)①。中国语言文字学者（如周有光等）认为，"楔形字"作为汉语术语来说不够简洁直白，遂依其形直

圣书字 北非尼罗河流域的古代埃及人创造的"圣书字"（hieroglyphics），略晚于苏美尔文字，起初也是象形符号，后来变成草书笔画形式。圣书字也被使用了 3000 多年，传播到古埃及南面的邻国。它所包含的标声符号成为后来创造字母的主要依据。

这两种代表人类早期文化的重要文字，在公元初期先后消亡了。两河流域和埃及的现代主人是阿拉伯人，跟古代原住民的宗族和文化完全不同。在漫长的历史沉睡时代，人们把古代的灿烂文化遗忘了 1500 年。直到 19 世纪，语文考古学者对这两种古代文字释读成功，使人类的早期文化重放光彩。

■ 公元前 3100 年　古埃及历史

古埃及历史（Ancient Egypt）　古埃及历史分为五个时代：其一，王朝前

---

① 乔治·简（Georges Jean）：《文字与书写》，曹锦清、马振骋译，上海书店出版社，2001，第15页。

（公元前3100年之前）和早期王朝。埃及国王美尼斯（Menes）在公元前3100年统一上埃及和下埃及，正式开始了埃及的历史，称为早期王朝（公元前3100~前2686年，第1~2朝代）。这时候，国家机构开始有了规模，埃及文字达到成熟。其二，古王国（公元前2686~前2160年，第3~6朝代）和第一过渡期（公元前2160~前2040年，第7~11朝代）。这时候建造金字塔，崇拜太阳神，开始使用纸草（又名"纸莎草"，产于尼罗河三角洲）写字。其三，中王国（公元前2040~前1786年，第12朝代）和第二过渡期（公元前1786~前1567年，第13~17朝代）。这时候开垦荒地，发展农业；喜克索（Hyksos）人入侵。其四，新王国（公元前1570~前1085年，第18~20朝代）和亚历山大入侵以前（公元前1085~前332年，第21~31朝代）。这时候逐出喜克索人，重新统一。但是不久外族又入侵，后来成为亚述帝国和波斯帝国的一部分。以上共31个朝代，历时3000多年。其五，希腊和罗马统治时期（公元前332~公元639年）。亚历山大在公元前332年率领马其顿人和希腊人组成的大军征服埃及，建立亚历山大城。亚历山大死后，马其顿人托勒密建立王朝（公元前332~前30年）。接着是罗马帝国统治埃及（公元前30~公元639年）。最后，在公元639年，阿拉伯人征服埃及，把它变成"阿拉伯埃及"①。

■ 公元前3000年　哈拉帕

哈拉帕（Harappa）《辞海》译作"哈拉巴"（《辞海》1999年版音序缩印本，第614页）。印度河流域上古文明的城市遗址。在今巴基斯坦旁遮普省境内。考古学家在此发现公元前3000~前2000年的青铜器文化遗物，包括火砖建筑、下水道、工具、陶器、艺术品等。有卫城。还发现刻在印章上的文字符号，迄今尚未完全解读。哈拉帕（印度河中游）与摩亨佐·达罗（印度河下游，现信德地区）等地的古迹，常被称为"哈拉帕文化"。

哈拉帕和摩亨佐·达罗在当时是两个较大的城市国家，生产力已发展到相当高的水平。居民主要从事农业，用牛耕田。种植小麦、大麦等作物，并在世界上最早植棉，饲养家畜有牛、羊、猪、鸡，并驯养作为运输工具的象、

---

① 周有光：《世界文字发展史》，上海教育出版社，2003，第84页。

骆驼和马。两处城市规模都很大，摩亨佐·达罗占地 260 公顷，街道布局整齐，主街宽达 10 米，有排水设施。

哈拉帕文化的城市分布范围东西为 1500 多公里，南北约 1000 多公里，城市格局大体一致，各地发现类似的尺子和砝码，说明有统一的度量衡。哈拉帕文化约在公元前 1500 年衰亡，原因不明①。

■ 公元前 2680 年　印和阗

印和阗　公元前 2680 年，埃及法老佐塞尔（Zozer）任命印和阗（Imhotep）为他的首相。这是埃及历史上第一个拥有极高声望的真实人物。他既是医师又是建筑师，后世人尊他为知识之神、艺术与科学之父。他设计并主持建造

尼罗河的珍贵宝藏
正如希罗多德（Herodotus）在公元前 430 年所说，埃及是"尼罗河的礼物"。萨卡拉金字塔在开罗以南，隔河西望。
图版来源：尼罗河导游地图（埃及地方手工制品，2008 年，开罗，陈慰祖提供）。

① 续建宜、刘亚林：《世界文明古国述略》，上海教育出版社，1999，第 57~58 页。

胡夫金字塔
图版来源：陈慰祖摄，2008。

了埃及现存最古老的金字塔——孟菲斯废墟附近的萨卡拉（Saqqara）阶梯式
金字塔，成为其后很多埃及金字塔的典范[1]。

公元前 2500 年　利息

利息　利息是货币的子嗣，在汉语词汇中，"息"字既有后代的意思，
也指贷款利益的增值。《周礼·地官·泉府》："凡民之贷者，与有司辨而授
之，以国服为之息。"服，从事、做。国服，为国家所服之劳役。《书·盘庚
上》："若农服田力穑（sè），乃亦有秋。"《韩非子·五蠹》："是故服事者简
其业，而游学者日众，是世之所以乱也。"《史记孟尝君列传》："岁余不入，
贷钱者多不能与其息。"

在古代埃及和美索不达米亚文明（公元前 2500~前 400 年）中，货币以作
为计量单位和延期支付标准而著称。贷款人会向借款人收取一定的费用，这
笔费用称为利息。通常以利息率（即贷款总额的百分比）来计算，利息率代

---

① 〔美〕威尔·杜兰特：《历史中的英雄》，王琴译，中信出版社，2005，第 31 页。

讨价还价的犹太商人

1486 年出版的一幅图画,展现犹太货币兑换商与客户讨价还价的情景。犹太教的教规不禁止对贷款收取利息,但是在天主教的教义中,这种做法将受到责罚。

图版来源:参见英国布朗参考书出版集团编《货币·银行·金融》,黄志龙译,中国财政经济出版社,2004,第 28 页。

1507 年雕刻中的威尼斯

那个年代的威尼斯,曾是现代意大利早期的金融中心之一。

图版来源:参见英国布朗参考书出版集团编《货币·银行·金融》,黄志龙译,中国财政经济出版社,2004,第 27 页。

表了一定时期内的借款成本。

许多宗教认为,贷款收取利息(高利贷),在道义上是不合理的。在《新约·福音书》中耶稣明令禁止这种做法,伊斯兰教也谴责这种赚钱的方法。在中世纪的欧洲,天主教堂命令基督教徒不要参与贷款活动。然而,贷款仍然是客观需要。据说犹太人成为早期银行业主导者的部分原因是,他们信奉的犹太教教规仅禁止在犹太人内部施放高利贷。

人们尝试各种方法,试图解决贷款利益与这些宗教信条之间的矛盾。大约在 16 世纪,神学公开了自己的松动。1515 年,作为美第奇银行家族成员的教皇利奥十世出版了一本手册,授予天主教徒收取利息来补偿其支出的权力。随后天主教的神学家设计了一套方法,重新对贷款进行分类,从而使收取利息的行为成为天经地义。

虽然利息意味着可观的收入,但是无法兑现收回的债务也会导致银行的崩溃。早期意大利银行经常贷款给国王和王子,他们的贷款要求通常很难被拒绝。而统治者却能轻易地拒绝偿还债

15 世纪威尼斯银行的长形工作台

15 世纪商业书籍中威尼斯银行的场景，显示长条柜台的类型（Banco），银行的名称来源于此。

图版来源：参见英国布朗参考书出版集团编《货币·银行·金融》，黄志龙译，中国财政经济出版社，2004，第 29 页。

务。英格兰的爱德华三世就是以这种方式，在 1343 年使意大利的佩鲁斯大银行破产，然后又在 1346 年把巴迪银行也拖进了破产的深渊①。

■ 公元前 2070~前 1600 年　夏朝，夏后氏，夏，夏（十六国），夏（隋末）

夏朝（Xia Dynasty）　中国历史上有记录的第一个朝代。姒（sì）姓。为夏后氏部落领袖禹建立的奴隶制国家。建都阳城（今河南登封东）、斟鄩（今登封西北）、安邑（今山西夏县西北）等地。传到桀，为商汤所灭。共传十四代、十七王。

夏后氏　中国古部落名，相传禹乃其领袖，其子启继位，确立王位世袭制，成为中国历史上第一个朝代，即夏（《辞海》1999 年版音序缩印本，第 1837 页）。禹，亦称大禹、夏禹、戎禹，夏代的建立者，姒姓，名文命，鲧之子。原为夏后氏部落领袖，奉舜命治理洪水。据后人记载，他领导人民疏通江河，兴修沟渠，发展农业。在治水的 13 年中，三过家门而不入。后以治水

---

① 英国布朗参考书出版集团编《货币·银行·金融》，黄志龙译，中国财政经济出版社，2004，第 29 页。

有功，被舜选为继承人，舜死后即位。曾传铸九鼎，又曾传克平三苗之乱。其子启继位，确立了君主世袭的制度。（《辞海》1999 年版音序缩印本，第2080 页）

夏　中国人自称。《书·舜典》："蛮夷猾夏。"孔传："夏，华夏。"

夏（十六国）　十六国之一。公元 407 年匈奴赫连勃勃称天王大单于，国号夏，建都统万城（今陕西省靖边东北）。东晋刘裕进攻后秦，留子义真守长安。公元 418 年勃勃夺取长安，即帝位，据有今陕西省北部和内蒙古自治区的一部分。431 年为吐谷浑所灭。

夏（隋末）　隋末农民起义首领窦建德所建国号。公元 618 年建都乐寿（今河北省献县），年号五凤，次年迁都洺州（今河北永年）。据有河北大部分郡县。设有尚书左仆射（yè）、尚书右仆射、侍中、工部尚书、纳言等官职。公元 621 年为唐所灭。

■ 公元前 1600~前 1046 年　商，商朝

商　古部落名。子姓。始祖名契，居于商（今河南省商丘市南），商乃由此得名，即由地名成为国族名。传到孙相土时，势力达到今渤海一代。相土三世孙冥，善于治水。冥之子王亥，从事畜牧业。传到汤，灭夏桀，建立商朝。从契到汤，共十四代。商自盘庚迁都于殷（今河南省安阳小屯村）后，周人改称商为殷，而商人自称则仍为商，故殷都亦称中商。（《辞海》1999 年版音序缩印本，第 1459 页）

商朝（Shang Dynasty）　公元前 1600 年商汤灭夏后建立的奴隶制国家。建都亳（今山东省曹县南），曾多次迁都。后盘庚迁都殷（今河南省安阳小屯村），因而商也被称为"殷"。农业较为发达，已用多种谷物酿酒，手工业已能铸造精美青铜器和烧制白陶，交换日益扩大，出现规模较大的早期城市，为当时世界上之文明大国。传至纣，被周武王攻灭。共传十七代，三十一王。相当于公元前 1600~前 1046 年[①]。

---

① 商朝起讫之公元纪年，《现代汉语词典》（第 5 版）为公元前 1600~前 1046 年；《ABC 汉英大词典》为"c.1700-1045B.C."，参见〔美〕德范克（John DeFrancis）主编《ABC 汉英大词典》，汉语大词典出版社，2003，第 800 页中栏。

关于夏、商、周（西周共和元年前）三代史年代的研究历来说法不一，20世纪90年代中国组织实施了一项"夏商周断代工程"的研究，主要对西周共和元年（前841年）前的夏、商、西周的断代提出一个基准的意见。经过先秦史、古文字、考古、天文学史等200余位学者的共同努力，在2000年公布了《夏商周断代工程1996~2000年阶段成果报告》。将夏王朝定为公元前2070~前1600年；将商王朝定为公元前1600~前1046年；将周武王伐商约定在公元前1046年，即周灭商之年，也是周王朝建立之年。此前对周武王伐纣王灭商之年国内外有近50种说法，大多各有所据，因此该报告向全世界公布后，引起极大反响，亦有学者仍持异议①。

■ 公元前1300年　甲骨文

甲骨文　东亚产生文字比西亚和北非晚2000年。公元前1300年以前，中国黄河流域的殷商帝国创造了"甲骨文"，这是汉字的祖先。后来汉字流传到四周邻国，成为越南、朝鲜和日本的文字。在丁头字和圣书字消亡之后，汉字巍然独存。

甲骨文已经是相当成熟的文字，它一定有更早的祖先。如果把新石器时代陶器上的刻符作为甲骨文的祖先，汉字的历史可能有6000年。丁头字和圣书字也是相当成熟的文字，用同样的追溯方法，它们的历史可能有8000年②。

汉字形体的演变
汉字形体经历了"甲骨文—金文—小篆—隶书—楷书"的演变（有纸本复印件）。
图版来源：参见渠言《汉字：从甲骨文到计算机》，文化部赴国外展览资料，2001，第23页。

---

① 孟世凯：《商史与商代文明》，上海科学技术文献出版社，2007，前言。
② 周有光：《人类文字的鸟瞰》（1996），载《朝闻道集》，世界图书出版公司，2009。

■ 公元前 1140 年　瘟疫

　　瘟疫　"战争—瘟疫—痔疮"的序列在《圣经·撒母耳记》上卷中有明确记载：大约在公元前 1140 年，"以色列人出去与非利士人打仗"，"非利士人向以色列人摆阵。两军交战的时候，以色列人败在非利士人面前"。以色列人抬来他们神圣的约柜，再次对非利士人开战，但又遭失败。"神的约柜被掳去。"非利士人将约柜抬到亚实突，那里立刻爆发了疫病。"耶和华的手重重加在亚实突人身上，败坏他们，使他们生痔疮。"于是，应公众要求，约柜被移到迦特，"耶和华的手攻击那城，使那城的人大大惊慌，无论大小都生痔疮。他们就把神的约柜送到以革伦"。然而，"神的手重重攻击那城，城中的人有因惊慌而死的；未曾死的人都生了痔疮。合城呼号，声音上达于天"。

　　惊恐之下，非利士人得出结论，他们唯一的希望就是把约柜送还以色列。根据祭司和占卜师的指示，"照非利士首领的数目，用五个金痔疮，五个金老鼠"作为赔礼，另造一辆新车，"把耶和华的约柜放在车上，将所献赔罪的金物装在匣子里放在柜旁，将约柜送去"。非利士人看到那车"直行以色列的境界到伯示麦去"，于是断定"这大灾就是耶和华降在我们身上的"。

　　约柜被送到伯示麦人约书亚的田里，受到杀牲迎接的礼遇。但是，好奇的伯示麦人观看了约柜，因此遭到一次大瘟疫的惩罚。"耶和华因伯示麦人擅观他的约柜，就击杀了他们七十人"，疫病似乎传遍了以色列，大约五万人死亡（原文作"七十人加五万人"）[①]。（以上引号内文均录自《圣经》）

　　《辞海》释"瘟疫"为中医学病名，又作"温疫"，或单称"瘟"、"疫"，是急性传染病流行的通称。所谓"疫死"，即人畜因瘟疫病发而死。《金匮要略》原文："六畜自死皆疫死，则有毒，不可食之。"六畜，指马牛羊鸡犬猪[②]。《素问·刺法论》："五疫之至，皆相染易，无问大小，病状相似。"明朝吴又可的《温疫论》即为论本病的专著。书中提及：瓜瓤瘟、疙瘩瘟，朝发夕死或顷刻而亡，即指烈性传染病；发颐、黄疸、斑疹等，即指一般急性传染病。（《辞海》1999 年版音序缩印本，第 1764 页）

[①] 参见弗雷德里克·F. 卡特赖特、迈克尔·比迪斯《疾病改变历史》，陈仲丹、周晓政译，山东画报出版社，2004，第 6 页。

[②] 艾华：《金匮要略词典》，学苑出版社，2005，第 224 页。

■ 公元前1046年　周朝，象胥，舌人，太学

周朝　公元前1046年周武王灭商后建立。建都于镐（今陕西长安沣河以东）。周公东征后，确立宗法制，创立典章制度，并不断分封诸侯。前771年申侯联合犬戎攻杀周幽王。次年，周平王东迁到洛邑（今河南洛阳）。历史上称平王东迁之前为西周，以后为东周。东周又可分为春秋和战国两个时期。前256年为秦所灭。共历34王，791年。

象胥（interpreter）　象胥，即舌人，古代翻译官。《周礼①·秋官·象胥》："象胥掌蛮夷闽貉戎狄之国，使掌传王之言而谕说焉。"《国语·周语中》："故坐诸门外，而使舌人体委与之。"韦昭注："舌人，能达异方之志，象胥之官。"

象是古代通译南方民族语言的官。《礼记·王制》："五方之民，言语不通，嗜欲不同。达其志，通其欲，东方曰寄，南方曰象，西方曰狄鞮（dì），北方曰译。"②鞮字的意思，一为革履，二为知。孔颖达疏："鞮，知也，谓通传夷狄之语与中国相知。"引申为译。《文选·南朝齐·王融·曲水诗序》："瓯（guǐ）牍相寻，鞮译无旷。"③瓯：匣子，箱子。《书·禹贡》："包瓯菁茅。"《旧唐书·则天皇后纪》："垂拱二年三月，初置瓯于朝堂，有进书言事者，听投之。"（《辞海》1999年版音序缩印本，第593页）

是故，象胥乃官名，即古代接待四方使者的官员，亦用以指翻译人员。《周礼》谓秋官司寇所属有象胥。旧注谓："通夷狄之言曰象；胥，其才能者也。"象胥实指译员，兼掌接待少数民族使者。依"蛮夷闽貉戎狄"六"翟"（即"狄"，亦即方面），各设上士一人，中士二人，下士八人及徒二十八人。

---

① 《周礼》亦称《周官》、《周官经》，儒家经典之一。搜集周王室官制和战国时各国制度，添附儒家政治理想，增减排比而成的汇编。近人结合考古成就参证训释，定为战国时作品。

② "象"与"豫"同源，象之大者为豫。查"象"字之古义，除常用者如：其一，大象，陆地上现存最大的哺乳动物。其二，形象、景象。其三，肖像、相貌。其四，模仿、效法。还有两项列为［备考］。其五，执法、适合规范。其六，古代通译南方民族语言的官。《礼记·王制》："五方之民，言语不通，嗜欲不同。达其志，通其欲，东方曰寄，南方曰象，西方曰狄，北方曰译。"参见王力《王力古汉语字典》，中华书局，2000，第1312页。

③ 王力：《王力古汉语字典》，中华书局，2000，第1312、1632页。

北周亦于秋官府设象胥中士、下士，相当于西汉的九译令、北魏的方译博士。《旧唐书·玄宗纪》："象郡、炎州之玩，鸡林、鳀海之珍，莫不结辙於象胥，骈罗於典属。"明朝唐顺之①的《喜峰口观三卫贡马》："盘舞呈鞬韔，侏言译象胥。"记录唐顺之在喜峰口看到边关人员工作，感慨而题诗，说明在明朝时候，喜峰口的工作人员当中就包括"象胥"，在处理边关事务时沟通语言，发挥作用。又如，清朝徐果亭《圣武功成诗》："正朔通鱼海，舆图拓象胥。"刘师培《文章学史》序："象胥之官，掌传王言於夷使，使之谕说和亲，入宾之岁，则协礼以传词，此文之施於通译者也。"②由此而言，在多民族多语言共存的情况下，我国在先秦甚至远古时期就有翻译活动。周代即已设有专门掌管翻译的官员。

根据文字记载，周代似已注意培养翻译官员。《周礼·秋官》关于"大行人"官员的文字中有：

> 王之所以抚邦国诸侯者……七岁属象胥，谕言语，协辞命，九岁属瞽史，谕书名，听声音。

此段文字中"属"读 zhǔ，意为集合、集会；"谕"为告晓；"协"为协调；"辞命"即外交辞令。因此，该段文字之今译似为：

> 周王之所以能与各邻国及诸侯友好相处，在于采取了以下各项措施：连年不断向臣子普及使臣外访邻国及诸侯的礼节；经常将象胥集中起来，对他们传授外语及外交辞令；以及对瞽（乐官）传授礼乐，对史（史官）

---

① 唐顺之（1507~1560 年），明代散文家。字应德，武进（今属江苏）人。嘉靖八年（1529 年）会试第一。曾督领兵船在崇明抵御倭寇，因有功擢升右金（qián）都御史、代凤阳巡抚。人称荆川先生。曾研究天文、地理、音乐、数学。其文论本主张在形式上要符合唐、宋文"开阖首尾经纬错综之法"，后又谓诗文须"直写胸臆，如谚语所谓开口见喉咙者"；对文章内容，则始终要求以儒家"六艺"为指归，强调文道合一。自评所作云："其为诗也，率意信口，不调不格，大率似以寒山、《击壤》（宋邵雍《伊川击壤集》）为宗"，"其于文也，大率所谓宋头巾（指道学家）习气"。与王慎中、茅坤、归有光等同被称为"唐宋派"。有《荆川先生文集》。参见《辞海》1999 年版音序缩印本，上海辞书出版社，2002，第 1644 页。

② 网络资料：百度百科，http://baike.baidu.com/view/1137499.htm，2008-09-08。

传授史书的记载及经验教训。

"象胥"是先秦时期对翻译官员的总称。黎难秋认为，"七岁属象胥，谕言语，协辞命"①，就是关于周王培养（培训）翻译官员的历史记录②。

舌人　即象胥，古时称翻译为舌人。

太学（Imperial College）　西周始有太学之名，是为古代之大学。《大戴记·保傅》："帝入太学，承师问道。"（《辞海》1999 年版音序缩印本，第1631 页）

■ 公元前 770 年　春秋

春秋　春秋（Spring and Autumn Period，SAP，前 770~前 476 年），中国东周各诸侯国争霸的时期。因鲁国编年史《春秋》记录了这段历史而得名。始于周平王东迁洛邑（今河南省洛阳市，前 770 年），止于周敬王卒年（前476 年）。东周王室仅具有祭祀、典礼及外交的职能，其政治权威日益削弱。诸侯国力量日益增长，最强国君主成为霸主，挟持周天子号令诸侯，以至完全攘夺了周王室的权力，出现了齐桓公、晋文公、楚庄王、吴王阖闾、越王勾践五个霸主相继称霸的局面。春秋时期各国普遍实行井田制。农业工具仍以木石制品为主。末期出现冶铁业，并有较大发展，商人和手工业者开始取得了一些地位。文化教育显著发展，出现了各种学派和著名思想家、教育家孔子等③。

又据《辞海》，《春秋》编年从鲁隐公元年（前 722 年）迄鲁哀公十四年（前 481 年）止。关于春秋结束的年代说法不一，现一般以周平王元年（前770 年）到周敬王四十四年（前 476 年）为春秋时代。

---

① 黎难秋：《中国口译史》，青岛出版社，2002，第 422 页。
② 黎难秋：《中国口译史》，青岛出版社，2002，第 421~422 页。
③《不列颠百科全书》（国际中文修订版）第 16 卷，中国大百科全书出版社，2007，第 162 页。

■ 公元前760年　古希腊文明，大脑

古希腊文明　大约公元前760年，在中国春秋时期百花齐放、百家争鸣的同时，古希腊文明开始繁荣，涌现出许多哲学、文学、科学大家。不可思议的是，在那样的远古年代，希腊人竟然在脑的结构与功能方面得出了超乎想象的发现，走出了探索智能的关键步伐。希波克拉底（Hippocrates，约公元前460~前377年）[1]明确指出："人类应该懂得，我们的喜、怒、哀、乐不是来自别处，而是来自大脑。"他已经认识到，大脑是人类感情的发源地。

古希腊医圣希波克拉底

图版来源：参见〔英〕弗雷德里克·F.卡特赖特、迈克尔·比迪斯《疾病改变历史》，陈仲丹、周晓政译，山东画报出版社，2004，图1。

大脑　突破脑之神秘论的第一人，是公元前6世纪的希腊哲学家、生理学家阿尔克梅翁（Alcmaeon）。他发现有连接物从眼球通向脑，并断定脑是接受感觉和产生思维的地方。古希腊亚历山大城的埃及医生、解剖学家赫罗菲拉斯（Herophilus，前335~前280年）和埃拉西斯特拉图斯（Erasistratus）也发现身体部位与脑的内部连接。亚里士多德（Aristotelēs，约公元前384~前322年）曾思考过脑的特殊价值。盛行神话和神秘主义的古希腊人认定大脑具有神秘和崇高的地位，因此他们曾经立下严格的戒律，禁止食用任何动物的脑。可惜人类早已忘记了古希腊先哲的告诫，所以未能在20世纪末避免疯牛病的劫难。

---

[1]　希波克拉底（公元前460~前377年），希腊医生、教师、医学之父。

■ 公元前 551~前 479 年　孔丘，正名

孔丘　孔丘（前 551~前 479 年），众称孔子。中国古代春秋末期思想家、教育家、政治家，儒家学派的创始者。名丘，字仲尼，鲁国陬（zōu）邑（今山东省曲阜东南）人。先世是宋国贵族。少"贫且贱"，及长，做过"委吏"（司会计）和"乘田"（管畜牧）等事。学无长师，相传曾问礼于老聃，学乐于苌弘，学琴于师襄。聚徒讲学，从事政治活动。年近 50 岁时，由鲁国中都宰升任司寇。后又周游宋、卫、陈、蔡、齐、楚等国，前后达 13 年。自称："如有用我者，吾其为东周乎?"终不见用。68 岁时返鲁。晚年致力于教育，整理《诗》、《书》等古代文献，并把鲁史官所记《春秋》加以删修，成为中国第一部编年体的历史著作。现存《论语》一书，记有孔子的谈话以及孔子与门人的问答，是研究孔子学说的重要资料。

孔子怀抱经卷图

孔子名丘，字仲尼，春秋时期鲁国（今山东省）人。孔子怀抱经卷图，选自 18 世纪的一幅图画。自学成才而心怀远大志向的孔子，致力于"究天人之际"。从某种意义上说，这是来自各个生活阶层的人都可以理解并认同的一种认识世界的途径。

图版来源：参见〔英〕约翰·布克主编《剑桥插图宗教史》，王立新、石梅芳、刘佳译，山东画报出版社，2005，第 120 页。

正名　孔子特别强调"正名"在社会生活中的重要性。在美学上，主张"依于仁，游于艺"，"兴于诗，立于礼，成于乐"，强调美与善的统一，提出诗可以"兴、观、群、怨"。政治上提出"正名"主张，认为"君君、臣臣、父父、子子"，都应实副其"名"。追求"名正言顺"。《论语·子路》："名不正，则言不顺。言不顺，则事不成。"宋代苏轼的《太常少卿赵瞻可户部侍郎外制》："先王之论理财也，必继之以正辞，名正而言顺，则财可得而理，民可得而正。"

孔子"正名"思想的首要意义，在于指出了术语规范化对于社会生活的重要性，说明术语规范不仅具有自然科学方面的意义，在社会科学领域甚至具有更为关键的作用。换言之，科学是统一的，其中既包括自然科学，也包

括社会科学。在强调科学发展与国家创新的意义上，需要寻求能够更有效率地处理和解决社会系统问题的科学手段，则必须强调"自然科学技术要与社会科学联合"①，强调"科学技术是第一生产力。这里科学技术包括社会科学，而且在我国目前，社会科学比自然科学更有关键性"②。只有这样，才能实现古往今来仁人志士富国强民的理想，实现他们"渴望中国的社会科学界能赶上国家建设需要"③的设想。

术语和文化，如影之随形，须臾不离。不同的文化要用不同的术语来说明。吸收外来文化，同时必须吸收外来术语。孔子说："名不正则言不顺。""正名"就是术语的规范化。如何使术语有效地为文化的传播服务，是历代文化生活中的一个重大问题。

——周有光：《文化传播和术语翻译》，《语文建设通讯》（香港）第34期，1991年10月号④。

■ 公元前 486~前 376 年　墨翟，墨经

墨翟　墨翟（前486~前376年），亦称"墨子"。中国古代战国时期哲学家、科学家，鲁国人，生活时代略晚于孔子，而早于孟子。他聚众讲学，弟子很多，创立了墨家学派，有著作《墨子》传世。《墨子》是墨家学派弟子们记述其师圣的言行，并经不断补充、缀辑而成的经典。据《汉书·艺文志》记载，《墨子》共有71篇，宋代前后亡佚18篇，现仅存53篇。其中，第40《经上》、第41《经下》、第42《经说上》、第43《经说下》是中国古代哲学、社会科学和自然科学的重要文献。但是，由于其行文体例独特，内容广泛庞杂，文辞简洁深奥，更加之讹夺舛误颇多，所以成为《墨子》著作中最难整理研究的一部分。晋代鲁胜曾作《墨辨注》，把这4篇统称为"辨经"，后人从之称为《墨经》。近代又有人认为，《墨子》中第44《大取》和第45《小取》亦应列入，故现在所谓《墨经》包括上述6篇。

---

① 钱学森：《致中国社会科学院郁文副院长信》，1990年1月9日。
② 钱学森：《致中国社会科学院郁文副院长信》，1990年4月11日。
③ 钱学森：《致中国社会科学院郁文副院长信》，1990年4月11日。
④ 周有光：《周有光语言学论文集》，商务印书馆，2004，第405页。

　　梁任公《墨经校释》自序云："在吾国古籍中，欲求与今世所谓科学精神相悬契者，墨经而已矣，墨经而已矣！……盖尝论之，墨经殆世界最古名学书之一也。"

　　——钱临照：《释墨经中光学力学诸条》，载方励之主编《科学史论集》，中国科技大学出版社，1987，第1页。

　　《墨经》涉猎内容广泛，论题触及逻辑学、数学、物理学、伦理学等诸多方面。其中关于数学，尤其是几何学问题的讨论约有19条，大多出现在《经上》、《经说上》篇中，文中给出了不少数学名词的"界说"即定性概念，虽然没有数学符号，没有数学表达式，也没有图解，但却以自然语言的形式，表达了具有丰富内涵的数学概念，并将严密逻辑推理的过程和结果展示其间，体现了深刻的数理哲学思想和理论意识，定义并运用了专精严谨的术语。事实上，正是由于在《墨经》当中体现了超越历史时代水平的术语实践，才使得《墨经》所记载讨论的内容，具有超凡脱俗的价值和跨时代的科学意义。这是一种超越了时代限制的朴素的科学的自觉，这种"自觉"的价值，即是科学追求本身的价值，因此具有超越时代、超脱历史的普遍意义。

　　《墨经》中之光学，虽仅八条，为文才得三百四十三字，而其条理之有序，秩然而成章，迥非本书其他诸条所能及。墨经之涉名学者，前后四十余条，涉形学者亦得二十余条，虽珠玑屡见，英华互发，然首尾不应。前后难成体系，谓之名学之撷英，形学之鳞爪，可谓为形学名学之典章则不可。而今光学八条者，首条述阴影之定义与生成。次条释光与影之关系而隐然述光有直线进行之性质焉。第三条则畅言光具直线进行之性质，而佐以针孔照相匣实验以明之。第四条述光有反射之性能。第五条论从物与光源之关系而定影之大小。此五条者论光与物及阴影之关系，由第一条之影之定义起以迄于第五条之光、物、影三者间复杂之关系而止，论影之事备矣。自是而下为论物与像之关系。第六条述平面镜中物与像之关系。第七条进而述凹球面镜中物与像之关系。第八条更述凸球面镜中午与像之关系。如是论像之事具矣。影与像之论既毕，则几何光学之基础已定，骨干已具，首尾已备。所引为遗珠之憾者，像论中有反

射所成之像而未及折射而成之像也。《墨经》何以详反射而不及折射，盖亦有说。商周之世，我国为青铜时代，鉴燧诸物，制备之法大备。故平面反射镜及球面反射镜皆可为研究之资料。至透镜之材料——玻璃——在西洋虽称为史前已有之物，然输入吾国迟至西元后第三世纪，先秦之人固未尝见玻璃，更不知玻璃透镜之为物也。是《墨经》之不及折射亦势也。

    ——钱临照：《释墨经中光学力学诸条》，载方励之主编《科学史论集》，中国科技大学出版社，1987，第32~33页。

墨经　《墨经》讨论的命题包括：（1）部分与全体之间的关系；（2）所谓"端"的问题；（3）有限与无穷的问题；（4）同与异的问题；（5）圆与方的问题；（6）间与有间的问题；（7）虚与实的问题；（8）加倍问题；（9）相交、相比、相次的问题，定位问题以及极限问题。针对上述问题的分析与论证，构成了完整的逻辑体系，其中有许多概念和理论，与西方同时代古希腊的欧几里得（Euclid）的表述极为相近。从这样的意义上说，《墨经》不仅是中国数学史上珍贵的遗产，也是世界科学史中的瑰宝，值得深入研究。

■ 公元前481~前221年　战国，百家争鸣，稷下

战国　战国是中国历史上的一个时代名，因各诸侯国之间连年战争，故被称为"战国"。"战国"本身就是一个术语。西汉末年刘向编《战国策》始作为时代名称。

战国开始的年代说法不一。《史记·六国年表》认为，战国始于周元王元年（前475年）；司马光《资治通鉴》认为，战国起于周威烈王二十三年（前403年），承认韩、赵、魏为诸侯；吕祖谦《大事记》称战国起于周敬王三十九年（前481年），以上接《春秋》；林春溥《战国编年》和黄式三《周季编略》都认为，战国起于周贞定元年（前468年）。《辞海》认为，现在一般以周元王元年到秦始皇二十六年（前221年）统一中国为止，称为"战国时代"。

是故，战国系与春秋时代衔接，若以考究术语的眼光看，《辞海》之辞，亦可推敲。

　　百家争鸣　战国时期的"百家争鸣"，从今天来看是国内的学术斗争。可是，在当时，七国并立，"百家争鸣"是带有国际性的学术斗争。"百家"有两个意思：第一，指"学者"，"诸子有一百八十九家"（《汉书·艺文志》）；第二，指"学派"，主要有"儒、道、墨、名、法、阴阳、纵横、农、杂"等家（《史记》）。

　　各家有各家的"术语"。例如，《论语》里的常用"术语"有："仁、义、礼、智、信、忠、孝、圣、贤、君子、小人、天命、鬼神"等几十个色彩鲜明的名词，各有"定义"（正名）。又如，墨子提出十种主张："尚贤、尚同、节用、节葬、非乐、非命、天志、明鬼、兼爱、非攻"，这也就是墨学的十个"术语"。"百家争鸣"，必须先学习对方的"术语"，用对方的"术语"来同对方辩驳。例如"天命"是儒家的术语。儒家的反对派墨子主张"非命"，这就是用儒家的"术语"来否定儒家的学说。

　　"百家争鸣"必然"百家交流"。结果在战国晚期出现"杂家"。"杂家"并非今天所说的"一无所长、不成一家"的意思，而是"兼儒墨、合名法"，折中百家，糅合诸子，青出于蓝而胜于蓝。战国晚期的《吕氏春秋》和西汉时期的《淮南子》等杂家著作中，诸子的"术语"已经熔于一炉了。

　　汉代"罢黜百家，独尊儒学"。其实这时候的儒家无不熟读诸子。他们融会百家而以儒学为正宗。先秦诸子，早的生于"春秋"，晚的生于"战国"，先后五百年间，所用"术语"越来越丰富。学术交流促成"术语"的大发展和大集成。

　　黄河流域是世界上少数几个"文化摇篮"之一。"华夏文化"是一种"自源"文化。战国七雄，"言语异声，文字异形"（《说文》）。"百家交流"必须克服彼此之间的语文障碍。这个障碍不难克服。因为，"言语异声"不过像今天汉语的"七大方言"，同属于汉语。"文字异形"大体可以由《说文》中的六国文字（"古文"）来反映，字形各异而同为"汉字"。从《楚辞》和《诗经》的语文差距可以窥见当时的语文分歧。这好比今天普通话文章和广东方言文章之间的区别。

　　"百家争鸣"的"术语交融"是在同一个汉语语族中间和同一种汉字类型中间的交流，不是用外语学习外来学术，而是用本区域的不同方言相互学习本区域内的不同学说。这种文化交流只有在文化"发源地"和文化"初生期"才会发生，在人类文化史上是很少见到的。

——周有光：《文化传播和术语翻译》，《语文建设通讯》（香港）第34期，1991年10月号①。

稷下 战国时期齐国都城临淄（今属山东省淄博）稷门（西边南首门）附近地区。齐宣王继其祖桓公、父威王曾在这里扩置学宫，招揽文学游说之士数千人，任其讲学议论。包括淳于髡、驺衍、田骈、接子、慎到、宋钘、尹文、环渊、田巴、鲁仲连和荀况等著名人物。汇集了道、法、儒、名、兵、农、阴阳等百家之学，成为当时各学派荟萃的中心，并逐渐形成一个具有一定倾向的学派，后人称为"稷下学"，其中黄老思想居于主导地位。齐襄王后逐渐衰落。学宫的设置，对开展百家争鸣，繁荣学术有很大作用。（《辞海》1999年版音序缩印本，第773页）

■ 公元前460~前377年 幽默，希波克拉底誓言，希波克拉底

幽默 谈到术语对于历史的传承及其内在含义的发展，希波克拉底所创造的"幽默"（humor）是一个典型的例子。

希波克拉底誓言 今人提及希波克拉底（Hippocrates，约前460~前377年），最为津津乐道的莫过于他关于医生道德水准的《希波克拉底誓言》。

医神阿波罗、埃斯克雷彼斯及天地诸神作证，我——希波克拉底发誓：

我愿以自身判断力所及，遵守这一誓约。凡教给我医术的人，我应像尊敬自己的父母一样，尊敬他。作为终身尊重的对象及朋友……

我愿在我的判断力所及的范围内，尽我的能力，遵守为病人谋利益的道德原则，并杜绝一切堕落及害人的行为。我不得将有害的药品给予他人，也不指导他人服用有害药品，更不答应他人使用有害药物的请求。我志愿以纯洁与神圣的精神终身行医……

无论到了什么地方，也无论需诊治的病人是男是女、是自由民是奴

---

① 周有光：《周有光语言学论文集》，商务印书馆，2004，第405页。

婢，对他们我一视同仁，为他们谋幸福是我惟一的目的。我要检点自己的行为举止，不做各种害人的劣行，尤其不做诱奸女病人或病人眷属的缺德事。在治病过程中，凡我所见所闻，不论与行医业务有否直接关系，凡我认为要保密的事项坚决不予泄露。

我遵守以上誓言，目的在于让医神阿波罗、埃斯克雷彼斯及天地诸神赐给我生命与医术上的无上光荣；一旦我违背了自己的誓言，请求天地诸神给我最严厉的惩罚！

《希波克拉底誓言》最初只是个人的道德信条，在希波克拉底领导科斯岛上一所医学学校之后，便以此作为校训。在希波克拉底看来，全部医术的首要目标就是治好有病的人。如果有不同途径达到这一目标，即应选择最简便易行的方法。这样，医生才能与好人、精通医术的名声相称，而不是一心贪图那些低成色的普通硬币。

随着希波克拉底影响的扩大，数百年来这段誓词成为一直被医生们遵守的医务道德自律原则，古代西方医生在开业时都要宣读这份誓词。今天，它早已超越科斯岛，超越希腊，扩散到全世界。"希波克拉底誓言"远远超出了医学范围。这段简短朴实的文字，已经成为人类历史长河中一支不灭的火炬。《希波克拉底誓言》几乎成为职业道德、事业良知的代名词。20 世纪中叶，世界医协大会据此制定了国际医务人员道德规范，在许多医学院校的毕业典礼上宣读。

希波克拉底 希波克拉底作为古希腊的著名医师和西方医学的奠基人，主张医师所应医治的不仅是病而是病人，因此在治疗中应注意病人的个性特征、环境因素和生活方式对病患的影响，从而改变了当时医学中以巫术和宗教为根据的观念。在此基础上，他提出了"四体液病理学说"认为，人体内存有血液、黏液、黄胆汁、黑胆汁四种体液。这四种体液的分泌，便形成胆汁质或黄胆质、抑郁质或黑胆质、多血质以及黏液质四种气质，即幽默（humor）类型。希氏定义：所谓"良好幽默"，指的是比例均衡的状态；所谓"缺乏幽默"，指的是比例失调的状态，或者是其中的某种体液比较突出的状态①。现今英

---

① 徐侗：《话说幽默》，上海社会科学院出版社，1991，第 2 页。

（美）词汇中的 humo（u）r，除有幽默、诙谐、滑稽、幽默感之意，也指人的精神状态、心情、脾气。习语 "out of humour" 就是 "心情不好" ①。

希波克拉底概念中的 "幽默"，显然并没有现代的 "可笑性"、"喜剧性" 的意义。但是，他创用的 "幽默" 之词，却被后人接受并使用。文艺复兴时期的英国戏剧家本·琼生把希氏的 "幽默" 解读成 "可笑的气质"，并逐渐演变成为西方笑论和西方喜剧理论中的主流话语，甚至在今天已经成为关于笑和讽刺、滑稽和机智的总体评价和总体概括。其话语的贡献，十分显著。另外，希氏所说的 "缺乏幽默"，实际指涉一种病态的或特殊的气质类型——"怪"，因比例失调所形成的古怪、怪诞。而 "怪" 以及由 "怪" 所衍生出来的不协调性，正是西方笑论或喜剧理论关于其对象认识的共识之一。例如，亚里士多德就认为，戏剧所模仿的 "比较坏的人"，就像滑稽面具一样，"又丑又怪，但不使人感到痛苦" ②，恰好达到在骨子里崇尚中庸的中国人所能够接受的 "有限罪恶" 的程度。

从现代 "术语" 定义的角度上来说，希波克拉底所创造的 "幽默"，有其名而无其实。时至今日在中国，有几许人物知道 "幽默" 其实原本只是一位古代医生提出的医学名词？但若从术语在外壳不变的情况下所发生的 "蜕变" 来说，希波克拉底的 "幽默" 却算得上是真正的用心良苦、经久不衰。术语外壳的包容能力如此 "幽默"，倒也可见一斑。

至于从 "humor" 到 "幽默" 的中文译名，据说是林语堂先生的创意，译文解作 "诙谐" ③。《现代汉语词典》解释 "幽默" 为 "有趣或可笑而意味深长"。《辞海》解释 "幽默"，在文学艺术中有两个含义：（1）发现生活中喜剧性因素和在艺术中创造、表现喜剧性因素的能力。真正的幽默能够洞悉各种琐屑、卑微的事物所掩藏着的深刻本质。（2）一种艺术手法。以轻松、戏谑但又含有深意的笑为其主要审美特征，表现为意识对审美对象所采取的内庄外谐的态度。通常是运用滑稽、双关、反语、谐音、夸张等表现手段，把缺点和优点、缺陷和完善、荒唐和合理、愚笨和机敏等两极对立的属性不动声色地集为一体。在这种对立的统一中，可见深刻的意义或自嘲的智慧风貌。

---

① 霍恩比：《牛津高阶英汉双解词典》（第四版），商务印书馆、牛津大学出版社，1997，第726页。
② 闫广林：《历史与形式》，上海社会科学院出版社，2005，第4页。
③ 史有为：《外来词——异文化的使者》，上海辞书出版社，2004，第247页。

"幽默"的另一个幽默之处，是它在中国文化中古已有之。中国古文中的"幽默"，原本是寂静无声之意。《楚辞·九章·怀沙》："眴兮杳杳，孔静幽默。"许慎的《说文解字》释"幽"为"隐也"；"默"为"犬暂逐人"，本义是指狗一声不叫地追着咬人。"暂"字据沈涛考，应为"潜"。狗见生人一般会吠影吠形，大叫不已，而一声不吭，只顾追咬，是很特殊的情况，这种狗更可怕。后来引申为"沉默"①。"幽"字的甲骨文字形，下面是"山"，上面画出延绵不绝的蚕丝，表示山间蜿蜒的小路，引申出"深"的含义。山中树木参天，林荫遮蔽，人烟稀少，故"幽"又有暗寂之解，再引申出宁静、清静。尊重历史的人，必定从历史中获益。没想到屈原安安静静的"幽默"，竟也演化成了后人置放"幽默"的外壳。古老汉字的承载和包容能力，于此尽显无遗。

■ 公元前 399 年　苏格拉底，哲学

苏格拉底　苏格拉底（Socratēs，前 469~前 399 年），古希腊哲学家。他提出"自知自己无知"的命题，认为"美德即知识"。公元前 399 年，苏格拉底被奴隶主民主派以传播异说、毒害青年等罪名逮捕，后被判处死刑，在狱中处死。这位人类思想的先哲经过 501 位公民代表开会表决，以 280 票同意、221 票反对的结果，被判"饮鸩而死"②。那些文明的执行者"早已备好毒酒"。直到最后，苏格拉底仍然要最后一次挑战活着的人们："我们当中谁将获得更好的体验，这是个只有神才知道答案的问题。现在，我去赴死而你们继续活着，让我们出发去寻找各自的答案吧。"

苏格拉底的弟子柏拉图称他是"我曾知道的所有的人中最聪明、最正派、最优秀的人"。苏格拉底的死使柏拉图长期厌恶民主政体。

哲学　"哲学"一词来源于古希腊语中的"philosophein"，原意为"爱智慧"。这里的"爱"，既有"喜爱智慧"之意，更含有对智慧的追索与探求。公元前 4 世纪左右，苏格拉底的弟子们最早使用了这一说法。简单地说，"哲学"是一门教人正确思考、获得人生智慧的学问，是人类诠释世界，观照

---

① 张晓虎：《最新汉字趣味字典》，山西人民出版社，1996，第 295 页。

② 汪丁丁：《幽灵自述》，社会科学文献出版社，2001，第 55 页。

苏格拉底之死（油画）
雅克·路易·大卫（1878）

油画展现哲人苏格拉底接过盛满毒芹草汁高脚杯的瞬间（横担的手臂），体现英雄"为信仰从容赴死，虽死犹生而无憾"的壮烈情怀。苏格拉底指问苍天，以他独有的自信继续挑战活着的人们："我们当中谁将获得更好的体验，这是只有神才知道答案的问题。现在，我去赴死而你们继续活着，让我们出发去寻找各自的答案吧。"

图版来源：参见宋威《完全图解哲学》，南海出版公司，2008，第26页。

自身的方式。哲学诞生自公元前6世纪，大致经历了古代哲学、中世纪宗教哲学、近代哲学和现代哲学四个阶段。古希腊哲学是西方哲学的发端，以理性、质疑、思辨等精神成为后代哲学的典范。这一时期，有三位最著名的哲学家：苏格拉底、柏拉图、亚里士多德。在苏格拉底以前的哲学家有：泰勒斯、阿那克西曼德、赫拉克利特、巴门尼德、德谟克利特。

泰勒斯于公元前6世纪出生于爱奥尼亚（古代小亚细亚西部沿爱琴海海岸的一个地区），被认为是最初的哲学家。他提出了一个至关重要的问题：宇宙万物的本原是什么？他认为，宇宙万物的本原是"水"。而阿那克西曼德认为，宇宙万物的本原是"无限定"。德谟克利特则试图用各种要素的组合阐释万物，他认为，"原子"（atom）是宇宙万物的最基本构成①。

■ 公元前 387 年　柏拉图，阿卡德米学园

柏拉图　柏拉图（Platon，前 427~前 347 年），古希腊哲学家，柏拉图派的创始人。原姓阿里斯托克勒（Aristocles），是苏格拉底的弟子、亚里士多德的老师，生于雅典。曾三次去西西里岛上的叙拉古城邦游说，试图影响迪奥尼修斯父子，均告失败。公元前 387 年，在雅典城外西北方创办学园。柏拉图活了 80 岁，后 40 年的大部分时光在雅典度过，以传授哲学学说、纂写论著为主。他最著名的弟子是亚里士多德。亚里士多德 17 岁来到学园时，柏拉图 60 岁。

阿卡德米学园（Academy）　公元前 387 年，柏拉图在雅典城外西北方创办的教育机构，音译为"阿卡德米"，历经沧桑，经久不衰，直到公元 529 年东罗马帝国皇帝查士丁尼下令关闭，前后持续达 916 年之久。这所学园可能是欧洲历史上第一所固定的学校。学园之名，对后世学院等研究单位深有影响。例如，中国社会科学院，英文名称为 "Chinese Academy of Social Sciences"。

[辨析]　另有亚里士多德于公元前 335 年在雅典创办的教育机构——吕克昂学园（Lyceum）。

■ 公元前 369~前 286 年　庄周，南华经

庄周　庄周（前 369~前 286 年），亦称"庄子"，中国古代战国时期哲学家，宋国蒙县（今河南省商丘县东北）人，曾为蒙县地方的漆园吏。继承和发展了老子"道法自然"的观点，强调事物自身的变化，并以精确的语言词汇表达了深刻的哲学观点。

南华经　庄子著有《庄子》，亦称"南华经"，被后世尊为"道家经典"，原著 52 篇，现存仅 33 篇。其中，有 7 篇被认定为庄子本人所著，其他外篇、杂篇则可能是他的弟子和后来道家之作品。《庄子·天下篇》包含着许多数学哲理，并浓缩定义为简洁的术语。譬如，"至大无外，谓之大一"、"至小无

---

① 宋威：《完全图解哲学》，南海出版公司，2008，第 12~30 页。

内，谓之小一"，表达了立论者对无穷大、无穷小的明确见解。"飞鸟之景，未尝动也。镞矢之疾，而有不行不止之时。"这与古希腊埃利亚学派的芝诺提出的"飞矢不动"悖论如出一辙。庄子"一尺之捶，日取其半，万世不竭"的论断更为著名，说明了立论者对于极限概念认识的深度。

尤其值得一提的是，《庄子》一书文笔精妙，设喻精辟，言简意赅，已经成为后世师表。其中，"庖丁解牛"、"邯郸学步"、"东施效颦"等寓言，纷纷从故事（历史典故）浓缩固化为语言词汇（汉语成语），并以这种形式进入了中华民族文化乃至世界文明教育的思想主流，在中国术语发展史上具有较高的标本价值。

■ 公元前335年　亚里士多德，吕克昂学园

亚里士多德　亚里士多德（Aristotelēs，前384~前322年），古希腊哲学家、科学家。生于斯塔吉拉。曾在阿卡德米学园中从柏拉图处受业。柏拉图死后他到小亚细亚阿索斯城讲学。公元前343年他应邀去马其顿王国首都佩拉任太子亚历山大的教师。他是古希腊哲学家中最博学的人物之一。公元前335年回到雅典，创办了吕克昂学园，从事讲学与研究。他选定的校址是雅典城中最豪华的体育馆，那是奉献给牧羊神的建筑，周围有阴凉的花园和带顶的围廊。学校取名为"学园"（Lyceum），国内也有人译为书院①。而学园中的人和他们的哲学则被称为"逍遥学派"（Peripatetic），因为亚里士多德在讲学时，喜欢和他的学生们一起在学园的走廊（Peripator）里来回走动。

在科学领域，亚里士多德运用了观察、报告和实验的方法，也是第一个组织科研小组的人。他认为，行为的目的是快乐，但是快乐的秘密在于人的美德，即在极端之间保持中庸之道。最好的美德就是智慧，是对现实、目标和方法的周全考虑。他让学生们收集一切领域中的知识，并将它们有机地结合在一起，包括外国人民的风俗、希腊各城邦的法律、皮扎竞技会（Pythian games）和雅典酒神节（Dionysia）上历年胜利者的名单、动物的器官和习性、

---

① 上海译文出版社1978年版《新英汉词典》将"Lyceum"译作"学园"（古希腊哲学家亚里士多德讲学的地方）；亚里士多德学派。将"Academy"译作"学园"（柏拉图讲哲学的地方）；柏拉图哲学（或学派）。

植物的特性和分布地区、科学和哲学的历史等。这些研究成为一笔资料财富，在此基础上，他写出了各种各样数量惊人的论文……像一艘满载着知识和思想的航船，这种保守的智慧可能更适合于统治者的朋友或囚徒①。

吕克昂学园（Lyceum）　亚里士多德于公元前 335 年在雅典创办的教育机构。

[**辨析**]　另有柏拉图于公元前 387 年在雅典创办的教育机构——阿卡德米学园（Academy）。

■ 公元前 332 年　亚历山大，马其顿人，希腊人

公元前 332 年，亚历山大（Alexander）率领马其顿人（Macedonians）和希腊人组成的大军征服埃及，建亚历山大城。

■ 公元前 323 年　托勒密，亚历山大学派

托勒密　公元前 323 年，马其顿人托勒密（Ptolemy，前 367~前 285 年）得到埃及，建立托勒密王朝。此后，希腊人大批移民到来。托勒密十分重视科学文化发展，重视科学研究，建立了以宏伟巨大的博学园为标志的亚历山大②科学城。大约在公元前 290 年，托勒密接受东方文化影响，耗费巨资，精心设计，由国家出资修建，创办了原来名叫缪斯的博学园。托勒密聘请了许多名师来博学园任教、研究，保障了教学质量和科研水平的不断提高。作为世界上第一个为这些学者发工资、提供食宿的人，托勒密成为后世之表率。

亚历山大学派　托勒密大力引进人才，博学园学者云集，学派林立，其中成就最大、影响最为深远的就是亚历山大学派。从公元前 4 世纪开始的千余年间，知名的数学家都曾在此求学或讲学，他们都是亚历山大学派成员，如《几何原本》的著者欧几里得（Euclid，前 330~前 275 年）、海伦

---

① 〔美〕威尔·杜兰特：《历史中的英雄》，王琴译，中信出版社，2005，第 103 页。

② 亚历山大城以希腊奴隶主首领马其顿国王腓力之子亚历山大（公元前 356~前 323 年）的名字命名，自公元前 332 年开始建设，结构端正，气势宏大，井然有序，地下水道完备，体现了超时代的建筑思想。全城 50 万居民，除埃及人、希腊人，还有波斯人、阿拉伯人和罗马人，用通用的希腊语交谈，和平相处。

（Heron，约公元 1 世纪，精于测量，给出已知三角形三边求其面积的"海伦公式"）、托勒密（C.Ptolemy，约 100~170 年，三角学奠基人）、丢番图（Diophantus，约 246~330 年，古希腊代数鼻祖）、帕普斯（Pappus，约 300~350 年，几何学者）。

■ 公元前 307 年　伊壁鸠鲁，伊壁鸠鲁学派，卢克莱修

伊壁鸠鲁（Epicurus，前 341~前 270 年），古希腊哲学家。生于萨莫斯岛，前 323 年前往雅典，前 310 年起在小亚细亚讲授哲学。前 307 年重返雅典，在一座花园里建立学校，史称"伊壁鸠鲁花园"，一直存在到公元 4 世纪。相传学生中有妇女和奴隶，这在古希腊是一个创举。伊壁鸠鲁学派在此形成，将哲学分为三个部分：（1）物理学，研究自然及其规律；（2）准则学，即逻辑学，说明认识自然的方法；（3）伦理学，论述幸福的学说。他是快乐论的最早提出者之一。在社会政治观点方面，他最早提出了原始的、朴素的社会契约说。伊壁鸠鲁学派最著名的代表人物是卢克莱修（Titus Lucretius Carus，约前 99~前 55 年）[1]，还有麦特罗多拉（约前 330~前 227 年，伊壁鸠鲁的弟子）等。

■ 公元前 300 年　原本

原本（elements）　公元前 300 年左右，希腊学者欧几里得（Euclid，前 330~前 275 年）[2]著作，拉丁文书名原文为"Euclidis Elementorum Librri XV"，直译为《欧几里得原本十五卷》，其书内容着重讨论数学基本理论，以严密的逻辑推理形式，由公理、公设、定义出发，用一系列定理公式，把初等几何学知识构造成为一个相对完备的体系，是用公理法建立数学演绎体系的最早示范。在欧洲，公认该书是最流行的数学名著。该书所体现的逻辑推理方法，再加上科学实验，是世界近代科学产生和发展的重要前提。但一般认为，该

---

① 卢克莱修（Titus Lucretius Carus，约前 99~前 55 年），古希腊诗人、哲学家。生平已不可考。所著哲学诗篇《物性论》在古代和中世纪被列为禁书。

② 欧几里得（Euclid，前 330~前 275 年），古希腊数学家。著有《原本》十三卷共 467 个命题，后人又续添 14、15 两卷，是世界上最早公理化的数学著作。参见《数学辞海》第 1 卷，山西教育出版社等，2002，第 118 页。

书第十四卷出自亚历山大的许普西克勒斯〔Hypsicles，（A）〕之手；第十五卷为 6 世纪初大马士革乌斯〔Damascius，（D）〕所著①。1900 多年后，在中国明朝，有西学东渐。1606 年秋至 1607 年正月由徐光启笔授、利玛窦口传译为《几何原本》，是欧几里得原书中的前六卷，即平面几何部分。250 年后的 1857 年（清咸丰七年），由伟烈亚力（Wylie, A.）和李善兰合译了后 9 卷。在此之前，元朝已有《几何原本》的阿拉伯文译本，译名是《兀忽烈的四臂算法段数十五部》，现已失传②。

■ 公元前 278 年　端午节，屈原

端午节　端午节是人文节日。民俗学认为，端午节来源于古越人的图腾祭祀，插艾蒲，饮雄黄，挂香囊，禳灾异，都是公共卫生的原始防疫。但是，中国人民代代相传，端午节是纪念屈原投江的受难日。

屈原　屈原（前 339~前 278 年），战国时期的楚国贵族，才思超逸，痴心辅佐怀王。秦楚争霸，"横则秦帝，纵则楚王"。屈原主张联齐抗秦。怀王轻信谗言，放逐屈原，与秦结盟，公元前 299 年（楚怀王三十年）入秦被扣留，客死于秦。顷襄王即位，继续亲秦。屈原再放，流落江南，辗转沅湘，哀吟苦忆。公元前 278 年（秦昭王二十九年）秦将白起攻克楚都郢（今湖北荆州西北），灭楚国。屈原目睹亡国，心力交瘁，以死殉国，自沉于汨罗江，时为（前 278 年）阴历五月初五。"端、初"同义，"五"、"午"相通，端午节即初五节。每到这日，人们吃粽子、赛龙舟。龙舟是到水中找寻屈原，粽子是给屈原的灵魂祭奠。屈原是中国知识分子的受难象征，正如耶稣是以色列人的受难象征。

屈原之死，震撼了中国知识分子的灵魂。端午节是纪念屈原受难的节日，经过 2300 年的绵延，发展成为尊重知识的节日，解放知识分子的节日。言论可以控制，记忆无法禁止。中华民族的特色就是有历史记忆。2008 年，中国政府规定端午节为法定节假日，说明晚近复古思潮悄然兴起。勿忘过去，警惕未来，历史正在不断前进。

---

① 《数学辞海》第 1 卷，山西教育出版社等，2002，第 118 页。

② 《数学辞海》第 1 卷，山西教育出版社等，2002，第 118 页。

[辨析] 中国古代有两位楚怀王。其一，坚持不待见屈原的楚怀王（？~前296年）是战国时楚国君。熊氏，名槐（《诅楚文》作相）。公元前328~前299年在位。政治腐败，剥削严重，排斥主张改革的官吏。先后败于秦、齐，失去汉中（今陕西省和湖北省之间地）等地。楚怀王三十年（前299年）入秦被扣，后客死秦国。在位期间，曾乘越内乱，攻灭越国，设郡江东。其二，秦末项梁起义后所拥立的楚怀王（？~前205年）。熊氏，名心，是战国时楚怀王孙。秦灭楚后，在民间为人放羊。秦二世元年（前209年），项梁率起义军渡江西进，闻陈胜牺牲，听从范增计谋，拥立熊心为楚怀王，建都盱台（今江苏盱眙东北）。项梁战死后，楚怀王乘机到彭城（今江苏省徐州），夺取项羽、吕臣士卒，改用宋义为上将军。后项羽杀死宋义，夺回兵权。公元前206年，项羽自立为西楚霸王，楚怀王被尊为义帝，徙于江南，都郴县（今湖南郴州），项羽命英布（一说为吴芮、共敖）追杀于江中。（《辞海》，第229页）

■ 公元前256年　都江堰，李冰

都江堰　都江堰旧称"湔堋"、"金堤"等，位于中国四川省灌县西部、岷江山谷河道与平原河道的交汇处，建于战国秦昭襄王五十一年（前256年）。它是中国历史上保存最为完好的古代大型水利工程，规模浩大，效益显著，历经二千余年而作用不减，在国内外享有盛誉。

李冰　李冰是战国时期的水利家，能知天文地理，又能体恤民情，重视水利建设。公元前256年时任蜀郡太守，痛感岷江为患，殃祸百姓，决心治理水害，兴利益民，遂主持修建都江堰工程。他走访民间，巡查山势水情，拟定治水方略。《水经注》记载："秦昭王（昭襄王）使李冰为蜀守，开成都二江，灌田万顷。"李冰因此受到人民的爱戴和敬仰。后人在岷江江畔修建了二王庙，纪念李冰父子，钟鼓长鸣，人流不断，经年累月，香烟不绝。已经成为驰名中外的旅游胜地①。

都江堰枢纽工程自上而下依次为百丈堤、都江鱼嘴、金钢堤、飞沙堰、

---

① 王贵洪：《千年方堰》，载闵宗殿、纪曙春《中国农业文明史话》，中国广播电视出版社，1991，第121~125页。

人字堤和宝瓶口。其中，都江鱼嘴、飞沙堰和宝瓶口是都江堰的三个主要部分，在运行中配合使用，使工程起到引水、灌溉、分洪、航运作用。历两千余年，经风雨沧桑、抗地震破坏而依然矗立，一直施益于成都平原，足以证明其设计之巧妙。

都江堰的建成，解决了成都平原的洪涝和干旱问题，使岷江水利资源得以利用，促进了成都平原农业和经济的发展，成为"水旱从人，不知饥馑，时无荒年"的天府之国，为秦国成就大业、统一中国奠定了物质基础。都江堰，是中华民族的骄傲。

■ 公元前 242 年　印度佛教

印度佛教　西土宗教对中国影响最大的是印度佛教。《佛祖统记》卷 35（据朱士行《经录》和《白马寺》）记载，在公元前 242 年即有西域沙门室利防等人携带梵文佛经入咸阳，只是当时佛教尚无影响，所以未得传开①。

> 东汉明帝永平十年（公元 67 年）曾派蔡愔、秦景等人赴西域访求佛道，接迎佛教典籍，并邀请大月氏（一说中天竺）沙门迦叶摩腾（一说为摄摩腾）、竺法兰同来洛阳，相传有白马驮经至洛阳。为之建白马寺。白马寺是佛教传入中国后建造的第一座庙宇，被奉为祖庙。又据说，在此之前西汉哀帝元寿元年（前 2 年）由大月氏王派人口授"浮屠经"。这仅仅是一传说，未能进一步证实。然而不论如何，东汉明帝时佛教已传入中原应是无疑的。当时楚王刘英招聚方士、沙门（龟兹语 Samane）祭神求福，明帝曾下诏褒奖，称赞他"诵黄老之微言，尚浮屠之仁祠"。可见当时的佛教是作为和黄老之学并行不悖的玄理而存在发展的。东汉帝王崇尚黄老和神仙方术，佛教（开始是大乘佛教）初入中土即已被改造变异，糅入中原理义，成为适合中国口味的宗教。
>
> ——史有为：《外来词——异文化的使者》，上海辞书出版社，2004，第 173 页。

---

① 陆锡兴：《汉字传播史》，语文出版社，2002，第 81 页。

摄摩腾、竺法兰译经多部。佛教受到崇奉，梵典从西土远远传入，西域高僧陆续来到中原，从事翻译工作。随着对梵文的不断了解，佛经的翻译工作越来越多地由汉人担任。汉地文人也多通梵文者。如王维有诗题为"苑舍人能书梵兼达梵音，皆曲尽其妙"。

由于对佛法的渴求，中国僧人陆续赴印，带回了众多的婆罗米文字的佛典。较有影响的有3人，即法显、玄奘、义净。东晋法显从陆路往天竺，由海路而还，带回大量梵本佛典。唐代玄奘游历天竺，带回大小乘经、律、论共520夹，657部。义净晚于玄奘由海道赴印，携回梵本经、律、论约400部①。随着翻译工作的开展，出现了专门的有关梵文的书籍。如《悉昙字记》、《梵语千字文》、《唐梵文字》等，书中有梵汉文字的对照。真言宗注重咒语，人们为去灾求福常崇信密咒，梵文因此广泛地流传于各地。

"印度"以印度河得名。中国古书称印度为"身（yuán）毒"。身毒后改称天竺，到唐代才开始叫印度；唐僧玄奘在《大唐西域记》中有"印度之人，随地称国"句。古代印度不是一个统一的政治实体，而是表示南亚次大陆的一个地理名称，相当于现在的印度、巴基斯坦、孟加拉国②。另说身毒与天竺均为印度之别称。身毒源自梵语"Sindhu"，天竺可能源自古波斯土语"Thendhu"或古代北印度犍陀罗语（Gândhârī）相当于"dhindu"的读法③。

■ 公元前213年　先秦，哲学，智能，事业，德行

史籍记载，先秦时期，关于声学、光学、磁学的一些名词已在中国确定并流传。但是，何谓"先秦"？

先秦　先秦指秦代以前的历史时期。从远古起，直到公元前221年秦始皇统一全中国为止。《汉书·河间献王传》："献王所得书，皆古文先秦旧书。"颜师古注："先秦犹言秦先，谓未焚书之前。"一般用以指春秋、战国时期。由此可知，此"先秦"术语之概念尚未统一。以其起终点之不同，"先秦"可分别定义为：（1）自远古起，至公元前221年秦统一全中国止；

---

① 陆锡兴：《汉字传播史》，语文出版社，2002，第81页。
② 续建宜、刘亚林：《世界文明古国述略》，上海教育出版社，1998，第56页。
③ 史有为：《外来词——异文化的使者》，上海辞书出版社，2004，第173页。

（2）自远古起，至公元前 213 年秦始皇焚书坑儒时止；（3）推后起点，即以"先秦"等同于春秋、战国时期。如此则需考究春秋、战国之起讫时间，但仍未解决其终止点究竟是在公元前 221 年，抑或是在公元前 213 年的问题。

哲学　"哲学"（philosophy）一词源于希腊语"phiosophia"，由"philo"（爱好）和"sophia"（智慧）组成，意为"爱智之学"。在古代，科学包含在哲学当中。爱因斯坦说："哲学是科学之母。"如若一个国家或一个民族的人们普遍忽视了哲学思想的繁荣，那就很难有伟大的创新。

智能　智能是感受世界、获取信息、整合知识、解决问题的能力。在日常生活中，智能或智力、智慧，对应的英文词为"intelligence"，本意为智力、理解力、聪明，指人的智慧和行动能力（intellectual power；intellectual ability），也指情报和谍报以及宗教意义上的神或天使，在中国台湾省译为"智慧"。英语中另有一词"wisdom"，意为智慧、才智、明智，知识、学问、常识；（古人的）名言、教训，以及能够提出这些名言、教训的哲人、贤士。

战国末期思想家、教育家荀子在《正名第二十二》中这样定义"智能"：

> 所以知之在人者谓之知。知有所合谓之智。智所以能之在人者谓之能。能有所合谓之能。

这就是说，人所固有的、用以认识客观事物的东西，叫作认识能力。人的认识与客观事物相吻合，叫作智。人固有的掌握才能的能力，叫作能，或称为"先天素质"。这种先天素质与客观事物相符合，使活动达到成功的目的时，叫智能①，或者更为确切地说，是智能作用的实现。

事业，德行　关于智能行为的目的，荀子更以"利"和"义"的区别为准则作出细分：

> 正利而为谓之事。正义而为谓之行。

此处，事即事业，行为德行。为了功利去做叫事业。为了道义去做叫

---

① 冯天瑜：《中国思想家论智力》，湖北人民出版社，1983，第 3 页。

德行①。

但是，毫无疑问，智能的发挥需要一定的环境或制度条件作为基础。智能得以实现和发展的前提，是人格的自由和思想之独立。套用人类社会发展史中一句响彻寰宇的名言：不自由，毋宁死。我们可以仰其义而用之：不自由，毋宁傻。傻，便是对智慧或智能的隐藏。反而观之，在没有自由的条件下发扬智慧，可能需要付出很高的代价，在极端情况下，则有可能意味着一个智慧生命的终结。没有学术自由，智能亦无用武之地，这是典型的社会科学问题。

八斤铜权

图版来源：参见中国历史博物馆《中国通史陈列》，朝华出版社，1998，第76页，图5-1-7。

■ 公元前 221 年（秦始皇二十六年） 八斤铜权

公元前 221 年秦统一全国，秦王政称始皇帝。

八斤铜权 八斤铜权，高 5.5 厘米，底径 9.8 厘米，重 2063.5 克，权身铸有"八斤"二字并刻秦始皇二十六年统一度量衡诏文。

■ 公元前 213 年（秦始皇三十四年） 焚书坑儒，焚书

焚书坑儒 秦始皇三十四年（前 213 年），博士淳于越反对郡县制，要求根据古制，分封子弟。丞相李斯反驳其议，主张禁止儒生议古非今，以私学诽谤朝政。秦始皇采纳李斯建议，下令焚烧《秦记》以外的列国史记，对不属于博士管理的私藏《诗》、《书》等亦限期缴出烧毁；谈论《诗》、《书》的处死，以古非今者灭族；社会教育禁止私学，欲学法令的以吏为师。次年，卢生、侯生等方士、儒生以秦始皇贪权专断，滥施刑罚为由，相约逃亡。秦始皇派御史查究，将 460 多名方士和儒生坑死在咸阳，史称"焚书坑儒"。

当时，秦始皇下令，除秦国史外，史书一律废止，民间须将《诗经》、《书经》等儒家经书全部上缴、焚毁，但博士收藏的经书除外。百姓如谈论儒学，或者在告示发布后拒不交出禁书者，一律处以极刑。只

———————————
① 《荀子》，张觉今译，湖北人民出版社、外文出版社，1999，第 706 页。

有医学、占卜、农业方面的实用性书籍未被禁止。次年又有方士诈称寻找长生不老药，骗取重金潜逃；还有儒士备受恩宠却在私下散布流言，攻击皇帝。这些举动激怒了秦始皇，遂下令查而坑之。

——〔日〕阿辻哲次：《图说汉字的历史》，高文汉译，山东画报出版社，2005，第83页。

焚书 明末李贽著《焚书》，亦称《李氏焚书》。包括书答、杂述、读史短文及诗等，共六卷。另有《续焚书》五卷，系门人汪本钶辑集。作者公开以"异端"自居，蔑视孔孟。激烈批评儒家经典。书出，正如书题所预示，历遭封建统治者查禁焚毁。

秦始皇视察焚书坑儒图
儒学遭到毁灭性打击，但并未灭绝。因为当时规定只焚烧民间的经书，博士管理的不在其内。历史事实表明，虽有焚书坑儒，儒学依然得到传承。
图版来源：参见〔日〕阿辻哲次《图说汉字的历史》，高文汉译，山东画报出版社，2005，第83页。

如果对新文化的接受不是有组织的吸收的形式，而是采取突然替换的形式，因而引起旧文化的消亡，这确实是全人类的一个重大损失。因此，真正的问题可以这样说：我们应怎样才能以最有效的方式吸收现代文化，使它能同我们的固有文化相一致、协调和继续发展？

——胡适：《先秦名学史》，安徽教育出版社，1999，第11~12页。

事实上，中国历朝历代素有"禁书"的偏好，所禁之书，也并非仅为本朝士儒的著作。明书清禁，盖因所刺，非只明事，清人恨之，因刺已也。中国历史上，秦始皇焚书坑儒人所共知，其实清朝也有禁书令。"自乾隆三十九年（1774年）至四十七年（1782年）继续烧书二十四回，烧去的书一万三千八百六十二部。直至乾隆五十三年，还有严喻。他一面说提倡文化，一面又抄袭秦始皇的蓝本。"①

■ 公元前201年（西汉高祖六年） 绵竹，绵竹年画

绵竹 蜀中历史文化名城。在四川省德阳市西北部，沱江上游。西周时附属蚕丛国，秦隶蜀郡。汉高祖六年（前201年）置绵竹县，因其"地滨绵水，多竹"，故名。后在蜀汉两晋至隋初先后改名为"阳泉"、"晋熙"、"孝水"，隋大业二年（606年）复名绵竹，一直沿用至今②。《寰宇通志》："以其地竹性柔韧，可以绚缍，因以名县。"绵竹盛产竹，以竹造纸，是蜀中"竹纸"重镇。绵竹年画用的"粉笺纸"就是在"竹纸"基础上形成的。《绵竹县志》："竹纸之利仰给者数万家犹不足，则印为书籍，制为桃符，画为神荼（shū）郁垒（lù），点缀年景。"1996年改设市，人口51万（城镇8.9万人，1996年）。林、矿资源丰富。工业有采矿、机械、建材、化肥、纺织、制糖等。农产品有稻、小麦、玉米、油菜籽，并产花生、烟草、甘蔗。特产大曲酒、松花皮蛋、木版年画。古迹有祥符寺、三溪寺、双忠祠。

绵竹年画 绵竹木版年画是中国西南地区著名的民间非物质文化遗产。利用当地"竹纸"优势，在传统"门神"崇拜、唐宋期间蜀本印刷、木版刻书、雕版印刷的基础上发展，创于明末清初，以光绪年间为盛。有"门画"、"斗方"和"画条"等种类。大都以木版印出轮廓线，再填色、开相而成。造型质朴、粗犷，色彩艳丽。（《辞海》，第1167页）

绵竹年画的远源近流分别是桃木门神画、刻书版画与蜀本印刷。其远源传说为黄帝时有神荼（shū）、郁垒（lù）二人，神武正义，可以降服鬼怪于桃树下，于是"帝乃立桃板于门，画二人像，以御鬼"。《礼记·五制》有"扎

---

① 龚益：《封建王朝的更选》，交流文稿，2005。
② 宋俊华：《岁末年初话年画》，2009年1月20日第7版《中国社会科学院报》。

门神"之说。《玉烛宝典》："元日造桃木著户，谓之仙木……其上或书神荼（shū）郁垒（lù）之字。"绵竹年画之近流则与以佛像或宗教故事为主的刻书版画有关。

　　世界现存最早的两幅印刷版画是中国唐代文物，一幅在敦煌发现的木版印《金刚经》卷首"说法图"，卷末印有"唐咸通九年（868年）四月十五日印造"字样。唐咸通本《金刚经》的出土，说明印刷术的发明或在中国出现，必在唐朝之先，必在物质、技术条件成熟之初的两汉至隋朝这数百年间①。另一幅为成都唐墓出土，大小约一方尺，印在很薄的皮纸②上，画面中心是一尊佛像，四周为梵文《陀罗尼经》，经文四

成都府成都县龙池坊卞家雕版印本陀罗尼经咒

宽 34.3 厘米，高 30.5 厘米。1944 年四川省成都市望江楼唐墓出土。

图版来源：参见中国历史博物馆《中国通史陈列》，朝华出版社，1998，第 126 页。

周又是各种佛陀造像，右侧边上字样为"成都府成都县龙池坊卞家印本"。说明在公元 8 世纪中叶，中国已有刻印和销售印刷品的店铺在经营③。宋太祖开宝四年（971 年）宦官张从信奉命在成都刻《大藏经》5000 卷，历时 12 年，世称"开宝藏"；宋宁宗庆元五年（1199 年），成都学署雕印《太平御览》1000 卷，动用刻工 140 余人；清代四川各地修建会馆，画工们多受聘绘塑神像。这些工作为绵竹年画培养了大批刻工、印刷工和画工，使之成为宝贵的人力资源。

　　在经营组织形式上，绵竹年画得益于融商业与民俗于一体的"伏羲会"。清乾隆、嘉庆年间，绵竹年画作坊多达 300 余家，分布在县城及城郊西南的板桥、孝德、青道、新市、遵道、拱星等乡镇。年画艺人逾千，加上帮工，从业人员达万人以上，行会组织——"伏羲会"应运而生。清代中期，绵竹年画年产门神、斗方达 1000 万份左右，画条超过 200 万份。仅县城就有专营年画的商贾 30 余家，"行商"无数。《绵竹县志》卷九《实物志·后序》："商贩自陕甘滇黔裹银来市易画者，仲冬接踵城南，购运遍及五道百五十余县。"④

①　张树栋、庞多益、郑如斯：《简明中华印刷通史》，广西师范大学出版社，2004，第 55 页。
②　皮纸，以韧皮纤维为原料制成的纸。纸质薄而柔韧，纤维交错均匀。在工业上作誊写蜡纸和补强粉云母纸带等的原纸；也供日用，如糊窗、做皮袄衬里等。
③　张树栋、庞多益、郑如斯：《简明中华印刷通史》，广西师范大学出版社，2004，第 67 页。
④　宋俊华：《岁末年初话年画》，2009 年 1 月 20 日第 7 版《中国社会科学院报》。

■ 公元前 124 年（西汉武帝元朔五年）　五经博士，西汉太学

太学是中国古代的大学，其名始于西周。《大戴记·保傅》："帝入太学，承师问道。"汉武帝元朔五年（前 124 年）设五经博士，有弟子 50 人，为西汉太学建立之始。东汉时太学大发展，到质帝（公元 146 年）时太学生达 3 万人。魏晋到明清，或设太学，或设国子学（国子监），或两者同设，均为传授儒家经典的最高学府。

■ 公元前 109 年（西汉武帝元封二年）　滇王金印，石寨山

公元前 109 年，汉武帝册封滇国王为滇王，发给"滇王之印"。1956 年在云南省晋宁县石寨山出土。金印高 1.8 厘米，印面边长 2.3 厘米，重 89.5 克。金印的出土，可与史书上的记载相印证。

滇王金印
图版来源：参见中国历史博物馆《中国通史陈列》，朝华出版社，1998，第 87 页，图 5-4-8。

■ 公元前 47 年（西汉元帝初元二年）　博学园

博学园　公元前 47 年，古罗马帝国的皇帝凯撒（前 102~前 44 年）派兵焚毁停泊在亚历山大港的埃及舰队，大火殃及博学园。

■ 公元前 30 年（西汉成帝建始三年）　古罗马埃及

古罗马埃及　公元前 30 年，埃及被罗马军队占领，成为古罗马帝国的属地。

■ 公元前 2 年（西汉哀帝元寿元年）　浮屠经

浮屠经　公元 1~6 世纪，大月氏人建立贵霜帝国。他们早期在敦煌一带

游牧，后来西迁至中亚。原来是五个部落的联盟，贵霜部落兼并了其他四个部落。公元前135年占领阿姆河流域，进而扩大疆土，从波斯东部和阿富汗地区、到印度北部、直至中国边疆，建成贵霜帝国。首都起初在喀布尔，晚期前往白沙瓦。随着佛教昌盛起来，这里成为传播中心。西汉哀帝元寿元年（公元前2年）博士弟子景卢受大月氏王特使伊存口授《浮屠经》，这是佛教传入中国的开始。汉唐的外来僧人大都来自贵霜帝国。贵霜帝国是当时四大帝国（汉、贵霜、安息、罗马）之一。

二

自公元纪年开始第一个千年中出现的术语

■ 67 年（东汉永平十年） 永平求法

永平求法 据《洛阳伽蓝记》等书记载，汉明帝夜梦金人，于是派了 18 名大臣前往西域拜求佛法佛经。使者到大月氏国，遇高僧摄摩腾、竺法兰，得佛经佛像，于永平十年（67 年）以白马驮载返回洛阳，史称"永平求法"①。

■ 68 年（东汉永平十一年） 白马寺

白马寺 白马寺在河南省洛阳市东郊。为佛教传入中国后兴建的第一座寺院。相传建于东汉永平十一年（公元 68 年）。公元 67 年蔡愔、秦景等人去西域求取佛经，用白马驮经迎回洛阳。次年建寺，以"白马"命名。屡毁屡建。明嘉靖三十五年（1556年）重修。占地 4 万平方米。主要建筑有天王殿、大佛殿、大

白马寺

东汉明帝永平十年（67年）派蔡愔、秦景等人迎佛教典籍，中天竺沙门摄摩腾、竺法兰同来，以白马驮经到洛阳，永平十一年（68年）建白马寺。

图版来源：参见〔日〕阿辻哲次《图说汉字的历史》，大修馆书店，1989，第 143 页。

① 荣宪宾：《中国名寺观赏》，金盾出版社，2006，第 178 页。

雄殿、接引殿、清闵台、毗卢阁等，房舍百余间。为全国重点文物保护单位。（《辞海》1999 年版音序缩印本，第 53 页）

北魏永熙年间（532~534 年），洛阳祸乱迭起，白马寺遭破坏。隋唐两代复兴。在武则天支持下，曾广修殿阁，规模宏大。"安史之乱"（755~763 年）与"会昌法难"（841~846 年）时，白马寺再次遭到严重破坏。宋初，太宗赵光义下牒文修建。元初，元世祖下诏，再度大规模整修。明洪武二十三年（1390 年），明太祖朱元璋整修白马寺。嘉靖三十四年（1555 年），由东厂掌印太监黄锦发起并主持重修时，奠定了现在白马寺的规模与布局。"原门外有石雕白马，高 1.8 米左右，俯首奋蹄，状在征途。今白马石雕移于寺内，置法宝阁前。"[①]惟以荣说白马姿态，显然异于图中作乖乖状者。今之白马，奋蹄遑论；栅以铁栏，令人欷歔。

■ 170 年（东汉建宁三年） 旧约，希伯来圣经

圣马太写福音书

圣马太，使徒和传福音者。他所写的福音书开启了《新约》的序幕。传统上，一部耶稣话语的汇集也归在了他的名下。
图版来源：参见〔英〕约翰·布克主编《剑桥插图宗教史》，王立新、石梅芳、刘佳译，山东画报出版社，2005，第 237 页。

旧约（Old Testament），大约在公元 170 年左右美利托（萨迪斯的）提出"旧约"一词，以区别于《圣经》的另一部分《新约》。《旧约》又称《希伯来圣经》，犹太教和基督教共有的一套圣书。基督徒和犹太人通称"一经之徒"，《旧

---

① 荣宪宾：《中国名寺观赏》，金盾出版社，2006，第 178 页。

约》对于人生的解释和关于一位上帝创造宇宙的解释，成为包容这两种宗教教义的思想体系。《旧约》基本上是在公元前 1200~前 100 年间用希伯来文写成，少数段落是用阿拉米文写成的。希伯来正典包括：（1）《托拉》(Torah)，即"五经"，既有叙事，也有戒规和训诲，各卷次第为《创世纪》、《出埃及记》、《利未记》、《民数记》、《申命记》。(2)《奈维印》(Nevi' im)，即《先知书》，分为前先知书和后先知书，前者有《约书亚记》、《士师记》、《撒母耳记》、《列王记》，记希伯来伟人逸事；后者有《以赛亚书》、《耶利米书》、《以西结书》和《十二小先知书》，这些先知劝告以色列人重新听从上帝。（3）《圣录》(Ketuvim)，即《克图温》，内容为诗歌（崇拜诗歌和情歌）、神学著作和剧本，各卷名称为：《诗篇》、《箴言》、《约伯记》、《雅歌》、《路得记》、《耶利米哀歌》、《传道书》、《以斯帖记》、《但以理书》、《以斯拉—尼希米记》和《历代志》。希伯来正典共 24 卷，古代写作时即为 24 经卷。基督教所采用的《旧约》卷数较多，是因为天主教正典源出于《七十子希腊文本圣经》这个译本，它所吸收的一批著作后来由犹太教和基督教（新教）断定并非正典，故列为外典 (apocrypha)。同时，基督教把希伯来原本中一些卷细分为两卷或多卷，如《撒母耳记》、《列王记》、《历代志》各分为上下两卷；《以斯拉—尼希米记》析为《以斯拉记》和《尼希米记》；《十二小先知书》析成 12 卷[①]。

■ 175 年（东汉熹平四年） 熹平石经，洛阳太学

熹平石经 东汉灵帝熹平四年（公元 175 年），蔡邕等人以隶书写定《诗》、《书》、《易》、《仪礼》、《春秋》、《公羊传》、《论语》，刻成 46

《熹平石经》残石
图版来源：参见中国历史博物馆《中国通史陈列》，朝华出版社，1998，第 89 页，图 5-5-4。

---

① 《不列颠百科全书》（国际中文修订版）第 12 卷，中国大百科全书出版社，2007，第 368 页。

碑，立于洛阳太学，是中国最早的官定儒家经本。中国国家博物馆现藏《熹平石经》残石，高 45 厘米。

洛阳太学　太学是中国古代的大学，其名始于西周。《大戴记·保傅》："帝入太学，承师问道。"汉武帝元朔五年（公元前 124 年）设五经博士，有弟子 50 人，为西汉太学建立之始。

■ 184 年（东汉中平元年）　太平道，黄巾起义

太平道　早期道教派别之一。"太平"意为"极大公平"。东汉熹平年间（172~178 年）张角所创立。他与弟张宝、张梁在河北一带传道。尊崇黄帝和老子，以《太平经》为主要经典。师执九节杖画符诵咒，为人治病，十余年间信徒发展至数十万人，计划黄巾起义。

黄巾起义　张角创立太平道，信徒数十万人。乃分信徒为三十六方（部），"大方"万余人，"小方"六七千人，设将帅统率。又收买一些宦官作为内应，自谓"黄天"。预定甲子岁（汉灵帝中平元年，公元 184 年）三月五日于京内外同时起义，口号为"苍天（汉）已死，黄天当立，岁在甲子，天下大吉"，简称"黄天太平"。因内奸告密，内应被捕杀，被迫提前起义。起义者头缠黄巾，称"黄巾军"，迅速发展到黄河流域各地，后被镇压而失败。此后太平道亦湮灭无闻。（《辞海》，第 1629 页）

■ 296 年（西晋元康六年）　化学

化学　"化学"这个词首次见于罗马皇帝戴克里先（Diocletian）在公元 296 年发布的一张告示，告示中命令焚毁（亚历山大里亚）埃及的关于 chēmeia 也就是制造（即仿造）金银的书。这张告示是苏伊达（10 世纪）从古代文献中得知的。报告这件事的希腊作家用的字是"χημ∈iα"，但这不是希腊字，像是从埃及的本地名称派生出来的，普鲁塔克（Plutarch）在他的著作《埃西斯和奥塞瑞斯》（*On Isis and Osiris*①，约在公元 100 年写成）中谈到埃

---

① Osiris 是埃及主神，Isis 是主神之后（胡作玄译注，2003）。参见〔英〕J.R. 柏廷顿《化学简史》，胡作玄译，广西师范大学出版社，2003。

及这个国家时把它称为"chēmeia",因为埃及的土壤是黑色的(古埃及人自称其国为 Kmt,意即黑土)。埃及的铭刻中用过这字的象形字体也证实这种说法。这个名词可能当"埃及手艺"讲,但绝没有"黑术"(称呼魔术)的意思。"χημ∈ iα"这个名词还出现在现存威尼斯的圣马克教堂的一份希腊文手稿中,它大约是在公元 950 年从潘诺波里的左世谋斯(Zosimos of Panopolis,公元 3 世纪)的著作中抄来的[①]。

■ 310 年(西晋永嘉四年) 佛图澄

佛图澄 佛图澄(232~348 年),西晋末、后赵时僧人。本姓帛,西域龟兹(今新疆库车一带)人。西晋怀帝永嘉四年(公元 310 年)东来洛阳。公元 319 年羯族石勒称赵王,329 年灭前赵,次年称帝。建都襄国(今河北邢台),后迁邺(今河北省临漳西南),史称"后赵"(十六国之一)。政权极盛时疆域有今河北、山西、河南、山东、陕西和江苏、安徽、甘肃、辽宁的一部分,至 351 年为冉魏所灭。后赵时期,佛图澄先后以方术取得石勒、石虎(年号建武,公元 335~348 年,历 14 年)的信任,被尊为"大和上"。此后,佛教大为盛行,建寺达 893 所。大江南北,以至天竺、康居等地僧侣多来受学。弟子中以道安、法雅、法汰、法和最为有名。(《辞海》,第 469、678 页)

■ 311 年(西晋永嘉五年) 加利流

加利流(Galerius) 公元 311 年,在经过 3 个世纪对基督教的野蛮迫害后,加利流皇帝[②]意识到这对于消灭基督教无济于事,他最后签署了一道法令,承认了基督教的合法地位。作为回报,他要求基督教为他祷告,在祈祷文中称他为"最善良仁慈的君主"[③]。

---

① 〔英〕J.R.柏廷顿:《化学简史》,胡作玄译,广西师范大学出版社,2003,第 17 页。
② 加利流:罗马皇帝,公元 305~311 年在位。他虽实行以迫害基督徒为特征的残酷统治,却在临死前发布了一个宗教信仰自由的敕令。参见〔美〕威尔·杜兰特《历史中的英雄》,王琴译,中信出版社,2005,第 180 页,注 2。
③ 〔美〕威尔·杜兰特:《历史中的英雄》,王琴译,中信出版社,2005,第 180 页。

■ 366 年（东晋太和元年） 莫高窟

敦煌莫高窟

位于甘肃省敦煌县东南方鸣沙山断崖，大小石窟分层排列，别名"千佛洞"。

图版来源：参见〔日〕阿辻哲次《图说汉字的历史》，大修馆书店，1989，第 205 页，图 13-5。

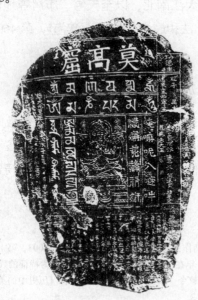

元代莫高窟石刻

元代崇尚文化多样性，这块石刻之上有包括汉、蒙、藏、满文在内的六种文字。

图版来源：参见渠言《汉字：从甲骨文到计算机》，文化部赴国外展览资料，2001，第 70 页。

莫高窟 也叫"千佛洞"。中国著名石窟，全国重点文物保护单位，位于甘肃敦煌东南。相传前秦建元二年（东晋太和元年，公元 366 年）僧乐僔开始凿窟造像。历经隋唐以至元代，均有修建。现尚存有壁画和雕塑作品的共 492 窟，计有壁画 45000 多平方米，彩塑像 3000 余尊。壁画的内容包括佛本生、佛经、经变、供养人和建筑彩画图案等；彩塑像有佛、菩萨、弟子、天王、力士等。作品反映了中国 5~14 世纪的部分社会生活及历代造型艺术的发展情况。清光绪二十六年（1900 年，一说 1899 年）发现藏经洞（今编号为第 17 窟）后，窟内大批敦煌遗书和文物先后被外国探险队捆载而去，壁画和塑像也遭劫夺与破坏。1944 年设立敦煌艺术研究所，对该窟进行修复、保管和研究工作。今属敦煌研究院。（《辞海》1999 年版音序缩印本，第 1191 页）

■ 374 年（东晋宁康二年） 释道安，综理众经目录

道安（312~385 年）生于晋永嘉六年（312 年），年幼出家，在长达五六十年的活动中，有多方建树。他曾师事佛图澄，早年在河北一带活动，令誉鹊起。"……道安于365 年到襄阳，居此五年。在天下扰攘之中著述讲经。佛经旧译错讹极多。他穷览经典，寻文比句，于晋宁康二年（374 年）作《综理众经目录》一卷，对后世有极大影响。"① 他深感戒律传译之不全，而没有戒律，僧伽则实难维系，于是制定了切实可行的律条。晋孝武帝太元四年（379 年），道安到长安，甚受苻坚之崇敬。他在此协助组织中外僧众，翻译佛经，于晋孝武帝太元十年（385 年），卒于长安。

在中国佛教史上，道安开创了一个新时期。若用梁慧皎《高僧传·序录》所提出的标准来衡量，道安应该称为高僧，而非名僧。所谓"高僧"，用汤用彤先生的话来说："若至高僧之特出者，则其德行，其学识，独步一世，而又能为释教开辟一新世纪。然佛教全史上不数见也。""……自汉以来，佛学共有两大体系：一为禅法，一为般若，安公实集二系之大成。生前生后，影响广被……成为极少数高僧之一。"②

■ 386~557 年 北魏，洛阳伽蓝记，四夷馆

北魏 朝代名，北朝之一。公元 4 世纪初鲜卑族拓跋部在今山西北部、内蒙古等地，建立代国，后为前秦苻坚所灭。淝水之战后，拓跋珪于 386 年重建代国，称王，旋改国号为魏，史称"北魏"，也叫"后魏"、"拓跋魏"、"元魏"。398 年建都平城（今山西省大同市），旋即称帝。渐吞并后燕、夏、北燕、北凉，439 年统一北方，与南朝对峙。493 年，孝文帝迁都洛阳，后改姓元。疆域北至蒙古高原，西至新疆东部，东北至辽西，南境初以黄河为界，其后逐渐扩展至秦岭、淮河，跨有淮南之地。534 年分裂为东、西魏。后东魏被北齐所代，西魏被北周所代。从拓跋珪建魏到 557 年初西魏亡，共历 17

---

① 季羡林：《中印文化交流史》，中国社会科学出版社，2008，第 30 页。
② 季羡林：《中印文化交流史》，中国社会科学出版社，2008，第 30~31 页。

帝，171 年。

洛阳伽蓝记　伽蓝，梵语佛寺。洛阳伽蓝记，书名，北魏杨衒之（一作羊衒之）撰。分城内及四门之外共五篇，追述北魏京城洛阳伽蓝的兴隆景象，兼述尔朱荣乱事及有关的古迹、艺文等。对于当时豪门贵族、僧侣地主的骄奢淫逸，寓有讥评之意。文中所引《宋云家记》，叙宋云与僧惠生出使西行事，为研究中外交通史的重要资料。文字简明清丽，颇有特色。今人周祖谟有《洛阳伽蓝记校释》。

夷，我国古代对东方各民族的泛称。《书·禹贡》："岛夷皮服。"《论语·八佾》："夷狄之有君，不如诸夏之无也。"[1]四夷，古指华夏族以外的四方少数民族。《书·大禹谟》："无怠无荒，四夷来王。"此处，"王"是动词，朝见王。《诗·商颂·殷武》："莫敢不来享，莫敢不来王。"《左传·隐公九年》："宋公不王。"杨伯峻注："诸侯见於天子曰王。"

四夷馆　设想其时，洛阳万家繁盛，商贾云集，交通往还，经济兴旺，亦自当有可以通译四夷语言的专门人员接待沟通。此后明清两代亦有"四夷馆"，以太常寺少卿提举馆事。清初改名"四译馆"。（《辞海》1999 年版音序缩印本，第 1591 页）

《洛阳伽蓝记》卷三记述有北魏时候"四夷馆"的情况：四夷馆是北魏时候的国宾馆，是在洛阳所设以居四邻各国来归附者的馆舍。

> 永桥以南，圜丘以北。伊、洛之间，夹御道有四夷馆。道东有四馆：一名金陵，二名燕然，三名扶桑，四名崦嵫。道西有四馆：一曰归正，二曰归德，三曰慕化，四曰慕义。吴人投国者处金陵馆，三年已后，赐宅归正里……北夷来附者处燕然馆，三年已后，赐宅归德里……北夷首长遣子入侍者，常秋来春去，避中国之热，时人谓之雁臣。东夷来附者处扶桑馆，赐宅慕化里。西夷来附者处崦嵫馆，赐宅慕义里。自葱岭已西至于大秦，百国千城，莫不款附，商胡贩客，日奔塞下，所谓尽天地之区已。乐中国土风，因而宅者，不可胜数。是以附化之民，万有余家。
>
> ——杨衒之：《洛阳伽蓝记》，时代文艺出版社，2008，第 68~69 页。

---

[1]　王力：《王力古汉语字典》，中华书局，2002，第 180 页。

■ 401 年（东晋隆安五年） 鸠摩罗什，意译派

鸠摩罗什，意译派魁首。约于晋康帝之世（343 年或 344 年）生于龟兹。本天竺人，随其父移居龟兹，遂成为龟兹人。7 岁随母出家。天资聪明，读经过目不忘。随母历游西域许多国家，访师问友，到处受到崇敬。他不但精通佛典，旁及阴阳书算，无所不通。在沙勒国遇大乘名僧，遂弃小乘而改宗大乘。后回到龟兹。晋孝武帝太元九年（384 年），吕光破龟兹，鸠摩罗什随吕光父子至凉州，时为太元十年（385 年）。他在凉州前后住了 16 年。于姚兴弘始三年（401 年，即东晋隆安五年）至长安。在长安，他广收门徒，聚徒讲经，译经。姚兴待以国师之礼。名满天下，广通声气。罗什筹设译场，先后共译经三百余卷。

■ 408 年（东晋义熙四年） 觉贤

觉贤 佛驮跋陀罗（Buddhabhadra，359~429 年）又译"觉贤"。东晋僧人。本姓释，古印度迦毗罗卫国（今尼泊尔境内）释迦族人。17 岁出家，以禅律驰名。智严游西域，邀之东来，约东晋义熙四年（公元 408 年）抵长安。东晋义熙十一年（415 年）至建康（今江苏省南京），次年住道场寺，与法显、法业等共译出佛经十三部一百二十五卷，主要有《大般泥洹经》、《摩诃僧祇律》、《大方广佛华严经》（六十卷）等。（《辞海》，第469 页）

［辨析］ 佛（fó），梵语"buddha"（佛陀）音译的略称，亦称"佛驮"、"浮陀"、"浮图"、"浮屠"等，音译"觉者"、"觉"。觉有三义：自觉、觉他（使众生觉悟）、觉行圆满，是佛教修行的最高果位。果位（佛果之位）系对因位（修行佛因之位）而言。佛为万行之所成，故谓之佛果，果为所成之万德。① 凡夫者，自觉、觉他、觉行圆满三项皆缺，声闻、缘觉缺后两项，菩萨缺最后一项，只有佛陀三项俱全。小乘佛教一般以佛作为对释迦牟尼的尊

---

① 丁福宝、孙祖烈：《佛学精要辞典》，宗教文化出版社，1999，第 258、294、323 页。

称。大乘佛教除指释迦牟尼外，还泛指一切觉行圆满者，认为其数甚众。（《辞海》，第469页）

[备考] 佛字多音，通假。

（一）另读如 bì，通"弼"。辅弼。《诗·周颂·敬之》："佛（bì）时仔（zī）肩。"仔肩：负担的重任。郑笺："佛，辅也。时，是也。仔肩，任也。"后来写作"弼"。

（二）亦读如 bó，通"勃"。《荀子·非十二子》："佛（bó）然平世之俗起焉。"杨倞注："佛，读为勃。勃然，兴起貌。"

（三）又读如 fú。（1）仿佛，大体相像。（2）通"拂"，违逆，乖戾。佛戾：违反；违背。东方朔《非有先生论》："夫谈者有悖于目而佛于耳。"《礼记·学记》："其施之也悖，其求之也佛。"（3）佛得角（Cabo Verde），西非岛国，位于北大西洋佛得角群岛上，扼欧洲与南美、南非交通要冲；东距非洲大陆最西端佛得角 515 公里。（《辞海》，第475页）

■ 415年（东晋义熙十一年） 希腊文明衰落，希帕蒂娅

公元 415 年，许帕提娅（Hypatia，约 370~415 年）被基督教徒野蛮杀害。她的死标志着希腊文明的衰落，许多学者从此离开古埃及的首都亚历山大城。

——《数学辞海》第 6 卷，山西教育出版社等，2002，第 120 页。

"希帕蒂娅"、"许帕提娅"，看这两个名字的外语原文（Hypatia）知道是同一个人：世界上第一位得以名传后世的女数学家，公元 4 世纪出生于古埃及的政治与文化中心亚历山大城。她的父亲（Theon of Alexandria）是当世闻名的大学问家，在亚历山大大学教授数学。尽人皆知的欧几里得《几何原本》，现在能见到的多种希腊文、阿拉伯文、拉丁文本，除 1808 年在梵蒂冈图书馆发现的公元 10 世纪一个来历不明的希腊文手抄本外，其余都源自其父在公元 4 世纪时的一个增订本。对此可参看席泽宗院士在《科学》（双月刊）

第 48 卷第 4 期上关于"李约瑟难题"的一篇文章①。

公元 5 世纪，罗马帝国暮色苍茫，基督教却蓬勃兴起。当时的埃及亚历山大城，正处于宗教、政治、民族、社会种种矛盾沸腾的中心。许帕提娅，即希帕蒂娅天生丽质，又有家庭严格的训练，才气过人，招人嫉妒自不稀奇。终于在公元 415 年某月某日，由险恶的阴谋家操纵与煽动，一群狂热信奉基督教的乌合之众以异教徒的罪名，将希帕蒂娅折磨致死，成为震撼古今的惨案。美国小说家与诗人查尔斯·金斯利（Charles Kingsley，1819~1895 年）在 1853 年写成历史小说（*Hypatia*），详细描述了当时残暴行为的历史背景与惨案经过。可惜这一著作尚无中文译本，而且只涉及事件阴谋而淡去了女主角的学术才能。

希帕蒂娅（Hypatia，约 370~415 年）
图版来源：参见徐品方《女数学家传奇》，科学出版社，2006，第 1 页。

2006 年，中国数学科普写作名家徐品方所著《女数学家传奇》中第一章"血谱的千古悲歌"，即写了希帕蒂娅，以通俗、生动的语言，对这位悲剧才女数学家的学术造诣与成就乃至生平历程作了详细的介绍，引人读之，不忍释卷。这就是希帕蒂娅，徐品方将"Hypatia"译如此名。

许帕提娅一名，见于《数学辞海》第 6 卷中第 213 页，名中"娅"字，可以显示女性身份。许帕提娅是希腊女数学家、哲学家，新柏拉图学派的领袖。早年随其父塞翁学习，成年后帮助父亲评注托勒密（Ptolemy）的《天文学大成》，很可能还协助塞翁编辑了欧几里得（Euclid）的《几何原本》。据古代一本词典《苏达辞典》②记载，她还评注了丢番图（Diophantus）的《算术》和阿波罗尼奥斯（Apollonius，P.）的《圆锥曲线》等名著，可惜均已失传。大约在公元 400 年左右，许帕提娅成为新柏拉图主义学派的领袖，以口才、美丽、谦逊和非凡的才智吸引了大批学生。由于她的学术声望很高，甚至有基督徒也拜她为师。然而，早期基督教徒基于信仰，视科学为异端邪说，把传播希腊传统文化者视为异教徒。大约在公元 391 年，根据罗马皇帝狄奥多

---

① 吴文俊：《出版贺词》，载徐品方《女数学家传奇》，科学出版社，2006，第 1 页。
② 此据《不列颠百科全书》（国际中文修订版）第 8 卷，中国大百科全书出版社，2007，第 290 页。

许帕提娅之死标志着希腊文明的衰落

图版来源：伍若兰的博客，http://blog.163.com/fatalhurt@126/blog/static/ 24297845200819114139472/，2008－02－09。

西一世（Theodosius Ⅰ）拆毁希腊神庙的命令，亚历山大的萨拉匹斯（Sarapis）神庙被毁，藏书尽散，庙宇改为修道院。

许帕提娅崇尚自由，以丰富的学识和超群的口才继续宣传她的哲学，加上她与当权主教的政敌奥雷斯特斯（Orestes）市长关系密切，最终于 415 年在亚历山大城遇害①。这一年在中国，正是东晋义熙十一年——西晋灭亡后，公元 317 年，司马睿（晋元帝）在建康（今江苏南京）重建政权，史称"东晋"（317~420 年），与西晋合称"两晋"。公元 420 年为刘裕所灭，共历 11 帝，104 年。五年后（420 年），东晋灭亡。

希帕蒂娅（Hypatia）当年在基督教徒和非基督教徒之间的紧张关系和骚乱中成为一位中心人物。这种骚乱曾使亚历山大城多次遭难。在西里尔（Cyril）就任亚历山大城大主教（412 年）后，希帕蒂娅于 415 年 3 月的"四旬斋节"（复活节前 40 天）遭到尼特里亚的修士和追随西里尔的一群狂热基督徒的野蛮杀害②。在希帕蒂娅去博学院讲课的路上，被人从马车上扯下来剥得赤裸裸地拖到教堂，然后被读经师彼得（Peter the reader）以及一群残酷的蛮番和宗教狂热分子处死。她的肌肉被锋利的牡蛎壳一片片地刮下来；她那还在抖颤的四肢被送进熊熊的火焰中燃烧。虽然这个残酷的过程因老天的及时降雨而结束了，然而谋杀希帕蒂娅的事件，已在西里尔的宗教和德性上烙刻了永世不灭的污点（爱德华·吉朋：《罗马帝国衰亡史》）。希帕蒂娅的死，给后世留下千古悲歌。但她永远是一位杰出的数学家、哲学家，跻身于

① 《数学辞海》第 6 卷，山西教育出版社等，2002，第 213~214 页。
② 《不列颠百科全书》（国际中文修订版）第 8 卷，中国大百科全书出版社，2007，第 290 页。

人类最伟大、最优秀的学者之列，成为人类文明历史上一座永恒的丰碑。希帕蒂娅的悲壮身世，也成为文艺作品的主题，著名的有 1853 年出版的金斯利（Charles Kingsley）的小说《希帕蒂娅》，小说中的她聪明美丽，既有雄辩之才又虚怀若谷。

就这样，一位聪慧的美丽女性在中国人眼中表现为不同的名字。这是汉语术语翻译过程中所面临的恒久问题：一名多译。也许可以这样说，中国古典神话小说《西游记》里孙悟空的七十二变、猪八戒的三十六变，还有如来佛祖无所不能、随心所欲的任意之变，正是这种"一物多名"术语现象反映的结果。虽然历史上关于希帕蒂娅被害的原因众说纷纭，但她的死标志着希腊文明的衰落，许多学者从此离开古埃及的首都亚历山大城，已成为后人之共识。只有夜以继日辛苦翻译佛经的唐三藏没有变化的本领，虽然遇到许多困难，也只能继续在青灯黄卷下刻苦煎熬。善哉！善哉！

■ 441 年（北魏太平真君二年） 灭佛，法难

灭佛 北魏太武帝太平真君二年（公元 441 年）灭佛、北周武帝建德三年（574 年）灭佛、唐武宗会昌四年（844 年）至六年（846 年）灭佛、后周世宗显德二年（955 年）灭佛，是中国汉传佛教史上四次大规模的"毁灭佛法"、"毁废佛教"事件，后世称"三武一宗"。佛教徒一般称作"法难"。尚武德时，则佛教式微。

事实上，古代中国人对动物的同情和道德实践，曾经达到空前的高度。在唐朝统治延续的 290 年里，除了武宗会昌四年至六年灭佛期间，政府规定每年有近 1/3 的日子"普天下断屠"，即不许屠杀动物，也不许撒网捕鱼。说明唐代灿烂的文明具有深厚慈悲和宽容的精神基础①。

法难 佛教佛法遭遇毁废，众生普遍蒙难之大不幸，称为"法难"，民间俗云"灭佛"，如"三武一宗"，又如 2001 年阿富汗的"塔利班灭佛"。

---

① 莽萍：《残害动物有违中国文化精神》，2009 年 1 月 17 日 B07 版《新京报》。莽萍，中央社会主义学院副教授。

■ 529 年（北魏永安二年） 希腊数学终结

希腊数学终结 公元 529 年，东罗马皇帝查士丁尼（Justinian）封闭了所有的希腊学校，许多希腊学者离开东罗马，希腊数学宣告终结①。

■ 598 年（隋开皇十八年） 坎特伯雷主教学校

坎特伯雷主教学校（Canterbury Cathedral School） 始建于 598 年，是中世纪英格兰第一所教会学校。668~690 年，"英格兰的西奥多"（Theodore of England）任坎特伯雷主教期间得到长足发展。这所学校不仅教授拉丁语、希腊语，而且教授英文语法，注重世俗文化知识的传授，以作为理解神学和教义的必要基础。这在当时是十分罕见的。西奥多的改革使坎特伯雷主教学校成为中世纪西欧著名的文化教育中心②。

■ 618~907 年 唐朝，佛学，佛教，近代中国

佛学在东汉初年传入中国，经过五六百年的酝酿，到唐朝（618~907 年）成为一股强大的文化洪流。"佛学"含义大于"佛教"，内容包含宗教、哲学、科学和技术，在千年前的古代是一种光辉灿烂的文化。

佛学的梵文（Sanskrit）术语，跟先秦"百家"的术语大不相同。翻译梵文术语是两种不同的语言体系（"语系"）和两种不同思想体系之间的术语转换。中国采取的学习方法是：少数"唐僧"到"西天"（印度）去取经（留学）。他们翻译佛经，本国大众阅读和学习翻译的成品。此外请来少数印度和尚作为"客座教授"，一方面说法，一方面译经。

胡适认为，"近代中国"，就哲学和文学来说，要回溯到唐代（公元 618~906 年）③。

---

① 《数学辞海》第 6 卷，山西教育出版社等，2002，第 120 页。
② 张斌贤：《坎特伯雷主教学校的兴盛》，载顾明远主编《世界教育大事典》，江苏教育出版社，2000，第 84 页。
③ 胡适：《先秦名学史》，安徽教育出版社，1999，第 11 页，注 2。

唐代外交、外贸、军事活动频繁，参与翻译事宜的译员众多，因此当时对翻译官员的培养颇为重视。《全唐文·开成改元敕文》："兴行新制，务令通流天下。戎镇文武带宪官解补进退，并须闻奏。其边州令制，译语学官常令教习，以达异志。"规定要对边州的翻译官员进行培训，教授他们学习外语，使其能准确理解外国人的意图。

唐宋年间，大批中西亚（今伊拉克、阿曼与也门等地）商人来华，广州、泉州一带的蕃坊居住有大量的外商，阿拉伯语、波斯语成为当地使用的主要外国语言。自 11 世纪下半叶开始，蕃坊中设有蕃学，外商子弟均入学就读。北宋大观政和（1107~1117 年）年间，"四夷响风，广州、泉州请建蕃学"（《铁围山丛谈》卷二）。在蕃学中，阿拉伯语为必修，《古兰经》为经典。虽然蕃学并非政府所设立培养翻译人才的学校，但在其中学有所成，自然可以成为汉语与阿拉伯语之间的传译者。

——黎难秋：《中国口译史》，青岛出版社，2002，第 422 页。

类似事例表明，教育具有强烈的外部性，教会教育、蕃学教育、革命教育、反动教育、家庭教育，概莫能外。教育的收获，通常远远超出斥资开办教育者所最初设想和企望的目标。从这样的意义上说，教育的真正利益不仅在于狭义的社会，更在于作为一个生物种群区别的人类。从术语研究的角度看，全社会"术语"水平的改善与提高，是各种教育综合作用的结果。"教育"是糖衣炮弹，接受教育者通常会"吃掉糖衣"，而把炮弹打回去，使那些企图通过教育手段而达到某种目的的利益集团大失所望，得不偿失。

■ 622 年（唐武德五年，伊斯兰教历元年） 迁徙，朝觐

迁徙 伊斯兰（islam），起初并不是一种独立宗教的专称。伊斯兰和穆斯林（muslim）的关键因素是"顺从"（阿拉伯词根 s-l-m）唯一的真主创造者安拉（Allah），意思是顺从真主的人。在早期，先知穆罕默德经常到麦加附近的一个山洞中反省和沉思。公元 610 年左右得到真主的启示，开始在麦加街道和市场宣讲关于真主独一、反对偶像崇拜、鼓励公正的义务、赈济贫困者。

嗣后穆罕默德传教的内容大大扩充，包括更早期先知们的故事——其中包括亚当、摩西和挪亚（Noah）——提及先人及他们所受的惩罚以及宗教制度的框架，如礼拜、斋戒、天课、朝觐等规定。这些规章与念清真言（shahada，表白信仰）共同构成了伊斯兰教的"支柱"。

尽管穆罕默德自视是与犹太教和基督教的教义中所提到的先知一脉相承，却始终无法与这两种宗教的信徒建立亲善和谐的关系。由于来自古来什部落的反对日益强烈，最终在 622 年，穆罕默德及其信徒出发前往亚斯里布（Yathrib）①。为免受怀疑，特意化整为零，以小组人马出行。希吉来（Hijra）即"迁徙"由此成为伊斯兰历记录的第一个日期。伊斯兰教历以公元 622 年为元年。用于指明伊斯兰教历日期的标志"AH"，就是从"Anno Hegirae"约简得来，意思是"迁徙之后"②。

朝觐 亚斯里布今名麦地那（al-Madinah），是伊斯兰圣地之一。在沙特阿拉伯中西部汉志境内的开阔平原上，海拔 610 米，人口约 50 万（1992 年）。

朝觐麦加

1998 年，朝拜者们实现了他们的麦加朝觐（hajj）之旅。在穆斯林教历的最后一个月，朝觐麦加的克尔白是《古兰经》规定的成年穆斯林一生中必须至少履行一次的义务。仪式和庆典活动几乎要持续两周之久。

图版来源：参见〔英〕约翰·布克《剑桥插图宗教史》，王立新、石梅芳、刘佳译，山东画报出版社，2005，第 302 页。

---

① 今麦地那。

② 〔英〕约翰·布克：《剑桥插图宗教史》，王立新、石梅芳、刘佳译，山东画报出版社，2005，第 275 页。

公元 622 年伊斯兰教创传人穆罕默德率教徒自麦加迁此，改称"麦地那·乃比"（Medinat al-Nabī），意为"先知的城"，简称"麦地那"。7 世纪时，曾为"四大哈里发"国家的首都，伊斯兰教的政治、宗教和学术中心。城内的"先知寺"是伊斯兰重要圣地，相传为穆罕默德所创建。穆罕默德逝世后即葬于寺内，朝觐（hajj）的穆斯林通常都要前往谒陵。（《辞海》1999 年版音序缩印本，第 1129 页）

18 世纪时，一位虔诚于"返回原始的伊斯兰基本教义"即"原教旨主义"的罕百里派信徒穆罕默德·阿卜杜·瓦哈布（1703~1787 年）开创瓦哈比运动，抵制一切形式的变革，并与一位阿拉伯部落酋长伊本·沙特（Ibn Sa'ud，1746~1765 年）共同创建了日后的沙特王国，一直维护着正统的伊斯兰教信仰。1930 年以来，庞大石油资源的开采使沙特阿拉伯及其邻国的经济保持了蒸蒸日上的繁荣景象。与此同时，一年一度的朝觐又确保了沙特在伊斯兰教世界中的领袖地位[①]。

■ 635 年（唐贞观九年）景教

景教 景教是基督教的一个小派别，即聂斯托利派。五世纪时盛行于波斯，唐初传入中国，称景教。阿罗本于贞观九年（635 年）抵达长安传教，发展信徒。景教的寺院建在长安的西北，名叫"大秦寺"。明天启五年（1625 年）在"大秦寺"遗址发现了"大秦景教中国碑"。碑立于唐建中二年（781 年），碑额刻有立于莲座上的十字架，碑文记述了阿罗本到长安传教以来景教信徒的发展情况。记述了基督教在中国早期传教的情况，所以引起西方人的极大关注。碑下端的左右侧分别用叙利亚文刻有对普及景教作出贡献的 70 名僧人的名字，而

大秦景教流行中国碑
景教的传入，同时起到了促进东西方语言交流的作用。
图版来源：参见〔日〕阿辻哲次《图说汉字的历史》，大修馆书店，1989，第 149 页。

---

① 〔英〕约翰·布克：《剑桥插图宗教史》，王立新、石梅芳、刘佳译，山东画报出版社，2005，第 301~302 页。

且每个名字一侧几乎都注有汉译名①。这说明景教的传入，同时起到了促进东西方语言交流的作用。

与景教相关，一个值得注意的史实是，中国辽金时期②游牧于鄂尔浑河与土拉河流域的古老部族"克烈部"（又称"怯列"、"客列亦惕"，有六部落，势力强大）上层即信奉"景教"。说明景教在中国有广泛的传播。克烈部在脱斡邻勒称汗时，曾受金册封为王，称"王罕"。与铁木真（成吉思汗）由联盟而对立，南宋宁宗嘉泰三年（1203年），为铁木真所败，部众归入蒙古。（《辞海》，第926页）

会昌年间（公元841~846年），唐武宗灭佛，祸及景教。景教因而绝迹中原，仅流行于北方某些民族中。元朝建立，景教自中亚、内蒙古再度向东南传播，又开始流行于汉地，主教居于西京大同。泉州、扬州发现的大量景教教徒墓碑即为元代之物，以叙利亚文字为主，也有与汉字合璧的，有的还刻有八思巴文字③。与汉字合璧的是用叙利亚字母拼写的突厥语，这是远宦泉州的信仰景教的汪古部突厥人墓碑。"也里可温"是元代对基督教的统称，既包括来自西亚的景教，也包括来自欧洲的罗马天主教。罗马教廷在蒙古人入主中原之前，就遣使和林。元朝建立后，教皇与元朝皇帝取得联系，在中国传教④。

---

① 〔日〕阿辻哲次：《图说汉字的历史》，高文汉译，山东画报出版社，2005，第125~126页。

② 辽：朝代名。公元916年契丹族领袖耶律阿保机创建，国号契丹，两年后建皇都（今内蒙古巴林左旗南波罗城）。947年改国号为辽（983~1066年间曾重称契丹），改皇都为上京。疆域东北到今日本海黑龙江口，西北到蒙古国中部，南以今天津市海河、河北霸州、山西雁门关一线与宋接界。辽与北宋、西夏鼎立，是统治中国北部的一个王朝。1125年为金所灭。历九帝，凡二百一十年。后耶律大石重建契丹国，仍用辽国号，史称"西辽"。
金：朝代名。1115年女真族完颜部领袖完颜骨打创建，建都会宁（今黑龙江阿城南）。太宗天会三年（1125年）灭辽，次年灭北宋，先后迁都中都（今北京）、开封等地。疆域东北到今日本海、鄂霍次克海、外兴安岭，西北到今蒙古国，西以河套陕西横山、甘肃东部与西夏接界，南以秦岭、淮河与南宋接界。金与南宋对峙，是统治中国北部的一个王朝。天兴三年（1234年）在蒙古和南宋联合进攻下灭亡。共历十帝，凡一百二十年。

③ 吴文良：《泉州宗教石刻》，科学出版社，1957；夏鼐：《两种文字合璧的泉州也里可温墓碑》，《考古》1981年第1期；吴幼雄：《福建泉州发现的也里可温（景教）碑》，《考古》1988年第11期；王勤金：《元延祐四年也里世八墓碑考释》，《考古》1989年第6期。转引自陆锡兴《汉字传播史》，语文出版社，2002，第83页。

④ 陆锡兴：《汉字传播史》，语文出版社，2002，第83页。

■ 645 年（唐贞观十九年） 玄奘三藏

玄奘三藏　唐朝时候，中国有一位僧人前往印度，归国时带回许多佛经。这就是后代通俗小说《西游记》（吴承恩[①] 著）中描写的唐三藏玄奘（602~664 年）。玄奘俗姓陈，名祎（yī），洛州缑（gōu）氏（今河南偃师缑氏镇）人，通称三藏法师，俗称唐僧。13 岁时在洛阳出家，后遍访名师，精通经论。但他不满足于汉译佛经的众说纷纭，难得定论，发愿去天竺学习，寻求原典。然而那时候唐朝刚刚建国，不允许擅自出境。玄奘只好偷越出境，经凉州出玉门关西行赴天竺，在那烂陀寺从戒贤受学。后又游学天竺各地，与佛教学

玄奘三藏绘（全 12 卷，日本藤田美术馆藏品）第 10 卷局部
画面描绘携带 657 部佛教经卷从印度返回到长安的三藏玄奘，正在组织僧众翻译佛经。
图版来源：参见〔日〕辻哲次《图说汉字的历史》，高文汉译，山东画报出版社，2005，第 136 页，图 8-6。

---

① 吴承恩（约 1500~1582 年），明代小说家。字汝忠，号射阳山人，山阴（今江苏省淮安）人。自幼喜爱神话故事。在科举中屡遭挫折，嘉靖中补贡生。嘉靖末隆庆初任浙江长兴县丞。由于宦途困顿，晚年绝意仕进，专心著述。所作诗文表现出对当时社会的不满。有《射阳先生存稿》。一般研究者认为，《西游记》是他在前人作品和民间传说基础上的再创作；又撰有《禹鼎志》，已散佚。

明朝初年木刻
唐三藏玄奘法师译经图
三藏玄奘，焚香净手，端坐堂前，恭译佛经。图版来源：参见〔日〕阿辻哲次《图说汉字的历史》，高文汉译，山东画报出版社，2005，第112页。

者展开辩论，名震五竺。他冒着生命危险旅行长达 17 年，贞观十九年（645 年）带着 657 部佛经返回长安。

归国途中，玄奘委托赴长安的商队捎信给太宗，就擅自出境一事请皇帝宽恕。得知此事，太宗皇帝非但没有怪罪，立刻准其入城，而且待以厚礼，派人迎接。玄奘知恩图报，进城后马上着手翻译佛经，并把命名为《大唐西域记》、详细记录了西域见闻的笔记献给太宗。太宗盛赞玄奘功绩，并应允为玄奘最先译出的《大菩萨经》作序。这就是后世所说的《圣教序》，即《大唐三藏圣教之序》。同时，皇太子（日后的高宗）撰写《大唐三藏圣教序记》，赞扬三藏伟业，歌颂支持玄奘的唐太宗。

玄奘最终译出经、论七十五部、凡一千三百三十五卷。多用直译，笔法谨严，世称"新译"。对中国佛教思想的发展影响极大。与鸠摩罗什、真谛并称为中国佛教三大翻译家。（《辞海》，第 1928 页）

■ 653 年（唐永徽四年） 大昭寺，女魔

大昭寺位于西藏拉萨旧城中心，占地约 16700 平方米。坐东朝西，高四层，共建有 20 个殿堂，总建筑面积约为 25100 平方米。在第四层平台上有四个对称的金顶，远远望去，十分醒目。寺门上方装饰有两对拱卫着法轮的"神羊"，金碧辉煌。大昭寺在藏语中叫"觉康"或"祖拉康"，意为供奉佛祖释迦牟尼的殿

西藏全境 108 所寺院镇压着反佛教的女魔

女魔，现代绘画，作者次旺塔西 (Tsewang Tashi)。艺术家在这里描绘了一个古老的关于女魔的传说，她仰卧在整个西藏。图版来源:参见〔挪〕拉森 (Knud Larsen)、〔挪〕拉森 (Amund Sinding-Larsen)《拉萨历史城市地图集》，李鸽、曲吉建才译，中国建筑工业出版社，2005，第18页。

堂。"觉"为释迦牟尼像专用尊称，"康"即殿堂舍宇。

大昭寺建于唐高宗永徽四年（公元 653 年），是吐蕃 (bō) [1] 松赞干布迎娶唐朝文成公主和尼泊尔尺尊公主之后的建筑。大昭寺初名"惹刹"。传说该寺是在填平卧塘后建造。在填湖过程中，曾用白山羊运土。为记住羊群运土的功劳，在寺门口的木栅栏上塑有两只白羊。"惹刹"意为"山羊驮土"。唐朝今城公主嫁到吐蕃后，将文成公主带到吐蕃的释迦牟尼 12 岁的等身像迎来大昭寺供奉，该寺遂名"觉康" [2]。

根据来自松赞干布时代的神话与教义，在佛教产生以前有一个与佛教对立的"女魔"，仰卧在整个西藏。传说松赞干布在整个西藏地区发动建造了 108 座寺院，控制女魔身体的主要部位——肩、臀、肘、膝、手、脚——以驯服这个女魔。在选址上，将寺庙从中心以一系列同心圆的形式向四周放射安置。大昭寺是中心寺院，安放在女魔的心脏之上。第一幅藏式地图，可能就具属于这种占卜的类型 [3]。

---

[1] 公元 7~9 世纪，中国古代藏族所建的奴隶制政权。一度强盛，与唐经济、文化联系密切。吐蕃政权崩溃后，宋、元、明史籍仍沿称青藏高原及当地土著族、部为吐蕃。蕃字多音，但在此处不读 fān，只读作 bō。

[2] 荣宪宾:《中国名寺观赏》，金盾出版社，2006，第 221 页。

[3] 〔挪〕拉森 (Knud Larsen)、〔挪〕拉森 (Amund Sinding-Larsen):《拉萨历史城市地图集》，李鸽、曲吉建才译，中国建筑工业出版社，2005，第 18 页。

■ 659 年（唐显庆四年）　官修本草，唐本草，苏敬

　　官修本草指由政府官方组织编纂之药物著作。如唐代《新修本草》，宋代《开宝本草》、《嘉祐本草》、《政和本草》，明代《本草品汇精要》，当代《中华本草》等。系相对于地方本草而言。地方本草具有比较显著的地域性。例如，明代兰茂所撰《滇南本草》，是一部专门论述云南地方草药的专著。

　　唐显庆四年（659 年），苏敬等奉敕编撰的《新修本草》颁行，一名《唐本草》、《英公本草》，正文实际载药物 850 种，是中国第一部由政府组织编制的官修药典。原书目录一卷、本草二十卷，现已不全。另有《药图》二十五卷、《图经》七卷，已佚。在梁陶弘景《本草经集注》基础上补充校勘，增补注文（新增注文冠以"谨案"二字，小字书于陶弘景注文之后），并新增药物 114 种，书中纠正陶氏谬误甚多。又因唐代中外交流频繁，书中多载外来药物①。是书广收当时各地的药物知识，按药物自然来源分类，且集全国郡县所产药物标本，描绘成图，是最早的药物图谱（《辞海》1999 年版音序缩印本，第 1894 页）。《图经》原书佚散，五代后蜀韩保升曾摘引《图经》部分条文，收入《蜀本草》。

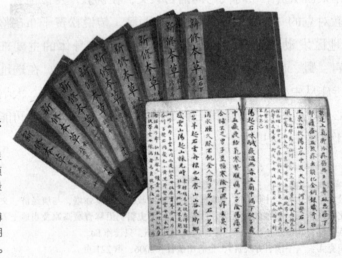

唐代苏敬等编撰《新修本草》（日本影抄本）
中国第一部官修药典，唐显庆四年（公元 659 年）颁行，其中《药图》部分是最早的药物图谱。
图版来源：参见中国历史博物馆《中国通史陈列》，朝华出版社，1998，第 126 页。

---

① 南京中医药大学：《中医医史文献学科基本术语》，上海中医药大学出版社，2005，第 98 页。

■718年（唐开元六年）书院

　　书院（Acadmy of Classcal Lsarning）书院是中国古代的一种学校类型，始创于唐代。开元六年（公元718年）设丽正修书院，十三年（725年）改称"集贤殿书院"，置学士，掌校勘经籍、征集遗书、辨明典章，备顾问应对。后亦有名为"精舍"的，如"善福精舍"等。唐大顺中，江洲陈氏立东佳书堂亦称义门书院，供子弟修学。唐贞元中，李渤隐居读书于庐山白鹿洞①，南唐时就此建学馆，称庐山国学。宋初改名白鹿洞书院。宋代由于官府奖励，书院大兴。白鹿之外，新建石鼓②、嵩阳③、应天府④、岳麓⑤、丽正、象山等著名书院十余所。创办人或为私人，或为官府，

白鹿洞书院
图版来源：参见顾明远主编《世界教育大事典》，江苏教育出版社，2000，第3页。

---

① 白鹿洞在江西庐山五老峰东南。唐李渤隐居读书于此，曾养白鹿以自娱，人称"白鹿先生"。后渤于其地建台榭，遂以白鹿名洞。南唐时就此建学馆，称庐山国学。宋初改名白鹿洞书院，时为四大书院之一。其后屡废屡建，直至清末。历代朝廷多次赐书赐匾，南宋朱熹、明王守仁等先后执教于此。

② 石鼓书院，宋初四大书院之一，在湖南衡阳石鼓山。唐元和间（806~820年）李宽读书于此。宋至道间（995~997年）李士真就遗址重建，景祐间（1034~1038年）仁宗赐名"石鼓"并拨置学田，权作州学。后废置无常，毁于抗日战争。

③ 嵩阳书院，宋初四大书院之一。在河南登封太室山。原名嵩阳寺。北魏孝文帝太和年间（477~499年）始造。五代后周（951~960年）改为"太乙书院"，宋太宗时（976~997年）改称"太室书院"，仁宗景祐二年（1035年）更名"嵩阳"，设山长，置学田。宋程颢、程颐曾讲学于此。后时兴时废。清康熙年间重修。今存汉柏二，唐"圣德感应颂碑"，高约9米，宽约2米，书法道雅，雕刻亦精。

④ 应天府书院，宋初四大书院之一。原址在河南商丘。当时为应天府治，因名。商丘古称睢阳，故亦名睢阳书院。北宋戚同文讲学于此，称"睢阳学舍"，请益者不绝。大中祥符二年（1009年）曹诚就其地造屋一百五十间，聚书千卷，广徕生徒。后晏殊知应天府，聘范仲淹主讲其中，声名大振。景祐、庆历间（1034~1048年）改为官学。北宋末（1126年）毁于兵燹，今无存。

⑤ 岳麓书院，宋初四大书院之一，原址在湖南长沙岳麓山。北宋开宝九年（公元976年）潭州太守朱洞创建，大中祥符八年（1015年）真宗赐名赐书。南宋张栻、朱熹讲学于此，学者日众。其后虽有替废，不久即修复。历代皇帝多次赐匾赐书，名儒讲学肄业不断。1903年（清光绪二十九年）改为学堂。

院址多选山林名胜之地。众多知名学者讲学其中，研究经籍，形成学派，彼此争鸣。也有饱学之士因仕宦和获罪在流徙之地设馆讲学，讽咏其间。如北宋诗人、书法家黄庭坚① 因"元祐党籍案"被贬广西宜州，与当地人士结友往还，州人凡请题书，"有求无不得者"。《宜山县志》称其"名贤所至，风教特焉"。黄庭坚终老宜州后，当地人民为之立祠，并于其旁建龙溪书院以作纪念②。

书院之风，元代更盛，增至二百余所，路、州、府皆设。在官府控制下，渐流为科举的预习场所。明代由于在讲学中议论朝政，屡遭禁毁。清代书院发展至数千所，多以应举为目的。但亦有阮元所创立书院类型的诂经精舍、学海堂不课举业，倡为朴学。近代西学东渐，乃产生兼课中、西学的新型书院。清末，废科举，改书院为学堂。抗日战争时期，梁漱溟在重庆创办勉仁书院、马一浮在乐山创办复性书院，以研习国学为宗旨。（《辞海》1999 年版音序缩印本，第 1550 页）

[辨析] 书院（罕用）在历史上也曾是"妓院"或"窑子"（brothel）的婉称③。旧时北方俗称妓院为窑子，妓女为窑姐。

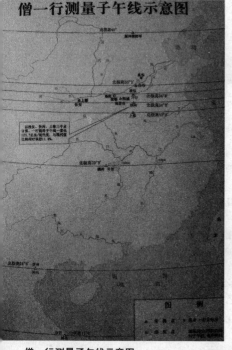

僧一行测量子午线示意图

图版来源：参见中国历史博物馆《中国通史陈列》，朝华出版社，1998，第 126 页，图 7-6-2。

■ 724 年（唐开元十二年） 僧一行，测量子午线

唐开元十二年（公元 724 年），僧一行命人在河南实地测量日影长度和北极高度。这是世界上首次测量子午线的记录。

---

① 黄庭坚（1045~1105 年），字鲁直，号山谷道人、涪翁，洪州分宁（今江西修水）人。治平进士。以校书郎为《神宗实录》检讨官，迁著作佐郎。后以编实录不实的罪名遭到贬谪。出于苏轼门下，而与苏轼齐名，世称"苏黄"。
② 方铁：《边疆民族史探究》，中国文史出版社，2005，第 368 页。
③ 德范克主编《ABC 汉英大词典》，汉语大词典出版社，2003，第 886 页，书院（2）。

■ 758 年（唐乾元元年）　元宝

元宝　（1）中国旧时钱币的一种名称。唐宋两代较多。"元宝"两字前常冠以年号、朝代等，铸于币面。因唐"开元通宝"读作"开通元宝"而得名。开元通宝以其新的面貌代替了此前流通七百多年的"五铢钱"，标志着铢两货币的结束，宝文钱制的开始①。最早使用"元宝"这一名称的是唐乾元元年（公元 758 年）史思明在洛阳铸的得壹元宝和顺天元宝。作为安史之乱见证的"得壹元宝"、"顺天元宝"，是河南博物院的珍贵藏品②。后有代宗时的大历元宝。后晋有天福元宝，北宋有淳化元宝、圣宋元宝，南宋有大宋元宝以及蒙古的中统元宝等。清末所铸铜圆上曾用"光绪元宝"四字。（2）元代始称约五十两重银锭为"元宝"。明清元宝呈马蹄形。银元宝亦称"宝银"、"马蹄银"，作货币流通。大锭重约五十两，多由各地银炉铸造，锭上铸有银匠姓名及铸造日期、地点。重量成色各有参差。清中叶后，元宝须经公估局鉴定，批明重量和成色才能流通。流通于上海的称"二七宝银"，流通于汉口的称"二四宝银"；另有"二五宝银"、"二六宝银"等多种，流通于内地各省市。金元宝一般供保藏，极少流通。（《辞海》，第 2093~2094 页）

■ 820 年（唐元和十五年）　韩愈复儒，谏迎佛骨

隋唐时代，以儒学概念解释佛教，形成中国佛教。唐代文化成为东亚高峰，由于实行开放，多方吸收，"江河不择细流、所以成其大"，特别是西天取经，至今里巷传说《西游记》。日本来华的和尚留学生是来学中国佛教的。儒学在唐代只是多元文化中的一元，而且有下沉的趋势。韩愈（768~824年）决心复兴儒学，视佛教为邪说，提出儒家道统说，划清儒佛界线，巩固儒家阵营。唐元和十五年（820 年）韩愈谏迎佛骨，触怒宪宗皇帝，被贬

---

① 《河南博物院精品与陈列》，大象出版社，2000，第 137 页。
② 《河南博物院精品与陈列》，大象出版社，2000，第 137 页。

广东潮阳，作诗曰："一封朝奏九重天，夕贬潮阳路八千！"①反佛失败，关系重大，从此儒学难于跟佛教抗衡。儒生个个学佛，儒冠而佛心②。

■ 841 年（唐会昌元年） 会昌法难，唐武宗灭佛

公元 841 年，唐武宗会昌元年，六月庆阳节。登基不久的唐武宗李炎（原名李瀍）设斋请僧人、道士讲法，只赐给道士紫衣，并下令僧人不得穿着。这是一个明确的信号：新皇上不喜欢佛法。接着，在武宗为帝的六年里，难为僧人的敕令不断签署、发布，演变成为中国历史上最大的一次宗教迫害运动——唐武宗灭佛。会昌（841~846 年）成为一个令中国佛教徒胆寒并难忘的年号。史上四次严重的宗教迫害——三武一宗：魏太武帝、北周武帝、大唐武宗、后周世宗灭佛，有三次发生在国家分裂时期，唯独这一次"会昌灭佛"，在国家大一统时期发生。皇帝与地方大臣联手绞杀佛教，风起云涌，黑云压城。

"会昌法难"持续六年，但其根由早在"安史之乱"时即已种下。甚至更早，可追溯到大唐初年，唐朝皇帝将道教始祖老子李耳尊为祖先之时。在那时，自魏晋以来形成的门阀制度虽已衰落，但社会影响力依然很大。李唐皇室并非名门世家，为抬高自己的社会地位，便拜李耳为祖先，致使道教在唐代便有崇高地位。李唐皇帝希冀长生不老，鼓吹服食丹药而得长生的道教更受欢迎。不过颇具讽刺意味的是，李唐王朝先后有六位皇帝——太宗、宪宗、穆宗、敬宗、武宗、宣宗，为求长生服丹药而"暴崩"。求生促死，殉道成仙。

---

① 韩愈（768~824 年），唐代文学家、哲学家，字退之，河南河阳（今河南省孟州南）人。自谓郡望昌黎，世称韩昌黎。早孤，由兄嫂抚养，刻苦自学。贞元进士。任监察御史，以事贬为阳山令。赦还后，曾任国子博士、刑部侍郎等职。参与平定淮西之役。又因谏阻宪宗迎佛骨，贬为潮州刺史。后官至吏部侍郎。卒谥文，世称韩文公。政治上反对藩镇割据，思想上尊儒排佛。力反六朝以来的骈偶文风，提倡散体，与柳宗元同为古文运动的倡导者。散文在继承先秦、两汉古文的基础上创新发展，气势雄健，位列唐宋八大家之首。作《原道》、《原性》，强调自尧舜至孔孟一脉相承的道统，维护儒家的正统地位；又认为人性有上、中、下三品之分。但《师说》强调"人非生而知之者"，提出"弟子不必不如师，师不必贤于弟子"。诗风奇崛伟岸，新警险怪，善为铺陈，议论风生，有"以文为诗"之评，对宋诗影响颇大，有《昌黎先生集》。

② 周有光：《儒学的现代化》（2001），载《朝闻道集》，世界图书出版公司，2009。

武宗迷信道教长生之术。崇道排佛同时进行。一些道士利用政治优势打压佛教，编造谶语，散布"李氏十八子昌运未尽，便有黑衣人登位理国"，解释说"十八子"即李唐皇室，"黑衣"则是僧人。望仙台之所以看不到成仙的道士，就是佛教的黑气阻碍了成仙之路。这两枚刁状告得极准，使得武宗灭佛后期越来越严酷，道教与佛教的冲突，道士利用政治优势打击佛教是会昌法难的直接起因。

灭佛的根本是经济原因。四次灭佛事件如出一辙。宋代宗颐禅师曾为此检讨："天生三武祸吾宗，释子回家塔寺空，应是昔年崇奉日，不能清俭守真风。"佛教过度泛滥对生产力造成负面影响。起初唐代诸帝对佛、道均取利用态度，到武后时大肆兴发，佞佛泛滥。本应艰苦修为的和尚却坐拥地产，成为地主。中宗时的韦嗣立、辛替否就曾明确指出：大兴佛教导致政府财政支出增加，使国家府库空竭。遇有外患，僧尼不能出征打仗；遭逢灾害，寺塔不能救人饥馁。安史之乱时，郭子仪与禅宗六祖神会（668 或 686~760 年）[①]达成交易，让神会可以通过私卖度牒的手法换取钱财，佛教徒数量由此失控，而且其间鱼目混杂，良莠不齐。各地一些寺院成为大乱后最有势力的地主组织，侵吞农田，寺院经济恶性膨胀。对此，唐武宗在《废佛教书》中这样评价："劳人力于土木之功，夺人力于金宝之饰；遗君亲于师资之际，违配偶于戒律之间。坏法害人，无愈此道！"

另外，政治上的儒家重臣，比如武宗的主要政治助手李德裕，鼓吹道统的韩愈、杜牧等，以巩固皇权道统为号召，坚决攘佛。再加上中唐以来，国力大为衰落，以往那种对外来文化兼容并蓄、完全开放的勇气和信心丧失殆尽。这是社会走向衰落时，社会思潮的必然反映，不论灭佛兴道，还是重佛抑道，都有浓重的宗教偏执与迷狂成分，积极的文化心理则日益淡出。

灭佛运动如暴风骤雨，灾难接踵而来。会昌二年（842 年）开始没收寺院财产；会昌三年，唐武宗下达"杀沙门令"；仅因谣传有藩镇奸细假扮僧人藏在京师，京兆府在长安城中打杀而死的裹头僧就有三百余人。会昌四年，敕

---

① 神会（668 或 686~760 年），唐禅宗僧人。本姓高，襄阳（今属湖北）人。十四岁为沙弥，参禅宗六祖慧能于韶州（今广东韶关）曹溪，接受"顿悟"说。慧能卒后，到洛阳宣扬慧能学说，主张以"无念"为宗。因曾住洛阳荷泽寺，故称"荷泽大师"，著有《显宗记》。参见《辞海》1999 年版音序缩印本，上海辞书出版社，2002，第 1485 页。

令尽拆寺院、佛堂，勒令僧尼还俗；会昌五年，唐武宗巩固灭佛成果，勒令全国仅东西二都可留僧寺两所，每寺留僧 30 人，天下各节度使治所留寺一所，留僧以 5~30 人不等。其他尽皆拆毁，僧尼一体还俗。此次灭佛，成果显著：为唐王室收缴良田数千万顷，还俗僧尼 26 万人，拆除寺庙 4600 所，战绩辉煌。但对僧尼们来说，不啻为一场浩劫。

与"会昌法难"相比，此前两次灭佛运动的效果其实有限。魏太武帝和北周武帝在毁佛后相继死去，嗣位的新皇帝并未继承他们的毁佛政策，即位伊始便改弦易辙，重兴佛教，佛教迅速恢复到禁毁前的状况。南北朝时期正是佛教传入中国的上升期，佛教自身强大的生命力足以抵消王权灭佛的破坏企图。唐武宗这次灭佛则不同。经过隋唐盛极一时发展起来的中华佛教八宗在经过几百年的传播之后，已经没有多少继续发展的活力。在晚唐西风残照的悲凉岁月，面对突如其来的会昌狂飙，无可奈何地走向西山尽处。嗣后唐宣宗停止灭佛，安抚恢复，则是为消除暴力灭佛给社会带来的不安定因素，远非兴佛。中华佛教从此开始下行。

唐朝是中国佛教发展的极盛期，佛教八宗在唐代获得长足发展。然而，物极必反，中唐以后，佛教本身开始向经院化、神秘化、粗鄙化发展，脱离民众，疏远时代，危机潜伏。于是，在武宗灭佛之中，八宗如同林中鸟，"大难来时各自飞"。"会昌法难"中销毁了大量佛教典籍，中华八宗中那些义理深邃的宗派失去精神食粮，后继乏力。天台宗在法难之前已传播到日本、朝鲜，后来典籍回流，在南宋时总算又有了天台香火；华严宗、律宗则无可奈何地融入了禅宗的思想流派；密宗本身与汉民族习俗传统有所背离，流传有限，在元、清时代随着藏传密宗的强力介入，内地汉密也被藏密所吞并；三论宗、法相宗在会昌法难之前就传承不旺，终于在法难之后人间蒸发；净土宗以净土信仰在民间颇有市场，思想得以流传，但宗派组织却基本为禅宗合并。禅宗成为这场法难之后唯一大有发展的宗派，但宋代又分裂成为五家七宗。两宋之后，五家七宗只有临济宗一枝独秀。

到最后一次法难——周世宗抑佛时，手段比前几次"温柔"很多，目标诉求也只是要将佛教的影响降低到他所能容忍的程度。然而，元气大伤的中国佛教已禁不起折腾。偷师禅宗的宋儒们开创理学，提出挑战，佛教却没有堪与匹敌的理论创新。内外交困的佛教，从此越发"关河冷落，残照当楼"①，成为在民间涌动的持久暗流。这说明一味保守、不思变革的宗教总要面临危机，也说明一套宗教的理念融入一个民族的文化当中以后，任何人为的绞杀都不可能使其彻底湮灭。

■ 907 年（唐天祐四年，契丹元年） 契丹，澶渊之盟

契丹 古族名，古国名。源于东胡。北魏以来，在今辽河上游一带游牧。唐以其地置松漠都督府，任其首领为都督。唐末，迭剌部首领阿保机统一契丹及邻近各部，建立契丹王朝。947 年始改国号为辽，公元 983~1066 年间曾重称契丹。亦说辽朝于公元 916~1125 年存在，与五代和北宋并立。契丹地区迁入大批汉人，农业、手工业普遍发展，北宋宣和七年（1125 年）为金所灭。契丹人多与汉人、蒙古人、女真人相融合。另有贵族耶律大石率部分契丹人西迁建立西辽（1124~1211 年），又称哈喇契丹，今云南有其后裔。（《辞海》1999 年版音序缩印本，第 1325 页）

另据《契丹王朝》前言所述，契丹人很早就活跃在北方草原，被认为是鲜卑人的支系。公元 628 年，契丹酋长大贺氏摩会曾率领各部落归附唐

《臂鹰出猎图》辽代壁画（公元 916~1125 年）

纵 80 厘米，横 72 厘米，1991 年敖汉旗克力代乡喇叭沟出土，敖汉博物馆藏品。

壁画绘五名契丹男子，均身着圆领窄袖长袍，腰系带。前排三人均髡②发，一人腰挂扁鼓，一人擎海东青，一人捧高筒靴；后排两人，两人髡发，一人双手抱琴，另一人头上扎巾，右手握弓，左手执箭两支。这幅壁画虽然只描绘了墓主人早晨准备出门春猎的瞬间，却足以令人联想到行猎当中侍从们前呼后拥、各司其职的情景。

图版来源：参见《契丹王朝》，中国藏学出版社，2002，第 113 页。

---

① 本节内容参见网络资料（百度百科），本书作者于 2009 年 6 月 26 日查阅并编辑整理。

② 髡（kūn），本意为剃去头发，或剪去树木枝条。北魏贾思勰在《齐民要术·种槐柳楸梓梧柞》中，有"种柳千树则足柴，十年以后髡一树，得一载；岁髡二百树，五年一周"。又指古时剃光头发的刑罚，另指剃光头发的僧人。《现代汉语词典》（第 5 版）仅释为"古代剃去男子头发的刑罚"，似有不足。

朝。公元 916 年，契丹人首领耶律阿保机正式称帝，是为辽太祖，建元神册，国号契丹。公元 938 年，辽太祖耶律德光改国号为大辽。辽太祖及其后继者施行契丹人和汉人分治的制度，又以骁勇的铁骑灭掉渤海国，占据燕云十六州，成为雄踞北方的强大势力。北宋自公元 960 年建国后，在抵抗辽朝进攻与收复燕云失地的过程中屡遭重创，最终在公元 1004 年与辽朝签订"澶渊之盟"。从此，纳贿代替了征伐，以银帛换和平成为北宋对辽的基本国策。

公元 1115 年，女真族首领完颜阿骨打即皇位，是为金太祖，建元收国，国号大金。金太祖对辽朝发动了大规模的战争。金军所向披靡，辽师溃不成军。公元 1125 年，天祚帝被追俘，契丹王朝九帝二百零九年的统治宣告结束。两年后，金兵攻陷汴梁（今河南开封），北宋覆亡[1]。

澶渊之盟　北宋与辽（契丹）所订和约。宋真宗景德元年（1004 年）辽萧太后与圣宗亲率大军南下，深入宋境。宋王钦若、陈尧叟密请迁都南逃，宰相寇准力排众议，促真宗亲征。真宗遂至澶州（今河南濮阳）督战。宋军坚守辽军背后城镇，又在澶州城下打了胜仗。辽恐腹背受敌，提出议和。真宗素主议和，终于在十二月（1005 年 1 月）与辽订立和约，由宋每年输辽银十万两，绢二十万匹。澶州亦名澶渊郡，故史称"澶渊之盟"。（《辞海》1999 年版音序缩印本，第 174 页）

■ 910 年（后梁开平四年）　天策府宝

天策府宝　五代十国时期的五代货币主要流通于中原地区，十国的货币主要流通于十国统治的南方、四川等地。据史书记载，公元 910 年，十国楚王马殷被封为天策上将军，开天策府时铸造的"天策府宝"，其背面无文，既是一种纪念币，又是一种流通货币，传世极少。河南博物院收藏的合背"天策府宝"钱，两面文字相同而位置相错，是难得的稀世珍品[2]。

马殷（852~930 年）　五代楚国建立者。公元 907~930 年在位，字霸图，许州鄢陵（今属河南）人。少为木工，应募从军，后随秦宗权部将孙儒入扬州。转从别将刘建峰攻取潭州（今湖南长沙）。唐乾宁三年（公元

---

① 李季：《前言》，载《契丹王朝》，中国藏学出版社，2002。

② 《河南博物院精品与陈列》，大象出版社，2000，第 137 页。

896年），建峰为部下所杀，他被推为主，受唐委任为潭州刺史。光化元年（898年），进武安军节度使。领有潭衡诸州。后梁开平元年（907年）封楚王。次年，后唐改为楚国。他尊礼中原王朝，在境内发展商业，收取商税，有殷实之称。（《辞海》1999年版音序缩印本，第1125页）

■ 963年（北宋乾德元年） 百家姓

百家姓 中国蒙学课本。宋初编，作者佚名。集姓氏为四言韵语；为"尊国姓"，以"赵"居首。虽无文理，但便诵读。明代有《皇明百家姓》，改以"朱"居首。清康熙时有《御制百家姓》，又以"孔"姓居首，但流行的仍为北宋时本。另有《蒙古字母百家姓》、《女真字母百家姓》等。（《辞海》1999年版音序缩印本，第58页）

■ 977年（北宋太平兴国二年） 太平御览

太平御览 《太平御览》简称《御览》。类书名。宋太宗命李昉等辑。初名《太平总类》，后经太宗按日阅览，改题今名。始于太平兴国二年（公元977年），成于八年。一千卷，分五十五门。引书浩瀚，多至一千六百九十种。其中汉人传记一百余种，旧地志二百余种，现均不传。

继宋太祖赵匡胤（927~976年）之后即位的赵匡义（939~997年，原名匡义，太祖弟，后改光义，即位后改名赵炅）公元976~997年在位，是一名在文化建设方面很有建树的皇帝。在政治方面，他整顿科举制度，完善了中央集权的官僚体制；在文化方面也有不少业绩。作为国家工程，太宗命令文官编撰大型丛书《太平御览》、《太平广记》、《文苑英华》

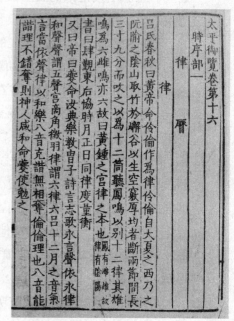

《太平御览》

宋太宗敕命编撰的百科事典，南宋刊本，静嘉堂文库藏。

图版来源：参见〔日〕阿辻哲次《图说汉字的历史》，大修馆书店，1989，第150页。

等优秀图书，代表了宋代文化事业的水平[①]。

■ 982 年（北宋太平兴国七年） 阿富汗人

阿富汗人 电视上看到的像月球那样荒凉的阿富汗，在古代是丝绸之路上的中心环节，是中国、罗马和印度之间的贸易中转站。这里，民族杂居，异教并存，经济活跃，文化交融。公元 6 世纪，印度天文学家彘日，最早使用了"阿富汗人"这个词。公元 982 年，"阿富汗人"一词开始出现于伊斯兰教文献。

公元前 6 世纪，这个中亚南部的地区是波斯帝国的东部领土，分为五个行省。波斯的祆（xiān）教和摩尼教在此流行，后来传到中国。公元前 330 年，亚历山大灭波斯，接着进攻中亚，阿富汗是他所征服的重要地区之一。亚历山大带来的希腊文化跟印度文化融合，阿富汗地区是两大文化的熔炉。

希腊和印度文化融合而成的犍陀罗艺术，有壁画、雕塑、石窟艺术等。他们用希腊技艺创造的印度佛像，衣衫飘逸，面目俊秀，栩栩如生，呼之欲出。阿富汗中部的巴米扬河谷在公元 3~4 世纪建成世界最大的石佛（高 135英尺），四周还有石窟群和建筑群，是犍陀罗艺术的代表，中国的敦煌石窟是犍陀罗艺术的延长。

阿拉伯大规模扩张，东线以波斯和中亚为目标。公元 642 年，阿拉伯击溃波斯，西亚和中亚天翻地覆。阿拔斯王朝初期（750~842 年）完成了中亚地区的伊斯兰教化。佛教的阿富汗变成伊斯兰教的阿富汗。成吉思汗 1219年入侵阿富汗，一度战败，他的一个孙子在战争中被杀。占领巴米扬之后，他纵兵破坏文物，以泄愤恨。但是，蒙古人没有本事破坏硕大无朋的石佛。

1747 年，统治阿富汗的波斯领袖纳迪尔·沙被刺身亡。他的卫队长阿赫迈德·汗率领四千阿富汗人组成的卫队回归坎大哈，途中被部落会议推举为国王，尊称阿赫迈德·沙·杜兰尼[②]。这是阿富汗第一个本地民族建立的国家。杜

---

① 〔日〕阿辻哲次：《图说汉字的历史》，高文汉译，山东画报出版社，2005，第 127 页。
② "汗"，将军；"沙"，国王；"杜兰尼"，珠中之珠，众王之王。

兰尼国王扩大疆土，西起波斯的马什哈德，东至克什米尔，北达阿姆河，南抵阿拉伯海。

英国在占领印度之后，进一步试图占领阿富汗，发生了三次阿富汗战争，阿富汗一度成为英国的半殖民地。第二次世界大战后，英国放弃了所有亚洲殖民地。1978 年，苏联支持阿富汗左翼夺取政权。1979 年，苏军大举入侵时，阿富汗民兵以游击战抵抗。美国给民兵提供的"毒刺"轻便导弹，击落了大量苏军直升机。1975~1985 年，苏军投入约 11.5 万兵力，耗资近 200 亿美元，死伤 3 万多人（《中国大百科全书》外国历史卷）。1989 年，苏联撤军，14 年的苏联控制宣告结束。在此期间，阿富汗死亡 200 万人，逃难到邻国600 万人。（《2002 世界年鉴》，纽约）

■ 1000 年（北宋咸平三年） 萨满教

萨满教 "萨满教"这个词已被用于描写大量遗存并流传至今的早期宗教活动。在应用最为广泛的术语中，萨满（Shaman）指的是那些蒙神感召、具有神赐异能的男女个体。当他们因通灵而陷入迷狂状态时，便拥有控制并传达神灵意志的力量，往往是以自己的躯体化身为这些神灵的方式。他们甚至能脱离肉体之身，在"天堂"和"地狱"之间飘忽往来。

加利福尼亚岩画

这些刻画在加利福尼亚雷尼盖德峡谷（Renegade Canyon）岩石上的原始岩画，大约可以追溯至公元 1000 年。这些图像可能表明萨满巫师正在举行宗教仪式，他们正在人类和自然力之间沉思冥想。

图版来源：参见〔英〕约翰·布克《剑桥插图宗教史》，王立新、石梅芳、刘佳译，山东画报出版社，2005，第 15 页。

"Shaman"（音译为萨满，指萨满教僧或萨满教巫医）一词可以追溯到西伯利亚的通古斯（Tungus），该地盛行萨满教。不

过，也有学者认为，这个词的本源来自梵语"sramana"，意为僧侣，流传到中国后变形为"shamen"，传入日本则变形为"shamon"。萨满教研究的先驱史禄国 ① (Sergei Mikhailovich Shirokogoroff，1887~1939 年) 曾经描述过通古斯萨满教，指出"具有潜能的萨满，是因遭受过精神创伤，或身患某种疾病等特别经历而产生了异能，从而被选作萨满巫师"②。

---

① 史禄国，俄国著名人类学家。1922 年后长期在中国执教，历任厦门大学、清华大学教授。在中国时通用汉名史禄国。

② 〔英〕约翰·布克：《剑桥插图宗教史》，王立新、石梅芳、刘佳译，山东画报出版社，2005，第 15 页。

三

公元 1001 年至 1500 年间出现的术语

■ 1064 年（北宋治平元年） 木兰陂，钱四娘

木兰陂 木兰陂（bēi）① 在福建省莆田市南 5 公里陂头村木兰山下，是中国古代大型水利工程之一。始建于北宋治平元年（1064 年），先后三次修筑，至元丰六年（1083 年）竣工。在木兰溪水和兴化湾海潮汇流处，枢纽工程为陂身，由溢流堰、进水闸、冲沙闸、导流堤等组成。陂首为堰闸式滚水坝，长 113 米，有陂墩29 座，高 7.5 米，陂门 28 孔。陂首南北两侧各有进出水闸。配套工程包括干支渠数百条，总长 400 余公里。具有蓄洪、排灌、航运等多种功能。宋元丰年间在陂畔建有"贞惠庙"、"义庙"，纪念建陂者钱四娘、林从世、李宏、冯智日等人。后辟为纪念馆，为全国重点文物保护单位。

钱四娘 钱四娘，长乐女子，是率先发起并领导修建木兰陂工程的人。宋治平元年（1064 年），她在长乐筹集资金来到莆田，与工匠共同勘察，选择樟林村将军岩为陂址，建陂溪中并开挖引水渠道，不料就在工程完工之日山洪骤发，冲垮大陂。钱四娘目睹工程尽毁，深为内疚，毅然投水自尽。当地百姓殓其遗骨，修庙"香山宫"以资纪念。钱四娘罹难，她的同乡人林从世决心继承其事业，又选择木兰溪下游温泉口作为陂址。想不到此处距海过近，海潮汹涌，竟在木兰陂临近竣工时又将其冲毁。

延至北宋中期朝廷变法。王安石推行《农田水利法》，促成了木兰陂的建成。"神宗采王安石之言，诏诸路劝修陂塘；又准蔡京之奏，诏莆阳协兴水利。"熙宁八年（1075 年），侯官李宏主持了第三次筑陂工程，并得到了掌握治水技术的僧人冯智日的大力协助。据明弘治《兴化府志》："日（冯智日）

---

① 陂字多音。读 bēi 时作斜坡地、堤岸、旁边、靠近解；读 bì 时作倾斜解；读 pō 时用于联绵字，如陂陀（pōtuó），指地势倾斜不平的样子，不平坦；读 pí 时为地名用字，如湖北黄陂（Huángpí）。依照"名从主人"的原则，此处读音应以当地人所读为准。无从判断，记此存疑。

相与涉水涯，以求地脉所宜，已乃涉水插竹，教宏以筑陂处。"李宏与冯智日经过详细勘察，最终选定木兰山麓为陂址，此处两山夹峙，河床岩基稳固。后经当地百姓八年努力，终告功成，其效益显著，受益无穷。正如《莆田木兰水利志》所称：陂立水中，矫若龙翔，屹若山峙，下御海潮，上截永春、德化、仙游三县流水，灌田万余顷。

木兰陂主体竣工后，在其右侧又开了一座进水闸——回澜桥，引水灌溉南洋农田，渠道总长一百九十多公里，使工程功能更加完备。北洋平原渠系的进水口为万金斗门，建于元代延祐二年（1315年），现有渠道总长约110公里。南北洋平原渠系设有涵闸340余座。木兰陂的重要附属工程包括海堤，最初由土构筑而成，后陆续改为石堤，抵御海潮，效果更佳①。

■ **1078年（北宋元丰元年）和剂局方**

和剂局方 书名，《太平惠民和剂局方》的简称。宋朝政府编成并颁行的中国第一部成药制剂手册。初刊于1078年以后。现有1959年和1985年人民卫生出版社排印本②。《和剂局方》另有简称《局方》。局，即指"和剂局"或"和剂药局"。

和剂局前身，是北宋熙宁九年（1076年）在宋朝都城开封创立的官办制药厂，初名"熟药所"，也称"修合药所"、"卖药所"，隶属太医局，负责制作、出售成药和中药饮片，是中国最早的官办药局③。太医局是宋代国家医学教育机构，隶属太常寺，分为大方脉、小方脉、风科、疮肿兼折伤、产科、眼科、口齿兼咽喉、针灸、金镞兼书禁九科。每科设教授一人，为我国医学教育最早的教授职称（《辞海》1999年版音序缩印本，第1632页）。金镞一科，治疗刀、枪、箭等战伤，大抵相当于今军事医学的战伤外科。书禁则以祝由、咒禁、禁架等方法治疗疾病，是中国古代医学的构成之一。

---

① 参见闵宗殿、纪曙春《中国农业文明史话》，中国广播电视出版社，1991，第125~129页。
② 此据南京中医药大学《中医医史文献学科基本术语》，上海中医药大学出版社，2005，第124页。
③ 参见北京中医药数字博物馆，http://www.tcm-china.info/gt/gtyxmz/ls/71779.shtml，2009-06-27。

先秦时即有巫、医不分的种种记述。如《韩诗外传》："俞跗治病，不以汤药，搦木为脑，芒草为躯，吹窍定脑，死者复苏。"又《说苑·辨物》："苗父之为医也，以菅为席，以刍为狗，北面而祝，发十言而，诸扶而来者，举而来者，皆平复如故。"唐代孙思邈所著《千金翼方》卷二十九"禁经上"称汤药、针灸、咒禁、符印、导引五法"皆救急之术"①。自隋代开始，太医署设"祝禁博士"②；唐代医生分医师、针师、按摩师、咒禁师四类③；宋太医局医学分类，"金镞兼书禁"为九科之一④；宋代《圣济总录》200 卷，成书于 1111~1117 年，初刊于 1161~1189 年⑤。其中"符禁门"文字 6 万余，有符 300 余道。元、明分医学为 13 科，以"祝由"殿后⑥。虽历代不乏对咒禁疗法的指责，如汉代司马迁认为"信巫不信医"是"疾有六不治之一"⑦；宋徽宗曾"诏禁巫觋"⑧ 等，亦难改变咒禁疗法乃至巫术存在的事实⑨。

宋徽宗崇宁年间（1102~1106 年），药局增至七处。又将京城五处"卖药所"改为"医药惠民局"，两处"修合药所"改为"医药和剂局"，成为官方设立专营药品的"惠民和剂药局"。药局创立，收集医方，有从民间搜集，亦有医家经验良方陈献。经太医局验试，按方制售，药方编为配方集，成为"熟药所"（国家药局前身）的配方底册。"熟药所"隶属太医局，故方册称《太医局方》。但因缺少参订，难免疏误，如药味脱漏、用量差错、制作不当等。

① 孙思邈：《千金翼方》（影印版）卷二十九，人民卫生出版社，1955，第 341 页。
② 《隋书》卷二十八"百官下"，中华书局（点校本），第 776 页。
③ 《旧唐书·职官三》，中华书局（点校本），第 1875~1876 页。
④ 《宋会要辑稿·职官二十二之三十六》，中华书局，1957，第 2878 页。
⑤ 南京中医药大学：《中医医史文献学科基本术语》，上海中医药大学出版社，2005，第 124 页。
⑥ （元）陶宗仪：《南村辍耕录》，中华书局，1959，第 188 页；《明史·职官三》卷七十四，中华书局（点校本），第 1812 页。
⑦ 《史记·扁鹊仓公列传》卷一百五十，中华书局（点校本），第 2794 页。
⑧ 《宋史·徽宗纪三》卷二十一，中华书局（点校本），第 398 页。
⑨ 百度百科：《中国古代咒禁疗法研究》，http://www.baidu.com/s?wd=%D6%E4%BD%FB，2009-06-30。

大观年间（1107~1110 年），医官陈师文①、裴宗元②、陈承③等建议朝廷修订方书，徽宗照准，敕令陈师文、陈承、裴宗元校订和剂局配方。陈师文等多方搜集资料，严格校订、增删，"校正七百八字，增损七十余方"，合成《和剂局方》5 卷，载方 297 首，成为该局制剂规范④。南宋绍兴二十一年（1151 年）经许洪校订，改名《太平惠民和剂局方》，颁行全国，是世界上最早的国家药局的成药处方集，简称《和剂局方》或《局方》。后又于绍熙（1190~1194 年）、宝庆（1225~1227 年）、淳祐（1241~1252 年）等年代多次重修、增补、扩充定型，丰富内容。

《和剂局方》共 10 卷，分诸风、伤寒、诸气等 14 门，载方增至 788 首。每方之后开列药物组成及主治病症，并对药物之炮炙和药剂配制方法作详细说明，既有配方手册作用，也便于医生和病人选购合适成药，因此广受欢迎，影响极大。有"病者持之以立命，世人习之以成俗"的高度评价。所载的方剂多为丸、散剂型，利于保存，方便取用，在推广成药方面有重要意义。《和剂局方》既是官药局的制剂规范，又成为推广成药的途径。这些成药的推行对杂病治疗有积极作用，对宋以后的方剂学有很大影响。《和剂局方》中许多方剂确有实效，至今仍为临床医家所常用，如补气的四君子汤、舒肝解郁的逍遥散、解表和中的藿香正气散，以及三拗汤、华盖散、至宝丹、苏合

---

① 陈师文，北宋临安（今杭州）人，生卒年代不详。曾任朝奉郎、尚书库部郎中、提辖措置药局等职，精通医术，著有《指南总论》一书。大观年间（1107~1110 年）建议朝廷修订方书，经宋徽宗诏准，与陈承、裴宗元等对和剂局配方进行校订，成《和剂局方》5 卷，对后世影响极大。网络资料：百度百科，http://baike.baidu.com/view/437255.htm；中医五绝网，http://www.wujue.com；http://www.wujue.com/zyzy/zycd/c/200512/3022.html，2009-06-27。

② 裴宗元，北宋人，生卒年代不详。以医术知名于越（今江浙一带），曾任奉议郎守太医令兼措施置药局检阅方书、医学博士等职，撰有《药诠总辨》3 卷，已佚。大观年间会同陈师文、陈承等修订《和剂局方》，惠泽后人。

③ 陈承，北宋阆州阆中（今四川阆中）人，生卒年代不详。元祐（1086~1093 年）名医，曾任将仕郎措置药局检阅方书等职。曾祖陈尧佐为宋初名相，为太子太师，留意方药，著《集验方》；宗叔陈汉卿"医药皆精妙"；家族不乏通医之人。承少年丧父，母子生活于江浙。用心好学，尤喜研读医书，通晓各家，"精识超绝"，治病常有奇效而远近闻名。遣方喜用凉药，故民谚称："藏用（名医石藏用）檐头三斗火，陈承箧里一盘冰。"曾将《嘉祐补注神农本草》与《图经本草》二书合并，附以古今论说和个人闻见，辑成《重广补注神农本草并图经》23 卷。修订《和剂局方》，功不可没。

④ 网络资料：价值中国百科，http://www.chinavalue.net/wiki/showcontent.aspx?titleid=16301，2009-06-27。

香等。历代方书中，《和剂局方》是继《伤寒杂病论》之后医家选用最多、影响最大的方书之一①。

▉ 1084 年（北宋元丰七年） 算经十书

算经十书 汉唐算经总集，包括《周髀算经》、《九章算术》、《孙子算经》、《五曹算经》（甄鸾撰）、《夏侯阳算经》、《张丘建算经》、《海岛算经》、《五经算术》（甄鸾撰）、《缀术》（祖冲之撰）、《缉古算经》十部。唐代国子监内设算学馆，以此十部算经为教材。北宋元丰七年（1084 年）秘书省首次刊刻，时《夏侯阳算经》、《缀术》已佚，前者代之以唐《韩延算术》，后者付之阙如。南宋嘉定六年（1213 年）鲍澣之翻刻时，又以北周甄鸾撰而假托徐岳的《数术记遗》补足十部。

▉ 1104 年（北宋崇宁三年） 画学，三舍法

画学 宋代培养绘画人才的学校称为画学。宋徽宗崇宁三年（1104 年）始设。大观四年（1110 年）并入内侍省翰林图画局（一称翰林图画院）。废置无常。学士分士流与杂流，依三舍法补试。专业科目分佛道、人物、山水、鸟兽、花竹、屋木，并习《说文》、《尔雅》、《方言》、《释名》。士流另习一大经或一小经，杂流习一小经或读律。考画以不蹈袭前人而情态形色俱若自然为工。（《辞海》，第 701 页）

三舍法 三舍法（1071 年）为宋代熙宁新政之一。当时科举偏重诗赋，王安石认为不能造就有用人才，改为学校与科举相结合的制度——分太学为三舍：上舍、内舍、外舍，也叫"三学"。初入学者为外舍，由外舍升内舍，由内舍升上舍。最后按照科举的考试法，分别规定其出身并授以官职。《宋史·选举志三》："崇宁（一至五年，1102~1106 年）建辟（bì）雍于郊，以处贡生，而三舍考选法，乃遍天下。"（《辞海》，第 1433 页）

---

① 参见《辞海》条目及网络资料，http://www.wfas.com.cn/tcmtools/base/jianshi/775.html，2009-06-27；另据北京中医药数字博物馆，http://www.tcm-china.info/gt/gtyxmz/ls/71779.shtml，2009-06-27；《辞海》1999 年版音序缩印本中第 647 页的"和剂局方"条所载似有漏误。

辟雍，亦作"辟廱"、"辟雝"、"璧雍"。本为西周天子所设大学。《礼制·王制》："大学在郊，天子曰辟雍，诸侯曰頖宫。"辟雍形制，四周环水，东室称东序，为学干戈羽龠之所；西室称瞽宗，为演习礼仪之所；南室称成均，为学乐之所；北室称上庠，为学书之所。东汉以后，历代皆设，除北宋末年为太学之预备学校（亦称"外学"）外，均仅为祭祀之所。（《辞海》，第 103 页）

[辨析] 庠（xiáng）：古代学校之名。庠生：科举制度中，府、州、县学之生员的别称。庠序：中国古代学校。《孟子·滕文公上》："设为庠、序、学、校以教之。庠者养也，校者教也，序者射也。夏曰校，殷曰序，周曰庠，学则三代共之，皆所以明人伦也。"《礼制·学记》："党有庠，术（遂）有序。"后人通释为乡学，亦以概称学校或教育事业（《辞海》，第 1857 页）。《礼制·王制》："耆老皆朝于庠。"郑玄注："此庠谓乡学也。"①

[备考] 视学。透视学，即画法几何，旧称"投影几何"，几何学的一个分支。清初宫廷画师年希尧②（？~1738 年）撰《视学》，是中国第一部系统研究透视学的著作。年氏深入学习与研究西方传入中国的透视学，正确运用正投影图刻画几何体，描述透视变换，融会中西投影知识建立了系统的画法几何，于 1729 年（雍正七年）撰写《视学》2 卷，其成就超过欧洲同类成果。1735 年《视学》修订版内容更丰富，水平也更高，比法国数学家蒙日（Monge，C.）1799 年所出版的《画法几何学》早六七十年。《视学》在中国国内只有两部再版版本，而在法国有一残本，在英国有一部抄本。

■ 1155 年（金贞元三年，南宋绍兴二十五年） 房山金陵

房山金陵 海陵王（完颜亮）迁都于燕（后改称"中都"）后所建的新皇陵。海陵王迁都后不久，即决意将上京（今黑龙江阿城）皇陵迁到中都，并按照上京皇陵（和陵）的地形选择新址。司天台秉承海陵王旨意，在中都

---

① 王力：《王力古汉语字典》，中华书局，2000，第 274 页。
② 年希尧（？~1738 年），中国清代数学家，字允恭，辽宁广宁（今辽宁北镇）人。曾先后在云南、河北、安徽等地做官。对科学技术很感兴趣，对数学和医学多有研究。其主要数学著作有《测算刀圭》3 种 3 卷（1718 年），即《三角法摘要》、《八线真数表》、《八线假数表》各 1 卷；《面体比例便览》1 卷（1735 年）、《对数广运》、《对数表》、《万数平立方表》、《算法纂要总纲》等。参见《数学辞海》第 6 卷，山西教育出版社等，2002，第 81 页。

（今北京）周围山区勘察了一年多的时间，"方得良乡县西五十里大洪谷曰龙喊峰"作为新陵址（张棣：《金虏图经》）。金贞元三年（1155 年）3 月，选定云峰山下云峰寺作为新陵址，开始营建。同年 11 月，金太祖阿骨打、金太宗吴乞买的灵柩由上京迁来，改葬于大洪谷中云峰寺庙正殿处，沿用原来睿陵、恭陵的陵号。正隆元年（1156 年），海陵王又命太保完颜昂前往上京，将始祖以下十帝之灵柩皆迁来大洪

房山金陵图

远山为云峰山，陵寝周围有陵垣，中有御道和享殿。陵垣外有溪水、猛虎，正前方为龙门口。陵内、陵外林木甚多，今皆不复存，变为耕地，此图对复原金陵具有重要的参考价值。

图版来源：参见景爱《皇裔沉浮——北京的完颜氏》，学苑出版社，2002，第 99 页。

谷皇陵安葬。大洪谷又名"大红谷"，其皇陵区域又分为帝陵、妃陵、王陵三部分。所谓帝陵，包括附葬的皇后在内[①]。耐人寻味的是，坚持倡导并实施迁陵到北京的海陵王却未被葬于房山金陵——因其是被部下所弑，大定初被降为海陵郡王，取消帝号，不能葬于帝陵。故"葬于大房山鹿门谷诸王兆域中"。大定二十年（1180 年），海陵王又被降为庶人，于是，海陵又被迁出诸王兆域，"改葬于山陵西南四十里"[②]。（见《金史》之《熙宗纪》、《海陵纪》）

　　房山金陵是北京地区年代最早、规模最大的帝王陵墓群，分布于房山区西南大房山东麓的九龙山、凤凰山、连泉顶东峪、三盆山鹿门峪一带。金陵始建于金海陵王迁都北京之后的第三年（1155 年），之后历经 60 余年经营建造，至金卫绍王大安二年（1210 年）最终确定其陵界达 64 平方公里。金章宗年间规模最大，曾达到 78 平方公里。陵区内葬有金代立国前至始祖以下十帝

---

①　景爱：《皇裔沉浮——北京的完颜氏》，学苑出版社，2002，第 99~101 页。

②　景爱：《皇裔沉浮——北京的完颜氏》，学苑出版社，2002，第 101 页。

房山金陵出土文物：青白玉折枝花形佩
图版来源：2009年4月1日D08/D09版《新京报》，尹亚非摄。

（帝号为立国以后追封）、金国自太祖以下九帝中的七帝以及诸多后妃和宗室亲王。陵域设有围墙、土堡。

金代以后，陵墓无人守护，地上建筑损坏。明朝天启年间，后金政权崛起，明朝皇帝惑于术士之言，以为后金之兴与金陵气脉有关，遂行毁陵。清初至乾隆年间部分修复，并特设守陵户，春秋致祭。清末和"文化大革命"时期，金陵遭到严重摧残，陵寝基址和附属建筑荡然无存。1986年起，特别是2002年，北京市文物部门对九龙山下的金陵主区（帝陵区）进行了初步勘探发掘。2006年，房山金陵被公布为全国重点文物保护单位①。

■ 1168年（南宋乾道四年）　牛津大学，总学，师生大学

　　牛津大学　英国的私立大学。1168年创立于牛津（Oxford），是英国最古老的大学之一，也是世界著名的高等学府。由三十多所学院和若干研究生院组成，设有法律、近代史、东方学、人文科学、中世纪和近代欧洲语文学、英语和文学、美术、音乐、经济、社会科学、教育、心理学、数学、计算机、物理、生理、生物和农业、人类学和地理、医学、神学等院系。（《辞海》1999年版音序缩印本，第1239页）关于牛津大学的成立时间有不同意见，历史记载早在1096年就有人在牛津讲学，1167年牛津大学得到快速发展。1249年，利用达勒姆副主教为资助该校神学硕士学习生活而遗赠的一笔钱，建造了其第一个学院——大学学院（University College），从此开始拥有专门的校舍。后又利用私人（主要是教会人士）的捐赠建造贝利奥尔学院（Balliol College）和默顿学院（Merton College）。14世纪以同样方式创办埃克塞特学院（Exeter College）、奥里尔学院（Oriel College）、王后学院（The Queen's College）和新学院（New College）。在教学方式上，自从大学新学院

---

　　① 耿继秋：《碎片金陵再无完颜》，2009年4月1日《新京报》。

的创建者温彻斯特主教威廉·威克姆在 15 世纪初左右首创，导师制就成了牛津大学各学院的基本教学方式。15~16 世纪又陆续创建林肯（Lincoln College）、众灵（All Souls College）、莫德林（Magdalen College）、布雷齐诺斯（Brasenose College）、基督圣体（Corpus Christ College）、基督教堂（Christ Church）、圣约翰（St. John's College）、三一（Trinity College）以及耶稣（Jesus College）9 个学院。经过 800 多年的发展，牛津大学已成长为拥有一万多名学生的综合性大学。但直至 19 世纪上半叶，古典人文学科的教学仍占统治地位。其后为适应现代自然科学和社会科学的发展，在继续人文学科教学和研究的同时，自然科学和社会科学学科的教学及基础理论研究也日益受到重视，新老学科并存，课程设置极为广泛。牛津大学的校训是：主照亮我。历史上，牛津大学名人辈出，经济学家亚当·斯密，哲学家培根、边沁，历史学家汤因比，诗人雪莱，作家格林，化学家罗伯特·玻意耳，天文学家哈雷都是牛津的校友①。仅第二次世界大战后上台的 10 位英国首相中，就有 7 位毕业于牛津②。从牛津大学的院系设置可知，人文科学与社会科学是不同的两个术语。

总学 11 世纪末在意大利的博洛尼亚和法国巴黎出现了各地教士均可来讲学和听讲的场所——总学（Studium Generale），即中世纪大学的雏形。同时，在位于英国伦敦西北泰晤士河上游的牛津城，也开始出现了讲学和听讲的人。这类活动因 1129 年牛津奥古斯丁教派圣佛里

创建于 12 世纪中叶的英国牛津大学
牛津大学名人辈出。经济学家亚当·斯密，哲学家培根、边沁，历史学家汤因比，诗人雪莱，作家格林，化学家罗伯特·玻意耳，天文学家哈雷都是牛津的校友。
图版来源：参见顾明远《世界教育大事典》，江苏教育出版社，2000，图版第 5 页（上）。

---

① 《牛津大学》，2009 年 1 月 13 日第 9 版《中国社会科学院报》。
② 陈晓菲：《牛津大学的创立与发展》，载顾明远主编《世界教育大事典》，江苏教育出版社，2000，第 90~92 页。

德斯怀德修道院和奥斯尼修道院的建立而日益兴盛。在此背景下，当 1167 年英王亨利二世与法兰西国王菲利普二世发生口角而从巴黎召回英国学者，并一度禁止他们去法国求学或讲学时，牛津便成了这些学者开展经院哲学教学和研究的地方，成为英国的"总学"——最初的牛津大学①。

师生大学 至 12 世纪末，牛津总学亦被称为"师生大学"（Universitas Magistrorum et Scholarum）。1215 年，罗伯特·格罗斯泰斯特（Robert Grosseste，1175～1253 年）首次正式成为牛津总学的学长（Magister Scholarum），即牛津大学历史上的第一任校长②。

1180 年（南宋淳熙七年） 巴黎大学

巴黎大学 11～13 世纪，欧洲在教会控制下步入和平繁荣时期。在人口众多的城市，教会附设学校，学者和学生渐渐组成行会和集团，成为大学的雏形。当时法国巴黎城里的三所学校——巴黎圣母院大教堂学校、圣热纳维埃夫教会学校、圣维克托教会学校逐步发展起来，吸引了欧洲各地著名的教士前来讲学。1170～1180 年，在上述学校的基础上草创巴黎大学，巧妙地利用教会与世俗政权的矛盾，得到了许多特权，使学校日益发展壮大。当巴黎市民骚扰大学时，巴黎大学求助于法王路

创建于 12 世纪后半叶的法国巴黎大学
1170～1180 年，在三所教会学校基础上草创的巴黎大学，巧妙地利用教会与世俗政权的矛盾，得到许多特权，在教会、政府、社会之间游刃有余，使学校日益发展壮大。
图版来源：参见顾明远《世界教育大事典》，江苏教育出版社，2000，图版第 5 页。

---

① 陈晓菲：《牛津大学的创立与发展》，载顾明远主编《世界教育大事典》，江苏教育出版社，2000，第 90 页。
② 陈晓菲：《牛津大学的创立与发展》，载顾明远主编《世界教育大事典》，江苏教育出版社，2000，第 91 页。

易七世的保护，并于 1180 年得到路易七世的认可。当法王菲利浦·奥古斯都干涉大学内政时，巴黎大学争取到教会支持，1198 年教皇西勒丁三世赐给巴黎大学许多特权。1231 年，罗马教皇颁发谕令，肯定大学的自决权。1259 年，文学院院长被罗马教皇确认为巴黎大学的校长，学者和学生群众团体在组织和职能方面具有一定的独立性。通过一系列法令，学校拥有特权和豁免权，从而在教会、政府、社会三方面都树立了一定的权威。

巴黎大学声望日隆，许多人捐资为大学修建房舍供学生居住。1257 年，法国国王的忏悔师索邦（Sorbon）为在巴黎大学学习神学的贫困学生修建房舍，因此人们将此房舍叫"索邦"。在巴黎大学的发展过程中，学生聚居地逐渐成为教学活动的中心场所，称为"学院"。"索邦"后来成为巴黎大学神学院所在地，而"索邦"亦成为巴黎大学的代名词。早期巴黎大学最盛时，学生曾达 5 万人，分别就读于神、法、医、文 4 个学院。法国大革命时期，巴黎大学一度被撤销。19 世纪末恢复。1968 年法国学生运动后，巴黎大学裂变为 13 所相互独立的学院。巴黎第四大学校址即为原巴黎大学①。

■ 1200 年代　知识分子，七种人文学科，人文科学，中世纪，近代神学

知识分子　知识分子一词出现在中世纪鼎盛时期，在 12 世纪的城市学校里传开来，从 13 世纪起在大学中流行。它指的是以思想和传授其思想为职业的人。在学者、讲师、教士、思想家这些词汇中（思想领域的术语一向就是含混不清的），只有知识分子这个词确切表明一个轮廓清楚的群体：学校教师的群体。把个人的思想天地同在教学中传播这种思想结合起来，这勾勒出了知识分子的特点。这一群体迄今为止从未像在中世纪那样得到明确限定，知识分子本人也从未像在中世纪那样意识到自己的身份。他们努力为自己寻找一个贴切的称呼，以替代"教士"这个有双重含义的概念。

13 世纪的西格尔·德·布拉邦（Sigurd von Brabant）率先称知识分子为

---

① 顾明远主编《世界教育大事典》，江苏教育出版社，2000，第 90 页。

"哲人"（philosophus）。勒戈夫（1957）认为哲人所意味的哲学家是另一种人。"哲人"一词原出于古典时代。在圣托马斯·阿奎那和西格尔德时代，亚里士多德才是本来意义上的哲学家。

在西方国家，中世纪的知识分子随着城市而诞生。在城市同商业和工业（说得谦逊一点是手工业）共同走向繁荣的背景下，知识分子（intellectuels）[①]作为一种专业人员出现了，在实现了劳动分工的城市里安家落户……一个以写作或教学，更确切地说同时以写作和教学为职业的人，一个以教授与学者的身份进行专业活动的人，简言之，知识分子这样的人，只能在城市里出现[②]。……有一定文化和科学知识的脑力劳动者。（《辞海》1999年版音序缩印本，第2185页）

给作为学者和教授、作为职业思想家的知识分子下定义，还可以通过一定的心理特征，这些特征会僵化成精神的倒错；也可以通过一定的性格特点，这些性格特点会蜕变为怪癖和躁狂。知识分子作为一种性格执拗的人，冒有陷入冥思苦索的危险。作为科学工作者，等待着他们的是辛劳憔悴。他们作为批评家质疑流行的原则，针砭时弊，因此会被诽谤者打成替罪羊。中世纪虽然嘲笑这些迂腐的学究，倒还没有这么不公平。

真正的知识分子永远不会是健康社会的敌人。真正的知识分子，在理性背后有对正义的激情，在科学背后有对真理的渴求，在批判背后有对更美好的事物的憧憬[③]。在他们之间存在分歧和探讨，不赞成你死我活的斗争。他们探究事物的本质，正视并不完美的现实；他们所要拼死捍卫的，只是自由思想的自由。

必须指出的是，复杂的或不健康的社会一定会造就出病态的知识分子。就现实（包括历史的现实）中的知识分子而言，他们不是神仙，也会犯无法宽恕的错误甚至罪行。自以为是的无能与狭隘的学者的自傲，以及动物性潜

---

① 这里所说的"知识分子"，是一个特定概念，主要指中世纪随着城市的发展而从事精神劳动、以教学为职业的教士（张弘，1990）。引自〔法〕雅克·勒戈夫《中世纪的知识分子》，张弘译，卫茂平校，商务印书馆，2002，译者序。

② 〔法〕雅克·勒戈夫：《中世纪的知识分子》，张弘译，卫茂平校，商务印书馆，2002，第3页。

③ 〔法〕雅克·勒戈夫：《中世纪的知识分子》，张弘译，卫茂平校，商务印书馆，2002，第3页。

伏的求生本能，极可能使知识分子受到病态社会舆论的支配，主动或被动、自觉或不自觉地成为野蛮行径的积极帮凶。例如，创建于 12 世纪后半叶的法国巴黎大学，在"英国人占领"期间最臭名昭著的插曲是迫害贞德的暴行。巴黎大学对贞德进行了审讯，并带着

圣女贞德受刑

巴黎大学对贞德进行了审讯，并带着毫不掩饰的自得对英王亨利六世通报了其判决，这成为巴黎大学的耻辱。

图版来源：参见〔英〕卡特赖特、比迪斯《疾病改变历史》，陈仲丹、周晓政译，山东画报出版社，2004，图版第 17 页。

毫不掩饰的自得对英王亨利六世通报了其判决①。而在中国"文化大革命"期间有些知识分子也给当时得势的"四人帮"写过效忠信，正如纳粹统治时期在德国有不少画家给希特勒写卑躬屈膝的效忠信。一些文化纳粹，包括雕塑家和作曲家挤进艺术学院院士的行列，然后以万分感激的心情写信表示忠诚："我们深深为这一天的到来而激动：全体德国人同心协力团结在元首的周围。"②

七种人文学科　公元 5 世纪的修辞学家马帖努斯·卡佩拉（Martianus Cappella）提出的"七种人文学科"，系指中世纪大学文法、逻辑学、修辞、算术、几何、音乐和天文七科（张弘，1996），12 世纪时被阿尔奎因（Alkuin）所摘录。"……阿尔奎因从 5 世纪的修辞学家马帖努斯·卡佩拉那里摘录来的七种人文学科的观点，以及由他③提出的'翻译研究'（trandlatio studii）的思想……"④

人文科学　源出拉丁文"humanitas"，意即人性、教养。欧洲 15~16 世纪时

① 〔法〕雅克·勒戈夫：《中世纪的知识分子》，张弘译，卫茂平校，商务印书馆，2002，第 131 页（原版书第 157 页）。

② 赵鑫珊：《瓦格纳·尼采·希特勒》，文汇出版社，2007，第 267 页。

③ 此处之"他"，似应指马帖努斯·卡佩拉，而不是阿尔奎因。但因未对照原著，不能确认。

④ 〔法〕雅克·勒戈夫：《中世纪的知识分子》，张弘译，卫茂平校，商务印书馆，2002，第 8 页。

开始使用这一名词。原指同人类利益有关的学问，以别于在中世纪占统治地位的神学。后含义几经演变。狭义指拉丁文、希腊文、古典文学的研究；广义一般指对社会现象和文化艺术的研究，包括哲学、经济学、政治学、史学、法学、文艺学、伦理学、语言学等。（《辞海》1999 年版音序缩印本，第 1399 页）

中世纪　也叫"中世"或"中古"。历史学上通常指封建制时代（主要用于欧洲）。"中世纪"一语出现于欧洲文艺复兴时，意指古典（希腊、罗马）文化期与古典文化"复兴"期之间的时代；大约公元 4~5 世纪直至 15 世纪。后被广泛采用并有所发展。今指介于古代奴隶制与近代资本主义之间的时代。一般以公元 746 年西罗马帝国至 1640 年英国资产阶级革命，为欧洲中世纪之时限（《辞海》1999 年版音序缩印本，第 2225 页）。长期以来，中世纪被描绘成漆黑一团的时代，一无是处。但近年来学者们进行的深入研究表明，中世纪联结古希腊罗马与文艺复兴这两个人类文明的辉煌时代，处于承上启下的独特的历史地位，因此，不可简单地予以一笔抹杀[①]。意大利卓有成就的中古史专家、罗马大学历史系教授加托为罗马牛顿出版社"知识丛书"[②]撰写的《中世纪》一书，对此有较为系统的介绍。

近代神学　近代神学（devotio moderna）中世纪末期流行的信仰新模式，认为科学只是无用的东西、贪欲的工具和灵魂的堕落，只有信仰与简朴的生活才带来拯救[③]。属于当时出现的一个新的知识分子类型——人文主义者[④]。

[①] 吕同六："知识丛书"中译本《主编序言》，载〔意〕贾姆皮埃洛·卡罗齐《法西斯主义史》，徐映译，四川人民出版社，2000，第 3 页。

[②] "知识丛书"是 20 世纪末意大利罗马牛顿出版社推出的大型系列图书，主持人为罗伯特·博基奥。"知识丛书"的纲领是，建设新型的百科全书。丛书的每一种书，就是百科全书的一个"条目"，计划出书 2000 种。也就是说，这套百科全书由 2000 个独特的"条目"组成，涵盖人类知识的各个领域，囊括政治、经济、法学、医学、天文、地理、技术科学、环境保护、环境科学、社会学、心理学、宗教、历史、考古、文学、艺术、语言、戏剧、音乐、电影、建筑等学科，可谓包罗万象。它们或同当代人的生活休戚相关，具有强烈的现实性，或关注一些迄今被忽略的知识领域，填补了重要的空白。如《20 世纪政治思想》、《爵士音乐史》、《货币史》、《证券交易史》、《中世纪》、《黑手党史》、《性史》、《宇宙探索》、《黑洞》、《地球外生命》、《中国思想史》、《孔子》、《道家》等。参见吕同六"知识丛书"中译本主编序言，载〔意〕贾姆皮埃洛·卡罗齐《法西斯主义史》，徐映译，四川人民出版社，2000。

[③] 参见 R.W.索腾《西方社会和中世纪的教会》，哈蒙茨沃斯，"企鹅丛书"，1980，第 334~335 页。转引自雅克·勒戈夫《中世纪的知识分子》，张弘译，卫茂平校，商务印书馆，2002，第 156 页。

[④] 这里所说的人文主义者，是属于 15~16 世纪的文艺复兴的另一种学者类型，他们同中世纪的知识分子正好是对立的。12~15 世纪学校的那种理想，是基督教人文主义。参见〔法〕雅克·勒戈夫，《中世纪的知识分子》，张弘译，卫茂平校，商务印书馆，2002，第 2 页（原版书第 10 页）。

这些人批评并试图取代中世纪的知识分子，而且往往占据上风。但是，"近代神学"的所谓近代，似应早于而并非与通常所称的"近代"①时段相同。

■ 1269 年（元至元六年）　蒙古新字，色目人，八思巴字

蒙古新字　俗称之"八思巴字"（Phags-pa script）或"方体字"。元世祖至元六年（1269 年）前，蒙古人使用汉字及畏吾儿字，至元六年颁行了蒙古新字。自此，元代诏令及文书，以蒙古新字为主，发往中国者辅以汉字，葱岭以东各国辅以畏吾儿字，葱岭以西各国则辅以亦思替非文字即波斯语。因此，设置回回国子学，让一部分人学会亦思替非文字实为必要。回回国子学请通晓亦思替非文字的人担当教习，必要时也为元廷翻译亦思替非语文。

《元典章·吏部》记有教习亦思替非博士，官秩不高，仅为正七品。"亦思替非"疑为"粟特"之异译（见《中西交通史》），而在唐代以前，粟特语在中亚各国盛行。另有资料考证，亦思替非文字，原是波斯国家文书中专门用于财务税收的诏书、清算单据、税务文书的文字。它出现在公元前 6~7 世纪，因波斯的财政税务部称为"阿玛尔"（amar），这种文字必须在全国推广使用，所以当时在波斯这种文字称为"阿玛尔文字"。阿拉伯语的"亦思替非"意为"财产税务的核算与管理"，故"阿玛尔"文字便被阿拉伯语译作了"亦思替非"文字②。

色目人　在元代，泉州作为国际商埠的地位仍未改变。当时在色目人③中的通用语是阿拉伯语，官方的通用语是波斯语，即亦思替非语言。近世在泉州发现的 56 方伊斯兰教徒墓碑中，2 方是南宋碑石，54 方是元代碑石。所刻

---

① 历史学上通常指资本主义时代（主要用于欧洲）。世界近代历史期，一般以 1640 年英国资产阶级革命为开端，终于 1917 年俄国十月社会主义革命，又称 1640~1871 年巴黎公社前为自由资本主义时期。参见《辞海》1999 年版音序缩印本，上海辞书出版社，2002，第 846 页。

② 穆扎法尔·巴赫蒂亚尔：《亦思替非考》，载《伊朗学在中国论文集》，北京大学出版社，1993。转引自《中国与西亚非洲文化交流志》。

③ 元代统治者对西域各族人及西夏人的总称（《现代汉语词典》）。"色目"一词见于唐代，意为"各色名目"，亦称姓氏稀僻者为色目。元政府将统治下的人民分为蒙古人、色目人、汉人、南人四等。蒙古人地位最为优越；次为色目人；再次为汉人（包括契丹、女真、高丽等族）；最后为南人，即南宋遗民。色目人来自西域及中国西北各族，其中包括哈剌鲁、钦察、唐兀、阿速、秃八（即秃伯歹）、康里、畏吾儿、回回、乃蛮、阿儿浑、撒耳柯思、斡罗思、汪古、甘木里、怯失迷儿等。参见《辞海》1999 年版音序缩印本，上海辞书出版社，2002，第 1443 页。

八思巴字百家姓

蒙古字体，即蒙古新字、蒙古字、八思巴字与汉字对应的《百家姓》版本。

图版来源：参见渠言《汉字：从甲骨文到计算机》，文化部赴国外展览资料，2001，第72页。

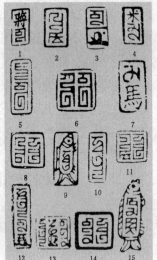

元八思巴字私印

1.蒋记 2.刘 3.记 4.米 5.张记 6.祁记 7.马 8.福安 9.福 10.封 11.福寿 12.封记 13.谨封 14.谨付 15.堪合

图版来源：参见陆锡兴《汉字传播史》，语文出版社，2002，第72页。

文字为阿拉伯文的 48 方；阿拉伯文、波斯文并刻的 3 方；阿拉伯文、汉文并刻者 4 方；另一方则刻有阿拉伯文、波斯文与汉文 3 种文字。说明在元代通晓阿拉伯文与波斯文的人不在少数①。

八思巴字 八思巴（1235~1280年）亦称"帕克思巴"。本名罗追坚赞，姓款氏。西藏喇嘛教萨迦派首领，元代第一任帝师。伯父萨班（本名贡噶坚参，1182~1251 年），为萨迦派首领，蒙古军进藏后，曾代表西藏各地方势力到西凉(今甘肃武威)谒见窝阔台（即元太宗）第二子阔端，八思巴随往。1253 年蒙古军经西南藏族地区，征服大理，忽必烈召见八思巴，从受佛戒，奉为尚师。中统元年（1260 年）忽必烈即位后，封八思巴为国师，后称八思巴帝师，英文译为"Pagba（Pha –kpa）Imperial Tutor"。至元元年（1264 年）元迁都于大都（今北京市）。忽必烈置总制院（1288年改为宣政院）时，命八思巴掌管全国佛教事务和藏族地区的军政事务。八思巴以国师兼领院事，成为西藏地方第一个政教合一的首领，赞助元朝在西藏建立地方行政机构，调查户口，规定赋税，设立驿站等。又奉命创制拼音文字，1269 年忽必烈颁诏，次年作为国字正式推行，初称"蒙古新字"不久改称"蒙古字"，后俗称"八思巴字"（Phags-pa script）或"方体字"，按照忽必烈的规定，是"译写一切文字"的，曾用它书写过蒙古、汉、

① 黎难秋：《中国口译史》，青岛出版社，2002，第 422~423 页。

藏、梵、维吾尔等多种语言①。再后（1271 年）改国号为元，八思巴升号"帝师"，又受封为"大宝法王"。公元 1279 年，元灭南宋，从而统一了原来的西夏、金和南宋的辖区以及今新疆、云南、西藏等地，建立大一统的中国。八思巴死后，受元朝赐号"大元帝师"。

现在遗存的八思巴字文物最多见的是各种印章。蒙古统治者原使用畏吾儿字和汉字官印，后逐渐以八思巴字官印替代。八思巴字印文，背刻汉字，可以对译，供不识八思巴字的人了解印文。这类印全国各地多有出土，可见使用之广。八思巴字私印，印文有多种形式：一种是上刻汉字姓氏，下刻"记"的八思巴字译音；一种是上刻一汉字姓氏，下刻该字的八思巴字译音；一种是上刻八思巴字，下刻同音汉姓的汉字；一种均是八思巴字，为汉姓的音译。此外还有八思巴字的封函印和吉语印 ②。

■ 1276 年（元至元十三年） 会同馆

会同馆 元、明、清时期朝廷接待少数民族官员及外国使臣的机关。元③至元十三年（1276 年）因袭隋、唐、宋代四方馆而设。掌管通译、伴送、点视贡物及在馆互市等事。《元史·礼部·会同馆》谓："会同馆，秩从四品。"元贞元年（1295 年），礼部尚书领馆事，遂成定制。明弘治五年（1492 年）以礼部主客司主事一员提督馆事。清乾隆十三年（1748 年）四译馆并入，更名"四译会同馆"，以礼部郎中兼鸿胪寺少卿提督馆务。内属有大臣、序班、通事等官。光绪二十九年（1903 年）废。（《辞海》1999 年版音序缩印本，第 727~728 页）

另据《中国历代官制》第 295 页，亦有提及会同馆大使：明代兵部官员在洪武时期变化较大，以后基本固定下来。尚书，正二品，左、右侍郎，正三品。司务厅司务，从九品，四清吏司郎中，正五品，员外郎，从五品，主事，正六品。下属。会同馆大使，正九品，副使，从九品，

---

① 参见照那斯图《八思巴字》，载《中国大百科全书》语言文字卷，中国大百科全书出版社，1988，第 10~11 页。
② 叶其锋：《故宫藏八思巴字印及相关问题》，《文物》1987 年第 10 期。
③ 1206 年，成吉思汗建立大蒙古国；1234 年，蒙古大军灭金后南进侵宋，同时扩张疆域；1260 年，忽必烈即大汗位；1271 年始改国号为元；1276 年，元灭南宋；1279 年，统一全国。

大通关大使、副使则为未入流。

——孔令纪、曲万法、刘运珍、刘锦星等：《中国历代官制》，齐鲁书社，1993，第 295 页。存疑。

1289 年（元至元二十六年） 回回国子学

回回国子学 元至元二十六年（1289 年），为了培养外交与商贸的翻译人才，元帝忽必烈设立了一所外语学校，即回回国子学。《元史·选举志·学校》谓：

> 世祖至元二十六年（1289 年）夏五月，尚书省臣言，亦思替非文字（即波斯语）宜施于用。今翰林院益福的哈鲁丁能通其字学，乞授以学士之职，凡公卿大夫富民之子，皆依汉人入学之制，日肄习之。帝可其奏。是岁八月，始置回回国子学。至仁宗延祐元年（1314 年）四月，复置回回国子监，设监官。以其文字便于关防，取会数目，令依旧制笃意领教。

1307 年（元大德十一年） 汗八里总主教区

汗八里总主教区 罗马教廷在蒙古人入主中原之前，就遣使到过和林。元朝建立后，教皇与元朝皇帝取得联系，在中国传教。1307 年，成立汗八里（大都）总主教区，管理华南华北教会，派遣大批教士来华传教。天主教传教活动留下丰富的文字资料，仅墓碑文即已发现多处。泉州、扬州都发现过圣方济各派拉丁文字墓铭，泉州的为 1332 年铭，扬州的为 1342 年铭及 1344 年铭。扬州发现的二墓碑碑主为一父所生的意大利热那亚城人，墓碑字体为典型的老式哥特体，字形工整①。

"和林"是"喀拉和林"的简称，蒙古窝阔台汗七年（1235 年）建都于

---

① 吴文良：《泉州宗教石刻》，科学出版社，1957；耿鉴庭：《扬州城根里的元代拉丁文墓碑》，《考古》1963 年第 8 期；夏鼐：《扬州拉丁文墓碑和广州威尼斯银币》，《考古》1979 年第 6 期；〔意〕L.培忒克（Petech）：《扬州拉丁文墓碑考证》，《考古》1983 年第 7 期。转引自陆锡兴《汉字传播史》，语文出版社，2002，第 83 页。

此。故址即今蒙古国中部鄂尔浑河上游的哈尔和林。忽必烈在开平即汗位后首都南迁，改设和林宣慰司都元帅府，后改为和林路总管府。自元大德十一年（1307 年）后，为和林等处行中书省治所，皇庆元年（1312 年）后又为岭北等处行中书省治所。元亡后，北元又以此为政治中心。1948~1949 年在和林废墟上进行大规模发掘，发现土墙、宫殿、市街、房屋等遗迹甚多。（《辞海》1999 年版音序缩印本，第 648 页）

■ 1314 年（元延祐元年） 回回国子监

回回国子监 回回国子学置学 25 年以后，至元仁宗延祐元年（1314 年）4 月，升格为回回国子监，专门设置了监官。教习人数也有所增加。说明 25 年来学习亦思替非语言的人员和可以作为翻译的人员均有所增加。文宗（1328~1331 年）以后，元廷势力大衰，对西域各国的控制减弱，外事工作需求下降，回回国子学（国子监）也随之衰微。但从总体上看，元代的回回国子学，在四五十年间培养了一批通晓亦思替非文字的翻译人员，即为元廷各部门及各地关卡提供、充实了一批"译史"[1]，成为迄今所知我国政府创办的第一所成规模的外语翻译学校。说明教育的历史总是并列平行于国家的历史，须臾不曾分割[2]。

■ 1327 年（元泰定四年） 奥卡姆，节约理论，奥卡姆剃刀，节约

奥卡姆 奥卡姆（William of Occam 或 Okham，约 1285~1349 年），英国经院哲学家，唯名论代表人物。出生于英国的拉特兰郡奥卡姆镇，故被称为"奥卡姆的威廉"。主张哲学的对象只能是经验以及根据经验而作出的推论，认为只有个别事物是实在的，一般或共相只是表示事物的符号，可以由归纳而得到的抽象的知识，但反对"隐秘的质"等虚构的观念。提倡"知"和"信"的分离，认为天上的神是信仰的对象，所以神学只能在"信仰领域"占统治地位，而不能干预"知识领域"，即地上的自然现象，也就是理性（学

---

[1] 黎难秋：《中国口译史》，青岛出版社，2002，第 424 页。
[2] 袁爱俊主编《北京师范大学附属实验中学校史》，长江文艺出版社，2007，第 310 页。

问）的对象。这种反对"知和信共存"（中世纪秩序基础）的观点，导致他主张政教分离。其学说于 1327 年被教皇判为"异端"。主要著作有《逻辑大全》、《论辩七篇》、《神学百论》等。（《辞海》1999 年版音序缩印本，第 32 页）

节约理论，奥卡姆剃刀　在科学研究过程中，为了防止把问题复杂化、虚幻化，严禁不必要的假设。中世纪英国学者威廉·奥卡姆（William of Occam）以其名言："如无必要，勿增实体"所表达的"节约理论"，亦被称为"奥卡姆剃刀"理论。具体表述为：如果多个理论同时都能解释某一现象，则应优先选取利用假设最少的理论，这个理论被认为是最好的[①]。换言之，即要剔除多余的"本质"——除非必要，否则不应增加实在东西（拉丁文 entia）的数目。意思是说，在任何一门科学里，如果能够不以这种或那种假设的实体来解释某一事物，那么我们就绝无理由去假设它，而一定要抛弃它。此说后被称为"奥卡姆剃刀"，因为它把所有无现实根据的"共相"一剃而尽。奥卡姆的"剃刀"锋利无比，一切多余的"科学"概念和假设都在被剔除之列。运用奥卡姆剃刀的目的，在于谋求理论假设数目的最小化。从这样的意义上说，这把"剃刀"的本质，就是"节约"。

逻辑学家罗素（B.Russell）认为，奥卡姆剃刀是"逻辑分析中一项最有成效的原则"，也是归纳法中不可缺少的原则[②]。

科学研究对象是客观存在的性质，决定了任何杜撰的"科学名词"都逃不过奥卡姆剃刀这一关。而这一过程可能需要渐进的实现。例如，1777 年化学家拉瓦锡（Antoine L. Lavoisier）通过大量精确实验（包括称量法在内），发现了燃烧的氧化学说，从此剃掉了已经沿用大半个世纪的"燃素"这个多余概念。他因此被后人誉为"定量化学之父"。但他在 1789 年编撰的"化学元素表"中继续保留了"热"这样一种气体元素。直到 1843 年焦耳（James Joule）的热功当量实验，证明热是一种运动，才彻底"剃"掉了认为热是一种物质，即"热质"的概念[③]。这说明科学家不是神仙，他们也会有常人的固执和片面，

---

① 宋威：《完全图解哲学》，南海出版公司，2008，第 55 页。
② 归纳法中包括：求同原则、差异原则、奥卡姆的"剃刀原则"和卡尔·波普尔（Karl Popper）的"证伪原则"。
③ 陈敏伯：《走向严密科学：量子与理论化学》，上海科技教育出版社，2001，第 54~56 页。

也会犯在后人看来非常"不应该"的错误。

节约 《现代汉语规范词典》释"节约"共两个义项的词类分别是动词和形容词，没有作为名词的解释。作动词时，"节约"意指"有节制地使用；节省不必要的开支"；作形容词使用，意为节俭，不铺张，不奢侈，该用的才用①。但是，研究考证表明，"节约"还有纯粹作为名词的用途。

附：《趣说节约》（龚益）

中国人崇尚俭朴，俭省朴素。因此，作为民族美德的代称，"节约"一词历来为妇孺皆知。节约的词义非常清楚，概指节俭、节省、收敛、约束。历史上在"节约"方面最有名的代表人物，首推东汉时的宣秉。《后汉书·宣秉传》："秉性节约，常服布被，蔬食瓦器。"

史书上说，宣秉字巨公，冯翊云阳人，按现在的行政区划，是陕西淳化。此人高风亮节，名声显赫，拒绝与谋权篡位的王莽合作。宣秉为人，最重节约，虽为高官，却"常服布被，蔬食瓦器"，"持身俭约，以所得禄奉收养亲族，家无余财"。光武帝刘秀（公元 25~57 年在位）到他家中视察，感慨道："楚国二龚，不如云阳宣巨公。"楚国二龚指龚舍、龚胜，都以俭廉闻名。刘秀说，若论节俭，宣秉宣巨公有过之而无不及，于是赏赐他"布帛帐帷什物"，倒也实在。这里"常服布被"之"被"，按古文似应读作 pī 或 pì，音辟，或指肩披斗篷之类。古人为文，讲求"朗朗上口"。若按现代发音读作 bèi，声韵上与"蔬食瓦器"之 qì 音不合，读起来拗口。

《后汉书》说"秉性节约"，秉是宣秉。中文另有成语"秉公无私"、"秉烛待旦"，"秉"是"掌握、拿着"的意思，是由"秉"之本义"禾把"引申而来。"一秉杆"，就是一把禾茎。"秉"还是容量单位，1 秉合16 斛。唐代诗人张籍《野老歌》："西江贾客珠百斛，船中养犬长食肉。"

古代 1 斛本为 10 斗，南宋末年改为 5 斗。10 升为 1 斗，10 斗等于 1 石（今读音 dàn，但在古书中读 shí，如"二千石、万石"等），所以自南宋后有两斛为一石。成语还有"禀性难移"，宣秉"性节约"，也是禀性

---

① 李行健：《现代汉语规范词典》，外语教学与研究出版社、语文出版社，2004，第 667 页。

青铜节约（摄于宁夏回族自治区固原县博物馆）
图版来源：龚益摄，2007。

辽代陈国公主墓出
土马具上的玉节约
图版来源：参见
《契丹王朝》，中国
藏学出版社，
2002，第94页。

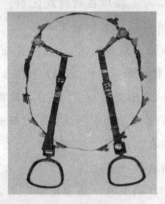

辽代陈国公主墓出土鎏金龙纹银马具饰件，T字形节约
图版来源：参见《契丹王朝》，中国藏学出版社，
2002，第102页。

难移。这里的"禀性"，即"本性"，天性所赋。《现代汉语词典》分别收有"禀性"和"秉性"。禀性是名词，本性：禀性淳厚、江山易改、禀性难移；秉性也是名词，性格：秉性纯朴、秉性各异。由此看来，这两个词实在是不好区分。

与许多中国人一样，笔者初知节约，是在学龄前。有趣的是，已知"节约"半个世纪，又见识了另一种实实在在、可以触摸而过去却始终未知的实物"节约"。

2007年12月下旬，我有幸参加中国社会科学院组织的国情考察项目，在宁夏回族自治区南部山区的固原县博物馆，看到两件于1989年在当地原州区杨郎庄马乡出土的小型青铜器，直径比酒盅略大，但更显扁平，器件中部横竖开有相对贯通的长方形孔，展品标名"节约"。请教解说员，得知此物是古时当地部族军民应用的马具，用来固定络头上垂直相交的小皮带。这个"节约"，想来是"节制、约束"，或指对"节点"部位的约定连接，古人制造与命名器物的智慧，真叫人大开眼界。

回京后查阅了各种汉语字典、词典、辞书，包括《辞海》和《现代汉语词典》，均无关于此一"节约"的释义。因此，猜测"节约"这种器物可能不是汉地汉人所熟悉或常用的东西。翻检各博物馆的藏品目录，终于在《契丹王朝——内蒙古辽代文物精华》画册"马具和猎具"一节辽代陈国公主墓出土文物中找到了与之类似的玉"节约"和鎏金龙纹银马具饰件"T字形节约"。

由此看来，"节约"一物与马相伴，并非只是宁夏一地古代原住人民的"专利"。契丹族早期以游牧经济为主，辽圣宗以后逐渐汉化，定居生活，但不废鞍马骑射，保留着传统的游猎生活习俗。

出土辽代契丹人的玉节约是固定的，也用于马具其他节点。具体做法是：将"玉节约"与宽 1.5 厘米、厚 0.05 厘米之薄银片制作并已连接好的小带子铆固在一起，虽兼有装饰与固定作用，但不像固原的青铜"节约"这样可以活动调节。想来陈国公主墓中的马具应属于明器，即陪葬的器物，与固原博物馆展出的"节约"有所不同，固原的这两件青铜制品更接近实用。

还有需要进一步探讨的问题："节约"是汉语词汇，而宁夏地方出土的"青铜节约"文物年代在公元前 770 年至前 221 年之间。从术语或语言应用的角度，则我们不知道当初使用这些"节约"物件的人是否使用汉字、汉语，或许当时他们是用着"外语"——汉语之"外"的"语言"，称呼这种在汉语中被称为"节约"的东西。

——参见 2008 年 7 月 22 日第 4 版《中国社会科学院院报》(有删节)。

■ 1345 年〔元至正五年〕 居庸关，西夏文，造塔记

居庸关过街楼内壁上刻写的《造塔记》

居庸关过街楼内壁上有用蒙古语、维吾尔语、梵字、藏文、汉字、西夏文六种文字刻写的《造塔记》。

图版来源：参见〔日〕阿辻哲次《图说汉字的历史》，大修馆书店，1989，第 155 页。

元代统治者为了平衡和削弱汉民族势力，格外优待塞北的少数民族，保护他们的文化。西夏被成吉思汗灭亡后，西夏人的后裔仍被允许使用西夏文，甚至还用西夏文出版了《大藏经》。西夏文因此得到保留和继承。1345 年，在北京西北郊外的要塞"居庸关"修建过街塔楼时，不仅使用蒙古语、维吾尔语、梵字、藏文和汉字，而且还用西夏文在其内壁上刻写了《造塔记》。

居庸关要塞
由河北平原通往蒙古高原的要冲居庸关，自古以来就是防守北京的咽喉要塞。
图版来源：参见〔日〕阿辻哲次《图说汉字的历史》，大修馆书店，1989，第 155 页。

北京居庸关的元代云台浮雕
(供图：Rapho/Photo Researchers)
图版来源：参见《不列颠百科全书》(国际中文修订版) 第 18 卷，中国大百科全书出版社，2007，第 471 页。

■ 1347 年（元至正七年） 保险单

保险单 意大利热亚那商人在 1347 年 10 月 23 日签发的船舶航运保险契约是迄今（1998 年）发现最古老的保险单[①]。

■ 1348 年（元至正八年） 黑死病，佛罗伦萨，卜迦丘，十日谈

黑死病系指在欧洲历史上最具毁灭性的一场腺鼠疫天灾。这场灾难发生在 1348~1361 年，后来一般称为和死病。腺鼠疫的"腺"指的是典型的腹股沟腺和淋巴腺。腺鼠疫主要是啮齿类动物所患的一种疾病，通过寄生在老鼠身上的跳蚤传播。跳蚤叮咬有病的老鼠，其血液中带有鼠疫病菌。这些病菌能在跳蚤肠道内游荡三个星期，然后再通过叮咬另一只老鼠而传播。在原型腺鼠疫病例中，只有当人被叮过病老鼠的跳蚤叮咬时才会得病。黑死病的致病细菌是巴斯德鼠疫杆菌（Pasteurella Pestis），现在叫耶

挪威黑死病的牺牲者
这幅 1349 年的绘画表现了挪威黑死病的牺牲者。人与动物都成为这种疾病的牺牲品。
图版来源：参见英国布朗参考书出版集团编《经济史》，刘德中译，中国财政经济出版社，2004，第 21 页。

[①] 中国保险学会：《中国保险史》，中国金融出版社，1998，第 14 页。

尔森氏鼠疫杆菌（Yersinia），这种病菌迅速在血管里成倍繁殖，引起病人高烧并死于败血病（血液中毒），其死亡率一般为 60%，甚至可以高达 90%。1348~1666 年，欧洲一直有腺鼠疫流行。通常的传染源是黑鼠，有时也被称为"老英国鼠"（Old English Rat）。这种动物与人关系密切，是一种有着黑色绒毛的很漂亮的小家伙，喜欢住在房屋或船上，而不是像棕鼠一样住在农庄或下水道里①。

公元 1348 年，佛罗伦萨发生了黑死病的大流行，使这个拥有 10 万人的城市有一半人因此丧命。卜迦丘的《十日谈》就是以描写这场可怕的瘟疫作为序幕。佛罗伦萨的每个家庭都不得不面对瘟疫的悲剧。于是 7 位或是邻居、或是亲戚的年轻女子，还有 3 位男性朋友陪伴，共同来到一座宽阔的乡间别墅。为了打发时光，他们约定 10 个人每人每天分别讲一个故事，于是在 10 天里一共讲了 100 个故事，卜迦丘把这些故事集结起来，命名为《十日谈》。这些故事中，有的充斥着粗俗的色情，也有的体现了贞洁的爱情；一些故事极富哲学色彩，例如关于三枚同样珍贵的戒指的传说，分别代表了犹太教、基督教和佛教的信条②。

黑死病导致了东罗马帝国在公元 7 世纪的崩溃，它还在 14 世纪中叶的 6 年间杀死了 2400 万欧洲人，占当时欧洲人口的 1/3③。中世纪后期的黑死病敲响了领主制的丧钟。随着欧洲人口的减少，劳动力变得非常昂贵，为使他们的土地保持耕种，获得收入，地主很少能够有力抗拒农民提出自己对土地权利的进一步要求。在黑死病过后的几十年里，在供求规律的作用下，工资上涨，地主的租金下降，说明寻找佃农和劳动者是困难的。对于这场致命危机的幸存者来说，黑死病以后的一百年与 1347 年以前相比，工资都是高的，而食品价格都是低的④。

---

① 〔英〕弗雷德里克·F.卡特赖特、迈克尔·比迪斯：《疾病改变历史》，陈仲丹、周晓政译，山东画报出版社，2004，第 25~26 页。

② 〔美〕威尔·杜兰特：《历史中的英雄》，王琴译，中信出版社，2005，第 194 页。

③ 〔美〕巴里·E.齐格尔曼、戴维·J.齐格尔曼：《危险的杀手：微生物简史》，武庆洁、蔡晔、迟少鹏译，文化艺术出版社，2003，第 1 页。

④ 英国布朗参考书出版集团编《经济史》，刘德中译，中国财政经济出版社，2004，第 21 页。

■ 1349 年（元至正九年） 劳工法规

劳工法规 又称"劳动者法规"。14 世纪中叶到 19 世纪初，英、法、荷等国为延长劳动日、限定工资最高额、迫使劳动者服从雇主制定的法规。以英国为典型，劳工法规最早于 1349 年公布。当时正值黑死病流行后，劳动力奇缺，英国政府为保护雇主利益，规定年龄在 12~60 岁的无土地和生活资料的贫民必须一律受雇，工资不得超过黑死病流行前的最高水平，违反时雇主处以罚金，受雇者处以徒刑。1357 年后一再修订，对受雇者惩罚加重，如逃亡则割耳、烙印，甚至处死。英国于 1813 年废止此法。（《辞海》1999 年版音序缩印本，第 973 页）

■ 1361 年（元至正二十一年） 宝源局

宝源局 明清铸钱机构。元至正二十一年（1361 年），朱元璋在应天府（今江苏南京）设宝源局，后陆续在江西等省设货泉局，铸大中通宝钱。明洪武元年（1368 年）在各省设宝泉局，和宝源局并铸洪武通宝钱。迁都北京后，也设宝源局，同原设应天府的宝源局并称南北二局，悉隶工部。各省宝泉局则隶右布政司。天启二年（1622 年）在北京增设户部宝泉局。清顺治元年（1644 年）置户部宝泉局、工部宝源局，铸顺治通宝钱。宝泉局铸钱筹军饷，宝源局铸钱备工程需用，各归该部汉右侍郎掌管。各省也设铸钱局，隶户部。光绪三十一年（1905 年）裁宝源局；宣统二年（1910 年）宝泉局撤销。（《辞海》1999 年版音序缩印本，第 72 页）

■ 1396 年（明洪武二十九年） 礼部，太常寺，提督四夷馆

礼制是封建统治的重要基础，因而礼部在国家机构中亦具有重要地位。明初礼部下属机构有司务厅、总部、祠部、膳部、主客部。洪武二十二年（1389 年）改总部为仪部。洪武二十九年（1396 年）改仪部、祠部、膳部、主客部为仪制清吏司（主管礼文、宗封、贡举、学校事宜）、祠祭清吏司（主管祀典、天文、国恤、庙讳事宜）、精膳清吏司（主掌国

家宴会事宜)、主客清吏司（主掌外国朝贡、接待、赏赐事宜）。礼部直属机构除有铸印局之外，还有两个重要机构：太常寺与光禄寺。太常寺直属机构还有提督四夷馆，主管翻译事宜。皆"听于礼部"。

——孔令纪、曲万法、刘运珍、刘锦星等：《中国历代官制》，齐鲁书社，1993，第 294 页。

■ 1407 年（明永乐五年） 四夷馆，四译馆，会同馆，四译会同馆

明清王朝所设专门翻译边疆民族及邻国语言文字的机构，明代称"四夷馆"，永乐五年（1407 年）开始设立（《辞海》1999 年版音序缩印本，第 1591 页），选国子监生习译事，隶翰林院。内分鞑靼（蒙古）、女直（女真）、西番（西藏）、西天（印度）、回回、百夷（傣族）、高昌（维吾尔）、缅甸八馆。后以太常寺少卿提督馆事，并增八百（掸族）、暹罗二馆。清初改名"四译馆"，省蒙古、女真二馆。乾隆十三年（1748 年）并入会同馆（更名为"四译会同馆"），合并八馆为西域、百夷二馆。光绪二十九年（1903 年）裁撤。

按照四夷馆所制定的规则，通过九年三轮的例行考试，凡考试优等者授以八品职事或授予鸿胪寺序班。其中一部分人会留四夷馆任教或边深造边协助教习，而另一部分人则会在外交与外贸活动中担任翻译官员（通事）。例如，万历三十年（1608）四夷馆译字生王子龙就被选送，赴大喜峰口担任翻译，负责"验收放进贡事人"①。

又，公元 4 世纪初北魏有"四夷馆"，见《洛阳伽蓝纪》卷三。（《辞海》1999 年版音序缩印本，第 1591 页）

■ 1476 年（明成化十二年） 英式印刷机

英式印刷机　英国羊毛商威廉·卡克斯顿（William Coxton）在欧洲大陆学会了印刷术后，1476 年在英国制造出第一台印刷机。这种机器一直沿用了

---

① 黎难秋：《中国口译史》，青岛出版社，2002，第 133 页。

350 多年，其间技术改造很小①。在此之前，书籍要靠手工制作完成，十分昂贵。印刷术导致书价下降，使更多识字的人有书可读。英式印刷机的出现为英语传播和发展提供了方便②。

■ 1479 年（明成化十五年） 哥本哈根大学，哥本哈根

哥本哈根大学 哥本哈根大学是丹麦第一所国立大学，1479 年创立于哥本哈根。设有神学、人文、社会科学、自然科学等学院，并附设高等教育研究所。

哥本哈根 哥本哈根(Copenhagen)，丹麦首都。在西兰岛东岸，临厄勒海峡。人口 135.3 万（1995 年）。原为一小渔村，16 世纪因海运发展而兴起，为北欧最大城市，丹麦经济、文化中心。交通枢纽，有火车轮渡通瑞典港口马尔默。系全国最大商港（自由港）和军港，有造船、机械制造、冶金、化学、食品、纺织等工业。设有科学院、哥本哈根大学（1479 年创立）及皇家图书馆、博物馆等。（《辞海》1999 年版音序缩印本，第 521 页）

■ 1492 年（明弘治五年） 殖民帝国

殖民帝国 1492 年哥伦布发现美洲之后，西班牙立即建立美洲殖民帝国，速度之快，区域之广，史无前例。只用 30 年（1511~1541 年）时间，便占领了美洲大部分地区。首先占领古巴（1511 年），接着是墨西哥（1521 年）、厄瓜多尔（1532 年）、秘鲁（1533 年）、阿根廷（1535 年）、哥伦比亚（1536 年）、巴拉圭（1537 年）、玻利维亚（1538 年）、智利（1541 年），后来有委内瑞拉（1567 年）、乌拉圭（1777 年）、加勒比海诸岛。每到一处，恣意杀戮，尽情劫掠，一船一船金银财宝运回西班牙。西班牙政府设"印度等地事务院"（1524 年，当时称美洲为印度），统辖美洲殖民帝国的"四大总督区"：新西班牙总督区（1535 年，首府墨西哥城），秘鲁总督区（1542 年，首府利马），新

---

① 这个事实说明技术与设备的稳定同样有利于满足人类的基本需求，稳定适用的技术不需要不断"改造"。

② 苏福忠：《译事遗墨》，生活·读书·新知三联书店，2006，第 30 页。

格拉纳达总督区（1718 年，首府波哥大），拉普拉塔总督区（1776 年，首府布宜诺斯艾利斯）。当时的墨西哥（称"新西班牙"）比现在大得多，包括加利福尼亚等许多地区。

1607~1733 年，英国在北美东北大西洋沿岸陆续建立 13 个殖民地。第一个据点是詹姆斯敦，建立于 1607 年。美国独立以后，土地扩张也很快。原来 13 个殖民地合起来只是一个小国。经过武力兼并和金钱购买，在 70 年间（1783~1853 年），从大西洋伸展到太平洋，成为两洋大国。西班牙殖民开始于 1511 年占领古巴。英国殖民开始于 1607 年建立詹姆斯敦。前后相隔一个世纪。在这一个世纪中，已经占领北美南部墨西哥的西班牙，没有向北扩张到随手可得的北美中部（今天的美国）。

有人说，西班牙殖民帝国已经肚子饱胀、消化不良，不能再吞咽更多土地了。有人说，西班牙专拣已经积聚大量财富的居民集中地区，便于迅速掠夺，不稀罕人烟稀少、榛莽未辟的北美，那里要自己花大力去开发。不论原因是什么，北美中部和北部，西班牙弃之，英国取之。罗马教皇曾为西班牙和葡萄牙两国平分地球，西班牙得美洲，葡萄牙得巴西、非洲和亚洲，没有特别提及北美中部和北部。迟来一个世纪的英国人和后来的美国人，在这块人烟稀少、榛莽未辟的原始土地上，人弃我取，另辟蹊径，200 年后成为世界的超级大国①。

■ 1493 年（明弘治六年）　法国痘，大痘，小痘

1493 年，类同梅毒的疾病在欧洲最早出现，因法国进攻那不勒斯而肆虐，故被称为"法国病"。法国人则将其命名为"那不勒斯病"。1495 年夏传入德国；1496 年传入英国；1498 年传入印度和中东；1499 年传入波兰；1500 年传入俄罗斯和斯堪的纳维亚；1505 年传入中国广州；1569 年传入日本；1753 年传入冰岛；1845 年传入法罗群岛。欧洲人在把病传到世界各地中起了作用。1497 年 7 月，瓦斯科·达·伽马率领一支由 4 艘船和 160 人组成的远航队，绕过好望角，由北向东航行，1498 年 5 月 20 日在马拉巴河边的卡利卡特上岸，船员们随身带去了梅毒。

---

① 周有光：《美国社会的发展背景》（2002），载《朝闻道集》，世界图书出版公司，2009。

学者伊拉斯谟在 1519 年写道，任何没有感染上梅毒的贵族都被看成"土包子"。1529 年托马斯·莫尔爵士针对有人要求镇压修道院医院，写了小册子《炼狱中的灵魂祈求》。小册子里有这样一句："30 年前那里有五人染上法国痘症，现在是人人染疾。"这就是说，1499 年有五个病人因梅毒上医院，1529 年上医院的每个人都是因为梅毒①。

关于涉及梅毒起源问题的术语，《牛津英语词典》中给出了下列年份数据：痘 1476 年，大痘 1503 年，小痘 1518 年。"痘"一词出现在梅毒传入前，是任何皮疹的别名。"大痘"一词出现在梅毒传入英国后七年，显然是用于梅毒皮肤病症的通常叫法。1518 年出现的"小痘"（Small Pox）一词不可能是指疫病"天花"（smallpox）的专门名词，因为在 1518 年以前天花早已为人所知，老护士在诊断"穷孩子出痘发热"时，无疑经常把它与其他皮疹混淆。实际上，"小痘"几乎肯定是像它字面意思所指，比"大痘"轻一些，用来指第二期梅毒的皮疹，常与麻疹一类的各种"小痘疹病"相像。因而，可以这样认为，许多患者终身也不治疗，一直没有意识到他们得了梅毒②。

---

① 〔英〕弗雷德里克·F. 卡特赖特、迈克尔·比迪斯：《疾病改变历史》，陈仲丹、周晓政译，山东画报出版社，2004，第 55~56 页（原版书第 48~50 页）。
② 〔英〕弗雷德里克·F. 卡特赖特、迈克尔·比迪斯：《疾病改变历史》，陈仲丹、周晓政译，山东画报出版社，2004，第 55~56 页（原版书第 48~50 页）。

公元 1501 年至 1800 年间出现的术语

公元 1501 年至 1800 年间出现的水果

■ 1512 年（明正德七年） 梅毒

梅毒 1512 年，梅毒（syphilis）这一术语首次使用，它是意大利医生希戎穆司·法拉卡特（Hieronymus Fracastor）在他以诗歌形式写成的一个医学小册子——*Ayphilis Sive Morbi Gallicus* 中杜撰出来的。这本小册子的内容就是关于这种在当时不大为人所知的疾病。这个术语可能来自希腊语，意思可能是"猪的情人"或者"爱的伴侣"。整整 400 年后的 1912 年，德国医学家，血液学、免疫学的奠基人之一，1908 年诺贝尔医学奖获得者保尔·埃尔利希发现了治疗梅毒的特效药撒尔佛散，即 606 抗梅毒药[①]。

■ 1524 年（明嘉靖三年） 算学宝鉴

算学宝鉴 王文素（约 16 世纪，中国明代数学家，商人）著《算学宝鉴》（1524 年）。这是一本结合社会需要的商业方面的算术书，书中含有珠算内容。

■ 1527 年（明嘉靖六年） 性病

性病 1527 年，雅克·德贝瑟库特创造了"性病"（Venereal Disease，VD）这一术语[②]。

---

① 〔英〕史蒂芬·贝利：《两性生活史》，余世燕译，中国友谊出版公司，2007，第 268、279 页。
② 〔英〕史蒂芬·贝利：《两性生活史》，余世燕译，中国友谊出版公司，2007，第 268 页。

■ 1529 年（明嘉靖八年） 抗罗宗，新教徒

抗罗宗 或抗议宗，德文作 Protestnten，意为 "抗议者"，最初指在 1529 年德意志帝国会议中对恢复罗马公教（即天主教）特权的决议案提出抗议的新教诸侯及城市代表。在西方，后以此词作为新教各宗派的共同称谓。在中国，常以 "基督教" 一词单指新教，有时也将新教称为 "耶稣教"。

新教徒 新教，中国（汉语术语）对基督教抗罗宗（或抗议宗）的称呼。"新教徒"（Protestants）一词，来源于拉丁文的 "protestari"，意为 "抗议" 和 "宣称"①。新教是基督教的一派，与天主教、正教并称为基督教三大派别，是 16 世纪欧洲宗教改革运动中脱离天主教而产生的多个新宗派，随后又从这些宗派中不断分化衍生出来的更多宗派的统称。新教对天主教的传统教义作了一些删除，例如不承认 "炼狱"（亦称 "涤罪所"），不承认 "变体论"（即认为弥撒仪式中经神父 "祝圣" 后的饼和酒 "真正" 变成耶稣的身体和血），反对尊马利亚为圣母。强调信徒直接与上帝相通而无须有神父作中介，教会制度多样化而不强求一律。

第一批新教教会主要有路德宗（以德国和北欧的信义会为主）、加尔文宗（以瑞士、法国、德国、苏格兰等地的长老会、归正会为主）、圣公会（以英格兰的英国国教会即英国圣公会为

马丁·路德(1483~1546 年)
一个铜矿工人的儿子，从卑微中崛起，成为德国新教的创立者，促使基督教的欧洲一分为二。图版来源：参见〔英〕约翰·布克《剑桥插图宗教史》，王立新、石梅芳、刘佳译，山东画报出版社，2005，第 251 页。

---

① 〔英〕约翰·布克：《剑桥插图宗教史》，王立新、石梅芳、刘佳译，山东画报出版社，2005，第 251 页。

主）等派别。16 世纪中叶在起源于英国的清教徒运动中出现了公理会、浸会、公谊会等新宗派。18 世纪随着英国资本主义的进一步发展，又产生了更加资本主义化的卫斯理宗等。19 世纪以来，基督教在美国的发展更加多样化，新宗派和跨宗派性的流派不断产生。主要分布于北欧各国以及英国、美国、德国、瑞士、澳大利亚、新西兰等国[①]。

■ 1530 年（明嘉靖九年）　日心说，哥白尼

日心说　哥白尼（Nicolaus Copernicus，1473~1543 年）完成了《天体运行论》（1530 年），违反了《圣经》所说耶和华命令太阳静止不动的内容。后世把这一发现称为"哥白尼革命"。日心说经历艰苦斗争，才为世人所接受。布鲁诺（1548~1600 年）研究日心说，提出无限宇宙论，1600 年被教皇判为异端，在罗马广场上被烧死。日心说是天文学上一次伟大革命，引起人类宇宙观重大革新，沉重打击封建神权统治，"从此自然研究便开始从神学中解放出来"，"科学的发展从此便大踏步地前进"。（《马克思恩格斯选集》第 4 卷）

哥白尼　波兰天文学家，日心说创立者，近代天文学的奠基人。曾在波兰和意大利的大学学习，研究数学、天文学、法学和医学，获意大利费拉拉大学教会法博士，后来参加政教活动。最大成就是以符合科学实际的日心说否定在西方统治 1000 多年的地心说，著有《天体运行论》。（《辞海》1999 年版音序缩印本，第 521 页）

■ 1534 年（明嘉靖十三年）　英国圣公会，基督教分化，新教，宗教改革

1534 年，英国国王亨利八世（1491~1547 年）宣布脱离罗马教廷，自立英国圣公会，北欧各国相继效法。基督教于是分成三部分：罗马天主教、东正教（希腊正教）、新教。

---

① 宋原放：《简明社会科学词典》，上海辞书出版社，1984，第 1064 页。

宗教改革不是否定宗教，而是反对罗马教廷的专横和腐败。宗教改革的主要收获是，信教自由，信教不妨碍科技探索。

——《周有光语言学论文集》，商务印书馆，2004，第393页。

■ 1536 年（明嘉靖十五年）　加尔文，基督教原理

加尔文（1509~1564年）发表《基督教原理》（1536年），认为人们得救与否全由上帝决定，教会无权过问。

■ 1549 年（明嘉靖二十八年）　火焰法庭，火刑法庭，公祷书

火焰法庭　火焰法庭（Chambre Ardente）亦译"火刑法庭"。16~18世纪法国的一种特别法庭。庭审时四周遮黑，仅火炬照明。亨利二世（Henri Ⅱ）在位时（1547~1559年）勾结宗教裁判所，在1549年设立专门法庭，审判加尔文派教徒，用刑严酷，将被告烧死在火刑柱上。1619~1680年，路易十四曾用它迫害罪犯。至1780年后还用来残害马提尼岛（法国在加勒比海的殖民地）的奴隶[①]。

火刑法庭　即火焰法庭。

公祷书　在宗教盛行的年月，有一门学问叫神学，而神学的语言是拉丁文。拉丁文只有学过神学的人，即宗教人士才掌握得了。人们所以要去教堂，是因为不识拉丁文的《圣经》，不得不到教堂里听牧师念经文。14世纪80年代，牛津大学巴利奥学院教师约翰威克利夫（John Wycliffe）第一次把《圣经》翻译成英语。1549年，坎特伯雷大主教托马斯克兰默（Thomus Cranmer）写出了一部《公祷书》。这是第一次用英语而非拉丁语朗读教堂弥撒仪式[②]。

---

① 参见宋原放《简明社会科学词典》，上海辞书出版社，1984，第167页。
② 苏福忠：《译事遗墨》，生活·读书·新知三联书店，2006，第29页。

■ 1560年（明嘉靖三十九年） 玉米，番麦，西天麦，山薯，番薯，马铃薯，荷兰豆

1560年（明嘉靖三十九年），中国从国外引进玉米，当时称为"番麦"，也叫"西天麦"。1582年（明万历十年），又引进了山薯，当时称为"番薯"。大约和引进玉米同时，或稍早一些时候，马铃薯开始传入台湾，当时称为"荷兰豆"。到18世纪，这三种作物已经传遍中国大陆，并成为丘陵山区粮食的主要来源[①]。

■ 1567年（明隆庆元年） 职业病

职业病 职业病（Occupational Disease）指与特定的职业或行业有关的疾病，其种类在不断增加。16世纪的冶金学家G.阿格利科拉写过萨克森金属矿内通风不良问题的著作。1567年，医生帕拉切尔苏斯指出所谓"矿工病"是因为吸入金属蒸汽引起，而并非如一般所认为的那样是由于罪孽而受到的神谴。1700年，B.拉马奇尼发表了《工人的疾病》，使工业卫生成为医学科学的一个分支，他被誉为工业医学的奠基人。19世纪发生工业革命，使人们意识到存在着与工作场所有关的疾病。工作时间过长、光线昏暗、空气混浊、环境不良以及某些机械设备，都会导致伤残以及增加罹患结核病的危险后果。妇女儿童加入劳动大军，造成一些社会和心理问题。18~19世纪人们开始将某些疾病与具体职业相联系，并确认了其间存在的因果关系，如炼铜工人易患阴囊癌、纺织工人易患肺癌。20世纪制造业得到革新，又采用许多新的毒性较大的原材料，职业卫生问题更为复杂。放射性物质；用以制造颜料、塑料、除莠剂、建筑材料等的化学原料；X射线、紫外线、微波、红外线等电磁辐射，都会危及健康。许多恶性肿瘤与职业有关：接触苯胺可患膀胱癌；吸入铬化合物、有放射性的矿石、石棉、砷、铁可致肺癌；制造含镭夜光表盘的工人可患骨癌；经常处理煤、石油、页岩等物质或接触紫外线的户外工作者

---

① 闵宗殿、纪曙春：《中国农业文明史话》，中国广播电视出版社，1991，第18页。

157

易患皮肤癌或白血病。肺尘埃沉着，即尘肺（如矽肺）也与职业有关。工作场合的物理条件不良，如过冷、过热、噪声、振动等造成情绪紧张、应激反应也成为越来越严重的医学问题，甚至导致自杀或暴力行为①。

■ 1576 年（明万历四年） 拉达，华语韵编

西班牙人拉达编成《华语韵编》（1576 年），闽南泉州方言与西班牙文对照，这是第一部中外合璧的字典②。

■ 1582 年（明万历十年） 利玛窦

利玛窦 利玛窦（Matteo Ricci，1522~1610 年），明末来到中国的耶稣教会传教士。字西泰，意大利人，明万历十年（1582 年）奉派来到中国。初在广东肇庆传教，后任在华耶稣会会长。万历二十九年到北京，进贡自鸣钟和《坤舆万国全图》等，并与

利玛窦墓园

图版来源：龚益摄，2008。

---

① 《不列颠百科全书》（国际中文修订版）第 12 卷，中国大百科全书出版社，2007，第 326 页。
② 陆锡兴：《汉字传播史》，语文出版社，2002，第 85 页。

士大夫交往。主张将孔孟之道和宗法敬祖思想同天主教相融合。研读四书五经，并作拉丁文释义和注释。向中国人介绍西方的自然科学知识。著译有《几何原本》（与徐光启合译）、《天文释义》等。

1606 年秋至 1607 年正月，由徐光启笔授、利玛窦口传译《几何原本》，是欧几里得原书中的前六卷，即平面几何部分。

> 徐光启首创把原文（拉丁文）中的"Magnitudus"译作"几何"，并以"几何"为书名。在《几何原本》译文第一卷之首，给出关于"几何"的定义："凡论几何，先从一点始，自点引之为线，线展为面，面积为体，是名三度。"此一段话，欧几里得原书中没有，是徐光启和利玛窦二人的发明。
>
> ——王钱国忠、钟守华：《上海科技六千年》，上海科学技术文献出版社，2005，第 145 页。

原本汉语中有"几何"，但并未涉及图形性质一类的含义，如"人生几何"谓多少。徐光启则"旧曲新唱"赋予"几何"新的含义。从此之后，"几何"成为数学术语，在汉字文化圈广泛使用。查检中国古典算学书籍可知"几何"一词常用。如《九章算术·勾股·第 15 题》，勾股容方："今有勾五步，股十二步。问勾中容方几何。"这是中国古典几何中阐述直角三角形中内接正方形的问题。又如《九章算术·勾股·第 16 题》，勾股容圆："今有勾八步，股十五步。问勾中容圆，径几何？"这是中国古典几何中阐述直角三角形中内切圆问题。再如唐代《夏侯阳算经》卷下第 19 题："今有绢二千四百五十四匹，每匹值钱一贯七百文，问计钱几何？"①

利玛窦与虔诚的基督教徒、学者宰相徐光启

明代末期滞留中国的耶稣会传教士利玛窦（左）与虔诚的基督教徒、学者宰相徐光启（右）。两人合作译著《几何原本》，为介绍西方数学作出了贡献。

图版来源：参见〔日〕阿辻哲次《图说汉字的历史》，大修馆书店，1989，第 160 页，图 10-4。

---

① 《数学辞海》第 6 卷，山西教育出版社等，2002，第 55~56 页。

徐光启与利玛窦合作翻译《几何原本》，首次为中国人介绍了与我国古代传统数学不同的体系，其开创性的历史作用不言而喻。梁启超称赞《几何原本》译本："字字精金美玉，是千古不朽之作。"徐光启翻译《几何原本》有三大成功之处：其一，一次翻译，即是定本；其二，文字通俗，无大错误；其三，名词术语，为今之基[1]。在徐光启翻译《几何原本》之前，中国国内还不存在可供统一使用的中西文对照数学名词。徐光启在《几何原本》中创立的一套名词术语，十分切合它们本身的数学意义，所以至今还在延续使用，例如：点、线、直线、曲线、面、平面、曲面、直角、垂线、钝角、锐角、界、形、直径、直线形、三边形、四边形、多边形、平行线、对角线、罄折形、相似、外切等。

——王钱国忠、钟守华：《上海科技六千年》，上海科学技术文献出版社，2005，第146页。

■ 1587 年（明万历十五年） 假发

假发（wig） 1587 年 2 月，苏格兰女王玛丽（Mary Stuart，1542~1587年）[2]被英格兰女王判死刑。临死前玛丽女王申请一点时间整容、写遗嘱，安排身后事。按照当时的法律，这是允许的，但被英格兰王室的法官粗暴拒绝："不行，女士你必须马上死。早晨 7 点到 8 点之间必须要死，一刻也不能拖延。"这种行径激起英国律师界的强烈反对，认为这是对法律的蔑视。为显示公正，他们戴上假发，以表示自己的与众不同以及不会把感情带上法庭。无论何人，都有权得到不偏不倚的专业律师为你辩护。查理二世（1660~1685年）时期，戴假发成为律师的标志，是"礼仪社会"的组成部分。如此一来，国家便要用纳税人的钱为律师们加工制造假发。一顶假发需要一位熟练工匠花费 44 个工时，代价昂贵。作为律师尊严和法律公正的符号，这个习惯得以

---

[1] 梅荣照：《徐光启的数学工作》，载《徐光启纪念论文集》，中华书局，1963，第 146~148 页。

[2] 玛丽·斯图亚特（Mary Stuart，1542~1587 年），苏格兰女王（1542~1567 年）。出生一周父死即位。1558 年与法国王子法兰西斯（1559 年即法国王位，称"法兰西斯二世"）结婚。1560年夫死，次年返苏格兰亲政。信仰天主教，为苏格兰贵族和加尔文教徒所不满。1567 年被废黜，次年逃入英格兰，后西班牙国王纠结英格兰天主教势力，图谋扶其夺取英格兰王位。事泄，1587 年被英女王伊丽莎白一世处死。

延续。作为职业的象征，有人说："假发意味着权威，是英国独有的。"

戴假发并非英国司法制度初创时就有的规矩。17 世纪以前，只规定英国的律师要穿长袍，但不用戴假发。基于律师对王室权威的维护和对社会秩序的贡献，英国皇家曾经把对律师的津贴转换成长袍相赠。这一制度在爱德华三世（1327~1377 年）时期确立。给律师的长袍用白色貂皮或绸缎制作，极其珍贵。到 1635 年，法律明确规定律师和法官必须统一着装，冬天穿黑色、夏天穿紫色或深红色长袍，但对头饰并没有规定。2008 年 10 月 2 日英国正式实行一项新规定：除了审理刑事诉讼案件的法官之外，全国大多数法官和律师在法庭上可以不再佩戴假发[1]。具有 300 年历史的英国律师戴假发传统走向终结。

■ 1592 年（明万历二十年） 近东公司

近东公司 近东公司（Levant Company）又译"东方公司"，或音意合译为"利凡特公司"。早期英国伦敦冒险商人垄断海外贸易的特许公司。近东公司前身为 1581 年组成的土耳其公司，1592 年改为此名，获得在君士坦丁堡、叙利亚和小亚细亚地区的贸易垄断权。主要经营丝绸、毛织物、皮革、水果等商品。后因意大利、法国和荷兰东印度公司的竞争及东方新航路的开辟，势力日衰，1825 年解散。（《辞海》，第 846 页）

■ 1598 年（明万历二十六年） 拼音方案

拼音方案 1598 年冬，利玛窦与郭居静完成了第一个拉丁字母汉语拼音方案，可惜未见出版，可能是"葡华字典"一类的著作[2]。

■ 1602 年（明万历三十年） 荷兰，哈德逊，新尼德兰，新阿姆斯特丹，纽约

1602 年荷兰派遣亨利·哈德逊前往北美洲找寻新乐土，1609 年抵达纽约

---

① 白烁：《假发意味着权威，英国独有》，2008 年 10 月 15 日 A03 版《新京报》。
② 陆锡兴：《汉字传播史》，语文出版社，2002，第 85 页。

湾并沿河北上，隔年哈德逊带着北美洲的土产和毛皮回到荷兰，荷兰商人对这片拥有丰富资源的土地产生高度的兴趣，以"新尼德兰"（New Nederland）命名，并定居于此。1626 年荷兰西印度公司以一些商品和印第安人作交换，取得曼哈顿岛的拥有权，荷兰人在此建立家园落地生根，命名为"新阿姆斯特丹"（New Amsterdam），居民约 300 人。1651 年爆发英荷之战，1664 年英国打败荷兰，取得"新阿姆斯特丹"领土，命名为"纽约"（New York），成为英国的殖民地。17 世纪下半叶，纽约人口增加，成为商业中心，农产品出口，工业品进口，带动经济发展。由于缺乏劳动力，纽约成为黑奴市场大本营，人口贩卖盛行。

■ 1604 年（明万历三十二年） 钦定本《圣经》

钦定本《圣经》 1604 年，英国的詹姆斯一世召集 54 名学者撰写一部新翻译的《圣经》，堪称英语上层建筑的大事。这部钦定本《圣经》以英语日常口语为主，词汇量不超过 5000 个，在英国使用了近 4 个世纪，成为英语书中最被广泛阅读的一部①。

■ 1607 年（明万历三十五年） 初刻《几何原本》

初刻《几何原本》 1607 年五月《几何原本》付刻刊行②。这是我国第一部翻译出版的西方数学著作③。所据底本为德国克拉维乌斯（Clavius，C.）注释本（1574 年）前六卷④。《几何原本》的翻译与刻印成功，是中国科技翻译史和术语沿革历史上具有里程碑意义的事件。在此之后，徐光启与利玛窦合作译述的《简平仪说》于 1611 年刊刻，二人合作译述的《测量法义》于 1617 年付梓，而利玛窦先生已于 1610 年辞世。同年辞世的还有撰写《简平仪说》的意大利传教士熊三拔先生。他们为人类科学传播所作的贡献将永垂史册。

---

① 苏福忠：《译事遗墨》，生活·读书·新知三联书店，2006，第 30 页。
② 梁家勉编著《徐光启年谱》，上海古籍出版社，1981，第 81~84 页。
③ 王钱国忠、钟守华：《上海科技六千年》，上海科学技术文献出版社，2005，第 145 页。
④ 《数学辞海》第 6 卷，山西教育出版社等，2002，第 16 页。

　　明末意大利传教士利玛窦等祭起"科学传教"旗帜，与中国科学家徐光启、李之藻等掀起中国第一次科学翻译的高潮。在自明代万历朝传教士入华至清代雍正朝禁教的百余年间，外国传教士与徐、李等热心科学的国人，共同翻译出版了约 170 余种科学书籍。其中许多译本特别是广泛流传的名著，通常都是合作译述完成，即由外国传教士口译，中国士大夫笔述，然后反复校对、润色，最终才完稿付梓。利玛窦在《译几何原本引》中曾叹曰："东西文理，又自绝殊，字义相求，仍多阙略，了然于口，尚可勉图，肆笔为文，便成艰涩矣。"说明当时利玛窦对自己的中文水平尚有自知之明，知道自己独立笔译《几何原本》是不可能的。于是采取口译笔述的方法。即便如此，仍不顺利。于是利玛窦感慨道："嗣是以来，屡逢志士，左提右挈，而每患作辍，三进三止。呜呼！此游艺之学，言象之粗，而龌龊若是，允哉始事之难也。"

　　仅就翻译术语而言，他首次口译几何书籍，对许多几何术语是很难以汉语词汇表述的。利玛窦的成功得益于与徐光启的合作。徐光启以他熟悉几何学专业和精湛的汉语水平，弥补利玛窦口译之不足，成功创造了许多汉语几何学词汇，译成《几何原本》前六卷。付梓前又经过一些传教士和李之藻、杨廷筠等人对文字"反复辗转"与"重复修正"，"凡易三稿"而后定。《几何原本》译成付印，特别经过徐光启、李之藻、杨廷筠等人的宣传推广，在中国士大夫中产生了较大的影响。嗣后，传教士利玛窦、熊三拔、艾儒略、汤若望、金尼阁、龙华民等纷纷采用口译笔述方式，与徐、李、杨及王征等陆续翻译并刻印了一批科学书籍，其中既包括自然科学、技术科学，也包括社会科学。

　　——黎难秋：《中国口译史》，青岛出版社，2002，第 180~181 页。

■ 1609 年（明万历三十七年） 程氏墨苑

程氏墨苑 1609 年《程氏墨苑》正式出版。制墨大家程大约（别号君房）此前向在北京的利玛窦（Matteo Ricci，1552~1610 年）索取绘画作品，利玛窦赠了四张圣像，并附了三篇解说性短文和一篇有关语言文字的论文，文章每字都旁注

程氏墨谱《墨苑缁黄》：利玛窦的汉字拉丁字注音（a）

图版来源：参见陆锡兴《汉字传播史》，语文出版社，2002，第95页。

程氏墨谱《墨苑缁黄》：利玛窦的汉字拉丁字注音（b）

图版来源：参见〔日〕阿辻哲次《图说汉字的历史》，大修馆书店，1989，第160页，图10-3。

了拉丁字母注音①。后来，利玛窦将前注音文章以《西字奇迹》为题单独刊行。这些文章的注音，采用了利玛窦自己的拼音方案，这个实践在汉语拼音化的进程中有十分重要的意义②。

■ 1620 年（明泰昌元年） 五月花号公约

五月花号公约 五月花号（May Flower）载重约 180 吨，长 27 米，是第一艘来到北美的英国移民船。船上有 102 名由分离派清教徒带头的移民。分离派是英国清教中最激进的一派，由于受英国国教的残酷迫害，1608 年 8 月

---

① 陆锡兴：《汉字传播史》，语文出版社，2002，第85页。
② 尹斌庸：《利玛窦等创制汉语拼写方案考证》，载《学术集林》卷4，上海远东出版社，1995。

离开英国到荷兰。其中一部分教徒决定迁居北美，并与弗吉尼亚公司签订移民合同。1620 年 9 月 23 日，在牧师布莱斯特率领下乘五月花号前往北美。全船 102 名乘客中，分离派教徒 35 名，余为工匠、渔民、贫苦农民及 14 名契约奴。五月花号是条小船，此时又不是航海的好季节。必须马上启程的原因，是他们中间除了受宗教迫害的清教徒之外，还有因种种原因必须马上离开不列颠的破产者、流浪者等在旧世界游戏规则中找不到自身定位或无法实现梦想的人。

经过 65 天与风暴、饥饿、疾病、绝望的搏斗，他们终于看到了新大陆的海岸线，此间一人死亡，同时一个新的生命在惊涛骇浪中来到尘世。1620 年 11 月 21 日，五月花号到达科德角（今马萨诸塞州普罗文斯敦），圣诞节后第一天在普利茅斯地方上岸，建立最早的普利茅斯殖民地。上岸前，即 1620 年 11 月 21 日由分离

第一艘来到北美的英国移民船五月花号
五月花号（May Flower）载重约 180 吨，长 27 米。1620 年载运 102 名英国移民迁往北美。
图版来源：网络图片。

派领袖在船舱内主持制定一个共同遵守的《五月花号公约》（以下简称《公约》），确定究竟依靠什么来管理未来的新世界。41 名自由的成年男子在上面签字。其内容为：组织公民团体；拟定公正的法律、法令、规章和条例。《公约》奠定了新英格兰诸州自治政府的基础，是后来美国民主的萌芽。《五月花号公约》规定：为了国王的荣耀、基督教的进步，我们这些渡海者在此签名，并即将在这块土地上开拓我们的家园。我们在上帝面前庄严签约，自愿结为一民众自治团体，为使上述目的得以顺利进行、维持和发展，亦为将来能随时制定和实施有益于本殖民地总体利益的一应公正法律、法规、条令、

宪章和公职等，吾等全体保证遵守与服从。

清教徒是英国新教的一个革命教派，主张教徒一律平等，反对教阶分等，反对国王和主教专权，赞许现世合法财富，提倡节俭、勤奋和进取。他们相信"成事在神，谋事在人"。他们的思想和作风对美国历史有深远的影响。英国人头上有一顶统治皇冠，限制人民的自由，榨取人民的财富。清教徒移民美洲，逃避盖在头上的皇冠，可是皇冠跟着来到美洲。为了摆脱头上的皇冠，不得不宣布独立，开创第一个从殖民地叛变而成的独立国家。抛弃皇冠，人人平等①。

■ 1621 年（明天启元年）　荷兰西印度公司，感恩节

荷兰西印度公司　17 世纪初荷兰从事对外殖民事业的特许公司之一。1621 年设立。获得在美洲和西非洲垄断贸易、贩卖奴隶和进行殖民掠夺扩张等特权。曾占领圭亚那（今苏里南）、西印度群岛的一些岛屿，并在北美建立新阿姆斯特丹殖民地。因英国势力侵入，逐渐衰落，于 1674 年解散。后又组织荷兰新西印度公司，至 1790 年解散。（《辞海》，第 653 页）

感恩节　感恩节（Thanksgiving Day）是美国人独创合家欢聚的节日。初时感恩节没有固定日期，由各州临时决定。直到美国独立后的 1863 年，林肯总统宣布感恩节为全国性节日。确定每年 11 月的最后一个星期四为感恩节（Thanksgiving Day）。

感恩节的由来要追溯到美国历史的发端。1620 年，五月花号船搭载不堪忍受英国国内宗教迫害的清教徒到达美洲。1620 年和 1621 年之交的冬天，他们遇到了难以想象的困难，饥寒交迫。冬天过去时，活下来的移民只有 50 来人。心地善良的印第安人给移民送来生活必需品，还派人教他们狩猎、养火鸡、捕鱼和种植玉米、南瓜等。在印第安人的帮助下，移民们终于获得了丰收，在欢庆丰收的日子里，按照宗教传统习俗，移民规定了感谢上帝的日子——11 月 24 日，并决定为感谢印第安人的真诚帮助，邀请他们一同庆祝节日。这一天，印第安人和移民欢聚一堂，在黎明时鸣放礼炮，列队走进一间

---

① 周有光：《美国社会的发展背景》(2002)，载《朝闻道集》，世界图书出版公司，2009。

用作教堂的屋子，虔诚地向上帝表达谢意，然后点起篝火欢宴庆祝。第二天和第三天又举行了摔跤、赛跑、唱歌、跳舞等活动。第一个感恩节非常成功。其中的许多庆祝方式流传 300 多年，直到今天。

■ 1623 年（明天启三年） 太阳城，康帕内拉

太阳城 书名。意大利康帕内拉著，1602 年写成，1623 年出版。全书讲述一个航海者所看到的"太阳城"，即作者心目中理想社会的故事。在这个社会中，不存在私有制与任何形式的奴隶制度；人人都要为社会劳动，每天工作四小时，产品归国家公有，按需要统一分配，僧侣阶级与知识分子是理想社会的统治力量。书中强调科学的重要性，但也保留若干迷信观点。（《辞海》1999 年版音序缩印本，第 1631 页）

康帕内拉 康帕内拉（Tommaso Campanella，1568~1639 年），文艺复兴时期意大利空想共产主义者。1591 年发表《感官哲学》，反对经院哲学，号召研究自然，注意感官经验。1599 年领导那不勒斯人民反对西班牙侵略者的喀拉布里亚起义。事泄，被禁狱中 20 多年，出狱后侨居法国。在狱中写成《太阳城》，阐述其共产主义理想：一切公有，没有家庭亦没有私产，人人都有劳动光荣感。在教育上，提出人人都应受劳动教育，学习艺术和手工艺。其著作还有《形而上学》、《神学》等。（《辞海》1999 年版音序缩印本，第 908 页）

■ 1626 年（明天启六年） 西儒耳目资，金尼阁

明天启六年（1626 年）法国耶稣会士金尼阁（Nicolas Trigault）所著《西儒耳目资》在杭州印行。这本书是对利玛窦拉丁字母拼音方案的修正和完善，是一部完整的拉丁字母注音字书。全书分为三个部分：第一部分《译引首谱》，总论文字学及译编原则；第二部分《列音韵谱》，按读音编排汉字，便于从拼音查汉字；第三部分《列边正谱》，从字边笔画编排汉字，注以拉丁字母拼音，以便从汉字查拼音。利玛窦与金尼阁所写中外双字对照的拼音书的问世，向人们提供了用西方拉丁字母拼写汉语的成功经验，同时也展示了比

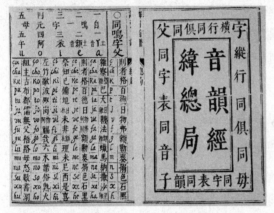

金尼阁所著《西儒耳目资》

金尼阁把汉语语音的音素分为 5 种元音（称为"自鸣"）和 20 种辅音（称为"同鸣"），分别用罗马字表示。仅用不到 30 个字母拼写，就可以标记汉语的所有音节。这本书本来是为外国人学习汉语写的，却使长年从事复杂的音韵学研究的中国学者大跌眼镜。不过，后来中国政府禁止外国传教士在内地居住，实行物理隔绝，这种用罗马字标记汉语的先进方法，也逐渐被淡忘。

图版来源：参见〔日〕阿辻哲次《图说汉字的历史》，大修馆书店，1989，第 161 页，图 10-5。

较完善的汉语拼写方案，可以说，利玛窦和金尼阁是以后汉字拉丁化的先驱，是拉丁文字东播的奠基人①。

利玛窦是世界上最伟大的"豆豆"。"豆豆"是 20 世纪末中国民间寓言中的角色，代表在一个群体中享受较少而付出最多的人物。故事说：社会科学家到极地海岛对一群企鹅展开"幸福调查"。几乎所有的被调查对象都说自己有两件幸福的事：一件是"吃好吃的"，另一件是"打豆豆"。当调查员正要离开时，发现海边孤零零的还有最后一只小企鹅，于是问同样的问题。小企鹅回答只有"吃好吃的"一件高兴的事。调查人员不解，其他的企鹅都有两件幸福的事，它怎么只有一件呢？小企鹅回答说："我就是豆豆，学名利马豆。"社会科学家于是有三个困惑：第一，"豆豆"是否幸福？第二，在这个群体中"豆豆"的地位如何？第三，如果说"豆豆"总是受到"欺负"的那一个，它为什么不选择离开这个群体？豆豆反问道："什么是'幸福'？"

■ 1636 年（明崇祯九年） 后金改清，哈佛大学

后金改清 1636 年，即后金崇德元年。是年始改国号为清。

哈佛大学 创建于 1636 年的哈佛大学，是美国最古老的大学。

---

① 陆锡兴：《汉字传播史》，语文出版社，2002，第 85 页。

哈佛大学
图版来源：参见顾明远主
编《世界教育大事典》，
江苏教育出版社，2000，
第 8 页。

■ 1644 年（明崇祯十七年，清顺治元年） 八旗官学

八旗官学 旗学的一种。始设于清顺治元年（1644 年）。隶国子监。八旗
分为四处，每处设官学一所，派满、蒙、汉教官教习，教育亲贵以外的八旗
子弟，习满书、汉书及骑射。学制与国子监相衔接。嘉庆、道光后渐废弛。
清末改为八旗学堂。

■ 1651 年（清顺治八年） 天安门，利维坦

天安门 明朝没有天安门。从明永乐八年（公元 1420 年）建筑完成，直
到清顺治八年（公元 1651 年）的 231 年间，并没有"天安门"的称呼。现在
的天安门，当时叫承天门。紫禁城中的三个主要大殿，分别命名为皇极殿、
中极殿、建极殿。满清封建贵族入主中原以后，接连不断的反清斗争极有可
能危及清王朝的统治。为此，清代统治者特别注意采取"安"与"和"的策
略，以求"长治久安"。他们将紫禁城中的"皇极殿"改名为"太和殿"，
"中极殿"改为"中和殿"，"建极殿"改名为"保和殿"，都突出一个"和"
字。意在取内宫平稳之意。而"承天门"更名为"天安门"，又与皇城里的
"地安门"、"东安门"、"西安门"相呼应，都突出了一个"安"字，即可涵

《利维坦》1651 年版扉页

图版来源：参见 2008 年 10 月 14 日第 6 版《中国社会科学院报》。

盖原来"承天启运"的命名旨意，又可纳入"安邦治国"的原则，体现"外安内和"①。

利维坦 《利维坦》是英国哲学家霍布斯（Hobbes，Thomas，1588~1679 年）关于国家学说的著作。英文版于 1651 年出版，拉丁文版于 1668 年刊行。分四篇，包括"论人"、"论国家"、"论基督教国家"和"论黑暗王国"。利维坦（leviathan）为《旧约全书·约伯记》中所说的一种强大无比的大海兽，转义为"巨人"或"巨灵"，巨大之物。霍布斯借用它来象征君主专政体制的国家。书中简单叙述了他的唯物主义本体论与认识论，然后集中论述他的道德与社会政治观点，认为人生唯一的目的就在于保卫自己的生命财产，寻求自身最大的快乐或幸福。但在自然状态下，"人对人像狼一样"，这个目的反而不能达到。因此，人们感到必须通过协议，缔结契约，组成国家。主张君主制是最好的政体，人们对专制君主应该绝对服从，这样君主才能执行他的主权，维持社会"秩序"，使各人的利益不受侵犯（《辞海》1999 年版音序缩印本，第 1011 页）。君主的权利一如其权威，是绝对的，只对上帝负责。然而，由于臣民授权于君主，君主就不能对其臣民不公平，关于这一点，倒无须以契约约束，乃是自然权利。自然权利就是自我保存的权利。而君主代表令人生畏的权利，以制约群众而保证人与人之间友善相处②。

英国历史学家 F.C.蒙塔古（1858~1935 年）在 1891 年编辑杰里米·边沁

① 张选农：《首都机场集萃》（宣传材料），2004，第 22 页。
② 《不列颠百科全书》（国际中文修订版）第 8 卷，中国大百科全书出版社，2007，第 110 页。

(Jeremy Bentham，1748~1780 年)《政府片论》(*A Fragment on Government*, 1776)① 时撰写的《编者导言》中指出：

> 无论如何，在英国，皇室的至尊无上就曾引起可怕的反抗。愚蠢的统治者触怒了人性中强烈的本能，即财产的本能与宗教的本能。在他们做了一番笨拙调解的努力之后，接踵而来的是激烈的内战，而激烈的内战则产生军事专制，最后的结局便是军事的无政府状态。这种不寻常的革命不能不令人思考主权者权威的根据和范围。1651 年，当查理一世去世，共和政体宣告成立之后不久，英国政治哲学中的第一部巨著——托马斯·霍布斯的《利维坦》就问世了。此书的目标是由当时的政治危机所决定的。霍布斯深刻地感到内战给他的祖国带来的痛苦，坚定地相信这种战争是由于宗教和道德的反常观念而引起的。于是他便力图使人们相信，反抗一个现存政府必然是邪恶和必然是荒唐的。因此，《利维坦》的主要目标就是为主权找到根据，并且解释主权的范围。
>
> ——〔英〕边沁：《政府片论》，沈叔平等译，商务印书馆，1995，第 65 页。

■ 1661 年（清顺治十八年）　迁海令

迁海令　为防止内地人民对郑成功抗清军的支持和联系，清政府于顺治十八年（1661 年）勒令江南、浙江、福建、广东沿海居民分别内迁 30~50 里，尽烧沿海民居和船只，不许片板入海。清政府以暴刑保证迁海令的执行，堕毁城郭，焚烧房屋什物；越界者无论远近，均立斩。沿海人民流离失所，曾发生激烈的反抗斗争。后禁令渐宽，到康熙二十年（1681 年）完全撤销。（《辞海》1999 年版音序缩印本，第 1329 页）

---

① 英国著名哲学家、法学家和经济学家，功利主义、自由主义政治思想的奠基人边沁所著《政府片论》第一版于 1776 年问世，作者未署名。1891 年牛津克莱伦顿出版社再版时仍遵照初版式样。《政府片论》是边沁最早发表的一部著作，也是第一部较系统地将功利原则运用于政治思想领域的著作，在西方政治思想史上占有一席之地。边沁认为，法理学的真正职能是对法律制度进行批判，目的在于求得改进。这种批判的标准只能由功利原则提供，即只能以"最大多数人的最大幸福"为标准去判断是非。

■ **1662 年（清康熙元年） 查理二世，伦敦皇家学会**

1662 年，英国查理二世颁发特许状，成立"促进自然知识的伦敦皇家学会"。皇家学会的成员们已经意识到在技师与科学家之间进行合作的好处，鼓励并协调全国各专业的成果，以搜集可能促进科学知识的各种资料。"所有地区都忙于并热心于这项工作，我们发现每天交给（学会）的许多极好的奇物珍品不仅出自博学的、专门的哲学家之手，而且来源于技工的工场、商人的航海、农民的耕地以及绅士的种种运动、养鱼塘、猎苑和花园……"①

■ **1666 年（清康熙五年） 通雅，方以智，质测，通幾（哲学），亥（jiē）市，保险**

清康熙五年（1666 年），桐山姚氏刊印方以智撰《通雅》。《中国工具书大辞典》②称《通雅》为二十五卷，疑误。据《辞海》1999 年版音序缩印本（第 1683 页）为五十二卷。

《通雅》是训诂书，明方以智撰，五十二卷。辩证词语训诂，取材于先秦诸子、史籍、方志、小说，考证古音古义，论及方言俗语。分门别类，加以训释。引书都注明出处，体例严谨，可供研究古汉语、探讨词源者参考，堪称学术典范。

方以智（1611~1671 年），明清之际思想家、科学家。字密之，号曼公，桐城（今属安徽省）人。少年时代和陈贞慧、吴应箕、侯方域等参加"复社"活动，为"明季四公子"之一。明崇祯十三年（1640 年）进士，任翰林院检讨。清兵下广东，出家为僧，改名"大智"，字无可，别号"弘智"、"药地"、"浮山愚者"、"愚者大师"、"极丸老人"等。通晓中国传统自然科学和当时刚刚传入的西方近代科学。对天文、地理、历史、物理、生物、医药、

① T.斯普拉特：《增进一般知识的伦敦皇家学会的历史》(1734)，参见〔美〕斯塔夫里阿诺斯《全球通史：1500 年以后的世界》，吴象婴、梁赤民译，上海社会科学出版社，1999，第 251 页。

② 杨牧之等：《中国工具书大辞典》（社会科学卷），黑龙江人民出版社，1993，第 90 页。

文学、音韵等都有研究。特别强调"质测"即实验科学的知识，主张"寓通幾（哲学）于质测"。他认为，西学"详于言质测而拙于言通幾"，"盈天地间皆物也"、"一切物皆气所为也，空皆气所实也"（《物理小识》），反对"离气以言理"、"离器以言道"的宋明理学。他提出"宙（时间）轮在宇（空间）"的见解，认为空间与时间不是彼此独立存在的，宙即在宇中，宇即在宙中，整个宇宙也都是物质的。他主张"以实事证实理，以前理证后理"的认识方法，提出"合二而一"的命题，认为"二即一，一即二也"。晚年因躲避清廷搜索，走上逃禅道路。著作有《通雅》、《物理小识》、《东西均》、《药地炮庄》等。

亥（jiē）市，原为痎（jiē）市，是隔日交易一次的集市。宋代吴处厚《青箱杂记》卷三："蜀有痎市，而间日一集。"方以智《通雅·天文》："亥音皆，言如疟疾，间日一发也。讳痎，故曰亥市。"（《辞海》1999 年版音序缩印本，第 822 页）民间避讳，写痎去病为亥，但仍保留读音。或其音同"街"故，未详（龚益，2008）。《辞海》条目中另有一说，以寅、申、巳、亥日集市，故称亥市。张籍《江南行》："江村亥日长为市。"白居易《江州赴忠州舟中示舍弟五十韵》："亥市鱼盐聚，神林鼓笛鸣。"但未知此说中亥字之确切读音。存疑。或应读作亥（hài）或（gāi），因以天干地支用亥字，似应广于痎（jiē）。汉语固有痎字，见《说文》（现代版）[1]，可知痎乃病名，《素问·生气通天论》："夏伤于暑，秋为痎虐。"亥市由痎市演变而来，可能只在蜀地方言中生发。蜀民性诙谐，以"痎"言"间日"，似不无可能。另其读音亦可能为（gāi），即与"街"之方言读音相同。今四川省重庆等地"街"仍有读（gāi），待考。（龚益，2008）

保险（Insurance）是由众多当事人分担风险以补偿投保人意外事故损失的合同。最早的保险格式文书，是在公元前三千纪[2] 丁头字（楔形字）[3] 文献

---

① 王宏源：《说文解字》(现代版)，中国社会科学出版社，2005。

② 1000 年为"千纪"。

③ 在公元前四千纪中叶，苏美尔人的文字就已经成熟，达到能够完备地按照语言词次序书写语言的程度。由于笔画像"楔子"或"丁头"，西欧人（英国人 Thomas Hyde，德国人 Engelbert Kampfer）在 1970 年将其命名为"楔形字"（cuneiform）。可是 500 年前，阿拉伯人已经叫它"丁头字"（mismari）。周有光先生建议采用比较早又比较通俗的名称——"丁头字"。参见周有光《比较文字学初探》，语文出版社，1998，第 76 页。

中发现的船运押船合同。此项保险一般采用对船主贷款的形式，贷款的偿还视航行的安全完成而定。到欧洲中世纪末期，伴随长途贸易，押船合同发展为成熟的海洋运输保险，同时扩至陆路运输。其次出现的保险形式是火险。

伦敦大火促使伦敦商人举办火灾保险。1666 年 9 月 2 日，即发生伦敦大火后的第二年，尼古拉斯·巴蓬医生开办保险业务，以后又合伙设立私人火灾保险所，不久易名为凤凰保险所。相继成立的还有友爱社、携手相互保险社等。此时合股公司已经合法确立，许多新的火险公司采取了这一形式。而相互保险公司则保留了传统中古城市互助会交互自助的做法。17 世纪，人口统计及统计学出现，形成火险、人寿险合股公司组织，与以伦敦劳埃德保险社为代表、提供水上运输险的保险机构相对应。

17 世纪后半期爆发的两次英荷战争中，英国与荷兰的贸易遭受严重打击，尤其是 1693 年史密那商船队 (Smytna Fleet) 全部覆没，英国及荷兰的商人与保险业者损失巨大，一些经济发展较快的国家和地区酝酿成立实力雄厚的保险机构，完善保险制度。英国皇家特许批准专营海运保险的皇家交易保险公司 (The Royal Exchange Assurance Corporation) 和伦敦保险公司 (London Assurance Corporation) 先后成立。当时法律规定，禁止再有其他公司经营海上保险。这两家公司一度垄断英国保险市场。但其间个人保险业者不但未受这两家公司垄断的影响，反而更加感到设立保险交易中心的必要，遂有由私人保险商组成的劳埃德保险社 (Lloyd's，今译 "劳合社") 组织崛起①。

19 世纪，意外灾害保险进一步扩展，承保新工业技术工具及产品：火车头及锅炉、铁路、平板玻璃窗等。至 19 世纪末，特别是 20 世纪上半叶，工人、工会政治权力增长，引进了不同形式的社会保险以及多种责任险，如汽车责任险。

■ 1667 年（清康熙六年） 失乐园，弥尔顿

失乐园 长诗。英国诗人弥尔顿的作品，1667 年完成。取材于《圣经》，

---

① 中国保险学会：《中国保险史》，中国金融出版社，1998，第 15 页。

用无韵诗写成，共十二卷。叙述撒旦和一群天使反抗上帝，失败后堕入地狱；撒旦为了复仇，潜入伊甸园，引诱人类始祖亚当与夏娃偷食禁果，触怒上帝，亚当、夏娃被逐出乐园。作者借此歌颂资产阶级革命者反抗封建专制的斗争。被基督教认为堕落的魔鬼撒旦，在弥尔顿笔下成为反抗精神的化身。（《辞海》，第 1509 页）

弥尔顿　弥尔顿（John Milton，1608~1674 年），英国诗人、政论家。生于清教徒家庭，剑桥大学毕业。早年深受人文主义思想影响，写有《快乐的人》、《沉思的人》、《科马斯》、《列西达斯》等诗篇，表现出文艺复兴思想和清教徒精神的矛盾。1638 年起侨居意大利。后回国参加资产阶级革命。1649 年任克伦威尔政府拉丁文秘书。1652 年双目失明，仍继续供职。1640~1660 年间发表政论，捍卫民主，反对专制，其中重要的有《论出版自由》、《为英国人民声辩》等。王政复辟后被迫隐居，写有长诗《失乐园》以及《复乐园》，借基督受难的故事，反映革命失败后作者的坚定态度。诗体悲剧《力士参孙》，描写为敌人包围的参孙，虽然被挖去双眼，仍坚毅不屈，最后与敌人同归于尽，表达了诗人对王政复辟的愤怒。（《辞海》，第 1160 页）

■ 1674 年（清康熙十三年）　水文学，佩劳特

水文学作为地球物理科学的一个分支，主要研究地球系统中水的存在、分布、运动和循环变化规律，水的物理、化学性质以及水圈与大气圈、岩石圈和生物圈的相互关系。水文学作为水利学科的重要组成部分，研究水资源的形成、时空分布、开发利用和保护，水旱灾害的形成、预测预报、防治，以及水利工程和其他工程建设的规划、设计、施工、管理中的水文水利计算技术。水文学在经济社会可持续发展中，占有重要地位[①]。

如果认为对水文规律的第一次定量研究是水文学的开端，那么 1674 年可作为该学科发展的起点。在这一年，法国人佩劳特（Perreault）分析得出法国塞纳河流域的年径流量为该流域降雨量之 1/6 的结论。这是有记载以来人类对水文规律所作的第一次定量描述。

---

① 芮孝芳：《水文学原理》，中国水利水电出版社，2004，第 3 页。

在 19 世纪，以牛顿力学为基础和模本的古典科学得到发展，在物理科学领域统一了声学、光学、电磁学和热力学。在水科学领域，基于牛顿力学，1856 年提出了描写渗流运动规律的达西（Darcy）定律，为研究土壤水、地下水动力学和地下水资源的形成变化奠定了基础。1871 年提出了描写明渠缓变不稳定流运动规律的圣维南（St.Venant）方程组，为研究河道和坡面洪水运动，以及流域汇流奠定了基础。1914 年黑曾（Hazen）提出水文频率计算方法。1921 年罗斯（Ross）提出了面积—时间曲线。1932 年谢尔曼（Sherman）提出单位线概念。1935 年霍顿（Horton）在他的著名论文"地表径流现象"中提出了均质包气带的产流理论。1938 年麦卡锡（MaCarthy）提出马斯京干（Muskingum）洪水演算方法。这些理论和方法，不仅提供了合理可行的水文计算方法，也奠定了工程水文学的基本内容。

近年来，全球气候变化以及大气、海洋、陆地相互作用问题引起了水文学家的广泛关注。1986 年，伊格尔森（Eagleson）提出全球尺度水文学（Global Scale Hydyrology）概念，认为太阳辐射在地球上的再分布是气候学研究的中心问题，而水在这种再分布中举足轻重。因为蒸发、大气中水汽的输送和降水过程都与太阳辐射紧密相关，这就是全球尺度水文学或大尺度水文学研究的基本问题[1]。

■ 1688 年（清康熙二十七年） 劳埃德保险社，劳埃德船级社

劳埃德保险社 劳埃德保险社（亦译"劳合社"），英国保险业组织，以经营海上保险著称。原是 1688 年开设在伦敦泰晤士河附近的咖啡馆，由于商人们常在此聚谈和交易，因此逐渐发展成为海上保险和航运业务的交易场所，并因咖啡馆创办人劳埃德（Edward Lloyd，约 1648~1713 年）而得名。1769 年交易所被菲尔丁（Thomas Fielding）另设的咖啡馆取代，但仍用劳埃德之名，并逐步发展成为国际性的保险市场。1871 年劳埃德保险社按公司组织向政府注册。该社是管理机构，本身并不承办保险业务。具体保险业务由参加该社、取得会员资格的保险人承担。社址在伦敦。

---

① 芮孝芳：《水文学原理》，中国水利水电出版社，2004，第 3 页。

劳埃德船级社　劳埃德船级社（Lloyd's）是世界上历史最久、规模最大的船舶分级、检验机构。其前身是聚集在伦敦劳埃德咖啡馆的船东和保险商于 1760 年成立的船舶保险机构。1834 年改称今名。1949 年成为英国唯一的船级社，承办国内外船舶的分级、核定和检验，并受英国政府委托，核发本国船舶合格证书，后又增加对炼油厂、核电站的检验业务。每年出版《劳氏船舶索引》，社址在伦敦。

■ 1694 年（清康熙三十三年）　英格兰银行

英格兰银行　17 世纪 90 年代的英国伦敦，是金融机会主义的温床。1694 年，苏格兰人威廉·帕特森（1658~1719 年）成功地说服了英国的财政大臣查尔斯·蒙塔古（1661~1715 年），准许他建立英格兰银行。帕特森募集资本 120 万英镑，成立合资公司。随后将这一资本贷给政府，收取利息。同时，政府以债券作为担保发行纸币，发行总额也达到 120 万英镑。这些债券被借贷给各银行客户，收取利息。如此一来，银行就可利用一笔资金总额赚取两次利息。通过控制极严的限制性措施，现代货币由此形成。在纸币控制过程中，英格兰银行从没有超量发行。直到 19 世纪末，英格兰银行在伦敦的纸币发行中仍然处于接近垄断的地位。实际上，它成了货币供应的保护人。由此，以商业性质发展而成的英格兰银行，在整个中央银行业成为鼻祖。英格兰银行凭借它在公司银行业中的垄断地位以及谨慎而强有力的管理，确立了其在伦敦城中货币发行的垄断地位。

20 世纪 80 年代的英格兰银行
20 世纪 80 年代，英格兰银行等中央银行日益重要起来，因为改变利率已经成为控制一个国家货币供应的首要手段。
图版来源：参见英国布朗参考书出版集团编《经济史》，刘德中译，中国财政经济出版社，2004，第 103 页。

■ 1697 年（清康熙三十六年） 仲裁

仲裁（Arbitration） 仲裁是居中公断之意。作为一种法律制度，指法律关系当事人在争议发生前或发生后达成协议，授权第三人为之公断，即公断人对争议进行裁量，并自愿执行裁判的争议解决制度。仲裁制度历史悠久。在古罗马《十二铜表法》中即有相关记载。但是，仲裁正式成为法律制度，则源于中世纪。14 世纪中叶，瑞典地方法典已将仲裁作为争议解决方法在法令条例中予以规定。1697 年，英国议会也正式承认仲裁制度。19 世纪初世界许多国家将仲裁作为民商事纠纷解决机制，以法律形式固定下来。1887 年，英国制定了第一部《仲裁法》①。

国际商事仲裁制度的确立始于区域性国际公约的订立。1889 年的《蒙德维利亚公约》即是第一部这类公约。它规定了参与订约的南美国家承认和执行外国仲裁裁决的条件和程序。1892 年成立的英国伦敦国际仲裁院，为英国最有影响的国际商事仲裁机构。由伦敦市政府、伦敦商会和女王特许仲裁协会共同组成的联合委员会管理②。1923 年在国际联盟的支持下，《仲裁条款议定书》（即《日内瓦议定书》）订立，成为第一个真正意义的国际仲裁公约。事实上，中世纪欧洲行商法院已具备了国际商事仲裁机构的雏形。19 世纪末至 20 世纪初其作为解决国际贸易及海事纠纷的常用方法，获得了国际社会的广泛承认和应用。20 世纪后，国际社会致力于统一国际仲裁立法的工作。1917 年，斯德哥尔摩商会设立瑞典斯德哥尔摩仲裁院（The Arbitration Institute of the Stockholm Chamber of Commerce），虽为内部机构，但在职能上独立。瑞典中立国的地位，成为其公平性的良好保障。1926 年成立的美国仲裁协会（American Arbitration Association）是美国主要的国际商事仲裁机构，总部设在纽约，全美主要城市设有 24 家分会，为独立的非营利性民间组织。1927 年《日内瓦外国仲裁裁决执行公约》（即《日内瓦公约》）签订。1928 年，国际商会设立仲裁院，为商会常设机构，总部设在巴黎。1958 年联合国通过了《承认和执行外国仲裁裁决公约》（即《纽约公约》），一百多个国家参加了该公约。

---

① 李咏梅：《仲裁小百科》，2001 年 8 月 3 日第 7 版《人民日报》。
② 李咏梅：《国际商事主要仲裁机构》，2001 年 8 月 3 日第 7 版《人民日报》。

1965 年，在世界银行主持下，签订了《关于解决各国和其他国家国民之间投资争端的公约》（即《华盛顿公约》），规定以仲裁方式解决各国与他国私人投资者之间的投资争议。1966 年，以该公约为基础，解决投资争议国际中心（ICSID）成立。1976 年《联合国国际贸易法委员会仲裁规则》在联大六十一届会议上通过。1985 年联合国国际贸易法委员会制定了《联合国国际贸易法委员会仲裁示范法》。该示范文本陆续为许多国家所接受，对规范国际商事仲裁的做法起到了积极的推动作用，促进了国际商事仲裁立法的现代化和统一性①。1985 年，香港国际仲裁中心（The Hong Kong International Arbitration Center）成立，该中心为受限制担保并按香港公司法的规定设立的民间非营利性公司，依《联合国国际贸易法委员会仲裁规则》进行操作。1986 年，中国加入《纽约公约》（即《承认和执行外国仲裁裁决公约》），1995 年开始施行《仲裁法》②。中国国际经济贸易仲裁委员会（China International Economic and Trade Arbitration Commission）成立于 1956 年 4 月，其前身为"对外贸易仲裁会"及"对外经济贸易制裁委员会"，总部设在北京，上海及深圳设有分会。2000 年，该委员会又启用了一个新名称：中国国际商会仲裁院③。

■ 1701 年（清康熙四十年） 耶鲁大学

耶鲁大学 美国的私立大学。1701 年创立于康涅狄格州纽黑文（New Haven）。1718 年以"耶鲁学院"命名，1887 年改现名。设有耶鲁学院（大学本科）以及神学、文理、法律、组织和管理、艺术、建筑、森林和环境研究、音乐、戏剧、医学、护理等学院。（《辞海》1999 年版音序缩印本，第1897 页）

---

① 沈四宝：《现代国际仲裁制度》，2001 年 8 月 3 日第 7 版《人民日报》。沈四宝，对外经济贸易大学法学院院长。

② 王晓川：《仲裁——与国际接轨》，2001 年 8 月 3 日第 7 版《人民日报》。王晓川，对外经济贸易大学法学院副教授。

③ 李咏梅：《国际商事主要仲裁机构》，2001 年 8 月 3 日第 7 版《人民日报》。

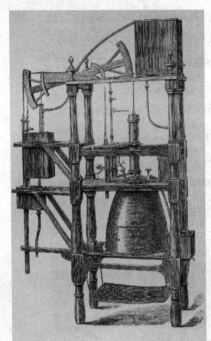

1707 年托马斯·纽科曼发明的蒸汽机原型

这种机器能够把蒸汽能转变成机械能，是后来更高程度机械化的基础。

图版来源：参见英国布朗参考书出版集团编《经济史》，刘德中译，中国财政经济出版社，2004，第 50 页。

■ 1707 年（清康熙四十六年） 蒸汽机

蒸汽机 1707 年，托马斯·纽科曼获得了一种蒸汽驱动抽水机的专利。1769 年，詹姆斯·瓦特大幅度改进了其设计，使抽水机可以用于排出矿井的水。1801 年，理查德·特里维斯克第一次使用一种蒸汽发动机驱动交通工具。

■ 1708 年（清康熙四十七年） 俄罗斯文馆

俄罗斯文馆 清康熙四十七年三月二十四日（1708 年）开学的俄罗斯文馆，附属在理藩院①，是我国第一所培养俄语翻译人才的学校②。

自康熙朝始，中俄边事频仍，交涉日多，人员与文书不断，亟须翻译官员。康熙二十八年（1689 年）中俄交涉期间，因无人通晓俄文，只得派会拉丁语的外国传教士张诚、徐日升充当译员。而张、徐二人为了打通从俄国来华传教的路线，在谈判中牺牲中国利益、讨好帝俄。康熙帝因此萌生了培养拉丁文译员的想法，于是创设俄罗斯文馆，直接培养俄文翻译人才。

关于俄罗斯文馆的创建时间有多种不同的说法。舒新城编写《中国近代教育史资料》，在上册中编入《新设同文馆章程》作注脚时，称"俄罗斯文馆设于乾隆二十二年（1757 年）"。但在该章程所引文字中提到，乾隆二十二年、嘉庆八年、道光十九年，关于俄罗斯文馆考试办法及学生升途的条例，曾有三次奏疏。故"乾隆二十二年奏定"非指该馆创设之年。舒新城之脚注应有错误。又有顾树森编《中国历代教育制度》一书，说俄罗斯文馆建立于乾隆

---

① 齐如山：《同文馆之回忆》，载陈学恂著《中国近代教育史教学参考资料·上册》，人民教育出版社，1986，第 45 页。
② 高文风：《我国的第一所俄语学校——俄罗斯文馆》，《黑龙江大学学报》1979 年第 2 期。

六年（1741 年）。见付克著《中国外语教育史》第 10 页，此说不知何据[①]。张树栋、庞多益、郑如斯著《简明中华印刷通史》（第 226 页）称"京师同文馆前身是乾隆二十二年（1757 年）设立的旨在培养俄文译员的俄罗斯文馆"，亦恐讹传。

高文风等在故宫博物院内阁大库满文档案里，发现《康熙四十七年三月，设立俄罗斯学之上谕奏事档》。经研究，著文认定俄罗斯文馆应创设于康熙四十七年（1708 年）。从其说。

康熙四十七年三月初八日，帝在南苑召见大学士马齐，敕令"询问蒙古旗内有愿习俄罗斯文者，具奏"。翌日，马齐转令侍读学士鄂奇尔诺木奇岱办理。第三日，已征得 7 人愿习，帝续令在八旗、蒙古与汉军内征召。二十一日，所征学员已达 68 人。是日，帝"均令习之"。

经过仅仅半个月的筹备，三月二十四日，俄罗斯文馆正式开学。校址设在俄国东正教士居所俄罗斯馆。首任俄文教师为正在中国经商之俄罗斯商人瓦西里。七月十八日，瓦西里回国；又选库兹马与伊凡为教师，二人来自由俄罗斯战俘所编成的镶黄旗满洲俄罗斯佐领。校址也从俄国东正教士居所俄罗斯馆迁入马市西北大佛寺内二间房屋。由蒙古房中书常度任学校监督。按马齐向他交代的职责：

> 派汝非为通晓俄文俄语，特恐俄人欺凌学生，不勤于教授；学生轻视俄人，怠于学习；故令汝监视。嗣后一切应禀应行事件，禀呈办理。所呈所交之处，均行记档。

库兹马、伊凡以及后来的教师雅科夫，实际上都是俄国战俘的后代，都是生长在中国的混血儿，只会说俄语，但对文法却不甚了了。三年后自觉难以继任，遂于康熙五十年（1711 年）三月十八日向清廷请辞：

> 库兹马等生于北京，从前俄国来文内有难译之处，均咨询老俄人。现老俄人渐次亡故，俄国事件关系重大，倘再来文，诚恐难译之处不能成译。

---

① 黎难秋：《中国口译史》，青岛出版社，2002，第 447 页。

常度于是呈请在东北招聘教师。经康熙帝亲自批准，选聘尼堪继任教师，改变其战俘身份，入镶黄旗俄罗斯佐领。此时经过淘汰，学员仅剩下 27 名。鉴于以往"俄文学生无一正途，不肯勤学"，于是"每人授给一职，借以勉其勤学，仍使按时学习，两处行走"。康熙五十年（1711 年）四月十七日，就有镶白旗俄文学生监生长录和马甲六达子依此政策掣签补缺，后六达子得补理藩院笔帖式一职，相当于现外交部翻译官员。为解决师生"均无饭银，终日枵腹，难于接受"的问题，自康熙五十年（1711 年）五月初一日起，"按每月每人给钱两千"。由此，这种亦工亦读的教育方式在理藩院得到实现。

但是，乾隆年间中俄交涉时，清廷理藩院曾借用在京学习汉语的俄国学员，另外道光二十七年（1847 年），俄国向清廷赠送书籍数百种，仅存放于方略馆①，而无人过问翻译。似又说明俄罗斯文馆培养的翻译人员未足致用。

俄罗斯文馆相继经历了 154 年，于 1862 年并入同文馆。同文馆的俄文馆，实际上是于 1863 年另起炉灶，其首任教师为俄国人柏林（A.Popoff）②。

■ 1719 年（清康熙五十八年） 南海泡沫，自由放任，重农主义

南海泡沫 世界经济史上泡沫经济的典型代表，又译"南海骗局"。1711 年，英国设立南海公司。成立之初认购了总价值近 1000 万英镑的政府债券，支持了政府债券的信誉恢复。作为回报，英国政府对该公司经营的酒、醋、烟草等商品实行永久性的退税政策，并给予其对在西班牙控制下南美的贸易垄断权利，经营奴隶贸易和捕鲸业务，虚构未来繁荣景象，成立许多虚假的附属公司，诱骗投资。鉴于秘鲁和墨西哥拥有丰富的金银矿藏，社会大众对南海公司的前景充满信心。虽然这家公司 1717 年的贸易处女航只是勉强成功，但是国王乔治一世担任公司的总裁，刺激了投资者的信心③。1719 年，英国政府允许中奖的政府债券与南海公司股票进行转换，加之与南美贸易障

---

① 方略馆，清代所设编纂历次军事始末的机构。隶军机处。初非常设。清廷每当重要战争得胜后，设此机构，将有关上谕、奏折，按年月次序，事实原委，编为方略。自康熙编纂《平定三逆方始》，先后编有方略十七种，其中十三种与民族地区有关。乾隆十四年（1749 年）方为常设。

② 黎难秋：《中国口译史》，青岛出版社，2002，第 448~449 页。

③ 英国布朗参考书出版集团编《经济史》，刘德中译，中国财政经济出版社，2004，第 39 页。

安森将军打败西班牙商人后在伦敦凯旋（1744 年的版画）

南海公司的崩溃并没有终结英国挑战南美洲附近海域西班牙主宰地位的雄心。这幅 1744 年的版画表现了安森（George Anson）将军在打败了该地区的西班牙商人后，在伦敦凯旋的情形。

图版来源：参见英国布朗参考书出版集团编《经济史》，刘德中译，中国财政经济出版社，2004，第 39 页。

碍的扫除，以及 1720 年在政府的支持下，南海公司被提议有权接管英国的国债。是年 1 月起，南海公司股票价格飞涨，带动股市价格膨胀，引起投资狂潮。南海公司的股票价值在 6 个月里增加了十倍，形成泡沫经济。1720 年 6 月，英国国会通过《反泡沫公司法》，狂潮急剧冷却，南海公司股价一落千丈，及至 9 月，南海泡沫破灭，市场崩溃。到这年年末，公司股票降得比暴涨前的水平还低，大批股票持有人遭遇破产，血本无归①。

　　自由放任　18 世纪中期，更多的批评家开始批评商业活动与政府之间的紧密联系。尤其是法国，出现了一个主张经济活动自由无羁的思想流派。这个著名的重农主义团体把"自由放任"（laissezfaie）这个术语引进了经济学。从字面上讲，这个法语词汇的意思就是"随他去"。重农主义者相信，经济生活具有一种自然秩序，国家对它的任何干预都是有害的。

---

① 刘树成主编《现代经济辞典》，凤凰出版社、江苏人民出版社，2005，第 712 页。英国布朗参考书出版集团编《经济史》，刘德中译，中国财政经济出版社，2004，第 39 页。

重农主义　重农主义者是自由市场体系的先驱，他们反对那个时代传统的经济学说，那个学说植根于重商主义原理，各国政府为了积累国民财富按照那个模式塑造经济。在重农主义者看来，国家唯一合适的经济职能就是保护财产、维护自然秩序①。

重农主义者坚持认为，经济中的生产阶级由从事农业和必需品生产的人们组成。只有生产阶级才能够增加国民财富。政府收入只应该通过直接征收土地税得到。只有农民阶级能够生产出剩余即净产品，从中政府可以找到扩大产品流动的资本或税源。制造业等其他活动不是生产性的，因为它们并不产生新财富，只是把生产阶级的产出进行了变形或循环流动。重农主义者宣称，如果工业并不创造财富的话，国家通过对经济活动无微不至的管理和指导就是无济于事的，这样做并不是增加社会财富的办法。在制造业和工业化蓬勃发展的时代，尽管重农主义从一出现就几乎是过时的，但是其中以"是否产生新财富"作为社会经济活动有效性的判断准则，则具有永恒的普遍适用的价值。

即使是在信息化横行于世的今天，不能为社会创造新财富的"行当"也不应该成为社会经济活动的主体或领导阶级。因为它们不是"生产阶级"。将社会上稀缺的人力资源投入到"非生产阶级"，并不能增加"有效的"就业，充其量只是为"生产阶级"增加赡养负担。更何况这种不能增加社会真实财富的无效就业的增加，以及这种趋势所必然导致的行政过度、冗员生事和机构膨胀，对于社会的健康发展与民众的和谐生活来说，能有十害而绝无一利。从这样的意义上说，国家对于不能增加社会真实财富的行为和机构增加投入，并进行无微不至的管理和指导、强化都无济于事。人民的福祉不会因此而有丝毫增加。

[备考]　泡沫经济　贪婪与盲从是人类乌合之众的本性。"南海泡沫"既非空前，更不绝后。17世纪上半叶，普通的荷兰家庭都把他们的房子或买卖抵押出去购买郁金香球茎。1633~1637年，在所谓郁金香狂潮席卷下，稀有球茎的价格如天文数字般上涨。一座工厂或房屋仅值一株球茎。不过，1637年的时候，信心突然丧失，市场旋即崩溃，投资者血本无归。这说明经济周期有起有落，扩张性经济崩溃是经济周期的极端证明：迅速增长让位于迅速

---

①　英国布朗参考书出版集团编《经济史》，刘德中译，中国财政经济出版社，2004，第40页。

紧缩。1887 年、1929 年股票市场的崩溃以及 2008 年牵累全球经济的美国次贷危机也是相似事件。这几次事件都导致了国际性的萧条，同时起到清除经济泡沫的作用。人类必须认识到自身基因内固有贪婪的劣根性，避免因为超常规过速增长而引发难以控制的崩溃。

■ 1722 年（清康熙六十一年）　数理精蕴

数理精蕴　在康熙皇帝支持下由梅瑴成等编纂《数理精蕴》五十三卷，总结了自 1690 年之后传入中国的以代数和对数为主的西方数学知识，同时还包括中国传统数学的一些研究成果。全书分为上编五卷、下编四十卷，附数学用表四种八卷[①]。

■ 1729 年（清雍正七年）　视学，画法几何

视学，即画法几何，旧称投影几何，几何学的一个分支。清初宫廷画师年希尧（？~1738 年）撰《视学》[②]。这是中国第一部系统研究透视学的著作。年氏深入学习与研究西方传入中国的透视学，正确运用正投影图去刻画几何体，描述透视变换，融会中西投影知识建立了系统的画法几何，于 1729 年（雍正七年）撰写《视学》2 卷，其成就超过欧洲同类成果。1735 年《视学》修订版内容更丰富，水平也更高，比法国数学家蒙日（Monge, C.）1799 年所出版的《画法几何学》早六七十年。《视学》在中国国内只有两部再版本，而在法国有一残本，在英国有一部抄本。

视学，是中国古算学科名，即画法几何。在中国古代，数学家和工程技术人员曾对制图学，特别是仿射变换制图进行过认真的研究。宋代

---

① 《数学辞海》第 6 卷，山西教育出版社等，2002，第 17 页。
② 年希尧（？~1738 年），中国清代数学家，字允恭，辽宁广宁（今辽宁省北镇）人。曾先后在云南、河北、安徽等地做官。对科学技术很感兴趣，对数学和医学多有研究。其主要数学著作有《测算刀圭》三种三卷（1718 年），即《三角法摘要》、《八线真数表》、《八线假数表》各 1 卷；《面体比例便览》1 卷（1735 年）、《对数广运》、《对数表》、《万数平立方表》、《算法纂要总纲》等。参见《数学辞海》第 6 卷，山西教育出版社等，2002，第 81 页。

苏颂的《新仪象法要》和李诚的《营造法式》是古代机械图和建筑图研究的代表作。

——《数学辞海》第 6 卷，山西教育出版社等，2002，第 59 页。

视学 ［辨异］ （1）中国古代天子视察学校的礼仪。《礼记·文王世子》："天子视学，大昕鼓微，所以惊众也。"又谓天子考试学生的功课。《礼记·学记》："未卜禘不视学，游其志也。"唐孔颖达疏："此视学谓考试学者经业，或君亲往，或使有司为之，非天子大礼视学也。"（2）学官名。专掌视察各地教育事宜，分部、省、县三级。清光绪三十年（1904 年）直隶（今河北省）学务处始设，后渐完备。1909 年学部颁布《视学官章程》二十三条。民国初承清制。1931 年 8 月颁布《教育部督学章程》，改称"督学"。今沿用之。

——《辞海》1999 年版音序缩印本，上海辞书出版社，2002，第 1541 页。

■ 1733 年（清雍正十一年） 资本主义

资本主义 什么是资本主义？ （1）资本主义是"资本家占有生产资料和剥削雇佣劳动者的社会制度"。 （2）资本主义，又称自由市场经济，生产资料大都为私人所有，生产引导和利益分配决定于市场运作[①]。

资本主义以国家垄断的"重商主义"（mercantilism）为前奏，发展成为以市场供求为主导的商业资本主义、工业资本主义和国家资本主义。资本主义依靠工业化而发展成为一种社会制度和一个历史时代，从 1733 年发明"飞梭"开始纺织机械化算起，到今天已经有 270 多年的历史，可分为五个阶段：

第一阶段（1733~1785，52 年），从 1733 年发明"飞梭"和 1765 年发明蒸汽机，到 1785 年建成第一座"近代炼钢厂"，主要成就是纺织机械化。人类走出了手工业时代。

第二阶段（1785~1867，82 年），从 1785 年建成"近代炼钢厂"到 1867 年发明"发电机"，主要成就是发展钢铁工业以及利用钢铁的机械制造业。工业化国家成为世界强国。

---

① 《不列颠百科全书》（国际中文修订版），中国大百科全书出版社，2007。

第三阶段（1867~1919，52 年），从 1867 年发明"发电机"到 1919 年第一次世界大战结束，主要成就是发展被称为第二次工业革命的电气化。人类生活，焕然一新。

第四阶段（1919~1945，26 年），从 1919 年第一次世界大战结束到 1945 年第二次世界大战结束，这期间发生经济大萧条，实行"新政"大改革。资本主义陷入困境，自救更生。

第五阶段（1945 年至今，60 年以上），从 1945 年第二次世界大战结束到现在（2006 年），主要成就是新科技突飞猛进，信息化和全球化相互交织，出现没有工人的工厂，称为"后资本主义"①。

■ 1744 年（清乾隆九年） 进化，演化

"进化"和"演化"源自同一个英文单词"evolution"。在中国，这个词同时被译作"进化"和"演化"。演化一词，通常用来描述达尔文主义的理念，而在其他语境下，"进化"往往是正确的译法②。

第一个提出物种进化的是法国博物学家，曾任法国皇家植物园园长的乔治·布丰（Georges Louis Leclerc Buffon，1707~1788 年），其主要功绩是把有机界的发展历史和地球的产生与发展历史联系起来，把生物及其居住环境联系起来。他写过一本《博物学》，提出物种是可变的，"生物的变异基于环境的影响"。但他无法解释这种改变究竟因何发生，于是把进化的动因推还给上帝。他曾在法兰西语文学院宣读演讲词（《风格论》），提出"风格即人"的论点，著有《自然史》三十六

查尔斯·罗伯特·达尔文
达尔文，英国博物学家、生物学家，进化论奠基人。
图版来源：参见袁越《达尔文继承的世界》，《三联生活周刊》2009 年第 6 期，第 76 页。

---

① 周有光：《资本主义的发展阶段》（2006），载《朝闻道集》，世界图书出版公司，2009。
② 刘铮：《别什么都怪达尔文》，2009 年 2 月 15 日《新京报》。

卷。（《辞海》，第 143 页）

另一位法国博物学家让-巴普蒂斯特·拉马克（Jean-Baptiste Pierre Antoine de Monet Lamarck，1744~1829 年）则首次提出了一套完整的进化理论。他认为生物本身具有由低级向高级发展的"内在趋势"，使生物不断努力适应环境变化，并将这种适应能力遗传给下一代。拉马克一生所写的最重要的著作《动物哲学》（*Philosophie Zoologique*）出版于 1809 年，达尔文正是这一年出生的①。

事实上，达尔文对人类的最大贡献不是进化论，而是自然选择学说。查尔斯·罗伯特·达尔文（Charles Robert Darwin，1809~1882 年）并没有提出"进化"这个词，这个词也不是之前的"进化论者"拉马克提出来的，他们甚至回避使用这个词。达尔文在最初的著作中使用的说法是"有改变的传承"（descent with modification），而拉马克使用的是"转型"（transformisme）。这是为什么？因为这个词已经被另一个不相干的人用了。

1744 年，德国人哈勒（Albrecht Von Haller）发明了"evolution"一词，而这个词的意义在今天看来却非常怪异。他认为，夏娃的卵子就像俄罗斯套娃那样一个套一个，后来的胎儿就是从其中一个"套娃"中"展开"的。拉丁文中"evolver"就是"像卷轴一样展开"的意思。

在《物种起源》（1859）的末尾，达尔文使用了"evolution"（演化）这个词。达尔文写道：（生命）曾经而且还在演化着，这种生命观是极其壮丽的。在此时，"evolution"已经成为英文中的常用词汇，意为"表现出一个事件序列中的规则顺序，从萌芽的状态到成熟或完整的阶段"②。

■ 1748 年（清乾隆十三年） 会同四译馆，华夷译语

会同四译馆 1748 年，原四译馆及会同馆合并为会同四译馆，负责外交事务的翻译并教授外语。时西洋馆似已并入，因该馆所编《华夷译语》98 卷中，收文字 34 种，其中有西洋馆的 6 种。6 种中，拉丁语译语（词汇表）5 卷，收拉丁词约 2000 条③。

---

① 袁越：《达尔文继承的世界》，《三联生活周刊》2009 年第 6 期。

② 刘铮：《别什么都怪达尔文》，2009 年 2 月 15 日《新京报》。

③ 黎难秋：《中国口译史》，青岛出版社，2002，第 449~450 页。

华夷译语　古书名，明洪武十五年（1382 年）设四夷馆，明太祖命翰林火原洁与编修马懿赤黑等编，历经二十二年成书。以汉语注音及译注其义，凡天文、地理、人事、物类、服食、器用，靡不具载。为明政府培植通事所用的外语识字教科书。（《辞海》1999 年版音序缩印本，第 696 页）

■ 1749 年（清乾隆十四年）　方略馆

方略馆　清乾隆十四年（1749 年），方略馆改为常设。方略馆是清代所设编纂历次军事始末的机构。隶军机处。初非常设。清廷每当重要战争得胜后，设此机构，将有关上谕、奏折，按年月次序，事实原委，编为方略，或称纪略。自康熙编纂《平定三逆方略始》，先后编有方略十七种，其中十三种与民族地区有关。乾隆十四年（1749 年）方为常设。

■ 1751 年（清乾隆十六年）　百科全书

百科全书　1749 年，法国启蒙思想家、哲学家、文学家、美学家、巴黎大学文学硕士狄德罗（Denis Diderot，1713~1784 年）因尖锐抨击封建制度和宗教神学而被捕入狱。出狱后，组织许多先进思想家编纂《百科全书》，坚持二十余年，终于在 1772 年完成。

《百科全书》封面

这部辞典共 28 卷，其中 11 卷是插图。狄德罗和达兰贝尔主持工作并撰写条目，参加者有伏尔泰、孟德斯鸠、卢梭、普拉德……要在辞典中阐述全部新思想，对政府的全部批评，当时的全部科学和技术知识，非历时 30 年不可。首卷于 1751 年问世。

图版来源：德尼兹·加亚尔、贝尔纳代特·德尚等：《欧洲史》，蔡鸿滨、桂裕芳译，海南出版社，2000，第 20 页，下图。

狄德罗与同事们讨论《百科全书》的进展

这些人当中可能包括 F.魁奈。这部 28 卷本的著作花了 20 年时间才完成，对包括经济学在内的许多实用学科提供了全面的、有影响的启蒙思想。

图版来源：参见英国布朗参考书出版集团编《经济史》，刘德中译，中国财政经济出版社，2004，第 41 页。

■ 1757 年（清乾隆二十二年） 休谟，宗教哲学

1757 年，英国人大卫·休谟（D.Hume）发表《宗教的自然史》（*The Natural History of Religion*）。与他的另一部著作《关于自然宗教的对话》相辅相成，标志着今天人们一般所笼统指称的宗教哲学的开端。宗教和宗教信仰固然有更早先的研究者，但是作为一项系统性、批判性的研究，作为哲学的一个特殊分支，它在休谟之前几乎没有什么可观的历史。如果说《宗教的自然史》被视为比较宗教研究的范本，其先驱或许可见于雪堡的赫伯特勋爵（Lord Herbert of Cherbury）在 1663 年出版的《论异教宗教》（*De Religione Gentilium*）。然而，休谟的方法与意图在很大程度上有别于赫伯特，以至于追溯赫伯特对休谟的影响不可能有什么助益。

赫伯特从这样一个信念出发，即宗教信仰有一种最高的普遍因素。这就是人类的原初宗教，它基于对一个最高神的信仰，而且有理性和道德贯穿其中。但实际存在的宗教却是对那个纯粹无瑕的原型可怕的败坏和扭曲。而作为一个彻底的经验论者，休谟甚至更清楚地看到了败坏和非理性。基于这些特征，他相信某种粗朴的多神教（有时他宁愿称之为偶像崇拜）才真正是人类的原始宗教[1]。

---

[1] 〔英〕大卫·休谟：《宗教的自然史》，徐晓宏译，上海人民出版社，2003，第 1~2 页。

■ 1758 年（清乾隆二十三年）　魁奈，经济表，规律

法国古典政治经济学家重农学派创始人魁奈（Francois Quesnay，1694~1774 年）发表《经济表》，是在理论上探讨社会资本再生产和流通的最早尝试。魁奈运用自然科学方法研究经济现象，视经济规律为自然规律，开自然科学与社会科学结合之先河。

■ 1764 年（清乾隆二十九年）　珍妮纺纱机

珍妮纺纱机　1764 年詹姆斯·哈格里夫斯改进了珍妮纺纱机，它使一名工人可以同时纺 8 支纱，而不是 1 支纱。后来的一种改进型可以同时纺 16 支纱。

操作珍妮纺纱机的女工
工业化的基本特征在于，在商品生产和服务中引进了机械力以代替人力和畜力。英国的制造业得益于各种各样的技术发展。
图版来源：参见英国布朗参考书出版集团编《经济史》，刘德中译，中国财政经济出版社，2004，第 50 页。

■ 1773 年（清乾隆三十八年）　茶叶事件

茶叶事件　由英国移居于北美地方的新移民，建立不同于英国本土的新制度，成立了北美十三州的殖民地，原本以为可以在此安居乐业，却因为英国政府的财政困难而美梦破裂。殖民地的

人民被课以重税，于是决心独立。1773 年，"茶叶事件"成为独立战争的导火线，殖民地人民以"不自由，毋宁死"的口号发动战争。1776 年 7 月 4 日，托马斯·杰弗逊在费城召开大陆会议，发表《独立宣言》。纽约成为英军和美军的决战之地，由于抵挡不住英军强势的攻击，纽约再度沦入英军之手，美军转而向法国求援。1781 年 10 月 17 日，美法联军取得最后的胜利，纽约重回美国的怀抱。

■ 1776 年（清乾隆四十一年）　国富论，独立宣言，基础设施

国富论　1776 年，英国人亚当·斯密（Adam Smith，1723~1790 年）发表了《国民财富的性质和原因的研究》（简称《国富论》），标志着西方古典经济学的确立。

独立宣言　1776 年 7 月 4 日，托马斯·杰弗逊在费城召开大陆会议，通过《独立宣言》。美利坚合众国独立，这一天定为美国的国庆日。《独立宣言》继承和发展天赋人权和社会契约的理论，宣布一切人生而自由，上帝赋予生存、自由和追求幸福的权利；任何政府损害这些权利，人民有权更换，建立新政府。马克思赞美它为"第一个人权宣言"。1781 年英美签订《巴黎和约》，英国承认美国独立，划分密西西比河以东土地给美国。

基础设施　在经济领域，提起基础设施（infrastructure），人们会想到路通、电通、水通。这个英语单词的本义是"基础"和"下部（底层）结构"或"永久性基地（设施）"，初为军事术语，用以指称后方军事工程中的固定设施或永久性基地，如导弹基地、机场、军用物资仓库等。后来其定义逐渐演化。例如，对企业而言，基础设施（infrastructure）通常是指生产经营所必须的，但由于成本太高自己无法提供或不愿提供，而由政府或其他企业提供的设备和服务①，这个概念最早由北大西洋公约组织（NATO）在研究战时动员问题中提出②。

关于经济学概念的基础设施，可以追溯到亚当·斯密的贡献。1776 年 3 月

---

① Campbell R., McConnell and Stanley L. Brue, *Economics：Principles，Problems，and Policies* (Twelfth Edtion)，McGraw-Hill Inc.，1993.

② Douglas Greenwald, *Encyclopedia of Economics*，McGraw-Hill Book Company，1982.

9 日，亚当·斯密出版了《国民财富的性质和原因的研究》（即《国富论》），其中首次提出，小政府计划时期的英国已经依靠军事力量和君主专制的官僚政治，建成统一的国内市场，依靠推行重商主义政策获得的政府收入修建了诸如道路、运河等公共基础设施。迄今所知，这是基础设施作为经济术语的最早应用①。

自 1810 年开始，美国进入工业革命阶段。在 1812 年英、美战争后开始的国内改进运动，以及 1830 年开始的铁路建设阶段，美国联邦政府和各州政府陆续开始为国内公路、运河、铁路等基础设施的建设拨出大笔资金，并且拨赠大量公共土地。据统计，当时各级政府负担了全部运河投资的 70%、铁路投资的 30%。这种投资政策既是重商主义的延续，也不与自由放任的市场原则相冲突。在亚当·斯密的自然经济秩序中，国家应该担负的职责，除了抵御外来侵略和建立执法机构外，就是维持那些由于无利可图而使个人或私人团体不愿经营的公共工程与机构，包括公路、桥梁、运河与港口等②。而在亚当·斯密之后的时代，基础设施已经成为经济增长的一个重要组成部分。

从美国经济发展历史来看，无论是早年的经济起飞还是大萧条过后的再度复兴，都是以兴建基础设施为起点，进而带动整个国民经济发展。回溯到 1860 年，美国铁路的总长度为 30675 英里，折合 49365.28 公里；30 年后，到 1890 年，铁路总长达到 198964 英里，即 320192.8 公里，约为 1860 年铁路长度的 649%。由于铁路建设对美国经济起飞的作用至关重大，所以美国人为修筑铁路投入了大量的资金。到第一次世界大战前期，美国在铁路运输方面的投入，约占全国财富总值的 1/10（1912 年时估计价值约 1877 亿多美元）；到 1914 年，美国铁路的长度已超过了欧洲铁路的总长。

1929 年美国经济大萧条，1/4 以上的人口失业。罗斯福就任美国总统，实施"新政"，选择基础设施业为突破口，带动了美国经济的重新振兴，经济很快复苏。后来，克林顿政府制定并实施"信息基础结构计划"，同样体现了对提高国际竞争力和促进美国经济增长的现实意义。除了美国，亚洲的日本、韩国也以基础设施的建设来带动整个国民经济的发展。

到 19 世纪 30 年代，基础设施一词频繁使用，已是高频度使用的经济学

① 赵锦辉：《三位大师与经济学的破与立》，2007 年 9 月 3 日《中国发展观察》。
② 亚当·斯密：《国富论》（下），郭大力、王亚南译，中华书局，1949，第 455 页。

术语，但人们对其指称的概念有多重理解，甚至分歧。从经济学说史来看，发展经济学家首先对基础设施给予了广泛重视，提出了一系列富有价值的理论观点。到 20 世纪 40 年代末，随着亚当·斯密经济思想的传播，"基础设施"一词在西方国家广为流行，一发而不可收，开始成为大众化的词语，并作为一个独立的经济范畴而存在，被世界各国广泛采用。也许可以这样说，亚当·斯密经济发展思想的传播，对"基础设施"这一术语的流行和普及功不可没。

基础设施在不同历史背景下以不同形式发挥着重要作用。为使这一术语所表示的概念更清晰，全世界的经济学家都在努力。例如，在发展经济学中，平衡增长理论的先驱罗森斯坦·罗丹在其著名论文《东欧和东南欧国家的工业化问题》中，首先提出了"社会间接资本"的概念，并明确了基础设施在工业化过程中起决定性作用的观点。他认为，社会间接资本包括诸如电力、运输、通信之类所有的基础工业。姆里纳尔·达塔·乔德赫里在评述罗森斯坦·罗丹"平衡增长的大推进"战略思想时，阐述了自己对基础设施概念的理解。他认为，对基础设施部门的确定存在许多困难。按照狭义的观点，基础设施是指公用事业"硬件"，如运输和通信、电力生产和供应以及供水排污等城市基础设施；在农业及其相关活动的发展中，灌溉系统和其他管水工程也是基础设施。从社会分摊资本的角度看，发展中国家存在着广泛的问题，如此说来，普及教育、科学研究、环境和公共卫生以及司法行政管理系统，都应算作基础设施。它们都包含有经济活动功能。戴维·阿齐斯（David Aschace）在分析美国经济增长显著减慢的原因时发现，年平均生产率下降 1.2 个百分点，就有 1 个百分点是由于对基础设施的忽视造成的，可见基础设施在美国经济增长中的重要作用。美国经济学家 W. W. 罗斯托在他的"经济成长阶段论"中，提出了"部门分析方法"，运用这种方法，他得出了经济成长阶段的渐次更替与经济部门重要性的依次变化之间关系的结论。

在英文中，基础设施原有专门名词"infrastructure"，罗斯托为强调基础设施的性质，使用了"Social Overhead Capital"，译为"社会间接资本"，这使基础设施有了新的含义：支撑一国经济的基础，即运输和通信系统、电力设备以及其他公共服务设施。这一基础决定着经济活动（工业、商业等）的水平，它还可以包括人民受教育的水平、社会风尚、生产技术以及管理经验等无形资产。一个国家的基础结构越好越完善，它所进行的经济活动也就越好越有效①。罗斯托说："社会间接资本的建立，在时间上具有确定无疑的优先性。"他的社会间接资本概念有时又包括农业、教育等部门，具有较大的包容性和随意性。艾伯特·赫希曼在《经济发展战略》书中对基础产业作了较为深刻的分析，明确提出"社会间接资本"和"直接生产活动"的划分。他认为，社会间接资本的定义，通常包括那些为开展一次、二次及三次产业活动所不可缺少的基本服务。广义的社会间接资本，包括从法律、秩序以及教育、公共卫生，到运输、通信、动力、供水，以及农业间接资本（如灌溉、排水系统等所有公共服务）。

他还认为，社会间接资本的核心可以严格限制于交通和动力。社会间接资本的投资，如果其产出量可以衡量的话，那么投资对产出之比是很高的，而且由于这种投资具有技术上的不可分割性，所以需要具备相当规模，集中进行。日本学者南亮进也研究了基础产业问题，他认为，基础设施可以称为社会间接资本，一般以运输和通信为代表，是经济增长所不可缺少的初期条件。世界银行《1994 年世界发展报告》以"为发展提供基础设施"为题，考察基础设施与发展的关系，探讨了发展中国家改善基础设施服务的提供及其质量的方式。该报告集中讨论的是经济基础设施，包括以下方面的服务：（1）公共设施——电力、电信、自来水、卫生设施与排污，固体废气物的收集与处理及管道煤气；（2）公共工程——公路、大坝和灌溉及排水用的渠道工程；（3）其他交通部门——城市和城市间铁路、城市交通、港口和水路以及机场。该报告还认为，基础设施完备与否有助于决定一国的成功或另一国的失败，无论是在生产多样化、扩大贸易、解决人口增长问题方面，还是在减轻贫困、改善环境条件方面都是如此。虽然没有讨论，但是报告中提及了同样十分重要的另一类基础设施，即社会基础设施，通常包括文化教育、医疗保健等②。

■ 1787 年（清乾隆五十二年） 美国宪法

美国宪法 《美国宪法》（1787）是世界上第一部成文的民主宪法，规定

---

① 〔美〕D. 格林沃尔德主编《现代经济词典》，翻译组译，商务印书馆，1983。
② 王莉：《基础设施术语的由来》，《理论 探索 实践》（北京市平谷区委党校）2007 年第 4 期。

行政、立法、司法三权分立的民主共和政体。《人权法案》（1789）是 10 条宪法修正案，宪法的构成部分包括：人民有言论、出版、集会和信仰自由；非依法律不得扣压人、逮捕人、搜查及没收财产；刑事诉讼案中的被告有权要求迅速公审和律师辩护；确认民主共和、三权分立、人民的权利和自由。此后的修正案有：废除奴隶制（1865），妇女选举权（1920），选举年龄定为 18 岁（1971），男女权利平等（1972）等。这些都是西欧的革命思想，首先在美国得到了实行。美国的宪法是实用品，不是装饰品，两百年的历史证明，行之有效。

■ 1789 年（清乾隆五十四年）　化合物命名法，华盛顿，基金会

化合物命名法　现代化学的奠基人——法国化学家拉瓦锡（Antoine Laurent Lavoisier，1734~1794 年）[1] 从 1772 年开始研究硫、磷及金属的燃烧问题，证明物质燃烧和动物的呼吸都属于空气中的氧所参与的氧化作用，并据以驳斥当时不正确的"燃素说"。在他的领导下同另外三位化学家拟订了化合物的第一个合理命名法，并在 1789 年写成一本新体系的《化学基本教程》。他在该书前言中提出词保存概念，因此，不完善科学，就无法完善语言；不完善语言，也无法完善科学。但书中仍认为无机元素中包括"热素"和"光素"。这说明术语作为词汇的代表，是在不断接纳其内涵的扩充与变动的过程中，完成与概念的互动。术语与术语所代表的概念，也就是在这种不断变化的过程中，相互提携、相互促进，实现着关于科学与科学表达的共同进步。

华盛顿　1789 年，乔治·华盛顿（Geore Washington，1732~1799 年）就任美利坚合众国第一任总统。1800 年美国首都自费城迁往华盛顿哥伦比亚特区（1814 年曾为英军所占，国会、总统府等均被毁。后重建，即今华盛顿特区）。华盛顿总统在建国初期就曾向国会表示愿捐出自己的 19 亩土地和 50 股公司

---

[1]　拉瓦锡（Antoine Laurent Lavoisier，1734~1794 年），法国化学家。在马萨林学院受过教育，并师从当时著名学者学过天文学、化学、数学、植物学、矿物学、地质学等学科。历任国家兵工厂厂长、总包税官等。研究证明氧化作用，批驳燃素说，对推进现代化学研究有很大贡献。法国大革命期间因"参与封建王朝的横征暴敛"而被处决。参见《辞海》1999 年版音序缩印本，上海辞书出版社，2002，第 960 页。

股票筹办国立大学。但当时国会有争议，最后以"此乃私人事务，推迟考虑"而予以否决。

基金会　进入 20 世纪以后，私人捐款支持科技与教育在美国已蔚然成风。1901 年哈佛、普林斯顿等 5 所名牌大学获得 800 万美元捐款。拥有美联社和三十余份报纸的报业巨头斯克里普斯于 1903 年捐资成立斯克里普斯生物研究所，1919 年建立美国传播科学协会。钢铁工业巨头安德鲁·卡内基（Andrew Carnegie，1835~1919 年）表示要实现华盛顿总统等人当年想建立国立大学的未竟愿望，决定投资在华盛顿建立卡内基研究所，1902 年投资 1000 万美元，1907 年和 1911 年又分别投入 200 万和 1000 万美元，要求它以最广泛和最自由的方式鼓励科学研究。1906 年，卡内基基金会拥有 3100 万美元，卡内基协会拥有 1.51 亿美元。1913 年建立的洛克菲勒基金会拥有 1.54 亿美元，洛克菲勒教育委员会拥有 4600 万美元。20 世纪 20 年代，又出现了一些较小的基金会资助教育和科技事业。如 1925 年建立的约翰·S. 古根海姆基金会第一年就提供 38 份研究奖金，供数学、物理、生物、地理和心理学等方面的学者进行一年自由研究，以后逐年增多。大型基金会有时会用几十万、几百万甚至上千万美元进行大规模的资助。成为国家资金投入的重要补充①。

■ 1798 年（清嘉庆三年）　人口论

人口论　托马斯·马尔萨斯（Thomas Robert Malyhus，1766~1834 年），英国经济学家、牧师。他生于富有地主家庭，1784 年进入剑桥大学耶稣学院学习哲学与神学，1798 年出版《人口论》。他关于人口增长的观点对同时代经济和政治思想具有深远的影响。马尔萨斯悲观的经济学理论认为，人口增长会超过粮食供应的增长，从根本上危害持续繁荣的社会。马尔萨斯认为，一方面，人口每一代是指数增长的，从 2 增长到 4、8、16，依次类推；另一方面，粮食增长是算术级数的，从 2 增长到 4、6、8，依次类推。人口增长快于生活资料的增长，因此需要采取各种措施以限制人口繁殖。（《辞海》1999 年版音序缩印本，第 1114 页）

---

① 何晋秋、曹南燕：《美国科技与教育发展》，人民教育出版社，2003，第 106~108 页。

托马斯·马尔萨斯

托马斯·马尔萨斯具有某种道德悲观主义的名声，因为他对未来态度悲观，并主张对人口数量采取道德意志的措施。

图版来源：参见英国布朗参考书出版集团编《经济史》，刘德中译，中国财政经济出版社，2004，第45页。

人口倍增会受到自然或人类努力的制约。在马尔萨斯看来，"人口的力量遥遥领先于地球为人们生产必需品的力量，夭折或者其他形势的灾难必然造访人类"。这些形势包括战争、饥馑、贫困、繁重劳动、瘟疫，它们共同使世界人口下降到粮食供应能够维持的那个点上。马尔萨斯认为，缓解人口压力的唯一出路，即避免这些灾难的办法在于，对人口进行志愿的控制。作为一位天主教徒，马尔萨斯反对通过避孕控制出生率。恰恰相反，他认为同样的目的可以通过晚婚得以实现，晚婚的结果是使家庭小型化。这样，马尔萨斯就被看成一位阴险的道德抑制的倡导者；他的观点使经济学获得了"阴暗科学"的雅号[1]。

■ 1799 年（清嘉庆四年） 畴人传，罗塞塔石碑，费雷方尖柱碑，柯普特语文

畴人传 1799 年，数学史家阮元[2]与李锐[3]、周冶平等编纂《畴人传》46卷，用传记体裁记述了从黄帝以来 280 位天文、数学工作者的生平事迹，开创为科技工作者立传之先河。1840 年，罗士琳写成《续畴人传》。1886 年，诸可宝编成《畴人传三编》。1898 年，黄钟骏又编成《畴人传四编》。

---

① 英国布朗参考书出版集团编《经济史》，刘德中译，中国财政经济出版社，2004，第45页。
② 阮元（1764~1849 年），中国清代数学史家。字伯元，号云台，晚年自号颐性老人。江苏仪征人。1789 年中进士，由翰林累官至体仁阁大学士。先任浙江学政，后任浙江巡抚，又任漕运总督。在任漕运总督时，提出计算运粮船容积的简捷方法，建立了测量容积的石、斗、升、合度量系统。
③ 李锐（1768~1817 年），亦称李向，中国清代数学家，字尚之，号四香，江苏元和（今苏州）人。一生多有著述。罗士琳在《续畴人传》中写有《李锐传》。

罗塞塔石碑 1799 年，在距埃及亚历山大城 48 公里的罗塞塔（Rosetta）镇附近，一名法国军官发现了一块非常特殊的石头，被后人称之为"通往古埃及文明的钥匙"——罗塞塔石碑。经过专家研究，知道这块石碑是公元前 197~前 196 年间所刻制，是埃及僧侣们颂扬埃及君主的一篇颂词，上面并列着三种文字：埃及碑铭体、埃及人民体和希腊文。人民体居中间①。学者们从椭圆形定符中间的君王名字开始，逐步认识了全部文字。通过希腊文推认埃及字的人民体，又通过人民体推认碑铭体。最后，僧侣体也认识了。作为埃及语文最后遗裔的柯普特（Copt）语文，在解读古埃及语文中，起了引线作用。对释读作出最大贡献的是法国学者商博良（Jean Francois Champollion，1790~1832 年）。19 世纪 20 年代以后，古埃及语文的释读大功告成。古埃及的 3500 年历史又从深眠中苏醒了过来②。

罗塞塔石碑的珍贵之处在于，它记录了古代地中海地区的三种重要文字——象形文字③、通俗文字（埃及象形文字的草写体）和希腊文字。最初人们只认出了三种文字中的希腊文，后来认为这三种文字源于相同的文件。这是第一次在翻译文件和埃及象形文字之间直接比较。1801 年，拿破仑统率的远征军被英国军队击败。根据协议，法国人必须无条件交出在埃及发掘到的一切文物。法国人竭力想留下石碑，但精明的英国人不肯退让。这块 762 公斤重的石碑最终归于英国，陈列在大英博物馆。2004 年 3 月 2 日，欧洲航天局（ESA）将自己发射的彗星探测器命名为"罗塞塔"。这颗彗星探测器将用约 10 年的时间追上一颗名叫"丘留莫夫—格拉西缅科"的彗星，成为人类第一个近距离环绕彗星运行的探测器，并将把名为"费雷"（Philae）的着陆器

---

① 周有光：《世界文字发展史》，上海教育出版社，2003，第 97 页。
② 周有光：《世界文字发展史》，上海教育出版社，2003，第 97 页。
③ 古代埃及人把文字看得很神圣，称为"圣书"（mdw–ntr，上帝的文字）。希腊人把碑铭体称作"神圣铭刻文字"（hieroglyphika），又译"圣书字"。这个名称，狭义指碑铭字体，广义包括三种字体，即碑铭体、僧侣体（hieratika）、人民体（demotika），这些字体的名称都是希腊人起的，不是埃及人自己的说法。这是埃及字的总称，亦可引申指一切不是字母拼音的文字。但把它译作"象形文字"，却有点似是而非，因为碑铭体的图形符号大都不是象形字，而是会意字和形声字。参见周有光《世界文字发展史》，上海教育出版社，2003，第 85 页。北京大学地球与空间科学学院的焦维新先生可能并不专业从事语言文字研究，所以在他撰文介绍"罗塞塔"飞船名称的由来时，仍然沿用"象形文字"的说法，不足为怪，反而有助于印证人们对世界文字发展历史不断认识的曲折过程。

施放到彗星表面①。

费雷方尖柱碑 费雷是尼罗河中的一个岛屿，人们在这个岛上发现了一个方尖柱碑，碑上刻有两种语言的碑文，这为法国历史学家破译罗塞塔碑文象形文字提供了线索，神秘的古埃及文明由此得以揭示。正像罗塞塔石碑提供了古埃及文明的钥匙一样，欧洲航天局（ESA）的罗塞塔探测器试图揭开太阳系最古老的基本单元——彗星的秘密，从而使科学家们能够追溯到 46 亿年前，那个没有行星，而只有围绕太阳的大群小行星和彗星的时代。

柯普特语文 埃及被阿拉伯征服以后，埃及的阿拉伯化进行迅速。原来的埃及民族和埃及语言已经消失。柯普特语文是记录最后阶段古埃及语的字母文字。柯普特（Copt）这个名字是"Aiguptos"去掉头尾简化而成的阿拉伯语（qopt）的英文写法。柯普特字母有 32 个，其中有 7 个来自埃及字的人民体，是古埃及字的最后孑遗。

柯普特文献，几乎全是宗教性质的，最早遗物属于公元 3 世纪，到 7 世纪开始衰落，14 世纪灭亡。在这之后，只有在柯普特基督教会里还用于宗教仪式。柯普特口语，后来称为"Zeniyah"，在上埃及极少数穷乡僻壤农村的基督教徒中遗留着。有人调查过，在 1936 年还有活的口语遗留在所谓野老遗民口中②。这说明发展便是对某些东西的消灭，而古老遗存的实现可能需要以某种"落后"作为必要条件。

---

① 焦维新：《"罗塞塔"飞船名称的由来》，《科技术语研究》2004 年第 6 期，第 48 页。
② 周有光：《世界文字发展史》，上海教育出版社，2003，第 96 页。

五

公元 1801 年至 1850 年间出现的术语

公元 1801 年至 1850 年间出版的版本书

■ 1801 年（清嘉庆六年） 杰弗逊，个人博物馆，国家图书馆

19 世纪初，美国杰弗逊（Thomas Jefferson，1743~1826 年）总统执政时期（1801~1809 年），从法国购买了路易斯安那，使美国国境扩张，与墨西哥接壤。在他任期内，有人曾向他表示愿把藏品丰富的个人博物馆献给国家，在还很空旷荒凉的首都华盛顿建一座国家图书馆，但总统担心宪法对此会有所限制而婉言拒绝。

■ 1804 年（清嘉庆九年） 民法，民法典，公序良俗

民法（Civil Law） 民法一词源于古罗马的"市民法"，是调整平等主体之间财产关系和人身关系之法律规范的总称。在资本主义阶段，民法得以完备和充分发展。因其以主体平等、私有财产神圣不可侵犯、契约自由为基本原则，以权力主体、物权、债权和继承权制度为基本内容，成为国家最重要的法律部门。中国古代礼法不分，诸法合体，钱、债、田、土、户、婚等，统归于律、例，无"民法"一词，至清末才从日本引进。1929~1930 年国民政府陆续公布民法总则；1986 年 4 月颁布民法通则，次年施行。

民法典（Civil Code） 民法典是系统完整的民事法律基础文件。具有普遍效力，是制定各种民事法规的法律依据。世界上最早的成文民法典是东罗马帝国在公元 6 世纪完成的《民法大全》（亦称《国法大全》）。第一部资产阶级民法典是 1804 年的《法国民法典》（又称《拿破仑法典》），对世界各国民事立法有重要影响。1900 年德国施行《德国民法典》，亦为多国仿效。1922年苏联颁布了《苏俄民法典》。在中国，民法典的编纂始于清末。中华人民共和国成立后陆续公布了《民法通则》等民事法规。

公序良俗 公序良俗是现代民法的一项重要概念和法律原则，包括公共

秩序和善良风俗，意指民事法律行为的内容以及目的，均不得违背公共秩序或善良风俗。强调公序良俗，有利于维护社会普遍利益、弘扬公共道德，因此被视为现代民法至高无上的基本原则。公序良俗原则在各国民法，包括中国民法中都有明文规定。这一原则在性质上属于一般性条款，这是因为任何立法的具体条文都不可能穷举被禁止事项，所以需要以一般性条款弥补禁止性规定条款之不足。遇有损害国家利益、社会公益和社会公认道德秩序的行为，法院可直接适用公序良俗原则判定该行为无效。

1804 年，法国民法典开始规定公序良俗原则。此后百余年，公序良俗原则已经从政治的公序良俗发展到经济的公序良俗。最初适用公序良俗的目的，在于保护国家和家庭。随着市场经济的发展以及国家经济政策的变化，公序良俗的概念逐渐扩展到经济的公序，即为了调整当事人之间的契约关系，而对经济自由予以限制的公序①。

在市场经济条件下，由于经济行为通常具有外部性（externality）或具有市场失灵的特点，因此强调"公序良俗"的原则还具有指导政府行政行为的意义。所谓外部性，是指一个人的行为对旁观者福利的影响。一些活动给第三者带来了成本，叫"负向（negative）外部性"或称"外部不经济"，如污染；也有一些活动给第三者带来利益，叫"正向（positive）外部性"或称"外部经济"。例如，科学研究、技术创新的成果的利益，更多的为社会公众所获得。用经济学的语言来说，科学活动和技术努力具有"正向的外部性"或称"外部经济"的特点。由于他们的努力所导致的"知识溢出"，把福利或效益扩散到了整个社会。

与外部性相伴生的另一个经济学概念是市场失灵（market failures）。市场势力（market power）和外部性是市场失灵普遍现象的例子。虽然外部性并不是导致市场失灵的唯一原因，但是所谓市场失灵，却是一个严酷的事实：市场就是市场，商品经济不考虑道德，也不懂得同情。"外部经济"或称"经济的正向外部性"，可以为社会大众创造福利，却没有能力去改变市场规律的"无动于衷"。当经济活动表现出明显的外部性，通常倾向于伴随发生"市场失灵"。例如，从事基础性科学研究、技术创新的人所付出的成本，往往不能

① 参见信春鹰主编《法律辞典》，法律出版社，2003，第 216 页。

完全地在他所从市场上可能得到的回报中获得体现。再如，实施某些商业行为的人，在为自己谋求利益的时候，事实上侵占了社会与公众或者他人的利益，同时也污染了市场经济的商业环境，导致市场失灵。在这种时候，"有动于衷"的不可能是市场，而应该是政府，是真正代表着大众福利或基本利益的政府。反过来说，只有在此时"有动于衷"，政府的行为才符合社会公众的最大利益。具体到我们正在讨论的商标抢注问题，作为和谐社会守望者的政府，应该积极地采取行动，使那些意图以不良手段谋取非法利益的人得不偿失，而不是相反。

经济学的知识告诉我们，政府有时可以改善市场结果，但这并不意味着事实的结果总能这样。任何一个政府所奉行的公共政策都是具体的、有瑕疵的，这是因为在政府里制定公共政策的是人而不是天使。有时他们所设计的政策只是为了有利于在政治上拥有权势的人；有时政策由动机良好但信息不充分的领导人制定①。我们学习经济学、普及经济科学知识的目的之一，就是要增强大众判断、识别政府政策的能力，以便能够正确、自觉地分辨哪些政策、在哪些情况下能够有效地促进效率与公正。换言之，政府行政行为的目的，就是要在社会生活中维护公序良俗的原则，担负坚守公正公平、坚持公序良俗的责任，而不是把为"人民"服务歪曲成为"规则"服务，使社会的良心正义不得不让位于"规则条文"。

总而言之，我们应该更多地关注于政策判据，即据以评价一项具体政策好坏的基本原则。一项好的政策，一种合理的制度安排，应该使遵循公序良俗的社会大众感觉不到它的存在，而使那些心存不轨、巧取豪夺的"坏人"感觉如芒刺在背。如果一项政策的出台或者一套制度的实施使"好人"疲于奔命，而使"坏人"得到可乘之机，那就可以肯定地说：这项政策或制度是"不好的"。正如坊间所言，不扰民的干部就是好官，真利民的政策一定简单。一项真正优秀的政策或制度，在使"好人"感到平静如常、心旷神怡的同时，还会使"坏人"自觉收敛，甚至或多或少地也要去做一些"好事"，即有助于增加大众福利的事情。只有这样的政策，才能算得上是"优秀"的政策或者"良好"的制度安排。如果大黄牛也信上帝的话，那么上帝一定是头牛；推广

---

① 〔美〕曼昆（N. Gregory Mankiw）：《经济学原理》（第 3 版），梁小民译，机械工业出版社，2005，第 10 页。

来说，能够让"贼"们兴高采烈、如鱼得水的政策的制定者，一定代表着"贼"的利益。

注意以上描述中的"好人"和"坏人"都有引号，是因为在民法范畴中讨论问题，当事双方都应属于"公民"之范畴，因此所谓"坏人"也并非是敌对意义上的人群。根据经济学中关于利益是唯一驱动的所谓"个人理性"假设（成本最小，收益最大），试图为自己谋求利益的行为不应受到指责。问题的关键不在于是否要为个人谋利，而在于这种谋利的过程，是否具有负向的经济外部性，以牺牲或损害他人的合法利益为代价。从这样的意义上说，所谓公序良俗无非是依常识做事，凭良心做人。"君子爱财，取之有道。"利己而不损人，是公序良俗的底线；利己兼而利人，便是伟大①。

在公序良俗的框架之下，所谓"坏人"也是既定制度安排的后果，极有可能是一系列不好的制度助长他们成为"坏人"。政策与法律的教化作用，与此可见一斑。再从加强执政能力建设的角度考虑，政府有关部门则有必要从建设和谐社会、坚持公序良俗的原则出发，经常统筹梳理各种政策和法令，从根本上制止那些损人利己，甚至损人不利己、毒害社会风气、制造社会紧张，即违反公序良俗原则的任何行为。甚而言之，任何一项政策、一种制度，如果能使原本并非敌对的"好人"陷入拼杀，你死我活，那么这种安排一定是"罪恶"。以这一准则，可以判决往事；而它的更大意义，当在于衡量今天②。

■ 1805 年（清嘉庆十年） 谏当保安行

谏当保安行 在鸦片战争前，广州是我国南方对外贸易的唯一口岸。1801 年，广州还没有任何种类的公开保险机构，仅由几个外国商人联合组织一个临时（保险）协会，对每艘船所载货物保险，承保限额为 1.2 万元③，这是外商在华经营海上保险的开始。随着对华贸易的发展，加尔各答的保险机

---

① 龚益：《制度安排必须符合公序良俗的原则》，《中国风景名胜》2006 年第 8 期。
② 龚益：《关于"服务型政府"的定义问题》，《中国科技术语》2008 年第 3 期。
③ M. Greenberg, *British Trade & the Opening of China 1800-1842*. 藏于上海图书馆，558.5941. G798。

构在广州设立了代理处。1805 年经营港脚贸易的英、印私商鉴于在中国支付保险赔款对贸易有很大的方便，在广州成立谏当保安行（Canton Insurance Society），也曾译作"广州保险社"、"广州保险协会"等。这是外商在广州，也是在中国开设的第一家保险机构，由宝顺和渣甸（即怡和）两家洋行轮流经营，一直到 1835 年协议终止，两家洋行分别建立了各自的保险公司[①]。

■ 1807 年（清嘉庆十二年） 马礼逊，新教

清嘉庆十二年（1807 年）英国人马礼逊（Robert Morrison，1782~1834 年）来华，为新教（1529 年肇始，脱离天主教的新宗派，即基督教抗罗宗）派来中国的第一个传教士。清道光十六年（1836 年），在华英美人士为纪念马礼逊来华而在广州设立教育团体——马礼逊教育协会。鸦片战争（1840~1842 年）前后，各宗派陆续派遣大批传教士来华。1954 年，中国基督教新教成立中国基督教三自爱国运动委员会[②]。

■ 1814 年（清嘉庆十九年） 火车

火车 1801 年，英国人特列维蒂克试制蒸汽机车，没有成功。1804 年，他又造了一台蒸汽机车，仍然没有成功。特列维蒂克从此洗手放弃。1812 年，英国人莫莱和布莱索金普又试制蒸汽机车，同样以失败而告终。斯蒂芬逊（George Stephenson，1781~1848 年）分析总结前人失败的原因，终于在 1814 年制成 5 吨重的"皮靴号"蒸汽机车。这台机车在行进时不断地从烟囱里冒出火来，人们称它为"火车"。它能拖动 30 多吨重的货物，成为世界上第一台具有使用价值的蒸汽机车。但是它的行走速度很慢，而且稳定性差，产生剧

斯蒂芬逊

斯蒂芬逊，英国人，蒸汽机车发明家。1812 年，任煤矿机械工程师。1814 年，制成能牵引 30 吨重量的蒸汽机车。1825 年，设计制成世界上第一台客运蒸汽机车"旅行号"。

图版来源：《叶永烈讲述科学家的故事 100 个》，中国社会出版社，2007，第 97 页。

---

① 中国保险学会：《中国保险史》，中国金融出版社，1998，第 18~21 页。

② 宋原放：《简明社会科学词典》，上海辞书出版社，1984，第 1065 页。

烈震动。在一次试验中，车翻了，摔伤了前来参观的英国交通公司董事长和另一位英国国会议员。斯蒂芬逊顶住嘲讽，继续改进，终于在 1825 年制成世界上第一台客货运蒸汽机车——"旅行号"。

1825 年 9 月 27 日，旅行号举行试车典礼。那天，人们远道而来，参加盛典。旅行号拖着 32 节车厢：火车头后面是 6 节装煤和面粉的车厢，后面又是 20 节改供乘客用的煤车，都挤满了乘客，最后是 6 节装满煤的车厢……铁路两旁人山人海，许多人跟着火车跑，另一些人骑在马上沿路跟随着火车跑。车上共有 450 位乘客，载重共 90 吨，列车由它的设计制造者斯蒂芬逊亲自驾驶，以每小时 20 多公里的速度前进。

试车取得成功，有关当局决定在英国曼彻斯特与利物浦之间修造铁路，由斯蒂芬逊担任总工程师，但仍然有人激烈反对。有人在报纸上发表文章：

> 我已多次撰文，绝对反对建造铁路的计划。要知道，火车的声音很响，第一个结果是使牛受惊，不敢吃草，从而牛奶就没有了；鸡鸭受惊，从而蛋就没有了；而且烟筒里毒气上升，将杀绝飞鸟。火星四散，将造成火灾。倘若锅炉爆炸，则乘客将遭断手折骨之惨！

另外一位著名的医生则从火车与人类健康的角度提出质疑：

> 乘火车通过隧道，最有害于健康，对体质较强的人，起码也会引起感冒和神经衰弱等病症。如果身体衰弱的人，则更危险……

斯蒂芬逊制造的"火箭号"蒸汽机车
蒸汽机车以蒸汽机产生动力，通过摇杆和连杆装置驱动车轮运行。蒸汽机车由锅炉、汽机、车架以及煤水车等部分组成。汽机把蒸汽的热能转变成机械能。
图版来源：《世界重大发明发现百科全书》，北京出版社，2005，第 132 页。

质疑归质疑，人类制造火车的步伐并未停歇。1829 年，斯蒂芬逊设计并建造了更加完善的火车头——火箭号，并在比赛中获奖①。

■ 1816 年（清嘉庆二十一年） 佛尔雅

佛尔雅 《佛尔雅》八卷，清代周春撰。此书是佛学名词小词典，仿《尔雅》体例，将佛经中的音、义互为训释，有时亦略加说明。有清嘉庆二十一年（1816 年）刊本、《蛰云罍丛书》本、清宣统二年（1910 年）上海国学扶轮社铅印本、1917 年国学扶轮社再版本存世。

■ 1817 年（清嘉庆二十二年） 大卫·李嘉图，经济模型

大卫·李嘉图 英格兰人大卫·李嘉图（David Ricardo，1772~1823 年）发展了亚当·斯密的经济理论，是资产阶级古典政治经济学的完成者。此人炒股发了财，能够在 42 岁的年龄就退了休。他关于经济问题的观点很有分量，还具有重大的政治影响。他早期有关于货币与银行的著作，而在 1817 年出版的《政治经济学与税收原理》主导了半个世纪多的古典经济学。李嘉图的书寻找"确定主导工业生产的分配（在地主、资本家、工人等不同阶级之间）规律"。他认为，个人主义、竞争、个人利益和私有财产的经济基础决定着产出和资源在各个社会阶级之间的配置。这与亚当·斯密关于"看不见的手"的观点大同小异。

李嘉图提出经济模型概念

图版来源：参见英国布朗参考书出版集团编《经济史》，刘德中译，中国财政经济出版社，2004，第 44 页。

经济模型 李嘉图发明了"经济模型"的概念。他的著作立足于现实经济的复杂性，概括出了建构理论模型的原理，指出"经济模型"是由若干变量构成的一个逻辑工具，这个模型能够揭示出经济生活中起作用的基本影响因素，经过一些计算后能够预测实际情况的结果。直到今天，经济学家们仍然在运用各种模型解释经济行为，并通过理论简化

① 叶永烈：《叶永烈讲述科学家的故事 100 个》，中国社会出版社，2007，第 97~99 页。

对比较复杂的经济现实进行预测①。

■ 1822 年 (清道光二年)　埃及学

埃及学　法国东方学者、埃及学家、语言学家商博良②（Jean Fracois Champollion，1790~1832 年）主要依据罗塞塔石碑译解埃及象形文字成功，后主持罗浮宫埃及部。法兰西学院（巴黎）曾为其创设埃及学讲座。他著有《古埃及语语法》、《古埃及语字典》等。1822 年 9 月 27 日，商博良向"法国碑文与纯文字学学院"提交论文宣布自己的发现——《致达西埃（Dacier）的信：论埃及人在纪念碑上刻希腊罗马君主姓名时使用的标音象形文字字母表》。后人以此作为埃及学诞生的标志③。

■ 1825 年 (清道光五年)　铁路

铁路　铁路是现代文明的一项巨大工业成就，是现代运输的先驱。1825 年世界上第一条铁路在英国诞生。铁路科技界通常把 1825 年 9 月 27 日建成并通车的英国斯托克顿至达林顿的 32 公里标准轨铁路，作为世界上正式营业的第一条铁路。这一年也就成为世界铁路的诞生年④。

1840 年鸦片战争前后，中国一些有识之士开始著书立说，介绍有关铁路的知识，提出在中国发展铁路运输的主张。1865 年，英国商人杜兰德在北京宣武门外铺设了一华里长的"展览"铁路，结果被清政府步军统领衙门以"见者诧骇"为由，"饬令拆卸"。1876 年，英国资本集团修筑了从上海到吴淞镇，全长 14.5 公里、轨距为 762 毫米的吴淞铁路。这是中国大地上出现的第一条营业铁路。经营 1 年多后，被清政府以 28.5 万两白银赎回，于 1877 年 10 月拆除。5 年后，由清政府洋务派主持，于 1881 年自主修建唐胥（唐山至胥各庄）铁路，全长 9.7 公里，采用 1435 毫米轨距。1886 年清政府成立中国

---

① 英国布朗参考书出版集团编《经济史》，刘德中译，中国财政经济出版社，2004，第 45 页。
② 商博良，也有译作"尚波里庸"。
③ 简·威柯特（Jean Vercoutter）：《古埃及探秘——尼罗河畔的金字塔世界》，吴岳添译，上海书店出版社，1998，第 7 页。
④ 乔英忍、曹国炳：《世界铁路综览》，中国铁道出版社，2001，第 1 页。

斯托克顿—达林顿铁路的开通

1825 年 9 月 27 日这条铁路的开通标志着火车运输的兴起，它将不停地发展。1829 年火车时速为 25 公里，1835 年增至时速 100 公里。钢代替了铸铁（1870 年），增加了铁轨的抗力。火车越来越长，锅炉的效能得到改善，使用了压缩空气制动器，铁轨宽度趋于规范，这些改进使铁路成为最佳运输工具。

图版来源：参见德尼兹·加亚尔、贝尔纳代特·德尚等《欧洲史》，蔡鸿滨、桂裕芳译，海南出版社，2000，第 495 页。

首家自办的开平铁路公司，收买了唐胥铁路，独立经营。到 1912 年，唐胥铁路向两端延伸到北京（马家堡）和沈阳（奉天城），成为联络关内外的主要干线，即京沈铁路。

1887 年，台湾省成立了台湾铁路总局，经奏准修建了台北至基隆和新竹的铁路，分别于 1891 年和 1893 年建成，共长约 107 公里，轨距为 1967 毫米[1]。1910 年（清宣统二年），由法国人修筑连接云南—越南的滇越铁路[2]（从蒙自到河口）全线通车[3]，至抗日战争期间炸毁（滇南段河口至碧色寨线路）[4]。1946 年中国抗日战争胜利后，从法国人手中收回路权。

---

[1] 乔英忍、曹国炳：《世界铁路综览》，中国铁道出版社，2001，第 1 页。

[2] 滇越铁路 1903 年 10 月开工，1910 年 1 月 30 日通车，工程历时 6 年零 3 个月，投资结算为 81387126 法郎。参见段锡、王丕勋、余春泽《锡映千秋》，中国文联出版社，2003，第 240 页。

[3] 滇越铁路修通后，从蒙自到河口只需一天即可到达。参见段锡、王丕勋、余春泽《锡映千秋》，中国文联出版社，2003，第 233 页。

[4] 段锡、王丕勋、余春泽：《锡映千秋》，中国文联出版社，2003，第 212 页。

■ 1828 年（清道光八年） 韦氏词典，韦伯斯特，美国化

韦伯斯特
（纽约大都会艺术博物馆供图）

图版来源：参见《不列颠百科全书》（国际中文修订版）第 8 卷，中国大百科全书出版社，2007，第 162 页。

1828 年，70 岁的韦伯斯特[①] 终于完成了两卷本的《美国英语大词典》（*The Merriam-Webster Dictionary*）这个卷帙浩繁的工程。经过 28 年皓首穷经的努力，韦伯斯特终于出版了包含 7 万个单词的《美国英语大词典》（第一版）。其中有 3 万至 4 万条的注释发前人之所未发。这部词典不仅包括美式拼法的单词，还包括了一些美国俚语以及"煤气灯"等当时的"高科技词汇"。韦伯斯特推崇美国的价值观，认为美国的民族主义高于欧洲，主张将美国的语言独立出来。1806 年，韦伯斯特出版了《简明英语辞典》，为其后所编词典做准备。次年开始编纂《美国英语大词典》。他对自己最大贡献的评价是，认为自己在英语语法和发音"喧嚣的叫嚷中"拯救了"我们民族的语言"。

《美国英语大词典》（第一版）在美国发售 2500 部，英国售出 3000 部，未及一年即告售罄。但其作为一部明显具有外部经济特征的词典，相对而言无利可赚。1841 年再版亏蚀，版权转让给乔治和查理·梅里亚姆公司[②]。

作为词典编撰者，韦伯斯特被誉为"美国学术与教育之父"。韦伯斯特的词典、拼音法在各类学校的广泛普及，促进了美国统一和文化独立的进程。韦伯斯特传记的作者乔舒亚·肯德尔说："他是美国语言的塑造者，也是美国身份的塑造者。他让我们与自己的语言结合起来。"透过美国至今仍在通用的《韦氏大辞典》，就可以了解韦伯斯特对美国历史作出了怎样的贡献。但在当时，韦伯斯特词典的问世并没有收到立竿见影的效果和影响。1806 年[③]，当韦

---

① 韦伯斯特（Webster，1758~1843 年），美国词典学家，以其《美国拼音课本》（1783 年）和两卷本《美国英语词典》（1828 年，第 1 版；1840 年，第 2 版）而著称。

②《不列颠百科全书》（国际中文修订版）第 8 卷，中国大百科全书出版社，2007，第 162 页。

③ 据《新京报》载颜颖颛文为 1800 年，疑有误。按《不列颠百科全书》应为 1806 年。参见《不列颠百科全书》（国际中文修订版）第 8 卷，中国大百科全书出版社，2007，第 162 页。

伯斯特推广自己编写的第一本《简明美语词典》时，他在《康涅狄格州日报》上刊登了一则豆腐块广告，介绍自己的词典，这个广告的下面是一位农夫悬赏寻找自家走失的牛的广告。

美国化（Americanize）是韦伯斯特在词典中加入的很多自创的新词汇之一。现已成为美国人耳熟能详的用语[1]。

■ 1829 年（清道光九年） 史密森遗产，学社，博物研究院

1829 年英国科学家詹姆斯·史密森（Jemes Smithson，1765~1829 年）提出要把 50 万美元的遗产全部捐给美国，要求在华盛顿建立一个旨在"增进和传播知识"的科学机构。但是，美国政界和科技界对是否接受这笔捐款以及如何使用，有很大争论。直到 1836 年 7 月，国会才通过决议同意接受。又经过 10 年的争论，1846 年国会才通过决议建立史密森学社，以增进并传播科学知识。学社由美国正副总统、首席法官、六名议员和九名公民组成董事会，由著名科学家约瑟夫·亨利为首任社长。但史密森学会也不是一个国立机构，不能起到全美国科学中心的作用[2]。另有汉语文献称其为史密森博物研究院。该研究院既是一个大规模的重要研究机构，也是一个多种类型的博物馆综合管理机构。它在许多领域开展基础研究，为实验提供条件和经费，派遣科学家去国内外考察，对外提供情报资料。除了本身的一笔基金，还有国会每年拨发的专款，以及接受来自私人的捐款。到 1901 年，该院院长指出：在建院后的 50 年间，它每年所得的捐款已从 60 万美元增长至将近 100 万美元[3]。

■ 1830 年（清道光十年） 文本主义，委托研究，水污染

文本主义 美国联邦最高法院最早使用词典的记录是在 1830 年。在帕塔斯科保险公司诉考特（Patapsco Insurance Co. v. Coulter）案中，最高法院第一次借助词典解释了海商法中 "barratry"（诉讼教唆）一词的含义。自 19 世纪

---

① 颜颖颛：《耶鲁学子吃单词纪念美语塑造者》，2008 年 10 月 19 日 B08 版《新京报》。
② 范岱年：《科学哲学和科学史研究》，科学出版社，2006，第 238 页。
③ 何晋秋、曹南燕：《美国科技与教育发展》，人民教育出版社，2003，第 107 页。

60 年代以来，最高法院越来越多地依赖词典进行解释。在最高法院的历史上，有 64 位大法官引用过词典。其中引用次数最多的是大法官斯卡利亚，在 12 年中，他共在 50 份法官意见书中利用词典对 65 个词语做过解释。20 世纪 70 年代之后，最高法院"文本主义"（textualism）的司法解释倾向越发突出。所谓文本主义，即通过使用词典定义、文法规则及解释规则等工具，确立立法词语客观含义的司法解释方法。很多法官都认为，文本主义是解释法律语言含义时应当采用的正确方法。

文本主义者认为，法官对于法律的解释不应借助立法意图和立法历史，因为立法者的意图是无法确定的。斯卡利亚大法官说，支配民主政府的应是法律而不是立法者的意图，而立法者的意图如果没有形成文字就没有法律效力。古罗马暴君尼禄曾将法令记录在高高的柱子上，以使人们不能轻易看到具体的内容。对于斯卡利亚而言，不明的立法意图似乎比尼禄的伎俩更糟。而词典可以方便地描述词典出版时词语的含义和用法，并描述出"任何一位理智的、见闻广博的公民"能够理解的含义，因此最高法院对于词典的使用是明智的。

以 1997~1998 年的开庭期为例，最高法院共引用词典 120 部。其中有些词典的引用频率很高，有的则仅有一次。在一般词典中，1961 年出版的《韦氏三版新国际英语词典》是描述性词典的代表，是最受最高法院欢迎的词典，共有 102 份判决意见书引用过该词典。该词典的主编认为，词典的目的应在于转述语言是什么，而不在于规定语言到底应当包含什么。大部分当代词典都更具有描述性特征。在法律词典中《布莱克法律词典》引用率最高，其第 6 版被引用 61 次，第 5 版被引用 46 次。但是，批评的观点认为，如果法院使用规定性词典去解释某一术语，则它无法保证合同双方、立法者、法官等人也按照该词典规定的意义使用这一术语。而如果法院使用描述性词典，则无法保证使用这些语言的人会像法院所选择的词典那样使用这一术语[①]。

委托研究　1830 年，创建于 1824 年的私立富兰克林研究所（机械研究所）接受政府委托，研究蒸汽锅炉爆炸的原因，开创了美国政府委托研究的先例[②]。

---

① 张芝梅、刘鹏：《在美国最高法院"逛词典"》，转引自屈文生《比较法研究》，2009 年 3 月 12 日《中国社会科学院报》。

② 范岱年：《科学哲学和科学史研究》，科学出版社，2006，第 238、407 页。

水污染 到 1830 年，英格兰的大工业城市已经没有完全安全的饮用水供应处，这些地区的河流污染严重以致鱼都不能生存①。

《东西洋考每月统纪传》
《东西洋考每月统纪传》是中国境内第一份中文近代刊物。
图版来源：参见李焱胜《中国报刊图史》，湖北人民出版社，2005，第10页。

■ 1833 年（清道光十三年） 东西洋考每月统纪传

东西洋考每月统纪传 中国境内第一份中文近代刊物，1833 年由普鲁士传教士郭士立（又译作"郭实腊"、"郭施拉"等）创刊于广州。每月出版一册，木版印刷，每期 20 页左右。为了让中国人能够接受，该刊淡化了宗教色彩，内容侧重于宣传西方文明知识，也报道一些中外新闻。该刊在 1834 年 5 月至 1835 年 2 月间曾一度停刊，1837 年 2 月又因中英关系紧张而迁往新加坡出版②。

■ 1834 年（清道光十四年） 三聚氰胺

三聚氰胺 三聚氰胺是一种三嗪类含氮杂环有机化合物，用作化工原料。1834 年，德国化学家李比希（J.Liebig）首次将硫氰酸钾和氯化铵热融而得三聚氰胺。当时对其特性没有认识，因此在工业上没有什么用途。20 世纪初发现三聚氰胺–甲醛树脂有耐热、耐磨、抗水等特性。1930 年左右投入规模生产。后被工业界重视，60 多年时间内陆续开发出多种制造工艺，生产规模大增。据 1997 年数据，全世界约有 20 个三聚氰胺生产工厂，年产量为 58 万吨，其需求量每年仍以 2%~2.5%的速度增长③。三聚氰胺不是饲料添加剂，不能在饲料中添加，所以此前世界上还没有国家对饲料中的三聚氰胺有残留的限量标准。但 1994 年《国际化学品安全手册》申明：长期或反复大量摄入三

① 〔英〕弗雷德里克·F.卡特赖特、迈克尔·比迪斯：《疾病改变历史》，陈仲丹、周晓政译，山东画报出版社，2004，第 125 页（原版书第 113 页）。

② 李焱胜：《中国报刊图史》，湖北人民出版社，2005，第 10 页。

③ 殷筱龙：《氰胺类化合物》，载《化工百科全书》第 13 卷，化学工业出版社，1997，第 124~133 页。

聚氰胺可能对肾与膀胱产生影响，导致产生结石。

2007 年，中国出口美国的宠物食品在三个月内导致大量宠物猫狗死亡。美国食品药品管理局（FDA）调查确证，位于江苏省徐州市沛县的徐州安营生物技术开发有限公司出口到美国的小麦蛋白粉中所含三聚氰胺导致宠物死亡。当时两家中国企业被起诉。其中，徐州安营生物技术开发有限公司 2007 年初就在网上公开求购"三聚氰胺下脚料"。采购单上写明：我们求购三聚氰胺下脚料。徐州安营生物技术开发有限公司成立于 1995 年，地处江苏省徐州市沛县，交通便利。公司技术实力雄厚，现经营生物饲料、畜禽添加剂、谷朊粉（小麦蛋白）、保鲜蔬菜等多项产品。当时没人知道为什么一家经营"生物饲料、畜禽添加剂"的企业会求购化工原料三聚氰胺。但是，三聚氰胺废渣变身后的假蛋白添加剂——"蛋白精"在饲料行业内生存的历史至少已有五年，覆盖波及畜禽、水产等绝大多数养殖产业，其影响远远超过 2008 年的"问题奶粉"。

■ 1836 年（清道光十六年） 希腊主义，谏当保险公司，马礼逊教育协会

希腊主义 希腊主义，拉丁文"Hellenismu"或英文"Hellenism"的意译，又译"希腊主义时代"、"希腊化时代"。源于希腊文"hellenizein"，意为"操希腊语"或"按希腊人方式行事"。在近代西方史学中，一般指公元前 323 年马其顿亚历山大死后到公元前 30 年罗马灭亡埃及之间的历史时代。与希腊古典时代不同，是奴隶制在地中海东部和亚洲西部进一步发展的时代，也是希腊与其他地区经济、文化互相交流的时代。1836 年，近代德国历史学家德洛依森（Johann Gustav Droysen，1808~1884 年）在《希腊化时期史》中创用此词，有推崇古希腊历史作用之意。实际上，当时多数文化科学成就在早先的希腊先进城邦以外地区取得，埃及的亚历山大尤为当时的学术中心。由希腊人建立王朝统治的国家称为希腊化国家，即马其顿和希腊（巴尔干半岛）、托勒密（埃及）、塞琉西（叙利亚）、柏加马和罗德斯（小亚细亚）等。与此同时代的文化亦称希腊化文化。希腊化时代因罗马的兴起而结束①。

---

① 宋原放：《简明社会科学词典》，上海辞书出版社，1984，第 494 页。

谏当保险公司 1835 年谏当保安行解体。1836 年怡和洋行建立了谏当保险公司，并改英文名称为 "Canton Insurance Office"。1842 年在香港注册，1857 年在上海设立分公司，1866 年又在香港设立香港火烛保险公司，都经营水火险和意外险。1835 年以前与怡和（渣甸）洋行轮流经营谏当保安行的宝顺洋行，于 1835 年在香港另设於仁洋面保安行（Union Insurance Society of Canton），1868 年在上海设立分公司，1874 年又在伦敦设立分公司，1882 年改为股份有限公司，业务活动遍及全球，成为一家经营多种业务的保险公司。

此间外商保险公司争相设立。例如，1861 年以后，琼记洋行也开始进行大规模的保险业务；1862 年，美商旗昌洋行在上海设立扬子保险公司；1863 年，以祥泰、履泰、太平、沙逊 4 家英商银行和汇隆银行为主，在上海设立保家行。继这两家公司之后，又有 1864 年设立的泰安保险公司（又名 "中国火烛保险行"），1865 年美商琼记洋行设立的保宁保险公司（又名 "中外众国保险公司"），1866 年渣甸洋行设立的香港火烛保险公司，1870 年设立的宝裕保险公司（又名 "中日水险公司"），1870 年成立的香港维多利亚保险公司、中华保险公司等。由于外商保险公司相继设立，保险资本也相应增加。当时谏当、於仁、扬子、保家行、华商、中国、中日水险 7 家公司的资本合计为 57 万英镑，按当时汇价折算，约合白银 200 万两[①]。

在中国土地上出售保险单，同样需要中介人。因此外商保险公司采取各种手法，物色买办。其办法主要有：吸收华商入股、对有影响的华商主动让股、重利分红等。1862 年旗昌洋行开设的扬子保险公司，拥有资本 40 万两白银，是一家吸收了中国资金的合股经营企业。保家行 1865 年招股章程规定："华人如搭股合作者，不论股份多寡"，都可以写信商量。这家公司开办时仅有资本 12.5 万两，短短几年，竟急剧增加到 60 万两。其他多家企业，也都渗入了中国人的资本。谏当保险公司征集百股新股公告提出：贡献卓著的股东预分红利由 1/3 改为 2/3。居然吸引了 7 位居住上海的 "中国闻人"。这样做的目的，就是要使中国经济结构的变化适合它的侵略需要[②]。其结果是在华外商保险公司的保费收入大幅增加，能使 "任何一位保险商垂涎三尺"。1866 年设立的香港火烛保险公司每年所获利润，相当于股本的 50%，股票升水达到

---

① 中国保险学会：《中国保险史》，中国金融出版社，1998，第 22 页。
② 汪敬虞：《唐廷枢研究》，中国社会科学出版社，1983，第 13~14 页。

400%。保家行也获利甚丰，1876年每股分红60两，又分给照顾生意人之花红按每百两（经手业务的保费数）给银6两。谏当保险公司获利更多，其所获之利，溢出该公司资本之外①。

马礼逊教育协会　1836年在广州成立了马礼逊教育协会，是在华英美人士为纪念第一个来华的基督教新教传教士马礼逊而设立的教育团体。

■ 1838年（清道光十八年）　数理经济学派，库尔诺

数理经济学派，简称"数理学派"。但在严格的术语概念下，数理经济学派从属于数理学派，并且仅仅只是其中的一个分支。数理经济学派出现于19世纪70年代，在经济研究中以数学的运算和推理来辅助理论分析。一般认为其创始人为法国经济学家、数学家库尔诺（Antoine Augusitin Cournot，1801~1877年）。库尔诺曾任里昂大学教授，首先把微积分应用于经济学，并将均衡理论与数理方法相结合，首先导入边际概念和连续概念，发现需求弹性及价格与需求的函数关系，最初阐述垄断理论，并用边际原理说明垄断价格。1838年他出版了《关于财富理论之数学原理的研究》一书，用函数形式表述需求规律，对供给函数也进行了分析，还运用数学推理分析垄断价格的决定问题。他提出了需求函数，但是没有估计出具体参数值。

后来英国人杰文斯（William Stanley Jevons，1835~1882年）在论证边际效益概念时，同样广泛地借助于数学公式。杰文斯既是逻辑学家，又是经济学家，伦敦大学教授，属于布尔学派的符号逻辑论者，对数理逻辑的发展亦有贡献。他的关于逻辑学的一些入门著作，曾被广泛用作课本。他与奥地利的卡尔·门格尔、法国的瓦尔拉大致同时提出边际效用价值说，认为政治经济学是"快乐和痛苦的微积分学"，运用数学方法解释政治经济学的主要概念。他提出关于经济危机的太阳黑子说，其主要著作有《逻辑基础教程》、《政治经济学理论》、《科学原理》。

卡尔·门格尔（Carl Menger，1840~1921年），奥地利经济学家，奥国学派的创始人。维也纳大学教授。他反对历史学派的所谓历史实证方法，强调运

---

① 中国保险学会：《中国保险史》，中国金融出版社，1998，第26~28页。

用抽象方法研究经济现象，强调个人消费的重要性。提出边际效用价值说，认为生产资料的价值最后决定于它所生产的消费资料的边际效用。主要著作有《国民经济学原理》、《社会科学特别是政治经济学的方法研究》。

洛桑学派的创始人、法国的瓦尔拉斯（Marie Esprit Léon Walras，1834~1910 年）在 1874 年出版的《纯粹经济学要义》中，则用一系列的方程式来论证在边际效用的基础上全部商品的交换比例是如何确定的，并据此提出一般均衡理论（General Equilibrium Theory）。洛桑学派的另一创始人、意大利的帕累托（Vilfredo Pareto，1848~1923 年）也是以运用数学方法研究经济而著称，并发展了一般均衡理论。20 世纪 30 年代特别是第二次世界大战以后，随着电子计算机以及其他先进的资料数据收集技术手段的出现和发展，数学和统计的方法，包括几何图形、微积分、线性代数和数理代数等，更多地被应用于经济学研究，甚至出现了以数学理论和数学公式作为研究经济的唯一方法的倾向。

简言之，数理经济学是运用数理方法对经济现象进行分析、研究和表述的经济理论体系。有广、狭二义：狭义专指 19 世纪运用数学函数式推导表述经济理论的经济学。其主要代表人物还包括戈森、埃奇沃思（Francis Ysidro Edgeworth，1845~1926 年）、维克塞尔（Johan Gustaf Knut Wicksell，1851~1926 年）及欧文·费雪（Irving Fisher，1867~1947 年）等。

欧文·费雪，美国经济学家、统计学家。耶鲁大学教授，曾任美国经济学会统计学会和计量经济学会会长。运用数学方法研究经济现象，发展货币数量说，提出交换方程式，把一定时期一定社会进行的总交易用数学公式表现，认为主观效用可以计量。由所谓"收获超过成本率"决定投资的选择，把预期及风险因素导入经济分析中，对凯恩斯及瑞典学派的经济学说有一定的影响。著作有《价值与价格理论之数学的研究》、《货币的购买力》、《利息理论》。

1858 年，德国经济学家赫尔曼·戈森（Hermann Heinrich Gossen，1810~1858 年）以戈森定律形式提出边际效用学说。被誉为边际效用学派的前驱。他发现当一个人继续消费某种物品时，每一单位这种消费品提供给他的享乐是递减的；花费一定量收入要获得最大总合的享乐，就必须使他消费的每种消费品的最后一个单位所提供的享乐都相等。此即"戈森定律"，又称"享乐定律"，其本质是把经济现象归结为单纯的心理因素。

牛津的埃奇沃思（Francis Ysidro Edgeworth，1845~1926年）阅读广泛，不仅包括经济学和心理学，还包括自然科学、数学以及用各种现有的或已经消失了的语言写成的文学作品，是"具有超凡思想的教授"，并且著作等身，被誉为"英格兰最接近马歇尔（Marshall）的经济学家"。庇古（A.C.Pigou）评价他是分析工具的发明者，并以此而获得荣誉。这其中包括效用函数的一般形式，无差别曲线，这些曲线的凸性，帕累托（Pareto）最优，契约曲线，以及用于调整的时间的三重划分：极短期、短期和长期，消费者剩余，弹性①。这些概念对今天的经济学来说耳熟能详，但作为工具，它们起着基本的联结作用。嗣后数学在经济学中的广泛应用和经济计量学中统计推论的必要性，显然也肯定并且支持了埃奇沃思所持有的观点。1879年7月，埃奇沃思发表《享乐的计算》，随后在1881年又有《数学心理学》问世。这本书的篇幅较短，可以分为三个部分：数学在经济学中的作用的解释和答辩；经济计算；功利的计算②。

维克塞尔（Johan Gustaf Knut Wicksell，1851~1926年）是瑞典经济学家，瑞典学派的创始人，隆德大学教授。依据边际效用价值说和边际生产率说，并采用一般均衡理论，建立其学说体系，倡导货币的经济理论、自然利率理论和中性货币说，企图从利率、储蓄和投资等货币因素的分析，说明经济变动和危机。他除了为瑞典学派奠定了理论基础外，还对维也纳学派与凯恩斯的货币理论有较大影响。著有《利息与价格》、《政治经济学讲义》。

1875年，美国统计学家赖特（Carrolld Davidson Wright，1840~1909年）根据德国经济学家和统计学家恩格尔（Ernst Engel，1821~1896年）研究英、法、德等国数据后提出"随着居民收入增加，食品支出比例就会减少"的论点提出恩格尔定律。恩格尔系数是食品支出与家庭消费支出总额的比值。

广义的数理经济学，则还要包括20世纪30年代兴起的经济计量学（econometrics）等。随着对"经济现象"的细分，数理经济学又分化出"数理金融学"等新的分支，系指用数学方法，特别是随机分析方法研究金融与投资问题的一个边缘学科，是由于金融证券市场发展需要而形成的一个研究领

---

① 1890年11月，潘塔莱奥尼（Pantaleoni）从巴西写给埃奇沃思的信。参见〔英〕伊特韦尔等编《新帕尔格雷夫经济学大辞典》第2卷，陈岱孙等译，经济科学出版社，1996，第88~92页。

② 〔英〕伊特韦尔等编《新帕尔格雷夫经济学大辞典》第2卷，陈岱孙等译，经济科学出版社，1996，第94、99页。

域。说明"数理"具有明显的工具和语言性质。

广义数理学派的概念，可以表述为：运用数理方法对关注对象进行分析、研究和表述的理论表达体系。同时，浸润着语言、历史、甚至考古等众多领域，形成若干新兴边缘学科，其特点是采用数学模型和函数程序等工具手段进行研究，以相对严密的数学语言替代自然语言，从而实现描述与解析的精密化，建立更为精密的形式系统，具有"工具进步"的意义。这种进步虽然可以促进但是并不能直接导致科学学科研究领域的"严密化"。"严密"是逻辑和因果关系的闭合，"精密"则仅指观察的细致程度，二者不能直接等同。"工具"应该是思想的工具，而不能以替代的方式成为思想的延长。

■ 1839 年（清道光十九年） 教会学校，马礼逊学堂

在澳门诞生了中国近代第一所教会学校——马礼逊学堂。这一年，在中国的 13 个省份都有天主教传教活动。其中，欧籍传教士 65 人，天主教徒约 30 万人①。

■ 1840 年（清道光二十年） 科学家

科学家 1840 年，"科学家"（scientist）这个词发明之前，对于有关"自然哲学"的新发现的激烈争论在伦敦皇家学会一直持续着。这些冲突引发了几十年甚至几百年的怨恨。"但是，关于科学家，有一点是可以肯定的：他们是真理的探求者，激烈的辩论将会引向更深入、更精确的研究……直至真理。"②

■ 1842 年（清道光二十二年） 海国图志，担保（保险）

海国图志 《海国图志》是一部介绍世界各国地理、历史、政治、立法、宗教、风土人情的书籍，也包括英国近代保险。1842 年出版的 50 卷本，1847

---

① 袁爱俊主编《北京师范大学附属实验中学校史》，长江文艺出版社，2007，第 307 页。
② 庞丽霞：《冲突：科学的助力》，中国电力出版社，2005，第 2 页。

年增刊为 60 卷本，1852 年刊行为 100 卷本。魏源（1794~1857 年）在该书总序中写道：是书何以作？为以夷攻夷而作，为师夷长技以制夷而作。

道光二十一年六月（1841 年 7 月），林则徐被罢官，发配伊犁。经过江苏京口会晤魏源，将自己在广东组织翻译的《四洲志》等资料交给魏源，托其编撰《海国图志》。魏源不负重托，在很短时间内即成书出版，封面印有"欧罗巴人原著，侯官林则徐译，邵阳魏源重辑"字样。

担保（保险） 在魏源编撰的《海国图志》中，把保险译为"担保"，火灾保险译为"宅担保"；海上保险译为"船担保"；人寿保险译为"命担保"；从事经营这些"担保"业务的机构叫"担保会"[①]。魏源也由此被称为"著书立说"，向中国乃至日本介绍西方近代保险的第一人。

《海国图志》刊行之时，正值日本明治维新（1868 年）前夕，对日本保险业产生过深远的影响。《海国图志》自日本嘉永三年（1850 年）、嘉永六年（1853 年）、嘉永七年（1854 年）三次传入日本，舆论轰动。在两三年内即有近 20 种版本刊行，是最早移植到日本的关于西洋保险知识的文献。该书传入日本的第 23 年，即明治六年（1873 年），日本最早的海上保险公司"保任社"创立。此后，明治十年（1877 年）三井物产公司成立海上保险会社。明治十二年（1879 年）东京海上保险会社成立[②]。

[**辨析**] 法律活动中另有"担保"概念。在民法上，指以确保债权清偿为目的的行为，如保证、抵押、留置等行为；以担保债的履行为目的而设定的物权，如抵押权、质权、留置权等，称为担保物权。在刑事诉讼法上，指为取保候审、保外就医等提供一定的保证。调整担保活动中有关当事人间发生的担保关系的法律，称为担保法。西方多数国家将其归在民法体系或商法体系中，中国则单独立法，于 1995 年 6 月颁布担保法。（《辞海》，第 287 页）

■ **1843 年（清道光二十三年） 春秋经传日月考，理雅各，毛公鼎**

春秋经传日月考 1843 年（道光二十三年），时年 24 岁的邹伯奇[③]根据历法

---

① 中国保险学会：《中国保险史》，中国金融出版社，1998，第 30 页。
② 中国保险学会：《中国保险史》，中国金融出版社，1998，第 31 页。
③ 邹伯奇（1819~?），字一谔，广东省南海市人。

上推《春秋》（鲁隐公元年至鲁哀公十四年）凡二百四十二年的朔、闰及日月食限，作成《春秋经传日月考》，经缜密计算。采用表格形式表达之，虽篇幅不大，但对远古日月干支朔闰食限等考证，并密布眉批于《表》的上方，颇属周详①。

理雅各　理雅各（Leege，James，1814~1897 年），英国汉学家，生于英格兰。1843 年到香港。后在王韬的帮助下，把"四书"、"五经"译成英文，名为 *"The Chinese Classics"*，分 28 卷，于 1861~1886 年间出版②。

毛公鼎　西周晚期周宣王时代著名的青铜重器，通高 53.8 厘米，口径 47.9 厘米，净重 34705 克。其鼎口呈仰天势，半球状深腹，垂地三足皆作兽蹄，口沿竖立一对壮硕的鼎耳。文物界公认此物系西周晚期宣王（前 827~前 781 年）时的一件重器，因其鼎腹内铸有 32 行关于"册命"，即告诫和褒奖其臣下毛公瘖的铭文，故名"毛公鼎"。清道光二十三年（1843 年）在陕西岐山庄白村出土。出土时无破无损，极为完整，鼎内腹部铭文有 32 行，共 497 字（也有说法认为是 499 个字）。其内容还反映了西周统治不稳定的情况，为现存铭文最长的青铜器。现藏台北故宫博物院。

咸丰二年（即 1852 年），清朝翰林院编修、著名金石学家陈介祺③（1813~1884 年）从一户苏姓人家买到毛公鼎，深藏紧锁，秘不示人。满清王朝覆灭后，毛公鼎被抵押于俄国人在天津开办的华俄道胜银行。1920 年，美、日列强商贾均垂涎毛公鼎，欲出巨款秘购。时任北京政府交通总长叶恭绰闻讯，迅速和另外两人筹资 3 万元抢先赎获，密藏于上海寓所"懿园"。抗战爆发后，叶恭绰委托友人设法仿造了一只铜鼎，而将真正的毛公鼎偷运到香港。再后，上海富商陈咏仁以 300 两黄金买下宝鼎，并同意叶恭绰的约法三章。1946 年，宝鼎被捐献给南京中央研究院。

1948 年 12 月 22 日，中央研究院历史语言所由南京直迁台湾，全部图书、

---

① 梁家勉：《现代数理科学的先行者邹伯奇先生》，载方励之主编《科学史论集》，中国科技大学出版社，1987，第 118 页。

② 颜惠庆：《颜惠庆自传》，吴建雍、李宝臣、叶凤美译，商务印书馆，2005，第 18 页，译者注 4。唯所云王韬协助译书，恐非 1943 年之在香港，而或其后在上海墨海书馆。王韬生于 1828 年，到 1843 年不过 15 岁。存疑。

③ 陈介祺（1813~1884 年），清末金石学家。字寿卿，号簠斋，山东潍县（今山东省潍坊）人。道光进士。曾任翰林院编修。好收藏古物，又长于墨拓。著有《传古别录》、《十钟山房印举》等。近人邓实集录其所藏彝器拓本为《簠斋吉金录》八卷。

仪器、标本共上千箱，连同故宫、中央博物馆及毛公鼎在内的重要文物一并登上国民党海军军舰运到台湾。其中，"中鼎号"登陆艇载运故宫博物院文物 320 箱，中央博物馆筹备处文物 212 箱，中央研究院历史语言研究所文物 120 箱，中央图书馆文物 60 箱，以及国民政府外交部重要档案 60 箱，共计 772 个木头箱子。1948 年 12 月 26 日，"中鼎号"抵达基隆港。随后这些文物又被转运到台中，暂放在铁路库房中。此后，"海沪号"运载国宝 3502 箱，"昆仑舰"运载国宝 1248 箱，陆续漂洋过海。集体大迁徙的 65 万件文物大都来自北京故宫。抗日战争时期，为避战火，它们曾被迫南迁，辗转到了南京后又马不停蹄地迁往台湾安家。这是人类战争史、文化史上绝无仅有的一次文物大迁徙。自此，海峡两岸，一宫两院，历史延续，薪火相传。

1950 年初，毛公鼎被运到台中糖厂放置了一年多，又转移到台中雾峰乡北沟村，前后十多年，并成立了临时机构"台北博物图书院馆联合管理处"。1957 年春，在北沟库房西边空地上盖起了占地 600 平方米的小规模陈列室，此地也是台北故宫博物院的前身。1965 年台北故宫正式落成，作为永不更换的展品，毛公鼎成为镇馆之宝。为了让大众对毛公鼎有更多认识，台北故宫于 2005 年制作的宣传片中，又将毛公鼎以更为现代的方式介绍给普通民众①。

■ 1844 年（清道光二十四年） 爱德赛，女塾，教会女校

1844 年（清道光二十四年），爱德赛（Aldersoy）在宁波创办女塾②。爱德赛女士是伦敦东方妇女教育促进会委员，1844 年结束了在爪哇华人中办女校的工作，启程前往宁波，创立基督教在华设立的第一所女子学校③。

爱德赛之中文译名不一，有"爱尔德赛"、"艾尔德塞"等各不相同。译为"爱德赛"，取其谐音中爱德先生与赛先生，即科学和民主，几近理想之完人也。

---

① 李健亚：《毛公鼎：台北故宫"镇馆之宝"》，2008 年 12 月 30 日 C14、C15 版《新京报》。
② 熊贤君：《中国女子教育史》，山西教育出版社，2006，第 177 页。
③ 袁爱俊主编《北京师范大学附属实验中学校史》，长江文艺出版社，2007，第 311 页。

■ 1850 年（清道光三十年）　丁韪良

丁韪良　丁韪良（William Alexander Parsons Martin，1827~1916 年），美国北长老会传教士，字冠西。1850 年来华，在宁波传教。第二次鸦片战争时期，任美国公使翻译，参与起草《中美天津条约》。1862 年起在北京传教。1865 年任同文馆教习，1869~1894 年任同文馆总教习，1898~1900 年任京师大学堂总教习。义和团运动时，主张各国划定势力范围，分割中国。后曾协助张之洞在武昌等地设大学堂，未成。1908 年返回北京传教，客死北京。著有《花甲忆记》、《北京之围》、《中国之觉醒》等。（《辞海》，第 351 页）

六

公元 1851 年至 1900 年间出现的术语

■ 1851 年（清咸丰元年） 金田起义，就地正法

金田起义 太平天国是近代中国史上规模最大的农民起义。鸦片战争后清朝政府对人民加重压榨、社会矛盾激化。洪秀全（1814~1864 年）应试多次落第，于是改信上帝，1843 年（道光二十三年）创立拜上帝会，排斥佛道，禁止儒学。1851 年 1 月 11 日（道光三十年十二月十日，洪秀全 38 岁生日）拜上帝教的徒众在广西桂平金田村集合，创立太平军："恭祝万寿起义，正号太平天国"，史称"金田起义"。太平军同年 9 月攻克永安（今蒙山），初建官制，受官军围困。次年春自永安突围，入湖南，攻长沙，进湖北，1853 年 1 月（咸丰二年底）克武昌，沿江东下，3 月占南京，定为都城，命名为天京。颁布《天朝田亩制度》，建立乡官体系。同年 5 月举行北伐和西征。各地天地会和捻军先后起义响应或配合作战。北伐震撼京津，西征占领安庆、九江、武昌等重镇。1856 年春夏破清军江北、江南大营。

太平天国奉洪秀全为天王，立幼主，设百官，蓄发易服。洪秀全自称上帝次子，耶稣胞弟，由上帝派遣下凡作主救世。上帝又称天父，耶稣又称天兄。天堂有大小；大天堂在天上，是灵魂的归宿；小天堂在人间，是肉身的处所，也就是太平天国。洪秀全的著作称"真约"，与"旧约"和"新约"鼎立。天王封杨秀清为东王，萧朝贵为西王，冯云山为南王，韦昌辉为北王，石达开为翼王。

天国大小政务，皆以上帝名义行事，教义与政治密不可分。朝中军中，每日祈祷。喜庆、灾病、丧葬、动土、堆石、盖房、作灶均须祈祷。用牲畜茶饭供祭上帝，以"讲道理"的活动向军民宣传宗教和政治。杨秀清、萧朝贵相继以上帝附体、耶稣附体的方式发言，洪秀全每次下跪聆听。稍后，洪秀全把病中梦幻加以渲染，自称亲得上帝面示。一个代天传言，一个梦中受命，1856 年演变成宫廷内讧。杨秀清、韦昌辉先后被杀。石达开负气分军出

走。大敌当前，自相残杀。重镇失守，天京被围。

洪秀全提拔陈玉成、李秀成等为主将，坚持战斗，1858 年再破江北大营，获三河大捷。1860 年消灭江南大营，攻克常州、苏州。第二次鸦片战争后，英、法、美、俄支持清政府镇压太平天国。1862 年（同治元年）太平军直接与外国雇佣兵作战。1863 年 12 月、1864 年 3 月苏州、杭州相继失守，1864 年 7 月天京被湘军攻陷，余部继续作战。太平天国运动波及 18 省，持续 14 年，对中国近代历史有着深远影响。《辞海》前后版本对太平天国的称说：1985 年版称"太平天国革命"，2000 年版改为"太平天国运动"，条文中的"革命"字样一律删除。"学然后知不足"，是求知的规律。知道一部分真实，引起知道更多真实的要求。要求知道真实是启蒙运动的开端。

就地正法 就地正法本意是指于所在地立即执行死刑，但在晚清，这一用语成为特定死刑程序的代名词。道光末年，太平天国运动爆发，农民军席卷全国，盗匪亦随之猖獗，社会混乱日甚。为应对政治危机，维持统治秩序，强化社会治安，作为一种死刑程序的"就地正法"应运而生。

清朝常规司法审判的死刑程序是"逐级审转复核制"。死刑案件要经过地方第一审州县、第二审府、第三审按察使司、第四审督抚的直接审理，再由督抚将案件文书报送中央。案件经刑部三法司审核后上奏皇帝，由皇帝做出最终的死刑决定。适用"就地正法"的死刑案件则部分地简省了转审复核程序。其分为两种情况：一是犯罪发生地在距离省都较近的州县，基层仍遵循逐级转审复核程序，但解审只到督抚，生杀决定权在于督抚。二是犯罪发生地距省都较远的州县，如果距离第二级审判机关府道较近，则将案犯及文书解审到府道复审，然后将录供呈交按察使司复核，禀候督抚核饬执行。

"就地正法"的程序特点，首先是死刑命令宣告主体的变化。地方督抚无须奏报，即有权下达就地正法的命令，执行死刑。至于死刑人数、犯罪缘由等只需三个月汇总一次，上报中央。其次，解审可以全部免除，刑部、三法司和皇帝的审核监督尽数省略。在较远的州县，地方审级间的解审也被部分免除。由于清朝规定解审费用均出自地方，就地正法可以减轻地方经济负担，还可减少脱狱、劫狱等意外情况的发生。最后，死刑执行地距离犯罪发生地更近，有利宣传震慑。总体而言，就地正法可以节约审判成本，实现从直接审理向书面审理的转变，免去中央政权对死刑的复核决定权，也使错误判决获得纠正的机会大为减少①。

■ 1852 年（清咸丰二年）　李善兰，伟烈亚力，几何原本

1852 年，李善兰（1811~1882 年）与英国传教士伟烈亚力（Wylie, A.）合作共同翻译《几何原本》后 9 卷，于 1856 年完成②。

■ 1854 年（清咸丰四年）　霍乱，霍乱弧菌，戈森定律

霍乱（Cholera）　1854 年，英国伦敦宽街（Broad Street）大道一口抽水泵周围发生霍乱疫情。患病者毫无休止地排泄出米汤一样的液体，喷射般地狂吐，不久身体便因失水而皱缩、眼眶塌陷、血液黏稠以致皮肤呈现深蓝和褐色。短短 10 天，附近街区便有 500 人丧生。许多人相信是土壤中散发的瘴气侵害人体，纷纷逃离。但是，医生约翰·斯诺（John Snow，1813~1858 年）十分怀疑。他将病人的住处标在街区地图上，发现死者的分布围绕着宽街的这口抽水泵。水里似乎有某种"有生命的东西"使人染病。谨慎的人们遵照他的指示拆掉了抽水泵的把手，疫情就此消失。尽管斯诺医生不久后死于中风，但是伦敦人并没有忘记他的警告。1858 年，伦敦从霍乱的危机中复苏。人们花了将近十年的时间修缮城市的排水系统。从 1866 年开始，它一直保护着市民的健康，伦敦再无一人感染霍乱。如今这个造成当年霍乱流行的抽水唧筒依然立在宽街上，封存着历史，见证着人类向霍乱发起的进攻③。

中医学病名中亦有霍乱，泛指剧烈呕吐、腹痛、转筋④等，包括现代所称霍乱及急性肠胃炎等。多由感受暑湿疫疠之气，饮食生冷不洁之物，肠胃功

---

① 娜鹤雅：《细说清末"就地正法"程序》，张芝梅、刘鹏摘自《清史研究》，2009 年 2 月 17 日第 12 版《中国社会科学院报》。所引原文称 1851 年为清道光三十一年，似有误。按《辞海》，道光年号只到三十。太平天国爆发前道光帝旻宁（1782~1850 年）即已驾崩。

② 《数学辞海》第 6 卷，山西教育出版社等，2002，第 87 页。

③ 刘旸：《降下那面霍乱之旗》，2008 年 12 月 21 日 B10 版《新京报》。刘旸，科学松鼠会桔子帮小帮主。

④ 转筋俗称"抽筋"，多由风冷外袭，筋急引缩或霍乱吐泻后，津液耗损，不能濡养筋脉所致。《辞海》1999 年版音序缩印本，上海辞书出版社，2002，第 2262 页。

能紊乱所致。可分：（1）寒霍乱，见便下清稀如米泔水、肢冷、舌苔白腻等。（2）热霍乱，见吐泻酸腐热臭、发热、烦渴、舌苔黄腻等。（3）湿霍乱，见吐泻剧烈、螺瘪睏陷等。（4）干霍乱，亦称"绞肠痧"，见腹中绞痛、欲吐不吐、欲泻不泻、烦躁闷乱、面色青、指甲紫等。属寒湿者，治宜芳香化浊、温运中阳；属湿热者，治宜辛开苦泄、清热化湿。干霍乱者宜辟浊解秽、利气宣壅，并可结合刮痧、提痧、针灸等法。（《辞海》1999年版音序缩印本，第741页）

古代印度可能就有局限在较小范围内的霍乱发生，但真正的霍乱肯定于1770~1790年间曾在马德拉斯存在。1814年1月，霍乱在当地军队中出现。1817年，霍乱在整个恒河三角洲猛烈流行。当地医务人员说，1817年以前这里没有此种疾病，但他们的看法在当时就被有些人怀疑。1817~1818年，已知霍乱最早从印度外传。1823年（清道光三年），一场大病在整个中国、日本和俄罗斯的亚洲部分流行。1826年又卷土重来，并传到欧洲。1831年10月，在英国桑德兰出现了首个病例；到1832年冬季，整个不列颠群岛都被霍乱侵袭；到1832年5月底以前，约有2.2万人死于霍乱；1833年底，其蔓延到欧洲大部；1835年，意大利染疾。1832年，霍乱通过船只传入魁北克和纽约，又向南经北美缓慢地传到墨西哥和其他地区。

在英国，1845年之后，另一场霍乱流行的危险日益明显。1848年11月，霍乱在阿丁堡出现，12月传到伦敦，1849年6月传遍全国。情况十分严重，以致成立有十年之久的死亡登记机构也招架不住，统计数字变成"大概"。在英格兰和威尔士至少死了5万人，或者接近7万人。伦敦至少3

死亡诊疗所（揭示供应洁净水的极端重要性）
图版来源：见于1860年的《插图伦敦新闻》。转引自〔英〕弗雷德里克·F.卡特赖特、迈克尔·比迪斯《疾病改变历史》，陈仲丹、周晓政译，山东画报出版社，2004，第136页。

万人染病，其中大约 1.4 万人死亡。

　　不幸的是，霍乱是一种顽强的疾病，导致其产生的最根本病因是贫穷。1863 年和 1881 年，霍乱又开始肆虐，分别持续了 11 年和 15 年。1881 年德国汉堡的疾病大流行提供了霍乱是通过水而传播的确证。而 1817 年来自印度的霍乱于 1899 年再次爆发，一直延续到 1923 年①。霍乱是小肠的急性细菌性传染病，亦常流行于东南亚，尤其是印度、巴基斯坦。1898~1907 年，在印度至少造成 37 万人死亡②。2008 年，津巴布韦在新的霍乱时期陷于瘫痪③，宣告在这美好世界的另一面，依然存在着以贫穷为伴的霍乱。截至 2009 年 1 月上旬，津巴布韦的这次霍乱疫情已经造成 1800 多人死亡，而医务人员的罢工让津巴布韦原本就很脆弱的医疗系统面临更严重的困难④。

　　霍乱弧菌（Vibrio Cholerae）　霍乱的病原体。由意大利人、显微镜专家菲利浦·帕西尼（Filippo Pacini，1812~1883 年）于 1854 年发现并命名，但直到帕西尼离开人世 82 年之后才得到世人承认，他当年的命名被正式接受。帕西尼是一位半路出家的解剖师。当时，持续近 20 年的亚洲霍乱也波及了他所在的佛罗伦萨。帕西尼从病人的样本中观察到成千上万微微弯曲的棒状小东西。帕西尼将它们命名为 "Vibrio"（弧菌）。他用显微镜检查了所有能找到的霍乱样本，包括血液、粪便、内脏黏膜，发表了许多文章，甚至预言了一种正确的治疗方法——给病人注射盐水。可惜那时的学术界仍然信奉 "瘴气说"，帕西尼始终未能说服那个年代的科学精英人物。1851~1892 年，在连续 7 次以霍乱传播为讨论重点的国际卫生大会上，都没把帕西尼的工作和定论列入大会审议内容。在 1874 年的国际卫生会议上，21 国政府投票一致认定 "导致霍乱的坏东西仍旧在空气里乱飞"。帕西尼的作品甚至从来没有被翻译成英文，当然也无人知晓。帕西尼终身未婚，他一生的积蓄都交给了霍乱研究以及两位生病的妹妹。就在帕西尼去世的 1883 年，德国医生科赫在霍乱横行的埃及，用显微镜看到了 30 年前帕西尼看到的——弧形且带尾巴的 "逗号" 杆菌，之后又去印度，在实验室中培养起纯净的霍乱弧菌。当他带着这些细菌回到祖

---

① 〔英〕弗雷德里克·F. 卡特赖特、迈克尔·比迪斯：《疾病改变历史》，陈仲丹、周晓政译，山东画报出版社，2004，第 127~140 页。
② 《不列颠百科全书》（国际中文修订版）第 4 卷，中国大百科全书出版社，2007，第 190 页。
③ 刘旸：《降下那面霍乱之旗》，2008 年 12 月 21 日 B10 版《新京报》。
④ 张乐：《津巴布韦霍乱蔓延，医务人员罢工》，2009 年 1 月 13 日 A31 版《新京报》。

国时，受到了人们对待民族英雄般的欢迎。1905 年，科赫获得诺贝尔医学奖①。

戈森定律　德国经济学家赫尔曼·戈森（Hermann Heinrich Gossen，1810~
1858 年）以戈森定律形式提出边际效用学说，被誉为边际效用学派的前驱。
此人一度任法官，长期从事经济研究。他认为，政治经济学的目的就是帮助
人们获得最大总合的享乐，并用数学方法探讨所谓享受的规律。戈森自称，
他发现了当一个人继续消费某种物品时，每一单位这种消费品提供给他的享
乐是递减的；一个人花费一定量收入要获得最大总合的享乐，就必须使他消
费的每种消费品的最后一个单位所提供的享乐都相等。此即"戈森定律"，又
称"享乐定律"。其本质是把经济现象归结为单纯的心理因素。他著有《论人
类交换规律的发展以及由此产生的人类行为的规则》（1854）。（《辞海》1999
年版音序缩印本，第 521 页）

事实上，戈森堪称"怪杰"。尽管他和蔼、真诚，崇尚理想主义，喜欢生
活中美好的事物，却一生坎坷，官场失意。1834 年他在科隆作为"高等候补文
官"（低级法律文书）进入政界，却对做行政官吏毫无兴趣，表现平平，最终在
1847 年不得不提出辞呈。此后，戈森与他的两个姐妹生活在一起，用全部精力
把自己在文官考试中表露出来的非正统思想写入他的《选集》。在前言中，他
希望这本书不仅使他成为社会领域的哥白尼（Copernicus），而且也为他从事学
术工作打开成功之门。然而，1853 年的一场严重伤寒使他元气大伤。

《论人类交换规律的发展》一书是戈森自费由不伦瑞克的出版商菲韦格
（Vieweg）于 1854 年出版的。但是，此书没有销路，极少有人问津，令戈森
失望和沮丧。在他去世前不久，戈森决定停止这本书的发行，收回所有存书。
就这样，1858 年 2 月 13 日戈森在科隆死于肺结核之前毫无名气，而第一个提
到戈森著作的人是朱利叶斯·考茨（Julius Kautz，1858，1860），可惜此人根
本不了解戈森已经解决了的问题。兰格（F.A.Lange）似乎稍微理解得多一些，
但也只不过是一个简单的脚注。值得庆幸的是，考茨对戈森的提及被罗伯特·
亚当森（Robert Adamson）看到了。他弄到一本戈森的书，并把此书的内容告
诉了杰文斯（Jevons）。在《政治经济学原理》一书的第二版中，杰文斯对戈
森大加赞扬，感谢他首先"对经济学理论的一般原则与方法"所作的阐述，

---

① 　参见《霍乱的流行与公共卫生建设》，2007 年 6 月 20 日《中国中医药报》。转引自广东省公
共卫生网，2008-12-22。

这是戈森去世后出名的转折点。

虽然戈森出了名，但至今还是很少有人拜读他的著作。潘塔莱奥尼（Pantaleoni，1889，1898）是唯一以戈森著作为基础写过书的有名的经济学家。戈森才华横溢，却不善完好地表达。他的书论理缜密、材料丰富，但没有章节标题，文风晦涩，大量的数学推导不规整，数学例子冗长乏味，文中的许多议论常常破坏了全书的完整性。但是，他用敏锐、独创与清晰的头脑，把约束的最优化推进到价值和配置理论的核心。现代价值理论的"奠基人"只是重新发现这些原理，并把它们发展为实用的分析方法[①]。

■ 1855 年（清咸丰五年）　废黄河

废黄河　废黄河一称"淤黄河"。从河南省兰考县北铜瓦厢向东，经江苏省徐州、铜山、睢宁、宿迁、宿豫、泗阳、淮阴、涟水等市县，在滨海县东北入黄海。原为 1194 年（时值南宋光宗绍熙五年、西夏桓宗天庆元年、金章宗明昌五年、西辽天禧十七年、大理元亨十年）黄河夺淮入海河道。清咸丰五年（1855 年）黄河自铜瓦厢决口北徙复至山东省入海后，河道干涸，大部分已垦为农田和果园，部分河道仍留有残迹。（《辞海》，第 447 页）

■ 1857 年（清咸丰七年）　六合丛谈

六合丛谈　1857 年 1 月英国传教士伟烈亚力创办《六合丛谈》，这是上海出版最早的中文刊物。该刊每月出版一期，共出版约 13 期，主要介绍西方历史、地理、文学，也涉及天文、地质等方面的知识[②]。

■ 1858 年（清咸丰八年）　天津条约，默比乌斯带

天津条约　1858 年清廷派钦差大臣桂良等与法、俄、美、英等国签订《天

---

① 参见〔英〕伊特韦尔（J.Eatwell）等编《新帕尔格雷夫经济学大辞典》第 2 卷，陈岱孙等译，经济科学出版社，1996，第 592~596 页。

② 李焱胜：《中国报刊图史》，湖北人民出版社，2005，第 11 页。

津条约》。

默比乌斯带　1858 年，德国数学家默比乌斯（August Ferdinard Möbius，1790~1868 年）发现默比乌斯带。取一长方形纸条，把一个短边旋转 180° 后首尾相连，粘在一起，就得到一个默比乌斯带。默比乌斯带有许多奇妙的特性[1]。例如，用原本具有正反两面的纸条粘成的默比乌斯带是只有一面的魔环；放一只蚂蚁在上面，可以在不越过边界的情况下爬到魔环上的任意一点；沿着纵向中心线将魔环一分为二，默比乌斯带会变成一个扭转的、有两个面的大圈，而不是相互分离的两个小环；再剪一次，则变成两个相互嵌套在一起、各有两个面的小圈。这些特性吸引了无数学者，对拓扑学的诞生和发展起到了重要的作用。

默比乌斯带，埃舍尔，木刻（1963 年）
图版来源：参见布鲁诺·恩斯特《魔镜——埃舍尔的不可能世界》，田松、王蓓译，上海科技教育出版社，2002，第 113 页。

■ 1859 年（清咸丰九年）　李善兰，哈密顿圈

李善兰　1859 年，墨海书馆出版李善兰与伟烈亚力（Wylie，A.）合译的《代数学》13 卷、《代微积拾级》18 卷、《谈天》18 卷。同时，李善兰又与英国人艾约瑟共同翻译了《重学》20 卷、《圆锥曲线说》3 卷。此间李善兰还与伟烈亚力、傅兰雅（Fryer，J.）合译了牛顿（Newton，I.）的名著《自然哲学的数学原理》[2]。

李善兰的这些工作，与随后华蘅芳、夏鸾翔等人对西方数学所作的有价值的研究，构成了继徐光启、利玛窦等之后在中国的第二次西方数学引进。李善兰在翻译西方数学著作时，创造了许多数学名词和术语，如微分、函数等译名都很贴切，沿用至今。

1864 年（同治三年），曾国藩捐金资助，将李善兰著作共 13 种 24 卷，请

---

[1]《数学辞典》第 6 卷，山西教育出版社等，2002，第 263 页。

[2]《数学辞海》第 6 卷，山西教育出版社等，2002，第 87 页。

全国各地数学界名流校印，集成《则古昔斋算学》。1868 年（同治七年），由郭嵩焘举荐，李善兰到北京同文馆任天文、算学总教习。1869 年（同治八年）钦赐中书科中书；1871 年（同治十年）10 月加内阁侍读衔；1874 年 4 月升户部主事，加员外衔；1876 年 10 月升员外郎；1879 年 4 月加四品衔；1882 年 5 月升郎中；1882 年 12 月 9 日病逝于北京，后葬于浙江海盐牵罾桥东北[1]。

哈密顿圈　图论中的著名问题之一。1859 年，英国数学家、物理学家哈密顿（William Rowan Hamilton，1805~1865 年）发明了一种绕行世界的游戏，用世界上 20 个著名大城市的名字标在一个正十二面体的 20 个定点上，要求游戏者找出一种沿着各边每个顶点刚好一次的走法。哈密顿圈由此得名。在此基础上进一步寻找总"距离"最短的哈密顿圈的问题，就是流动推销员问题。

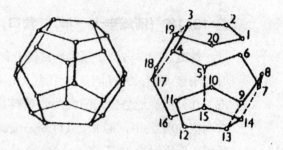

哈密顿圈

图版来源：《辞海》1999 年版音序缩印本，上海辞书出版社，2002，第 615 页。

■ 1860 年（清咸丰十年）　波士顿婆罗门

波士顿婆罗门　波士顿婆罗门指新英格兰地区那些拥有自马萨诸塞殖民地创建和波士顿建城以来的悠久世系与声望显赫的上层清教徒家庭。在早期美国，新英格兰是经济和文化都最为发达的地区。这些家族在贸易中积累了巨大的财富，并且具有贯通经济、文化和政治的全国性眼光。

"波士顿婆罗门"一词首次出现于 1860 年《大西洋月刊》的一篇文章里。这个"种性"兼具财富、智识和美德，在"发展和领导艺术、文化、科学、政治、贸易和学术上有极大的影响力"，是美国社会独特的"新型"名门望族。这些名门望族绵延不绝，在一个多世纪里为美国造就了总统（如约翰·亚当斯、约翰·昆西·亚当斯和富兰克林·罗斯福）、大法官（如小奥列佛·

_____

[1] 《数学辞海》第 6 卷，山西教育出版社等，2002，第 87 页。

霍尔姆斯）和众多全国性政治家（如温德尔·菲利普斯和亨利·卡波特·洛奇），以及大批有文化与政治影响力的学者和教育家（如爱默生和查尔斯·埃利奥特）。在教派主义和地方主义盛行的 19 世纪，这个群体引人注目地执守着美利坚民族认同和全国性的眼界抱负。在美国固有的"杰克逊式"平民主义和商业阶级传统旁侧，这个拥有财富的群体也以培育和提升美国的文化、学术与教育为己任，致力于向美国政治灌注文化和知识的养分①。

■ 1861年（清咸丰十一年） 营口，南北战争，美国内战

营口 营口市位于辽东半岛西北部，东经 122°12′，北纬 40°41′。西临渤海，南接大连，大辽河从这里注入渤海。营口市距沈阳市 179 公里、距大连市 220 公里。地势自东南向西北倾斜，呈现低山、丘陵、平原三种地貌类型。东西宽 50.7 公里，南北长 111.8 公里，总面积 5401.8 平方公里，海岸线长 96 公里，近海滩涂 16 万多亩。

营口地区在战国时期属燕国，秦属辽东郡。公元前 195 年，西汉在辽东郡设置 18 个县，营口地区南部设平郭县，北部设安市县。据《奉天通志》记载文县和房县亦在营口地区（今址尚难定论）。三国时称营口为辽口，东晋时称历林口。三国两晋南北朝时期，先后被汉族的公孙政权、鲜卑族的慕容政权和高句丽政权统治。平郭县和安市县置而不废，文县（东汉改为汶县）于公元 240 年被曹魏政权迁至齐郡（今山东省境），房县改属辽东属国。后燕政权于公元 385 年将平州治所迁到平郭县。唐末，北方先后有契丹、女真、蒙古 3 个民族政权更迭，并在营口市境内设置地方政权。

辽将渤海国的一些州县迁到营口地域内，在今熊岳镇设卢州领熊岳县，在今汤池镇置铁州领汤池县，耀州领岩渊县，归州领归胜县，另设曷苏馆大王府和辰州领建安县。金将辰州改为盖州，领建安、熊岳、汤池 3 县，余州撤废。同时，设女真人的别里买、本得山、按春和曷苏馆 4 个猛安，猛安下置若干谋克。金在境内只设盖州领建安县，余皆撤废。明废州县改设卫所，营口境内南部属盖州卫，北部隶海州卫。营口时称梁房口。1621 年，后金占

① 牛可：《"波士顿婆罗门"与美国政治传统》，2009 年 1 月 20 日第 12 版《中国社会科学院报》，胡荣荣摘自《文化纵横》。

20 世纪初繁忙的营口港帆船码头

图版来源：参见《营口市志》（上），中国社会科学出版社，2004，第 11 页。

据营口地区，以耀州（今大石桥镇北岳州村）为中心屯兵镇守。

1644 年清政府对汉人和满人实行分治。营口地区北部置海城县，南部设盖平县以治理汉人；在熊岳设副都统管辖辽东半岛各地满人；又在熊岳、盖平、牛庄设防守尉或城防尉管理八旗事务。清政府为使"龙兴之地"不致荒芜，于 1651 年（顺治八年）从山东省招民到营口境内。1688 年，清政府安置巴尔虎蒙古人在营口一带游牧。巴尔虎人以窝棚为居室，窝棚相连，状似军营，因名"营子"。营口的潮沟在潮退时沟水干涸，潮进时沟没于水，故称"没沟营"。

1858 年清政府签订《中英天津条约》，规定增开牛庄等地为通商口岸。因牛庄港淤塞，遂于 1861 年 5 月 24 日由营口代替牛庄开埠。营口因此成为中国东三省中第一个对外开放的港口城市①。辽河老港于 1864 年对外开埠，成

---

① 营口一市两港。1984 年兴建的鲅鱼圈新港是全天候深水海港，不淤不冻，四季通航。截至 2008 年，营口港已与 40 多个国家和地区的 140 多个港口建立海运业务，年吞吐量突破 2500 万吨，成为中国东北地区第二大港、中国第十大港。营口陆路运输四通八达，东北铁路、电气化高速铁路以及公路、高速公路交通网络纵贯营口全境。营口海运畅通，成为东北腹地最近的出海口。近期新建仙人岛新港，届时营口将成为拥有三个港口的城市。

为东北地区第一个对外开埠的通商口岸："夏日轮声帆影，万艘鳞集；冬季车尘马迹，络绎不绝；市场之繁荣，贸易之兴旺，为满洲之冠"，被誉为"东方贸易总汇"和"关外上海"。

1866 年，清政府在营口设置奉锦山海关兵备道；1867 年 1 月设营口海防同知厅，负责海疆治安。1868 年（清同治七年），英国牧师宾维廉和罗约翰等到营口传教，后创设中华基督教会（今西市区延寿里处）。1870 年（清同治九年），英国人康慕恩设立营口基督教会，后建基督教堂。1872 年（清同治十一年），法国传教士锡梦司铎到营口传教，后建营口天主教堂（今站前区八田地里）。

1900 年 6 月 20 日，营口出现义和团揭帖（传单）："兹因天主耶稣欺神灭圣，不尊佛法，上天收伏云雨，下降百万神兵，扫除外国洋人。不平洋人，不下大雨"，号召"根除洋人"。男子组织"义和拳"，女子组织"红灯照"，每天练神拳术，口念咒语："天打天门开，地打地门来，要学神拳术，搬请师傅来。"声称"义和团上能保国，下能护民"。同年 7 月从田庄台请来"曹师傅"和"鲍师傅"，带了 50 多名义和团员，住在西大庙、老爷庙、火神庙，以西大庙为大本营，操练拳术。一时间活动遍及营口，杀逐洋教士、烧毁洋教堂、拆毁洋铁路。1900 年 7 月 26 日晨，俄军步兵 500 人、骑兵 100 人，携重炮 4 门，从大石桥向营口进发，到邰家屯一带即开始炮击五台子奉军兵营。奉军统带胡志喜、练军营管带乔干臣率士兵与义和团一起反击。俄军受创，于 10 时 30 分败退。但营口道明保采取投降政策，不进行防御，并与营口海关税务司包罗勾结，阻止省城援军。主战兵勇无力防御俄军、日军攻击，营口沦陷。

1909 年，清政府设置营口直隶厅，将原属海城县的 3 个乡、盖平县的 1 个乡划归营口直隶厅管辖。1913 年，将营口直隶厅改称"营口县"，所属区域南至蓝旗，东至大石桥，西至渤海，北至大洼。1914 年"中华民国"政府将南路观察使改称"辽沈道"，管辖营口、盖平、海城、辽阳、沈阳、铁岭、开原、镇安（今黑山县）、北镇、新民、锦县、锦西、兴城、绥中、盘山、台安、义县、彰武、东丰（今属吉林省）、西丰、西安（今吉林省辽源市）以及辽中 22 个县。1923 年，在营口商埠区设立市政公所。

1931 年 9 月，日军占领东北，营口沦陷（至 1945 年 8 月 15 日光复）。

1938 年 5 月营口县改称 "营口市"，下设 8 个区。1948 年营口解放。1958 年 11 月，盖平、营口、盘山 3 县划归营口市辖。1966 年 1 月，盘山划归盘锦垦区；6 月，盖县、营口划归辽南专署。1968 年 5 月，盖县、营口、海城县重归营口市管辖。1973 年，海城划归鞍山市管理。1975 年 11 月，盘山县、大洼县划归营口市管辖。1985 年 1 月，盘山县、大洼县划归盘锦市管辖。至此，营口市共辖盖县、营口县及站前区、西市区、老边区和鲅鱼圈区。1992 年 11 月，盖县改称 "盖州市"（县级市）、营口县改称 "大石桥市"（县级市）。

截至 2005 年 12 月 31 日，营口市辖 4 区 2 市（站前区、西市区、老边区、鲅鱼圈区；大石桥市、盖州市），41 个建制镇（其中老边区 4 个、大石桥市 15 个、盖州市 22 个），14 个乡（盖州市），27 个街道办事处（站前区 7 个、西市区 7 个、老边区 2 个、鲅鱼圈区 4 个、盖州市 2 个、大石桥市 5 个），14 个国有农场，929 个行政村[①]。

南北战争　1861 年，美国爆发了南北战争。这是美国自由劳动制度与奴隶制度之间的斗争，是民主、科学与愚昧之间的斗争。领导这场革命战争取得胜利的林肯（Abraham Lincoln，1809~1865 年）被马克思称颂为 "心地单纯的工人阶级的儿子"、"伟大、善良、谦逊的殉道者和英雄"[②]。林肯关心科学，在南北战争期间，甚至夜晚到史密森学社帮助 J.亨利进行科学实验，签署了一系列支持科学的重要法令[③]。

美国内战　在 1861~1865 年美国内战中，北方军队有 93443 人在战场上被打死或是后来死于重伤。而病死的人数几乎是其两倍，达到 186216 人，其中 81360 人死于伤寒和痢疾。霍乱也要部分地为这一高死亡率负责。南方同盟军队没有准确的数字，但可以相信伤寒造成的死亡人数要多于北方[④]。

---

① 网络资料，据百度搜索、百度百科等。
② 马克思、恩格斯：《论美国内战》，人民出版社，1955，第 257、260 页。
③ 范岱年：《科学哲学和科学史研究》，科学出版社，2006，第 239 页。
④ 〔英〕弗雷德里克·F.卡特赖特、迈克尔·比迪斯：《疾病改变历史》，陈仲丹、周晓政译，山东画报出版社，2004，第 122 页（原版书第 108 页）。

京师同文馆

鸦片战争后维新派人士创办"洋务学堂",图为1862年创办的京师同文馆。

图版来源:参见顾明远《世界教育大事典》,江苏教育出版社,2000,第14页(上)。

■ 1862 年（清同治元年） 京师同文馆，美国农业部

京师同文馆 经恭亲王奕䜣[1] 等于同治元年七月二十五日（1862 年 8 月 20 日）上疏奏准，在北京开办旨在培养外交和翻译人才的京师同文馆，附属于总理各国事务衙门。这是我国近代第一所正规的外语学校。

该馆的创设，是为了回应 1858 年签订的《天津条约》和 1860 年签订的《北京条约》中关于规定英语和法语文本为条约唯一正本的条款，中国因此需要训练精干的语言专家，以摆脱对洋人翻译和操"洋泾浜"英语的广东通事的依赖。1861 年 1 月 11 日经恭亲王奕䜣奏请，同年 3 月 11 日在北京设立了总理衙门。次年开办同文馆[2]。

中英续约第五十款中，共有三项规定，其中虽无必要设立译员学校的明白规定，但就任何一项看来，译员学校的设置都是不可避免的。约中规定：（一）嗣后英国文书俱用英字书写；（二）暂时仍以汉文配送；（三）自今以后，遇有文词辩论之处，总以英文作为正义，此次定约汉英文字详细校对无讹，亦照此例。

---

① 奕䜣（1833~1898 年），清末洋务派首领。爱新觉罗氏。道光帝第六子。1851 年（咸丰元年）封恭亲王。1860 年英法联军攻陷北京，被任命为全权大臣，留京议和，与英、法、俄签订《北京条约》。1861 年受命主持总理各国事务衙门。咸丰帝死后，与慈禧太后同谋发动祺祥政变，任议政王，掌管军机处及总理衙门，总揽朝政，成为清廷中枢主持洋务活动的首脑。1865 年（同治四年）因受慈禧太后猜忌，被罢议政王及一切职务，旋复总理衙门大臣、军机大臣等职。1884 年（光绪十年）中法战争时，又被慈禧太后解职。1894 年（光绪二十年）中日甲午战争中，复出任总理衙门大臣、军机大臣，督办军务，主持政局。戊戌变法初起时病死。
② 〔美〕徐中约:《中国近代史》，计秋枫、朱庆葆译，茅家琦、钱乘旦校，世界图书出版公司，2008，第 214 页。

——丁韪良：《同文馆记》（1907-06-19）。转引自陈学恂《中国近代教育史教学参考资料》（上），人民教育出版社，1986，第 36~45 页。

清光绪二十七年十二月（1901）同文馆奉旨归并京师大学堂。光绪二十八年十一月（1902），张百熙先奏请改归并之同文馆为翻译科。同月十九日，奏定变通办法，于华俄银行余款项下，拨四万余金作为经费。十二月，诏以湘乡曾广铨为翻译科总办。光绪二十九年三月（1903），清廷于京师大学堂北邻北河沿购宅一区，稍加修理，设立译学馆，并将翻译科并入。不久，曾广铨丁母忧，以开州朱启钤代。

——黎难秋：《中国口译史》，青岛出版社，2002，第 458 页。

美国农业部 1862 年，美国通过立法，由政府拨地在各州建州立大学，以促进农业和机械技术的发展，并决定建立农业部，加强对农业科学研究的领导。美国农业部成立后，前半个世纪，在科学研究和实验方面共花了 2.5 亿美元经费[1]。美国政府对农业科学实验如此重视，实施具体领导，这在世界上是没有先例的，却很可能是美国农业长期领先于世界的原因之一[2]。

■ 1863 年（清同治二年）　美国国家科学院，葛底斯堡，收租局

美国国家科学院 1863 年，美国建立国家科学院，海岸测量局局长、科学家巴赫（A.D.Bache，1806~1867 年）对此起到巨大的推动作用，并担任第一任院长。在南北战争中，许多科学家为北方的胜利做出了努力[3]。南北战争之后，美国的工业化发展迅速。1876 年贝尔发明电话；1886 年爱迪生发明电灯；1903 年莱特兄弟发明飞机。1880 年美国工业超过农业的发展。1896 年美国工业总产值跃居世界首位。有学者提出"发明链条"假说："政治自由导致经济繁荣，导致教育发达，导致科技提高，导致发明众多"，值得思考。发明创造是在自由土壤中萌发出来的鲜花。"自由就

---

[1] Dupree, A. H., *Science and the Emergence of Modern America 1885~1916*, Chicago: Rand McNally, 1963, p.47.

[2] 范岱年：《科学哲学和科学史研究》，科学出版社，2006，第 240 页。

[3] 范岱年：《科学哲学和科学史研究》，科学出版社，2006，第 240 页。

是动力"，这一点毫无疑问。发明创造是不能用政府命令来催生的。政府所能做的是保护专利，保护知识产权。

葛底斯堡　美国独立后内部发生了两条道路的斗争。北方实行工业化，自由劳动。南方推广种植园，奴隶劳动。这之间的矛盾导致了南北战争（1861~1865 年）的爆发。1860 年林肯当选总统。南卡罗来纳等 11 个州组成"南部同盟"，另立政府。1861 年爆发内战，起先北方受挫。1862 年林肯发布"（奴隶）解放宣言"，任命格兰特将军为北方总司令。1863 年葛底斯堡（Gettysburg）一役，北方大捷，扭转战局。林肯纪念阵亡将士，作《葛底斯堡演说》，成为历史名篇。林肯强调"人生来平等"；提出"民有、民享、民治"三大民主原则。1865 年南方主将李投降。胜利后，林肯再次当选总统，在剧院观剧时候被刺客刺杀。南北战争决定美国的发展方向：统一还是分裂，工业化还是农业化，自由劳动还是奴隶劳动，资本主义还是封建主义。方向确定，发展加快。今天看来，把资本主义进行到底是美国的第一决策。可是，当时还没有资本主义这种说法。走什么道路没有预定计划，没有现成模式，需要别出心裁，别开生面。美国就是这样在有勇气、无先例的情况下开创出来的①。

收租局　收租局是中国旧时地主勾结官府向佃户逼收地租的组织。1863 年（清同治二年）苏州大地主向官府建议设收租局，由官府指派吏员主持其事。苏南各地相继仿行。所收地租抽出部分缴纳钱粮，贴补官用。这类组织一直存在至新中国成立前。各地名称不同，有追租局、追租委员会、租佃委员会等。地主独自组织的则称"租栈"。一般在县城设立总栈，在各乡镇设立分栈，各栈分管若干佃户。（《辞海》1999 年版音序缩印本，第 1544 页）

■ 1864 年（清同治三年）　金陵书局，贝满女学，约塞米蒂山谷

金陵书局　曾国藩授意在江苏创设金陵书局，即江南书局、江宁书局，立局安庆，是清末创办较早而又影响较大的官书局之一。江宁收复后移局于江宁铁作坊（太平天国慕王府），后又移至江宁府学飞霞阁，组建了举世闻名的金陵官书局。初期由曾国藩私人出资，旋即改由公款支付。其刊印图书以

---

① 周有光：《美国社会的发展背景》（2002），载《朝闻道集》，世界图书出版公司，2009。

经史为主，诗文次之。同时也刊印诸如《唐人万首绝句选》、《楚辞》，以及《白喉治法》、《蚕桑辑要》等普通读物和医学、农学方面的图书。对西方科技著作也颇为重视，刊印了《几何原本》、《重学》、《圆曲线说》等书籍，前后刻印图书达 56 种①。

贝满女学　1864 年，公理会裨治文夫人在北京设立贝满女学，后发展为女中②。

约塞米蒂山谷　约塞米蒂（Yosemite）山谷在 1864 年成为加利福尼亚州立公园。1890 年成为第一个国家公园③。这个进展部分地反映了亨利·乔治的哲学，即土地应该属于全体美国人所有。美国政府以国家公园的形式坚持土地的公共所有权。

约塞米蒂山谷国家公园

约塞米蒂国家公园，位于美国西部的加利福尼亚州，坐落在内华达山脉的西坡，面积约 3028 平方公里。约塞米蒂之奇绝，是在只有 12 公里长的峡谷中汇集了数不清的壮观景物，令人叹为观止，是美国景色最美的国家公园之一。1864 年，美国总统林肯将约塞米蒂划为予以保护的地区，因此约塞米蒂也被视为现代自然保护运动的发祥地。1984 年联合国教科文组织将约塞米蒂国家公园作为自然遗产，列入《世界遗产名录》。

图版来源：参见英国布朗参考书出版集团编《经济史》，刘德中译，中国财政经济出版社，2004，第 61 页。

---

① 张树栋、庞多益、郑如斯：《简明中华印刷通史》，广西师范大学出版社，2004，第 231 页。
② 袁爱俊主编《北京师范大学附属实验中学校史》，长江文艺出版社，2007，第 311 页。
③ 此说源自《经济史》。英国布朗参考书出版集团编《经济史》，刘德中译，中国财政经济出版社，2004，第 61 页。其中译称约塞米蒂为"约瑟米特"，"在 1864 年最早成为加利福尼亚州的公园。1890 年成为第一个国家公园"，或应为"加利福尼亚州的第一个国家公园"。美国，也是世界最早的国家公园，是 1872 年建立的黄石国家公园（Yellowstone National Park）。

约塞米蒂山谷中的新娘面纱瀑布

这个瀑布被居住在此的印第安原住民称为"波呼努",意即"风的精神"。吹过悬崖的大风经常把它撩成一片雪白的纱幕,因此获得了"新娘面纱瀑布"的美称。

图版来源:参见李军《世界文化与自然遗产》,大象出版社,2004,第 273 页。

约塞米蒂的半圆丘山顶奇观

这里曾经是一个完整圆顶的花岗岩石山,因为冰川的侵蚀力削去了靠近谷地的那一半,形成今天所见的样子。

图版来源:参见李军《世界文化与自然遗产》,大象出版社,2004,第 272 页。

"约塞米蒂"源自印第安语，意即"灰熊"，是当地印第安人原住民的图腾。他们是约塞米蒂国家公园内最早的居民。1851 年，美国军队的一队骑兵追赶印第安战士，偶然发现了壮丽的约塞米蒂山谷。而约塞米蒂国家公园的设立，主要是由苏格兰自然学家缪尔促成。缪尔被约塞米蒂壮观美丽的景色所折服，他献出了毕生的精力为保护约塞米蒂的环境而努力。他说："没有任何人工渲染的楼台庙宇可以同约塞米蒂相媲美。这里的每一块石头都焕发着生命的光芒……大自然的精华，在此荟萃。" ①

■ 1865 年（清同治四年） 义和公司保险行，官书局，中外新报，江南制造局

义和公司保险行 清同治四年五月初一（1865 年 5 月 25 日）创设的义和公司保险行，是我国第一家自办的保险机构。其创办开始打破外商保险公司独占中国保险市场的局面，开中国民族保险业之先河。1865 年 5 月 27 日在《上海新报》刊登《义和公司保险行》启事。

> 新开保险行：谨啟者，自通以来设有保险之行，以远涉重洋固能保全血本。凡我华商无不乐从，而恒就其规也。由来虽久，无如言语不同，字句迥别，殊多未便。爰我华商等议开义和公司保险行。保家纸系写一面番字一面唐字，规例俱有载明，并无含糊。倘如贵客商有货配搭轮舱或是夹板往各口者，请至本行取保，决不至误。特此佈闻。同治四年五月初一日。上海德盛号内开设义和公司保险行啟。
>
> ——1865 年 5 月 27 日（同治四年五月初三日）《上海新报》

德盛号是闽粤著名的华商行号，与英商怡和洋行贩卖鸦片经营舶来品有密切关系。为便利华人投保，义和公司保险行创办伊始，即在保险单上采用"双文字"策略：一面汉字，一面英文，为保险业之先例。从其开业启事看，当时仅承保货物运输，尚未开办船舶保险业务。但是，由于相关资料逸散，

---

① 李军：《世界文化与自然遗产》，大象出版社，2004，第 272~273 页。

义和公司保险行的资金规模、业务情况等迄今均未发现，因而对其创办后的作用和影响、何时停业等，皆亦无从查考①。

官书局　1865年，李鸿章创建江苏官书局，设在苏州燕家巷内杨家园。清同治七年（1868年），江苏巡抚丁日昌奏准对该局加以扩充，至清光绪年间达到高潮。1914年，经江苏省政府批准，由江苏省立第二图书馆（现苏州图书馆之前身）接收，更名为"官书印行所"。其刻书时间之长，出版图书品种之多，堪称全国各大官书局之冠，总计刻书206种②。

中国人创办最早的报纸《中外新报》

图版来源：参见李焱胜《中国报刊图史》，湖北人民出版社，2005，第20页。

中外新报　《中外新报》是中国人创办最早的报纸。其前身是1857年11月创刊的《香港船头货价纸》，大约在1865年初改名《中外新报》后，由黄胜、伍廷芳主持编务，名义上属《孖剌报》所有。《中外新报》4开4版，两面印刷，每周二、四、六各发行一张。1873年发展为日报，每天用1/3的版面转载《京报》内容和译自外报的新闻，同时也刊登当地的"本港新闻"和邻近的"羊城新闻"，其余版面则为商业信息和广告。在19世纪中国人主办的报刊中，《中外新报》算是比较长寿的一家，一直出版到1919年才停刊③。

[辨析]　另有1858年创刊于宁波的《中外新报》，是外国人在中国创办的报刊。麦嘉湖、应思理主持。先为半月刊，后改月刊，1961年停刊④。

江南制造局　曾国藩、李鸿章等在上海建立江南机器制造总局，简称为"江南制造总局"、"江南制造局"、"上海机器局"、"上海制造局"，清末官

①　中国保险学会：《中国保险史》，中国金融出版社，1998，第40~41页。
②　张树栋、庞多益、郑如斯：《简明中华印刷通史》，广西师范大学出版社，2004，第233页。
③　李焱胜：《中国报刊图史》，湖北人民出版社，2005，第21页。
④　李焱胜：《中国报刊图史》，湖北人民出版社，2005，第21页。

办，是洋务派建立的规模最大的军工企业。

1865 年（同治四年）李鸿章在上海虹口购买美商旗记铁工厂，并入原有两个制炮局，拨给曾国藩派容闳从美国购来的机器，建成该局。1867 年迁高昌庙，扩充为清政府规模最大的军事工厂，主要制造枪炮、修造轮船。1905年（光绪三十一年）造船部分划出，称"江南船坞"；兵工部分仍称"制造局"。辛亥革命后，江南船坞更名为"江南造船所"，"制造局"改称"上海兵工厂"。1932 年淞沪抗战后兵工厂停办，部分机器设备被国民党拆走。抗日战争爆发后，剩余的机器设备和厂房均为日军拆毁，场地并归江南造船所。（《辞海》1999 年版音序缩印本，第 804 页）

■ 1868 年（清同治七年） 庆应义塾，雁奴，翻译馆

庆应义塾 1868 年 4 月，福泽谕吉将所办家塾定名为庆应义塾，即今天享誉国际的庆应义塾大学之前身。福泽谕吉（1835~1901 年），日本明治时代著名的学者和教育家，明治知识精英的典范。他出生于奥平藩一个低级士族家庭，幼年丧父，直到十四五岁才开始学习汉文。1872~1876 年，他撰写的阐释公民原理的小册子《公民论》陆续出版，风靡日本。1875 年出版了《文明论之概述》，探寻古今文明的原因和变迁。1882 年他创办《时事报》，推动启蒙，是明治时代最成功的国民精神导师。政府嘉奖其贡献，并赏金币 5 万元，福泽谕吉悉数转赠给庆应义塾充作基金。多次谢绝出仕，以平民身份终其一生①。

福泽谕吉：知识分子应该是忠心耿耿的"雁奴"

图版来源：参见大滨庆子《日本近代化的"雁奴"——明治精英群体精神特质分析》，《文化纵横》2008 年第12 期，第 76 页。

雁奴 福泽谕吉的著名比喻，把知识分子比喻为忠心耿耿的雁奴。雁奴是雁群中个头最小，却最为机敏的一种雁。群雁夜宿沙渚，雁

---

① 大滨庆子：《日本近代化的"雁奴"——明治精英群体精神特质分析》，《文化纵横》2008年第 12 期，第 75~76 页。

奴会忠实地在外围司掌警戒；群雁高飞远翔，它们又会辛勤地四处探查路线。知识分子的"雁奴"特性，就表现在他们能够瞻前顾后，留神今生，展望来世；察前人之所未察，言他人之所不言；择善固执，追求真理，决不因时势之演变而随波逐流①。

翻译馆　曾在江南制造局任职的科学家徐寿（1814~1884年）、徐建寅父子及华蘅芳等人提出"将西国要书译出……刊印传播，以便国人尽知"的请求，得到曾国藩嘉许，且认为"此举较办制造局尤要"。遂于1868年在江南制造局内开设翻译馆，又称"翻译书馆"、"译书处"、"编译处"、"印书处"，翻译和印刷出版有关自然科学和机器工艺方面的书籍。

翻译工作由徐寿主持，译员可考者59人。其中，外国学者有英、美、日籍学者傅兰雅、秀耀春、罗亨利、伟烈亚力、金凯理、林乐知、卫理、玛高温、藤田丰八，共9人；中国学者有徐寿、华蘅芳等50人。翻译馆设有刻书处和印书处。早期翻译的图书是雕版印刷的。傅兰雅记述了当时的情况。

> 局内刊版印书之处，原为小屋；然刊书之事渐大，其屋亦增广，内有三十余人，或刊版、或印刷、或装订，而一人董理，又一人董理售书之事，另有三四人抄写各书。
>
> ——傅兰雅：《江南制造总局翻译西书事略》，1880。

印书处采用多种工艺印刷图书。所印书籍涉及历史、政治、经济、军事、算学、物理、化学、光学、电学、天文学、工业、地质学、医学等领域，共计22类、近200种。在翻译图书方面，上海江南制造局翻译馆成就最著，共翻译出版图书98部、235本②。

> 江南制造局翻译馆始建于1868年，1871年开始出版第一本翻译书籍，迄1912年出版《英国定准军药书》与《西药新书》，44年间出版了

---

① 大滨庆子：《日本近代化的"雁奴"——明治精英群体精神特质分析》，《文化纵横》2008年第12期，第74页。

② 张树栋、庞多益、郑如斯：《简明中华印刷通史》，广西师范大学出版社，2004，第226、291页。

大量科学译书，是我国晚清译书数量较大、质量较高的一个重要翻译机构。

——黎难秋：《中国口译史》，青岛出版社，2002，第 211 页。

华蘅芳（1833~1902 年）从 25 岁开始研究数学，1859 年完成第一部数学著作《抛物线说》。1868 年 6 月，江南制造局开设翻译馆，华蘅芳担任算学、地质诸类翻译工作。从此，他花费了 20 年时间从事翻译西方科学著作，同时进行数学研究。1876 年华蘅芳从江南制造局到格致书院任教习，主要精力转向数学教育。1887 年在天津武备学堂任算学教习，1892 年 7 月到武昌主持两湖书院。1902 年病故。

华蘅芳与英国人傅兰雅（Fryer, J.）共同翻译数学著作有 7 种 96 卷刊行，其中华蘅芳常常是"书之稿本，改本，清本以及草图，皆一手任之"。他的译著较为详尽地介绍了西方代数学、三角学以及概率论等学科的发展史，为中国学界研究西方数学史提供了有益的资料。华蘅芳博学多才，对数学、物理、化学、医学、工程机械、地质乃至音乐，都有所研究。与美国人玛高温、英国人傅兰雅共同翻译其他学科著作，内容涉及矿物学、地质学、气象学、工程学和军事工程学，为近代中国在这些学科领域内作出了具有开创性的基础贡献。

——《数学辞海》第 6 卷，山西教育出版社等，2002，第 88 页。

■ 1869 年（清同治八年） 学分制，熊猫

学分制 1869 年哈佛大学校长埃里奥特在学校建立选课体制，要求学生必须选学若干门课程（20 门左右）才能获得学士学位。1897 年正式使用"学分"（point）一词。规定学生在半个学期中，每科每周上 4~5 节课可获得 1 个学分，到 1906 年正式确立学分制的体制并加以规范。学分制为攻读学位提供了灵活性[①]。

熊猫 即大熊猫（Panda），中国国宝，这个物种的学名是"*Ailuropoda*

---

① 何晋秋、曹南燕：《美国科技与教育发展》，人民教育出版社，2003，第 229 页。

melanoleuca"。据说 20 世纪 40 年代大熊猫在中国大陆展览时，从右向左书写的名字是"熊猫"，后来由于文字书写方式改变，改为从左向右，人们以讹传讹，"猫熊"便成了"熊猫"。

目前公认的第一个知道大熊猫存在的西方人是法国传教士 Armand David，《简明不列颠百科全书》中叫他"大维德"。他在 1869 年见到一张大熊猫皮。此后，越来越多的骨骼和皮毛标本被运到欧洲。动物学家根据这些证据认为，这种奇怪的动物与已知的"小熊猫"十分接近。但实际上小熊猫属于浣熊科，与早在旧石器时代就已经走向衰败的大熊猫毫不相干。人类繁荣起来以后，大熊猫的生存空间更进一步被压缩到青藏高原北部和秦岭一代的深山峡谷中，能够见到大熊猫的人少之又少。传说古籍中提到的"貔貅"、"白罴"都是大熊猫，其间多有臆测，却没有"猫熊"或"熊猫"这样的称谓。比较贴切的曾用名是"花熊"和"竹熊"，至今在陕南或川北还有人这样称呼大熊猫。

近代早期中文资料中，1915 年编成、1935 年出版的《中华大字典》提及了熊猫，但插图却是一只小熊猫。1938 年版《辞海》中"熊猫"词条显然指的是大熊猫，其中提到"法国科学家大卫氏"，不过把发现大熊猫的地点安到了新疆。英文"panda"也来历不明。有语言学家考证，似乎来自尼泊尔语"ponya"，可能与小熊猫手腕上那粒膨大的趾骨有关。

由此，可大致了解熊猫名称变化的脉络：西方人先知道小熊猫，称其为"熊猫"、"猫熊"，后来知道大熊猫，并将其认为是小熊猫的近亲，遂用小熊猫的名字称呼它，但仍然是"熊猫"、"猫熊"纠缠不清。至于中国人，给动物命名时一向缺乏严谨的态度，如犀牛根本不属于牛所在的偶蹄目，而是一种奇蹄目动物，与马的血缘更近些。相反，角马并不是马，而是一种大羚羊。国人通过西方人了解了大熊猫，舶来一个名字，昏呼浑叫，混乱至今[1]。

---

[1] 瘦驼：《熊猫的另一个名字……》，2008 年 12 月 28 日 B10 版《新京报》。瘦驼，生物学家，科学松鼠会成员。

■ 1872 年（清同治十一年） 国家公园，植树节，中西闻见录，通讯员，亨廷顿舞蹈病，数根，留美幼童

国家公园 国家公园是大自然给予人类的恩赐。1871 年，费迪南德海顿博士带领一支由美国政府组织的官方考察队，在黄石地区进行了大规模的勘测和调查。探险队带回的风景照片向世人展示了黄石令人赞叹的美景。国家公园的构想由此提出[1]。

1872 年 3 月 1 日由美国国会划出 200 万公顷土地作为"为人民福利和快乐提供公共场所和娱乐活动的场地"，建立世界上第一个国家公园——黄石国家公园。通过立法指定这个新的国家公园由内政部部长控制，并负责签署规定，达到"保护并防止破坏或损坏，保护所有树木、矿藏、自然遗产，保护公园里的奇景，保持公园的自然状态"的目的。公园的其他管理职能包括游客旅馆开发、道路和马道建设、公园内居住人口的外迁，防止"由不明智的渔猎和游乐产生的破坏"[2]。

黄石公园地处怀俄明州西北部，落基山北部和中部山间熔岩高原上，面积898349 公顷。全境大部分为平均高度2440 米的开阔火成岩高原。最高点伊格尔峰（Eagle）海拔3460 米。黄石河纵贯全园，东南部有黄石湖，海拔 2356 米，是北美洲相同高度上

野营中的黄石考察队
1871 年，费迪南德海顿博士带领一支由美国政府组织的官方考察队，在黄石地区进行了大规模的勘测和调查。
图版来源：参见李军《世界文化与自然遗产》，大象出版社，2004，第 260 页。

---

[1] 李军：《世界文化与自然遗产》，大象出版社，2004，第 260 页。
[2] 李如生：《美国国家公园管理体制》，中国建筑工业出版社，2005，第 1 页。

老实泉是黄石国家公园的象征

图版来源：参见李军《世界文化与自然遗产》，大象出版社，2004，第261页。

流经黄石国家公园的黄石河

图版来源：《不列颠百科全书》（国际中文修订版）第18卷，中国大百科全书出版社，2007，第438页。

最大的水体。黄石国家公园最吸引人之处是有 10000 多个温泉，这些温泉表现为蒸汽孔、喷气孔、多彩热池、泥浆锅、颜料罐、温泉台地、热河和间歇泉。在公园的200多处间歇泉中，许多泉水喷出的高度超过 30 米。最著名的"老实泉"因很有规律地每隔 33~120 分钟喷出一次而得名。间以峡谷、瀑布、悬崖、石林等胜景。森林密布，灰熊、麋、野牛等野生动物和数百种鸟类在此栖息。园内道路总长超过 800 公里，小径总长逾 1600 公里。年接待游客超过 300 万人次。1972 年建成的小洛克菲勒纪念大道长达 130 公里，连接黄石公园与大提顿国家公园，沿途景色优美，引人入胜①。（《辞海》1999 年版音序缩印本，第 718 页）

植树节 是国家规定公民义务植树造林活动的节日。按延续时间长短，可分为植树日、植树周或植树月，总称"植树节"。

近代植树节最早由美国的内布拉斯加州发起。19 世纪以前，内布拉斯加州是一片光秃秃的荒原，树木稀少，土地干燥，大风起处，黄沙满天，人受其苦。

---

① 参见《不列颠百科全书》（国际中文修订版）第 18 卷，中国大百科全书出版社，2007，第 438 页。

1872 年，美国著名农学家朱利叶斯·斯特林·莫尔顿提议在内布拉斯加州规定植树节，动员人民有计划地植树造林。州农业局通过决议采纳这一提议，并由州长亲自规定此后每年 4 月份的第三个星期三为植树节。这一决定做出后，当年就植树达上百万棵。此后 16 年间，又先后植树 6 亿棵，终于使内布拉斯加州 10 万公顷的荒野变成了茂密的森林。为表彰莫尔顿的功绩，1885 年州议会正式规定以莫尔顿先生的生日 4 月 22 日为州植树节，并放假一天。此后美国各州乃至世界各国纷纷响应。由于世界各地地理位置和气候条件各异，各国植树节的日期不尽相同。有的国家虽有植树节，但无全国统一或固定的日期。

在美国，植树节是一个州定节日，没有全国统一规定的日期。每年 4~5 月，各州都组织植树节活动。例如，罗德艾兰州规定每年 5 月份的第二个星期五为植树节，并放假一天。其他各州有的是固定日期，也有的是每年由州长或州的其他政府部门临时决定植树节日期。每当植树节到来，以学生为主的社会各界群众组成浩浩荡荡的植树大军，投入植树活动。今日的美国，树木成行，林荫载道。据统计，美国有1/3 的地区为森林所覆盖，这个成果同植树节是分不开的。

中国植树造林的历史，可以追溯到 3000 年前。战国时候齐稷下学者托名管仲的著作《管子①·权修》中即有："一年之计，莫如树谷；十年之计，莫如树木；终身之计，莫如树人"的论述。"十年树木"，显系人为。2000 多年前欧洲罗马帝国时期，中国是汉朝，人口 6000 万左右，南方有许多原始森林，基本上风调雨顺。但如墨子所言，"宋无长木"（《墨子·公输第五十》），说明战国初期黄河下游的森林已被破坏无遗。从新石器时代到汉代，黄河上、中、下游流域的森林俱已受到严重破坏②。

近代学者研究表明，历史上山东省沿海地区植被茂密，广袤的山林灌丛

---

① 管子，即管仲。《管子》是战国时齐国稷下学者托名管仲所作，其中也有汉代附益部分，共二十四卷。原本八十六篇，今存七十六篇。分为八类，内容庞杂，包含有道、名、法等家的思想以及天文、历数、舆地、经济、农业等知识。其中，《牧民》、《形势》、《权修》、《乘马》等篇存有管仲遗说。《轻重》等篇是中国古代典籍中阐述经济问题篇幅较多的著作，在生产、分配、交易、消费、财政等方面均有所论述。《心术》、《白心》、《内业》等篇，保存一部分道家关于"气"的学说。《水地》篇专论土壤。注释有唐代房玄龄注（今皆认为尹知章注）、清戴望《管子校正》和今人郭沫若《管子集校》等。参见《辞海》1999 年版音序缩印本，上海辞书出版社，2002，第 578 页。

② 王宏昌：《中国西部气候——生态演替：历史与展望》，经济管理出版社，2001，第 3 页。

曾经成为居住者的衣食资源。早在春秋时代，有远见的政治家就注意到保护和开发利用山林的生态关系。管仲为相，进言齐王："山林虽近，草木虽美"，"宫室必有度，禁伐必有时"，"为人君而不能谨守山林菹泽草莱，不可以立为天下王"（《管子·轻重甲篇》，上海书局影印《诸子集成》）。晏婴治齐，提出"山木如市，弗加于山；鱼盐蜃蛤，弗加于海"（《左传·昭公三年》，中华书局 1981 年标点本）；孟子劝诫"斧斤以时入山林，柴木不可胜用也"①。这些语录，说明先秦山东自然植被虽可满足生活需要，但已有因人为而减少的颓势。

及至近代，人害虫害，危机更甚。清光绪二十三年《文登县志》："国初以来，生齿日众，山木伐尽。"道光二十四年《荣成县志》明确记载："闻诸父，百年之前，郁郁青青，连山接麓者，皆松林也。后忽有松蠹，食其叶枝干，皆枯，虽有萌蘖，不尽年尽矣，是以木价昂贵，非海运无以为用。"②

美国芝加哥大学教授布雷伍德在伊拉克进行考古发掘后写下感想："人类以及他们从事的农业和牧业，总的来说起一种破坏作用，尽管无人想有意去破坏。"③基于历史的延续，到近现代中国林业和森林环境日趋恶化，遂使植树造林、发展林业成为弥补国家建设性破坏的战略任务。"植树活动"升级为"造林运动"。到 20 世纪 70 年代改革开放之初，更被规定为人民群众的法定义务。

孙中山是中国近代史上较早意识到森林的重要意义和倡导植树造林的人之一。辛亥革命后，民国四年（1915 年），在孙中山倡议下，由农商部总长周自齐呈准大总统，决定效仿美国的"植树节"，规定以每年旧历清明节为植树节，指定地点，选择树种，全国各级机关、学校如期参加，举行植树节典礼并从事植树活动，经当年 7 月 21 日批准后，通令全国如期遵照办理。为纪念孙中山先生忌日，1928 年民国政府改订 3 月 12 日为植树节。

民国十七年（1928 年）北伐完成后，4 月 7 日由国民党政府通令全国："嗣后旧历清明植树节应改为总理逝世纪念植树式"，民国十八年（1929 年）2 月 9 日农矿部又以部令公布《总理逝世纪念植树式各省植树暂行条例》16 条。

---

① 参见《孟子·梁惠王上》（标点本），中华书局，1960。
② 王赛时：《山东沿海开发史》，齐鲁书社，2005，第 10~12 页。
③ 转引自林梅村《楼兰：一个世纪之谜的解析》，中共中央党校出版社，1999。

国民政府行政院农矿部部长易培基遵照孙中山先生遗训，提倡造林，于民国十九年（1930 年）2 月呈准行政院及国民政府，自 3 月 9 日至 15 日一周间为"造林运动宣传周"，其间 12 日孙中山先生逝世纪念日举行植树式。由于北方地区 3 月初寒气未消，还不适合栽树之故，特规定植树式仍于 3 月 12 日举行外，造林运动宣传周延至清明节操办，并由该部公布《各省各特别市各县造林运动宣传周办大纲》7 条，以便全国照办。

中国植树节标志
图版来源：中国政府网站。

中华人民共和国成立以后，20 世纪 50 年代中期，中共中央主席毛泽东就曾号召"绿化祖国"，"实行大地园林化"。1956 年，全国开始了第一个"十二年绿化运动"。1979 年 2 月 23 日，在第五届全国人民代表大会常务委员会第六次会议上，时任林业总局局长罗玉川提请审议《森林法（试行草案）》以及对"决定以每年 3 月 12 日为我国植树节"进行说明后，大会予以通过：为动员全国各族人民植树造林，加快绿化祖国，决定每年 3 月 12 日为全国的植树节。1980 年 9 月，中共中央副主席邓小平提出：是否可以建议全国人大会议通过一项决议案，规定凡有劳动能力公民，每年每人种三至五棵树，包栽包活，多者受奖，不履行此项义务者受罚。1981 年 12 月 13 日，五届全国人大四次会议讨论通过了《关于开展全民义务植树运动的决议》，从此全民义务植树作为法律在全国实施。次年，国务院颁布了《关于开展全民义务植树运动的实施办法》。

由于中国幅员辽阔，气候差异较大，各地适合植树的时间也不相同，许多省市规定了自己的植树日、植树周、植树月。根据林业局的统计显示，截至 2007 年底，中国共有 109.8 亿人次参加义务植树，植树 515.4 亿棵。即便如此，我国的森林覆盖率仍不足 20%。中国每年大约生产 450 亿双一次性木筷，消耗林木资源近 500 万立方米。而一棵生长 20 年的大树，仅能制成 3000 到 4000 双筷子。减少对森林资源的过度耗费，其实与植树一样重要①。

---

① 从建锋：《自带筷子就等于义务植树》，2009 年 3 月 12 日 A02 版《新京报》。

中西闻见录　《中西闻见录》1872 年 8 月创刊于北京，美国传教士丁韪良、英国传教士艾约瑟主持，京都施医院出版发行。这是北京及华北地区最早的中文报刊，以宣传近代科学知识为主，内容有关天文、地理及格致之学，既介绍电报、蒸汽机、瓦斯（煤气）、照相技术、钢铁工业知识，也有各国新闻。1875 年 8 月停刊[①]。后续为《格致汇编》，1876 年 2 月迁至上海出版。

通讯员　通讯员指向新闻机构传递信息、提供稿件的编外新闻工作者。1872 年《申报》在杭州聘用第一个外埠通讯员，为中国新闻界聘用通讯员之始。（《辞海》1999 年版音序缩印本，第 1683 页）

亨廷顿舞蹈病　亨廷顿舞蹈病（Huntington's Discase，HD）是一种典型的常染色体显性遗传病。1872 年，22 岁的乔治·亨廷顿在纽约长岛行医，其综合诸多病例发表论文《论舞蹈病》，详细描述了这种遗传疾病的症状，亨廷顿舞蹈病从此成为稳定的医学术语。由 HD 的遗传特点所决定，病人多来自同一"窝"。亨廷顿当年描述的病例可以追溯到"五月花号"[②]时代。1630 年，英国萨福克郡的一对兄弟移

烧死女巫

罹患 HD（即亨廷顿舞蹈病）的妇女，可能先是因怪异的肢体舞动而被指控为巫婆，然后被烧死。

图版来源：参见〔英〕弗雷德里克·F.卡特赖特、迈克尔·比迪斯《疾病改变历史》，陈仲丹、周晓政译，山东画报出版社，2004，第 19 页。

---

① 李炎胜：《中国报刊图史》，湖北人民出版社，2005，第 12、71 页。

② "五月花号"是第一艘来到北美洲的英国移民船。船上有 102 名由清教徒带头的移民。1620 年冬天到达北美洲，圣诞节后第一天上岸，建立最早的普利茅斯殖民地。上岸前，他们在船上议定了"五月花号公约"，要组织公民团体，制订公正的法律、法令、规章和条例。这是后来美国民主的萌芽。清教徒是英国新教的一个革命教派，主张教徒一律平等，反对教阶分等，反对国王和主教专权，赞许现世合法财富，提倡节俭、勤奋和进取。他们相信"成事在神，谋事在人"。他们的思想和作风对美国历史有深远的影响。参见周有光《美国社会的发展背景》，载《朝闻道集》，世界图书出版公司，2009。

民美洲大陆。该家族随后 12 代人中，出现了 1000 余例 HD。据说该家族几名罹患 HD 的妇女，即是因怪异的肢体舞动被指控为巫婆，于 1692 年被烧死在萨勒姆。阿瑟·米勒创作的话剧《萨勒姆女巫》与此有关。另外，在著名美剧《豪斯医生》的第 4 季里，也有 HD 患者登场。豪斯的新助手、代号 "13" 的女医生哈德利（Hadley）是 HD 患者。在新一季剧集中，弗曼（Forman）医生要试制一种治疗 HD 的新药，有表现 HD 患者手舞足蹈的镜头。

HD 发病率约为万分之一。中国福建和武汉等地曾有报道。在国际上，HD 家族往往成为促发此病研究的动因。20 世纪 60 年代，美国心理医生韦克斯勒（Milton Wexler）的妻子及妻子的三个兄弟都患有此病。所以，他们的女儿有 50%的可能被遗传 HD。于是，该家族设法建立了一个遗传病基金会，寻求 HD 治疗方法。通过各方力量的共同努力，终于找到了这场 "死亡之舞" 的罪魁祸首：它位于人类的第 4 号染色体上。可惜科学家没有对付 HD 的杀手锏：HD 依然是不治之症。美国科学作家里德利在《基因组：人种自传 23 章》中谈道："亨廷顿舞蹈病是遗传的一个极端，它是纯粹的宿命，一点也不受环境因素的影响。好的生活方式、好的医疗条件、健康的饮食习惯、相亲相爱的家庭、大把的钱，都于事无补。你的命运完全在你的基因里。"①

数根 即素数，该术语最早见于《数理精蕴》，是明清之际传入的西方素数概念的汉译，又称 "纯数"。与杂数即复合数相对。1872 年，李善兰发表了中国素数论研究史上的第一篇论文《考数根法》（载《中西闻见录》第 2、3、4 号)②。

留美幼童 1872 年，清政府根据容闳之建议，批准实施了中国近代第一个留美幼童学习计划③。

■ 1873 年（清同治十二年） 印书处

印书处 京师同文馆设立印书处，备有中文、罗马文铅活字 4 套和 7 台手摇印刷机，承担本馆翻译图书和总理各国事务衙门印件的印制任务，翻译印

---

① 薄三郎：《亨廷顿的 "死亡之舞"》，2009 年 1 月 18 日 B10 版《新京报》。薄三郎，上海医学博士。
② 《数学辞海》第 6 卷，山西教育出版社等，2002，第 58 页。
③ 金忠明：《中外教育史汇通》，上海教育出版社，2006，第 271~275 页。

刷出版数学、物理、化学、历史、语文等科图书①。

■ 1874 年（清同治十三年） 循环日报，王韬，一般均衡

循环日报，王韬 王韬（1828~1897 年）清末政论家。初名利宾，后改名韬，字紫诠，号仲弢、弢园老民，江苏常州（今吴县）人，一说为苏州人。秀才出身。1849 年（道光二十九年）在上海英国教会办的墨海书馆工作，协助英国传教士编译中外书籍。1862 年初（咸丰十一年底）回乡，化名黄畹上书太平军，遭清廷通缉，逃往香港，曾在英华书院帮助翻译。1867~1870 年（同治六至九年）赴英国译书，并游历法、俄等国。1873 年，他和黄胜买下英华书院的印刷设备，于 1874 年 2 月 4 日创办《循环日报》，自任主笔，此后主持该报长达 10 年（1874~1884 年），评论时政，宣传变法。主张设议院、广贸易、开煤矿、筑铁路、兴织纴、造轮船、办学校。发表了大量鼓吹变法自强的政论文章，对后来的国内改良派具有很大影响，曾被林语堂誉为"中国新闻报纸之父"。20 世纪前期，《循环日报》一直是香

1874 年出版的《循环日报》

图版来源：参见李焱胜《中国报刊图史》，湖北人民出版社，2005，第 21 页。

创办并主持《循环日报》的王韬

图版来源：参见李焱胜《中国报刊图史》，湖北人民出版社，2005，第 22 页。

---

① 张树栋、庞多益、郑如斯：《简明中华印刷通史》，广西师范大学出版社，2004，第 226 页。

港的一份著名报纸，除在日军占领香港期间曾停刊外，一直出版到 1947 年。1884 年（光绪十年）回沪居住，主持格致书院。著作有《弢园文录外编》（1883 年辑成）、《弢园尺牍》（1876 年在香港出版 8 卷本，1881 年又增订 4 卷）等数十种[1]。

一般均衡 (General Equilibrium)　洛桑学派的瓦尔拉斯（Walras）1874 年在《纯粹经济学要义》中首次提出一般均衡概念。他认为，消费者和生产者的极大化行为在一定条件下能够并将导致该经济体系每个产品市场和生产要素市场需求量和供给量之间的均衡。瓦尔拉斯把他的思想表达为一组方程式，并且提出了粗略的证明。均衡是物理学名词。19 世纪末英国经济学家马歇尔（A.Marshall）把这一概念引入经济学中，指经济中各种对立、变动着的力量处于一种力量相当、相对静止、暂不变动的状态[2]，称为"局部均衡"。

20 世纪 30 年代，得到了一般均衡很可能存在的严密证明；40 年代末以及 50 年代，数理经济学家们运用更加抽象的数学工具（如集合论、拓扑学等）精练了瓦尔拉斯的思想，并用角谷不动点定理证明了在有限经济中存在符合帕累托（Pareto）最优的均衡价格。阿罗（Arrow）和德布鲁（Debru）作出了关于一般均衡点的存在性、稳定性和唯一性的严谨证明，成为 50 年代理论经济学里程碑式的结果，使一般均衡理论有了比较完整的体系。1967 年斯卡夫（Scarf）找到一种整体收敛的算法来计算不动点，从而在技术上使均衡价格的计算成为可能。1960 年，约翰逊构造了一个描述挪威经济的简单线性化模型，用矩阵求逆算法求解。这个模型已经具备了可计算一般均衡（Computble General Equilibrium，CGE）模型的显著特征。CGE 模型近百余年的发展说明，方法论也是工具，是"心的工具"，而作为"工具"的 CGE 模型与作为理论的 CGE 模型并不等同，因此不能把运用模型得到的结果与模型所应用的理论混为一谈，即不能把"是"怎样与"应该"怎样混为一谈[3]。

---

[1]　李焱胜：《中国报刊图史》，湖北人民出版社，2005，第 21~22 页。
[2]　曾菊新：《空间经济：系统与结构》，武汉出版社，1996，第 93 页。
[3]　龚益：《关于可计算一般均衡模型的几个问题》，《数量经济技术经济研究》1997 年第 8 期，第 21~28 页。

■ 1875 年（清光绪元年） 留欧学生，恩格尔系数，同志，保险招商局

留欧学生 1875 年，福州船政学堂开始派遣留欧学生①。

恩格尔系数 食品支出与家庭消费支出总额的比值。1875 年，美国统计学家赖特（Carrolld Davidson Wright，1840~1909 年）根据德国经济学家和统计学家恩格尔（Ernst Engel，1821~1896 年）研究英、法、德等国数据所得"随着居民收入增加，食品支出比例就会减少"的结论（恩格尔定律）提出。

同志 汉语"同志"一词，在中国古代典籍中现身甚早。《礼记》有云："同窗为朋，同志为友。"左丘明《国语·晋语四》："同德则同心，同心则同志。"《后汉书·刘陶传》："所与交友，必也同志。"其本义为志趣相同，后引申为志趣相同之人。《红楼梦》第一二零回《甄士隐详说太虚情，贾雨村归结红楼梦》："乐得与二三同志，酒余饭饱，雨夕灯窗，同消寂寞"，由此可以体味"同志"一词的含义。另如同人、同侪、同道、知己等。

英文"comrade"，在拉丁文中作"camarada"，法文作"camarade"，皆源自希腊文"kamara"。意思是"亲密伙伴"或"忠实朋友"，与汉语"同志"接近。近代以来，深受汉文化影响并使用汉字的日本对西方开放较中国为早，他们首先用"同志"对译"comrade"。1875 年出版的《开化必要大全诸证文例》便有"同志"词条，所指已是"comrade"。同志社大学在 1875 年设立，其后，以同志为名的各种机构如"文学同志会"、"大阪同志社"等陆续成立，在 1880 年代已十分普遍而活跃，"同志"成为东瀛强势名词。清末中国同盟会在日本成立，会员之间规定以"同志"互称。宣统三年（1911 年）5 月，清政府将民办川汉、粤汉筑路权出让于英、法、德、美四国银行团，激起民愤，四川民众反响尤其强烈，成立"保路同志军"，人数十万众。中华革命党和国民党内部也互称"同志"。"同志"一词被赋予了浓厚的政治色彩，成为政党内部成员和政治志向相同者相互之间的称呼。孙中山在 1918 年发表《告海内外同志书》。《总理遗嘱》更呼吁"革命尚未成功，同志仍须努力"。按"同志"本义，于强调志同道合外，还表示地位平等②。

---

① 金忠明：《中外教育史汇通》，上海教育出版社，2006，第 271~275 页。
② 邸永君：《汉语"同志"一词之由来与衍变》，2008 年 8 月 5 日《中国社会科学院院报》。

俄文"TOBAPИЩ"与中文"同志"含义相同。沙俄时期，即在俄国革命党人中流行"TOBAPИЩ"这个称呼。十月革命后，该词被世界各国共产党人广泛采用。1921 年，在共产国际的帮助下，中国共产党成立，在"一大"党纲中规定：凡承认本党党纲和政策，并愿意成为忠实的党员者……收为党员，成为我们的同志。这是中国共产党在正式文件中最早使用"同志"一词。因国共两党在政治生活领域均使用同样的词，说明同一词可以适用于不同的政治表达。

1988 年，在筹备中国香港"第一届同性恋电影节"时，司其事者绞尽脑汁考虑如何将"Lesbian and Gay Film Festival"译成中文。鉴于长期以来社会上对"同性恋"一词已形成不良印象，故有人建议挪用"同志"代替同性恋，以期淡化其爱欲关系。1989 年，港人林奕华将自己筹划的首届同性恋电影节命名为"香港同志电影节"，成为奠定华人同志运动的一个里程碑。此后，主流媒体也逐渐采用"同志"一词表称同性恋。一时间，"同志影片"、"同志文学"等名目风靡台湾、大陆及世界各地[1]。此后许多关注各种不同性别议题的人士都希望能用"同志"一词联结、包含、代表更多人，目前这个词不仅限于同性恋者，已扩大到国际上通称的"LGBT 四大族群"，也就是女同性恋者（Lesbian）、男同性恋者（Gay）、双性恋者（Bisexual）与跨性别者（Transgender）。不过，尽管"同志"的这一层含义在中国大陆也被越来越多的人所知晓并使用，但中华人民共和国官方媒体和文件对这一外延含义基本不予采纳[2]。而"同志"的汉语拼音"tongzhi"，则开始被英语世界所确认[3]，像 kongfu（功夫）和 tofu（豆腐）一样变身成为英语新单词。

保险招商局　清光绪元年十月初七（1875 年 11 月 4 日），《申报》刊登保险招商局招股告白。是日《申报》发表评论《华人新设保险局》："阅今日本报所刊之新告，知华人有创议开设保险公司一举，取名保险局。欲集股一千五百份，每股规银一百两，计共本银十五万两。主谋者唐君景星是也。"至同年十二月初一（1875 年 12 月 28 日）保险招商局创立。

---

[1]　邸永君：《汉语"同志"一词之由来与衍变》，2008 年 8 月 5 日《中国社会科学院院报》。

[2]　戴玮：《词语的变脸》，戴玮的 BLOG，http://blog.imedia.com.cn/star/daiwei/archives/2007/8139.html。

[3]　邸永君：《汉语"同志"一词之由来与衍变》，2008 年 8 月 5 日《中国社会科学院院报》。

保险招商局设立的背景，是清同治十一年十一月二十三日（1872年12月23日），经直隶总督李鸿章奏准试办轮船招商局。派朱其昂、朱其诏至上海招商兴办。同年十二月十六日（1873年1月14日），上海轮船招商公司正式开张，半年后改名为"轮船招商总局"，经营半年，未见景气。李鸿章遂另委派唐廷枢（即唐景星，亦称镜心，广东省香山人。幼年在香港马礼逊学堂学习，曾任翻译、上海海关大写和翻译、怡和洋行买办）任招商局总办。唐辞去英商怡和洋行总买办职务，带资金进入轮船招商局后，重订章程，广招商股，颇有成效。鉴于轮船航运风险巨大，清廷北洋大臣李鸿章认为欲求富国自强"须华商自立公司，自建行栈，自筹保险"。乃准由轮船招商局筹组"保险招商局"，由总办唐景星、会办徐雨之（即徐润，别号愚斋，广东省香山人，出身于买办世家，曾任英商宝顺洋行学徒、副买办）发起集股。是后有纯属华商自办的第一家规模较大的船舶保险公司——保险招商局建立，成为抵制外商保险公司垄断的重大事件。

创办保险招商局后，由中国人自办船舶保险和货物运输保险，受到国人支持。为进一步扩展业务，增加抗风险能力，唐景星、徐雨之、陈菱南、李积善等又发起招股集资，另行成立仁和水险公司。于光绪二年闰五月十二日（1876年7月3日）在《申报》刊登"仁和保险公司公启"，招股2000份，集资20万两，后又增股5万两，定名"仁和水险公司"。光绪二年七月初一（1876年8月19日）开张。光绪四年三月十五日（1878年4月17日）又成立"济和船栈保险局"，后为维护民族尊严，抵制外商保险公司要挟，又增股至50万两，扩大经营范围，并改名为"济和水火险公司"。

1883年中法战争爆发，上海市场爆发金融风潮，股价漂泊，商市萎缩。保险招商局会办徐润挪用公款16.2万两事发，又因投机地产失败而破产，被清政府革职。1885年夏唐廷枢离开轮船招商局，李鸿章决定以盛宣怀接替主持。盛宣怀依权势低价购进股票，使自己成为举足轻重的大股东。为摆脱困境，重振保险业务、争取资金局面好转，确定仁和、济和合并。1886年2月成立"仁济和水火险公司"，资金100万两，重新推举8名董事负责。但由于体制原因所限，仁济和水火险公司在以后40年的竞争中愈益日薄西山，难见起色①。

---

① 中国保险学会：《中国保险史》，中国金融出版社，1998，第41~51页。

■ 1876 年（清光绪二年） 格致汇编

格致汇编 其前身为《中西闻见录》，1876 年 2 月迁上海时易名为《格致汇编》。由英国传教士傅兰雅主编，格致书室发行。主要介绍西方近代各种自然科学知识。初为月刊，1890 年改为季刊。其出版时期长达 16 年，中间曾两度停刊，共出版 60 期[①]。

1892 年春季出版的《格致汇编》
图版来源：参见李焱胜《中国报刊图史》，湖北人民出版社，2005，第12 页。

■ 1877 年(清光绪三年) 技术哲学，奥格本，爱迪生

技术哲学 研究技术和技术发展的哲学问题的学科。1877 年德国卡普（E.Kapp）出版《技术哲学纲要》一书，他被认为是技术哲学的奠基人。主要研究内容有：人类通过技术改造天然自然界，以创造人工自然；人与自然的关系、天然自然与人工自然的关系；技术的本质和特点，技术各组成要素之间的结构，技术发展的内在机制、技术发明与开发的方法论以及技术评价的标准等问题；技术在社会生产力中的地位和作用；科学、技术、经济、社会之间的协调发展及科学革命、技术革命、产业革命和社会革命之间的区别与联系等。在此之后，20 世纪 30 年代的社会学理论中有技术主义社会学，以美国的奥格本等人为代表，着重研究科技发展对社会的影响，认为自动化的普遍应用将威胁人类文明。（《辞海》1999 年版音序缩印本，第 769 页）

奥格本 奥格本（William Fielding Ogburn，1886~1959 年），美国社会学家。1912 年获哥伦比亚大学博士学位，曾任芝加哥大学等校教授。他提倡用定量法和文化观点研究社会现象，主张把统计学用于社会学等的研究，提出论述文化变迁的文化滞距理论。著有《社会变迁：关于文化和本性》、《美国婚姻制度与家庭关系》等。文化滞距，亦译"文化堕距"、"文化落后"，指文化丛中某一部分的变迁快于其他部分而产生的不平衡状态。一般说来，物

---

① 李焱胜：《中国报刊图史》，湖北人民出版社，2005，第 12 页。

质文化要比非物质文化（适应性文化）发展速度更快。这种滞距持续的时间长短不一，有时甚至要经历许多年。

爱迪生　托马斯·爱迪生（Thomas Edison，1847~1931 年），举世闻名的电学家和发明家，被誉为"世界发明大王"。除了在留声机、电灯、电话、电报、电影等方面的发明贡献以外，在矿业、建筑业、化工等领域也有出色的创造和真知灼见。爱迪生生逢其时。南北战争后，美国正在成长壮大，为爱迪生提供了充分发挥才能的有利条件。爱迪生一生共有 2000 多项创造发明，对人类文明和社会进步作出了不可磨灭的贡献。

1862 年 2 月，15 岁的爱迪生决定印刷自己的报纸《先驱周报》，地点就在他工作的火车行李车上。4 年之间，这份工作为他赚了 2000 美元。报纸创办之后不久，爱迪生从火车轮子底下救出了火车站长的小孩。为了表示感激，站长主动提出要教爱迪生成为一名电报员，3 个星期后，爱迪生就获得了成功。在火车上工作时，年轻的爱迪生在行李车车厢里建立了一个实验室，不幸因磷棒掉在地板上而引起火灾。列车长非常生气，饱以老拳，并将爱迪生和他的实验设备一起扔下火车。爱迪生因此受到永久性的伤害——右耳失聪[①]。此后爱迪生颠沛流离，多次求职，都因想法太过离奇，很难得到雇主的满意而被炒鱿鱼。

终于，爱迪生去了波士顿，虽然衣冠不整、行为古怪，却以字迹工整的求职信和出色的抄收技术赢得了西联电讯公司的工作。1869 年爱迪生借钱去了纽约，头 3 年寄居在

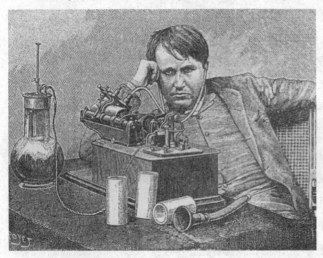

1877 年托马斯·爱迪生发明留声机
图中是一架改进后的爱迪生留声机（phonograph），唱片由锡箔制成。在此之前的 1870 年，23 岁的爱迪生由于发明"证券报价机"而发了第一笔财。
图版来源：参见〔美〕雷夫·丁·鲁宾逊（Leif J. Robinson）《冲突：科学的助力》，庞丽霞译，中国电力出版社，2005，第 31 页。

---

① 孙魁芳：《科技精英》，中国宇航出版社，2009，第 29 页。

一家专为纽约各商行提供股票行情的公司里。碰巧有一天那台印刷黄金行情的机器出故障，爱迪生修好了它，并因此获得了月薪 300 美元的经理职位。为改进这台机器，他发明了许多新部件。新的万能印刷机可以印出全部金价情报，而不仅仅是少数字母和数字显示的行情。黄金和股票电报公司的经理马歇尔·莱费兹将军出价 4 万美元，买下了这台机器和爱迪生的其他几项发明。爱迪生用这笔钱在新泽西州纽阿克市开办工厂，开始发展自己的事业。

1874 年，他发明并售给西联电讯公司一种可以在一根电线上同时拍发 4 份电报的技术系统，为西联电讯公司节约了几百万美元的电线和电线杆成本。1876 年，爱迪生在新泽西州的洛园建立了车间和实验室，在那里做出了许多奇妙的发明，后人因此称爱迪生为"洛园巫师"。1931 年 10 月 18 日，爱迪生在新泽西州奥兰芝城的家中去世，享年 84 岁。几天后全美国为他的逝世停电一分钟，以纪念这位以其发明改变和改善了各地人民生活的人[1]。

1881 年（清光绪七年）　英华书院，死亡的贸易

英华书院　1881 年美国基督教美以美会传教士麦鉴利在福州创办鹤龄英华书院。其课程包括《论语》、《孟子》、《左传》等儒家经典[2]。

死亡的贸易　1881 年，20 岁的泰戈尔（1861~1941 年）撰写文章《死亡的贸易》，抨击英国殖民主义者毒害中国人民的鸦片贸易。他写道："这种贸易和积累财富的方法，只有用客气的口气才能叫做贸易。它简直就是强盗行为。"泰戈尔是印度伟大的诗人和爱国者，毕生都是中国人民的知心朋友。他 1924 年访问中国，取中国名字"竺震旦"。20 世纪 30 年代在自己创办的国际大学中建立中国学院，邀请中国学者和画家（如徐悲鸿）去访问。日本军国主义分子侵华时，在出发前，竟然到佛寺里去祈祷，泰戈尔闻后拍案而起，义愤填膺，写下那首著名的诗：

> 他们要以凯旋的号角来标点
> 每一千人被杀害的人数，

---

[1]　孙魁芳：《科技精英》，中国宇航出版社，2009，第 29~31 页。
[2]　袁爱俊主编《北京师范大学附属实验中学校史》，长江文艺出版社，2007，第 308 页。

来引起魔鬼的笑乐，当他看到

妇孺的血肉淋漓的肢体。

在他临终前的病床上，泰戈尔依然殷切关心中国的抗日战争①。

■ 1882 年（清光绪八年） 同文书局，营口西炮台

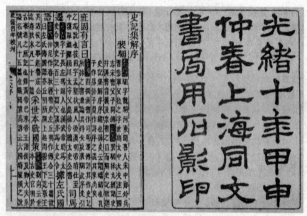

同文书局印书字样

图版来源：参见张树栋、庞多益、郑如斯《简明中华印刷通史》，广西师范大学出版社，2004，第 234 页。

同文书局 广东徐润（雨之）兄弟集股投资创办同文书局，局址在当时的上海熙华德路（今上海市长治路），备有石印机 12 部，雇员 500 人，其规模超过与之三足鼎立的点石斋印书局和拜石山房，居当时石印业之首，率先打破了由外国人创办的点石斋印书局独霸石印业的局面。自 1882 年创办到 1898 年歇业，十几年间用石板印刷术印制了不少书籍。其中，工程最大的是《古今图书集成》和《殿版二十四史》。《古今图书集成》翻印过两次。第一次在光绪十一年（1885 年），用了两年时间，印成字体较小的缩印本一万卷，计 1500 部；第二次在光绪十七年（1891 年），清政府出资交由同文书局影印了 100 部。此次影印增加《考证》二十卷，每部装成 5440 册，共 50 多万册，照殿版原式，较为精美。用于清政府赠送外国或颁赏大臣，用桃花纸印刷，费时三年，耗银近 50 万两②。

营口西炮台 营口西炮台位于营口市渤海大街西段，辽河入海口左岸，为辽宁省级文物保护单位和省级爱国主义教育基地。炮台遗址就其原貌及四

---

① 季羡林：《中印文化交流史》，中国社会科学出版社，2008，第 142~143 页。

② 张树栋、庞多益、郑如斯：《简明中华印刷通史》，广西师范大学出版社，2004，第 233 页。

周自然景观保护，在全国同类炮台中应属较佳者。营口西炮台始建于 1882 年（光绪八年），1888 年建成，为夯筑四合土。炮台面海，"内筑土台三方，中大旁小，高四五丈"。中间大炮台为两层，高 6 米，长宽各 50 余米。台顶四周为矮墙。墙下暗炮眼 8 处，置炮 52 尊，炮台四周围墙 900 余米。营口西炮台是清末东北地区的重要海防要塞，也是东北地区最早的海防工程之一。1895 年初和 1900 年夏，分别遭到日本和沙俄侵略军的破坏。

■ 1884 年（清光绪十年） 点石斋画报

点石斋画报　《点石斋画报》是中国近代石印版印刷的新闻画报。1884 年（清光绪十年）5 月 8 日在上海创刊。旬刊，随《申报》附送，每期图八幅。吴友如主编。因由申报馆所设点石斋书局出版，故名。以社会新闻画和战事新闻画为主。1896 年底停刊，共出 473 期。（《辞海》1999 年版音序缩印本，第 335 页）

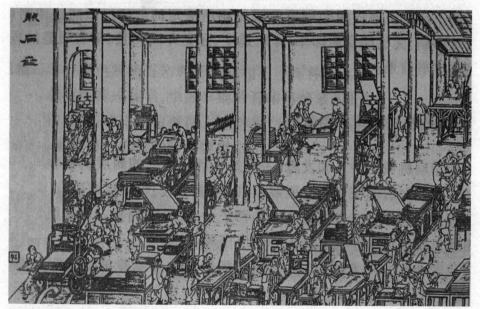

吴友如绘点石斋石印工场图
光绪十年（1884 年）著名画家吴友如绘制《春江胜景图》，卷上绘有点石斋石印工场实景。工厂里的石印机有两种，其中大者为圆压平式轮转平台石印机，小者为平压平式。二者皆由人力摇动。
图版来源：参见张树栋、庞多益、郑如斯《简明中华印刷通史》，广西师范大学出版社，2004，第 210 页。

■ 1885 年（清光绪十一年） 迪昂，化学势，杜亥姆

迪昂 1885 年，法国物理学家迪昂（Pierre Duhem）就热力学进行"公理化"的研究。他运用类似于拉格朗日（J. Lagrange）在分析力学中所采用的做法，结果得到了后人称为"化学势"的概念，又称"偏摩尔吉布斯函数"。这项成就是对物理学、化学的巨大贡献，从一个全新的角度完成了物理和化学的统一。

化学势 迪昂的化学势，亦称"化学位"，物质传递的推动力。任何物质存在于两相中，必从化学势较大的一相向化学势较小的一相传递。当两相达到平衡时，该物质在两相中的化学势必定相等。这是一个非常重要的概念，它代表了体系的亲和力，代表了体系自发变化的倾向。随着科学的发展，化学势的含义也从宏观尺度延伸到微观尺度。无论是物理变化，还是化学变化；无论是宏观尺度，还是微观尺度；无论研究对象的化学组分是什么，它所处的状态如何，无论所代表的亲和力是对何种物质而言，无论是体系在哪种条件下的自发变化倾向，无论体系处于何种平衡，化学势必保持全局恒定。

杜亥姆 迪昂是法国人。按照名从主人的原则，他的名字"Duhem"读作"迪昂"。他与美国的吉布斯（Josiah W.Gibbos）在化学势概念的提出上都有巨大的贡献。但是，在中国大学的教科书中，长期以来却是按其英文发音误译作"杜亥姆"。此类中文教科书的众多撰写者，似乎都只看重科学而疏于历史，也来不及查阅科学史书籍，于是一误再误，结果造成中国的许多大学生只知道"吉布斯—杜亥姆公式"，却不知道其实应当是"吉布斯—迪昂公式"。现代科学史学者则又似乎只重视历史而疏于科学，他们长期以来还在使用迪昂当年使用的名称"热力势"，而不是目前世界普遍通用的"化学势"这个词[①]。这说明术语工作既要尊重历史，也需要与时俱进。

特别值得指出的是，迪昂从来没能得到物理学博士学位。正是因为"化学势"概念，他失去了物理学博士论文被通过的机会，因为这个概念触犯了当时法国化学权威贝特洛（M.Berthelot）。贝特洛 1863 年就成了法兰西科学院

---

① 陈敏伯：《走向严密科学：量子与理论化学》，上海科技教育出版社，2001，第 8~9 页。

院士，1886 年曾任教育部长，后来又任外交部长，在化学平衡、热化学、有机合成方面很有造诣。他死后葬于法国拉丁区的先贤祠，那是法国人纪念民族伟人的地方。触犯了这样的人物，迪昂的处境可想而知。对于迪昂在热力学理论上对他的挑战，贝特洛说："这位年轻人永远也不能在巴黎教书。"由于贝特洛的"关照"，迪昂成了一个孤独的人，他的学术生涯变成了流放的生涯。这说明学问上的伟人也可能兼任学阀，而事实上具有并非高尚的、值得效仿的道德情操。

虽然迪昂坚信"逻辑可以等待，因为它代表永恒"，后来的历史也证明了迪昂思想的不朽，但在当时，迪昂也不得不用基本相同的论题，避开学阀贝特洛的"领地"，于两年后申请数学博士，才通过答辩，从另一个侧面说明了数学表述在化学势理论中具有重要地位。直到迪昂去世后多年，他的思想才被认识。最早提出"波粒二象性"概念的德布罗意（L.de Broglie）评价迪昂"严格的科学研究价值，深刻的思想，惊人广博的学识，使他成为 19 世纪末20 世纪初法国科学家最卓越的形象之一"[1]。

■ 1886 年（清光绪十二年）　八小时工作制，国际劳动节

八小时工作制　劳动者在一昼夜劳动八小时的工作日制度。针对雇主无限制延长工人劳动时间、损害劳动者利益的问题而提出。从 14 世纪起，英国无产阶级就为争取八小时工作制而斗争。1866 年第一国际日内瓦代表大会提出"八小时工作制"的口号。1886 年 5 月 1 日，美国芝加哥 20 万工人举行大罢工，要求实行八小时工作制。经过流血斗争，终于争得了八小时工作的权利。

国际劳动节　1889 年 7 月在巴黎召开的第二国际成立大会上，决定以象征工人阶级团结、斗争、胜利的 5 月 1 日为国际劳动节。1890 年 5 月 1 日在欧美各国的许多工业城市工人举行规模浩大的示威活动。1908 年新西兰以立法形式成为最早确认八小时工作制的国家。1917 年 11 月 11 日列宁签署了苏维埃国家颁布的关于八小时工作日的法令。1919 年国际劳工组织大会通过公

---

[1]　陈敏伯：《走向严密科学：量子与理论化学》，上海科技教育出版社，2001，第 9 页。

约，规定工业企业工作时间一天不得超过八小时，一周不得超过四十八小时。此后各国相继推广。1920 年中国工人阶级第一次大规模纪念"五一国际劳动节"，在北京、上海、广州、九江、唐山等地举行了群众性的集会和示威游行。1949 年 12 月，中共中央人民政府政务院规定 5 月 1 日国际劳动节为法定假日。

■ 1888 年（清光绪十四年） 特斯拉，交流电

特斯拉 尼古拉·特斯拉（Nikola Tesia，1856~1943 年）。电工发明家。生于塞尔维亚（今属南斯拉夫），后去美国，1889 年入美国籍。就学于格拉茨技术学校和布拉格大学。1881 年发明电话增音机，并发现旋转磁场原理。1886 年发明弧光照明系统；1888 年发明特斯拉电动机和交流电传输系统；1889 年利用振荡放电的变电和配电系统；1890 年发明高频发电机；1891 年发明特斯拉变压器，或叫"特斯拉线圈"（Tesla Coil）；1893 年发明无线电信号传输系统；1894~1895 年发明机械振荡器和电气振荡发生器。其中，最著名的发明是特斯拉电动机和特斯拉变压器。电工学中磁通量密度和磁感应强度（B）的法定计量单位也叫特斯拉，简称"特"，符号为"T"。设在均匀磁场中放置一根很长的直导线，并使其方向与磁场垂直，此时若导线中通以 1 安电流，而每米长的导线上受到 1 牛的磁力作用时，则该磁场的磁感应强度就规定为 1 特。（《辞海》1999 年版音序缩印本，第 1653 页）

交流电 交流电（Alternating Current，AC），"交变电流"的简称，指大小和方向随时间作周期性变化的电流，其基本形式为正弦电流。1888 年，尼古拉·特斯拉发明交流电动机和交流电传输系统。这是在电力运用方面继托马斯·爱迪生规模化使用直流电以后最有价值的发明。交流电的应用，开创了电力长距离传输的科学时代。尼古拉·特斯拉也被后世誉为"人类科技史上的奇人"，他称自己"比上帝懂得还要多"。21 世纪科技史学者的研究表明，发生在 20 世纪初的通古斯大爆炸，极有可能是特斯拉实地验证交流电力传输破坏作用的结果①。

---

① 参见中国中央电视台（CCTV–10）2009 年 6 月 16 日的节目《科学奇人特斯拉》。

■ 1889 年（清光绪十五年） 艾菲尔铁塔

艾菲尔铁塔 艾菲尔铁塔为法国建筑师古斯塔夫·艾菲尔于 1889 年时为万国博览会所设计建筑而成。依据规定，艾菲尔铁塔在万国博览会举行的一年后必须拆除，但艾菲尔以国防安全为由，为铁塔请命，请求巴黎市政府保留铁塔。当时法国军方将其最新防空武器设置于铁塔顶部，加上艾菲尔游说有方，艾菲尔铁塔终于保住一命。1979 年巴黎市政府决定为铁塔整修并美容。这次大翻修历经 12 年，耗资 7 亿法郎。1992 年，参观艾菲尔铁塔的游客达 570 万人，门票收益达 1.8 亿法郎，2/3 的参观者是外国人。除了门票收益外，铁塔一层豪华沙龙还有租金收入，六家餐厅、七家纪念品商店，每年营业额达 1 亿法郎，即使在经济不景气时，仍是生意兴隆。游客每年在艾菲尔铁塔的消费多达 3 亿法郎。如今艾菲尔铁塔不仅成为花都的精神象征，更成了巴黎最大的摇钱树[①]。

■ 1890 年（清光绪十六年） 革命，电流大战，电椅

革命 从 1890 年开始，一种既不同于康有为的维新变法、也与太平天国等旧式农民起义相区别的新型社会改造运动悄然兴起。它以颠覆现有政权为主要目的，参与其中的、置身事外的、还有后世习史的人们，通通以一个外来的词汇——"革命"来称呼它。虽有学问家们不辞辛苦，通过艰辛的搜索，从中国早期的文献典籍中找到了"革命"一词，但赋予这个此后风行中国百余年的词汇以社会改造新含义的，确是日本人。而日本国也成为早期中国革命运动的重要根据地。革命运动的基本力量，为华侨、会党、留学生。生活在东南亚、日本、美国等地的华侨为这场眼下还看不到任何前途的革命运动出钱出物，而被称为"革命之母"。会党则是早期革命运动常见的组织形式，此前即已存在的多个会党组织也得以在革命运动中大显身手[②]。

《现代汉语规范词典》解释"革命"：（1）原指改革天命，即改朝换代。

① 摘自 1994 年 2 月 15 日《海南日报》。

② 汪中求、王筱宇：《1750–1950 的中国》，新世界出版社，2008，第 155 页。

现指被压迫阶级用暴力夺取政权，摧毁旧的社会制度，建立新的社会制度，推动社会向前发展。（2）形容具有革命性质的。（3）指突破性的变革①。

电流大战　1882年，托马斯·爱迪生利用当时最大的直流发电机建成了世界上第一座大型发电厂，为实现集中供电进行了许多工作。但是，尼古拉·特斯拉关于交流电运用的发明即将打破爱迪生与直流电的垄断地位，这使得爱迪生大为不爽。于是，爱迪生赤膊上阵，对交流电极尽诋毁诬蔑之能事，挑起了人类科学史上并不光彩的"电流大战"。影像资料显示，1890年，为了说明特斯拉交流电的危险，爱迪生指挥手下，当场将一头大象电死。更为证明交流电的可怕，在纽约监狱制造并使用了电椅。在电路接通的瞬间，随着脊背后冒出的一缕青烟，犯人当即毙命，电椅由此成为美国标志性的刑具。为争夺1894年芝加哥世界博览会的供电工程，爱迪生与1892年组建的通用公司与支持特斯拉交流供电方案的西屋公司展开竞争，最终通用公司以100万美元的报价败给报价仅为50万美元的西屋公司。1893年5月1日，随着时任美国总统特利弗兰亲自启动博览会供电系统，展现出一片灿烂的灯光之城，爱迪生挑起的电流大战终于以特斯拉与交流电的胜利而告一段落②。

电椅上的女人

爱迪生为证明斯特拉交变电流之危险而设计发明的电椅，是美国典型的文明刑具。1928年1月12日，露丝·席德作为美国历史上第一个被处以电刑的妇女，由《纽约时报》摄影记者汤姆·霍华德利用绑在脚踝的微型照相机留下了最后的影像：黑色头罩注销了那个人的脸。摄影师因紧张而引起的颤抖，反而给这张记录死亡的照片注入了更加强烈的现场感。

图片来源：参见张石《世纪未解之谜——550幅震惊世界的影像传奇》，陕西师范大学出版社，2006，第189页。

电椅　一种美国式的文明刑具，1890年在电流大战中由科学家爱迪生利用特斯拉的交变电流成果而发明，后来成为处理美国罪犯的典型工具。美国司法部门不允许任何摄影记者记录利用电椅行刑的过程，所以更加引发了人们极度的好奇。1928年1

① 李行健：《现代汉语规范词典》，外语教学与研究出版社、语文出版社，2004，第440页。
② 参见中国中央电视台（CCTV-10）2009年6月16日的节目《科学奇人特斯拉》。

月 12 日，因与情人合谋杀死自己丈夫阿尔伯特而获死刑的露丝·席德被推上
电椅，成为美国历史上第一位被处以电刑的妇女。这一天，美国《纽约时
报》的摄影记者汤姆·霍华德将一架微型照相机绑在其脚踝，战战兢兢地拍
摄下了电椅处死露丝时的画面。这张照片被刊登在第二天的《芝加哥民众
报》上，立即引起轰动①。

■ 1892 年（清光绪十八年） 一目了然初阶

一目了然初阶 1892 年，卢戆章的《一目了然初阶》出版，标志着西方
标音文字的传播在汉地达到了一个新的阶段，以西方标音文字的体制来改革
汉字的标意体制的思想也由此形成。

> 卢戆章曾在新加坡学习英语，为教会翻译《华英字典》。他参加教
> 会，是一名传教士，熟悉教会拉丁字，是深受西方标音文字熏陶的人，
> 所以他最初提出的方案是仿拉丁字母及其变体的标音字母，以闽南方音
> 为基础语音。4 年后，他又推出一套以官话（读音）为基础的"中国切音
> 字"，这是一套汉字笔画式的标音字母。从卢氏起，汉字的标音字母方案
> 有三种形式：一种是汉字笔画式，一种是拉丁字母式，一种是速记符号
> 式。晚清提出的标音方案约有 28 种，但是倡导者多肯定汉字，如卢氏《中
> 国切音字》云："夫汉字为我国国粹之泉源，一切文物之根本"，"在我国
> 累代相传，岂可反行废弃"，切音字"与固有之象形字相辅而行"②。因此
> 清政府有时也采取宽容态度。1900 年以后，汉字笔画式字母取得优势，
> 1918 年公布"注音字母"。
>
> ——陆锡兴：《汉字传播史》，语文出版社，2002，第 96 页。

---

① 张石：《世纪未解之谜——550 幅震惊世界的影像传奇》，陕西师范大学出版社，2006，第
188 页。

② 卢戆章：《中国字母北京切音合订》，文字改革出版社，1957。

■ 1893 年（清光绪十九年） 科学，自强学堂

科学 从语词演变的角度看，英文单词"science"（科学）源于拉丁文"scio"，后演变为"scientia"，最后成为今天的写法，其本意是知识。中国典籍《礼记·大学》中有"致知在格物，格物而后知至"，用格物致知表示实践出真理的概念，日本转译为"致知学"。在明治维新①时期，日本著名科学启蒙大师、教育家福泽瑜吉首先把"science"译为"科学"，得到广泛应用。1893 年，康有为引进并使用"科学"。严复在翻译《天演论》等科学著作时，也用"科学"二字②。此后，"科学"一词在中国推广开来。

拉丁语词"scientia"（scire，学或知）就其最广泛的意义来说，是学问或知识的意思。但英语词"science"却是"natural science"（自然科学）的简称，虽然最接近的德语对应词"wissenschaft"仍然包括一切有系统的学问，不但包括我们所谓的"science"（科学），而且包括历史、语言学及哲学③。由此可见，所谓科学，按照不同的分类体系可能存在不止一种的细分方式。但是，至少在最广泛的意义上，科学应该同时包括自然科学与社会科学。社会科学是自然科学的对称。回顾中国科学术语规范工作的历史，我们可以从某些称谓上看到时间更替引起人们对"科学"概念认识变化的痕迹。

清代中期：1865 年在上海建立江南制造局，1868 年附设编译馆。

1909 年：成立科学名词编定馆——中国历史上第一个从事科技名词审定的专门机构。

1912 年：江苏教育会之理化教授研究会审定物理学和化学术语；中华医学会组织了医学名词审查会。

1918 年：中国科学社起草了科学名词审定草案。

1919 年：成立了科学名词审定委员会。

1928 年：在大学院内成立了译名统一委员会。

1932 年：成立国立编译馆；在教育部主持下聘请审定委员多人。

---

① 明治维新，日本在封建社会向资本主义社会转变时期发生的自上而下的改革运动。大致从 19 世纪中叶开始，到 1889 年颁布《帝国宪法》，确立近代天皇制为结束标志。

② 胡显章、曾国屏：《科学技术概论》，高等教育出版社，1998，第 1 页。

③ 〔英〕W. C. 丹皮尔：《科学史及其与哲学和宗教的关系》，李珩译，商务印书馆，1997，第 8 页。

1950 年：新中国成立学术名词统一工作委员会。

1956 年：国务院将术语审定工作交给中国科学院，中科院编译出版委员会下设名词室。

20 世纪 60 年代初期：名词室改为"中国科学院自然科学名词编订室"。

20 世纪 60 年代中期：术语的专门审定工作中断；科学出版社在编订辞书的工作中实现审定统一。

1985 年：成立全国自然科学名词审定委员会。

1998 年：成立全国科学技术名词审定委员会。

2000 年：全国科学技术名词审定委员会成为国际术语信息中心（Infoterm）的联合成员。

自强学堂　1893 年 11 月，湖广总督张之洞创办自强学堂（今武汉大学前身）。自强学堂分方言、格致、算学、商务四门，而最重方言（外语）。甲午战争之后，张氏将倡导译业的重心转移到翻译日籍。

■ 1894 年（清光绪二十年）　甲午战争，旅顺大屠杀，荣宝斋，朵云轩

甲午战争　日本明治政府坚持以对外扩张的大陆政策作为基本国策。早在 1868 年明治天皇登基伊始即开始推行"武国"方针，宣称"日本乃万国之本"，要"开拓万里波涛，布国威于四方"。进入 19 世纪 70 年代，日本国内倡行"征韩论"，80 年代后便举全力准备大陆作战。山县有朋内阁成立，便提出"保卫利益线"，成为日后发动侵略战争的"理论"根据。1893 年，明治天皇批准《战时大本营条例》，标志着入侵大陆战争的准备已经完成。日本通过甲午战争从中国所得的赔款及财物总计，约合库平银 3.4 亿两，折合日币 5.1 亿元，是当时日本全国年度收入的 6.4 倍[①]。

库平原为清廷所规定的国库收支银两的计算标准，每千两纹银含纯银 935.374 两。但是，日本却借口"库平实足"，要求中国所赔库平银按成色 988.89 计算。这样，清政府实际交付的库平银数便要多支出 1325 万两。日本

---

① 刘晓焕、戚海莹：《甲午战争研究争议热点评议》，2008 年 9 月 16 日第 6 版《中国社会科学院院报》。刘晓焕，山东省社会科学院历史研究所研究员；戚海莹，山东省社会科学院历史研究所副研究员。

政府还要求中国在伦敦用英镑支付赔款，由于金价上涨银价跌落，故银镑兑换比率虽偶有所波动，但镑价上扬难以抑制，于是形成"镑亏"。仅此一项，日本又从中国轻易夺得库平银 1494 两。加上军费赔款库平银 2 亿两，赎辽费库平银 3000 万两，威海驻军费库平银 150 万两，合计为库平银 2.597 亿两[①]。

旅顺大屠杀 1894 年 11 月 21 日，攻占旅顺后的日军连续 4 天实施有组织的屠城杀戮，制造了震惊中外的"旅顺大屠杀"惨案。但日本明治政府一直矢口否认。其外相陆奥宗光一面向其驻外公使发布训令以统一口径，一面炮制辩解书，掩盖兽行。关于旅顺惨案被杀戮的人数，时人孙宝田撰《甲午战争旅顺屠杀始末记》有明确记载："除有家人领尸择地安葬者千余外，据抗（扛）尸队所记，被焚尸体实有一万八千三百余人。"[②]

荣宝斋 中国书画出版机构之一。前身松竹斋，清康熙十一年（1672 年）创建于北京。清光绪二十年（1894 年）改名为"荣宝斋"。从事木版水印业务，经营古今字画和文房四宝。复制的古今名画，酷肖传神，富有民族特色。（《辞海》1999 年版音序缩印本，第 1407 页）

木版水印，又称"木刻水印"。中国传统的刻版印刷方法之一。在雕刻木版基础上，融合古老的饾版印刷方法发展而成。以水墨及颜料在木刻版上刷印，用以复制书画作品。唐宋时期流行单色刷印，至明末发展为彩色套印，印版犹如饾钉，故明人称"饾版"。制作分勾描、刻板、刷印三道工序。中国大陆有北京的荣宝斋和上海的朵云轩擅长从事，复制了数千种木版水印的中国名画珍品。到"文化大革命"前，荣宝斋共印刷出版古今大小作品 4000 多件，行销 48 个国家和地区。复制的名画足以乱真。为复制北京故宫博物院收藏的千年珍品——五代顾闳中《韩熙载夜宴图》，荣宝斋历时 8 年，雕刻了 1600 多块木版，复制了 35 幅，其本身也成为精美的艺术。

朵云轩 朵云轩成立于清光绪二十六年（1900 年），最初从事书画笺宣业务。1955 年政府拨款在上海衡山路建造木版水印大楼。1958~1966 年，先后复制名花珍品 530 余种。南京博物馆一级藏品——《杂花图卷》是明代画家徐

---

① 刘晓焕、戚海莹：《甲午战争研究争议热点评议》，2008 年 9 月 16 日第 6 版《中国社会科学院院报》。

② 刘晓焕、戚海莹：《甲午战争研究争议热点评议》，2008 年 9 月 16 日第 6 版《中国社会科学院院报》。

渭的作品。朵云轩花 3 年时间刻版 250 余块，精心套印数千次，复制了 10 幅，1984 年在香港展出，引人惊叹①。

■ 1895 年(清光绪二十一年) 天演论，中西学堂，北洋大学，乌合之众

天演论 《天演论》是中国近代较早的一部直接介绍西方哲学社会科学的著作。严复②根据英国赫胥黎的《进化论与伦理学》原著译述完成。全书上、下卷共 35 篇。附有按语并作序，表达严复自己的见解。1898 年正式出版。进化论旧称"天演论"。

中西学堂 1895 年（清光绪二十一年），津海关道盛宣怀呈请北洋大臣王文韶奏准开办，在天津创立中西学堂，亦称"天津北洋西学学堂"。这是中国最早的工科大学。学堂总办为王修植，后由伍廷芳、蔡绍基分任头等、二等学堂总办，美国传教士丁家立（C.D. Tenney）任总教习。教学分头等学堂和二等学堂两级，各学习四年，又按学习程度各分为四班，级次递进，是中国学校分级的开始。二等学堂属预科性质。头等学堂则相当于大学专科，设普通学科——英文、数学、制图、物理、化学、天文、地学、万国公法、理财学等，专门学科则有工程学、电学、矿务学、机器学、律例学等。毕业后，"或派赴外洋分途历练，或酌量委派洋务职事"。

北洋大学 北洋大学是中国最早的工科大学，原为清光绪二十一年（1895 年）盛宣怀创办于天津的中西学堂，亦称"天津北洋西学学堂"。1896 年中西学堂更名为"北洋大学堂"。1898 年应京奉铁路之请，设铁路专科。1900 年因义和团运动，学务中止③；1903 年重建。后于 1912 年改称"北洋大学校"；1913 年改称"国立北洋大学"；1928 年改称"北平大学第二工学院"；1929 年又改称"北洋工学院"。1937 年抗日战争开始后与北平大学、北京师范大学等校迁至西安，合组西安临时大学；次年改名为"国立西北联合大学"。1946 年迁回天津，再度复校，改名为"北洋大学"，分理、工两学院。

① 参见张树栋、庞多益、郑如斯《简明中华印刷通史》，广西师范大学出版社，2004，第 329 页。
② 严复（1854~1921 年），福建侯官（今闽侯县）人。初名传初，又名宗光，字又陵；为官后始称严复，字几道，号尊疑，观我生室主人。
③ 转引自顾明远《世界教育大事典》，江苏教育出版社，2000，第 162 页。

1952 年经院系调整后改名为"天津大学"(《辞海》1999 年版音序缩印本，第 85、2227 页)。机构频频改名，动辄尚属首次，恨不能把历史切割干净，将一切由此脚下立地新来，是中国文化传统中值得警惕的一种痼疾。

乌合之众 1895 年，法国社会心理学家古斯塔夫·勒庞 (Gustave Le Bon，1841~1931 年) 最著名的著作《乌合之众》(*The Crowd*) 出版，此后广为流传，经久不衰，成为长期保持时髦的社会学重要文献 ①。在权威著作《社会心理学手册》(*Handbook of Social Psychology*, ed. by Gardnet Lindzey, 1954) 中，美国的社会心理学大师奥尔波特 (Gordon W. Allport) 断言："在社会心理学领域已经写出的著作中，最有影响者，也许非勒庞的《乌合之众》莫属。"② 尽管对于勒庞这部著作的评价历来毁誉参半，但它确实对人们理解集体行为的作用以及对社会心理学进行思考产生了巨大的影响。《乌合之众》作为社会学经典名著，已被翻译成近 20 种语言。勒庞以十分简约的方式，考察了个人聚集成群体时的心理变化，指出个人在群体中会丧失理性，没有推理能力，思想感情易受旁人的暗示及传染，变得极端乃至狂热，不能容忍对立意见，因人多势众产生的兽性的力量感会让他失去自我控制的能力，肆无忌惮。

《乌合之众》对于理解世界历史的过去、现在与将来具有永恒的意义。战争恶魔希特勒屠杀了 600 万犹太人，却能得到为人类贡献了一大批世界级的思想家，包括数学思想家、物理学思想家，拥有瓦格纳和尼采、贡献了贝多芬的伟大德意志民族狂热的支持，"为了德意志民族有更大的'生存空间'"，他们 (德国的乌合之众) 跳上贼船，"一旦发现有什么东西可能是德国人民所需要的，就必须像警犬那样扑上去，一定要把它弄到手，运送到德国"。这就是当年被希特勒指定为接班人的戈林对占领区德国军队所下达的命令③。1942 年奥斯维辛集中营，为了"欢迎"新的囚犯入营，根据集中营司令官克拉默 (J.Kramer，1907~1945 年) 的命令，老囚犯乐队演奏《鸟儿都已飞来》，还唱了一首摇篮曲。克拉默经常欣赏奥斯维辛集中营女子交响乐队的演奏，

---

① 勒庞的著作除《乌合之众》外，还包括《各民族进化的心理学规律》、《法国大革命和革命心理学》、《战争心理学》等。

② 罗伯特·墨顿：《勒庞〈乌合之众〉的得与失》，冯克利译，广西师范大学出版社，2007，第 1~27 页。

③ 参见赵鑫珊《瓦格纳·尼采·希特勒》，文汇出版社，2007，第 245 页。

在听到演奏舒曼的《梦幻曲》时，他甚至也会落泪。在纳粹的另一处集中营，由 150 名囚犯组成的合唱团在排练完了威尔第的《安魂曲》①之后，即被送进了毒气室。而负责执行希特勒"最后解决犹太人问题"（男人、女人和儿童）指令的党卫队保安处处长、秘密警察副首领海德里希（1904~1942 年）本人就有犹太血统，喜欢海顿和莫扎特的音乐。1942 年 1 月 20 日，在万西（Wannsee）会议上，海德里希说："在最后解决犹太人的问题过程中，牵涉 1100 万犹太人。"他还谈到如何消灭这 1100 万犹太人的具体方案和措施。比如，有关混血儿的处理即按犹太人对待，也就是从肉体上加以消灭。海德里希雇佣了 10 万名兼职告密者——这正是秘密警察国家的典型特征②。无独有偶，素以谦卑礼让著称的日本普通民众也曾变身为战争机器；正当豆蔻鬙龄的中国"红卫兵小将"可以群殴她们的校长卞仲耘（1916~1966 年）致死③；股民会变得群情激昂；原本生活在社会最底层的老百姓一旦厕身"城管"便会大打出手，耀武扬威，成为败坏社会安定的消极因素④。从个人到群体的心理变化看似难以理解，难以置信，实则有迹可寻。《乌合之众》以其对大众心理的剖析，成为社会科学研究者与执政者、社会活动组织者不可不读的参考书。

① 威尔第是 19 世纪意大利伟大的作曲家，写过许多合唱作品。1874 年的《安魂曲》是其中一首。
② 赵鑫珊：《瓦格纳·尼采·希特勒》，文汇出版社，2007，第 204~205 页。
③ 1966 年，北京师范大学附属实验中学书记兼校长卞仲耘被该校部分学生殴打致死。据《北京师范大学附属实验中学校史》记载，1966 年 8 月 5 日下午，北京师大附中"红卫兵"斗争了学校的 5 位负责人，卞仲耘首当其冲，在自己工作和经营了 17 年的学校里遭到本校"红卫兵"学生的批斗殴打，命丧黄泉，成为"文化大革命"中北京市教育行业被活活打死的第一人。有网络资料称，是北京师大女附中高中一年级的学生"红卫兵"首先发起了这场"革命造反行动"和"红色暴力行为"。
卞仲耘（1916~1965 年），女，安徽无为县人。1938 年参加革命，1941 年加入中国共产党。后毕业于成都齐鲁大学经济系。1945 年 12 月下旬到晋冀鲁豫新华分社工作。1946 年 5 月 15 日《人民日报》在河北省邯郸创刊，卞仲耘即在《人民日报》编辑部工作。从 1948 年 6 月起又参加中共华北局机关报的创建，是战争年代为数甚少的几位女编辑之一。1949 年后应战友胡志涛之邀到北京师大女附中任教，起初担任政治教员，教过语文，曾任教导员、教导主任、校总支副书记。1956 年任党总支书记、副校长。中间几经曲折，1962 年恢复原职。1966 年"文化大革命"前夕，北京师大女附中校长暂缺，总支书记、副校长卞仲耘是学校的最高领导。1971 年林彪事件以后，中央开始缓和对被整干部的政策。1973 年，卞仲耘得到了"没有问题"的"结论"。她的死被当成"在工作时死亡"处理。学校的"革命委员会"依照有关规定，发给卞仲耘家人 400 元钱。1978 年，中共北京市西城区委员会召开追悼会，为卞仲耘"昭雪"。其夫王晶垚要求，用那 400 元钱在卞仲耘曾经工作和被打死的学校里建一块碑或者种一排树表示纪念，未果。卞仲耘的家人试图通过法律途径讨回公道，但因"已过追诉时效期限"被否决。
④ 2008 年 1 月 7 日，湖北省天门市民魏文华被 30 名城管队员殴打致死。据 2008 年 1 月 8 日《新京报》。

■ 1896 年（清光绪二十二年） 南洋公学，东文馆

南洋公学 1896 年，盛宣怀奏设南洋公学于上海。经费来自电报、招商两局。分四院：师范院，即师范学堂；外院，即附属小学堂；中院，即两等学堂（中学堂）；上院，即头等学堂（大学堂）。师范院训练一年以上，拨充各院教习。外院、中院、上院均为四年，三级相衔接，逐年递升，是中国近代三级制学校的雏形。1903 年改名为"上海商务学堂"，不久改名为"商务部高等实业学堂"。1906 年又改名为"邮传部上海高等实业学堂"，设有铁路、电机等科。1911 年改称"南洋大学"。1912 年改为"交通部上海工业专门学校"。1921 年与唐山工业专门学校、北京邮电学校、交通传习所合并，改名为"交通大学"。（《辞海》，第 1216 页）

东文馆 原只教习英、法、德、俄语的京师同文馆于创建 24 年后增设东文馆，研习日语。此后，上海的东文学社①、福州的东文学堂、杭州的日文学堂、泉州的彰化学堂、天津的东方学堂、北京的东方学社接踵设立，从日本聘来的日语教习也如过江之鲫，日文成为清末学子普遍研习的外语②。

1896 年夏，严复始译《天演论》，至重阳（10 月 15 日）完成初稿及序言；10 月，始译《原富》③。

■ 1897 年（清光绪二十三年） 商务印书馆，知新报，国闻报，国闻汇编，时务学堂

商务印书馆 由夏瑞芳（1872~1914 年）、鲍咸昌（1864~1929 年）、鲍咸恩（1861? ~1910 年）、高凤池（1864~1950 年）四人合股集资 3750 元④，1897

---

① 东文学社由罗振玉创办时，学生一共 6 人，教授是日本人藤田丰八。参见汪修荣《民国教授往事》，河南文艺出版社，2008，第 285 页。

② 冯天瑜：《日本明治时期"新汉语"的创制与入华》，《中国科技术语》2007 年第 1 期，第 59 页。

③ 《原富》是严复翻译英国亚当·斯密著作《国富论》用的译名，1901 年出版。书中有严复所加的详细按语，是研究严复经济思想的主要资料。

④ 张树栋、庞多益、郑如斯：《简明中华印刷通史》，广西师范大学出版社，2004，第 234 页。

年 2 月 11 日（农历正月初十）商务印书馆创立于上海，馆址设在上海北京路。

商务印书馆最初的厂址

图版来源：参见《商务印书馆百年大事记》，商务印书馆，1997，第 1 页。

　　商务印书馆创始于民元前十五年，发起人为夏瑞芳、鲍咸恩、咸昌兄弟、高凤池等，皆教会设立清心小学之工读生，习英文排字，先后在《字林西报》及《捷报》馆为排工。各人积资千元，彼此商量，与其寄人篱下，不若自立门户，乃合股四千余金，在北京路租屋，创办商务印书馆。馆名也模仿美华印书馆也。当时我国尚未兴学，而耶稣教会在各地设立之小学甚多，需用教科书，乃请谢洪赉将英人所编印度读本逐课翻译，加以白话注解，名曰《华英初阶》、《华英进阶》。此书出版，行销极广，利市三倍。

　　——蒋维乔：《创办初期之商务印书馆与中华书局》，载《商务印书馆百年大事记》，商务印书馆，1997，第 7 页。

　　知新报　清末维新派的报刊《知新报》，由康广仁、何廷光、徐勤等主办，1897 年 2 月在澳门出版。初为五日刊，自第二十册起改为旬刊，第一百一十二册起，又改为半月刊。分论说、上谕、近事、译报等，宣传资产阶级改革主张。停刊时间不详，所见第一百三十三册，于 1901 年 1 月 20 日出版。（《辞海》，第 2185 页）

　　国闻报　《国闻报》于 1897 年 10 月 26 日，由严复与王修植、夏曾佑等人创办于天津。《国闻报》是一份日报，每日印两张，容量约 8000~10000字，具体内容有"上谕"、"路透社电报"、"本馆主笔人论说"、京津及各地新闻。创刊伊始，就面临着封建顽固势力的威胁，因此严复请了一个不知名的福建人李志成做馆主，自己当主编。为安全起见，1898 年 3 月 7 日，《国

严复与王修植、夏曾佑等人在天津创办《国闻报》

图版来源：参见李焱胜《中国报刊图史》，湖北人民出版社，2005，第28页。

闻报》又改请日本人西村博出面办理，而实际上编辑人员及办报方针并无改变。1898年9月26日即戊戌政变发生后的第六天，《国闻报》再次刊登"告白"，宣布此后将该报盘给西村博（日本人），但实际上并未全部卖出。由于打了日本人的牌子，《国闻报》在戊戌政变后仍能坚持出版，但经营愈加困难，1899年2月正式卖给日本人，到1901年改名为《天津日日新闻》，方若主编。

张元济（刑部主事）筹办西学堂于北京，后改名为"通艺学堂"。

国闻汇编 《国闻汇编》创刊于1897年11月24日，旬刊。与《国闻报》出自同一报馆。《国闻汇编》所刊登文字以论说、译文及重要消息为主，详于外国之事，以弥补日报在这些方面的不足。严复所译的《天演论》（系英国生物学家赫胥黎著《进化论与伦理学》中的两篇）的部分内容就发表在《国闻汇编》上。该文第一次向国人介绍了"进化论"，振聋发聩。但由于《国闻汇编》"文义艰深"、"销量太少"，每期发行量仅五六百份。因赔本太多，仅出6期便告停刊①。

严复请吴汝纶为《天演论》作序；12月8日，《国闻报》增出旬刊《国闻汇编》，先后分期登载严复所译斯宾塞的《劝学篇》及赫胥黎的《天演论悬疏》。

时务学堂 1897年，清末维新派在湖南长沙创办时务学堂，由熊希龄任提调，即校长。梁启超任中文总教习。全学堂有师生200余人。该学堂"提倡科学，注重时务"，被誉为"现代新式学校之始"②。

---

① 李焱胜：《中国报刊图史》，湖北人民出版社，2005，第29页。
② 《北京香山慈幼院院史》，1993年2月印行（非卖品），第6~10页。

■ 1898 年（清光绪二十四年）　百日维新，京师大学堂，天演论，清议报，田园城市

百日维新　1898 年干支戊戌。春间，全国竞言改革。1898 年 6 月 11 日，光绪帝采纳康有为上书献策，发布《明定国是诏书》，宣布变法维新。至 9 月 21 日以慈禧太后为首的旧势力发动宫廷政变，维新运动受挫，共 103 天的"百日维新"期间，清政府连续发布了几十道除旧布新令，其中包括设立京师大学堂等直接与振兴教育有关的内容。百日维新虽如昙花一现，却能永著史册，是以其实非百日之功也①。

京师大学堂　京师大学堂是中国近代最早的大学。1898 年创立于北京，是戊戌变法"新政"的措施之一。初议设道学、政学、农学、工学、商学等十科，实际仅办诗、书、易、礼四堂及春秋两堂，性质仍同于旧式书院。清朝政府制定《京师大学堂章程》计 8 章 54 节，规定学堂性质既是全国最高学府，又是最高教育行政机关。规定大学堂管辖各省学堂，派孙家鼐负责。这是中国新教育行政的开始。

京师大学堂遗址

1898 年中国第一所近代大学京师大学堂创建。1901 年同文馆奉旨归并京师大学堂，1902 年改翻译科，1903 年在北京北河沿设译学馆。

图版来源：参见顾明远《世界教育大事典》，江苏教育出版社，2000，第 15 页。

京师大学堂校牌

---

① 袁爱俊主编《北京师范大学附属实验中学校史》，长江文艺出版社，2007，第 309~310 页。

清朝末期的京师大学堂所在地，早年地名叫马神庙，现在改称"沙滩后街"，位置在北京市沙滩景山东街一个叫"公主第"的大院里，原来是一座规模宏大的驸马王府。这里是 1949 年前的北京大学，中华人民共和国成立后由中国文字改革委员会与人民教育出版社共同使用。沙滩的红楼是后来添造的①。

京师大学堂分普通学与专门学两类，同时设师范斋和编译局。1900 年因义和团运动兴起，学堂停办。1901 年，特设管学大臣，由张百熙充任。管学大臣奏请设立学部，作为管理全国教育事业的最高行政机关，并撤销国子监，有关教育工作归学部管理。1905 年 12 月，学部成立②。1902 年京师大学堂复校，设预备科（政科、艺科）及速成科（仕学馆、师范馆）。次年增设进士馆、译学馆及医学实业馆。1910 年发展为经、法、文、格致、农、工、商七科。1912 年改为"北京大学"。

天演论　1898 年 6 月 8 日，严复所译《天演论》（英国赫胥黎著）湖北沔阳卢氏之慎始基斋样本校阅毕，旋正式刊行。此后《天演论》广为流传，出现三十多个版本。

戊戌政变后维新派在日本创办《清议报》
《清议报》的创刊时间为 1898 年 12 月 23 日，农历戊戌年冬月（十一月）十一日。
图版来源：参见李焱胜《中国报刊图史》，湖北人民出版社，2005，第 30 页。

清议报　《清议报》于 1898 年 12 月 23 日创刊于日本横滨，由旅日英籍华商冯镜如及其他华侨的赞助、黄遵宪的捐款以及梁启超逃亡时所带款项筹办而成，以冯镜如担任名义上的发行人兼编辑，实际主编为梁启超。《清议报》为旬刊，每月 3 期，书册形式，每期 30~40 页不等，篇幅 30000 余字，发行量一般稳定在 4000 册左右。除在海外发行，还有一部分经日本当局协助传回中国国内。后由"横滨新民社"辑印《清议报》各方面重要文章汇成 6 集出版，名曰《清议报

---

① 参见周有光、张允和《多情人不老》，江西文艺出版社，1998，第 103 页。
② 顾明远主编《世界教育大事典》，江苏教育出版社，2000，第 508 页。

全编》。梁启超透过该刊大量介绍西方资产阶级政治学说。《清议报》在 1901 年 12 月 21 日出满 100 期时，编印了一个特大纪念号，登载了梁启超的《本报第一百册祝词并论报馆之责任及本报之经历》等纪念性文章。可惜的是，纪念号刚一出版，报馆即因火灾而毁，《清议报》也因此而停刊①。

按《辞海》（1999 年版音序缩印本，第 1361 页）"清议报"词条，《清议报》是"戊戌政变后维新派在日本办的刊物。1898 年（光绪二十四年）12 月在横滨创刊。梁启超、麦孟华等主编"。但据李焱胜编《中国报刊图史》第 30 页引录《清议报》第一册书影，则标明为"光绪二十四年岁次戊戌十一月十一日"。又据范岱年《科学哲学和科学史研究》：

> 梁启超在 1898 年 10 月到达日本后，11 月 11 日就在横滨创办了《清议报》……他写出《戊戌政变记》在《清议报》上连续发表，通过上海租界的广智书局向内地发行。清廷列为禁刊，但愈禁却愈畅销。据说慈禧读了，抱着《清议报》大哭，说是太糟蹋她了。她咬牙切齿，赏银十万两，要取康梁的首级。以后又派刘学洵，带了数十万两白银到日本，收买日本浪人，放火烧了《清议报》，迫使《清议报》在 1901 年 12 月停刊。
>
> ——毛以亨：《梁启超》，亚洲出版社（香港），1957，第 70~74 页。转引自范岱年《科学哲学和科学史研究》，科学出版社，2006，第 318 页。

但是，由此并不能判知《辞海》及李焱胜关于《清议报》创刊时间为 1898 年 12 月的说法有误。这是因为实物证据所显示《清议报》创刊于光绪二十四年十一月十一日，系以农历纪年标示。查公元纪年 1898 年 12 月 31 日应为农历戊戌年十一月十九日，由此推算，则不支持范岱年（引毛以亨文）《清议报》系于"11 月 11 日创办"之说。究其原因，亦有可能是范岱年（引毛以亨文）混淆了农历十一月十一日与公历 11 月 11 日的区别。

田园城市（Garden City）　1898 年，英国人埃比尼泽·霍华德发表了《明日的田园城市》，促成了 1899 年田园城市协会的成立。1903 年，霍华德组织"田园城市有限公司"，筹措资金，购置土地，建立了第一座田园城市——莱

---

① 李焱胜：《中国报刊图史》，湖北人民出版社，2005，第 30~31 页。

奇沃斯（Lethworth）。1919 年，该协会在与霍华德协商后，明确提出定义：田园城市是为人们的健康、生活以及产业发展而设计的城市。它的规模适中，既能满足人们丰富的社会生活需要，又不超出一定范围程度；田园城市的四周要有农业地带永久地围绕，城市的土地由专门成立的委员会管理，公众是该城市土地的所有者，也是该委员会的管理人。霍华德的理想规划认为，一个田园城市占地为 6000 英亩（1 英亩等于 0.405 公顷）比较合适，城市居中，面积为 1000 英亩，周边农地 5000 英亩，不仅包括耕地、牧场、果园、森林，还包括农业学院、疗养院等设施。理想人口 32000 人，其中城市居住 30000 人，乡间居住 2000 人。城市平面呈圆形，直径约 2480 码（1 码等于 0.9144 米），中央是面积约为 145 英亩的中心公园，有六条主干道通达，把城市自然分成六个区，外围以环形道路。1920 年，又在伦敦西北的韦林（Welwyn）开始建设第二座田园城市①。1941 年，田园城市协会改名为"城乡规划协会"。

2007 年 10 月 28 日，中华人民共和国主席胡锦涛以第七十四号令②公布《中华人民共和国城乡规划法》，自 2008 年 1 月 1 日起施行。《中华人民共和国城乡规划法》规定：

> 城市和镇应当依照本法制定城市规划和镇规划。城市、镇规划区内的建设活动应当符合规划要求。县级以上地方人民政府根据本地农村经济社会发展水平，按照因地制宜、切实可行的原则，确定应当制定乡规划、村庄规划的区域。在确定区域内的乡、村庄，应当依照本法制定规划，规划区内的乡、村庄建设应当符合规划要求。县级以上地方人民政府鼓励、指导前款规定以外的区域的乡、村庄制定和实施乡规划、村庄规划。

■ 1899 年（清光绪二十五年） 自由释义

自由释义 1899 年严复译成英国哲学家约翰·穆勒著《自由释义》（后改

---

① 白志刚、邱莉莉：《外国城市环境与保护研究》，世界知识出版社，2005，第 88~90 页。

② 中华人民共和国主席令第七十四号：《中华人民共和国城乡规划法》已由中华人民共和国第十届全国人民代表大会常务委员会第三十次会议于 2007 年 10 月 28 日通过，现予公布，自 2008 年 1 月 1 日起施行。

名《群己权界论》）；所译宓克《支那教案论》由南洋公学译书院出版发行。

■ 1900 年（清光绪二十六年） 名学会，量子论

名学会 1900 年 7~8 月，严复在上海创建中国第一个"名学会"，任会长，系统演讲名学（逻辑学）；同年秋，金粟斋译书局蒯光典请严复翻译《穆勒名学》。

量子论 1900 年 12 月 14 日，德国物理学家马克司·普朗克（Max Karl Ernst Ludwing Planck，1858~1947 年）在研究黑体辐射时，首先发现了微观世界某些物理量不能连续变化的性质，从而提出关于微观客体运动规律的量子假说，开创了量子论研究的新领域，并为此获得 1918 年诺贝尔物理学奖。

1913 年，丹麦物理学家玻尔（Niels Henrik David Bohr，1885~1962 年）运用普朗克量子假说和经典力学方法提出原子结构的卢瑟福—玻尔模型，古典量子论由此诞生。玻尔因研究原子结构和原子辐射获得 1922 年诺贝尔物理学奖。

1926 年，奥地利物理学家欧文·薛定谔（Erwin Schrodingger，1887~1961 年）提出量子力学的波动方程——薛定谔方程。该方程反映了分子、原子、电子等微观粒子在速度远小于光速情况下的运动规律。同一时期德国物理学家沃纳·海森伯格（Werner Karl Heisenberg，1901~1976 年）、英国物理学家保罗·狄拉克（Paul Adrien Maurice Dirac，1902~1984 年）也分别从不同途径提出描述微观物体运动规律的形式化、定量化的理论，建立了矩阵力学和波动力学，奠定了量子力学的基础。量子力学仍以经典物理规律为基础，但加上了一些反映微观运动、具有量子特性的附加条件，在低速、微观现象范围内普遍适用。海森伯格因此获得了 1932 年诺贝尔物理学奖，狄拉克和薛定谔同获 1933 年诺贝尔物理学奖[1]。

---

[1] 吴长庆：《百年科技聚焦》，上海科学普及出版社，2002，第 1 页。

七

公元 1901 年至 1950 年间出现的术语

■ 1901 年（清光绪二十七年） 原富，东吴大学，诺贝尔奖，诺贝尔，蔡元培

原富 光绪二十七年（1901 年）1 月 30 日，严复译《原富》（亚当·斯密著）全书毕，由南洋公学印行，后归商务印书馆出版。

> 是译与《天演论》不同，下笔之顷，虽于全节文理不能不融会贯通为之，然于辞义之间无所颠倒附益……此译所附中西编年，及地名、人名、物义诸表，则张菊生比部、郑稚辛孝廉于编订之余列为数种，以便学者考订者也。
>
> ——摘自严复《原富·译事例言》（1901）。

1901 年，商务印书馆《华英音韵字典集成》发售预约。

1901 年 9 月，张元济与蔡元培创办《开先报》，10 月改名《外交报》，由商务印书馆代印。

> 夫思想顽钝，赖言论以破之；言论暧昧，则借事实以画之。然而研地学者，必取资与图绘，习制造者，或效于雏形，事实一界，非空言所能发也。同人有鉴于此，议发旬报，荟我国自治之节度，外交之政策，与外国所以对我之现状，之隐情，胪举而博译之，将以定言论之界，而树思想之的，为理论家邮传，而为实际家前驱。记曰：耆欲将至，有开必先。五六年来，我国人之思想言论之变动，可谓速矣。意者其将由是而津逮于实际与？不揣微力，愿有效焉。
>
> ——摘自蔡元培《外交报·叙例》[①]（1901-10-31）。

---

① 《商务印书馆百年大事记》，商务印书馆，1997。

东吴大学　美国基督教新教教会在中国办的大学。校址分设在苏州、上海。前身系 1879 年（清光绪五年）、1882 年美国传教士潘慎文、林乐知分别开办的苏州存养书院和上海中西书院。1901 年苏州部分始称大学，定是名。1906 年 6 月创办中国第一家大学学报——《学桴》。1911 年上海部分并入。文、理学院设在苏州，法学院设在上海，以法科著称。抗日战争时期分别迁往广东曲江和四川重庆，后返迁。1951 年由人民政府接管，1952 年经院系调整分别并入他校。台湾仍保持东吴大学①，校址在台北。（《辞海》1999 年版音序缩印本，第 361 页）

诺贝尔奖　以瑞典化学家诺贝尔的遗产设立的奖金。根据诺贝尔的遗嘱规定，将其遗产一部分 920 万美元作为基金，以其利息分设物理学、化学、生理学或医学、文学、和平五种奖金。1901 年起，每年在诺贝尔逝世日——12 月 10 日颁发。1968 年起增设经济学奖金。

诺贝尔　诺贝尔（Alfred Bernhard Nobel，1833~1896 年），瑞典化学家，工程师。幼年随父侨居俄国，跟从家庭教师学习。15 岁起先在意大利、英国、法国，再去美国求学，后回其父在俄国圣彼得堡所办的工厂工作，并从事科学研究和机械制造。回瑞典后，转移志趣开始研究炸药。在研究如何控制硝化甘油的爆炸时，发明了雷管的引爆，还利用硅藻土为掺合剂以保证硝化甘油的安全运输和使用，后又用火药棉与硝化甘油混合，制成更安全而威力更大的炸药，并在此基础上发明无烟火药。根据他的遗嘱，以其遗产的大部分作为基金，设立诺贝尔奖，全称为"纪念阿尔弗雷德诺贝尔奖"。

蔡元培　蔡元培（1868~1940 年），中国教育家。字鹤卿，号子民，浙江绍兴人。清光绪进士，翰林院编修。曾任绍兴中西学堂监督。1902 年与蒋观云等发起组织中国教育会，创办爱国学社和爱国女学，宣传民主革命思想。1904 年与陶成章等组织光复会，被举为会长。次年参加同盟会，为上海分会会长。1907 年赴德留学。1912 年 1 月任南京临时政府教育总长，发表《对于教育方针之意见》，反对清末学部奏定的教育宗旨，认为"忠君"与共和政体

---

①　私立台北东吴大学于 1910 年成立。校址：台北市 111 士林区临溪路 70 号；电话：00886-2-28819471；负责人：蔡仲平；下属单位 13 个；经费来源：政府、财团法人、民间；人员总数：853 人。设置机构有文学院、法学院、商学院。出版物 6 种。参见卢晓衡《海峡两岸社科交流参考》，经济管理出版社，2000，第 493~499 页。

不合，"尊孔"与信教自由相违。主张教育应从造成现世幸福出发，以达到"实体世界"即观念世界为最终目的，并认为军国民教育、实利教育与公民道德教育是造成现世幸福的教育，世界观教育是追求实体世界的教育，美感教育则为达到实体世界之手段。这种教育观点成为临时政府制定教育方针的依据。任职期间，主持制定"壬子癸丑学制"，实行小学男女同校、废除读经等改革措施。1915 年在法国与李石曾、吴玉章等倡办留法勤工俭学会。1917 年任北京大学校长，提倡"学术自由"，主张对新旧思想"兼容并包"，使北大成为新文化运动的发祥地；同时实行教授治校，宣传劳工神圣，"以美育代宗教"。1919 年五四运动爆发后被迫辞职。1927 年任国民党政府大学院院长，后改任中央研究院院长。九一八事变后主张抗日，又与宋庆龄、鲁迅等组织中国民权保障同盟。其著作编为《蔡元培全集》等。(《辞海》，第155 页)

■ **1902 年（清光绪二十八年） 北京大学出版社，新民丛报，务本女塾，女学堂，苏报，章炳麟**

北京大学出版社 1898 年 6 月，早在京师大学堂筹办时，总理衙门奏拟的《京师大学堂章程》第五节提出"开设编译局……局中集中中西人才，专司纂译"。1902 年 1 月，清光绪帝发出上谕，将成立于 1862 年原隶属于外务部的同文馆归并入大学堂。是年 3 月 4 日，严复同意应聘为京师大学堂译书局总办；同年 4 月，京师大学堂管学大臣张百熙奏请光绪帝，"推荐精通西文，中文尤有根底"的直隶候补道严复，充任译书局总办，同时又委任林纾为译书局笔译。6 月 6 日，京师大学堂译书局开局，严复出任总办。也在这一年，京师大学堂成立了编书处，任命李希圣为编书处总纂。译书局、编书处的成立和同文馆的并入，是北京大学全面翻译外国图书和从事出版活动的开始，也是中国大学出版活动的开始。1902 年，是北京大学出版社的创设之年。

新民丛报 《清议报》停刊一个月后，梁启超又于 1902 年 2 月 8 日创办了《新民丛报》。亦由旅日华商赞助，名义上的发行人兼编辑为冯紫珊，实际上的主编仍是梁启超。半月刊，每月初一、十五发行，40 至 100 页不等。1904

年 2 月以后，该刊不能按时出版，经常脱期，至 1907 年 11 月 20 日第 96 期后停刊①。

务本女塾，女学堂 1902 年十月，吴馨②"遵母之命"开办上海务本女塾，原本是向教会学校学习，模拟西式学堂的教学设置，"以修明女教、开通风气为职志"，谓"女学乃教育之基本"，只是考虑到"事属创举，女学堂之新名词未易推行，不若推广家塾，合于家族主义之旧习惯也"，故"不称学堂"是吴馨的韬略③。这说明术语之选择，亦可为韬晦计。

苏报 1902 年 4 月（光绪二十八年）由蔡元培、蒋智由、章炳麟等发起，在上海市成立中国教育会，是清末文化教育团体。蔡元培任会长，以"造成理想的国民，以建立理想的国家"为宗旨，创办"爱国学社和爱国女学"，并在江浙等省组织支部，从文化教育入手，利用《苏报》进行革命宣传。1903 年 7 月《苏报》被封，章炳麟、邹容等被捕，爱国学社被迫解散。1907 年停止活动。

章炳麟 章炳麟（1869~1936 年），中国学者、思想家、民主革命家。初名学乘，字枚叔，后改名绛，号太炎。浙江余杭人。1897 年（清光绪二十三年）任《时务报》撰述，因参加维新运动被通缉，流亡日本。1900 年剪辫发立志革命。1903 年因发表《驳康有为论革命书》以及为邹容的《革命军》作序，被捕入狱。1904 年与蔡元培等发起并成立光复会。1906 年出狱后被孙中山迎至日本，参加同盟会，主编《民报》，与改良派展开论战。1909 年（宣统元年），与陶成章等改用光复会名义活动。次年设总部于东京，被推为会长。1911 年章炳麟主编《大共和日报》，并任孙中山总统府枢密顾问。曾由张謇争取参加统一党，散布"革命军兴，革命党消"的言论。1913 年宋教仁被刺后参加讨袁，为袁世凯禁锢，袁死后获释。1917 年参加护法军政府，任秘书长。1924 年脱离孙中山改组的国民党。1935 年在苏州设章氏国学讲习会，以讲学为业。晚年赞助抗日救亡运动。章炳麟早期的哲学思想具有唯物主义倾向，认为"精气为物"，"其智虑非气"，表达物质和精神的关系；宣称"若夫天

---

① 李焱胜：《中国报刊图史》，湖北人民出版社，2005，第 31 页。
② 吴馨（？~1919 年），字怀疚，一字畹九。上海人。1897 年入南洋公学师范院。1902 年奉母之命将家塾移到小南门花园街，扩为务本女塾。1909 年任上海县视学兼劝学所总董。1912 年将务本女塾交归县办，后曾任县教育会会长、劝学所所长。
③ 熊贤君：《中国女子教育史》，山西教育出版社，2006，第 205 页。

与上帝，则未尝有矣"，否定天命论。但他受佛教唯识宗和西方近代资产阶级主观唯心主义影响。在文学、历史学、语言学等方面，都有所贡献。鼓吹革命的诗文，虽文字古奥难解，仍有很大影响。所著《新方言》、《文始》、《小敩答问》，上探语源，下明流变，颇多创获。其著述除刊入《章氏丛书》、《章氏丛书续编》外，部分遗稿刊入《章氏丛书三编》。今人编有《章太炎全集》。（《辞海》1999 年版音序缩印本，第 2148 页）

■ 1903 年（清光绪二十九年） 浙江潮，译学馆

1903 年 1 月 5 日，严复所译《原富》全书结集再版发行，所印 2000 套两日售罄；是月，严复所译《穆勒名学》部甲由南京金粟斋木刻出版。

浙江潮 1903 年 2 月，蒋百里①在日本东京创办并主编大型综合性、知识性杂志《浙江潮》，鼓吹革命。《浙江潮》杂志为 32 开，月刊，每期约 8 万字，行销国内。

译学馆 光绪二十九年三月，清廷于京师大学堂北邻北河沿购宅一区，稍加修理，设立译学馆。

清光绪二十七年十二月（1901）同文馆奉旨归并京师大学堂。光绪二十八年十一月（1902），张百熙先奏请改归并之同文馆为翻译科。同月十九日，奏定变通办法，于华俄银行余款项下，拨四万余金作为经费。十二月，诏以湘乡曾广铨为翻译科总办。光绪二十九年三月（1903），清廷于京师大学堂北邻北河沿购宅一区，稍加修理，设立译学馆，并将翻

---

① 蒋百里（1882~1938 年），浙江海宁人，名方震，以字行。光绪八年（1882 年）农历九月初二出生。1901 年赴日本留学；1905 年毕业于日本陆军士官学校。1906 年回国。后赴德国习军事。是将西方现代军事概念引入中国之第一人。辛亥革命后，曾任浙江都督府总参议、保定军校校长。1918 年赴欧洲考察，1920 年回国。后从事文化活动，与胡适等组织新月社。1925 年复入军界任吴佩孚军总参谋长。1935 年任国民党军事委员会高等顾问。抗日战争爆发后赴德、意宣传，争取援助。后任陆军大学代理校长，对抗日战略多有建议，率先提出抗日战争是"持久战"的观点。在敌强我弱的艰难时刻，蒋百里发表文章，充分分析中日国情，提出——"打不了，也要打，打败了，就退，退了还是打，无论打到什么田地，穷尽输光不要紧，胜也罢，败也罢，就是不要和它讲和!"的观点，一时传彻全国，舆论为之振奋。著有《蒋百里全集》。1938 年 11 月 4 日因心脏病发作在广西宜山逝世。

译科并入。不久，曾广铨丁母忧，以开州朱启钤代。

——黎难秋：《中国口译史》，青岛出版社，2002，第 458 页。

1903 年 5 月，严复译《群学肄言》四册由上海文明译书局出版；7 月，严复应弟子熊元锷请求，专为其编写英文文法书《英文汉诂》；10 月，严复译《群己权界论》由上海商务印书馆出版；11 月，严复译成《社会通诠》（甄克思著）。

1903 年，商务印书馆还出版了蔡元培译《哲学要领》（科培尔著）、严复译《群学肄言》（斯宾塞著）以及林纾等译《伊索寓言》。

■ 1904 年（清光绪三十年） 法意，英文汉诂，科赫雪花

法意，英文汉诂 光绪三十年二、三月间严复辞去京师大学堂译书局总办职；严复译《社会通诠》由上海商务印书馆出版；1904 年 6~7 月，严复所编《英文汉诂》（是我国第一部汉字横排书）及所译孟德斯鸠《法意》前三册由商务印书馆出版。这一年，商务印书馆出版了伍光建、杜亚泉（1873~1933 年）等编译的《最新中学教科书》以及胡文甫、吴慎之编译的《袖珍英华字典》。

> 商务印书馆主人往者有《英华字典集成》一书，既为学旁行者所宝贵矣，今乃酌删繁重，主捷速简当之义，排为袖珍之本，以便肆应者之挟持，其于学界意良厚已，因其乞言，乃为序之如右。癸卯十一月，侯官严复。

——严复：《袖珍英华字典·序》（1904）。

科赫雪花 1904 年，瑞典数学家赫格·冯·科赫描述了一种有趣的图形变换。他的出发点是一个正三角形，每一边是一英尺。科赫在这个三角形上进行了一种明确规定的、特别的变换，而这种变换（在理论上）可以不断地进行下去。科赫在每一边的正中间 1/3 处再凸出造一正三角形，这个小三角形在三边出现，使原来的三角形变成六角形，也叫"大卫星形"。而在六角形的 12 条边上再重复进行中间 1/3 处外凸一正三角形的变换。此时 12 条边每边长 4

英寸，然而又出现小三角形于其正中间 1/3 处之后，便成为 7×6=42 边形，每一条边的正中间也可以在 1/3 处外凸一个小三角形。以此类推，以至无穷。于是，这外缘便越来越有精细构造，像是一粒理想的雪花。科赫雪花曲线包围的面积有限，但周长无限。

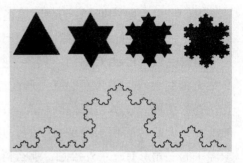

科赫雪花

也译作 "科和雪花"，科赫雪花的边缘叫科赫曲线，特指那些无穷短的短边所连成的边缘曲线这一图像边缘的长度为 $3× (4/3) × (4/3) × (4/3) ……$ 以至无穷。但是，它所包围的面积永远小于原三角形的外接圆。一条无穷长的曲线包围一片有限的面积。

先作一个等边三角形，把每边三等分，以居中的 1/3 向外作一小等边三角形，抹去小三角形向内的底边，得到一个六角星形。再在六角星形的每一条边上以同样方法向外作出更小的等边三角形，于是曲线变得越来越长，开始像一片雪花。再作下去，曲线更长，图形更美。依此类推，则曲线可以无限长，但是它所包围的面积总不会超过最初那个等边三角形的外接圆。设原三角形的面积是 1，雪花曲线形成过程中各图形的边数依次为：

$$3,\ 3×4,\ 3×4^2,\ 3×4^3,\ 3×4^4,\ \cdots,\ 3×4^{n-1}$$

对于每一条边（第 n 个步骤），下一个步骤都将增加 $(1/9)^2$ 的面积，这样雪花曲线所包围的面积为：

$$S=1+(1/9)×3+(1/9)^2×3×4+(1/9)^3×3×4^2+\cdots+(1/9)^n×3×4^{n-1}$$

$$=1+(3/9)×[1+(4/9)+(4/9)^2+\cdots+(4/9)^{n-1}]$$

当这样的步骤足够多，即 n 趋向于无穷时，S 即曲线所围面积的极限值等于原三角形面积的 1.6 倍。

意大利数学家欧内斯托·切萨罗这样描述科赫雪花曲线：这个曲线最引人注意的地方是任何部分都与整体相似。这个结构的每一个小三角形都包含着以适当比例缩小的整体形状。这个形状包含着每一小三角形的缩小形式，后者又包含缩得更小的整体形式，如此这般，以至无穷。它的奇妙，就是在无论怎样小的部分都保持着相似的性质。要是它在现实中出现，那就只有把它完全除去才能摧毁它。否则，它将会从它的三角形的深处重新不停地生长出来，就像宇宙本身一样。

人们把以上欧内斯托·切萨罗描述的性质称为"分形"。分形的例子还有很多①。

科赫曲线（Koch Curve）②具备一些有趣的特性。它是一个连续的环，自身绝无相交之点。因为新的三角形在每一次向外凸出的过程中永远不存在相互粘连的可能。就其包围的面积而言，每一次变换所对应的包围面积总会增加一点，但是总面积永远是有限的，并不比最初的那个三角形大得太多。想象原来的三角形有一个外接圆，那么科赫曲线绝不会超出这个圆。

从数学角度考察，科赫曲线 E 具有如下性质：

第一，曲线 E 具有"细结构"，亦即它包含对应任意小尺度下的细节，不管取多么小的尺度，$60°$ 的尖角仍然出现，只是边长相应减小（注意用正多边形逼近圆时，相邻边夹角递增趋于 $180°$），这个事实表明，曲线 E 的复杂性不随尺度的减小而消失。

第二，曲线 E 难于用经典的方法刻画。从整体上看，它既不是满足某些简单几何条件的点的轨迹，亦不能作为任一简单方程的解的集合；从局部上看，它不能通过切线来描述。事实上，曲线 E 上的点已没有经典意义上的切线。

第三，由于曲线具有"长度"为无穷大，而"面积"为零的特点，所以人们不能用通常的测度来度量它的"大小"。

第四，曲线 E 具有局部与整体的对称。它由 4 个与 E 相似的部分组成，其相似因子为 1/4；而每部分由 4 个更小的但仍与 E 相似、其相似因子为 1/42 的部分组成……上述对称性亦称为"自相似性"。

第五，尽管曲线 E 具有复杂的细结构，但它的定义非常直接。特别是曲线 E 可以由简单的递归方式生成，而且，它的逐次迭代 E_k 给出 E 越来越好的近似。

第六，在科赫曲线 E 生成的过程中，若每一尖角允许以相同的概率向上或向下生成，那么它的极限曲线仍然存在并具有细结构。从图形上看，似乎比典型的科赫曲线更"复杂"，在实际上更接近自然界中的海岸线。这样的曲

① 易南轩：《数学美拾趣》，科学出版社，2002，第151~159页。易南轩（1940~），湖南益阳人，中学特级教师。1960年毕业于北京航空学院（今北京航空航天大学）。1980年起从事中学数学教学工作，致力于数学美育思想研究与实践。1991年被评为全国优秀教师；1999年获第四届"苏步青数学教育奖"一等奖；2000年被评为新疆有突出贡献专家。
② 科赫曲线，另有人译作"科和曲线"、"科克曲线"。

线具有"统计自相似性"，即它的任何部分经放大观察，与整体具有相同的统计分布规律。

前三个性质反映了科赫曲线的"不规则性"，而后三个性质则给出了科赫曲线某些"规则"的性质及其拓展的情况。一般的，人们所讨论的分形集都具有前述的某些性质或是它们的变形①。

但是，这些曲线具有无限的长度，就像欧几里得几何中指向无垠宇宙的直线一样。一条无穷长的曲线，拥挤在一个有限的空间里，占领着这个空间。在这样的意义上，它已经不再是一条线，但是又不能真正地充满一个平面。因此，数学家说，它大于一维而小于二维。这是一个分数的维数。研究混沌问题的科学家可以精确地计算分数维。对于科赫曲线来说，无穷次地乘以 4/3，其分数维等于 1.2618。

这样一来，"维数必定为整数"的观点即被打破。它们不再一定是 0，1，2，3……而成为分数维。不可思议。分数维变成了测量一些用别的方法无法定义的性质的手段：一个对象的不规整程度、粗糙程度或破碎程度。一条扭曲的海岸线，尽管它的长度不可度量，却可以有特定的粗糙程度。美国科学家本诺依特·曼德尔布诺特（Mandelbrot，B.）②建立了自然界的分形几何理论，规定了计算实际分数维的方法，提供了构造不规整图形的规则技巧，或者知道其中的某些关键数据之后，便可以算出结果。分数维可以是 0.7、1.2、3.8……这是真正大自然中的真实几何。最令人惊奇的是在不同的尺度上，这种不规则程度却是一个常量。大自然表演出规则的不规则程度。1975年，曼德尔布罗特将这种分数维的几何命名为分形（fractal）。"分形"一词来自于拉丁字"fractus"，源于动词"frangere"，破裂、分裂、断裂、分数——于是他把这些维数是分数的形状叫"分形"。分形几何，或称分形分析，是非线性科学的重要组成部分。在欧几里得几何学中，人们总是用欧氏定义的对象和概念（诸如点、线、平面、三角形、正方形、圆）来描述我们生存的这个世界。分形几何的出现，打破了古典欧氏几何的传统概念。

---

① 《数学辞海》第 3 卷，山西教育出版社等，2002，第 364~365 页。

② 曼德尔布罗特（Mandelbrot，B.）的中文译名在《数学辞海》中译作"芒德布罗"。参见《数学辞海》第 3 卷，山西教育出版社等，2002，第 364 页。

■ 1905 年（清光绪三十一年） 南洋兄弟烟草公司，满铁，中国公学，穆勒名学，烟雾

南洋兄弟烟草公司 中国侨资经营的机制卷烟企业。1905 年（清光绪三十一年）华侨简照南、简玉阶兄弟创于中国香港，1916 年在上海设厂。1919 年改为股份有限公司，资本 1500 万元。在国内和东南亚各大城市设分支机构。1926 年后受英美烟草公司压迫，南洋兄弟烟草公司业务衰退，官僚资本趁机进入控制。1951 年大陆各厂公私合营，至 1966 年变为国营。（《辞海》，第 1216 页）

满铁 南满洲铁道株式会社，即南满洲铁道（株），简称"满铁"。1905 年日本取得帝俄控制的东清铁路南段（长春到大连）权益和财产后设立[1]。1907 年开业。总社在大连，日本东京设分社。经营长春到大连、安东（今丹东）到沈阳等各线铁路及抚顺煤矿，兼营航运、码头、仓库、炼铁、电力、煤气、农场等；所辖单位约 80 个。在东京设立东亚经济调查局，大连设调查部，沈阳、吉林、哈尔滨、北京、上海等地设事务所，搜集军事、政治、经济情报。1931 年九一八事变后一再增资，侵占东北全部中国铁路，1934 年又强占中苏合办的中东铁路。1937 年以后，将所营主要重工业移交满洲重工业开发株式会社。抗日战争胜利后停业。1950 年 4 月 25 日，中国和苏联两国共管的中国长春铁路公司和中国长春铁路局成立，5 月 1 日开始工作，接管南满洲铁道株式会社一切权益和财产[2]。1952 年，根据 1950 年 2 月 14 日中苏两国政府在莫斯科签订的《中苏关于中国长春铁路的协定》和 1952 年 9 月 16 日公布的《中苏关于中国长春铁路移交给中华人民共和国政府的公告》，将中国长春铁路的一切权利及属于该路的全部财产无偿移交给中国政府[3]。1957 年 3 月，"满铁"东京分社结束。（《辞海》，第 1213 页）

中国公学 光绪三十一年（1905 年）11 月，日本政府公布《清国留学生取缔规则》，引起中国留日学生强烈反对，退学返抵上海者一时达三千余人。

---

[1] 南满铁路原为帝俄所筑中东铁路的一部分（长春到大连段，1898 年动工，1903 年筑成），日俄战争后为日本所占，改称"南满铁路"。

[2] 王馨源：《中国铁路国际联运大事记（1950~1999）》，中国铁道出版社，2002，第 1 页。

[3] 王馨源：《中国铁路国际联运大事记（1950~1999）》，中国铁道出版社，2002，第 1~3 页。

为使归国学生不致失学，姚宏业、孙镜清等筹集经费，在上海北四川路横滨桥租民房为校舍，筹办中国公学。1906 年 2 月开学，首批学生 318 人，分高等、普通、师范、理化四科。由于右任、马君武、陈伯平等任教员。学校实行民主自治管理，学生自办《竞业旬刊》，宣传革命。次年，学校迁至吴淞。1932 年校舍被日本侵略军焚毁。1933 年租赁临时校舍，重行开学。后为国民党政府勒令停办。1949 年在重庆复校。后在全国高等学校院系调整中，并入四川财经学院（现为西南财经大学）。

穆勒名学　1905 年，商务印书馆出版严复所译《天演论》；1905 年冬，严复所译《穆勒名学》上半部（八册）由南京金粟斋木刻出版。

烟雾　英文单词"smog"是"smoke"（烟）与"fog"（雾）的缩写，译为"烟雾"。按《简明英汉词典》解释，"smoke"这个词源自古英语"smoca"，是指烟、烟尘、烟幕；"fog"源自斯堪的纳维亚语，如古挪威语"fok"、丹麦语"fog"，是指雾、烟雾、尘雾、迷惑、苔藓等。而按美国传统［双解］字典解释，"smog"则是夹杂着烟尘并被烟尘污染的雾。换言之，亦有将"smog"特指为混合了煤烟（soot）或烟尘（smoke）的雾。而"soot"源自古英语"smoca"；"smoke"源自古英语"able"。

"烟雾"（smog）这个词第一次使用的记录出现在 1905 年《关于公共健康委员会一次会议》的新闻报道中。

1905 年，英国格拉斯哥再次发生烟雾事件，死亡人数多达 1063 人。当时 H.A.德佛博士上交了一份题为《雾和烟》的论文，按照 7 月 26 日《每日画报》的说法，在这篇论文中，他认为，不必借助科学，人们就会发现一种只存在于大城市而乡村没有的东西，那就是含烟的雾，或者叫烟雾。第二天的《环球报》评论说："H.A.德佛博士关于伦敦大雾所创造的新词是对公众的一个贡献"，这个"新词"指的就是"smog"。H.A.德佛博士运用混合的方法首次创造了"smog"这个词。用来代表"smoke"（烟）和"fog"（雾）的缩写。1909 年，苏格兰的格拉斯哥，由于空气污染 1000 多人死亡，在关于这次事故的报告中，"smog"这个词再一次出现。从那时起，这个词被流传下来并得到广泛的应用。

烟雾（smog）的最初表现是自然的冒烟现象。这种现象的出现比人类历史久远得多。从地球形成、演化至今已有 46 亿年了。由于地壳不停的运动，表面形成了许多火山。一旦发生地裂，蕴藏在火山里的熔岩就会喷发出来，将千百万吨的灰烬和烟尘喷射到大气中。同时，狂风将尘云卷起并夹杂着尘雾撒向空中，地球上就发生了最早的冒烟现象。由人类燃烧柴草形成浓烟引起的大气污染可以远溯到原始社会。中国开采煤炭的历史源自 2000 多年以前，而大规模以煤炭代替木材为能源，是在 12~13 世纪由意大利人马可·波罗从中国传到欧洲①。无论是地球的冒烟现象，还是大规模以煤炭代替木材为能源，都会给人类生活的大气造成了污染和破坏。纵览烟雾（smog）的历史演变，有着不凡的经历。

世界上最早的烟雾污染可以追溯到 13 世纪英国爱德华一世时期，当时就有对排放煤炭"有害的气味"提出抗议的记载。1306 年，爱德华一世禁止在议会开会期间使用燃煤，这是目前知道的最早的排放立法。然而，烟雾对大气污染的现象出现后很长一段时期内，人们却难以认识之，更无法用文字表达"烟雾污染"这个词。

实际上，对"烟雾污染"这种现象的研究很早就开始了。在 17 世纪，英国学者约翰·伊夫林（J. Evelyn，1620~1706 年）于 1661 年首先对伦敦的空气污染问题进行研究，就燃煤引起的污染问题撰写了《驱逐烟气》一书，献给英国国王查理二世。他的书中有这样的描写："探访伦敦的疲惫的客人，还未目睹街市，数英里外就先闻到一股臭味"；"地狱般似的阴森森的烟气，像西西里岛的火山和巴尔干神殿（火与冶炼之神）似地笼罩着伦敦"；"伦敦居民不断吸入不洁净的空气，会使肺脏受到损害，使患黏膜炎、肺结核、感冒的病人增多"。经过大量的研究表明，烟雾污染是一种空气污染，它由交通工具排放的碳氢和氮氧化物在阳光的照射下，发生光化学反应而产生，伊夫林指出了空气污染的危害，提出了一些防治对策。然而，当时烟囱林立、喷云吐雾却被视为一种"繁荣"的象征。1772 年博物学家吉尔巴特·怀特在新版《驱逐烟气》的序言中写道，"伦敦周围庭院中的水果树不结果子，连树叶也纷纷凋零。生长发育中的孩子大约一半活不到 2 岁就夭折了"。

1775 年，英国科学家 Percival Pott 发现，煤烟能够导致烟囱清洁工人患癌症。18 世纪末，随着英国产业革命的爆发，环境问题逐渐真正成为社会问题而突出地表现出来。一些工业发达的城市和工矿区、工矿企业由排出的废弃

---

① 陈长庚：《冒烟的历史演变》，《交通学苑》2006 年总第 37 期。

物而引起的污染事件不断发生。恩格斯在《英国工人阶级状况》一书中详细地记述了当时英国工业城市曼彻斯特的污染状况。1784 年，英国以瓦特发明蒸汽机为开端，掀起了第一次工业革命。蒸汽机的发明和普遍使用，淘汰了落后的手工业作坊，使英国发展成当时世界上最强大的资本主义工业国家。在首都伦敦，动力、工厂和家庭都以烧煤为主，一时间使煤炭的消费量猛增，在大城市和工业区中出现了比燃烧木材所产生的烟气更加刺激的煤烟和二氧化硫等有害烟雾，使伦敦成为世界著名的"雾都"，受煤烟的困扰竟达数百年。

对于上述大气污染事件，许多学者曾有过研究，并提出过忠告，但被置若罔闻，直到灾难降临。1873 年 12 月、1880 年 1 月、1882 年 2 月、1891 年 12 月、1892 年 12 月，英国伦敦五次发生可怕的有毒烟雾事件，其他国家也有类似情况发生。其中，1873 年、1880 年、1892 年相继出现在伦敦的烟雾事件主要是由于燃煤产生的大气烟尘及二氧化硫造成，死亡人数高达 2800 余人。这种污染不仅破坏了英国的环境，还危及其他国家。1881 年，挪威科学家布罗加在《污雪》报告书中指出：挪威的污雪来自于英国的大气污染。30 年以后，即 1911 年挪威南部河中鱼类开始大量死亡，到 20 世纪 80 年代，挪威总面积达 13000 平方公里的 1700 个湖中实际上已经没有鱼了。1848 年，美国通过公共健康法，将减少排烟污染列为卫生部的职责。但是，这些努力并未明显奏效，1873 年伦敦又有 1150 人死于致命的烟雾。

19 世纪末至 20 世纪初，美国的一些城市因多烟而出名，匹兹堡就是"烟城"之一。英、法、德、美各资本主义国家也先后进行了工业革命，生产力得到迅速发展，除燃煤造成的污染有所加重外，内燃机的发明和使用、石油的开发和炼制、有机化学工业的发展，给环境污染带来了更加严重的威胁，出现多起举世闻名的公害事件。1930 年，在比利时的莫瑟（Meuse）河谷，因空气污染导致 63 人死亡，6000 人病倒；1939 年，美国圣易路斯发生大规模烟雾事件；1948 年，美国宾夕法尼亚的多诺拉（Donora），因空气污染，20 人死亡，600 人住院；1948 年，伦敦因空气污染导致 600 人死亡；1950 年，在墨西哥的波扎黎加（Poza Rica），空气污染使 22 人死亡，数百人住院；1952 年，伦敦因空气污染 4 天内有 4000 人死亡，两个月后再次夺走 8000 人的生命，因而被称为"杀人烟雾"。在此期间，每天仍有 1000 吨烟尘粒子、2000 吨二氧化碳、140 吨盐酸和 14 吨氟化物被排放到无力自我清洁的空气里，还有 370 吨二氧化硫被转换成 800 吨硫酸。1952 年 12 月 10 日，大雾散去，死亡人数比平时多出 4000 多人，大多数是死于呼吸道疾病和心脏病的老人。有数据表明，大雾期间空气里的二氧化硫含量增加了 7 倍，烟尘增加 3 倍，死亡高峰与二氧化硫及烟尘的浓雾高峰基本吻合，这就是世界上著名的"1952 年伦敦大雾事件"；1953 年，美国纽约因空气污染，170~260 人死亡；1954 年，美国洛杉矶由于汽车排气所造成的光化学烟雾使空气污染严重，工厂和学校在 10 月份几乎天天关闭；1956 年，伦敦因空气污染，1000 人死亡；1962 年，伦敦因空气污染，750 人死亡；1965 年，纽约因空气污染，80 人死亡……[①]

此后，"烟雾事件"的屡屡发生，使环境污染已经在个别地点和局部地区造成严重问题，引起更多学者的重视。经过长期的研究，直到 1963 年科学界才最终确定"烟雾事件"导致人体疾病和死亡的原因是：由于燃煤、工业烟尘和二氧化硫的协同作用，粉尘中的三氧化二铁（Fe_2O_3）促使空气中二氧化硫生成三氧化硫（SO_3），三氧化硫被水汽吸附变成硫酸液沫，附着在飘尘上，凝聚在雾滴上，当进入人的呼吸系统后造成或诱发了支气管炎、肺炎和心脏病，从而加速了慢性病患者的死亡。由于这种烟雾事件最早发生在伦敦，所以，习惯称其为"伦敦烟雾事件"[②]。

"smog"这个词，最早是人们根据"烟"和"雾"合成的，从它的出现到目前为止，经历了一百多年的时间，它的词义对现代来讲并不十分确切。实际上现在所说的烟雾，比过去定义的烟雾（仅为烟和雾的混合物）要复杂得多。在工业发达国家，石油作为新能源和原料被广泛应用，必然使煤炭受到冷落，黑色的煤烟已淡出历史，而石油制品的燃烧和排放又成为新的大气污染源。

人类控制大气污染的努力始终没有停止。1956 年，英国政府首次颁布"清洁空气法案"，大规模改造城市居民的传统炉灶，减少煤炭用量，冬季采取集中供暖；在城市里设立无烟区，区内禁止使用产生烟雾的燃料；煤烟污染的大户——发电厂和重工业被迁到郊区。1968 年英国又要求工业企业建造高大的烟囱，加强疏散大气污染物。1974 年英国出台了"空气污染控制法案"，规定工业燃料里的含硫上限等，这些措施有效地减少了烧煤产生的烟尘

---

① 魏名山：《汽车与环境》，化学工业出版社，2005，第 8 页。
② 克里斯：《闻闻空气吧》，2007 年 1 月 18 日《独立报》（英国）。

和二氧化硫污染。1975 年，伦敦的雾日由每年几十天减少到了 15 天，1980 年又降到 5 天，使雾都已经名不符实。自从 H.A.德佛博士用混合的方法创造 "smog" 这个词开始，人们对烟雾的结构进行了长期、仔细的研究，不幸的是烟雾污染至今在世界上的许多地方仍然存在，"smog"（烟雾）自然也就会沿用下去①。

■ 1906 年（清光绪三十二年）　江苏新字母，美国食品药品法，旧金山大地震，学报，学桴

江苏新字母　1906 年，朱文熊推出 "江苏新字母"，以江苏语音为基础，完全采用拉丁字母标音。为补字母不足，5 个字母倒用，一个字母横用，作为新字母使用。他说："余以为与其造世界未有之新字，不如采用世界所通行之字母。"② 拉丁字母是标音字母，与汉字的声、韵反切不同，朱文熊 "江苏新字母" 的提出，在汉字拉丁化方面起到了先导的作用③。

美国食品药品法　1906 年，美国国会通过了《食品药品法》和《肉类制品监督法》，使食品安全规制走上法制化轨道。这套体制侧重于 "品种管理"，具有层级性和多样性的特点，由属于卫生部的食品药品管理局（FDA）、属于农业部的食品安全检验局（FSIS）、动植物健康检验局、环境保护局及海关与边境保护局分别对不同种类的食品安全实行透明管理，推行食品从生产到消费的全程规制，制定完善的食品质量标准，加强食品质量认证，建立严格的检测监督体系，同时重视食品安全的风险管理，通过风险评估来确定并控制风险，对广大公众的健康负责④。

旧金山大地震　1906 年 4 月 18 日，旧金山遭遇里氏 8.3 级地震，震中位于圣安德列斯断层，476 公里长，填海造地形成的市场街南区被彻底破坏。地震引起大火，连烧三天三夜，将近 10 平方公里范围内玉石俱焚，损失惨重。

---

① 王莉：《基础设施术语的由来》，《理论 探索 实践》（北京市平谷区委党校）2007 年第 4 期。
② 朱文熊：《江苏新字母·自序》，文字改革出版社，1957。
③ 陆锡兴：《汉字传播学》，语文出版社，2002，第 96 页。
④ 张红凤、周峰：《食品安全规制：美国百年经验值得借鉴》，2008 年 11 月 4 日第 11 版《中国社会科学院院报》。

6 万人死亡，25 万人无家可归，数千人受伤，7.5 万人逃离，财产损失达 5 亿美元。此后百余年，旧金山亦曾遭遇多次地震，如 1988 年的大地震，但以 1906 年的地震最为惨重。

学报 19 世纪与 20 世纪之交，中国最早开办的一些大学和一些后来发展为大学的学堂，都曾创办过自己的学报，如《东吴月报》、《北京大学月刊》、《复旦学报》、《北直农话报》、《约翰声》等。其中，东吴大学（现苏州大学）于 1906 年创办的《东吴月报》是中国创刊最早的大学学报。《东吴月报》创刊号《学桴》发刊词申明该刊为东吴大学堂所刊发之学术性杂志，定为月刊。

这一史实推翻了一种以讹传讹的说法：认为中国大学的综合性学报模式系 20 世纪 50~60 年代随高等教育体系从苏联传入。中国大学的综合性自然科学学报或综合性哲学社会科学学报的模式，是五四运动前后，由《清华学报》、《北京大学月刊》这种文理综合性学报模式演变而来并逐渐分化而成，具有特定的历史背景、发展序列以及内涵和外延①。

学桴 1906 年 6 月（一说为 5 月），今苏州大学的前身教会学校东吴大学，出版了中国第一本大学学报《学桴》（又名《东吴月报》）。《学桴》创刊号今有孤本，藏于中山大学图书馆，弥足珍贵②。其封面是一幅国画：翻滚的波涛上一叶扁舟，桅杆上挂着阔大的风帆，"学桴"两个大字占满帆页；桅杆顶上系一面小旗，翻飞出"东吴月报"四字；上空两三朵祥云，云中间有"壹期"二字。《学桴》封面使人想到孔夫子的话，"道不行，乘桴浮于海"。这当是《学桴》名字的来由。"学桴"从字面与画面上看，显然是在学

---

① 转引自尹玉吉《特色不是大学学报的根本》，2008 年 10 月 23 日第 6 版《中国社会科学院报》。

② 据名城网讯（通讯员孙宁华；记者吕宁）苏州大学艺术学院研究生严宏达向该校捐赠了第一期《学桴》杂志，这是中国创刊最早的大学学报。此前《学桴》杂志原版全国只发现一本，现藏于中山大学。该杂志由上海美华书馆排印，32 开本综合性刊物，包括："本报简章"、"东吴月报第一期目录"、"本报执事人"及主体内容，如论说、学科、时事、译丛、杂志、各类告白。"论说"第一篇刊登汉文教习黄振元撰写的"学桴发刊词"；"学科"部分内容涉及心理学、天文地理学、化学、生物学等学科门类；"各类告白"主要刊登广告：葑门天赐庄博习医院的诊疗广告、教育器械广告、东吴大学堂及景海女塾招生广告等。据捐赠者介绍，收藏《学桴》杂志完全出于偶然。他在文庙遇一老者，是一位小学退休教师，有一些旧书和碑帖出售。严宏达于是将老者手头的旧书、碑帖悉数买下，仔细整理，发现了这本杂志，但当时并不知道这就是东吴大学的第一份学报，同时也是我国第一份大学学报。后获知《学桴》地位，又得知学校已成立博物馆，遂决定捐赠，让《学桴》在历经沧桑后回归母校。参见 http://www.xici.net/b614980/d62333602.htm；http://www.xici.net/b614980/d62333602.htm20071205。

海上扬帆奋进的意思。创刊号上有署名"汉文教习黄振元"的《学桴发刊词》："东吴学堂成立者逾五年，西士谋刊行月报，以表学堂之内容，与当代学界交换智识，属教员某名以'学桴'，而系其词曰：揽神州之苍茫，叩人间其何世。群虎眈视，涎兹禁脔，一狮欠申，皋其坠魂，劫枰待收，舞台难下。非所谓过渡时代乎？"

"学桴者，预备过渡时代器具之一部分也。而何不以兵桴、以商桴，而何不以政治桴、宗教桴，而独有取于学者？盖兵、商、政、教，皆备于学，则学者载种种桴之桴也，而又可谓合种种桴而所成之桴也。"可见刊物取名"学桴"，是欲强调教育之重要性。教育是过渡当前、驶向未来的工具。学桴非"兵、商、政、教"桴可比，前者是根本，后者是从属。那么，"桴意云何？束木以济也，大曰筏，小曰桴"。桴是用木头（或竹子）扎成的簰子，大的叫筏，小的叫桴。发刊词还认为，"桴之体甚拙，桴之用又甚狭，欲以此抵制十九祺（世纪）后之风潮，交通数万里外之文物，得无不知量乎？"似乎也承认，学之力量有限，教育不是万能的。但是，"(桴) 虽不能与黄龙青雀、铁甲金丁争万斛千里之长，而较诸徒涉侥济者，庶有一当焉……乘桴浮海，先圣之志也"，揭示了《学桴》诞生的意义①。

1906 年，商务印书馆出版蔡元培译《妖怪学讲义（总论）》（井上圆了著），《中德字典》（宾步程编），严复译《法意》（孟德斯鸠著）。

■ 1907 年（清光绪三十三年） 中国化学会欧洲支会，中华化学工业会，中华化学会，中国化学工程学会

中国化学会欧洲支会 由中国学者组织的化学团体，最早的是 1907 年 12 月 25 日在法国巴黎成立的中国化学会欧洲支会。由当时在英国、法国、比利时等国的 20 多位留学生筹建。该会曾于 1908 年编印出版了一本小册子，题为"中国化学会欧洲支部戊申年报告"，由该会书记俞同奎草拟，刊载了学会缘起、年会纪事、工作报告、化学物质命名及纪念照片两幅。

1907 年夏，在法国留学的李景镐曾发起中国化学会。当时，在欧洲学习化

---

① 王英志：《〈学桴〉百年感言》，2006 年 5 月 1 日《新民晚报》。

学的中国学生都表示赞同。后来陈传瑚考虑到当时中国的情况，认为若在国内成立总会需较长时间，建议先成立欧洲支会，得到大家的支持。1907 年 12 月 24 日，各方代表聚集于法国首都巴黎开会，会所设在中国留法学会。参加此次会议的有留英的俞同奎（星枢）、利寅（寿峰），留法的李景镐（希周）、吴匡时（应乾），留比利时的陆安（亚静）、荣光（运华）、陈传瑚（谨庸）共 7 人。

同年 12 月 25 日，与会代表会面后即展开讨论，商议会议规则，并举荐李景镐为临时议长，俞同奎为临时秘书，吴匡时为临时会计。至 12 月 27 日会议结束，不仅宣告了中国化学会欧洲支会的成立，通过了支会章程，还拟定了统一化学名词、编译书报、调查、通讯四项任务，其中以统一化学名词最为重要。此后，中国化学会欧洲支会曾于 1908 年 8 月 10~19 日在英国伦敦召开第一届正式年会，会所设在中国留英学会。然而，两三年后，由于留欧学生陆续回国，支会活动随之停止①。

中华化学工业会　1922 年 4 月 23 日，曾经担任过中国化学会欧洲支会会长的北京大学教授俞同奎与另一位留美归来的北京大学教授陈聘丞（世璋）联名邀集十几位化学、化工专家，在北京开会商谈成立化学工业学术团体，"以学以致用为宗旨，志在促进化学界与化工界的联络，以振兴我国的化学工业"，团体定名为"中华化学工业会"，订立会章。选举张新吾为会长、陈聘丞为副会长、吴匡时为总书记。1923 年 1 月起，出版《中华化学工业会会志》第 1 卷第 1 号，俞同奎任总编纂。1929 年元旦，中华化学工业会在上海召开第四次年会时决定：（1）会址由北平迁到上海；（2）改选曹梁厦为会长，吴蕴初为副会长；（3）改《中国化学工业会会志》为《化学工业》，卷次续前，主要刊登研究论文②。

中华化学会　1923 年，在美国留学的庄长恭、李保庆等 33 人发起成立中华化学会。至 1924 年 1 月，有 10 余所大学、60 多人响应。1924 年 4 月选举临时会长庄长恭、副会长程耀椿、中文书记李寿恒、英文书记唐嘉装、会计萨本铁。1925 年 6 月 1 日中华化学会在美国正式成立，选王箴为会长、熊祖

---

①　袁振东、朱敬：《在科学的入口处——30 位化学家的贡献》，湖北少年儿童出版社，2007，第 163~164 页。

②　袁振东、朱敬：《在科学的入口处——30 位化学家的贡献》，湖北少年儿童出版社，2007，第 164~165 页。

同为副会长，李运华为中文书记、沈镇南为英文书记，丁嗣贤为会计。曾计划出版《中华化学会志》，刊载研究论文，但未能实现。出版过八九期反映化学界活动消息的刊物——《化学梦》。由于无人负责会务，发起人也先后回国，学会逐步停止工作[①]。

除此之外，在日本的化学工作者，曾发起组织过中国化学研究会。留欧、留美的化学工作者回国后曾组织过（在北平）中国化学会。尽管这些团体存在的时间都不长，但为中国化学会的诞生做了思想上和组织上的必要准备[②]。

中国化学工程学会　1929 年 5 月 10 日，在美国麻省理工学院学习化工的中国留学生顾毓珍、杜长明、张洪沅、区嘉伟、吴鲁强、陈梓庆、庄前鼎、杨伟、陆贯一等人倡议，1930 年 2 月中国化学工程学会在美国正式成立。组织学会的目的是"研究化工学术，提倡化工事业，以求我国在化工生产方面能于最短时间达到自给自足程度"。成立会上选出第一届理事 5 人，原中华化学会副会长程耀椿担任会长、顾毓珍任书记、杜长明任会计、何玉昆任干事、张洪沅任会刊委员会主任。学会于 1934 年 4 月发行《化学工程》创刊号[③]。

■ 1908 年（清光绪三十四年）　庚款兴学，钦定宪法大纲，经济学，辞源

庚款兴学　1900 年（农历庚子年），美、英、法、德、俄、日、意、奥等国组成八国联军侵入北京。1901 年 9 月 7 日强迫清政府签订《辛丑条约》，规定中国赔偿各国海关白银 4.5 亿两，分 39 年还清，年息 4 厘，史称"庚子赔款"。1908 年 5 月 25 日，美国国会参、众两院决议放弃美国所得赔款的大部分，折合美金约 1196 万，从 1909 年至 1940 年，逐年按月退还中国，用作设立留学预备学校及学生赴美留学之用。1909 年，清政府外务部、学部会奏《派遣学生赴美谨拟办法折》，具体规定该款使用办法。

---

① 袁振东、朱敬：《在科学的入口处——30 位化学家的贡献》，湖北少年儿童出版社，2007，第 163~165 页。
② 资料来源：教育中心资源管理系统（http: //219.226.9.43/RESOURCE/GZ/GZHX/HXBL/HXTS0122/6402_SR.HTM）。
③ 袁振东、朱敬：《在科学的入口处——30 位化学家的贡献》，湖北少年儿童出版社，2007，第 165 页。

1924 年美国又将全部赔款退还，指定用于中国教育文化事业。同年，苏联政府主动放弃赔款要求，与中国政府议定，该项赔款俟清偿所担保之各种债务后，拨作发展中国教育之款项。在此前后，英、法等国亦相继与中国政府签订协议退还赔款，设立机构，管理使用。赔款除用于铁道、交通、水利、实业等各项建设事业外，以其息金办理文教。主要用于设置学校、研究所，选派留学生，补助国内各学校、教育文化团体，设置研究补助金额、编译世界名著、聘请外国学者来华讲学、交换出版物等①。

钦定宪法大纲　1908 年 8 月颁布的中国历史上第一个宪法性文件——《钦定宪法大纲》，是日本宪法的翻版，虽不能算正式宪法，但确定了制定宪法的根本准则。在臣民权利义务部分，有言论、出版集会、结社和人身等自由权利的规定，同时又规定必要时皇帝"得以用令限制臣民之自由"。沈家本、伍廷芳等负责修订法律的大臣聘用日本法学专家，以大陆法系的刑法为模式，"三阅寒暑，易稿数次，始克告竣"的《大清新刑律》，突破了诸法合体、民刑不分的中国传统法系，体现了罪行法定、罪与非罪的界定、惩治教育、道德责任等现代刑法原则②。

> 法律无正条者，无论何种行为不为罪。
>
> 非故意之行为，不为罪，但应论过失者，不在此限。
>
> 凡未满十二岁人之行为不为罪，但因其情节得施以感化教育。
>
> 精神病人之行为不为罪，但因其情节得施以监禁处分。前项之规定于酗酒或精神病间断时之行为不适用之。
>
> ——《钦定大清刑律》

经济学　1908 年，朱宝绶翻译美国人麦克凡的《经济学原理》一书时使用"经济学"一词③。

辞源　《辞源》的编纂开始于 1908 年（清光绪三十四年）。1915 年以甲、乙、丙、丁、戊五种版式出版。1931 年出版《辞源》续编，1939 年出版《辞

---

① 顾明远：《世界教育大事典》，江苏教育出版社，2000，第 509 页。
② 汪中求、王筱宇：《1750~1950 的中国》，新世界出版社，2008，第 166~167 页。
③ 宋原放：《简明社会科学词典》，上海辞书出版社，1984，第 704 页。

源》合订本。1949 年出版《辞源》简编。以旧有的字书、韵书、类书为基础，吸收现代辞书特点：以语词为主，兼收百科；以常见为主，强调实用；结合书证，重在溯源。是中国现代第一部较大规模的语文辞书。1958 年开始修订为阅读古籍用的工具书和古典文史研究者的参考书。修订稿第一册于 1964 年出版。1976 年，由国家统一规划，广东、广西、河南、湖南四省（区）协作修订《辞源》，分别成立专门机构，以修订稿第一册和未出版的其他各分册初稿或资料为基础，和商务印书馆编辑部共同编辑、审定①。

[术语事件] 1908 年（清光绪三十四年），商务印书馆出版《物理学语汇》、《化学语汇》，是我国最早出版的审定术语汇编。

■ 1909 年（清宣统元年） 科学名词编订馆，景气观测，百科辞典

科学名词编订馆 中国历史上第一个从事科技名词审定的专门机构。1909 年，在大学部设立科学名词编订馆（审查会）。2 月，严复译《名学浅说》由商务印书馆出版。5 月 25 日，严复受派宪政编查馆二等咨议官，又被学部聘为审定名词馆总纂，当时他还兼任度支部清理财政处咨议官、福建省顾问官。同年 9 月，被派在学部丞参上行走。

商务印书馆出版孙毓修编译《童话》一、二集，这是我国最早出版的"童话"。孙毓修，前清末年就在商务编译所任职，高级编译。商务印书馆出版《汉译日本法律经济辞典》(1909)，这是中国最早译印的百科辞典。商务印书馆与英国泰晤士报社协议印行《万国通史》(1909)，这是我国出版社对外合作的最初尝试。

> 近者泰晤士馆主以此书托商务印书馆分售于吾国学界中，是其用意至厚，而书价又甚廉。窃愿吾国学人亟购勿失。但其卷帙颇富，前所云以三十星期尽读之者，谓欧人耳。至于吾党，则请易希勒尔之所谓年者以月，庶几了之。
>
> 不佞老矣，又日以译事自督，顾于此业，犹将亲行，学界诸君，倘

---

① 参见商务印书馆于 1979 年出版的《辞源》中"出版说明"。

有意乎？虽然，或读或不读，异日皆当思鄙言。

　　——摘自严复《万国通史·序》，《商务印书馆百年大事记》，商务印书馆，1997，第10页。

　　景气观测　1909年，美国统计学家巴布森（Babson）设立了世界上最早的景气观测机构（Babson Statistical Orgnization）。

　　百科辞典　《汉译日本法律经济辞典》[①]收法律、经济、政治等术语2000余条，按中文笔画排列，有检字表[②]。这是我国最早译印的百科辞典[③]。

■ 1910年（清宣统二年）　南洋劝业会，橡胶股票风潮，地学杂志，瓦尔拉斯，滇越铁路，个碧石铁路

　　南洋劝业会　清末官府与商界于1910年（宣统二年）在江宁（今南京）合作举办的博览会。南洋劝业会设农业、医药、教育、工艺、武备、机械、美术、通运等馆，陈列各地产品，附有说明。6个月后结束，后未续办。（《辞海》，第1216页）

　　橡胶股票风潮　1910年在上海发生因购买橡胶股票引发的金融风潮。20世纪初，国际市场橡胶需求量急剧增加，天然橡胶供应有限，人工合成橡胶技术尚未发明，橡胶价格持续上涨。1903年，英商在上海设立以橡胶产地命名的兰格志拓殖公司，经营橡胶园、石油、煤以及采伐木材等业务，发行股票，并极力宣传其获利前景光明。兰格志拓殖公司还得到外国银行的支持，宣称持有其发行的橡胶股票者可以按照票面额在上海外国银行获得押借现款的权利。1909年，到上海招募股份、发售股票的外国橡胶公司迅速增加，他们刊登广告，通过上海的洋行具体经办和发售股票，并在上海的外国银行开户。一时间风起云涌，使上海的橡胶股票交易迅速升温。不但一般商人，就连一些完全没有股票交易经验和完全不懂橡胶知识的普通市民也加入了购买者行列。

　　1910年3~4月，股票交易景气达到顶点，在华外商银行向中国的钱庄和

　　[①] 〔日〕田边庆弥编《汉译日本法律经济辞典》，王我藏译，上海商务印书馆，1909。

　　[②] 杨牧之等：《中国工具书大辞典》（社会科学卷），黑龙江人民出版社，1993，第16页。

　　[③] 《商务印书馆百年大事记》，商务印书馆，1997。

个人发放大量用于购买橡胶股票的贷款，同时允许中国钱庄用庄票作为购买橡胶股票的支付手段。巨额资金用于股票投机，导致国内市场金融涩滞、银根紧张。国际橡胶市场上的任何风吹草动，都会对上海造成直接冲击。就在上海橡胶股票价格达到顶点之时，一场因国际橡胶市场价格暴跌而引发的金融风暴袭来。向中国钱庄提供贷款的外国银行忙于催索贷款，使中国钱庄里的华商资本迅速枯竭，银钱业间丧失融通能力。1910 年 7 月 21 日，正元、兆康、谦余三大钱庄因资金周转不灵而同时倒闭，牵连与它们有来往的数十家大小钱庄和商号倒闭，成为震惊上海、波及全国的金融风潮[①]。

地学杂志　1910 年，中国地学会主办的《地学杂志》创刊。

瓦尔拉斯　瓦尔拉斯（Marie Esprit Léon Walras，1834~1910 年），法国经济学家，瑞士洛桑大学教授，洛桑学派和数理学派创始人。与奥地利门格尔、英国杰文斯大致同时提出边际效用价值说；采取数理方法研究经济现象；首创一般均衡理论，为现代经济学广泛采用。对经济现象作数量关系的说明，探讨分析其实质原因。主要著作有《纯粹经济学要义》、《社会财富的数学理论》。

滇越铁路　由法国人修筑的连接云南和越南的滇越铁路于 1903 年 10 月开工，1910 年 1 月 30 日全线（从蒙自到河口）通车，工程历时 6 年零 3 个月，投资结算为 81387126 法郎。滇越铁路修通后，有了云南列车，而且是国际列车。从蒙自到河口只需一天即可到达。其中滇南段河口至碧色寨线路在抗日战争期间被炸毁。1946 年中国抗日战争胜

滇越铁路工程：艰难的"人字桥"
图版来源：参见段锡、王丕勋、余春泽《锡映千秋》，中国文联出版社，2003，第 250 页。

---

① 参见刘树成主编《现代经济辞典》，凤凰出版社、江苏人民出版社，2005，第 1073~1074 页。

利后，从法国人手中收回路权①。

至 2010 年，滇越铁路通车百年。然而，长期以来包括历史学家、经济学家、作家在内的各界人士对此均极少提到，甚至讳莫如深，在有意无意之间忽略或回避这条铁路，只把云南描绘成一个充满奇风异俗、与世隔绝的乌托邦。其实滇越铁路始终是真实的存在，至今仍是云南的南北大动脉。中国第一座水电站——石龙坝电站购买德国西门子公司的发电和输电设备，云南亚细亚烟草公司，宣和火腿公司引进的机器和技术人员，云南锡业公司采购的各种先进设备，均通过滇越铁路运来，促进了云南近代工业和商品经济的发展②。

个碧石铁路　个碧石铁路在云南，连接个旧、碧色寨、石屏三地，是早期中国唯一一条民营铁路。它轨距最窄，修筑时间最长，行车速度最慢，但对个旧锡业发展功不可没。修建个碧石铁路，是以 1910 年滇越铁路通车为契机。1910 年底，个旧矿商 48 人联名上书云贵总督，首倡以商办原则修筑个碧石铁路；1911 年再次呈文省府。1912 年 2 月，个旧绅商李光翰、朱朝瑾等又联名上书云南都督蔡锷"请修临（临安，即今建水）蒙（蒙自）个（个旧）屏（石屏）铁路"。同年蔡锷批令，界定了个碧石铁路的主权及民营性质，拒绝了法国人控制个碧石铁路的企图。由厂商集资修铁路，轰动一时，舆论盈然，省政府亦"出资补贴，以示提倡"。1913 年，云南军都督府召开股东大会，成立由滇蜀铁路公司（出股 100 万两）与个旧股东（由锡、砂炭抽股 100 万两）官商合办的"个碧石铁路股份有限公司"，通过发售股票筹集资金。至 1917 年，滇蜀铁路公司所代表的官股退出，个碧石铁路纯为民办③。

个碧石铁路筹集资金的第二渠道是成立铁路银行，发行铁路钞票。从 1914 年起，陈钧④连任或兼任个碧石铁路总理 17 年，功勋卓著。1919 年 2 月 16 日他在个旧创办"个碧石铁路银行"，下设香港云昌、昆明兑换处以及建

---

① 段锡、王丕勋、余春泽：《锡映千秋》，中国文联出版社，2003，第 212、233、240 页。
② 段锡、王丕勋、余春泽：《锡映千秋》，中国文联出版社，2003，第 212、233、240、245、249 页。
③ 段锡、王丕勋、余春泽：《锡映千秋》，中国文联出版社，2003，第 281 页。
④ 陈钧（1874~1931 年），云南石屏县宝秀镇人，字鹤亭。1903 年科取三甲第十名进士，曾赴日本考察政治，任天门宜都县令。民国初年，被蔡锷聘为参事、内务司长。1916 年唐继尧、蔡锷组织护国军讨袁，陈为省财政司长兼盐运司长，积极为之筹集兵饷。后作为云南代表入京，被黎元洪聘为总统秘书。

水、蒙自分行。至 1933 年停业，历时 15 年，纸币发行总额约为 8897000 余元。民国二十二年（1933 年）公司重组。

在个碧石铁路修筑过程中，个（个旧）碧（碧色寨）段（长 72 公里，隧洞 8 个，其中 2 号洞最长为 692 米）于民国二年着手勘测，民国四年开工，民国十年（1921 年）十一月九日通车，筑路工程师为法国人尼复礼士。路轨宽度采纳了尼复礼士的建议："该路作用是县际交通，采用 6 寸轨已可以运输自如，并可省料十分之四。"① 准轨轨距 1.45 米，滇越铁路为 1 米，个碧石铁路轨距仅为 0.6 米，车厢宽 1.7 米，三等车仅 22 座。

鸡（鸡街）临（建水）段（长 62 公里，有隧洞 5 个）于民国七年动工，民国十七年（1928 年）十月通车，筑路工程师为福建人萨少铭，后为广东人李庆余。临（建水）屏（石屏）段（长 42 公里，有 5 条隧道）于民国十八年动工，民国二十五年，即 1936 年 10 月 10 日竣工通车，

云南个碧石铁路全路通车纪念刊

个碧石铁路呈 T 字形，横笔两端为碧色寨、个旧，长约 72 公里，交接点为鸡街，竖笔由鸡街经建水至石屏长为 104 公里。全路为 6 寸轨距，有隧道 18 条，桥梁 40 座，先后投资 2070 余万银元。

图版来源：参见段锡、王丕勋、余春泽《锡映千秋》，中国文联出版社，2003，第 279 页。

也为全路段竣工通车，筑路工程师为浙江人吴澄远和广东人李庆余。个碧石铁路机车分别由法国、美国、德国进口。车辆多为法国制造，部分为国产，汉阳造。第一批进口法国 0-8-0 机车，第二批从美国进口 0-10-0 机车 16 台。1936 年全线营运后全部采用美国机车。后又从德国进口了两台 2-8-0 型机车。②

个旧一带地形属哀牢山系与乌蒙山系交汇之地，海拔高差超过 2000 米，平坝与峰峦落差明显，相对高度大。而铁路设计要求，路面越宽，坡度就要越平缓。据专家测算，如果采用米轨，即规矩为 1 米（公尺）的铁路，最大坡度为 30‰，轨弯半径最小为 100 米，而 6 寸（公寸）轨最大坡度可达 4‰，转弯半径可以减小到 50 米。相形之下，米轨耗资更大，不如采用 6 寸轨火车

① 段锡、王丕勋、余春泽：《锡映千秋》，中国文联出版社，2003，第 292 页。
② 段锡、王丕勋、余春泽：《锡映千秋》，中国文联出版社，2003，第 290、295 页。

个碧石寸轨铁路 29 号机车模型

29 号机车，由美国鲍尔温公司于 1930 年制造。车头总长 14.3 米，宽 2.45 米，蒸汽压力 12.5 公斤，牵引力为 6.7 吨，列车最大载货能力为 140 吨，最高时速为 22 公里。截至 2005 年，是尚存于云南个旧、保存最为完好的唯一寸轨车头，是云南铁路运输历史的重要见证。图片为 2005 年个旧举办国际锡文化旅游节期间，中共个旧市委、个旧市人民政府以 29 号机车为原型制作的小火车模型。

图版来源：龚益摄，2009。

来得经济，可以省工省料，节约款项十分之四①。鸡街到建水、石屏段，按工程师萨少铭主张：采用 6 寸路轨，但建成米轨路基、桥梁、隧道，则将来回收滇越铁路（后称昆河线）路权时便于改轨通车以连成一线。这个建议经股东商议，也被采纳②。

1933 年个碧石铁路公司经营盈余 170 多万元；1934 年盈余 290 多万元；1935 年盈余 280 万元。1939 年，在偿清铁路各种债务之后，仍有盈余。在铁路公司经营及所有权性质方面，1943 年成立督办公署，个碧石铁路的民营性质开始发生变化。其中，由于省政府以征收铁路占有地亩税及政府通过交通部给予大量补贴，从而控制了铁路公司。1951 年云南省委对个碧石铁路实行军事管制，以军（事）代（表）处为最高职能机构。"大跃进"时期，从石屏向西延展 10 公里至宝秀，全长变为 183 公里。1969 年铁道部对该线路大部改轨，将蒙自到宝秀的 142 公里扩建为米轨（轨距 1 米），仅保留鸡街到个旧的 34 公里仍为寸轨（轨距 0.6 米），成为全国最后的窄轨铁路标本。1974 年昆明铁路局提出展筑新线和鸡个线扩轨方案未果。1990 年夏，成都铁路局决定鸡个支线于年末停办货运业务③。寸轨铁路使命就此

---

① 段锡、王丕勋、余春泽：《锡映千秋》，中国文联出版社，2003，第 291 页。
② 段锡、王丕勋、余春泽：《锡映千秋》，中国文联出版社，2003，第 293 页。
③ 段锡、王丕勋、余春泽：《锡映千秋》，中国文联出版社，2003，第 307 页。

结束。21 世纪初，个旧为发展旅游产业，重又提出结合"弘扬锡文化"，恢复窄轨铁路以及寸轨"小小火车"的利用问题①。

清华学堂原址

图版来源：参见顾明远《世界教育大事典》，江苏教育出版社，2000，第 17 页。

■ 1911 年（清宣统三年） 清华学堂

清华学堂 1911 年清政府利用庚子赔款创办留美预备学校——清华学堂。其前身是 1909 年附设在游美学务处内的肄学馆，1911 年迁入京郊清华园，新建校舍，始称"清华学堂"。1912 年 5 月改称"清华学校"，1925 年设立大学部，开始培养四年制本科生。1928 年由国民党政府接管，改名为"国立清华大学"。

■ 1912 年 中华书局，科学名词审定

1912 年 1 月，陆费逵、戴克敦、陈协恭、沈知方等在上海创办中华书局；江苏教育会之理化教授研究会审定物理学和化学术语；中华医学会组织了医学名词审查会。

1915 年相继审定了化学、物理学、数学、动物学、植物学、医学各类术语。

1918 年中国科学社起草了科学名词审定草案。

1919 年成立了科学名词审定委员会。

1923 年出版了《矿物岩石及地质名词辑要》。

截至 1931 年共审定各学科名词 14 部，均为草案。

---

① 龚益：《个性无双，一脉相承，旧情有迹，两山商量》，《红河》2005 年 11 月总第 166 期。

■ 1913 年　联邦储备法，读音统一会，注音符号，地质研究所，京音字汇，索绪尔，哈尔滨红肠

纽约联邦储备银行的徽记

纽约联邦储备银行属于十二家联邦储备银行之一，1914 年 5 月 18 日设立。

图版来源：龚益摄，2008。

联邦储备法　联邦储备系统，又称"联邦准备制度"，是美国金融业中起到中央银行作用的组织的总称，根据 1913 年的《联邦储备法》建立。其机构有：联邦储备委员会（最高管理机构）、联邦公开市场委员会、十二家联邦储备银行及其二十四家分行、联邦咨询委员会以及六千家会员银行。联邦储备委员会主席由总统任命，并经参议院批准。主要职能是制定货币政策和必要的规章制度，负责监督管理各联邦储备银行和会员银行的业务。联邦储备委员会设在华盛顿。

（《辞海》，第 1017 页）

读音统一会　中华民国政府积极推进新表音文字的创制。为制定通行于全国的通用语，中华民国教育部于 1913 年召集了"读音统一会"。会员由教育部选聘 80 名成员构成。其主要任务是制定全国通行的字音以及为它注音的表音符号，并于 1918 年正式公布。注音字母的制定和推行，是清末切音字运动的继续，又开中华人民共和国成立后政府颁行拼音方案的先声。自 1932 年以后，该拼音方案以北京语音为标准音（1932 年以前不是这样）、以简单汉字作为字母形式，使用声介韵的三拼法，给汉字注音。这是我国历史上时间比较长、规模相当大的语言规划[①]。

注音符号　作为标记全国标准音的表音文字，"读音统一会"采用了"注音字母"。这是当时著名的语言学家章炳麟（1869~1936 年）取古代汉字籀书、篆书的一部分而创制的。统一会将它楷书化，对字母的数量等也作了

---

① 于锦恩：《民国注音字母政策史论》，中华书局，2007，第 1 页。

部分修改。这种符号，当时叫"注音字母"，后来改为"注音符号"。这是百年语文现代化运动中第一个官方公布的汉语拼音方案。注音符号制定后，又出现了新的罗马注音法。这种新符号作为国家规定的表音文字，广泛应用于学校教育等领域，在统一字音、普及标准语等方面发挥了巨大作用。注音字母从 1918 年到 1958 年整整推行了 40 年，台湾至今仍在使用[①]。

地质研究所 1913 年，丁文江[②]与章鸿钊创办中国第一个培养地质学人才的工商部地质研究所。

京音字汇 《京音字汇》，王璞著，民国书局于 1913 年出版。收字一万个左右，将同音字集在一起，每字之下加注在《康熙字典》何部，释文简明，页左上角注英语拼音，书前有部首检字表、京音发音表[③]。

索绪尔 索绪尔（Ferdinand de Saussure，1857~1913 年），瑞士语言学家。曾在巴黎高等研究学院任教，后任日内瓦大学教授。早期从事历史比较语言学研究，发表著名论文《印欧语的原始元音系统》。在日内瓦大学讲授的普通语言学由其学生据听课笔记整理成《普通语言学教程》一书。索绪尔持社会心理主义语言观，把语言看成社会心理现象。他提出语言是一种表达观念的符号系统，区分语言符号的能指和所指、语言中的组合关系和联想关系、共时研究和历时研究。其学说对 20 世纪结构主义语言学派的建立有重要影响，被称为现代语言学的奠基人。他于 1913 年辞世，其译稿经日内瓦学派继承者整理，于 1974 年出版。（《辞海》1999 年版音序缩印本，第 1620 页）

哈尔滨红肠 1913 年，俄籍德国技师爱金宾斯将欧洲的红肠制作技术带到哈尔滨。"哈肉联红肠"由此诞生，哈尔滨红肠成为最早在中国生产的欧式肉制品。

---

① 于锦恩：《民国注音字母政策史论》，中华书局，2007，第 3 页。

② 丁文江（1887~1936 年），字在君，江苏泰兴人。中国地质学家，中国地质科学事业奠基人之一。早年留学日本和英国。曾任农商部地质调查所所长、北京大学教授、中央研究院总干事、中国地质学会会长等职。曾赴西南诸省及湘、苏、晋等省进行地质、地理调查和考察。著有《中国之造山运动》、《中国矿业纪要》、《科学与玄学》等。

③ 杨牧之等：《中国工具书大辞典》（社会科学卷），黑龙江人民出版社，1993，第 85 页。

■ 1914 年　最低工资，法律经济辞典，鲁得罗大屠杀

最低工资　1914 年 1 月 5 日，拥有福特汽车公司的资本家亨利·福特决定将工人的日最低工资提高到 5 美元，远高于当时 2 美元的平均标准。这在当时引起极大震动，对美国乃至现代西方世界的发展也产生了深远的影响。1938 年，美国国会通过《公平劳动标准法案》，规定了国家最低工资，并规定了 8 小时工作制。

工人们在早期的生产线上装配福特 T 型汽车
福特 T 型汽车是最早大量生产的汽车。装配线取得的产量增加使福特到 1915 年占据了美国汽车生产的半壁江山。
图版来源：参见英国布朗参考书出版集团编《经济史》，刘德中译，中国财政经济出版社，2004，第 86 页。

福特在经营中强调人性化管理。他的"5 美元改革"极大地增加了员工的归属感。在实施"新政"前后，福特公司的工作队伍变更率降低了 90%，旷工率从 10% 降到 0.3%，工人们以在福特公司工作为荣，求职者蜂拥而至，越来越多的优秀技工被吸收进厂。到 1916 年，福特汽车的售价比 1908 年下降了 58%。"5 美元改革"还在一定程度上引导了社会风尚。福特公司设置了相应条件，如同家人在一起生活的已婚者，要乐于照顾家庭；年龄 22 岁以上的单身青年，生活要节俭；年轻人要有帮助和照顾近亲的愿望。福特公司有专职人员负责考察员工的家庭责任感。由于"5 美元改革"以及福特公司的壮大，老福特很快成为风云人物，言行俱成表率。他认为，一个人或者一小撮人聚敛财产是无益的，因为这常常会伤害他人的利益。他以身作则，强调企业家的社会责任，投身慈善事业，回馈社会[1]。

法律经济辞典　日本人清文澄著，郭开文、张春涛译，由上海群益书局

---

[1]　张国庆：《5 美元的繁荣》，2009 年 1 月 17 日 B06 版《新京报》。张国庆，中国社会科学院美国所学者。

于 1914 年出版。收录法律、经济、政治等词汇 2000 余条，每一条目均注日文假名，并释其义，正文按中文笔画顺序排列，书前有条目索引。

鲁得罗大屠杀 1914 年，在美国科罗拉多，武装矿工和科罗拉多燃料与制铁公司的雇佣兵之间发生武装冲突。这次被后人称为"鲁得罗大屠杀"（Ludlow Massacre）的冲突，导致 25 人丧生。

■ 1915 年 毒气战，哈伯，中国科学社，门孜康，辞源

毒气战 1915 年 4 月，德国军队和英法联军在比利时的伊普雷地区作战。德国军队根据化学家哈伯的研究和指导，于 4 月 11 日在前沿阵地构筑了 150 个土台，放置了 5730 个钢瓶，其中充满了窒息性毒剂——氯气，并进行了伪装。由于风向不对，一直等到 22 日下午才打开钢瓶。4 月 22 日下午 4 时，在 90 分钟的炮轰后，德军阵地上突然升起一道黄白色的气浪，形成 6 千米长的烟幕借着西北风向英法联军阵地吹来。这种气体比空气重，进入阵地后即沉入战壕并滞留。很快有人咳嗽、打喷嚏，甚至窒息倒地。英法联军官兵不知所措，仓皇溃逃，放弃阵地。这是第一次世界大战中德军首次大规模使用毒气。仅用了 5 分钟，180 吨氯气就像魔鬼一样扑向对方阵地，造成英法联军 15000 多人中毒，其中 5000 人死亡。次日，德军又对加拿大军队施放氯气，同样造成很大伤亡。据统计，第一次世界大战期间，交战国使用了 45 种毒剂，重量达 12.5 万吨。130 万人受到化学毒剂的伤害，其中 9 万人死亡。对此，哈伯难辞其咎。由于化学毒剂在战争中首次大规模使用，一些史学家将第一次世界大战称为"化学战"。

哈伯 哈伯（1868~1934 年），德国化学家。曾在柏林大学随霍夫曼学习，在海德堡大学随本生学习。后在夏洛滕堡工业大学以有机化学方面的论文取得博士学位。1896 年，在卡尔斯鲁厄工业大学任讲师。1906~1911 年任物理化学和电化学教授，后任威廉皇家物理化学和电化学研究所所长兼柏林大学教授。1908 年，研究成功合成氨的哈伯法，1913 年在德国奥堡开始工业应用，对整个化学工艺的发展产生了重大影响。但哈伯同时是一个狂热的民族主义者，效忠于德皇。第一次世界大战爆发后，倾其才华投入炸药和毒气的生产和使用。1914 年 9 月，哈伯向德军参谋本部提出灭绝人性的建议：组建

毒气部队，用他研制的化学武器打开缺口。1915 年 4 月他亲临前线，指挥施放毒气——氯气于战场。

使用化学毒气伤害巨大，哈伯立即遭到谴责。妻子劝阻无效，愤而自杀。哈伯丧心病狂，变本加厉。1915 年 12 月，又使用毒气造成英军 1000 余人中毒；1917 年对英军首次使用芥子气攻击，10 天内使英军 1.4 万人中毒，受到强烈谴责。哈伯终于开始反省，1917 年辞去化学兵工厂和部队的职务。面对世人唾骂，哈伯忏悔说："我是罪人，无权申辩什么，我能做的就是尽力弥补我的罪行。"

1918 年，瑞典皇家科学院决定将该年度诺贝尔化学奖颁发给哈伯，以表彰他发明合成氨方法对全球经济发展所起到的巨大推动作用。但是，由于哈伯是在第一次世界大战中研究并指挥毒气战的罪魁祸首，成为众矢所指的历史罪人，世人指责瑞典皇家科学院的这一决定是对科学界的玷污。此外，出于环境保护的考虑，自然界的固氮细菌在常温常压下就可将氮气转化为植物能吸收的氮肥，这才是最佳的生产方式。人们希望不同领域的化学家能够找出适于工业生产的仿真生物固氮方法，进一步研发出合成氨的新途径。1933年纳粹上台，哈伯因犹太血统变成"犹太人哈伯"，被免去威廉皇家物理化学和电化学研究所所长职务，以访问学者身份流亡英国，在剑桥大学工作数月后，于赴罗马度寒假途中因突发心脏病在瑞士巴塞尔逝世[①]。

中国科学社 1915 年 10 月 25 日，由美国康奈尔大学中国留学生发起组织的中国科学社（The Science Society of China）正式成立。其宗旨为：联络同志，研究学术，以图中国科学之发达。社长任鸿隽、书记赵元任、会计胡明复及秉志、周仁等 5 人为首任理事，社员 70 名。《科学》杂志同时创刊，杨铨为编辑部部长。1917 年该社呈准中国教育部立案，1918 年其办事机构迁至国内，在上海、南京设立事务所。1920 年定社址于南京成贤街。1929 年总办事处及编辑部移至上海。先后在美国、欧洲、日本设立分社，在中国各地设会友社。到 1949 年共有社员 3776 人。

"译述之事，定名为难。而在科学，新名尤多。名词不定，则科学无

---

① 袁振东、朱敬：《在科学的入口处——30 位化学家的贡献》，湖北少年儿童出版社，2007，第 78~85 页。

所依倚而立。"

——《科学》发刊词（1915）

中国科学社经费主要来源于中华教育文化基金
补助、江苏省补助经费等。社会活动主要有发行刊
物，著译科学著作，编订科学名词，募集基金，设
立图书馆、各种科学研究所、博物馆、中国科学图
书仪器公司等，召开了 26 次年会，举行各种科学
演讲和展览，开展科普教育、科学咨询等。1959
年底，社务移交给国家相应机构后，停止活动[①]。

门孜康 门孜康为藏文音译，原为西藏地方
政府所属的医算机构，管理地方医事和历算，建
于 1915 年。1916 年创办西藏第一所医算学校。门
孜康除每年编印历书外，还为寺院和藏军培养医
药与历算方面的人才。1959 年后，藏族地区所设
藏医院亦称"门孜康"。

1915 年正月中国科学社出版发行的《科学》
图版来源：参见李焱胜《中国报刊图史》，
湖北人民出版社，2005，第 113 页。

辞源 商务印书馆出版《辞源》（正编），主编包括：陆尔奎、高凤谦、方毅等。

上海商务印书馆 1915 年出版的《辞源》是一部一流出版物。这是一
部百科辞典，分 214 个部首排列，资料甚为丰富。定义和解说可称简明
扼要。在这之前，中国从未出版过这样的一种辞书。

——〔英〕顾令（Samuel Couling）：《中国百科全书》，1917。

友人有久居欧美，周知四国者，尝与言教育事，因纵论及辞书。谓
一国之文化常与其辞书成比例。吾国博物院、图书馆未能遍设，所以补
充知识者，莫急于此。且言人之智力因蓄疑而不得其解，则必疲钝萎缩，
甚至穿凿附会，养成似是而非之学术。古以好问为美德，安得好学之士
有疑必问？又安得宏雅之儒有问必答？国无辞书，无文化之可言也。其

[①] 顾明远：《世界教育大事典》，江苏教育出版社，2000，第 516 页。

语甚为明切。戊申［1908］之春，遂决意编纂此书。其初同志五六人，旋增至数十人，罗书十余万卷，历八年而始竣事。

　　　　——摘自陆尔奎《辞源说略》，载《商务印书馆百年大事记》，商务印书馆，1997。

■ 1916 年　国语统一运动，世界大型企业联合会

国语统一运动　1916 年，蔡元培、黎锦熙发起成立国语研究会，主张"言文一致"、"国语统一"。1917 年 10 月，全国教育联合会向教育部提出，"请定国语标准并推行注音字母以期语言统一案"。1918 年 7 月，南京高师设国语讲习科，利用暑假培训苏、皖、浙三省师范学校国文教员。同年 11 月 23 日公布了 1913 年制定的注音字母表，12 月 28 日公布《国语统一筹备会规程》[①]。

世界大型企业联合会　世界大型企业联合会[②]创立于 1916 年。是一个全球性的企业会员组织和研究组织，因定期发布美国消费者信心指数及美国和其他 8 个国家的先行经济指数而享有盛名。它的 2000 多个企业会员（2008 年）分别来自全球 55 个国家，其中包括世界财富 500 强中超过半数的企业。世界大型企业联合会致力于构建一种独立客观的交流平台，以创造和传播实用性的有关企业管理与市场方面的知识为己任，协助企业提高绩效，为国际社会带来有关经济发展重要问题的可资信赖的、标准化的分析。作为一个关注公众利益的独立的全球性会员组织，世界大型企业联合会开展研究，举办会议，进行预测，评估发展趋势，公布信心与分析报告，为高级人员提供相互学习和交流的环境与机会，通过多样性的以课题为导向的研究和举办高级管理层会议，加深企业决策层对全球和本地发展趋势关键内容的了解，为全球经济作出贡献，是企业与经济研究、客观经济指标分析和预测公认的资源中心，其研究成果被大量引用。2006 年，从经济预测到企业管理的最佳实践再到环境的可持续发展，大型企业联合会的各类研究成果被世界各种媒体引用的次数多达 44000 次。其发布的经济研究报告被全球各地的投资者所关注，

[①]　顾明远：《世界教育大事典》，江苏教育出版社，2000，第 517 页。

[②]　世界大型企业联合会（The Conference Board），也有译为"会议局"，地址在美国纽约市第三大道 845 号，邮区 10022-6679。

并常常影响市场变化的走向。

世界大型企业联合会是根据美国《国内收入条例》第 501 （c）（3）条款享有免税资格的非营利组织。目前（2008 年 10 月）担任世界大型企业联合会董事会主席的是普华永道全球首席执行官（Chief Executive Officer, Pricewaterhouse VoopersLIIP）沈德培（Samuel A.Dipiazza，Jr.）。

世界大型企业联合会经常汇聚企业界、政界和学术界的领袖们于一堂，就彼此关心的重要问题进行探讨。随着中国社会的发展，以及中国经济在世界经济体系中的作用和地位日渐提高，世界大型企业联合会的这一传统也拓展并延续到其在中国的项目与合作中。为增进思想和观点的碰撞与交流，世界大型企业联合会在中国建立了多个重要的合作伙伴关系，并陆续开发了不同主题的研究项目。

20 世纪 80 年代初期以来，中国的改革进程呈现不断推进的态势，经济持续增长，创造了世界发展中国家经济增长的奇迹。其中一个非常重要的原因，就是中国一直在支持并且积极参与国内以及与外国合作伙伴之间的高层次交流。这种高水平的交流和讨论，事实上深刻地影响了中国经济改革的政策研究和决策实践，从全球来看，它有利于中国在国际贸易投资中大国形象的建立，以及经济发展火车头形象的一体化。在诸如经济发展这样一些领域内交流的空前自由，亦是中国过去 25 年以来所取得的许多重要成绩之一。

沈德培认为，我们的世界目前正面临着全球资源、贸易和投资的公平、价值、平衡和控制等方面的巨大挑战与调整，能够在中国与全球企业会员、伙伴和同事们通力合作，深入思考全球变化和中国的发展问题，将使整个世界从多方面受益。因此，世界大型企业联合会期待着与中国企业界和学术界发展未来更具活力、更为广泛而深入的重要伙伴关系。

世界大型企业联合会总裁兼首席执行官（President and CEO, The Conference Board）斯乔恩（Jonathan Spector）则认为，要在当今变幻莫测的商业环境中立于不败之地，必须同时拥有遍及全球的网络和坚实的本地关系，必须拥有渊博的学识，包括经济知识和深厚的管理功底。要有不断获得信息的渠道，更要有明晰解读信息的能力和手段。随着世界大型企业联合会遍布全球的会员公司不断与时俱进，努力适应日益变化的全球经济所带来的挑战，世界大型企业联合会自己也在顺时而动，不断调整、扩展和提高自身的业务

能力。迄今为止，世界大型企业联合会已经在美国、欧洲、亚太地区、中国、印度和中东等地开展了大量的课题研究项目和会员活动。

斯乔恩强调，世界大型企业联合会深刻地认识到中国的重要性，并因此而倾注了更多资源和能力，试图探索中国在全球经济中所扮演的角色及其独特而快速变化的商业环境。斯乔恩为世界大型企业联合会与中国开展的合作而感到自豪，因为通过中国经济与企业研究中心开展的合作，为世界企业界带来了有关中国经济增长的新知灼见。与此同时，世界大型企业联合会所举办的诸多商业论坛和会议，也为中国和世界各国企业的领导人创造了交流实践经验、探讨共同话题的平台。

斯乔恩指出，世界大型企业联合会将一如既往地努力实现自己的历史使命，即服务于企业管理者、服务于政府领导、服务于全球人民，运用广阔的网络和雄厚的研究力量，提高企业的业绩和人类社会的整体福利。

盖尔·福斯勒（Gail Fosler）女士是现任世界大型企业联合会的执行副总裁兼首席经济学家（Executive Vice President and Chief Economist, The Conference Board）。她表示，世界大型企业联合会及其研究团队非常荣幸能够有机会与中国合作伙伴和各界朋友并肩工作，以促进对中国在全球经济中日益重要作用的理解与传播。作为全球公认的商业知识资源中心，世界大型企业联合会提供独立的、立足于实证的知识以及发布遍及全球的经济指数，并为能与中华人民共和国国家统计局和国务院发展研究中心就涉及中国重大利益的问题进行密切协作而深感自豪。同时，通过汇聚中国各界朋友、专家以及全球企业界领袖于一堂，举办公开或内部形式论坛，也日益增进了对中国这些问题的理解。

从经济学理论与实践研究的角度来看，在世界大型企业联合会的研究项目中，始终坚持忠实于统计测量的最高质量标准，并严格按照公正、透明的科学原则不断进行改进。尤其重视对决策者具有重大意义的研究项目，并在进行研究时严格遵循高标准的研究原则、保密原则和职业道德规范。作为一家独立的、无党派的非营利会员组织，世界大型企业联合会针对中国整体经济形势、省际产业发展及其与全球发展进程的比较等所作的研究和发现，提出了许多颇有价值的观点和视角。

关于与中国社会科学界合作的未来图景，盖尔·福斯勒（Gail Fosler）女士持乐观态度。她表示，在中国企业迈上全球经济轨道的今天，我们期待着能够继续加深与中国各方的友谊，并通过各种渠道提升对中国的了解，同时也希望世界大型企业联合会能够成为连接中国企业走向世界的一条纽带和桥梁。

附：1916~2006 年世界大型企业联合会的发展历史

世界大型企业联合会诞生于一个经济长期处于动荡的时期。在它成立之前，三个惨剧引发了公众对企业活动的广泛责难。1910 年，《洛杉矶时报》工厂发生炸药爆炸，22 名工人死亡，多人受伤。1911 年，纽约市三角制衣厂发生火灾，146 名工人被烧死，其中大部分是被工厂老板锁在车间里的年轻女工。1914 年，在科罗拉多，武装矿工和科罗拉多燃料与制铁公司的雇佣兵之间发生武装冲突，在这次被后人称为"鲁得罗大屠杀"（Ludlow Massacre）的冲突中，25 人丧生。

当时通用电气公司的麦格奈斯·亚历山大（Magnus Alexander）是对这些事件极为关切的企业界领导人之一。他和他波士顿的律师好友，曾任 AT&T 总裁的弗雷德里克·菲舍（Frederick Fish）一起，将企业和贸易协会的领导人召集起来，就紧张的工商业形势以及如何缓和劳资冲突进行讨论。1916 年 5 月 5 日，全美工业企业联合会（National Industrial Conference Board）成立，1970 年改名为世界大型企业联合会（The Conference Board）。亚历山大就任该组织的第一任总裁，菲舍为第一任董事长。联合会组织成立后进行的第一个项目，便是关于劳工薪酬法律及其对企业发展、劳工纠纷等影响的研究。1919 年，世界大型企业联合会创建了第一个美国生活费用指数（Cost of Living Index），旋即被各企业在进行战略规划时广泛采用。

1916 年机构成立之初，麦格奈斯·亚历山大描述它的角色是，那个时代重大工商业问题的"信息交流场所和进行建设性讨论的论坛"。在过去的 90 余年间，联合会与时俱进，不断实现项目拓展，以契合全球化商业环境的需要，在某些方面处于领先地位。透过对联合会发展中若干里程碑式事件的观察与当时重大历史事件的回顾，可以清楚地看到这一点。

20 世纪的第一个十年，是商业监管加强、劳资矛盾突出的时期。1911 年，美国最高法院下令解散洛克菲勒的标准石油公司。1913 年，美国通过《联邦储备法案》。1914 年，美国联邦贸易委员会成立；发生鲁得罗大屠杀事件。

1916 年，世界大型企业联合会成立；联邦政府通过《农村信贷法案》，为

HIS FAVORITE REMEDY.

洛克菲勒吞服地球

1911 年，美国最高法院下令解散洛克菲勒的标准石油公司。在这幅 1903 年的漫画里，J.D.洛克菲勒要用一剂石油之药吞下整个世界。洛克菲勒的标准石油公司因为企图取得在美国的实际垄断地位而遭到猛烈抨击。

图版来源：参见英国布朗参考书出版集团编《经济史》，刘德中译，中国财政经济出版社，2004，第 59 页。

农户提供帮助。1917 年，联合会发布第一个报告：工人薪酬提案。1918 年，进行女工和工作场所的安全研究。1919 年，建立美国生活费用指数（Cost of Living Index）；这一年，人类首次实现了横跨大西洋的飞行。

20 世纪 20 年代，世界大型企业联合会更加侧重于农业状况、政府成本，以及劳工管理与实践的比较。1920 年，联合会进行 8 小时工作制的研究；这一时期，美国工业繁荣，造就了空前规模的消费者市场。国际联盟召开首次会议，《宪法》第十九次修正案赋予妇女投票权。这一年，世界大型企业联合会由波士顿迁到纽约市。1923 年，联合会召开了有 282 名代表参加的全国移民大会。1924 年，世界大型企业联合会注册成为一个独立的、非营利的法人组织；这一年，美国国会通过《移民法案》，对移民入境规定了严格的限制。在接下来的十年里，世界大型企业联合会就美国日益恶化的农业状况、政府成本以及州政府的财务收支情况进行了一系列重要的研究工作，还就法国、意大利、英国和德国在劳资管理方面的异同进行了比较研究。

20 世纪 30 年代，世界大型企业联合会在大萧条时期得以幸存。1929 年 10 月 24 日，美国的股票市场大崩溃，继而引发了全球性的经济大萧条，世界大型企业联合会首当其冲，遭受重创，不得不裁员降薪，缩短工时。1932 年，当时著名的经济学家维吉尔·乔丹接任总裁。在这一时期，许多工商界领袖对政府所使用的经济分析是否可信提出质疑。为保证经济数据来源的精确性和连续性，世界大型企业联合会建立了经济审计和监督局（Bureau of Economic

Audit and Control），对热点问题进行广泛的研究，包括失业问题、养老金计划、企业的医疗保险政策等。在此期间，世界大型企业联合会进行了 187 项研究，涉及移民政策与实践、自然资源保护等，研究重点放在国际贸易的起伏和金融机构的作用等方面。这一时期，世界领域的科学技术仍在不断发展，却未能阻止大萧条的出现。

1925 年，世界上第一台传输图像的机械式电视机诞生。1926 年，联合会成立了第一个理事会——人力资源高管顾问理事会。1928 年，Amelia Earthart 成为第一个飞越大西洋的女性。1929 年 10 月和 11 月，美国股票市场分别出现持续六天以上的风暴。1932 年，联合会成立研究企业复苏问题的研究小组。1933 年，在《外交季刊》上发表关于经济危机造成全球性影响的系列文章；这一年，罗斯福总统宣布全国银行休假四天；实行"新政"以缓和经济大萧条的负面影响。1934 年，美国国会设立证券交易委员会。

1935 年，联合会创建经济审计和监督局；在这一年，《社会保障法案》成为法律。1936 年，承认美国服装工人联合会，接纳其作为第一个工会会员组织加入联合会。1937 年，发布第一个全面报告，关于工厂和办公室行政管理的人事工作实践。1938 年，联合会成立经济顾问委员会；在这一年，国会通过《公平劳动标准法案》，规定了国家最低工资，并规定了 8 小时工作制。

20 世纪 40 年代，尤其是在第二次世界大战期间，世界大型企业联合会将工作重点放在如何为战争服务上。联合会创建顾问委员会，在企业界和政府部门之间搭建信息交流平台，组织企业领导人和美国政府高级官员召开了一系列重要会议，讨论的问题从产品和服务的生产及提供与战时的价格政策，到企业与政府之间的合同谈判等。

1940 年，联合会开始跟踪董事薪酬和企业贡献。1941 年，美国参加了第二次世界大战，失业现象基本消除，并为妇女就业提供了新的机会。1943 年，联合会组织顾问小组成立防卫与重建委员会。1944 年，联合会发布关于残疾人群的就业报告；这一年，美国国会通过《退伍军人权利法案》。1945 年，《企业经济研究》上刊登了关于经济体系恢复和重建的系列报告。1947 年，马歇尔计划出台；第一只晶体管诞生。1948 年，23 个国家签署关贸总协定；第二次世界大战后，美国进入繁荣发展时期，经济增长迅速，消费品市场发展强劲。1949 年，曾任美国费城联邦储备银行副行长的约翰·辛克莱尔（John

Sinclair）继任世界大型企业联合会总裁。在这一年，北大西洋公约组织建立；中华人民共和国成立。

20世纪50年代，朝鲜战争爆发，世界大型企业联合会下属的动员计划理事会开始就战时的主要商业问题开展调查并发布报告，并就核战争情况下企业和政府如何对保密数据加以保护发表了研究报告。在这10年中，世界大型企业联合会研究价格趋势、购买行为和电视产业等消费经济的影响，并开始赞助在美国以外开展的项目。

1950~1951年，世界上第一台商用计算机问世。1951年，发布世界大型企业联合会招聘求职广告指数（Help-Wanted Adverising Index）。1954年，联合会在加拿大蒙特利尔建立办事处；这一年，东南亚条约组织成立。1957年，苏联成功发射第一颗人造地球卫星。1959年，世界大型企业联合会在英国托奇市（Torquay）举行了由美国、英国和加拿大商界领袖参加的CEO级别会议（企业领导人峰会），这是第一次在美国之外举行的重要会议。随后又在法国的凡尔赛举办了类似的会议，汇聚了来自比利时、加拿大、法国、荷兰、瑞典、瑞士、美国和联邦德国的商界领袖。

20世纪60年代，联合会的关注重点在于：创造就业，鼓励社会责任，以及发展更强大的经济，并将研究范围延伸到公共事务领域，如研究企业对社会的贡献、企业与政府的关系以及社团事务等。1960年，世界大型企业联合会得到了《生活》杂志的资金资助，开始编写《消费者市场图解指南》，与《生活》杂志联合出版，每年一次，是关于消费者费用支出趋势的指导性图书。这一年，人类发明的第一台激光器问世。1961年，分隔两个德国的柏林墙开始筑建；美国总统肯尼迪在联合会举行的一个特别会议上发表讲话。1962年，曾任美国互助人寿保险公司总裁的布鲁斯·帕尔默（Bruce Palmer）接任世界大型企业联合会总裁。他是企业社会责任的积极倡导者。联合会对企业雇用非洲裔美国工人的情况进行了调查和研究，并指出，如果想使更多的少数民族裔工人得到工作岗位，还需要付出更大的努力。联合会开始定期发布"招聘求职广告指数"，该指数现已成为衡量美国就业需求的有效指标。

1963年，马丁·路德·金发表演讲《向华盛顿进军》。在这一时期，由于通货膨胀、城市冲突、失业等问题不断加剧，与越南战争对世界经济造成的压力混杂在一起。1964年，在美国，《民权法案》成为法律；人类首次成功完成心脏移植手术。1965 年，受美国财政部委托，世界大型企业联合会对当时国内备受争议的企业折旧问题进行研究。总统林顿·约翰逊（Lyndon Johnson）出席联合会在华盛顿召开的会议并讲话，指出这份报告极具说服力，决定对全国的企业折旧政策做出调整。基于联合会的研究报告，约翰逊总统宣布了关于企业折旧问题的重要政策变化。1966 年，联合会研究企业在增加非裔美国人就业上的实践和努力。1967 年，创立世界大型企业联合会消费者信息指数（Consumer Confidence Index）。1969 年，人类第一次登上月球；联合会举办伍德斯托克音乐节。

进入 20 世纪 70 年代，世界大型企业联合会的目光开始投向环境的可持续性及政府监管。增加了企业管理和市场营销的研究项目，并举办企业与政府交流的新论坛。1970 年，世界上第一台个人电脑问世；环境保护主义者庆祝第一个"地球日"；美国环境保护署（EPA）成立。曾在约翰逊政府担任商务部长的亚历山大·特布里奇（Alexander Trowbrige）接任联合会总裁。在这个十年中，联合会开始进行有关研究，以帮助企业理解和应对日益增多的环境法规。由于具备领域专长，联合会受"全美水质量委员会"之托，组织召开由企业和政府领导人参加的会议，就国家水质问题的法规听取意见。1972 年，联合会所进行的关于企业用于减少水污染方面的支出的调查结果被美国环境保护署的报告所采用。这一时期，由于滞胀、衰退、不断增加的失业以及能源危机，导致美国经济发展陷于停顿。

1973 年，对美国和西欧地区的石油禁运导致汽油紧缺与价格翻倍。1976 年，曾任美国联邦存款保险公司总裁的肯尼斯·兰德尔接任联合会总裁。联合会建立世界大型企业联合会首席执行官信心指数（CEO Confidence Index）。这一年，孟加拉乡村银行成立。1977 年，联合会在比利时布鲁塞尔设立办事处，并建立了各种类型的理事会，定期为欧洲企业管理高层举办会议，以交流各种观点和见解。如今，该欧洲分部负责欧洲、印度和中东地区的理事工作。

20 世纪 80 年代，世界大型企业联合会再次面临企业重组、缩减规模、又一次市场崩溃的复杂局面。1981 年，詹姆斯·米尔斯接任总裁，对世界大型企业联合会的基础设施进行了升级改造，以使其研究项目和计划能够更及时地反映和回应会员企业的需求。针对企业日益增多的公共事务活动、货币政策的转变，以及在市场营销、财务和研究开发领域内的最佳实践等，联合会发

表了一系列重要的研究报告。80 年代中期以来，重组、削减成本、兼并和收购浪潮此起彼伏，世界大型企业联合会亦通过实力研究，就企业如何提高竞争力发表了一系列报告。进入 20 世纪 90 年代，全面质量管理、先行经济指数成为联合会关注的重点问题。在这个 10 年中，四家大型企业联合会成为推动全面质量管理（TQM）的主力之一。成立了由各企业中负责全面质量管理的高管人员组成的质量理事会，每年举行一次质量大会。同时，世界大型企业联合会的其他项目与活动，如大型会议、理事会、问卷调查等皆有了长足发展。

1996 年，世界大型企业联合会被美国商务部选定为编制和发布美国先行经济指数的机构。这是美国政府第一次将发布一个重要的经济指数系列的工作委托给一个独立的民间组织。如今，除美国之外，世界大型企业联合会还编制和发布其他八个国家的经济指数。说明针对国家的经济研究也需要充分调动民间研究机构的积极性，在社会科学研究方面，完全采用中央集权、计划经济、指令经济的方式可能也是需要商榷的。从另一个角度说，美国政府委托世界大型企业联合会编制和发布国家的先行经济指数，事实上亦可看成政府购买非政府组织研究能力的一种方式。这种做法，对于未来中国社会科学的发展，具有非常值得肯定的借鉴意义。

从世界大型企业联合会而言，自 20 世纪 80 年代开始研究企业的发展与增长，并和教育培训机构建立伙伴关系；这一时期，美国经济重又迈上增长轨道，企业重组、降低成本以及大规模的并购成为这一十年的显著特征。80 年代中期以来，更是围绕企业最佳实践、经济研究与预测、职业化培训、全球性网络（已接纳 50 多个国家的企业作为会员）、企业管理和质量管理等主题对项目和活动进行了改造与拓展。

1980 年，世界大型企业联合会开展有关董事会实务的研究。1981 年，第一架航天飞机哥伦比亚号升空。1984 年，美国电话电报公司被强制拆分为 7 个独立的公司。1985 年，发生了当时最大的企业并购案——通用电气公司并购了美国无线电公司。1986 年，*Across The Board* 刊登了一篇关于老年保障问题的文章，引发了全美对老龄问题的关注。在蓬勃发展的热潮中，经济的暗流依旧涌动。1987 年，"黑色星期一"，纽约股市经历了单日历史最大跌幅。

1989 年，柏林墙倒塌。在这一年，世界大型企业联合会举办第一次年度企业道德大会；而德崇证券公司因内幕交易支付了 6.5 亿美元的罚款。1990年，建立了世界大型企业联合会全面质量管理（TQM）中心。1993 年，成立世界大型企业联合会公司治理中心。这一时期，世界科学技术方面发生的最重大事件，当属互联网的兴起。互联网更加深刻地改变了世界。1994 年，《北美自由贸易协定》（NAFTA）正式生效。1995 年，世界贸易组织成立。这一年，NAFTA 在墨西哥举行大会。1996 年，联合会接管美国先行经济指数的编制与发布工作。1997 年，创立让·布朗（Ron Brown Award）——全美唯一一个企业领导人总统奖；联合会与荷兰格罗宁根大学增长和发展中心建立伙伴关系。中国恢复对香港行使主权。在这一时期，信息技术革命宣布了"新经济"的到来，带动了西方证券市场快速发展。

1997~1998 年，亚洲爆发金融危机。1998 年，联合会在中国香港建立亚太地区办事处。1999 年，为占全球国内生产总值 2/3 的其他八个国家编制和发布商业周期指数。这一年，世界大型企业联合会中东企业领导人理事会成立，将该地区的优秀企业家和其他地区的同行们集合到一起进行交流。世界大型企业联合会还在中国和印度积极开展越来越多的活动。世界大型企业联合会中国经济与企业研究中心已成为世界了解中国经济发展和中国在全球经济中不可或缺的作用的主要渠道。该中心得到了中国主要研究机构和世界上多家跨国公司的支持和帮助。

2000 年以来，无论是世界大型企业联合会的领导班子，还是其研究和会议项目都更加全球化。联合会的经济部门进一步扩展系列经济研究报告和预测报告，在公司治理和多元化方面的研究处于领先地位，并不断推出创新性的项目和活动。首席经济学家盖尔·福斯勒（Gail Fosler）女士于 1999 年和 2000 年连续两年被《华尔街日报》评选为美国最准确的经济预测专家之一。2001 年，中国成为世界贸易组织成员；联合会与中方合办中美经济论坛。2001~2007 年，中国经济持续快速增长。

2002 年夏季，网络泡沫破灭；美国公司的商业丑闻接连不断。由安然公司开始，一系列丑闻被披露。世界大型企业联合会成立了"公关信任和私营企业委员会"（Commission on Public Trust and Private Enterprise）。该委员会对公司治理改革的建议引起广泛关注。许多公司自愿采纳了其中的大部分建议，认为这些建议是当前公司治理的最佳方案。2003 年，成立世界大型企业联合会董事学院。2005 年，与中华人民共和国国家统计局合办统计为用户服务论坛；在中国、印度和中东地区开拓全球性的项目和活动；成立以纽约和北京为常设办公地点的世界大型企业联合会中国经济与企业研究中心。

■ 1917 年　蔡元培，沙皇尼古拉二世，苏联

尼古拉二世全家照片，皇后手中抱着皇子阿列克赛

图版来源：参见〔英〕弗雷德里克·F.卡特赖特、迈克尔·比迪斯《疾病改变历史》，陈仲丹、周晓政译，山东画报出版社，2004，图 15。

八十年后末代沙皇与其家人的遗骸在圣彼得堡安葬

图版来源：参见〔英〕弗雷德里克·F.卡特赖特、迈克尔·比迪斯《疾病改变历史》，陈仲丹、周晓政译，山东画报出版社，2004，图 16（下）。

蔡元培　1917 年 1 月，蔡元培出任北京大学校长，倡行改革。

沙皇尼古拉二世　1917年 3 月，沙皇尼古拉二世退位，在西伯利亚流放了一段时间后，携家人到乌拉尔山的叶卡特琳堡居住。他们的住所被严密监视。1918 年夏，俄国内战形势发生逆转，白军在与红军的战斗中逐渐取得了优势，逐渐向乌拉尔推进。这使莫斯科的苏维埃政权开始担心，他们不希望让沙皇一家落入白军手中，于是决定除掉沙皇本人及其全家。7 月 16 日，沙皇一家被叫醒，士兵借口要保护他们的安全，让他们进入地窖。这里有沙皇本人，皇后亚历山大，王储阿列克赛，公主玛利亚、乌尔佳、塔提阿娜、安娜塔西亚，医生伯特金，保姆代米多娃，男仆特鲁普，厨师卡里妥诺夫，11 人被立即处决。1991 年叶利

钦掌权后，当局才允许对现场进行发掘。在一个法医小组的带领下，人们挖掘出 9 具尸体，每个人的身上都有因暴力致死的痕迹。1998 年 7 月 17 日，在沙皇一家被屠杀 80 年后，他们的遗体被重新安葬在圣彼得堡。

[术语事件]　1917 年 11 月 27 日，张元济（商务印书馆）购入《穆勒名学》出版片及出版权，不久函请严复续译《穆勒名学》。

苏联　第一次世界大战，俄军惨败，沙皇退位，杜马（国会）组织民主临时政府。1917 年俄历十月，列宁党人杀死沙皇及其家属，推翻临时政府，建立苏维埃政权，实行军事共产主义。1918 年 3 月 3 日列宁签订"布列斯特·立托夫斯克和约"；退出对外战争，割让给德国土地 100 万平方公里，赔款 60 亿马克。内战结束后，改行新经济政策（1921~1928 年），经济恢复到战前水平。

1924 年列宁逝世（在职 7 年），斯大林（1879~1953 年）继任，树立苏联模式，被称为斯大林主义，提出苏联一国可以建成社会主义。1928 年开始社会主义工业化，在短期内农业国变成工业国。1936 年斯大林宣布建成"社会主义社会"，消灭了人剥削人的制度。1928~1937 年，实行农业集体化，消灭富农，由中农和贫农组织农业公社，后改集体农庄，发生了大饥荒。20 世纪 30 年代，强化独裁，排斥异己，发动大清洗。

1939 年 8 月 23 日，苏联和德国订立互不侵犯条约，附有密约，瓜分波兰。德国在 1939 年 9 月 1 日侵入波兰，发动第二次世界大战。苏联在 1939~1940 年间侵占波兰、芬兰、罗马尼亚等国大片土地，吞并波罗的海沿岸三个国家。1940 年 6 月 14 日法国投降。1941 年 6 月 22 日德军侵苏，1941~1945 年苏联进行卫国战争。1944 年 6 月 6 日美国、英国和加拿大同盟军从英国渡海在法国诺曼底登陆，1945 年 4 月 25 日苏联和美国军队在德国易北河会师，德国投降。

1941 年日本偷袭珍珠港，美国对日、德、意宣战。1945 年 8 月 6 日、9 日美国在日本广岛、长崎两次投下原子弹，8 月 14 日日本正式投降。苏联在 8 月 8 日对日宣战，出兵占领中国东北。1953 年 3 月 5 日斯大林病逝（执政 29 年），赫鲁晓夫继任（执政 11 年，因政变下台）；1964 年勃列日涅夫发动政变，夺得政权（执政 18 年）；1967 年宣布建成"发达的社会主义社会"。其后掌权者有安德罗波夫（执政 2 年）、契尔年科（执政 1 年）。

1985 年戈尔巴乔夫担任苏联总统（在位 6 年），提出透明性和民主化，准备进行大规模改革。1991 年，副总统和部长们发动政变，囚禁总统。俄罗斯联邦总统叶利钦反对苏联政变。政变领袖派去逮捕叶利钦的军人不服从命令，政变失败。总统戈尔巴乔夫回到莫斯科，辞去苏联共产党总书记。俄罗斯、乌克兰、哈萨克等宣布独立。苏联解体。

■ 1918 年　汉字革命，国音字母，植物学大辞典

汉字革命　1918 年《新青年》、《新潮》等杂志提出了"汉字革命"的口号，以教会方言拉丁字为据，呼吁以拉丁字取代汉字①。蔡元培在北京大学成立国史编纂处，计划纂辑历史之外，编纂词典，"词典中又分人名辞典、地名辞典、典籍文艺、哲学、政治、经济……等目"②。

国音字母　注音字母，又称"国音字母"，中国第一套公定的为汉字注音和推行汉语标准音用的拼音字母。1913 年由读音统一会制定；1918 年由北洋政府教育部公布，计字母 39 个，1919 年增加为 40 个。1930 年国民党政府曾把注音字母改为注音符号。1958 年后为《汉语拼音方案》所取代。台湾省至今仍延续使用。

植物学大辞典　商务印书馆编辑《植物学大词典》，杜亚泉主编，1918 年出版。这是我国出版的第一部专科词典。

> 是书收罗植物名称及术语，以吾国文字为主，与东西文对照。植物名称，多为吾国之普通名，已经考定学名者。间有日本之普通名，用汉字或可译为汉字，类似吾国之普通名，其学名已考定者，一并收采。至植物学术语，概为日本植物学家从英德文译成汉文，可以适用于吾国者；间有日本译语不能适用于吾国，而吾国另有通用之译语者，亦一并收采。
>
> ——摘自《植物学大词典·序》(1917)。

---

① 陆锡兴：《汉字传播史》，语文出版社，2002，第 97 页。
② 陈獬凡：《蔡子民先生对于史学的计划》(1918)，转引自《商务印书馆百年大事记》，商务印书馆，1997。

■ **1919 年 佛学小辞典，文纳特卡制，凡尔赛条约**

佛学小辞典 《佛学小辞典》由孙祖烈[①]编纂，丁福保作序，以日本织田得能氏《佛学大辞典》为蓝本，上海医学书局于 1919 年初版，1920 年再版，1922 年第 3 版，1924 年第 4 版，1984 年长春古籍书店据 1938 年医学书局石印本影印。1999 年宗教文化出版社改横排简体，采用现代汉语规范字，但保留原目录繁体策划风貌，以《佛学精要词典》面世，由丁福保、孙祖烈编写。

文纳特卡制 1919 年美国人华虚朋（Carleton Wolsey Washburne）在伊利诺斯州文纳特卡镇（Winnetka）公立学校所创的一种教学制度。把课程分为两部分：一部分是使学生获得将来生活上应用的最低限度的读、写、算、史地等方面的知识技能；一部分是"发展他们的社会意识"。前者通过个别教学，按学科进行，以学生自学为主；后者通过音乐、艺术、运动、集会以及商店、编辑、出版等团体活动，没有一定程序，也不考试。文纳特卡制提倡教学个别化、学校社会化。（《辞海》1999 年版音序缩印本，第 1767 页）

凡尔赛条约 第一次世界大战，中国参加协约国对德宣战，只派华工，不派军队。战后 1919 年举行"巴黎和会"，订立《凡尔赛条约》。中国派出的代表有北洋政府的陆徵祥、施肇基、顾维钧、魏宸祖以及国民党广东军政府的王正廷（当时南北两个敌对政府合作对外）。《凡尔赛条约》不顾中国反对，规定把德国侵占的胶州湾、胶州铁路和山东各种权益转让给日本。日本乘欧美无暇东顾，急于独吞中国，给北洋政府提出"二十一条"密约，内容有：日本继承德国在山东的一切权益、在南满和内蒙享有广泛特权；中日合办警察和兵工厂；日本有在中国建筑铁路和公路工程的优先权等。巴黎和会的不利消息，加上"二十一条"密约的泄露，激起中国人民的极大愤慨，全国罢课、罢工、罢市、游行，掀起被称为"中国文艺复兴"的五四运动。中国代表在广大民众的支持下，拒绝在《凡尔赛条约》上签字。美国也对《凡

[①] 孙祖烈，字继生，无锡人，自 1912 年起师从丁福保。"淡然无一切嗜好而朝夕从事于学问不少休。曾译生理学讲义四十余万言。颇为学者所许许。"1917 年开始在业师丁福保先生指导下以日本织田得能氏所撰《佛学大辞典》为蓝本编纂《佛学小辞典》。"阅一岁有半而书成。"1919 年 3 月由上海医学书局初版印行，后曾多次再版。

尔赛条约》不满，美国代表签了字，但美国国会拒绝批准条约。

1921 年，美国召开"华盛顿会议"，解决远东和太平洋问题。1922 年订立《九国公约》和中日《解决山东问题悬案条约》，限制日本太平洋海军，维持美国太平洋海军优势；日本把胶州湾和德国在山东的权益归还中国，胶州湾辟为商埠，实行"门户开放、机会均等"，各国有同等通商权利；日本放弃"二十一条"密约，尊重中国的主权与领土完整。日本当然不满，但在当时无力反对。

关于华盛顿会议，有截然不同的两种评价。其一，认为门户开放便利美国侵略中国，使中国成为以美国为首的列强的公共殖民地，是美国的侵华策略。其二，认为门户开放、机会均等，列强放弃在中国划分势力范围，尊重中国的主权和领土完整，有利于中国。孰是孰非，需要冷静思考①。

■ 1920 年　黄狗合同，宝元通公司，美国国家经济研究局，香山慈幼院

黄狗合同　黄狗合同（*Yellow-dog Contract*），又译"野狗契约"。劳资间私下商定的一种协议：雇员在受雇期间不得加入工会。20 世纪 20 年代，在美国这类契约广为使用，能使雇主对那些鼓励工人破坏黄狗合同的工会组织者依法起诉。1932 年《诺利斯—拉瓜迪亚法案》根据政府不应干扰工人结社权利的新观点，规定这种契约在联邦法庭中无效，不得执行②。

宝元通公司　宝元通公司是 1920 年在中国四川宜宾创立的大型绸布百货公司。后陆续在省内的江安、南溪、泸县③、重庆（今重庆市）、成都以及省外的昆明、上海、南京等地设立分支机构，后发展到国外。1950 年为国营，后不知所终。

美国国家经济研究局　美国国家经济研究局（National Bureau of Economic Research，NBER）成立于 1920 年，是一个私营的、非营利性、非党派的研究

---

① 周有光：《朝闻道集》，世界图书出版公司，2009。
② 《不列颠百科全书》（国际中文修订版）第 18 卷，中国大百科全书出版社，2007，第 436 页。
③ 参见《泸州市志》，方志出版社，1998，第 18 页。民国十九年（1930 年），宝元通公司在泸县开业。

组织，宗旨是要遵循科学原理进行经济的量化研究，强调量化的实证特点。致力于促进对经济运转规律的了解，以及在公共决策者、商务人士及学术界开展和推进公正的经济研究，是美国最重要的民间经济学研究机构，总部设在波士顿的剑桥，在加利福尼亚州和纽约市设有办事处。

NBER早期研究着重于经济总量，以及对商业周期和长期经济增长详细研究。一些非常著名、影响深远的量化研究成果在NBER诞生，如西蒙·库兹涅茨的开创性工作"国民收入核算"，韦斯利·米切尔对商业周期的研究，以及米尔顿·弗里德曼对货币需求的决定因素和消费支出的研究，都源于NBER。NBER现在集中于四种类型的实证研究：开发新的统计测量；评估经济行为的量化模型；评估公共政策对美国经济的影响；预测替代性政策建议的影响。近年来又开展了"国家安全经济学"的研究，运用经济学方法探讨与国家安全相关的一系列问题，如战争（战争如何爆发、战争对经济的影响）、恐怖主义、仇恨的政治经济学、能源问题、疾病（如禽流感）问题、社会冲突、种族冲突等。

NBER拥有千余名兼职的经济学和商科教授，皆为各自研究领域的佼佼者。31名美国诺贝尔经济学奖得主中的16位，以及过去6届总统经济顾问委员会主席均来自NBER。

NBER与中国的学术界已经建立起良好的合作关系。自1998年起与北京大学中国经济研究中心（CCER）联合举办"中国与世界经济年会"，除2003年因SARS影响停办一次，至2008年已历十届。历次年会，NBER都组成美国经济学家代表团，与CCER研究人员以及应邀参会的其他中国学者和官员，针对中国经济改革发展及世界经济的热点和深层问题，进行广泛、深入、颇具影响力的研讨[1]。

香山慈幼院 1920年10月3日，熊希龄（1870~1937年，字秉三，湖南省凤凰县人）创办的北京香山慈幼院举行开院仪式。熊希龄亲任院长，施今墨担任副院长，后由罗振方接任。香山慈幼院校训：勤谦俭恕，仁义公平。为了推行学校、家庭、社会为一体的教育体制，慈幼院于1920年11月18日

---

① 王小宽：《美国国家经济研究局简介》，《中国社会科学院国家经济实验室调研资料》，2008。

北京香山慈幼院大门
（即宫门口，1920 年）
图版来源：参见《北京香山慈幼院院史》（非卖品），1993，第13页。

成立评议会，延聘社会上有学识和经验的人士参加[①]。

香山慈幼院的前身为北京慈幼局，于 1917 年 9 月设立。1917 年夏末秋初，直隶、京畿两省区大雨连绵，永定河、大清河、子牙河、南北运河漫溢，决口数百处。19000 个村庄被淹，灾民 635 万余人无家可归，遗弃灾童无数。为施救济，当时负责督办京畿一带水灾河工善后工作的熊希龄决定在北京设立慈幼局，并制定了收养简章。慈幼局原拟设立 5 个月，由熊希龄以督办名义聘请英敛之（英华）任局长并主持工作，开办费与日常经费由京畿水灾筹赈联合会（熊希龄任会长）民众捐款提供。慈幼局分设男女两所收养灾童，一所在二龙路（今北京市西城区）郑王府花园，专收男孩；一所在府右街培根女校旧址，专收女孩。共收养灾童千余人。慈幼局只教灾童识字、唱歌和体操等。1918 年水灾平息，大部分灾童被父母领回，但仍有 200 多人没人认领。于是熊希龄和水灾河工督办处考虑选择以占地数千亩的香山静宜园为基址，建造慈幼院，设立一个永久性的场所和机构，以收养和教育这些儿童。

静宜园本是清朝皇帝的行宫，遭八国联军破坏后渐至荒芜。辛亥革命后属溥仪所有。于是由前任大总统徐世昌出面与前清皇室的内务府商议，经其同意提供给熊希龄创办慈幼院。1918 年 10 月 26 日成立静宜园董事会，公推赵尔巽为会长，熊希龄、贡桑诺布为副会长，另推常任董事六人。1919 年 2

---

① 《北京香山慈幼院院史》（非卖品），1993，第 31 页。

月 17 日开始慈幼院建院工程，由工程师何生荣设计，最终由德国罗克格公司承办完成①。

新中国成立以后，香山慈幼院成为全国最后一所私立学校。校址迁至北京市西安门大街 26 号（现为国务院机关事务管理局），而香山校舍被中央机关（化名"劳动大学"）使用。嗣后国务院和北京市人民政府决定在阜成门外阜成路（白碓子）为该院新建一所正规校园，占地百余亩，建筑面积 15000 多平方米。1952 年动工，1953 年底竣工，慈幼院于 1954 年春迁入。1956 年全国社会主义改造高潮时，慈幼院领导曾打报告要求改"私立"为"公立"学校，未获同意。慈幼院遂仍保持私立，但所需经费和物质供应完全由国家负责②。

其后，由于生源变化，慈幼院逐渐演变成一个婴儿、幼儿、小学三部综合的干部子女教养单位，经常保持 1300~1400 名儿童在校，工作人员 170 名左右。1965 年 1 月初，香山慈幼院提交《申请政府接管的报告》反映经费困难，迫切希望政府尽快接管③。1966 年发生了"文化大革命"，院长于汝麟受到批判，副院长石峨、韩书庚被斗，教职员被"劳动改造"④。同年 10 月 28 日，市教育局向北京市人民委员会提交《关于接管私立香山慈幼院的紧急通知》，称香山慈幼院是封建官僚熊希龄筹办的"慈善事业"。"文化大革命"以来，该院广大革命师生和革命群众强烈要求政府接管。是年 12 月 24 日，北京市教育局出台（66）教革行字第 45 号文件，宣布接管香山慈幼院⑤。1967 年，北京市海淀区教育局在阜成路香山慈幼院内增设一所中学，定名为"北京市立新中学"。1973 年 1 月 29 日，北京市立新中学、甘家口第三小学（原慈幼院小学部，又名"新生小学"）、新生幼儿园合并，定名为"北京市立新学校"⑥。

---

① 《北京香山慈幼院院史》（非卖品），1993，第 13~25 页。
② 《北京香山慈幼院院史》（非卖品），1993，第 392~399 页。
③ 《北京市政府解密档案》，2009 年 6 月 15 日《新京报》。
④ 《北京香山慈幼院院史》（非卖品），1993，第 410 页。
⑤ 李东：《香山慈幼院的前世今生》，2009 年 6 月 15 日《新京报》。
⑥ 《北京香山慈幼院院史》（非卖品），1993，第 410~411 页。

■ 1921 年　翻译名义集新编，中国人名大辞典，八千麻袋事件

翻译名义集新编　《翻译名义集》，佛教辞书，全书共七卷六十四篇，宋代释法云编。各篇开头均有总论，叙述大意，其次出音释梵文，并一一举出异译、出处、解释。共收梵文二千另四十余条。引用内外典籍四百余种。对比较重要的名词，以天台宗的解释为主，详加论释。对历代重要译家有专篇记载，并论及一些有关翻译的理论。存世有日本宽永五年（1628 年）刊本、《四部丛书》影印宋刊本。

1921 年，上海医学书局出版《翻译名义集新编》，系丁福保在释法云著作基础上改编。是书仿《佛学大辞典》体例重新编排，并将各条中的异名和所引典故一一摘出，冠于篇首[①]。

丁福保（1874~1952 年），江苏无锡人，字仲祜，南菁书院肄业。曾任京师大学堂及译学馆教习。后创办医学书局于上海，除编印医学书籍外，又编有《说文解字诂林》、《文选类诂》、《佛学大辞典》、《古钱大辞典》、《全汉三国晋南北朝诗》、《历代诗话续编》、《清诗话》等。（《辞海》，第 350 页）

中国人名大辞典　1921 年，商务印书馆出版《中国人名大辞典》、《中国医学大辞典》。

八千麻袋事件　1921 年，内阁大库一批明清档案被北洋政府当成废品出售，导致破坏、流失，史称"八千麻袋事件"。清末，为修库房，该批档案被移出待焚，经罗振玉、张之洞奏请罢焚，移归学部保管。1921 年，北洋政府教育部以经费支绌为由，将接管的这批档案分装八千麻袋，作为造纸原料出售，其中一部分于次年被罗振玉发现并买回。后又几经辗转买卖，甚至流落国外。1936 年罗又从留存的部分档案中选出精品六万余件献给"满洲国"皇帝溥仪。历史档案遭到严重破坏和散失，引起当时社会舆论的公愤和谴责，同时也使学术界开始重视明清档案的收集、整理和研究工作。

---

① 杨牧之等：《中国工具书大辞典》（社会科学卷），黑龙江人民出版社，1993，第 7 页。

■ 1922 年　先秦名学史，国语留声片课本，国际的中国

先秦名学史　1922 年，上海亚东图书馆出版胡适之留学美国时的博士论文《先秦名学史》（英文）。1982 年中国逻辑史研究会组织专人将其译成中文，由上海学林出版社于 1983 年 12 月出版。1991 年 12 月，收入中华书局"中国近代人物文集"丛书。

国语留声片课本　赵元任[①]关于中国语文教学最早出版的两本书是《国语留声片课本》（商务印书馆，1922）和《新国语留声片课本》（乙种，国语罗马字本，商务印书馆，1935）。这两本书都是划时代的权威著作。用留声片教国语，更是得风气之先[②]。

国际的中国　1922 年胡适在《努力》杂志上发表《国际的中国》，较早提出近似"改革开放"的主张。胡适认为，华盛顿会议之后，因帝国主义而造成的侵略危机不是更严重了，而是逐步向好的方向转化了。他认为，老实说，现在中国已经没有很大的国际侵略的危险了。所以，我们现在可以不必去做怕侵略的噩梦。最紧要的是同心协力地把自己国家弄到政治的轨道上去；我们觉得民主主义的革命成功之后，帝国主义的侵略有一大部分可以自然解决了。

胡适赞成美国提出的门户开放，开辟商埠，发展中外贸易，欢迎外来投资。他说："投资者的心理，大多数希望所在国家享有安宁与统一。我们并不想替外国的资本主义辩护，但是我们要知道，外国投资者的希望中国和平统一，实在不下于中国人民的希望和平统一。"胡适的这种思想跟 60 年后的"改革开放"颇多相似。开辟商埠近似建立特区，欢迎外资近似接受外包，不谈反帝近似不谈姓"社"姓"资"。胡适提出"国际的中国"论，可以说也是较早的"改革开放"论[③]。

---

① 赵元任（1892~1982 年），旅美学者，语言学家，音乐家，教育家。清华校友（公费生），后任清华大学留美公费生监督、清华大学教授、中央研究院院士、美国东方协会（American Oriental Society）会长，1962 年退休之前由美国加州大学特赠荣誉博士学位。

② 杨联陞：《赵元任先生与中国语文教学》，台湾新竹《清华校友通讯》第七、八期。转引自蒋力编《哈佛遗墨》，商务印书馆，2004，第 17~31 页。

③ 邵建：《胡适与陈独秀关于帝国主义的争论》，《炎黄春秋》2008 年第 1 期。

■ **1923 年　美国社会科学研究理事会，动物学大辞典，三藏法数**

美国社会科学研究理事会　20 世纪 20 年代以后，社会科学领域出现了旨在强化知识的贯通性和公共价值的制度性努力，这一努力的基础形式就是鼓励跨学科研究。1923 年，在一些社会科学领袖人物的主持和号召下，美国社会科学研究理事会成立，其宗旨在于针对美国社会科学研究越来越细琐和脱离现实的取向，提倡和赞助跨学科、综合性的研究，面向现实政治与社会问题。这个机构极大地推动和引领了其后美国社会科学的风尚和走向。同时，哈佛大学和其他一些顶级大学纷纷设立"校席教授"的最高头衔，授予那些"作出跨越知识常规界限的智力贡献"的学者[1]。

动物学大辞典　1923 年，商务印书馆出版《动物学大辞典》（杜亚泉主编）、《英汉双解韦氏大学字典》。

三藏法数　《三藏法数》由明代沙门一如法师等编纂，上海医学书局 1923 年初版。收录《大藏经》中有关法数名词 1555 条。条目文字注释深入浅出并指明出处，全书按中文笔画顺序排列。书前有《三藏法数》通检。法数，法门之数。如三界、四谛、五蕴、五位、六度、十二因缘等是。佛之所说，世以为则，是曰法。此法为众生入道所由之通处，故谓之门。又诸法一实并通谓之门。又如来之圣智游履之处谓之门。又门者差别之义。所说之法又有种种差别，谓之法门。法门无尽，不可测知，譬如海然。是为法门海[2]。

■ **1924 年　社会学方法论，新月派，黄埔军校**

社会学方法论　1924 年，商务印书馆出版许德珩译《社会学方法论》（涂尔干著）。

新月派　新月派是 20 世纪 20 年代中国的政治文学流派之一。开始采取聚餐会形式，参加者有胡适、徐志摩、梁实秋、陈源（西滢）等人。约 1924

---

[1]　牛可：《"波士顿婆罗门"与美国政治传统》，2009 年 1 月 20 日 12 版《中国社会科学院报》。
[2]　丁福保、孙祖烈：《佛学精要辞典》，宗教文化出版社，1999，第 343、348 页。

年夏，印度诗人泰戈尔来华访问，梁实秋出面招待，徐志摩即以泰戈尔诗集《新月集》命名该会为"新月社"，后遂有"新月派"之称。其文学活动始于 1925 年 10 月徐志摩接编《晨报副刊》。1927 年春，徐志摩等在上海筹办新月书店，由胡适任董事长，曾先后出版《新月》月刊、《诗刊》季刊和"现代文化"丛书、"英文名著百种"丛书等。崇尚"人性"和"艺术"，在文学上宣扬"艺术虽不是为人生的，人生却正是为艺术的"，与以鲁迅为代表的"革命文学"形成分歧。1931 年，《新月》杂志由罗隆基接编，逐渐减少文艺色彩，成为以刊登政论为主的综合性刊物。1932 年 7 月，新月书店转售给商务印书馆。次年 6 月，随着《新月》的终刊，新月派活动亦告停止[①]。

黄埔军校　全称"中国国民党陆军军官学校"。中国国民党和中国共产党第一次合作时期，孙中山在苏联和中共帮助下创办的军事学校。校址在广州黄埔长洲岛，世称"黄埔军校"。1924 年 5 月成立。孙中山任军校总理，蒋介石任校长，廖仲恺任国民党代表。分步兵、炮兵、工兵、辎重兵、政治等科。规定学制三年，后缩为六个月。1926 年 3 月改组为中央军事政治学校，1928 年迁至南京。1930 年 9 月停办。中国共产党人周恩来、恽代英、叶剑英、聂荣臻等曾在黄埔军校负责政治领导工作或担任其他重要职务。大多数学员在国民党军队中任职，也有少数共产党员、共青团员和先进分子成为中共领导的革命军队的骨干。（《辞海》1999 年版音序缩印本，第 717 页）

■ 1925 年　哲学辞典

哲学辞典　1925 年，商务印书馆出版《哲学辞典》，由樊炳清编，蔡元培作序。

> 此书网罗西洋哲学名辞甚多，每辞下附有英德法三国文字，译名多取通行者；虽未敢谓悉臻妥洽，然读其注释，可知原文之意义；其有西文一名而中文异译者，释文中亦备列之，其为用计可谓周至。
>
> ——蔡元培：《哲学辞典·序》(1925)。

---

① 宋原放：《简明社会科学词典》，上海辞书出版社，1984，第 1065 页。

■ 1926 年　国语罗马字，经济计量学

国语罗马字　全称《国语罗马字拼音法式》。用拉丁字母（也叫"罗马字母"）拼写汉语的重要方案之一。1926 年由国语统一筹备会制定并发表，又在 1928 年经国民党政府大学院公布。方案特点是用字母变化表示声调，如"iou"（幽）、"you"（由）、"yeou"（有）、"yow"（右），体例复杂，方式不一。拼音式样如"Gwoyeu Romaatzyh Pinin Faashyh"（国语罗马字拼音法式）。

与 1918 年的注音字母采用古汉字形式不同，国语罗马字方案正式采用国际字母，开始按照汉语音系的规律利用罗马字，实行音素拼写，使外国字母变成中国字母[①]。

经济计量学　1926 年，挪威经济学家拉格纳·弗里希（Ragnar Frisch）仿照生物计量学（Biometrics）提出经济计量学（Econometrics）。

■ 1927 年　台湾通史，章炳麟，王国维，大学院

台湾通史　中华民国十六年（1927 年）一月，章炳麟（太炎）为连横（雅堂）所撰《台湾通史》作序。时是书仅刊行于日本[②]。后如连横之孙连战所言："这本充满民族意识的史书，在被殖民的土地上初版，在脱离殖民的战后再版，在国府迁台后的五十年间不断重印，而今又在两岸走向交流和解、共存共荣的转捩点上于中国大陆出版发行。"[③]

连横（雅堂）先生作《台湾通史》，凡一千二百九十年事，系具于八十八篇，巨细毕举，无漏无蔓。其所记载，始隋大业元年（605 年），终清光绪二十一年（1895 年）。雅堂才学伟矣，其识乃尤伟。知民为邦本，非民则国曷以

[①] 周有光：《全球化时代的文化穿梭机》，载苏培成主编《信息网络时代的汉语拼音》，语文出版社，2003，第 1 页。

[②] 徐炳昶于 1945 年（民国三十四年）六月十五日为连横（雅堂）所撰《台湾通史》（第一次国内印行本）作序。参见连横《台湾通史》，华东师范大学出版社，2006，第 3 页。

[③] 连战于 2006 年 2 月为中国大陆版《台湾通史》作序。参见连横《台湾通史》，华东师范大学出版社，2006，第 2 页。

立，故于民生之丰啬、民德之隆污详言之……①

章炳麟 章炳麟（1869~1936 年），中国学者、思想家、民主革命家。初名学乘，字枚叔，后改名绛，号太炎。浙江余杭人。1897 年（清光绪二十三年）任《时务报》撰述，因参加维新运动被通缉，流亡日本。1900 年剪辫发立志革命。1903 年因发表《驳康有为论革命书》以及为邹容的《革命军》作序，被捕入狱。1904 年与蔡元培等发起并成立光复会。1906 年出狱后被孙中山迎至日本，参加同盟会，主编《民报》，与改良派展开论战。1909 年（宣统元年），与陶成章等改用光复会名义活动。次年设总部于东京，被推为会长。1911 年章炳麟主编《大共和日报》，并任孙中山总统府枢密顾问。曾由张謇争取参加统一党，散布"革命军兴，革命党消"的言论。1913 年宋教仁被刺后参加讨袁，为袁世凯禁锢，袁死后获释。1917 年参加护法军政府，任秘书长。1924 年脱离孙中山改组的国民党。1935 年在苏州设章氏国学讲习会，以讲学为业。晚年赞助抗日救亡运动。章炳麟早期的哲学思想具有唯物主义倾向，认为"精气为物"，"其智虑非气"，表达物质和精神的关系；宣称"若夫天与上帝，则未尝有矣"，否定天命论。但他受佛教唯识宗和西方近代资产阶级主观唯心主义影响。在文学、历史学、语言学等方面，都有所贡献。鼓吹革命的诗文，虽文字古奥难解，仍有很大影响。所著《新方言》、《文始》、《小教答问》，上探语源，下明流变，颇多创获。其著述除刊入《章氏丛书》、《章氏丛书续编》外，部分遗稿刊入《章氏丛书三编》。今人编有《章太炎全集》。（《辞海》1999 年版音序缩印本，第 2148 页）

王国维 王国维（1877~1927 年），中国学者。字静安，一字伯隅，号观堂，浙江海宁人。清秀才。早年研究哲学、文学。曾在《时务报》担任校对员。拜年时与罗振玉相识，罗认为此人"才华学养都不平凡"，遂劝其去南洋公学读书。王国维于是进入南洋公学东方班②。1898 年（清光绪二十四年）在上海东文学社得罗振玉赏识并提拔。1903 年起，任通州、苏州等地师范学堂教习，讲授哲学、心理学、逻辑学，著有《静安文集》。1907 年起，任学部图

---

① 徐仲可于 1925 年（民国十四年）为《台湾通史》作序。参见连横《台湾通史》，华东师范大学出版社，2006，第 1 页。徐珂（仲可）。

② 刘蕙孙：《我所了解的王静安先生》，转引自汪修荣《民国教授往事》，河南文艺出版社，2008，第 285 页。

书局编辑，从事中国戏曲史和词曲的研究，著有《曲录》、《宋元戏曲考》、《人间词话》等。辛亥革命后追随罗振玉避居日本，从此以清遗老自居。后回上海，在哈同所办仓圣明智大学执教。1913 年起从事中国古代史料、古器物、古文字学、音韵学的考订，尤致力于甲骨文、金文和汉晋简牍的考释，主张以地下史料参订文献史料，对史学界有较深影响。1923 年 5 月经大学士蒙人升允（吉甫）举荐入清宫小朝廷授课，做南书房行走。"赏食五品俸，紫禁城骑马。"①1925 年任清华研究院教授，月薪四百元，聘期三年②。除研究古史外，兼作西北史地和蒙古史料的整理考订。生平著作 62 种（《辞海》1999年版音序缩印本，第 1730 页）。1926 年 9 月 26 日，王国维的长子、罗振玉的女婿王潜明突然病逝。1927 年 6 月 2 日（农历五月初三），王国维照常起居，上午"在学校里跟研究院一位湖南籍助教侯厚培借了五块钱，叫了部洋车坐到颐和园门口，买了门票进去，步至排云殿西鱼藻轩前，临流独立，尽纸烟一枚"③，之后投水自沉。1929 年 6 月，王自沉二周年忌日，清华研究院师生立碑纪念，陈寅恪撰《海宁王先生之碑铭》称："士之读书治学，盖将以脱心志于俗谛之桎梏，真理因得以发扬。思想不自由，毋宁死尔……先生以一死见其独立自由之意志，非所论于一人之恩怨，一姓之兴亡……"王国维的弟子徐中舒认为，"王先生的性格很复杂而且可以说很矛盾"。"他对于社会，因为有冷静的头脑，所以能看得很清楚；有平和的脾气，所以不能取激烈的反抗；有浓厚的情感，所以常常发生莫名的悲愤。积日既久，只有自杀之一途。"④

---

① 当初介绍王国维与允升认识的，恰是罗振玉。"观堂（王国维）于 1923 年 5 月（癸亥三月）入直南书房，到 1924 年 10 月溥仪出宫，在直共历十八个月。雪堂公（罗振玉）入直于 1924年 8 月，到 10 月还不足两个月。"参见罗继祖《观堂书札三跋》，转引自汪修荣《民国教授往事》，河南文艺出版社，2008，第 288~289 页。

② 清华研究院发出聘书后，出于各种考虑，王国维并不愿意去。1925 年 2 月，还是溥仪下了谕旨，王国维才接受了清华研究院的聘请。清华原拟请王国维担任研究院院长，王以院长必须总理院中大小事宜，影响自己做学问为由，辞而不就，只肯任专职教授。后来曹云祥（清华大学校长）决定改聘吴宓（雨僧）任院长，吴宓认为自己资历不够做院长，只肯任研究院主任。参见汪修荣《民国教授往事》，河南文艺出版社，2008，第 279~280 页。

③ 转引自汪修荣《民国教授往事》，河南文艺出版社，2008，第 295~296 页。

④ 徐中舒：《追忆王静安先生》，转引自汪修荣《民国教授往事》，河南文艺出版社，2008，第294 页。

大学院 1927 年，国民党政府改教育行政委员会为大学院。大学院效仿法国教育制度，将全国最高的学术领导机关和教育领导机构合为一体，独立地领导全国学术教育的发展。取消省教育厅，分全国为若干大学区，规定每区设大学，以大学校长总管所在区的教育，隶属于大学院，意在摆脱官僚政治的干预和压制。据《中华民国大学院组织法》规定：大学院为全国最高学术教育机关，承国民政府之命，管理全国学术及教育行政事宜不隶属于国民政府，所以直称"中华民国大学院"。

1927 年 10 月，蔡元培正式就任大学院院长，大学院改制正式实施。按蔡元培之本意，设置大学院的目的在于变"教育官僚化"为"教育学术化"。但是国民党中央对大学院独立地位的质疑，导致大学院在教育管理实践中难以见到学术化的突破，而官僚化却难以铲除。大学院制试行不久，即非难四起。未及全部实行，次年即废止。

■ 1928 年 译名统一委员会，汉语标音化，杨增新，边际人

译名统一委员会 1928 年，在大学院内成立了译名统一委员会，专司审定各学科名词（草案）。

汉语标音化 1928 年"国语罗马字拼音法式"由教育部（国民政府大学院）公布，作为"国音"字母的第二式。国语罗马字方案特别考虑了作为汉语标音文字的要求，是汉语标音化的一次飞跃[①]。

商务印书馆出版增订本《综合英汉大辞典》，是当时我国收词最多的英汉辞书。

杨增新 杨增新（1859~1928 年），字鼎臣，云南蒙自人，清末民初政治人物。1889 年进士，曾任甘肃河州知州，对处理当地回汉问题有功，又曾任陆军学堂总办，后由新疆布政使推举，在阿克苏、乌鲁木齐、巴里坤等地任道台。1911 年辛亥革命爆发，新疆地区哥老会起事，革命党人在伊犁成立军政府。新疆省长袁大化了解其才干，升任为提刑按察司，训练穆斯林军队。后袁大化逃离，推荐他为新疆督军。杨增新依靠政治经验与军

---

① 陆锡兴：《汉字传播史》，语文出版社，2002，第 97 页。

事实力，平定哈密穆斯林起事，分化并镇压了各地哥老会与农民起事，并与伊犁军政府和谈达成统一；尔后逐步排除军政府人物的影响，掌握实权。虽名义上接受北洋政府管辖任命，但 1928 年又接受南京国民政府任命为省主席，实际上是独立统治着新疆。杨增新调整新疆政制，使便于统一事权，解决了清代以来新疆一省之内巡抚、将军、参赞大臣三者事权不统一的问题，在民国初年统治新疆地区达十七年之久，遏制黑喇嘛等各种分裂势力，对新疆安定功不可没，今在明水等地仍有杨增新城堡和防御工事遗存。1928 年 7 月 7 日在俄文法政专门学校（今乌鲁木齐市第一中学）的毕业生庆贺宴上，被当时军务厅长、外交署长樊耀南一派所暗杀，后来掌握军队的金树仁出兵讨伐樊成功，成为新疆的统治者，新疆遂沦为乱世。有一种看法，认为此次暗杀实为樊、金二人所合谋。杨增新为一传统文人，留有文集《补过斋文集》。

边际人 美国社会学家罗伯特·埃兹拉·帕克[①] 于 1928 年创用，指生活在两种或两种以上文化群体中的人，是文化冲突的产物。当一个人生活在不同的文化群体中时，会感到无法适应，缺乏群体认同感，从而引发内心冲突，甚至形成特殊的边际人人格类型，导致行为偏差或越轨，是引起犯罪和自杀行为的因素之一。

■ 1929 年 社会科学大辞典，哈勃定律，哈勃，集体化，大萧条

社会科学大辞典 《社会科学大辞典》由高希圣等编，上海世界书局于 1929 年初版，1931 年出版了第 3 版。收录政治、经济、哲学、宗教等学科名词约 1700 余条，按中文笔画顺序排列，书前有中文笔画索引和英文索引，书后有社会科学家传略及中国社会科学名著介绍等附录。

哈勃定律 反映天体退行速度和天体与地球观测者之间距离关系的定

---

① 罗伯特·埃兹拉·帕克（Robert Ezra Park，1864~1944 年），一译派克。美国社会学家。1925 年任美国社会学会会长。芝加哥大学社会学教授，为芝加哥学派重要代表人物之一。最先将大都市芝加哥作为试验基地，把都市问题和都市发展结合起来进行系统研究和分析。曾来中国，在燕京大学讲学。著有《社会学导论》、《都市》（均为合著）等。参见《辞海》1999 年版音序缩印本，上海辞书出版社，2002，第 1256 页。

律。1929 年，哈勃发现由红移算出的河外星系视向退行速度与河外星系的距离成正比，即距离越远，视向速度就越大，这种关系后来被称为"哈勃定律"。

哈勃 哈勃（Edwin Powell Hubble，1889~1953 年），美国天文学家。1910 年美国芝加哥大学天文系肄业，后赴英国留学，进牛津大学学习法学。1913 年回国从事法律事务。1914 年在叶凯士天文台进修。1917 年获理学博士。1919 年起在威尔逊山天文台任职。当选为英国皇家天文学会会员和美国全美科学院院士等。发现仙女座大星云的 12 颗造父变星，并提出它们是与银河系一样的恒星系统，成为星系天文学奠基人，观测宇宙学创始人。提出红移—距离之间线性关系的"哈勃定律"和河外星系形态的"哈勃分类"。著有《星云世界》和《用观测手段探索宇宙学问题》等。

集体化 农业与农民是苏联工业化所需资金的重要来源。农民负担分为实物上缴和余粮征购。实物上缴多达 40%。余粮征购，定价低于成本。第一个五年计划期间，取自农民的资金占工业投资的 33.4%。这就是工农联盟。另外，第一个五年计划期间，增税 2.3 倍，增发公债 4.4 倍，两项资金在 1929 年占苏联预算的 20.2%。裤带太紧，民怨沸腾。

1929 年苏联实施农业集体化，2500 万户农民被强行实施农业集体化，加入集体农庄和国营农场。城市工作队、农村干部、警察、军队，一遍又一遍地没收他们的财产。大规模逮捕、放逐、驱赶、围剿。俄罗斯、乌克兰、北高加索、伏尔加流域，这些传统的"欧洲粮仓"，田园荒芜、村舍毁弃。成千上万成群结队、衣衫褴褛的农民，颠沛流离在俄罗斯辽阔的土地上。集中营囚满了大批被判苦役的农民。"国内护照制度"无情地阻止了饥饿的农民流入城市。农民流着眼泪宰杀自己的牲畜的景象随处可见。

1937 年有 93% 的农户加入集体农庄。国营农场和集体农庄耕地达到全部耕地的 99.1%。1930 年消灭的富农分为三等：第一等，6 万多户，处死；第二等，15 万户，流放；第三等，80 万户，扫地出门。此三等富农共 100 多万户，平均每户 7.3 人，合计 730 多万人。后发生大饥荒，饿死人数以千万计。著名粮仓乌克兰饿死 600 万人。12000 万农民被卷入集体化的历史浩劫之中，至少有 1000 万农民和 380 万儿童直接死于灾荒和饥饿。1934 年，3300 万匹马、7000 万头牛、2600 万头猪、14600 万只羊，死掉 2/3。集体化彻底破坏了这个"欧洲粮仓"，其后果是现在（2006 年）俄罗斯不能养活自己的人民，要从澳大利亚和新西兰进口面粉，从欧洲进口黄油，从美国进口大豆①。

大萧条　（资本主义）自由竞争，供求失衡，周期起伏，终于发生经济大萧条（1929~1933 年），又称"经济大恐慌"。1929 年 10 月开始，美国股票猛跌 40%，损失 260 亿美元。此后三年间，经济全面崩溃：银行破产 101 家，企业破产 10 万家，工业生产下降 53%，农业总产值从 111 亿美元降到 50 亿美元，进口从 40 亿美元降到 13 亿美元，出口从 53 亿美元降到 17 亿美元。失业工人达 1700 万，农户破产 10 万家，国民总收入从 878 亿美元降到 402 亿美元，商品消费下降 67%。美国人口的 28% 无法维持生计，200 万人流浪街头，125 万失业工人罢工大游行。工业、农业和信用危机，同时并发，波及整个资本主义世界，世界工业生产总值下降 36%，世界贸易减少 2/3。资本主义如野马脱缰，面临困境，惶惶不可终日②。

■ 1930 年　国际清算银行，汉译统计名词，社会主义辞典，马斯河谷事件，策动心理学

国际清算银行　国际清算银行（Bank for International Settlements）是主要西方国家合办的国际金融机构。1930 年 5 月由英、法、意、德、比等国中央银行和三家美国大银行组成的银行团投资建立。原旨在清算第一次世界大战后德国赔款和同盟国之间的债务，后用来进行国际结算，促进各国中央银行间的合作。国际货币基金组织成立后，成为欧洲经济合作组织（后为经济合作与发展组织）和欧洲支付同盟等组织的收付代理人。决策机构为董事会，行址设在瑞士的巴塞尔。国际清算亦称"国际结算"，是根据两个或多个缔约国之间的"清算协定"，把各方的债权和债务记入清算账户，互相抵偿，定期结算，使收支达到平衡。（《辞海》，第 603 页）

---

① 王康：《俄罗斯道路》，2006 年 4 月 7 日的演讲，转引自周有光《苏联历史札记》，载《朝闻道集》，世界图书出版公司，2009。

② 周有光：《资本主义的发展阶段》（2006），载《朝闻道集》，世界图书出版公司，2009。

汉译统计名词 《汉译统计名词》由王仲武编纂，上海商务印书馆于 1930 年出版。收集统计学名词 600 余条，均译成中文。全书分为两篇，上篇将名词分类汇集，下篇以西文字母顺序排列。

社会主义辞典 《社会主义辞典》由纳颇·波尔脱著，李圣悦译，上海智达书局于 1930 年初版。全书分为三部分：（1）社会主义的定义、名词、学说、历史、政党与纲领等术语；（2）社会主义人名录；（3）社会主义文献。按英文字母顺序排列①。

马斯河谷事件 马斯河（Maas），位于欧洲西北部。法国称默兹河（Meuse）。源自法国东北部郎格勒高原（Langres），经比利时，在荷兰西南部注入北海，和莱茵河河口连成三角洲。长 950 公里（法 500 公里；比 192 公里；荷 258 公里），流域面积达 3.3 万平方公里。色当以下可通航。比利时列日以下有运河通北海。1930 年 12 月在比利时马斯河谷工业区发生严重大气污染事件。该地冶炼厂、炼焦厂等排出大量二氧化硫、氟化氢和粉尘等形成的烟尘浓雾笼罩地面，持续三天，致使数千人患呼吸道疾病，约 60 人死亡；心肺功能不良的老年人发病和死亡率尤高。（《辞海》1999 年版音序缩印本，第 1123 页）

策动心理学 策动心理学（Hormic Psychology），原称"目的心理学"（Purposive Psychology），1908 年由英国心理学家麦独孤②在《社会心理学导论》中提出。他认为，人类和动物的行为是由内在目的驱动的。所谓"目的"，指有机体固有的、以原始情绪为核心的基本动力，称之为"本能"，1930 年改称为"策动心理学"，并创用"策动"（horme）一词，对其进行了广

---

① 杨牧之等：《中国工具书大辞典》（社会科学卷），黑龙江人民出版社，1993，第 10~11 页。

② 麦独孤（William McDougall，1871~1938 年），英国心理学家，目的心理学（即策动心理学）的主要代表。曾在曼彻斯特大学学习，并在剑桥大学学医。后又去德国格廷根大学师从德国心理学家弥勒（Georg Elias Müller，1850~1934 年，以记忆方面的实验研究著名）学习实验技术。1901 年在伦敦大学新建的实验室中任助理。1904 年任牛津大学讲师。1908 年发表《社会心理学导论》，提出关于人类行为的理论，认为人具有遗传的本能以及伴随本能的情绪，强调控制人类行为的是非理性的、本能的冲动，并把这种心理学称为"目的心理学"。1920 年去美国任哈佛大学心理学教授。1927 年起在北卡罗莱纳的杜克大学任教。1930 年将目的心理学改称为"策动心理学"，并创用术语"策动"。参见宋原放《简明社会科学词典》，上海辞书出版社，1984，第 431 页。

泛的解释。声称"策动"是一切生物的本原，一种神秘的欲望力量，是寻求目的的内部驱动力（内驱力）[①]。

■ 1931 年　哥本哈根学派

[**术语事件**]　1931 年，商务印书馆整理并出版《严译名著丛刊》八种；出版郭大力、王亚南[②]译《国富论》[③]。

哥本哈根学派　也叫"语符学派"。属结构主义语言学派。1931 年成立了哥本哈根语言学会，以丹麦哥本哈根大学为活动中心。代表人物是布龙达尔、叶尔姆斯列夫、乌尔达尔（Hans Jurgen Uldall），以叶尔姆斯列夫为主要理论家。哥本哈根学派认为，语言是纯粹抽象关系的网络，语言符号分为表现方面和内容方面，两者又各分为实体和形式，语符学对这两个方面的形式进行研究。提倡演绎分析法。注重研究语言要素的相互关系，进而企图找出语言中永恒不变的因素，以建立并适应任何时代、任何语言的语言理论。学派刊物为《语言学文献》（《辞海》1999 年版音序缩印本，第 521 页）。哥本哈根大学是丹麦第一所国立大学，1479 年创建于哥本哈根。

[**辨析**]　另有以丹麦物理学家玻尔为首，物理学领域的"哥本哈根学派"。创立和发展了量子力学，提出了原子量的物理解释，为大多数物理学家所承认。玻尔之外，主要代表人物还有海森堡、玻恩、泡利、狄拉克等。因其活动中心是玻尔所领导的哥本哈根理论物理研究所（后改名为"玻尔研究所"）而得名。

---

① 宋原放：《简明社会科学词典》，上海辞书出版社，1984，第 431 页。

② 王亚南（1901~1969 年），原名际生，号渔村，笔名王真。湖北黄冈人。马克思主义经济学家、教育家、厦门大学校长、《资本论》译者之一。著有《中国官僚政治研究》、《〈资本论〉研究》等。

③ 《国富论》，一译《原富》，全名《国家财富的性质和原因的研究》。英国古典政治经济学家亚当·斯密（Adam Smith，1723~1790 年，社会哲学家）的代表作，1776 年出版。全书分五篇，从人类利己心出发，以经济自由为中心思想，以国民财富为研究对象，从分工开始，依次论述交换、货币、价值、价格、工资、利润、地租、资本、各国财富的进步、重商主义、重农主义及财政等问题，建立了政治经济学的体系，相当准确地表述经济体系的内在关联，是古典政治经济学的一部重要典籍，对经济学的发展具有很大作用。

■ 1932 年　国立编译馆，中国化学会

国立编译馆　1932 年 6 月 14 日，国立编译馆正式成立，直属教育部，是政府设立的国家级图书编译机构。国立编译馆作为统一学术名词机构，专门聘请审定委员多人，管理学术文化书籍及教科图书的编译与教科书及教学设备的审查事宜。国立编译馆的首任馆长为生物学家、中国农业史学家辛树帜[①]，馆内设自然、人文两组，陈可忠任自然组主任兼专任编审。1936 年 7 月，陈可忠继任馆长。1942 年 1 月，国立编译馆实施改组扩大，由教育部长陈立夫亲自兼任馆长，陈可忠转任副馆长。1944 年 2 月，陈立夫辞去馆长兼职，陈可忠复任馆长。1948 年 5 月，陈可忠辞职离任。从 1932 年国立编译馆成立至 1948 年，陈可忠长期任职于国立编译馆，其间执掌国立编译馆达 12 年之久。

国立编译馆在编订、统一、推广译名上具有权威性，制定了详尽的编订译名计划，成立译名委员会各学科组，与各民间学会、协会密切合作，先后不同程度地完成了自然科学、社会科学的 80 个学科领域的译名审定及统一工作。统一公布的名词，由编译馆正式出版为图书的有《化学命名原则》、《药学名词》、《天文学名词》、《物理学名词》、《矿物学名词》、《细菌学免疫学名词》、《数学名词》、《社会学名词》、《经济学名词》等 20 余种。

1949 年以后，台湾地区依然延续了"国立"编译馆的建制，办公地点设在台北市 106 舟山路 247 号。负责人为赵丽云。编译馆下属单位 8 个，经费全部来源于政府。其机构设置为：（1）人文社会组；（2）自然科学组；（3）大学用书组；（4）专科及职业学校教科书组；（5）中小学教科书组；（6）中华学术著作编审委员会；（7）世界学术著作翻译委员会；（8）出版组。其主要出版物包括：本馆历年编译之各类图书目录；本馆馆刊；本馆

[①] 辛树帜（1894~1977 年），中国农业史学家、生物学家，湖南临澧人。从武昌国立高等师范学校毕业，后赴英国伦敦大学、德国柏林大学攻读植物分类学。曾任中山大学、中央大学教授，国立编译馆馆长。1949 年后任西北农学院教授、院长，兰州大学教授、校长，中国动物学会副理事长等。1927 年主持并参加广西大瑶山科学考察，发现动植物新品种近二十个，如瑶山鳄蜥（Shinisaurus Crocodilurus），建立鳄蜥亚科（Shinisaurinae）。后期致力于中国古代农业遗产的整理研究工作。著有《中国果树历史的研究》、《禹贡新解》、《我国水土保持历史的研究》等。

通讯①。

中国化学会　1929 年淞沪战役之后，中国化学界人士越来越深刻地认识到化学对于国防的重要性以及建立全国统一的化学团体的必要性。1932 年 8 月 1~5 日，在陈可忠提议下，教育部由于国防化学的原因在南京召开全国化学讨论会。这是由政府出资召集的中国化学界首次国内集会。与会者包括来自各地及曾经留学欧、美、日的化学学者，有丁嗣贤、王箴、王琎、巴文峻、戈福祥、朱骥、沈熊庆、吴承洛、吴沆、李方训、李乃尧、李运华、周萃畿、林大中、林继庸、邵家麟、胡安恺、姚万年、陶延桥、容启兆、徐宗涑、徐作忠、时昭涵、倪则埙、高露德、张江树、张洪沅、张郁岚、张资珙、康辛元、陈之霖、陈可忠、陈裕光、曾昭抡、程瀛章、邬保良、叶峤、杨幼民、屠恂立、黄新彦、潘澄侯、郑贞文、郑兰华、戴安邦、戴弘 45 人，围绕国防化学、化学课程和化学译名等展开热烈讨论。大家一致认为，国家和民族正处于危难关头，爱国的化学工作者应立即组织起来，共同为发展我国化学科学和教育事业，为抗日救国贡献力量。陈可忠并非政府要员，而只是国立编译馆自然科学组的主任。独特的社会地位使他有机会代表化学界与政府交涉。从当时的情况看，中国化学界已经初步具备了形成全国范围内统一化学学术团体的条件，亟待互相联络的合适机会。"一二·八"事变使国人感到国防化学的重要。陈可忠抓住机遇，提出建议，既代表了当时化学界的心声，又符合国家利益，旋获教育部批准，特聘他主持筹备会议。在讨论会上，陈可忠提出组织中国化学会，与会者积极响应。

1932 年 8 月 3 日上午，与会者参观中央研究院气象研究所，游览明孝陵、中山陵、中央公共体育场游泳池，最后于 10 时 39 分抵达中山门外灵谷寺休息，12 时半在灵谷寺聚餐后开始讨论组织中国化学会之事。黄新彦首先发言，强调全国性质化学会的必要，认为过去各方面所发起的化学团体，多因发起人无普遍性而不能持久。现在中央召集，正宜成立永久组织。随后胡安恺、李运华、张洪沅、康辛元、戈福祥等相继发言。经过长时间的讨论，最后一致同意组织新的学会，定名为"中国化学会"，推举黄新彦、王琎（季梁）、陈裕光起草宣言及简章。

---

① 卢晓衡主编《海峡两岸社科交流参考》，经济管理出版社，2000，第 344 页。

1932 年 8 月 4 日下午 7 时，国立编译馆在中央饭店宴请化学讨论会会员，学会发起人全体出席。宴会结束后，晚 9 时召开中国化学会成立大会，公推王琎为临时主席，宣布开会意义，推举李运华为临时书记，通过组织大纲。接着胡安恺提议，现在应宣告中国化学会已正式成立，全体发起人一致赞成通过。与会 45 人成为中国化学会第一批会员[①]。

1932 年 8 月 5 日下午 1 时，又继续召开会议，选举陈可忠、陈裕光、丁嗣贤、曾昭抡、王琎、姚万年、郑贞文、吴承洛、李运华 9 人为理事，黄新彦、戈福祥为候补理事。接着理事会又召开了两次会议，讨论会务工作，投票选举出常务理事陈裕光、王琎和吴承洛三人。推选陈裕光任会长，吴承洛任书记，王琎任会计。会议还通过了编辑发行《中国化学会会志》的决议，决定学会下设专门委员会，推选了委员人选。会址设在南京，并确定了中国化学会的英、法、德文名称[②]。

为促进化学研究及得到国际化学界承认，1933 年，学会创办西文期刊《中国化学会会志》（后来《化学学报》的前身），专门刊载研究论文；为促进化学教学和化学知识的传播，学会 1934 年创办中文期刊《化学》（后来《化学通报》的前身）；为促进会员之间的交流与联络，学会于 1936 年创办了《化学通讯》。此外，中国化学会建立了年会制度，即使在战争年代，也能克服困难，坚持举办年会。

尽管与世界最早的英国化学会（1841 年创立）相比，中国化学会的成立晚了近一个世纪，与中国近邻的日本化学会（1879 年成立）相比，也晚了半个多世纪，但由于中国化学界的努力，中国化学会成长迅速。为使各项工作顺利进行，学会创立并完善了各种领导机关，如理事会、基金委员会、国防化学委员会、会员委员会、募集基金委员会等。健全的领导体制使中国化学会的规模迅速扩大。截至 1937 年，会员已达 1277 人，并在国内外建立了 12 个分会。会员人数仅次于中国科学社、中国工程师学会和中华医学会。虽然

---

① 袁振东、朱敬：《在科学的入口处——30 位化学家的贡献》，湖北少年儿童出版社，2007，第 165~168 页。

② 资料来源：教育中心资源管理系统，http：//219.226.9.43/RESOURCE/GZ/GZHX/HXBL/HXTS 0122/6402_SR.HTM。

与科学发达国家的化学会相比，人数并不算多，但其增长速度却是空前的①。

■ 1933 年　新政，中国物理学会，证实原则，废两改元，规元，本洋，鹰洋，漕平，库平，洋厘，虚银两，化学命名原则

新政　为了克服大萧条，美国实行了一系列改革措施，称为"新政"（1933~1939 年）。

第一，改革金融制度。放弃金本位，实行有节制的通货膨胀，美元贬值。由联邦储备银行增发钞票，解救钞票匮乏，借以提高物价，刺激生产，鼓励出口，减轻负债人的负担。由复兴金融公司购买银行的优先股票，使银行有流动资金可以周转。由财政部整顿和资助银行业，禁止储存和输出黄金，管理证券的发行和交易，把投资银行和商业银行分开，防止银行用储蓄者的资金进行投机。成立联邦储蓄保险公司，对小额存款实行保险。建立联邦储备委员会管理银行的贴现率、利息、兑换率、储备金额和市场活动。增加财产税，把公司所得税改为累进制。

第二，兴建公共工程。其中，最大的工程为田纳西流域治理工程，防止洪水，发展航运，保护环境，生产化肥，提供廉价电力。管理和资助各地的公共工程，为失业者提供就业机会。

第三，开创福利国家。实行失业保险和老年保险，包括老年免费医疗。整顿住房问题，指导青年就业，走上福利国家的道路。

第四，改进劳资关系。成立复兴管理局，指导劳资双方订立公平竞争的契约，劳工有同企业主签订集体合同的权利。加强工会地位，保证工会通过自选代表与资方进行集体谈判的权利。规定最低工资和最高工时。

第五，调整农业生产。用政府津贴，鼓励农民缩减耕地面积，提高农产品的价格和农民的购买力。农业总收入在短期内快速增长。

第六，救济贫苦人民。成立联邦紧急救济署，提供紧急和短期政府援助，救济失业者和贫民。

---

① 袁振东、朱敬：《在科学的入口处——30 位化学家的贡献》，湖北少年儿童出版社，2007，第 165~168 页。

"新政"挽救和推进了资本主义，是一场不流血的自我革命。临崖勒马，转危为安，资本主义重新焕发生机。"新政"原理后来成为资本主义各国的共同政策①。

中国物理学会 1933 年，中国物理学会成立，设立三个委员会：物理学名词审查委员会、学报委员会、物理教学委员会。首届名词审查委员为萨本栋、严济慈、王守竞、饶毓泰、张贻慧。另外，还有数理学会选派的叶企孙、吴有训。1933 年在上海召开了第一次物理学名词审查会议。参加人有何育杰、丁燮林、吴有训、严济慈、杨肇燫等。1934 年，公布了经审定的物理学名词。在此期间，物理学会还就度量衡和大、小数命名问题提出了建议，刊载于 1934 年的《东方杂志》上。严济慈写作《论公分公分公分》（《东方杂志》1935 年第 32 卷第 3 期）一文，辛辣地讽刺了不按汉语规律和特点命名度量衡单位造成的混乱。物理学会当时所提出的方案后经 1950 年修订，于 1959 年为国务院采纳并公布。

1949 年以后，在中国共产党提出"学术中国化"方针指导下，政务院成立了以郭沫若为首的"学术名词统一工作委员会"，延聘全国各学科专家 300 余人，负责审定各学科的学术名词。物理学会推荐王竹溪、王淦昌、方嗣楙②（音"绵"）、孙念台、陆学善、葛庭燧、杨肇燫等人组成物理学名词审定工作小组，从 1950 年 9 月开始，每星期六下午进行一次讨论，由杨肇燫主持，经过近一年的紧张工作，审定并正式公布了 9696 条学术名词，出版了《物理学名词》③。

证实原则 逻辑实证（Logico-empirical）主义的基本学说。1932 年由施利克提出，认为一个命题有无意义，是否科学，取决于能否证实。如果一个命题能用逻辑分析的方法加以证明，它就具有逻辑意义；如果一个命题能用经验观察的方法加以证实，它就具有经验意义；如果一个命题既不能用逻辑分析的方法加以证明，又不能用经验观察的方法加以证实，它就是无意义的命题，必须加以拒斥。逻辑实证主义认为，科学的理论是由有意义的命题组

---

① 周有光：《资本主义的发展阶段》（2006），载《朝闻道集》，世界图书出版公司，2009。

② 木旁，右边"曼"上并立二"目"，电脑输入无此字。

③ 该书先由商务印书馆出版，后改由科学出版社出版。参见赵凯华《在全国自然科学名词审定委员会成立大会上的发言》，《自然科学术语研究》（成立大会专辑）1985 年第 1 期，第 20 页。

成的，形而上学的理论是由无意义的命题组成的。制定有关命题的意义标准和证实原则是区别科学和形而上学的关键。通过区别，才能达到"捍卫科学和拒斥形而上学"的目的。（《辞海》1999 年版音序缩印本，第 2177 页）

废两改元　中国政府废止银两，采用统一的银本位币的一次币制改革。始行于 1933 年 4 月 6 日。规定自该日起，所有收付，一律使用银元，不得再用银两，并规定以银本位币的元为单位，每元含纯银 23.493448 克。银元同银两的折算率，定为一元等于上海规元七钱一分五厘。（《辞海》，第 447页）

规元　规元是 1933 年废两改元前上海通行的记账货币，亦称"豆规银"、"九八银元"。鸦片战争前，上海豆商交易即用规元，故有"豆规银"之称。上海开辟租界，最初以本洋为标准货币。后因本洋来源断绝，1856 年（清咸丰六年）改用规元为标准。规元由上海银炉所铸的二七宝银，即银元宝①，折算而成。宝银折成规元，须经批估和九八升算（即除以 0.98）。宝银每枚重漕平五十两左右，经公估局批估成纹银，如合标准，立刻批升二两七钱，即升值为五十二两七钱。使用时再行九八升算，可合规元五十三两七钱七分五厘半。"九八规元"之称，由此而来。零星用银则按当天洋厘折成银元使用，参见"虚银两"。

本洋　本洋是中国旧时对流入的西班牙银元的俗称。主要在墨西哥等地铸造。明隆庆年间（1567~1572 年）开始流入中国，清中叶流入最多。每枚重约库平七钱二分。曾为中国长江流域的主要通货。1821 年墨西哥独立后停铸西班牙本洋，1823 年开始改铸鹰洋，鸦片战争后大量流入中国，渐取本洋而代之。（《辞海》，第 92、2406 页）

鹰洋　鹰洋亦称"墨洋"或"墨银"。旧时墨西哥的银元。汉语"鹰"与"英"同音，故亦写为"英洋"。币面为墨西哥国徽之鹰图案。1821 年墨西哥独立，停铸西班牙本洋，1823 年开始铸造鹰洋。流通于南美洲、北美洲、日本及东南亚各国，鸦片战争后大量流入中国。1905 年墨西哥采用金本位制，停铸鹰洋，在中国市场上渐为自铸银元所代替。（《辞海》，第 2406页）

漕平　漕平是清代漕粮折征银两所用的衡量标准，后渐为民间所采用。但各地标准不同，一般常冠以地名。如申漕平即上海漕平，一两约合 36.65 克。

---

① 最早使用"元宝"这一名称的是唐乾元元年（公元 758 年），详见本书"元宝"词条。

库平　库平是清代部库征收租税、出纳银两所用的衡量标准。清康熙五十二年（1713 年）御定《数理精蕴》规定各种物体方寸的重量，如黄铜方寸重 6.8 两设为库平一两的重量。1908 年（清光绪三十四年）农工商部和度支部拟定划一度量衡制度，规定库平一两等于 37.301 克。

洋厘　洋厘是 1933 年废两改元前上海银元折合规元的行情，即银元一元折合规元的数额。例如，洋厘 7.225 钱，意即每银元一元可折合规元七钱二分二厘半。当时银元与银两并用。对外贸易、批发和大宗交易等一般用银两计算，而以银元支付。银元一元能折银两若干，即以洋厘为折算率。洋厘每日由钱业公会分早、午两市开出，视当时市场上银元供需情况而涨落。（《辞海》，第 1979 页）

虚银两　虚银两是中国旧时以实际银两按一定标准折算而成的银两，与实银两相对。规元两、行化两、洋例（似即洋厘）两、海关两必须经折算而得，故都属虚银两。虚银两只用以记账，实际支付则用各种实银，如银锭、银元等。（《辞海》，第 1918 页）

化学命名原则　1933 年，中国化学社重新制定了化学命名原则。

■ 1934 年　布痕瓦尔德集中营，沙尘暴，译文，证伪原则，大清洗

布痕瓦尔德集中营　第二次世界大战中，德国法西斯在本国设立的集中营之一。1934 年在魏玛附近的布痕瓦尔德（Buchenwald）村建立。内设专供杀人用的瓦斯室、焚尸炉等。1934~1945 年，在此惨遭屠杀的德国爱国者以及苏、波、捷和其他各国的战俘达 5.6 万人。1945 年 4 月 11 日盟军到达前，集中营里的反法西斯战士通过英勇斗争，解救了 2.1 万多人。（《辞海》，第143 页）

沙尘暴　1934 年 5 月 11 日，美国中西部大草原因过度放牧而导致发生世界上最强的一次特大沙尘暴。狂风卷起的黑尘暴长 2.4 万公里，宽 1440 公里，高达 3000 米，横扫北美大陆 2/3 的区域，进入大西洋数百公里。风暴过处，交通断绝、庄稼被毁、牲畜死亡、工厂停工，损失惨重。

1960 年 3 月和 4 月在苏联，由于哈萨克、乌拉尔、西伯利亚、伏尔加河沿岸及北高加索地区盲目开荒 6000 万公顷，导致草原植被遭破坏，两次出现黑尘暴，哈萨克新垦区 2000 公顷农田（新垦区面积的 80%）被毁，农耕系统

瘫痪，并殃及邻国。

1993 年 5 月 5 日，中国甘肃省金昌市出现连续 3 小时的黑尘暴，空气中沙尘含量达到 1016 毫克/立方米。在黑风中，共死亡 85 人，伤 264 人，失踪 31 人，亡逸牲畜 12 万头，农作物受灾面积达 37.3 万公顷，摧毁水渠 2000 多公里，兰新铁路停运 31 小时，总计损失超过 5.4 亿元。

这几次灾害都与人类过度开垦造成的草原植被遭破坏有密切关系①。

译文 1934 年 9 月，由鲁迅和茅盾发起的《译文》杂志创刊。最初三期为鲁迅编辑，后由黄源接编，上海生活书店发行，1935 年出至第十三期时曾停刊；1936 年 3 月复刊，改由上海杂志公司发行，1937 年 6 月再次停刊。在 1936 年 3 月的复刊词中有这样的文字："不过这与世无争的小小的期刊，终于不能不在去年九月，以'终刊号'和大家告别了。虽然不过野花小草，但曾经费过不少移栽灌溉之力，当然不免有私心以为可惜的。然而竟也得了勇气和慰安：这是许多读者用了笔和舌，对于《译文》的凭吊。我们知道感谢，我们知道自勉。我们也不断地希望复刊……"

2001 年又有《译文》创刊②。2008 年第 6 期《译文》再出《终刊号》。这本全名是《外国文艺·译文》③的文学期刊就这样悄然停刊了。《新京报》记者姜妍为此撰文："……所以，自私一点说，心底总还有些小小的期盼，期盼有一天又可以看到这与世无争的小小期刊，再写出一篇复刊词来。"④ 但到那时所见，或许又是一篇充满创新精神的《发刊词》，一如 2008 年 9 月 23 日至 10 月 9 日再至 2009 年 7 月 1 日之间《中国社会科学院院报》、《中国

---

① 吴长庆：《百年科技聚焦》，上海科学普及出版社，2002，第 101 页。

② 编撰策划者说："早在六十多年前，鲁迅先生就创办了一本同名的刊物。当时，鲁迅先生对他的这本'小小的《译文》'有这样的说明：'原料没有限制、门类也没有固定'。如今我们出版的这本《译文》，虽然同样注重于给读者提供'一点乐趣、一点益处'，但它看起来更年轻化、时尚化，一切热爱生活、读书、思想、时尚的人都是我们的读者。"于是，我们知道这《译文》与鲁迅等人发起的《译文》原来毫无干系，只是鲁迅先生早在六十多年前，就"创办了一本同名的刊物"。

③ 《外国文艺·译文》，主办单位：世纪出版集团、上海译文出版社；主编：吴洪；副主编：黄昱宁；总策划：谈瀛洲；编辑：龚容、李玉瑶、王洁琼；美术编辑：杨钟玮；中国刊号：CN31-1117/J；邮发代号：4–729。

④ 姜妍：《再见，〈译文〉》，2008 年 11 月 15 日 C06 版《新京报》。

社会科学院报》、《中国社会科学报》之所为①。

证伪原则　1934 年波普尔在《科学探索的逻辑》一书中针对逻辑实证主义的证实原则而提出"证伪原则"，主张科学的理论或命题不可能被经验证实，而只能被经验证伪，可被证伪的理论或命题才是科学，否则是非科学的。所谓"证伪"，即"用任何想象得到的事件来反驳掉"。证伪的方法是"猜测与反驳法"，亦称"试探—排错法"。他认为，非科学包括逻辑、数学以及被他称为"伪科学"的形而上学体系、心理分析学说、宗教、神话、占星术、骨相学和马克思主义的历史理论等。他强调证伪性是区别科学和非科学的划界标准，而不是意义标准或真理性标准。（《辞海》1999 年版音序缩印本，第 2177 页）

[**术语事件**]　《物理学名词（草案）》和《天文学名词（草案）》出版。

大清洗　20 世纪 30 年代苏联因为推进工业化、集体化，引起工农骚动、干部愤懑，政权出现危机。为稳定政权，实行大清洗，即"肉体消灭"。1922 年，俄共（布）把别尔嘉耶夫、布尔加科夫、弗兰克、梅烈日可夫等一百余名著名的知识分子驱逐出境；枪毙 200 多名妓女；把已经逊位的、放下武器的末代沙皇尼古拉二世和全家老幼杀死。这是大清洗的前奏②。

1931~1938 年，目前可信的死亡保守数字是：157 万人被判刑，约 69 万人被枪决，约 70 万人被关进劳改营，在监狱、劳改营中死亡的人数不详。

古拉格（劳动改造营管理总局）档案资料记载：1940 年，古拉格共保留 800 万人的资料；到 1953 年，共保留不少于 1000 万人的资料。斯大林时代，大约 1000 万人被送进古拉格劳改营。

摧毁东正教曾是列宁的遗愿，斯大林在 1930 年初完成了对东正教的系统摧毁。大清洗期间，有 16.5 万名神父因传教被逮捕，其中 10.6 万人被枪决。

1934 年 12 月 1 日，苏联领导人之一基洛夫被暗杀。斯大林认为，国外敌人勾结国内异己分子进行颠覆，"阶级斗争越来越尖锐"。1934 年 12 月至 1938 年 12 月，处死 140 万人。仅 1938 年 11 月 12 日一天，斯大林和莫洛托夫批

---

①　也许我们又被"忽悠"了一把。2008 年 11 月 18 日，百度搜索，在易文网期刊频道，还可以看到《译文》2008 年第 7 期的封面图样，以及《译文》2008 年第 9 期的目录。"本刊介绍"记载，《外国文艺·译文》由上海译文出版社主办，双月刊，逢单月五日出版。或者"第 6 期"原本就是子虚乌有，是愚人节的把戏。这个时代太复杂，搞不懂。

②　王康：《俄罗斯道路》，2006 年 4 月 7 日的演讲，转引自周有光《苏联历史札记》，载《朝闻道集》，世界图书出版公司，2009。

准枪决的就有3167人。第17次党代表大会选出的中央委员71人，有51人被处死，2人自杀；候补中央委员68人，有47人被处死。列宁建立的第一届人民委员会，除列宁外共14人，8人被处死，1人被驱逐出苏联。大清洗前有6位元帅，4位被处死；有195位师长，110位被处死；有220位旅长，186位被处死。海军舰队司令员只留1人。航空国防委员会和化学国防委员会的领导全部被清洗。

列宁遗嘱提到的6人，除斯大林自己外的5人（托洛茨基、季诺维也夫、加米涅夫、布哈林、皮达可夫）都被处死。1929年斯大林放逐托洛茨基，1940年派人到墨西哥把他刺死。

苏联早期来华的重要人物，除一两人外，都被杀害。越飞，苏联驻华代表，1923年签订国共合作的《孙文越飞宣言》，被迫自杀。达夫强，接替越飞任驻华代表，1938年被处死。杨明斋，山东人，十月革命加入俄共，1925年带领第一批留学生赴苏，1938年被处死。加拉罕，1923年苏联驻华大使，1937年被处死。鲍罗廷，苏联驻国民党总代表，1951年死于流放。加伦将军，苏联元帅，任孙中山顾问，1938年被处死。罗明那则，1927年共产国际驻华代表，被处死（一说自杀）。拉狄克，1925年任莫斯科中山大学校长，1939年被处死。米夫，继拉狄克任校长，1939年被处死。鲍格莫洛夫，1933年任驻华大使，1937年被处死。布勒洛夫，十月革命人物，1927年前在中国，1940年被处死。

斯大林的第二个妻子劝说斯大林无效而在1932年自杀，他们的女儿在斯大林死后移居国外，在回忆录中透露了这个惨剧。斯大林死后，1956年赫鲁晓夫作斯大林暴行秘密报告，暗示正是斯大林自己暗杀基洛夫，作为发动大清洗的借口。历史学家估计，因被送进劳动改造营、强迫集体化、饥荒和处决而死亡的有2000万人，此外有2000万人成为监禁、流放和强迫迁移的牺牲品。

富农虽然在几年前农业集体化运动中被彻底消灭，但1937年7月30日克格勃发布的针对"原富农"、"富农帮凶"和其他反苏联分子的命令，对活着的前富农及其家属依然必须彻底肃整。为了"肃整阶级敌人"，不止一次下达指标：如1937年12月12日，斯大林在30份名单上留下签字记录，全部签署"同意死刑"，但名单上的5000人，此时还没有接受审判。1937年8月至1938年10月，莫斯科有4万余人被处决，至少2万人丧生于古拉格（最多的一天，这里处决了562人）。遇难者主要是农民、工人和旧时代遗留下来

的 "残渣余孽"，以及神职人员、部分沙俄贵族后裔，也有令 "我们" 意外的人，如著名苏联英雄卓娅的父亲①。

俄罗斯独立后为苏联冤案平反。据 2003 年 2 月 18 日《消息报》报道，军事总监察院对 1930 年代和 1940 年代镇压案件重审，已审 16 万件人民公敌案，为 9.3 万人平反，有 6 万人维持原判，其中有贝利亚、叶若夫及其亲信；全部 30 万个卷宗将移交联邦档案馆。俄罗斯总统叶利钦重新埋葬沙皇及其家属的骨灰，申言 "革命不等于残暴"，后来在处死沙皇的遗址上修建 "鲜血教堂"②。

2007 年 10 月 30 日，俄罗斯总统普京前往莫斯科南郊 "布托沃射击场"（原为步兵训练基地）的大清洗纪念地，悼念 70 年前死于大清洗的遇难者。整整 70 年后，普京说："大清洗的原因是，把 '空洞理论'（共产主义）放在人类的基本价值 '生命、人权、自由' 之上。" 然而，普京曾负责的 "联邦安全局"，其前身便是斯大林的特务机构 "克格勃"（KGB），它正是大清洗的最重要执行者③。

■ 1935 年　遵义会议，新智识辞典，中国数学会，术语学，度量衡法

遵义会议　1935 年 1 月 15~17 日中共中央在长征途中抵达贵州遵义时举行的政治局扩大会议。参加会议的有毛泽东、洛甫（张闻天）、朱德、陈云、周恩来、博古（秦邦宪）、王稼祥、刘少奇、邓发、何克全、刘伯承、李富春、林彪、聂荣臻、彭德怀、杨尚昆、李卓然、邓小平、李德、伍修权。会议批评了第五次反围剿和长征以来中共中央在军事领导上的错误，通过了《中共中央关于反对敌人五次 "围剿" 的总结决议》，肯定了毛泽东等关于红军作战的基本原则。会议推举毛泽东为政治局常委，取消博古、李德的最高军事指挥权，决定仍由中央军委主要负责人周恩来、朱德指挥军事。会后行军途中，中央先后决定由洛甫代替博古负总责，由毛泽东、周恩来、王稼祥组成三人小组，负责军事行动。遵义会议结束了王明 "左" 倾冒险主义在中央的统治，确立了以毛泽东为代表的新的中央的正确领导。会议在极端危急

---

① 黄章晋：《苏联大清洗 70 年祭》，《凤凰周刊》2008 年第 1 期。
② 周有光：《苏联历史札记》，载《朝闻道集》，世界图书出版公司，2009。
③ 黄章晋：《苏联大清洗 70 年祭》，《凤凰周刊》2008 年第 1 期。

的历史关头，挽救了党和红军，是中国共产党历史上一个生死攸关的转折点。

新智识辞典 《新智识辞典》，由新辞书编译社编辑，上海童年书店于1935年出版，1936年重印补本。本书收录了民国以来的社会科学新名词术语，内容颇为丰富，注释简明，按中文笔画顺序排列。

中国数学会 中国数学会（Chinese Mathematical Society，CMS）于1935年7月27日在上海成立。成立大会于7月25~27日在上海交通大学图书馆举行，出席大会的代表有33名。创建时的组织机构设董事会、理事会与评议会，其主要成员有胡敦复、顾澄、冯祖荀①、周美权、姜立夫、熊庆来、陈建功、苏步青、江泽涵、钱宝琮、傅种孙、朱公瑾、范会国等。学会成立时会址设在上海中国科学社②。

《数学名词》从1908年起草到1931年间先后审定有14部之多，名词有3216条，于1935年出版③。

术语学 1935年，当代术语学创始人维斯特（Eugen Wüster，1898~1977年）发表第一部术语学著作，认为术语学是处于语言学、逻辑学、本体论和分类学四门学科之间的一门交叉学科④。

度量衡法 1935年，国民党政府实业部度量衡局下令禁止编译馆会议所通过的度量衡名称方案。中国物理学会不得不派中央研究院杨肇爀与北平研究院严济慈两人去南京向行政院申诉。院长汪精卫接见。汪对严说："你在《东方杂志》上发表的《论公分公分公分》那篇文章，我曾从头到尾读过。义正词严，应把实业部关于度量衡法的命令撤销。"⑤

---

① 冯祖荀（1880~1940年?）中国数学家、教育家。生于浙江杭县（今杭州市），1904年赴日留学，先入日本京都第一高等学校，1908年转京都帝国大学理学部读数学。在日期间发起成立"北京大学留日学生编译社"，1908年创办《学海》杂志，是中国最早的科技译刊之一。1914年任北京大学教授，1934年前多次任数学系主任，兼任北京高等师范学校（1923年改名为北京师范大学）数学系主任、东北大学数学系主任。1935年中国数学会成立，推举董事9人，冯祖荀为其中之一。1940年（?）卒于北京。

② 《数学辞海》第6卷，山西教育出版社等，2002，第428页。

③ 吴凤鸣：《吴凤鸣文集》，大象出版社，2004，第242页。

④ 陈原：《在全国自然科学名词审定委员会成立大会上的讲话》，《自然科学术语研究》（成立大会专辑）1985年第1期，第29页。陈原，中国文字改革委员会副主任，中国社会科学院语言文字应用研究所所长。

⑤ 严济慈：《在全国自然科学名词审定委员会成立大会开幕式上的讲话》，《自然科学术语研究》（成立大会专辑）1985年第1期，第4~8页。

■ 1936 年　数学，矿物学，气象学，量子论逻辑

1936 年，中国数学会创办学术期刊《中国数学会学报》（苏步青任总编辑）及普及性刊物《数学杂志》。1952 年与 1953 年这两个刊物先后改名为《数学学报》和《数学通报》[①]。

1936 年审定矿物学名词草案。

科学社科学名词审查会 1936 年审定的《数学名词》由国立编译馆于 1945 年出版。

科学社科学名词审查会 1923~1931 年审定的《算学名词汇编》于 1938 年出版。

1939 年完成气象学名词草案。到 1949 年底，审定了包括经济学名词在内的科学技术各学科名词草案近 60 种[②]。

历史上对中国经济学名词的组织审定，是在 1932 年国立编译馆成立之后。当时各界"感于经济学之发展，有赖于译名之统一，爰由编译何维凝着手编订"，于 1939 年 4 月完成经济学名词审定草案，是年夏即以英文为序，分别以德文、日文、法文及中文之各家译名释义，油印成帙，送请当时教育部所聘请的经济学名词审查委员会委员方显廷、朱偰（xiè）、何廉、何维凝、吴幹、吴大钧、李柄焕、李超英、周炳琳、金国宝、孙恭度、章元善、陶孟和、陈岱荪、陈启修、陈长蘅、张肖梅、傅筑夫、乔启明、杨端六、万国鼎、厉德寅、叶元龙、赵人儁（jùn）、赵迺搏（tuán）、赵兰坪、刘大钧、刘振东、刘秉麟、潘序伦、卫挺生、萧蘧（qú）诸先生（32 人）审查。1941 年由教育部召开审查会议于重庆，逐字校勘，详加讨论，又经整理，始成定稿，凡得（经济学）名词三千六百二十五则，于同年十一月由教育部公布[③]。1946 年由上海中华书局正式出版，国立编译馆馆长陈可忠先生作序。

陈可忠，福建闽侯人，生于清光绪二十四年（1898 年）十月廿五日。清华学校 1920 级毕业，公费到美国留学。1924 年获耶鲁大学学士学位，次年得芝加哥大学硕士学位。1926 年获芝加哥大学化学博士学位。曾任国立编译馆

---

① 《教学辞海》第 6 卷，山西教育出版社等，2002，第 428 页。
② 吴凤鸣：《吴凤鸣文集》，大象出版社，2004，第 241~242 页。
③ 陈可忠：《经济学名词·序》，上海中华书局，1946。

馆长、国立中山大学校长、"国立"台湾师范大学理学院院长。1957年起任台湾清华大学教务长，1962年五月梅校长因病逝世，陈先生代理校长至1965年。在校期间恢复大学部，设核子工程、数学、物理和化学四个学系。1969年退休。1992年2月17日在美国宾州兰得斯维镇仙逝，享寿九十有三①。

关于量子理论研究命题与推理的应用逻辑。主要从修正古典逻辑的排中律入手，系统而无矛盾地解释量子领域中"亦此亦彼"的现象，由美国贝克霍夫和冯·诺伊曼②1936年在《量子力学的逻辑》一文中最早提出，赖辛巴赫、卡尔纳普等人发展了这一理论。其基本观点是：如果用古典二值逻辑解释测不准等现象，会导致因果反常，必须在真、假二值之间引进"不确定"范畴，建立量子力学的三值（真、假、不确定）逻辑系统R。这是一种特异性很强的非古典逻辑（《辞海》，第1028页）。量子论逻辑在社会科学的仿真研究与实践中都有明确体现，是新社会科学图景的重要理论工具。在新社会科学图景的理论假设中，作为社会主体的人的行为模式，服从量子论逻辑。

■ 1937年　安赫尔瀑布，减租减息，华北临时政府，抗敌报

安赫尔瀑布　已知世界落差最大的瀑布，又名"天使瀑布"（Angel Falls）或"丘伦梅鲁瀑布"。在委内瑞拉与圭亚那的高原密林深处。这个地区的热带雨林非常茂密，人不可能步行抵达瀑布的底部。但在雨季时，河流因多雨而变深，可以乘船进入。在一年的其他时间里，只能搭乘飞机飞越其上，从空中观赏，领略它的神秘风采。瀑布位于卡罗尼河的源流丘伦河（Churun）上，河水从圭亚那高原奥扬特普伊山（Auyan Tepui）的陡壁分为两段直泻下来，第一段大约807米，落在一个岩架上，再从岩架上落下约172米，跌入一个

---

① 据网络资料，http: //baike.baidu.com/view/767501.htm。

② 冯·诺伊曼（John von Neumann，1903~1957年），数学家，原籍匈牙利。布达佩斯大学哲学博士。先后执教于柏林大学和汉堡大学。1930年赴美，后入美国籍。历任普林斯顿大学、普林斯顿高级研究所教授，美国原子能委员会委员，美国全国科学院院士。早期以算子理论、量子理论、集合论等方面的研究闻名。第二次世界大战期间为第一颗原子弹的研制作出贡献。为研制电子数字计算机提供了基础性的方案。1944年与摩根斯特恩（Oskar Morgenstern）合著《博弈论与经济行为》，是博弈论学科的奠基性著作。另著《量子力学的数学基础》、《计算机与人脑》、《连续几何》等。

宽 152 米的大水池，总落差达 979 米，大约是尼亚加拉瀑布高度的 16 倍，成为世界上落差最大的瀑布。1937 年，美国探险家詹姆斯·安赫尔（James Crawford Angel）在空中对瀑布进行考察时，不幸坠机，意外身亡。当地政府为纪念他，将该瀑布命名为"安赫尔瀑布"。

减租减息 简称"双减"。中国共产党在抗日战争时期实行的土地政策。1937 年 8 月，中共中央提出抗日救国十大纲领，把减租减息作为抗日战争时期调整农村阶级关系的一项基本政策。该政策包括双重含义：（1）减少租、息，改善农民生活，吸引占人口 80% 以上的农民参加抗战；（2）减租减息但仍然要交租交息，使地主仍能保持一定经济地位，参加抗战。1937 年 10 月八路军挺进晋东北后，提出"二五减租"和"一分利息"政策。1940 年以后相关政策趋于完善。例如，陕甘宁边区绥德分区规定：丰年减租 25%，平年减租 40%，歉年减租 55%。晋西北行署规定：实行二五减租，地租不得超过收获量的 37.5%，并实行一分利息（利率为 1%）。1943 年 10 月，在已实行"双减"的老区普遍开展"查减"运动，检查"双减"实施情况，对不法地主进行减租减息和保佃斗争。抗日战争胜利后，中国共产党在解放区也实行过一段时间的减租减息，后来改行土地改革①。

华北临时政府 华北临时政府亦称"中华民国临时政府"。日本侵略军在华北组织的傀儡政权，1937 年 12 月 14 日在北平（今北京）成立。王克敏任"行政委员会委员长"，主要人员还有王揖唐、汤尔和、董康、江朝宗等。1940 年 3 月并入汪精卫的伪政权，改称"华北政务委员会"。（《辞海》，第 694 页）

抗敌报 《抗敌报》是抗日战争时期中共中央晋察冀分局的机关报。1937 年 12 月 11 日创刊。1940 年 12 月 1 日改名《晋察冀日报》。1948 年 6 月和晋冀鲁豫边区《人民日报》合并为华北《人民日报》。

▣ 1938 年　晋察冀边区银行，水晶之夜，反犹太主义，万湖会议，北海银行

晋察冀边区银行 晋察冀边区银行是 1937 年 11 月 7 日晋察冀军区成立

---

① 刘树成主编《现代经济辞典》，凤凰出版社、江苏人民出版社，2005，第 507~508 页。

以后设立的中国抗日根据地银行，1938 年 3 月 10 日成立。总行设在山西五台，后迁阜平。抗战胜利时设立冀西的阜平分行、冀中的河间分行、热河的承德分行以及 6 个支行和 15 个办事处。1938 年 3 月开始发行晋察冀边币，流通于晋察冀边区。1948 年 5 月停止发行后，按边币 10 元对冀南币 1 元的比价收兑。其票面印有"冀热辽"字样，于 1946 年 8 月开始发行，流通于河北、热河解放区。1948 年 12 月，按 5000 元折合旧人民币 1 元的比价收兑。1848 年 8 月，晋察冀边区银行同冀南银行合并为华北银行。

水晶之夜 水晶之夜（德语：Reichskristallnacht）或翻译成"碎玻璃之夜"，是指 1938 年 11 月 9~10 日凌晨，纳粹党员与党卫队袭击德国全境的犹太人的事件。这被认为是对犹太人有组织的屠杀的开始。巧合的是，11 月 9 日也是（51 年后）柏林墙倒塌的日子。

20 世纪 30 年代，许多波兰裔犹太人居住在德国。1938 年 10 月 28 日，1.7 万名犹太人在无预警的情况下在午夜被德国政府驱逐出境到波兰。一开始波兰政府拒绝收容他们，于是这批犹太人只好日夜待在德国和波兰边境，直到德国当局说服波兰政府同意他们入境。

Herschel Grynszpan，一名在法国的犹太裔德国青年，接到一封他家人发来的信，叙述他们在被驱逐出境期间的可怕经历。为了缓和这个状况，他开始求助于德国驻巴黎大使馆秘书拉特（Ernst vom Rath），不过其显然没有要帮忙的意思。1938 年 11 月 7 日，Grynszpan 持枪射中拉特胃部，11 月 9 日拉特死去，这成为德国对犹太人采取暴力行动的借口。当晚，德国各地纳粹狂热分子走上街头，疯狂挥舞棍棒，对犹太人的住宅、商店、教堂进行疯狂的打、砸、抢、烧。许多窗户被打破，破碎的玻璃在月光照射下如水晶般发光。所以，有的德国人称之为"水晶之夜"。据称这一夜仅砸毁玻璃的损失就达 600 万马克，其价值相当于比利时全国半年生产玻璃的总价值。

水晶之夜给犹太人带来了巨大灾难，约 400 人被杀害，1574 间犹太教堂（大约是全德国所有的犹太教堂）、超过 7000 间犹太商店、29 间百货公司等遭到纵火或损毁。在奥地利也有 94 间犹太教堂遭到破坏。超过 3 万名 16~60 岁的犹太男性遭到逮捕并被关入达豪（Dachau）、布痕瓦尔德（Buchenwald）和萨克森豪森（Sachsenhausen）等集中营。集中营里的囚犯得不到人道的对待，虽然多数人在三个月内就获释放，但他们必须离开德国；另一些人则被殴打致死。估计死于集中营的有 2000~2500 人。另外，有几个非犹太的德国人因被错认为是犹太人而遭杀害。事件后，大约有 10000 个孩子被迫离开父母和家庭，多数去了英国；后来只有 1000 人能再与父母重聚。

反犹太主义 水晶之夜的疯狂袭击看起来像是民间自发的，事实上却是由政府策划的。11 月 9 日晚，希特勒和纳粹德国宣传部长戈培尔正要出席在慕尼黑举行的庆祝啤酒馆政变 15 周年的活动。听到拉特死亡的消息，希特勒与戈培尔秘商后决定，"应当让冲锋队行动"。戈培尔则宣布："今晚估计要发生反对犹太人的自发性示威，党对此不应干涉"，使将要发生的暴力事件"看起来像是民间自发的"。纳粹党卫军保安处和秘密警察头子海德里希发出特急电报指示："不得阻拦即将发生的示威"，"犹太人教堂可以烧毁，但不得危及德国人的财产"，"犹太人的店铺与私人住宅可以捣毁，但不得劫掠"，"犹太人，特别是有钱的犹太人应予逮捕，人数视现有监狱能容纳多少而定"。事件消息很快传到世界各地。美国召回了驻德国大使，许多国家的政府也选择与德国断交以示抗议。当时的《纽约时报》等媒体还纷纷使用了新名词"反犹太主义"或"反犹主义"。

水晶之夜事件发生后的第 3 天，纳粹德国多名部长就在纳粹二号人物戈林的召集下，制定出剥夺犹太人尊严和权利的措施。具体内容包括：迫使犹太人把焚毁的教堂清除干净，修成停车场供德国人使用；强制犹太人佩戴有 "J" 字母的侮辱性标记；甚至还强迫受迫害的犹太人向纳粹赔偿 10 亿马克。这些措施使得犹太人的生活陷入绝境。1939 年 9 月，纳粹德国侵占波兰，大肆杀害犹太人。1941 年春天，纳粹头目策划进攻苏联的同时，也在策划对犹太人的种族屠杀。这项任务由党卫军保安处和秘密警察组织的特别行动队完成。

万湖会议 1942 年 1 月 2 日，在柏林万湖旁边的一座别墅里，纳粹秘密警察头子海德里希召集包括盖世太保头子缪勒在内的 14 个部门的高级官员，研究布置大规模系统屠杀犹太人的计划。会议通过了"最终解决"方案，就是把犹太人运到东方劳动，"其中大部分毫无疑问将通过自然减少的方式消灭"，"对于最后留存的抵抗最强的那部分人，必须以相应的方式处置"。万湖会议后，纳粹开始全面实施这项庞大的杀人计划，出现了像奥斯维辛集中营那样采用毒气室、焚尸炉成批屠杀犹太人的地狱。根据当时负责搜捕和消灭犹太人的纳粹高官艾希曼后来供述，那时死于灭绝营的有 400 多万人，被用其他方式杀死的有 200 万人，绝大多数是犹太人。

51 年后的 11 月 9 日，柏林墙倒塌。但因为"帝国水晶之夜"的"羞耻"，德国将统一纪念日定在 10 月 3 日。2008 年，在"帝国水晶之夜"70 周年纪念日之前，德国联邦议院通过一份打击反犹主义的联合声明。根据声明草案，德国将设置专家机构，定期提交有关德国国内反犹主义情况的报告①。

北海银行 中国抗日根据地银行之一。1938 年 8 月成立，总行设在山东掖县（今莱州），分行设在蓬莱、黄县（今龙口）。该行原系公私合营性质，私股占总资金 25 万元的 70%，后陆续收回，完全公营。1940 年春总行迁至山东临沂，在渤海、胶东设分行。1947 年初合并为华中银行。1948 年 12 月 1 日以北海银行、西北农民银行和华北银行为基础，成立中国人民银行（《辞海》1999 年版音序缩印本，第 81 页），同时发行人民币。

■ 1939 年　原子弹，核防护，法相辞典，冀南银行，冀南币

原子弹 1939 年 4 月在德国，物理化学家哈特克等致信德国国防部，报告通过铀裂变不仅可以获得巨大能量，而且可以制造爆炸力极大的炸药，引起了德国军械局的重视。9 月 1 日希特勒发动战争，征召核物理学家入伍。但是，德国的铀计划被军械局转移到了具有学术性的德国研究咨询委员会，以作为一项纯粹的研究工作继续下去。而在 10 月中旬，美国总统罗斯福接到爱因斯坦 8 月 2 日建议制造原子弹的信件，立即成立了"铀顾问委员会"，作为政府和科学家之间的桥梁。

1941 年 12 月 5 日德国最高司令部科研处领导向一些大学教授和科研所所长发出重新审议"铀计划"的通知。几乎同时，在美国国防研究委员会负责人布什的积极主张下，1941 年 12 月 6 日对科学研究发展局的"铀部门"进行了大力改组，全面努力，加快原子弹研制的工作计划。这一计划被经过有副总统、国防部长等人参加的最高级政策小组认可，成为美国最大规模的一项计划。12 月 7 日，日本偷袭珍珠港，美国正式参战。1942 年夏，英国、美

---

① 参考网络资料：百度百科，2008-12-31。

国、加拿大合作的"曼哈顿工程"全面展开。1942 年 6 月，奥本海默被指派负责主持原子弹的研究设计。1942 年 12 月 2 日，由费米领导，在美国芝加哥大学建成了第一座原子反应堆，首次实现了人工控制的链式核裂变反应，人类正式进入原子能时代。

从 1943 年到 1945 年 7 月，"曼哈顿计划"调集了 15 万科技人员（包括英、美和加拿大的科学家），动员 50 多万人，动用全国 1/3 的电力，前后花费 22 亿美元，终于在 1945 年 8 月 6 日和 9 日先后将一颗铀弹和一颗钚弹投到日本广岛和长崎，两颗核弹共有 35000 吨 TNT 的爆炸力，伤亡总数约 20 万人，死亡约 10 万人[①]。

原子弹亦称"裂变武器"。利用易裂变重原子核链式反应瞬间释放出巨大能量起到破坏和杀伤作用。主要由核装料（铀–235 或钚–239）构成的核部件、引爆控制系统、炸药部件、核点火部件和外壳等组成，威力为几百到几万吨 TNT 当量。引爆控制系统起爆炸药，推动、压缩中子反射层和核装料，使处于次临界状态的核装料瞬间达到临界状态，由核点火部件适时提供中子，触发链式裂变反应，形成猛烈爆炸。

核防护　原子弹的破坏与杀伤作用，亦称"毁伤效应"，主要表现为：（1）光（热）辐射，爆炸的闪光及从火球发出的强光和炽热。（2）冲击波，又称"激震波"、"骇波"。在介质中由于物体的高速运动或爆炸，引起介质强烈压缩，使局部介质的密度和压强迅速增加并以超声速传播的波，能量巨大，有破坏性。（3）早期核辐射。（4）放射尘，即放射性沾染。（5）核电磁脉冲。针对以上危险效应展开的防护行为称为"核防护"，也叫"防原子"。

法相辞典　《法相辞典》由朱芾煌编，上海商务印书馆于 1939 年出版。收录佛教领域中的事物相状、性质、名词、概念等词汇 1.4 万余条。每一词条均注明出处，并引证佛家经典详细解释，全书按中文笔画顺序编排，书前有详细通检[②]。

冀南银行　中国抗日根据地银行之一，1939 年 10 月成立。1940 年 8 月上党银行并入。总行设在山西黎城根据地，下设冀南行署区区行、太岳行署区区行及太行区各专区分行。1941 年 7 月由晋冀鲁豫边区政府领导，鲁西银

---

①　胡显章、曾国屏：《科学技术概论》，高等教育出版社，1998，第 241~242 页。

②　杨牧之等：《中国工具书大辞典》（社会科学卷），黑龙江人民出版社，1993，第 7 页。

行并入。1948 年 5 月晋冀鲁豫边区同晋察冀边区统一为华北解放区，遂与晋察冀边区银行合并成立华北银行。

冀南币 亦称"冀钞"或"冀南银行币"。抗日战争时期，抗日根据地冀南银行发行的纸币。1939 年 10 月开始发行。流通于晋冀鲁豫边区。初因边区内各地区不相统一，故在冀南币上印有"太行"、"太岳"、"平原"、"滏西"等字样，在各分区使用。各地区统一后，1946 年 1 月 1 日在晋冀鲁豫边区内一律互相等价流通。1947 年 10 月 24 日，中共中央华北财经办事处成立，统一领导华北区财经工作，并着手开展统一货币工作。不久，晋察冀边区银行币停止发行，冀南币成为华北解放区的统一货币。1948 年 1 月，西北解放区停止发行陕甘宁边区银行币，西北农民银行币成为西北解放区的统一货币①。自 1948 年 10 月 5 日起按冀南币 1 元对北海银行币 1 元，10 月 20 日起按冀南币 1 元对西北农民银行币 20 元的比价并行流通。同年 11 月，华北解放区统一流通北海银行币。1948 年 12 月冀南币停止发行，按 100 元折合旧人民币 1 元的比价收兑。（《辞海》1999 年版音序缩印本，第 773 页）

■ 1940 年　卡廷惨案，卡廷事件

卡廷惨案 1939 年 9 月，苏联乘德国入侵波兰之机，出兵占领寇松线以东波兰领土，大批波兰军人被俘。1940 年 4 月，在斯摩棱斯克附近卡廷森林4421 名波兰军人被处决。后该地区被德军占领。1943 年 4 月，德国占领当局宣布在卡廷森林内发现被杀波兰军人尸坑。苏联政府旋即声称此事与己无关，而系德军所为。第二次世界大战后此事件成为悬案。1990 年 4 月，苏联正式承认事件制造者为当时的苏联内务部门。2002 年出版的《辞海》（1999 年版音序缩印本）称此为"卡廷事件"。

2002 年 2 月 11 日《参考消息》刊登了苏联的解密档案，记载 1940 年屠杀 1.5 万波兰人士的"卡廷惨案"是贝利亚根据斯大林的指示实施的，在命令上签名的有伏罗希洛夫、莫洛托夫、米高扬、加里宁、卡岗诺维奇等，全部材料被编在政治局编号为 1 的档案中②。根据 1959 年 3 月 3 日苏共中央政治

---

① 中国人民银行货币发行司编《人民币图册》，中国金融出版社，1988，第 1~2 页。

② 陈家琪：《2002 年：可怕的是"习以为常"》，2008 年 11 月 15 日 B06 版《新京报》。

局委员、克格勃主席谢列平的报告，被杀害的波兰俘虏总共21857人[①]。

卡廷事件 即"卡廷惨案"。1990年4月13日，戈尔巴乔夫政府指示塔斯社正式发表官方声明，承认卡廷惨案是斯大林主义的严重罪行之一，"直接责任者是当时的内务人民委员部领导人贝利亚、梅尔库罗夫及其助手"，并对这一悲剧"深表遗憾"。同一天，戈尔巴乔夫亲自向来访的波兰领导人雅鲁泽尔斯基交出部分档案。1992年10月14日，俄国总统叶利钦派特使将两包卡廷事件秘密档案交给波兰总统瓦文萨。事件告一段落[②]。

■ 1941年 潘家峪惨案，卫国战争，经济学名词，珍珠港事件，曼哈顿计划，哀兵必胜

潘家峪惨案 潘家峪是中国近代历史，特别是抗日战争历史的见证地，见证着日本侵略军屠杀中国人民的暴行。1941年1月25日，日军驻唐山部队司令官铃木启久等率部1500余人，并纠集遵化、玉田等地伪军，包围河北丰润潘家峪村，焚烧房屋千余间，集中屠杀村民，死者达1300余人，史称"潘家峪惨案"。

卫国战争 苏联抵抗希特勒侵略的卫国战争，规模之大，牺牲之惨，史无前例。斯大林一相情愿，信守1939年的德苏互不侵犯条约，相信希特勒会同样守约。德军攻苏前一周的1941年6月14日，塔斯社奉命辟谣，否定德军可能攻苏，申明这是帝国主义离间德苏的谣言。(延安《解放日报》)

1941年6月22日，德军从波罗的海到喀尔巴阡山，闪电侵苏。前5个月，苏军伤亡700万人，全线崩溃。斯大林惊慌失措，躲进别墅，避不见人。有回忆录说，他垂头丧气，不知所措，拒绝担任最高统帅。德军一举深入苏联腹地，老百姓为生存而拼死搏斗，以血肉抵抗炮火，靠严冬困扰敌寇，经过无法形容的悲惨牺牲，扭转局面。

后期，苏军集结兵力550万人，德军调集217个师和20个旅共计600万人，以斯大林格勒为中心，从1942年7月到1943年2月，两军殊死决战，

---

① 晓光、陈红：《15000名波兰军官被杀的惨剧》，《百年潮》1998年第5期。
② 张登善：《从卡廷惨案说到为尊者讳》，《炎黄春秋》2007年第11期。

德军大败。1944 年 6 月 5 日，美英盟军 288 万人，从英国渡海，在诺曼底登陆。1945 年 4 月 25 日，苏方乌克兰军在易北河与美军会师。最后苏军 250 万人进攻柏林，在 1945 年 4 月 27 日突入柏林市中心。1945 年 4 月 30 日，希特勒自杀。

第二次世界大战期间，苏联生产火炮 490000 门，坦克 104000 部，飞机 137000 架。美国支援苏联吉普车 400000 辆，坦克 12000 部，飞机 22000 架。苏联人民死亡 2700 万人，苏军及其盟军阵亡 870 万人。德军及其盟军阵亡 670 万人[①]。

经济学名词 1941 年 11 月中华民国教育部公布审定之经济学名词，凡 3625 则。

珍珠港事件 珍珠港（Pearl Harbor）是美国在太平洋的主要军港；位于夏威夷群岛瓦胡岛南岸，东距火奴鲁鲁 9.6 公里，人口 3.1 万（1990 年）；是一个陆抱良港，水深 15~18 米；因湾内曾盛产珍珠而得名。1887 年美国在此建立燃料供应站，1911 年改建为海军、空军基地，是美国太平洋舰队总部所在地，有铁路和高速公路通往火奴鲁鲁。1941 年 12 月 7 日（星期日）凌晨（当地时间），日未经宣战，以海军和空军突然袭击珍珠港，击毁、击伤美主要舰只十余艘、飞机 180 架（一说 270 架），美军伤亡 3400 余人，太平洋舰队损失惨重，史称"珍珠港事件"。后在岛上建立了纪念珍珠港事件的亚利桑那纪念馆（《辞海》1999 年版音序缩印本，第 2164 页）。1941 年 12 月 8 日，美国正式对日宣战，太平洋战争爆发。12 月 11 日，意大利和德国向美国宣战[②]。

曼哈顿计划 1941 年 12 月初，时任美国总统罗斯福批准了大规模研究原子弹的"曼哈顿计划"（代号 S–1），组成了 12.5 万人的队伍，其中包括数千名专家，集中了全国近 1/3 的电力和 20 多亿美元的投资。1942 年 12 月 2 日在芝加哥大学建成世界上第一座核反应堆。1943~1944 年在加州伯克利大学劳伦斯实验室完成了第一批浓缩铀–235 的生产；在洛斯·阿拉莫斯国际实验室制成可供实战使用的原子弹，1945 年 7 月 12 日完成最后装备[③]。

哀兵必胜 两次世界大战使美国成为军事大国。第一次世界大战（1914~

① 周有光：《苏联历史札记》，载《朝闻道集》，世界图书出版公司，2009。

② 〔意〕贾姆皮埃洛·卡罗齐：《法西斯主义史》，徐映译，四川人民出版社，2000，第 136 页。

③ 何晋秋、曹南燕：《美国科技与教育发展》，人民教育出版社，2003，第 114 页。

1918 年）：美国起先中立（1914~1917 年），出售军火，谋取大利。德国实行"无限制潜艇战"，击沉美国船只，美国被迫在 1917 年对德宣战。赴欧军人达 200 万人，支持英法军备 100 亿美元。1918 年德国投降。第二次世界大战（1939~1945 年）：美国起先中立（1939~1941 年），出售军火，要求"现金自运"，后来改行《租借法案》，拨款 70 亿美元，帮助英法。法国战败，向德国投降。1941 年底，日本偷袭珍珠港，摧毁美国太平洋瓶队，只剩 3 艘不在港内的航空母舰。美国被迫对日、德、意宣战。1944 年美军及其盟军从英国渡海到诺曼底登陆，军人 287 万，舰船 6500 艘，战斗机 11000 架，运输机 2700 架。1945 年德国投降。1944~1945 年，美国飞机轰炸日本 14569 架次；1945 年在日本广岛和长崎投下两颗原子弹。日本天皇广播投降，美军登陆东京，占领日本，航空母舰停在日本横须贺军港。两次大战，美国都是先中立，后参战，被迫宣战，后发制胜，由此激励了士气，所谓哀兵必胜。

第一次世界大战后，以法国为首的盟国对德国实行"消灭军备、限制经济"的政策，要求德国付出无法负担的巨额赔款，迫使德国狗急跳墙，刺激"纳粹"（国家社会主义）抬头，发生二次大战。第二次世界大战后，以美国为首的盟国对德日改行"限制军备、发展经济"的政策，军费不得超过国家总产值的 1%，经济可以自由发展，促使德日经济大发展。德国融入欧洲，德日成为美国的坚定盟友。战后美国对西欧和南欧 17 国实行"马歇尔计划"（1948~1951 年），拨款 130 亿美元，大规模援助工农业、稳定金融和扩大贸易，使这些国家的生产总值增长 25%~50%。资金大部分回流美国，购买生产资料，带动了美国的经济繁荣，战后经济迅速恢复。援助计划表面上帮助别人，骨子里帮助自己，助人助己，双方得益。

■ 1942 年　中国棉业之发展，严中平，希特勒橡树，曼哈顿计划

中国棉业之发展，严中平　1942 年，严中平出版了《中国棉业之发展》一书。全书叙述从元世祖设立"木棉提举司"和"责民遂输木棉十万匹"的实物贡赋制度起至 1937 年抗日战争开始的我国棉纺织业发展史。1955 年修订版改名《中国棉纺织史稿》。这是中国第一部系统论述棉纺织业的专著。

希特勒橡树　1942 年 4 月，希特勒在 53 岁生日时，把一棵橡树苗装在一

个用纳粹旗帜包裹的盒子里送到被占领的波兰小镇亚斯沃，纳粹占领当局为栽种这棵树苗举行了盛大的仪式。两年后，纳粹军队被苏联红军击溃。军队离开时对小镇进行了清洗，但这棵橡树幸免遇难。67年后，亚斯沃镇政府考虑要砍掉这棵枝繁叶茂、高达12米的"希特勒橡树"，"以消除该镇与希特勒的任何联系"。但是，镇政府的拔树计划引发争议。部分当地居民认为，这棵橡树没有伤害任何人，也没有犯下任何罪行，因此应该被保留。第二次世界大战期间，波兰人民饱受纳粹德国的蹂躏，灾难深重，事实上不可能简单地把历史遗迹全部消灭。德国在保留本土大量二战遗迹的同时，2003年决定在希特勒总理府遗址上修筑一座犹太人纪念馆，祭奠当年在纳粹大屠杀中遇难的600万无辜犹太人。亚斯沃小镇上的这棵希特勒橡树，应该是其历史的一部分，留住这棵树，可以让更多的人记住历史上那些反人类的罪行，温故知新，警钟长鸣①。

曼哈顿计划　1942年夏在美国，由陆军负责的裂变原子弹研制计划全面展开，代号为"曼哈顿工程"，史称"曼哈顿计划"。

20世纪30年代，原子与核物理研究取得了重要进展，詹姆斯·查德威克（James Chadwich，1891~1974年）于1932年发现中子（neuteon）；1934年意大利物理学家费米（Enrico Fermi，1901~1954年）等人用中子系统轰击各种元素，发现几乎所有元素都发生核反应；1938年德国化学家奥托·哈恩（Otto Hahn，1879~1968年）、迈特纳（Lise Meitner，1878~1968年）和弗里茨·斯特拉斯曼（Fritz Strassmann，1902~1980年）等发现裂变。1939年1月，发现核裂变的消息传到美国华盛顿国际理论物理会议上，引起轰动。费米在会上提出核裂变可能造成快速连锁反应，许多国家的物理学家立即着手进行实验。不到两个月，约里奥·居里（Jolior Curie，1900~1958年）、费米和利奥·西拉德（Leo Szilard，1898~1964年）就证实核裂变可以放出2~3个新的中子，链式反应的可能性成立。

受纳粹迫害逃亡美国的利奥·西拉德等人劝说爱因斯坦给美国总统罗斯福写信，提醒他注意德国研制原子弹的危险性。1939年10月11日罗斯福收到爱因斯坦的信，很快下令成立铀委员会，开始研究工作。1940年初，美国得

---

① 石嘉：《"希特勒橡树"要不要砍掉》，2009年6月25日A03版《新京报》。

知纳粹确实正在研制原子弹，于是迅速扩展铀计划，铀委员会升级成为国防研究委员会的一个部门，政府拨款在一些大学的实验室里研究裂变过程和链式反应。1941 年底美国国会决定全面加快原子弹的研制工作，曼哈顿工程由此展开。

1945 年 7 月原子弹试制成功。至此，"曼哈顿工程"调集了 15 万科技人员，其中包括英国、加拿大的科学家，动用全国 1/3 的电力，前后花费约 22 亿美元，有 50 万人参加。"曼哈顿工程"中政府与大学、企业合作进行研究与开发的经验对以后美国科技发展有深远意义，当时创建的许多研究开发机构在战后得以保留，并在日后发挥了重要的作用。如芝加哥大学的冶金研究所、阿贡国立研究所、伯克利的劳伦斯研究所、田纳西州的橡树岭国立研究所、新墨西哥州的洛斯阿拉莫斯国立研究所[①]。

■ 1943 年　李约瑟，中国官僚政治研究，王亚南，孙越生

王亚南致力于中国官僚政治研究的学术起点，源于李约瑟。1943 年，李约瑟（Joseph Needham）来华，与王亚南在粤北坪石一个旅馆中两度长谈。分手时，李约瑟提出"中国官僚政治"话题，要王亚南从历史与社会方面进行扼要解释。王亚南以"没有研究，容后研究有得，再来奉告"敷衍过去，却从此开始搜集资料，投入研究。有关成果一部分在《文汇报》"新经济"专栏及《时与文》上发表，逐渐成为王亚南先生关于中国经济史研究的副产物。而王先生"也希望藉此减轻我对于非所专习的政治制度加以研究的僭越"。1948 年 10 月，《中国官僚政治研究》[②]由时代文化出版社正式出版，立刻受到普遍关注。王亚南以思想家的敏锐把握住中国社会结构中的基本元素"官僚政治"，以经济和历史的视角，用丰富的经济学修养并结合历史、宗教、法律等知识，对中国官僚政治进行分析，开启了一个新的研究方向。王亚南在《中国官僚政治研究》序言中专门提到："原稿全部由国立厦门大学经济系高材生孙越生君抄校过，为我分担了不少烦累，特致盛意。"孙越生（1925~1997 年）是王亚南弟子，毕业于厦门大学经济学系，中国社会科学院情报研

---

① 何晋秋、曹南燕：《美国科技与教育发展》，人民教育出版社，2003，第 113~114 页。

② 当时这本书初版时，还有一个副标题："中国官僚政治之经济的历史的分析"。

究所研究员，著有《欧洲中国学》、《官僚主义的起源和元模式》、《孙越生文集》等。他不但在思想和人格上受到老师影响，在学术上也承续"中国官僚政治研究"为自己的学术追求，并在 20 世纪 80 年代初提出建立广义的"官僚政治学"，并有遗作《官僚主义的起源》，但一直没有公开出版①。孙越生认为：

> 官僚主义是一个现实问题和理论问题。在现实世界无所不用其极地造成的无数悲剧来说，足以使十亿神州为之痛定思痛，齐声恸哭。但是，就它的虚伪渺小，卑鄙愚蠢，在理论领域难见天日而言，又足以使它流为千古笑柄。这种令人哭笑不得的东西，只能以含泪的哭笑，用认真的大不敬文笔去描述它，聊表区区对于受官僚主义残酷迫害致死的无数善良人们，包括我敬爱的老师王亚南先生在内，一份悼念的哀思。先生泉下有知，也许会破涕一笑吧！
>
> ——孙越生：《官僚主义的起源和元模式》（未刊稿），1997，丁东提供。

■ 1944 年　音韵学术语，张清常，经济计量学中的概率方法，布雷顿森林会议，白沙惨案，哈耶克

音韵学术语　1944 年重庆独立出版社出版了张清常所著《中国上古音乐史论丛》，其中有专章论述中国音韵学的兴起以及所用术语与音乐的关系。

张清常　张清常（1915~1998 年），语言学家。贵州省安顺县人。1937 年毕业于清华大学研究院中文系。曾任教于浙江大学、西南联合大学、内蒙古大学、南开大学、清华大学、北京师范大学、北京语言学院（即今北京语言文化大学）等校，历任讲师、副教授、教授，天津语言文字学会副理事长，中国语言学会理事，中国音韵学研究会顾问等。他在语言文字领域的贡献主要体现在音韵学研究、社会语言学研究等方面。早期致力于音韵、音乐、文学三者之间关系的研究。后期致力于语音史、词汇史及社会语言学的研究。

---

① 谢泳：《厦大学术传统：从王亚南到孙越生》，2008 年 10 月 16 日 C14 版《新京报》。

著有《中国上古音乐史论丛》（重庆独立出版社，1944）、《胡同及其他——社会语言学的探索》（北京语言学院出版社，1990)、《北京街巷名称史话——社会语言学的再探索》（北京语言文化大学出版社，1997)、《语文学论集》、《战国策笺注》等专著。另有《中国声韵学里的宫商角徵羽》（《吴稚晖先生八十寿诞纪念论文集》，1942)、《中国声韵学所借用的音乐术语》（《人文科学学报》1945 年第 1 卷第 3 期）、《古今音变与旧文学的欣赏》（《新生报·语言与文学》1948 年第 79 期）、《中国上古–b 声尾的遗迹》（《清华学报》1948 年第 15 卷第 1 期单行本）、《李登声类和"五音之家"的关系》（《南开大学学报》1956 年第 1 期）、《北京音里边的一字异读问题》（《南开大学学报》1956 年第 2 期）、《内蒙古自治区汉语方音与普通话语音对应规律》（《内蒙古大学学报》1959 年第 1 期）、《内蒙古自治区汉语方音概略》（《内蒙古大学学报》1963 年第 2 期）、《有关京剧十三辙实际运用的几个问题》（《内蒙古大学学报》1963 年第 2 期）、《古音无轻唇舌上八纽再证》（《语言研究论丛》1980 年第 1 期）、《–m 韵古今变迁一瞥》（《语言研究论丛》1982 年第 2 期）、《〈中原音韵〉新著录的一些异读》（《中国语文》1983 年第 1 期）、《汉语"咱们"的起源》（《语言研究论丛》1982 年第 2 期）、《内蒙古萨拉齐汉语方言一瞥》（《内蒙古大学学报》1963 年第 2 期）、《内蒙古西部汉语方言构词法中一些特殊现象》（《内蒙古大学学报》1962 年第 2 期）、《中国古典诗歌平仄格律的历史经验》（《内蒙古大学学报》1960 年第 2 期）、《唐五代西北方言一项参考资料〈天城梵书金刚经戏音残卷〉》（《内蒙古大学学报》1963 年第 2 期）等论文多篇。

经济计量学中的概率方法 1941 年，弗里希的学生——挪威人特里夫·哈维尔莫（Trygve Haavelmo，1911~1999 年）完成哈佛大学博士学位论文《经济计量学中的概率方法》，1944 年在《经济计量学》杂志上发表，被后人称为"现代经济计量学的宣言书"。哈维尔莫是 1989 年诺贝尔经济学奖得主，获奖缘由：建立了现代经济计量学的基础性指导原则。

布雷顿森林会议 又称"联合国货币金融会议"。1944 年 7 月在美国新罕布什尔州布雷顿森林（Bretton Woods）举行，有中、法、苏、英、美等 44 国代表参加。会议通过《联合国货币金融会议最后议定书》、《国际货币基金组织协定》和《国际复兴开发银行协定》。后两项协定总称《布雷顿森林协定》。

布雷顿森林会议
1944 年 7 月，在美国新罕布什尔州的布雷顿森林酒店，世界领袖们合影。这次会议设立了世界银行作为促进经济发展的组织，最初的工作重心设在被战火摧毁的欧洲，但是后来则转向各个发展中国家。
图版来源：参见英国布朗参考书出版集团编《经济史》，刘德中译，中国财政经济出版社，2004，第 104 页。

根据前一协定规定，35 美元等于 1 盎司黄金，各会员国货币同美元保持固定汇率，美元可代替黄金作为国际储备，以美元为中心的世界货币体系由此建立。1973 年 2 月固定汇率制崩溃。据后一协定，美国在国际复兴开发银行中拥有的投票数最多，取得了在国际金融中的支配地位。（《辞海》，第 145 页）

　　白沙惨案　　1944 年 9 月，日本军队入侵湖南新宁县白沙镇，在老街附近埋伏六天六夜，杀害了一个整团的中国军队和所有进入伏击圈的中国百姓。流过老街境内的扶夷江被尸体堵塞得水流不通。七个正在摘辣椒的妇女被两个日本兵用刺刀捅死在篱笆旁，其中一个孕妇肚皮被挑破，血淋淋的胎儿被日本兵挑在刺刀上。在后来一处被开发为旅游景点的地方，当年曾有几个村子的老百姓共计 2850 人在此躲藏，全部被日军用毒烟熏死。2006 年，解放军文艺社出版了林家品以写实手法再现这一历史事实的长篇小说《老街的生命》，揭露日本侵略军的战争屠杀行为。林家品的故乡在白沙。作为一位小说家，他以对历史的责任担当而创作，告慰家乡在抗日战争中逝去的英灵[1]。

---

　　[1]　向继东：《林家品小说的意义》，2008 年 11 月 21 日第 8 版《中国经济时报》。

中国国民政府成立的"行政院抗战损失调查委员会"统计出全国军民伤亡总数为 2226 万多人（未包括台湾与东北三省），直接经济损失近 1000 亿美元。该委员会的工作开展到 1947 年，因国共内战又起，停止调查。其后中国亦缺乏扎实并具有专业水准的对日军罪行的实证研究。由于证据单薄，以致后人对日军的指控被日本右翼攻击为"感情回忆"。面对那些否认南京大屠杀的人，我们拿不出一份来历清楚、无可辩驳的牺牲者名单（向继东引褚孝泉语）①。相比之下，西方关于犹太人被屠杀的史学专著有几千部，发表论文十余万篇，涉及语言超过百种②。

哈耶克 弗里德里希·奥古斯特·冯·哈耶克（Friedrich August von Hayek，1899~1992年）是 20 世纪世界著名的经济学家和政治哲学家，当代反奴役思潮的代表人物，原籍奥地利，1931 年迁居伦敦，1938 年获得英国国籍。一生从事教学和著述，先后执教于奥地利维也纳大学、英国伦敦经济学院、美国芝加哥大学、德国弗莱堡大学等著名学府，著作等身。《通往奴役之路》（*The Road to Serfdom*，1944）在哈耶克学术生涯中的地位非常重要，他的世界性声誉即由此奠定③。

对于第二次世界大战以后的凯恩斯主义和福利国家政策，哈耶克都是一位有影响的保守主义批评家。他最惊人的结论是，当时正在计划中的福利国家不是为个人自由的战斗在和平时期的继续，倒是朝着专制的方向

弗里德里希·奥古斯特·冯·哈耶克

图版来源：参见英国布朗参考书出版集团编《经济史》，刘德中译，中国财政经济出版社，2004，第 97 页。

迈出了一步。他认为，自由市场中的一切政府控制或干预，都只能造成通货膨胀或失业等病态的威胁，而不是消除威胁。在控制通货膨胀或处理其他经

---

① 参见褚孝泉《写成历史的罪责》，载《随笔》，转引自向继东《林家品小说的意义》，2008 年 11 月 21 日第 8 版《中国经济时报》。

② 向继东：《林家品小说的意义》，2008 年 11 月 21 日第 8 版《中国经济时报》。

③ 英国布朗参考书出版集团编《经济史》，刘德中译，中国财政经济出版社，2004，第 96 页。

济事务时，除了控制货币供应之外，政府不应该进行干预。凯恩斯主义所坚持的对经济进行的那种严重的政府干预，最终只能导致国内经济崩溃。哈耶克批评说，那些条件只是为极权主义者掌权铺平道路服务的，很像 20 世纪 20~30 年代希特勒在德国所做过的①。

■ 1945 年　数学名词，印度哲学史略，联合国，原子弹，广岛，长崎

数学名词　科学社科学名词审查会 1936 年审定的《数学名词》由国立编译馆于 1945 年出版。

印度哲学史略　1945 年重庆独立出版社出版了汤用彤②著《印度哲学史略》，1960 年由中华书局重印。2006 年收入上海世纪出版集团"世纪文库"。该书集汉译印度哲学术语之大成，是汉语术语沿革里程碑式的著作。

> 《印度哲学史略》展现了汤用彤先生深厚而独到的学术功力。我们这么说，不仅是因为《黎俱吠陀》和奥义书的一些重要章节是由汤用彤先生直接从梵文翻译过来的，也不仅是因为汤用彤对当时国际学界相关领域的了解和把握，而更多的是因为汤用彤先生自有独特的视角，驾轻就熟地掌握了在当时甚至是今天研究印度哲学的专家们视野之外的资料来源……这就从根本上决定了，尽管汤用彤先生的这本著作的初创（1929 年编写的印度思想史讲稿）距今已有近 80 年，正式出版距今也已逾 60 年，却仍然具有国内外的同类著作无法替代的学术价值和地位。
>
> ——钱文忠：《出版前言》，载汤用彤著《印度哲学史略》，上海世纪出版集团，2006。

联合国　联合国（United Nations，UN）是第二次世界大战后建立的国际

---

① 英国布朗参考书出版集团编《经济史》，刘德中译，中国财政经济出版社，2004，第 97 页。
② 汤用彤（1893~1964 年），字锡予。湖北黄梅人。毕业于清华学校（今清华大学），留学美国。先后在东南大学、南开大学、中央大学、北京大学、西南联合大学任教。1947 年赴美国加利福尼亚大学讲学。后任北京大学校务委员会主席、副校长，中国科学院哲学社会科学部委员。专治佛教史和哲学史，精于考订，并结合运用西方分析哲学方法，颇有创见。主要著作有《汉魏两晋南北朝佛教史》、《印度哲学史略》、《往日杂稿》等。

组织。根据 1945 年 6 月在美国圣弗朗西斯科（旧金山）签署的《联合国宪章》于同年 10 月 24 日正式成立。参加签字的 51 个国家为联合国创始会员国。中国是创始会员国之一。根据该宪章规定，联合国的宗旨是"维持国际和平与安全"，"发展国际友好关系"，"促成国际合作"，"构成一个协调各国行动之中心"等。截至 2008 年 12 月，联合国共有 192 个成员国。主要机构有大会、安全理事会、经济及社会理事会、国际法院和秘书处，总部设在纽约。

1941 年 12 月 7 日，日本偷袭美国太平洋海军基地——珍珠港，使美国海军蒙受重大损失。此后，太平洋战争爆发。正当美、英军队在太平洋战场节节败退，美国大肆进行战备动员时，英国首相丘吉尔于 12 月 22 日抵达华盛顿，受到美国总统罗斯福的热烈欢迎。丘吉尔及其随行人员随即同以罗斯福为首的美国军政要员举行了会谈。为了建立世界反法西斯同盟，斯大林做了大量工作，起草了《联合国家宣言》。1942 年初，中、苏、美、英等 26 个国家在《宣言》上签了字。这是第一次正式采用"联合国家"（也译为"联合国"）这个名称。这个名称是斯大林在修改《联合国家宣言》最后文本时提出来的，并用这个名称代替了"协约国"或"合作国"。

不过，当时"联合国家"还没有作为一个国际性组织的名称被使用，到 1943 年 10 月 30 日，苏、中、美、英四国代表在莫斯科会议上共同发表《普通安全宣言》，具体体现了建立一个战后国际安全组织的主张。在这之后，苏、中、美、英又分别举行过几次国际会议，草拟了这个国际组织的章程，并就安理会表决程序达成协议，决定于 1945 年 4 月 25 日在美国旧金山召开"联合国家关于国际组织的会议"，以便正式制定《联合国宪章》。1945 年 6 月 25 日，参加旧金山会议的 50 个国家一致通过了《联合国宪章》。同年 10 月 24 日，《联合国宪章》开始生效，联合国就此正式成立了。从此，斯大林提出的"联合国家"（即"联合国"）一词正式成为反法西斯战争胜利后世界性国际组织的名称。

另有说法认为，"联合国"这一名称系美国总统罗斯福提出，1942 年 1 月 1 日，正在对德国、意大利、日本法西斯作战的中国、美国、英国、苏联等 26 国代表在华盛顿发表了《联合国家宣言》。1945 年 4 月 25 日，来自 50 个国家的代表在美国旧金山召开"联合国家国际组织会议"。6 月 16 日，50 个国家的代表签署了《联合国宪章》，后又有波兰补签。同年 10 月 24 日，中华民国、法兰西、苏维埃社会主义共和国联盟、大不列颠及北爱尔兰联合王国、美利坚合众国和其他多数签字国递交了批准书后，该宪章开始生效，联合国正式成立①。

1946 年 1 月 10 日至 2 月 14 日，第一届联合国大会第一阶段会议在伦敦举行。51 个创始会员国的代表参加了这次会议，联合国组织系统正式开始运作。1947 年联合国大会决定，以每年的 10 月 24 日为联合国日。

美国新墨西哥州阿布奎克的城市雕塑
图版来源：龚益摄，2008。

原子弹　核武器按投掷发射方式分为核导弹、核炸弹、核炮弹、核地雷、核鱼雷、核深水炸弹等。据说在第二次世界大战后期，美国估计以常规战争占领日本要牺牲 20 万军人，为减少美军伤亡，缩短战争，决定使用核炸弹。1945 年 7 月 16 日，美国在本土新墨西哥州进行了首次原子弹试验。8 月 6 日，便在日本广岛投下一颗原子弹（铀弹）。8 月 9 日，又在长崎投下原子弹（钚弹）。8 月 8 日苏联对日宣战，进军中国的东北地区。8 月 14 日，日本正式投降。1964 年 10 月 16 日，中国第一颗原子弹爆炸成功。

广岛　日本本州南部港市，广岛县首府。临濑户内海的广岛湾，面积约 513 平方公里，人口 108.6 万（1995 年）。1589 年筑城后逐渐兴起。1889 年设市。1945 年 8 月 6 日美国在广岛投下第一颗原子弹，其损失惨重。市内和平公园建有原子弹慰灵碑及儿童和平纪念碑。广岛为濑户内海工业带重要中心，有汽车、船舶、机床等部门，是新兴的旅游地。

长崎　日本九州岛西岸港市，长崎县首府。人口 43.5 万（1995 年）。1571 年开港，曾长期为主要对外贸易港。1889 年设市。造船业发达，长崎以造船厂著称于世；机电、炼钢、电子、纺织、食品加工业亦很重要。长崎为远洋航运和渔业中心。1945 年 8 月 9 日美军在此投下原子弹，市区 1/3 被毁。1972~1975 年以箕岛为中心填海成陆，建成面积达 160 万平方米的海上机场。有兴福寺、浦上天主堂等古迹，是日本西部旅游胜地。

---

①　参见网络资料：百度搜索，2008−12−10。

■ 1946 年　计划总署，统计学名词，人民日报，华北电影队，柯萨奇病毒

计划总署　法国政府制定中期计划的规划机构。法国计划机构中的核心组织。1946 年 1 月建立。计划总署由政府总理或经济和财政部长直接领导。负责人为计划总专员，由政府委任。主要职能：分析经济和社会形势，研究和组织计划的制订，提出计划制定的初步方针和草案；监督计划实施，并在必要时对计划进行修改；充当政府的常任顾问。（《辞海》，第 766 页）

统计学名词　《统计学名词》由国立编译馆编写，上海正中书局于 1946 年出版，台湾正中书局 1977 年增订。是书收集欧美专著及国内书刊所用统计学名词术语、人名、地名共 5560 个，中英文并列，按英文字母顺序排列。

人民日报　1946 年 5 月 15 日《人民日报》在河北邯郸创刊。同年 6 月，内战全面爆发，晋冀鲁豫中央局和军区领导机关于月底撤回河北武安伯延，《人民日报》编辑部随同领导机关离开邯郸，在伯延不远处的南文章村住了下来，不久又撤进山区，在太行山麓的河西村落脚，并且一直驻扎到 1948 年 6 月，此即晋冀鲁豫《人民日报》编辑部。1948 年中共华北局创建机关报《人民日报》。

华北电影队　全名"晋察冀军区政治部电影队"，是设置在一辆大车上的流动制片厂。1946 年在河北涞源成立，活动于冀中平原，拍摄了不少有关华北解放战争的新闻素材。1947 年在华北电影队基础上成立了石家庄电影制片厂，拍摄了《华北新闻》等影片。1949 年在北平（今北京）参与接收国民党政府中央电影企业股份有限公司制片三厂后结束。（《辞海》，第 693 页）

柯萨奇病毒　一种肠道病毒。1946 年首先在美国柯萨奇（Coxsackie，一译"库克萨斯"）分离出，故名。主要经人口，也可经呼吸道传播。可引起无菌性脑膜炎、出疹性发热病、急性心肌炎和心包炎、流行性肌痛、上呼吸道感染、疱疹性咽喉炎、婴儿腹泻等。（《辞海》，第 915 页）

柯萨奇病毒是一种社会影响力较强的传染性致病因素。1981 年中国上海首次报道手足口病（Hand, Foot and Mouth Disease, HFMD），此后北京、河北、天津、福建、吉林、山东、湖北、青海和广东等均有发生，即由包括柯

萨奇病毒在内的肠道病毒引起的传染病。该病多发于 5 岁以下儿童，可引起手、足、口腔等部位的疱疹，少数患儿可引起心肌炎、肺水肿、无菌性脑膜炎等并发症。个别重症患儿病情发展快，可导致死亡。现在已知引发手足口病的肠道病毒有 20 多种（型），柯萨奇病毒 A 组的 16、4、5、9、10 型，B 组的 2、5 型，以及肠道病毒 71 型均为手足口病较常见的病原体，其中以肠道病毒 71 型（EV 71）和柯萨奇病毒 A16 型（Cox A16）最为常见。2008 年，中国广东省、浙江省、山东省、北京市、上海市均发现疫情，内地报告手足口病 17 万例，死亡 40 例。截至 2009 年 4 月 6 日 24 时，仅河南一省累计报告手足口病患儿已达 19922 例，其中累计住院治疗患儿 5965 例，累计出院患儿 4244 例，目前仍有 1703 例患儿正在住院治疗。累计重症患儿 344 例，正在住院治疗的重症患儿 195 例，经过治疗已解除重症患儿 122 例，重症患儿中已安全出院的 9 例，死亡 18 例[①]。这说明公众健康安全形势不容乐观。

■ 1947 年　日本学术用语，序贯分析，价值分析

日本学术用语　昭和 22 年（1947 年）日本文部省刊行《学术用语集》，按 25 个学科分卷详列术语。此为日本术语规范化的集成之作。该集展示的术语发展大势是，音译名增加，复合语增加，即以原有术语为语干，派生出一系列复合语[②]。

序贯分析　序贯分析（Sequential Analysis）是数理统计学的分支。研究对象是序贯抽样方案，以及如何用这种抽样方案得到的样本进行统计推断。其名称源自 A.瓦尔德[③]在 1947 年发表的同名著作《序贯分析》。序贯抽样方案是指在抽样时不事先规定总的抽样个数（观测或实验次数），而是先抽取少量样本，根据其结果，再决定停止抽样或继续抽样、抽多少，这样下去，直

---

① 大河网—河南商报，http://news.sina.com.cn/h/2009-04-08/094917567848.shtml，2009-06-28。
② 冯天瑜：《日本明治时期"新汉语"的创制与入华》，《中国科技术语》2007 年第 1 期，第 57 页。
③ 瓦尔德（Abraham Wald, 1902~1950 年），美国数理统计学家。原籍罗马尼亚。就学于克卢日大学和维也纳大学，1938 年因纳粹迫害迁居美国。主要研究数理统计，首先建立序贯分析和统计决策函数理论，开创了统计学的新局面。1943 年提出关于序贯概率比检验最优性质的猜测，并于 1948 年得出证明，还用数理统计方法处理经济问题，作出不少贡献。著作有《序贯分析》、《统计决策函数》等。

至决定停止抽样为止。反之，事先确定抽样个数的那种抽样方案，称为"固定抽样方案"。例如，一个产品抽样检验方案规定按批抽取样品 20 个，若其中不合格品数不超过 3，则接收该批产品，否则拒绝接收，这是固定抽样方案。若方案规定为：第一批抽出 3 个，若全为不合格品，拒收该批产品，若其中不合格品件数 X_1 小于 3，则第二批再抽 $3-X_1$ 个，若全为不合格品，则拒收该批产品，若其中不合格品件数 X_2 小于 $3-X_1$，则第三批再抽 $3-X_1-X_2$ 个，这样下去，直到抽满 20 个或抽得 3 个不合格品为止。这是一个序贯抽样方案，其效果与前述固定抽样方案相同，但抽样个数平均来讲要少些。序贯抽样方案除了可节省抽样量外，还有一个作用，即有时为了达到预定的推断可靠程度及精确程度必须使用序贯抽样方案。利用序贯抽样方案得到的样本进行各种统计推断和决策，如假设检验、点估计等就构成了序贯分析的内容。

价值分析　1947 年美国通用电气公司发明的一种对生产的消费品的主要功能加以鉴定，并以最低的成本实现产品或服务的必要功能，以谋求价值（价值=功能/成本）最大化的一种生产管理方法。价值分析的基本思路是在使产品保持同等功能的条件下，通过使用其他代用材料、修改设计等手段，尽量降低产品的生产成本，提升产品的价值。1954 年美国海军船舶局开始在其管辖的部门内推行价值分析方法，改称为"价值工程"，大幅度降低成本，减少政府支出。此后，价值工程在工业部门迅速推广，并被广泛地应用到民用系统、建筑业、空间计划、医院等众多部门和领域，成为降低成本的重要工具[①]。

■ 1948 年　以色列国，人民币

以色列国　1948 年 5 月，成立以色列国（The State of Israel）。在建国初期颁布的第一部法律是《义务教育法》。自 1948 年建国以来，即使是在战争年代，国家对教育的支出亦从未低于国民生产总值的 7.5%。以色列的历任总统，大多曾经担任过教育部长的职务。近 100 年间的 680 多位诺贝尔奖获得者中，犹太人或具有犹太血统者共获得 138 项。仅占世界总人口 0.4% 的犹太人，获得了全部诺贝尔奖的 20%[②]。根据联合国 1947 年关于巴勒斯坦的分治

① 刘树成主编《现代经济辞典》，凤凰出版社、江苏人民出版社，2005，第 505 页。
② 王伟营：《中学生论点论据金库》，朝华出版社，2009，第 205 页。

决议，以色列面积为 1.52 万平方公里，现实际控制面积为 2.5 万平方公里①，人口 715 万（2007 年，包括约旦河西岸、加沙地带和东耶路撒冷犹太居民）。2007 年国民生产总值为 1620 亿美元，GDP 实际增长率为 5.3%；人均 GDP 为 29386 美元，与世界发达国家（如德国和日本）相当②。

又，以色列（yisrā 'ēl）是《圣经》中犹太人的第三代祖先。据《创世纪》记载，原名雅各（"雅各"就是"抓住"的意思），因与天使角力（雅各与神使者摔跤）得胜，由天使改名"以色列"，意为"与神较力的取胜者"。犹太人又称"以色列人"，本此。（《辞海》1999 年版音序缩印本，第 2015 页）

人民币 1948 年 12 月 1 日中国人民银行成立，同时发行人民币，统一

1948 年 12 月 1 日发行的人民币 10 元券
正面图景：灌田　正面主色：浅绿、深绿
正面年号：中华民国三十七年
背面图景：花卉　背面主色：蓝绿
尺寸：121mm×63mm
背面年号：1948
停用时间：1955 年 5 月 10 日
图版来源：参见中国人民银行货币发行司编《人民币图册》，中国金融出版社，1988，第 23 页。

1948 年 12 月 1 日发行的人民币 20 元券
正面图景：施肥　正面主色：深绿、咖啡
正面年号：中华民国三十七年
背面图景：大花球　背面主色：紫红
尺寸：121mm×64mm
背面年号：1948
停用时间：1955 年 5 月 10 日
图版来源：参见中国人民银行货币发行司编《人民币图册》，中国金融出版社，1988，第 26 页③。

① 另据《辞海》，按 1947 年关于巴勒斯坦的分治决议，以色列面积为 1.49 万平方公里，现实际控制面积为 2.8 万平方公里，人口 560 万（1995 年）。参见《辞海》1999 年版音序缩印本，上海辞书出版社，2002，第 2015 页。
② 冯基华：《以色列》，《世界经济年鉴 2008/2009》，中国社会科学院世界经济与政治研究所，2009，第 109 页。
③ 原图册标注为 1949 年 12 月 1 日发行，系制版错误。应为 1948 年。

了革命战争时期各革命根据地货币，为支持解放战争在全国的胜利，为中华人民共和国成立后稳定物价、恢复国民经济发挥了重要作用。全国统一发行人民币，结束了国民党政府几十年通货膨胀和我国近百年外币、金银在市场流通、买卖的历史①。

1948 年 12 月 1 日在河北省石家庄市成立中国人民银行，首任总经理南汉宸，副经理胡景沄、关学文。同时开始发行统一的人民币。这是中国人民银行成立后发行的第一套人民币。票面上"中国人民银行"六字由当时的华北人民政府主席董必武同志题写。第一批发行的人民币有 10 元、20 元、50 元三种券别，首先在华北、山东和西北三大解放区流通使用②。此后又相继发行了第二、三、四、五套人民币，以及结合各种主题发行的金、银等材质的多种纪念币。

1948 年 12 月 1 日发行的人民币 50 元券
正面图景：水车　正面主色：浅蓝、红黑
正面年号：中华民国三十七年
背面图景：花符　背面主色：黄棕
尺寸：133mm×69mm
背面年号：1948
停用时间：1955 年 5 月 10 日
图版来源：参见中国人民银行货币发行司编《人民币图册》，中国金融出版社，1988，第 33 页。

■ 1949 年　解放，文字改革，汉语拼音

1949 年全国解放，成立了中国文字改革委员会。1954 年，中国文字改革委员会成为中央政府设置的"文字改革"专职机构。1958 年全国人民代表大会批准汉语拼音方案③。

■ 1950 年　信用卡，医源性病症，萨立多胺，海豹肢畸形

信用卡　信用卡在 20 世纪初起源于美国。最早是由商家发行的一种信用筹码，为推销产品，刺激购买，有选择地向一些讲信誉的客户发放。客户凭这些筹码赊购商品，然后再用现金或银行转账方式结账。1950 年，美国商人

---

① 李贵鲜：《序》，载中国人民银行货币发行司编《人民币图册》，中国金融出版社，1988.
② 中国人民银行货币发行司编《人民币图册》，中国金融出版社，1988，第 2 页.
③ 陆锡兴：《汉字传播史》，语文出版社，2002，第 97 页.

弗兰·克麦克纳马拉与他的好友施奈德合作投资 1 万美元，在纽约创立"大莱俱乐部"。这家俱乐部后来成为著名的大莱信用卡公司。俱乐部向会员们发放一种能够证明身份的特殊卡片，会员可以凭卡片记账消费，一定时期后再统一结账。由于信用卡使用方便，一经创制即广受关注。1952 年，美国加州的富兰克林国民银行进入发行行列，率先发行了银行信用卡。许多银行马上跟进，信用卡迅速传遍美国，并在世界风行。1985 年，中国银行珠江分行发行了第一张"中银卡"，首开中国信用卡发行之先河。但是，在中国，除几家银行发行的国际卡外，在国内具有完全赊账性质的真正意义上的信用卡直到 20 世纪 90 年代末期才开始发行，其他大量的"信用卡"都只是不具备"信用特色"的"借记卡"。这种卡相当于"存款卡"或"储蓄卡"，持有者在消费时所花的，其实只是他在此之前已经存入银行账户的那些钱。能够赊账，并以人民币记账在国内使用的，称为"贷记卡"①。

医源性病症　医源性病症就是指由药物和医生自己造成疾病或残疾。说明现代治疗方法的复杂性和药物作用以及人工介入的复杂性和利害双重性。

萨立多胺，海豹肢畸形　萨立多胺（thalidomide）是 20 世纪 50 年代使用的一种药物，首先出现在联邦德国，后来很快成为被广泛使用的非处方药（OTC）。作为催眠药，它似乎比任何巴比妥类药物都更安全，不会上瘾，其安全剂量很大，不会因为过量服用而导致"危险"。但是，就在 1960 年前后，联邦德国的儿科医生遇到了从未见过的大批婴儿短肢畸形，即"海豹肢畸形"或先天性长骨缺失症，病儿在躯体上直接长出正常或残疾的手脚，有些还包括眼、耳、心脏畸形和泌尿道畸形。后来查明，这些畸形与一种叫反应停（Contergan）的零售药物有关，这些孩子的妈妈在怀孕早期（第二个月是关键阶段）都服用过这种药。其他以萨立多胺为主的制剂，如在英国出售的迪亚塔克和在美国试用的克瓦东，很快也表现出类似的影响。据估计，约有 20% 在怀孕期间服用此类药物的妇女生下畸形后代。联邦德国卫生部长估计，大约有 1 万名不正常婴儿出生，其中半数夭折，500 个畸形儿在英国出生，死亡率与联邦德国大致相当②。

---

① 陈彩虹：《货币金融学漫话》，上海三联书店，2002，第 123~127 页。
② 〔英〕弗雷德里克·F.卡特赖特、迈克尔·比迪斯：《疾病改变历史》，陈仲丹、周晓政译，山东画报出版社，2004，第 233 页。

　　"是药三分毒"，中国百姓的口头禅并非虚言。萨立多胺是一个典型的例子。这类药物的出现可以满足公众的某种需要，为生活带来便利，替代某种"有害"制剂，但是它或许具有某种更加预想不到的严重危险。这也是一个"不确定性"的问题，治病与致病，听起来并无两样。说明药物的副作用是永恒的问题，并且几乎永远不会有肯定的结论。自以为无所不能的人类不断努力创新，制造这个世界上原本并不存在的"新物质"，沾沾自喜于自己的万能。殊不知毒药也是药，在这个世界上，不存在没有背面的纸牌。进而言之，所谓创新只是一种改变，并不能直接等价于"改善"，创新的结果，其实与善恶无关。更何况由于标准尺度的差异，善与恶之间也没有绝对的界线。从这样的意义上说，当今的人类需要反省，需要检讨自己，回归思想的谦卑，在行为上保持收敛。

公元 1951 年至 2000 年间出现的术语

■ 1951 年　学习辞典，知识分子思想改造运动

学习辞典　《学习辞典》由北京师范大学中国大辞典编纂处编著，北京天下出版社于 1951 年出版。收词 6000 条。包括当时学习所用重要书籍和文件里常用的词、国内外革命的重要事件、人物，以及当时出现的新事物、新地名、新术语等。

知识分子思想改造运动　1951 年 9 月北京大学校长马寅初等 12 位教授发起北大教员政治学习运动。9 月 29 日周恩来向京津两市高等学校教师作《关于知识分子的改造问题》的讲话，确定了"知识分子思想改造运动"的内容、目的、方法。11 月 30 日中共中央发出《关于在学校中进行思想改造和组织清理工作的指示》，要求在所有大、中、小学校的教职员工以及高中以上学生中普遍进行初步思想改造的工作，并在此基础上，进行组织清理工作，清查其中的反革命分子。此后，思想改造的学习运动从教育界扩展到文艺界和整个知识界。运动对知识分子贯彻"团结、教育、改造"的方针，使知识分子提高爱国主义思想觉悟，批判资产阶级思想，开始树立为人民服务的思想，从 1951 年秋持续到 1952 年秋。这是由少数知识分子发起，中国共产党在知识分子中进行思想改造的学习运动，存在要求过急过高、方法简单的偏向，一些知识分子受到伤害。（《辞海》，第 2185 页）

■ 1952 年　公私合营银行

公私合营银行　由中国私营银钱业在 1949 年中华人民共和国成立后组成的混合型金融机构。1950 年，私营银行钱庄开始从分散走向集中；1951 年绝大部分行庄在国家银行领导下实现联营联管；1952 年 12 月，除侨资私营银行外，全部私营行庄包括：公私合营新华、中国实业、四明、中国通商、建业、

国华、浙江兴业、和成、源源长、聚兴诚、浙江第一银行管理处，公私合营盐业、金城、大陆、中南、联合银行联合总管理处，公私合营上海银行总管理处，上海市金融业第一联营总管理处（包括银行、钱庄及信托公司 14 家），上海市金融业第二联营总管理处（包括银行、钱庄及信托公司 28 家）五个系统共 60 家银行、钱庄、信托公司改造成为统一的公私合营银行，由中国人民银行领导，在北京设总管理处。1955 年公私合营银行的各地分支机构并入当地人民银行。

■ 1953 年　国民经济实用辞典

国民经济实用辞典　《国民经济实用辞典》，苏渊雷主编，罗良能、陆圣标、黎明、苏渊雷编辑。上海春明出版社于 1953 年 1 月 15 日印刷初版 5000 册，2 月 10 日印刷第二版 10000 册。定价 40000 元。是书编辑，采用苏联皮撒列夫先进的科学联叙法，分总类、工业、农业、商业、合作、交通、财政、金融、劳动九大类，每类又细分节目，自成条贯。所收主要名词、术语，注重计划经济实用的有关部分。

■ 1954 年　科幻，科学幻想，阿克曼，徐久隆，潘查希拉

科幻　1954 年，被誉为世界头号科幻迷的福斯特·阿克曼（Forrest J. Ackerman，1916~2008 年）和妻子在开车时受到广播里介绍的"Hi-fi"（高保真）的启发，创造了"Sci-fi"即"科幻"一词，并很快在英语科幻世界中流行。

科学幻想，阿克曼　阿克曼在 6 岁时第一次看到科幻电影《光荣之日》，10 岁时买了第一本科幻杂志《神奇故事》（*Amazing Stories*），不久便建立了自己的"男孩科幻俱乐部"，并开始一生的收藏。但在那时，并无"科幻"一词，科幻杂志编辑们使用的词汇是"科学幻想"（Scientifiction）。从 10 岁开始，阿克曼对科幻的热爱持续了 80 年，不仅自己着迷，收藏了超过 30 万件的图书、剧照、海报、面具、道具、雕塑、模型、服装等各类与科幻有关的物品，还为各种科幻杂志撰写文章。1958 年，他创办了以科幻恐怖电影为题

材的杂志——《电影世界的著名怪物》（*Famous Monsters of Filmland*），采用黑白两色印刷，插图和照片几乎都来自阿克曼自己的收藏。1990 年，阿克曼获得 "头号科幻迷名人堂奖"。2002 年，阿克曼获得世界幻想大会颁发的终生成就奖，而他最早参加这个大会，是在 1939 年[1]。

徐久隆 就在 92 岁的阿克曼在洛杉矶家中因心脏衰竭去世几天后，被誉为 "中国的阿克曼" 的徐久隆（1946~2008 年）也因肝硬化病情加重，在成都与世长辞，享年 62 岁。徐久隆生前在当地铁道部门从事宣传工作，曾是中国资历最老的科幻爱好者，堪称中国科幻迷中的 "排头兵"。他把自己有限的积蓄全都用于科幻收藏，在 50 年的收藏生涯中，他收藏了各种各样的出版物、杂志、有影响的作品，自己也创作并发表漫画、短篇小说、散文等作品。2007 年在成都举行的科幻大会上，主办方为徐久隆专设的收藏专场，很受欢迎。正如《科幻世界》杂志主编姚海军所说，徐久隆是中国科幻迷当中一个具有代表性的标杆，他的收藏整理，已经成为中国科幻史的宝贵素材和资料[2]。

潘查希拉 潘查希拉即 "和平共处五项原则"。1954 年由中国和印度两国总理共同提出。译自印地语 "pancāsila"（来自梵语 "Pañcasīla"，原指佛教中的戒。"Pañca" 义为 "五"）[3]。

■ 1956 年　公私合营，政治营销

公私合营 新中国国家资本主义的高级形式。新中国成立后在对民族资产阶级工商业实行社会主义改造的过程中被运用。分为个别企业公私合营和全行业公私合营两个阶段。前者在中华人民共和国成立初期开始实行，1954 年后在中国共产党的过渡时期总路线指引下得到迅速发展。国家通过将私营企业中的官僚资本或敌伪财产收归国有，对经营困难的私营企业进行投资，以及没收资本家违法所得等方式形成公股，对企业利润实行 "四马分肥"。1955 年底，在全国农业合作化高潮的推动和工人群众的要求下进入全行业公私合营阶段。1956 年 1 月 14 日，上海永安公司成为全国第一家实现公私合营

---

① 金煜：《晚安，怪物粉丝！》，2008 年 12 月 14 日 B13 版《新京报》。

② 金煜：《晚安，怪物粉丝！》，2008 年 12 月 14 日 B13 版《新京报》。

③ 史有为：《外来词——异文化的使者》，上海辞书出版社，2004，第 277 页。

的企业。1956 年底，基本实现全国普及。国家对资本家私股采取支付固定股息即定息制度（一般为年息 5%），所有生产资料转归国家使用，企业家失去了支配企业的权力，股息与企业赢利脱钩，资本家由国家安排工作，企业性质转为社会主义。1966 年 9 月国家停止支付定息，资本家不复存在。

政治营销　政治营销是随着竞选政治专业化发展而出现的。"政治营销"一词由美国学者斯坦利·凯利（Stanley Kelley）在 1956 年出版的《专业公关与政治权力》一书中最早提出，最初仅用来描述总统竞选组织如何通过民意调查为候选人创造有利的竞选条件，是作为竞选策略的一个工具来使用的。20世纪 50 年代末，随着电视和电脑技术的发展，各种政治行为者越来越多地采用政治营销理念和工具来实现自己的目标，学术界的关注也在不断加大。政治营销逐渐成为一门相对独立的学科。

政治营销学是正在兴起的交叉学科

图版来源：参见赵可金《政治营销学：跨学科的成长》，2009 年 6 月 23 日第 9 版《中国社会科学院报》。

作为学科独立的标志，1962 年美国学者西奥多·怀特的《打造总统 1960》一书，代表着政治营销"候选人中心"范式的确立。1969 年，琼·麦金斯出版了《推销总统》，标志着政治营销"选战中心"范式的确立。1994 年，布鲁斯·纽曼的《营销总统》问世，则标志着政治营销已经被提升到学科独立发展的新阶段。

政治营销学科化主要发生在 20 世纪 70~90 年代，以方法论个人主义、数学演绎方法和经济模型为特点的政治传播理论、非营利组织营销理论成为政治营销学的理论支柱。从学科发展看，政治营销学最初是社会科学中经济学帝国主义的重要产物，是经济学、管理学、营销学、传播学向着政治领域发展产生的重要成果，是一门交叉学科，具有极大的发展潜力[①]。

---

① 赵可金：《政治营销学：跨学科的成长》，2009 年 6 月 23 日第 9 版《中国社会科学院报》。
作者单位：清华大学国际问题研究所。

■ 1957 年　经济数学方法，数量经济学，新藏公路

经济数学方法　经济数学方法是从俄文翻译过来的。1957 年，苏联科学院主席团成员涅姆钦诺夫院士主张建立苏维埃经济计量学，遭到保守派的反对。保守派说它没有独立的研究对象，但同意在高等院校开设经济数学方法课程。由此可见，这个名称是两派妥协的结果，但两派对它的理解并不相同：保守派认为它只是一门课程，而涅姆钦诺夫认为它包括投入产出分析、经济计量学和经济控制论。

1978 年，中国社会科学院召开三年（1978~1980 年）规划会议，把计划、统计和经济数学方法编成一组，会议结束时，成立了中国经济数学方法研究会。与会代表认为，作为一门学科、一个学派或学科群，不能只研究方法，应该除方法外还有自己的研究对象[①]。

数量经济学　1979 年 3 月下旬，中国技术经济研究会在北京召开年会，于光远建议，邀请 18 位学者成立一个小组，专门讨论用什么名称取代经济数学方法的名称。与会代表一致认为，经济数学方法的名称不好，应该采用一个新的名称。至于采用什么新的名称，代表们的意见分歧很大，先后提出了 20 多个名称。在 1979 年 3 月 30 日的会议上，乌家培提出的用数量经济名称取代经济数学方法名称的意见，得到了于光远的同意。他的表述是，数量经济学是在马克思主义指导下，应用数学和计算机，研究经济数量表现、数量关系、数量变化及其规律性。这个表述有三个要点：（1）数量经济学是马克思主义经济学的一个分支；（2）它的研究对象是经济系统的数量表现、数量关系、数量变化及其规律性；（3）研究手段是数学和计算机。会议决定，将成立不久的中国经济数学方法研究会改名为"中国数量经济研究会"。

乌家培表示，数量本身没有经济问题，应改成数量经济学。根据他的建议，在合肥召开的第二届年会上，决定将中国数量经济研究会改名为"中国数量经济学会"[②]。张守一认为，准确定义数量经济学的研究对象是一个很复

---

① 张守一：《谁说数量经济学没有研究对象?!》，2008 年 12 月 25 日第 4 版《中国社会科学院报》。

② 张守一：《谁说数量经济学没有研究对象?!》，2008 年 12 月 25 日第 4 版《中国社会科学院报》。

杂的问题，需要通过不同意见的争论，使讨论不断深化。经济系统是质与量的统一，研究它时总会提出"是什么"、"为什么"和"是多少"的问题。前二者属于质的范畴，后一个属于量的范畴……数量经济学研究它们之间的函数关系①。

新藏公路　从新疆维吾尔自治区叶城到西藏自治区噶尔县噶尔雅沙。长1179 公里。沿新疆和西藏的习惯通道修筑，1957 年通车，1958 年又南延250 余公里到西藏自治区西南边境的普兰。新藏公路全线平均海拔 4200 米，为世界海拔最高的公路，是沟通新疆南部和西藏西部广大地区的重要交通线。

■ 1958 年　停办国内保险

停办国内保险　1958 年 9 月湖南长沙养猪保险现场会议后，中国人民保险公司组织分公司经理参观河南七里营人民公社，并在郑州市开会。会议上财政部领导提出人民公社化后，保险已完成历史使命。10 月份，中国人民保险公司又组织全体干部对人民公社成立后保险工作将怎么办的问题进行了讨论，并向财政部作了如下几个方面的情况汇报。

1. 国内业务方面

第一，农村业务：人民公社尽管仍为集体所有制，但规模比过去农业社更大。自然灾害虽然存在，但由于人民公社规模大、人多、劳力集中调配、资金雄厚、后备力量强，抵抗和抑制自然灾害的能力大大加强，灾害造成的损失，公社有能力弥补；即使遭到较大的自然灾害，公社之间也可以相互支援，必要时，财政上也可支援；人民公社多已实现七包、八包或十包，社员房屋已由公社统一调配，表明人民公社的社会保险形式可以代替国家保险形式，农村保险已不适应新形势，没有必要再继续办下去。

第二，城市业务：随着人民公社化和供给制的实现，总的趋势是收缩停办。

2. 国外业务方面

第一，外贸部门已掌握大量外汇，损失自己可以解决，出口业务不必办保险。

---

① 张守一：《谁说数量经济学没有研究对象?!》，2008 年 12 月 25 日第 4 版《中国社会科学院报》。

第二，进口业务是否办保险，应结合分保业务考虑。进口业务不办分保，保险可以停办。

1958 年 10 月西安财贸工作会议正式提出：人民公社化以后，保险工作的作用已经消失，除国外保险业务必须继续办理外，国内保险业务应停办。12 月武汉全国财政会议正式做出决定：立即停办国内保险业务。财政部发出停办国内保险业务以后财务处理通知。1959 年 1 月中国人民保险公司召开第七次全国保险会议，贯彻落实停办精神，布置善后清理工作。中国人民保险公司历年积存的 4 亿元准备基金，下拨各省、自治区、直辖市财政各 400 万~600 万元，国外业务留下 5000 万元，其余都上交财政。1959 年起，全国国内保险业务除上海、哈尔滨等地因客观仍有一定需求而继续维持了一段时间外，其余各地全部停办①。

■ 1960 年　荷兰病，开心果，阿月浑子

荷兰病　是指一国特别是中小国家经济的某一初级产业部门异常繁荣而导致其他产业部门衰落的现象。20 世纪 60 年代，已是制成品出口主要国家的荷兰发现大量天然气，荷兰政府大力发展天然气业。这一措施严重打击了荷兰的农业和其他工业部门。到 20 世纪 70 年代，荷兰遭受通货膨胀上升、制成品出口下降、收入增长率降低、失业率增加的困扰，国际上将这种现象称为"荷兰病"（The Dutch Disease）。

开心果　伊朗曾经是世界最大的开心果（Pistachio Nut）生产国。在 20 世纪 30 年代该国开始出现第一批开心果种植出口商。除了石油产品之外，开心果是伊朗出口创汇的重要产品之一。2007 年，开心果出口为伊朗带来超过 10 亿美元的外汇收入。在开心果的主要产区——东南部干燥的克尔曼省，开心果产业为当地创造了 14 万个就业机会。但在 2008 年，由于 4 月以来伊朗遭到历史罕见的寒流侵袭，不仅导致该国粮食产量下降，开心果的种植与生产也不可避免地受到影响。

与此同时，美国的开心果生产却佳音频传。在过去 10 年，美国的开心果

---

① 中国保险学会：《中国保险史》，中国金融出版社，1998，第 370~372 页。

产量翻了两番还多，2007 年达到 19 万吨。其中大部分来自加利福尼亚州的贡献。虽然开心果的产量也有"大小年"之说，即如果第一年丰收，则次年产量可能下降，但按照加利福尼亚州的说法，2008 年该州开心果的产量也会达到 15 万吨左右。另外，由于 2008 年伊朗的寒冷和干旱，可能持续影响 2009 年的开心果生产。而美国的开心果生产克服了气候不利等条件，努力提高土地和水资源的使用效率，将会有更好的发展。

中国和俄罗斯是伊朗开心果出口的目的国。如果伊朗开心果产量降低，美国将乘虚而入。2008 年伊朗官方公布的失业率已经接近 10%，克尔曼省一些开心果清理和烘干工厂实际上已经开始裁员。开心果农希望政府伸出援手，从其他地方调水给克尔曼省的开心果产地，以解决水资源短缺这个最大的问题①。

阿月浑子　阿月浑子 (Pistacia Vera)，又名"胡榛子"、"无名子"。漆树科落叶小乔木。叶互生，奇数羽状复叶，小叶卵形，全缘，革质。雌雄异株，腋生总状或圆锥花序，花褐绿色。核果卵形或长椭圆形，淡黄色或淡红色，有皱纹，果实淡绿色或乳黄色。春季开花，夏秋间果熟。以播种繁殖为主。原产于地中海地区和亚洲西部，中国新疆有栽培。种子可食用，味佳；也作榨油和食品工业原料，即开心果。（《辞海》1999 年版音序缩印本，第 12 页）

■ 1961 年　阿波罗计划，筑建柏林墙

阿波罗计划　阿波罗计划即美国阿波罗载人登月飞行计划。1961 年开始实施，1972 年底结束。共发射飞船 17 艘，后 7 艘为载人登月飞行，其中 6 艘成功。宇航员在月球表面步行或乘坐月球车，对月球进行了十多项科学实验和地（月）质探测，在月面上设置核动力科学实验站、月震仪和激光反射器等。在整个登月飞行过程中，月球、地球、指令舱之间保持通信联系，地面人员可通过彩色电视看到飞船内和月面上所摄景象。宇航员带回月球岩石与土壤样品、实验记录磁带和照相底片等。

筑建柏林墙　1961 年，分隔两个德国的柏林墙开始筑建，把柏林城市一

---

① 张乐：《开心果引燃美伊经济暗战》，2008 年 10 月 19 日《新京报》。

分为二。28 年以后，1989 年 11 月 9 日，柏林墙倒
塌，两个德国统一，但是，因为发生在 1938 年 11 月
9 日"帝国水晶之夜"的"羞耻"，德国人决定将统
一纪念日提前，定在 10 月 3 日。

筑建柏林墙

图版来源：参见英国布朗参考书出版
集团编《经济史》，刘德中译，中国财
政经济出版社，2004，第 80 页。

■ 1962 年　寂静的春天，持久性有机污染物，POPs 公约，莫斯科信号

寂静的春天　1962 年，蕾切尔·卡逊（Rechel
Carson，1907~1964 年）的著作《寂静的春天》
（*Silent Spring*）在美国问世，提出了关于农药危害人
类的预言，对人类"向大自然宣战"、"征服大自
然"、"人定胜天"认识的正确性提出了惊世骇俗的
质疑，因此受到与之利益攸关的生产与经济部门的猛
烈抨击，也强烈震撼了社会广大民众。卡逊本无意去招惹那些铜墙铁壁、财
大气粗的利益集团，但追求科学的信念和崇尚思想自由的勇气使她无可避免
地卷入了这场战争，也使她在人类环境保护的进程中青史永垂。历史印证了
卡逊的预见，唤醒了广大民众，这位瘦弱并且身患癌症的女学者却心力交瘁，
于《寂静的春天》出版两年后与世长辞[①]。作为一个学者和作家，她所遭受的
诋毁和攻击是空前的，但她所坚持的思想却是照亮人类未来的明灯。1963 年，
当时在任的美国总统肯尼迪任命了一个特别委员会调查《寂静的春天》一书
中的结论。该委员会证实卡逊对农药潜在危害的警告是正确的。国会立即召
开听证会，美国第一个民间环境组织由此应运而生，美国环境保护局也在此
背景下成立。截至 1962 年底，已有 40 多个提案在美国各州通过立法限制杀

---

① 在写作中，卡逊越来越感到问题的严重性，她的朋友也告诫她，写这本书是四面树敌。果然，
《寂静的春天》于 1962 年初版，一批有工业后台的专家首先在《纽约人》杂志上发难，指责
卡逊是歇斯底里病人与极端主义分子。反对她的力量不仅来自生产农药的化学工业集团，也
来自使用农药的农业部门，甚至就连以捍卫人民健康为主旨的德高望重的美国医学学会也站
在化学工业集团一边。这些攻击不仅指向她的书，也指向她的科学生涯和她本人。一个政府
官员说："她是一个老处女，干吗要担忧那些遗传学的事。"参见〔美〕蕾切尔·卡逊《寂静的
春天》，吕瑞兰、李长生译，吉林人民出版社，1997。

虫剂的使用。曾经获得诺贝尔奖金的滴滴涕（DDT）和其他几种剧毒杀虫剂终于被列入禁止名单。

持久性有机污染物　随着化学工业的发展，人类制造了很多在原本自然界中并不存在的化学产品。这些化学品在不断创造经济利益、满足人类无止境的需求的同时，也以其不可降解的特性造成地球污染。人们将这一类物质称为 "Persistent Organic Pollutant"，即难以通过物理、化学或生物途径降解的环境污染物，或称为 "持久性有机污染物"，英文缩写为 "POPs"。由于这类物质可能引起内分泌紊乱、生殖系统失效、免疫系统破坏、糖尿病、神经行为失常、男性雌性化、女性雄性化、致癌、致畸、致突变等一系列严重后果，其影响可以持续几代人，因此也被称为内分泌干扰素、环境激素、环境荷尔蒙①。

持久性有机污染物（POPs）通常分为三类：（1）农用化学品，主要是杀虫剂；（2）工业用化学药品；（3）工业过程及固体废弃物燃烧过程中产生的副产品。这些物质可以在生产、运输、使用、废弃等各个环节，以各种形式污染大气、土壤、水体，进入环境。持久性有机污染物与重金属一样，均被证实是造成人类以及动物、植物很多疾病的祸首。1968 年日本米糠油事件，被多氯联苯污染的食物使人肝功能下降、全身肌肉疼痛、急性肝坏死、肝昏迷，以致死亡。1999 年，比利时发生二噁英污染食品事件，饲料中的二噁英致使鸡不生蛋、肉鸡生长异常。研究表明，POPs 能造成婴儿和儿童免疫功能降低，大脑发育异常，神经功能损坏，造成发育紊乱。

1995 年 3 月，联合国环境规划署理事会（UNEPGC）邀请组织间化学品无害管理方案（IOMC）、政府间化学品安全论坛（IFCS）以及国际化学品安全计划署对多氯联苯、二噁英、呋喃、耿氏剂、艾氏剂、异耿氏剂、氯丹、六氯苯、七氯、灭蚁灵、DDT、毒杀芬等 12 种 POPs 进行评估。为此，IFCS 成立了特别工作组，研究这 12 种 POPs 的化学性质、来源、毒性、环境分布及其社会经济影响。1996 年 6 月，特别工作组在菲律宾马尼拉召开专家会议并得出结论：开展国际行动，从而使得这 12 种 POPs 的环境风险达到最小化非常必要。

POPs 公约　2001 年 5 月 22~23 日在瑞典斯德哥尔摩举行全权代表大会，

---

① 徐云：《绿色新概念》，中国科学技术出版社，2004，第 222~224 页。

通过《关于持久性有机污染物的斯德哥尔摩公约》（《POPs 公约》）、讨论临时资金安排以及与《控制危险废物越境转移及其处置的巴塞尔公约》相关的问题。包括中国在内的 92 个国家签署了《POPs 公约》①，成为全球行动削减淘汰 POPs 的正式起点。公约第一次和第二次缔约方大会分别于 2005 年和 2006 年 5 月召开，尽管在一些重大议题上发达国家与发展中国家分歧尖锐②，但毕竟共有 151 个国家和区域经济一体化组织签署，其中 124 个批准了公约。第三次缔约方大会于 2007 年 4 月 30 日至 5 月 4 日在塞内加尔首都达喀尔举行③。

人类为禁绝毒品，付出了巨大的代价。而 POPs 的存在与泛滥，其实就是把整个世界都变成毒品。从人类首次合成 POPs 物质至今已逾百年，虽然饱尝"毒果"滋味，却依然对此情有独钟，坚持着科学的愚昧。在中国，POPs 生产和使用的现状尤其不容乐观。虽然《POPs 公约》建立了一个总额为 1.5 亿美元的国际基金，支持发展中国家使用替代 POPs 的产品，但是由于技术和管理等多方原因的共同作用，在寻找替代品和清理 POPs 残存污染方面仍然困难重重，需要付出艰苦努力。关于 POPs 的毒害性质，绝非危言耸听，事关人类存亡，不能掉以轻心④。

莫斯科信号　1962 年，美国当局发现驻莫斯科大使馆处在高水平电磁波影响之下，那些电磁波是从离大使馆不远的地方发射的。美国人花了 10 年时间才弄明白，苏联人试图通过这种"信号"影响美国使馆工作人员的身体和精神。电磁波能量容易集中在人的大脑、脖子、胸部和生殖腺，产生不良影响。美国人随即实施追赶，在东欧研究人员的帮助下，制造出相应装置。理论上，这种新式电磁武器针对敌方电子和信息设备，但也可能针对人。2003 年 3 月《纽约时报》的文章说，这是一种非致命武器，它发出的电磁波能使人的皮肤产生灼伤感，因此可以用来驱散骚乱的人群⑤。

---

① 《POPs 公约历程简史》，2006 年 5 月 23 日《中国环境报》。
② 《中国积极参与 POPs 公约 COP2 谈判》，2006 年 5 月 23 日《中国环境报》。
③ 相关会议信息由国家环境保护总局 POPs 公约履约办提供，参见中国环境网，2006-05-23。
④ 龚益：《削减淘汰持久性有机污染物的全球行动》，《世界经济年鉴 2006/2007》，世界经济年鉴编辑委员会，2007，第 361~363 页。
⑤ 肖占中、宋效军、陈波：《新概念常规武器》，海潮出版社，2004，第 117 页。

■ 1964 年 物理学名词审定，国际理论物理中心，橙剂，二噁英

物理学名词审定 物理学名词委员会组织编订、审查《物理学名词补编》。参加者有王竹溪、陆学善、钱临照、马大猷、孟昭英、卢鹤绂、褚圣麟、龚祖同、汤定元、李荫远、潘孝硕、郑华炽、杨肇燫等 20 多人，共审定名词术语 6000 余条。全部稿件于 1964~1965 年完成发排，随后因"文化大革命"而中断，直到 1970 年才得以出版。接着在王竹溪主持下，又组织了物理学名词的增订。参加增订工作的有陆学善、李荫远、李国栋、杨顺华以及中国科学院物理所各有关研究室。负责审订工作的有王竹溪、陆学善、李荫远、龚祖同、张文裕、何泽慧、卢鹤绂、施士元、梅镇岳以及有关研究所。这次审订完成后，与原来的《物理学名词》、《物理学名词补编》合编成《英汉物理学词汇》，于 1975 年出版。这是物理学会名词委员会三十多年工作的结晶。该书出版后多次重印，受到广泛好评。

1978 年物理学会名词委员会正式恢复工作后，又先后审订了新增补的物理学名词约 1000 条，在《物理》杂志上发表。参加这一工作的有王竹溪、陆学善、钱临照、马大猷、赵凯华、何祚庥、汪容、王同亿、李国栋、高崇寿、杨葭荪、徐锡申、沈乃澂、周荣生、张友韬等人。1982 年以后，物理学名词委员会决定发动各分会和专业委员会都来参加物理学名词的增补、审订工作，对《英汉物理学词汇》进行一次较大规模的增订。为此，修订了《物理学名词编订条例》，以作为各分科共同遵守的依据[①]。

国际理论物理中心 国际理论物理中心（The Abdus Salam International Centre for Theoretical Physics，ICTP），非政府间的国际科技组织，隶属联合国教科文组织和国际原子能机构的国际科技组织。1964 年，由巴基斯坦科学家 Abdus Salam（1979 年诺贝尔物理学奖获得者）创建，总部在意大利的里雅斯特（http：//www.ictp.it）。旨在帮助各国科学家、尤其是发展中国家的科学家了解物理和数学研究的最新成就和发展；促进交流与合作。ICTP 除主任、副

---

① 赵凯华：《在全国自然科学名词审定委员会成立大会上的发言》，《自然科学术语研究》（成立大会专辑）1985 年第 1 期，第 20~21 页。

主任外，还有二十几位专职科学家。中心下设数学、凝聚态物理、高能物理、天气和气候物理四个常设研究组，另有微处理器实验室、高层大气与无线电传播研究组、地球结构和非线性动力学等非常设研究组，以及计算机、图书馆等辅助机构。中心另雇佣若干行政人员和秘书组织其他学科及跨学科学术会议；邀请科学家开展客座研究。

ICTP 每年运行经费约 800 万美元，90% 来自意大利政府、国际原子能机构和联合国教科文组织，少量专项资助来自联合国开发计划署（UNDP）等国际组织的项目经费。ICTP 科学委员会由各国著名物理学家组成，有十几个委员，负责审定 ICTP 的计划和各项学术活动。该科学委员会每年举行两次会议。其研究领域包括：数学、高能物理、核物理、凝聚态物理、地球物理及相关的数学以及涉及土壤物理、云物理、海洋大气物理、地震及高技术领域中的微处理技术、光学纤维、通讯物理和新能源材料物理等。

每年由 ICTP 各研究组以及中心另邀请若干科学家组织举办 50 多项学术活动（Scientific Activities），包括国际学术会议、短期学校、讲习班和研讨会（有些学习班在发展中国家举办，每期一周至三个月不等）。由 ICTP 学术委员会确定学术活动项目，聘请各国著名科学家主持。在 ICTP 学习、工作、研究、访问的学者和研究生均可报名参加。各国科学家均可申请参加此项活动，由 ICTP 为发展中国家提供全额或部分资助。

ICTP 的客座研究学者（Associate）制度：发展中国家从事物理或数学研究工作的科研人员、大学讲师和实验人员，可申请作为客座研究学者。申请者填写 ICTP 专门表格，并由两名教授推荐。由 ICTP 学术委员会进行评审，一旦确定为客座研究学者，在以后 6 年中，该学者可去 ICTP 三次，做研究工作或参加有关活动，每次不超过 3 个月，往返国际旅费及在 ICTP 的生活费用均由 ICTP 提供。根据客座研究学者的申请和需要，在 ICTP 进修时，也可由 ICTP 资助去某一发达国家进行短期访问或学习。年轻的科研人员（小于 35 岁），还可申请成为青年客座研究学者，每年由 ICTP 资助 400 美元，用于购买国外出版的学术书刊。

ICTP 的协作单位制度：凡是发展中国家物理、数学方面的科学研究机构、学术团体、大学有关院系，都可以向 ICTP 申请作为其协作单位。每个协作单位每年可以派出一定数量的学者到 ICTP 进行短期访问、学习或进修，由

ICTP 提供全部费用。

硕士研究生和研究生班（Diploma or Master）项目：ICTP 每年在高能物理、凝聚态和统计物理及数学组为发展中国家各培养 10 名优秀学生。近年来，ICTP 的几个研究组与里雅斯特市的有关大学合作，启动相关学科为期两年的硕士研究生（或研究生班）项目。侧重于为不发达国家的优秀学生提供机会。

ICTP 自己没有实验室，但有独立生活技术研究（TRIL）项目资助学者到意大利有关大学、研究单位进修或做实验。每年由意大利各著名大学、研究机构向 ICTP 提供实验研究项目，确定导师与实验室，由 ICTP 提供其国际旅费及当地生活费用。发展中国家的学者可根据自己的志愿，到这些实验室进行专题研究和实验，为期 3 个月至 1 年。ICTP 每年向各会员国发出计划与申请表，各国科学家和学者自由申请，最后由 ICTP 学术委员会评定。ICTP 还资助发展中国家的科学家到意大利以外的其他发达国家的实验室开展合作研究、进修等活动；并根据申请，向发展中国家捐赠来自意大利或其他发达国家的图书、杂志及会议论文集等出版物。

中国参加 ICTP 活动情况：ICTP 成立以来，中国一直积极参与其活动。中国科学院理论物理所于渌院士曾长期担任 ICTP 凝聚态物理研究组组长，并为中心领导成员。中国科学院前院长周光召院士曾任 ICTP 科学委员会委员，北京大学陈佳洱院士为现任委员。截至 2008 年，已有 400 多名中国学者受聘在该中心进行研究，40 多名科学家被聘为高级客座研究学者，签约协作单位有 60 多个，主要是高等院校及中国科学院下属的一些研究单位。1970 年以来，中国有 5000 多名学者被邀请访问 ICTP；1988 年以来，我国访问 ICTP 的学者每年均在 200 人左右。ICTP 作为第三世界国家科学家培训、交流与科研的基地，为我国及其他发展中国家培养人才作出了重要的贡献。现在长期工作在这里的中国人员有：在职的数学组的李嘉禹教授和大气科学的毕训强副研究员。另有四名博士后，一名硕士研究生。

ICTP 的常设研究组包括：

第一，应用物理组。医学物理；生命物理；生态与环境经济学；数学建模；流体动力学实验室；光学与激光物理。

第二，凝聚态与统计物理。介观与强关联体系；经典与量子模拟；统计物理及交叉学科；同步辐射相关物理。

第三，地球系统物理。超高层气流物理学与无线电；天气与气候物理学；地球结构和地球动力学；土壤、能源和环境。

第四，高能物理、宇宙学、宇宙间离子。微中子物理和天体物理；宇宙学标准模型；弦理论；拓扑场理论。

第五，数学。代数几何、拓扑及奇点理论；泛函分析；代数几何；偏微方程和几何分析。

第六，微处理实验室（ICTP-INFN 联合）。大规模集成电路；微处理器。

橙剂 战争是所有消费活动中强度最大的消费；对外部资源的需求则是所有需求当中最难以抑制的需求。因需求引发战争，因战争刺激需求。战争—需求—摧毁—重建，于是产生对资源掠夺利用的更大需求。1961 年 5 月至 1975 年 4 月越南战争期间，美国军队在越南战场上使用"橙剂"——一种足以令所有植物枯死而变成落叶的化学武器——枯草剂。其包装容器标志为橙色，"橙剂"由此得名。

二噁英 美军在越南战场上使用枯草剂，是一种具有明确军事目的的战争行为。然而，伴随这种有目的行为同时出现的，还有他们意料之外的罪行。现在已经臭名昭著、几乎人人皆知的二噁英（dioxin），最初就是在美军使用的枯草剂中作为不纯物发现的。二噁英是目前人类已知化合物中毒性最大的物质之一，进入人体后不能降解和排出。这种物质不仅可以导致癌变，而且具有生物毒性、免疫毒性和内分泌毒性，对人的致死量为微克级。一般情况下二噁英的存在级别为"痕量"，也就是物质的被测成分在 1% 以下，因此检测起来十分困难。这是一类可以存在于各种环境介质、具有持久性的化学污染物，毒性极高。1976 年，意大利北部萨伏索（Seveso）的依米沙（Icmesa）有机氯化工厂发生爆炸事故，其间的化学反应导致数千克二噁英释出。1977 年又在城市垃圾焚烧炉的飞灰中发现了二噁英。事实上，各种含有有机氯物质的焚烧过程都可能产生二噁英，其中城市垃圾焚烧炉、工业燃烧过程、工业垃圾焚烧等都会产生二噁英。

二噁英从化学术语角度讲是不准确的。实际上，它是指一类氯代含氧三环芳烃类化合物，属于二苯并-对-二噁英（dibenzo-p-dioxin）和二苯并呋喃（dibenzofuran）。这类化合物环上的氢可以被氯取代，如 2，3，7，8-四氯代二苯并-对-二噁英（2，3，7，8-TCDD 或 TCDD）。因此，确切的术语应该是多氯代二苯并-对-二噁英（PCDDs）和多氯代二苯并呋喃（PCDFs）。氯取代的数量和位置决定了其同系物异构体的数量，如 PCDDs 有 75 种异构体，而 PCDFs 有 135 种异构体，后者异构体的数量更多，是由于呋喃这一不对称结构所致[1]。因此，可以说，二噁英并不是一种单一物质，而是结构和性质都很相似的一类有机化合物的总称。1997 年，世界卫生组织国际癌症研究中心将其确定为一级致癌物[2]。

在 2，3，7，8 位置的 17 种氯代 PCDD 及 PCDF 异构体中，以 2，3，7，8-TCDD 的毒性最高，以其毒性当量系数（TEF）代表毒性水平，定为 TEF=1.0。其余 16 种在 2，3，7，8 位置的氯代 PCDD 及 PCDF 异构体的毒性则相对较低。1988 年，北大西洋工业组织的现代社会挑战委员会（Committee on the Challenges of Modern Socitey，CCMS）制定了一套二噁英毒性评级制度，把毒性当量系数国际化，称为"I-TEFs"，仍以 2，3，7，8-TCDD 毒性值为 1.0，其余 16 种氯代 PCDD 及 PCDF 异构体的 I-TEFs 值在 0.0001~0.5 范围之间。除了这 17 种在 2，3，7，8 位置的氯代 PCDD 及 PCDF 异构体之外，其他在二噁英样本中可能出现的所有异构体的毒性当量系数均定为 0。把 PCDD 及 PCDF 混合物内个别的毒性当量相加，其总和数值便称为国际毒性当量，即混合物的 I-TEQ。其后，世界卫生组织（WHO）又定义了 WHO-TEF 和 WHO-TEQ，一般的，采用 I-TEF 计算的 TEQ 值要比采用 WHO-TEF 计算的高 10%[3]。

日本是二噁英排出量最多的国家，美国次之。按（-g-TEQ/a），即每年有毒物质当量克数（Grams of toxic equivalent per annum）统计，1995 年日本排出 3981-g-TEQ/a，美国为 2744-g-TEQ/a，1995 年世界已知二噁英类物质排入大气的总量是 10500-g-TEQ/a。联合国 1999 年发表的 15 个国家二噁英排出量的统计显示，日本的排出量仍占世界总量的一半以上。表 1 是 1997~2004 年日本排出二噁英类物质的总量数据。

---

① 李光强、朱诚意：《钢铁冶金的环保与节能》，冶金工业出版社，2006，第 78 页。
② 张宁：《爱尔兰召回二噁英猪肉》，2008 年 12 月 8 日 A20 版《新京报》。
③ 李光强、朱诚意：《钢铁冶金的环保与节能》，冶金工业出版社，2006，第 80 页。

表 1　日本 1997~2004 年二噁英类物质排放总量

单位：-g-TEQ/a

年份	1997	1998	1999	2000	2001	2002	2003	2004
排放量	7680~8135	3695~4151	2874~3208	2394~2527	1899~2013	941~967	372~400	341~363

数据来源：参见李光强、朱诚意《钢铁冶金的环保与节能》，冶金工业出版社，2006，第 79 页。

表 1 所列数据显示，日本排出二噁英类物质的总量逐年减少，说明和平时期的日本人同样善于运用科学和才智。但是，在战争恶魔当道的时候，善良成为罪恶，科学也能杀人。

从历史上看，为了战争目的使用毒气并非美国军人的个别行为。据日本防卫厅公布的战史资料《冬季山西整顿作战详报》显示，第二次世界大战期间，日本侵略军曾在中国使用被称为"黄剂"的致命毒气——芥子气。这份资料记载，1942 年 2 月，在中国山西省实施"三光"作战的第一军弘前步兵第 36 师团长 6 日指定了作为八路军据点的 10 个村落，命令对"发现重要设施的场所撒毒"。接到这一命令的第 224 联队长对其麾下的三个大队下达了"撒毒"命令，各大队都配备了熟悉毒气技术的"特种作战队"，于 20~21 日执行了命令。资料记载了三个大队的行动："今日在礳壁及其周边 25 公里、东西镇 25 公里……王家峪及下合兵营并其周边撒毒，毒量 18 公斤。"1983 年在美国发现的《支那事变中的化学战例证集》中，把日军在山西作战使用"黄剂"表述为"撒毒"。此外，日本政府在回答国会质询时也承认"曾把化学制剂填充到炮弹里充当武器使用" [1]。

芥子气是糜烂性毒剂的一种。学名：β，β'-二氯二乙硫醚，化学式：$S(CH_2CH_2Cl)_2$。纯品为无色油状液体，有芥末和大蒜味。沸点 217°C，凝固点 14.45°C。挥发度小，渗透力强，难溶于水，易溶于有机溶剂。皮肤染毒后，出现红肿、水泡，以致溃烂；如侵入体内，可引起全身中毒。氯胺类消毒剂或漂白粉等可破坏其毒性。

据英国广播公司报道，2008 年 12 月，爱尔兰政府表示，由于可能受到二噁英污染，2008 年 9 月 1 日后爱尔兰出产的所有猪肉制品都必须召回。爱尔兰食品安全局在一次例行检查中发现屠宰场中被宰杀的生猪遭到二噁英污染。

---

[1]　〔日〕2004 年 7 月 26 日《每日新闻》：《日军确曾在中国使用化学武器》，2004 年 7 月 27 日第 8 版《参考消息》。

初步调查显示，二噁英很可能是通过非法饲料添加剂进入生猪体内的。召回事件将重创爱尔兰农业，加重经济萧条的阴霾[①]。

■ 1965 年　收租院

收租院　中国现代大型泥塑群像。创作于 1965 年 6~10 月，陈列于四川省大邑县刘文彩庄园。作者是当时四川美术学院雕塑系教师赵树桐、王官乙，学生李绍瑞、龙绪理、廖德虎、张绍熙、范德高，以及校外雕塑工作者李奇生、张富纶、任义伯、唐顺安和民间艺人姜全贵。四川美术学院雕塑系教师伍明万、龙德辉带领一年级学生隆太成、黄守江、李美述、马赫土格（彝族）、洛加泽仁（藏族）参加了后期的创作。

《收租院》根据当年地主收租情况，在现场构思创作，共塑 7 组群像：交租、验租、风谷、过斗、算账、逼租、反抗。它们以情节连续形式展示出地主剥削农民的主要手段——收租的全过程，共塑造 114 个真人大小的人物。雕塑家将西洋雕塑技巧与中国民间传统泥塑的技巧融而为一，生动、深刻地塑造出如此众多不同身份、年龄和个性的形象，可谓中国现代雕塑史上空前的创举。群像与收租环境浑然一体，收租情节与人物心理刻画惊心动魄，集中地再现了封建地主阶级对农民的残酷剥削压迫，迫使他们走向反抗道路的历史事实。在这组作品中，写实风格和泥土材料的运用颇为恰当，中西雕塑技巧的融合也达到了和谐、统一的效果。《收租院》于 1965~1966 年在北京复制展出，曾引起很大反响。其后曾在阿尔巴尼亚、越南展览，1988 年则以玻璃钢镀铜新材料的复制品在日本巡回展出。

《收租院》是世界美术界极具权威性的艺术史教科书 *Gardner's Art Through the Ages* 中国现代艺术史部分唯一收录的两件作品（另一件是徐冰的作品《天书》）之一。1999 年，蔡国强凭借将《收租院》作品的制作过程照搬到展览现场的创意，获得了当年威尼斯双年展的金奖，并且因此在国内惹上了抄袭官司。蔡国强获奖，在很大程度上是因为当年的策划人塞曼对《收租院》更有兴趣[②]。

①　张宁：《爱尔兰召回二噁英猪肉》，2008 年 12 月 8 日 A20 版《新京报》。
②　玛法达：《中国姿态是种什么姿态？》，2009 年 6 月 25 日 C02 版《新京报》。

■ 1966 年　"文化大革命"，红卫兵

"文化大革命"　　"文化大革命"（Cultural Revolution）全称"无产阶级文化大革命"，于 1966 年 5 月发动、1976 年随"四人帮"的垮台而告终的政治运动。运动的指导思想是"无产阶级专政下继续革命的理论"。这次运动实际上影响到中国的每个人，使国家遭受重大损失，是一场性质严重的内乱。运动从抨击某些作家、文艺作品、宣传工具及表演艺术等开始[1]，然后发展到政治领域，演变成为对所谓"刘少奇、邓小平资产阶级司令部"的斗争。1966年 5 月中共中央政治局扩大会议和同年 8 月中共八届十一中全会的召开，是"文化大革命"全面发动的标志。这两次会议通过的《五·一六通知》和《关于无产阶级文化大革命的决定》，对"彭真、罗瑞卿、陆定一、杨尚昆反党集团"和"刘少奇、邓小平资产阶级司令部"进行了批判斗争，改组党中央的领导机构，成立"中央文革小组"，并使其掌握了中央的很大部分权力（《辞海》1999 年版音序缩印本，第 1766 页）。1966 年秋，在运动的热潮中，各级学校停课，千百万红卫兵开群众大会，攻击旧文化的残余影响，侮辱、殴打他们认为落后或属于资产阶级的人们，甚至致人非正常死亡。林彪集团乘机煽动"怀疑一切、打倒一切、全面内战"。全国党政机构几乎全被夺权改组，各级革命委员会相继成立。派别活动猖狂，动乱局面加剧，社会普遍混乱，经济每况愈下。

中国学生在毛主席画像下诵读"红宝书"
毛泽东主席热情支持"红卫兵小将"的革命造反精神。由林彪支持选编的"红宝书"——《毛主席语录》，概述了毛泽东用以指导红色革命的共产主义理想。
图版来源：参见英国布朗参考书出版集团编《经济史》，刘德中译，中国财政经济出版社，2004，第 78 页。

　　1967 年 2 月，党、政、军的许多领导人起而抗争，被林彪集团称为"二月逆流"。1968 年夏，毛泽东决定必须恢复社会秩序，召回红卫兵，学校开始复课，数百万城市青年被送到农村"接受再教育"。1969 年 4 月中共第九次全国代表大会全面

---

[1]　《不列颠百科全书》（国际中文修订版）第 5 卷，中国大百科全书出版社，2007，第 56 页。

肯定"文化大革命",致使这场动乱的错误理论和实践合法化。1971 年已被中共九大确定为接班人的林彪叛逃,在蒙古温都尔汗死于飞机失事。周恩来主持中央和国务院日常工作,维持国家运行,使政治、经济形势有所好转。1972 年在批判林彪过程中,周恩来提出批判极"左"思潮,但毛泽东认为当时的任务仍然是反对极"右"。中共十大继续了中共九大的"左"倾错误,江青、张春桥、姚文元、王洪文在中央政治局内结成一伙,其实力得到加强。1974 年初,江青、王洪文借口"批林批孔",把矛头指向周恩来。毛泽东先是批准开展这个运动,后又指出江青有野心,企图篡权、操纵"组阁",称江青、张春桥、姚文元、王洪文为"四人帮"(《辞海》1999 年版音序缩印本,第 1766 页)。1975 年周恩来病重,邓小平在毛泽东支持下复出主持中央日常工作,遂进行全面整顿。毛泽东不能容忍邓小平系统纠正"文化大革命"的错误,又发动"批邓、反击右倾翻案风"运动,全国再度陷入混乱。

1976 年周恩来、朱德相继病逝,同年 4 月,全国范围爆发悼念周恩来、声讨"四人帮"的强大抗议活动,为粉碎"四人帮"奠定了群众基础。1976 年 9 月 9 日毛泽东逝世。同年 10 月上旬,"四人帮"被隔离审查,"文化大革命"结束。1978 年 12 月中共十一届三中全会开始全面纠正"文化大革命"的错误。1981 年 6 月,中国共产党十一届六中全会通过《关于建国以来党的若干历史问题的决议》,对"文化大革命"的错误及其发生原因和危害作了总结①。(《辞海》1999 年版音序缩印本,第 1766 页)

以经济学观点衡量,"文化大革命"是一场没有受益者的政治 SARS (Sanctimonious Acts of Rabble Savagery,乌合之众以神圣名义实施的残暴行为),是一场"瘟疫"。这场"瘟疫"所实现的,只是某种愚蠢概念在口号中的永恒,没有任何"人"在其中得到真正的好处。2002~2003 年,中国遭遇过名为"SARS"(Serious Acute Respiratory Syndrome,严重急性呼吸综合征)的痛苦。SARS 病毒的携带者使病毒扩散,却不是造成灾难的元凶。他们也是受害者,最终成为牺牲品。"文化大革命"使文明倒退、人民疯狂,引发这场灾难的,应该是一种不断变异的反人类病毒。与对抗SARS 或 H5N1 高致病性

---

① 《不列颠百科全书》(国际中文修订版)第 5 卷,中国大百科全书出版社,2007,第 56 页。

禽流感①和甲型 H1N1 流感一样，我们不仅仅需要应急机制，更应该研究反省，痛定思痛。

红卫兵 红卫兵 (Red Guards)，中国 "文化大革命"（1966~1976 年）初期以青年学生为主体建立的群众组织。1966 年 5 月 29 日由清华大学附属中学部分学生发起成立。8 月 1 日毛泽东向他们去信表示热烈支持，并于 8 月 18 日在天安门城楼首次接见并检阅红卫兵。从此，红卫兵运动席卷全国。至 11 月底毛泽东先后 8 次检阅了 1100 多万红卫兵和师生。参加红卫兵组织的青年自认为是从事革命活动，但实际上红卫兵在全国到处串联，煽动造反，打砸破坏，致死人命，在政治、经济、文化等各方面造成极大破坏。1967 年中共中央多次发出指示，要求红卫兵停止串联、回学校 "复课闹革命"。1968 年以后，大批红卫兵和知识青年被分散到农村劳动锻炼，史称 "上山下乡"，红卫兵运动基本结束。经过曲折的教育，许多参加过红卫兵组织的青年逐步觉悟，对 "文化大革命" 从怀疑、观望到进行抵制②。大多数人选择保持沉默。

北京师大女附中学生宋斌斌为毛主席戴上红卫兵袖章

图版来源：参见袁爱俊主编《北京师范大学附属实验中学校史》，长江文艺出版社，2007，第 66 页。

■ 1969 年　地球之友

地球之友 地球之友 (Friends of the Earth)，民间环保组织，在国际上有较大影响。1969 年创建于美国。经过 30 年的发展，到 1989 年底，全世界至少有 35 个国家和地区有该组织活动。主张实行绿色消费主义原则。地球之友的行动准则是：有利于保护环境的一律支持；否则一律反对。

---

① H5N1 中的 H 代表血凝素 Hemagglutinin，N 是神经氨酸酶 Neyramidinase 的缩写，这两种物质在病毒入侵细胞并不断传播的过程中起到重要作用。依 H 和 N 之化学排列，派生出不同的病毒，用字母后面的数字加以区分。其中 H 有 15 个类型，N 有 9 个类型。目前已知只有 H5 和 H7 是高致病的，其他则没有那么危险。参见《科技术语研究》2006 年第 2 期，38 页。2004 年中国发生了 50 起禽流感疫情。从 2005 年到 2006 年 3 月发生了 35 起，19.4 万只禽发病，死亡 18.6 万只，扑杀 2284.9 万只。2009 年世界流行甲型 H1N1 流行性感冒（早期称 "猪流感"），说明原来认为 "只有 H5 和 H7 是高致病的" 的看法已经过时。

② 《不列颠百科全书》（国际中文修订版）第 14 卷，中国大百科全书出版社，2007，第 188 页。

■ 1970 年　地球日，世纪之跪

地球日　环境保护纪念日。1970 年 4 月 22 日，在美国斯坦福大学的海斯（D.Hayes）倡导下，2000 多万美国人参加游行、集会，要求"保护人类生存环境"。这次活动波及全美，近万所中小学、2000 所高等院校和各社会团体参加。活动形式包括游行、集会、讲演、展示和发放宣传品等。国会议员们回到各代表区参加宣讲。地球日活动促进了美国环境保护工作的开展，推动了联合国人类环境会议的召开与《联合国人类环境会议宣言》的发表；促使联合国成立环境规划署，使以保护环境为职责的政府机构与非政府组织（NGO）广泛出现。自 1989 年起，中国开始开展"国际地球日"的宣传教育与科研活动①。1990 年 4 月 22 日，世界各地举行了纪念地球日 20 周年的活动。

世纪之跪　1970 年 12 月 7 日，联邦德国总理勃兰特代表德意志民族和国家双膝跪在华沙死难者纪念碑前忏悔、认罪。这一举动，在 20 世纪世界外交史上定格，被称为"世纪之跪"。勃兰特说："我突然感到有必要下跪"，"不仅是对波兰人，实际上首先是对本国人民"，因为"太多的人需要排除孤独感，需要共同承担这个重责……承认我们的责任不仅有助于洗刷我们的良心，而且有助于大家生活在一起"②。德国总理下跪是善的"德意志（德国）精神"的核心

---

① 参见刘树成主编《现代经济辞典》，凤凰出版社、江苏人民出版社，2005，第 178~179 页。

② 维利·勃兰特是德意志联邦共和国（西德）的第四位总理。波兰是当年希特勒闪电战的头号牺牲品，饱受法西斯的摧残。1970 年 12 月 7 日上午，在波兰首都华沙，面对 600 万犹太人的国家的代表，面对周围眼中饱含愤怒的大屠杀的幸存者，这位德国总理无言以对。于是，他默默地屈身，面色凝重，低垂着头，双膝跪倒在犹太人死难者纪念碑前！这一惊人之举令在场许多人感动落泪，也在 20 世纪世界外交史册中永恒定格。

3 年后，勃兰特接受意大利女记者奥莉亚娜·法拉奇采访，平静地回忆这段往事："那天早晨醒来时有一种奇怪的感觉，觉得我不能仅限于献一个花圈。我本能地预感到将会有意外的事情发生，尽管当时我不知道是什么事情……后来，我突然感到有必要下跪。"勃兰特认为，他的下跪之举"不仅是对波兰人，实际上首先是对本国人民"，因为"太多的人需要排除孤独感，需要共同承担这个重责……承认我们的责任不仅有助于洗刷我们的良心，而且有助于大家生活在一起。犹太人、波兰人、德国人，我们应该生活在一起"。这一勇敢的行为使勃兰特获得 1971 年诺贝尔和平奖，是他杰出政治生涯中浓重的一笔。

30 多年后，德国统一后的第二位联邦总理施罗德访问波兰，再次来到他的前辈曾经真诚下跪的纪念碑前献上花圈。随后，施罗德为安置在犹太人死难者纪念碑附近凝重而神圣的维利·勃兰特纪念碑揭幕。纪念碑的浮雕上是勃兰特下跪的侧影。施罗德说："勃兰特以一种特殊的姿态表明，只有承担起历史责任，才能走向未来。"参见网络资料，转引自冯·罗严塔尔。

部分①。1959 年，一位名叫君特的德国留学生在看到波兰电影《华沙一条街》中德国党卫军军官枪杀平民的场景时，20 岁的君特低下了头，说："作为一个德国人，我觉得可耻！"这是一个普通德国人的忏悔。但是，一个贡献过康德、歌德和贝多芬的民族，为什么会在1933~1945 年跟着"元首"去杀人放火，集体犯罪？②

1998 年 7 月 17 日在圣彼得堡，俄罗斯总统叶利钦为 80 年前被屠杀的末代皇帝及其家人③向伏思达重申比利时执政当局对第二次世界大战期间纳粹大屠杀中的受害者负有责任，并再次对这些受害者表示道歉。伏思达在布鲁塞尔举行的纪念第二次世界大战结束 62 周年的仪式上说："比利时是几个曾向受害者表示道歉的国家之一，今天我愿意再一次向他们表示道歉，只有承认当年比利时当局的责任，我们才能够

世纪之跪
1970 年 12 月 7 日上午，波兰首都华沙，联邦德国总理维利·勃兰特向犹太人死难者纪念碑下跪。
图版来源：参见赵鑫珊《瓦格纳·尼采·希特勒》，文汇出版社，2007，封底。

避免重蹈覆辙。"④据比利时当地媒体报道，第二次世界大战初期共有 5.6 万名犹太人生活在比利时，其中 2.5 万人被流放到奥斯威辛集中营。有关专家在2007 年 2 月发表的一份报告中指出，比利时在这些人的流放过程中"扮演了

---

① 赵鑫珊：《瓦格纳·尼采·希特勒》，文汇出版社，2007，封底、题记。
② 赵鑫珊：《瓦格纳·尼采·希特勒》，文汇出版社，2007，第 15 页。
③ 1917 年 3 月，沙皇尼古拉二世退位，在西伯利亚流放了一段时间后，携家人到乌拉尔山的叶卡特琳堡居住。他们的住所被严密监视。1918 年夏，俄国内战形势逆转，白军在与红军的战斗中逐渐取得优势，逐渐向乌拉尔推进。这使莫斯科的苏维埃政权开始担心，他们不希望沙皇一家落入白军手中，于是决定除掉沙皇本人及其全家。7 月 16 日，沙皇一家被叫醒，士兵借口要保护他们的安全，让他们进入地窖。这里有沙皇本人，皇后亚历山大，王储阿列克赛、公主玛利亚、乌尔佳、塔提阿娜、安娜塔西亚，医生伯特金，保姆代米多娃，男仆特鲁普和厨师卡里妥诺夫，11 人被立即处决。1991 年叶利钦掌权后，当局才允许对现场进行发掘。在一个法医小组的带领下，人们挖掘出 9 具尸体，每个人的身上都有因暴力致死的痕迹。1998年 7 月 17 日，在沙皇一家被屠杀 80 年后，他们的遗体被重新安葬在圣彼得堡。
④ 刘秀荣：《比利时首相再次向纳粹大屠杀受害者道歉》，2007 年 5 月 10 日第 5 版《新华每日电讯》。

不光彩的角色"。

伏思达在谈到这份报告时说，纳粹占领期间比利时执政当局太懦弱了。更糟糕的是，在许多情况下他们甚至助纣为虐，流放和追捕在比利时的犹太人。另外，伏思达指出，从2001年到2006年，比利时有关部门共收到纳粹大屠杀受害者提出的5640个赔偿要求，赔偿工作将于2007年年底全部完成，赔款将由比利时犹太教基金会转交给受害者。在纪念第二次世界大战结束62周年的仪式上，伏思达还为在二战中1442名比利时正义之士竖立的纪念碑揭幕，这些人当年为使犹太人摆脱流放作出了贡献。

■ 1971年　无墙大学，无墙中学

无墙大学　无墙大学是美国学院和大学实验联合会构想的一种"社会大学"。学生在城市或乡村的不同地点学习。1971年开始实验。学习期限不一，师生共同制定教学目标和计划。采取独立学习和以研究项目为基础的学习方法。另在20世纪60年代，美国费城的帕克韦学校亦曾开办"无墙中学"。

无墙中学　无墙中学是美国一些城市为失去受教育机会的青少年开办的一种中学。以城市为校园，利用公共机构或工商业设施进行教学，无正规教室。课程和教学方法也不正规，但英语和数学为必修课程。

■ 1972年　航天飞机，疾病与历史，塞尔拉俱乐部诉莫顿案，国际应用系统分析协会

航天飞机　可重复使用的航天运载工具。由美国首次发射。研制计划于1972年实施。"创业号"于1977年进行大气层运行试验和各种地面试验。1981年4月12日首次发射"哥伦比亚号"，4月15日返回地面，试飞成功。1983年、1984年、1985年又先后发射"挑战者号"（1986年再次发射后爆炸损毁）、"发现号"、"亚特兰蒂斯号"，1992年发射"奋进号"。"哥伦比亚号"具有三台发动机、驾驶员舱、生活舱和载货舱。它与推进剂的外储箱和固体燃料助推器（两个）组成空间运输系统。垂直发射，飞行过程先后将用毕的助推器和外储箱抛掉，进入近地轨道运行，之后像飞机返回地面。返

回的航天飞机和回收的助推器经整修可重复使用。主要承担空间运输、运送卫星入轨、在轨道上修理或取回卫星、天文观察、军事应用、科学实验、材料制造、运送空间站结构材料、在轨道上装配空间站等任务。苏联于 1988 年 11 月 15 日发射"暴风雪号"航天飞机（《辞海》，第 639 页）。1990 年 4 月，美国"发现者号"航天飞机把重达 1.1 万千克的哈勃望远镜送入太空轨道。

疾病与历史　英国人弗雷德里克·F.卡特赖特与迈克尔·比迪斯合作撰写的《疾病与历史》（*Disease & History*）出版。这是一位医生与一位历史学者不断讨论和合作的成果。作者注重向广大一般读者介绍他们可以理解的内容，讲述疾病对历史发展的重要影响。初版问世后多次重印，并被译成法文和日文。2000 年，两位作者再度合作，对 1972 年的版本进行了增补和全面修订。更为全面地涉及一些专题，尤其是谈到了天花、流感和肺结核所造成的影响。在结论部分，对有关当代关注的问题全部重写，特别涉及生态问题以及艾滋病的全球悲剧①。1997 年迈克尔·比迪斯作为历史学教授访问中国南京大学时与陈仲丹教授见面，从而促成了此书中文版——《疾病改变历史》的问世。中文版译者以其出色的文笔和丰厚的知识，为生活在汉语世界的普通大众提供了一个渠道，去了解历史学家与医生的共同之处，并唤起人们对生存条件的更多关心。完全可以这样说，本书作者与译者分别付出的努力，是自然科学与社会科学相结合的范例，是对以人为本的一体化科学的完美贡献。弗雷德里克·F.卡特赖特于 2001 年 11 月去世，享年 92 岁，结束了他作为医生和医学史家出色的一生。由于《疾病改变历史》的传世，他将无可争辩地在人类伟大的平凡中得到永生。

塞尔拉俱乐部诉莫顿案　1972 年，美国最高法院审理塞尔拉俱乐部（Sierra Club，环保团体）诉莫顿（Morton，美国内政部长）案，首次做出关于环境团体诉讼资格的判例，承认环境保护团体有替山川说话的诉讼权利。案件缘由是塞尔拉俱乐部诉求禁止内政部对迪斯尼公司一项开发项目的许可。

塞尔拉俱乐部称自己作为一个社团法人，"与美国国家公园、娱乐场所和森林的保护与和谐有着'特别的'利益关联"，因而代表广大公共团体以寻求提高环境质量的名义诉求禁止内政部长莫顿做出的一项许可。通过这项许

---

① 〔英〕弗雷德里克·F.卡特赖特、迈克尔·比迪斯：《疾病改变历史》，陈仲丹、周晓政译，山东画报出版社，2004，序言。

可，沃尔特·迪斯尼公司拟在 Mineral King 山谷（内华达山脉的组成部分）建造一个价值 3500 万美元的娱乐项目。初审法院认为塞尔拉俱乐部没有诉权，并特别指出"除了可能使他们感到不愉快的事实，塞尔拉俱乐部的成员们没有任何利益将受到该项工程的影响"。该法院判决，由于原告没能提供与该项工程具有更直接利害关系的证据，尚不能享有足以推翻这项许可的诉权。

由此引起争议的问题是个人或者团体与诉讼标的之间仅具有上述利害关系是否足以使其具有针对内政部行为提起司法审查的资格？对此，Stewart 法官判决：

> 《行政程序法》（APA）第 10 部分规定，个人由于联邦机构的行为而遭受错误的法律对待、有害的影响或侵害时，有权提起对这些行为的司法审查。像塞尔拉俱乐部这样与系争标的物仅具有上述利害关系的团体或者组织，尚不能包含在 APA 所界定的受到"有害地影响"或者"侵害"的范围，因而没有诉权针对内政部相关许可行为提起司法审查。基于此，本院维持初审裁判。

但是，道格拉斯（Douglas）法官有不同意见。他认为：

> 联邦规则应当做出修正，允许环境问题以"那些被劫掠、毁损或侵害的无生命之物（inanimate object）的名义而诉诸法院"。

这个判例，表面看来是塞尔拉俱乐部败诉，但实际上环保团体在"起诉资格"上取得了重大胜利。首先，最高法院承认了具有诉权所需要的"事实上的损害"除了包括经济利益外，还应包括反映"美学、自然保护以及娱乐价值"的利益。塞尔拉俱乐部在本案中被否定诉权，是因为其没有提出上述"事实上的损害"的任何一方面内容。其次，法院还提醒塞尔拉俱乐部，只要能证实某些使用 Mineral King 山谷地区休闲的成员个人受到了伤害，就可以获得起诉资格。这就为后来环保人士和团体以个人伤害为由获取诉权铺平了道路。道格拉斯法官更是提出，如果能以无生命之物的名义诉诸法律，诉讼资格的问题会容易解决很多。该案引出了关于原告所主张损害的范围的争议，即原告指控被告违反某项法律，其所受损害是否必须与这项法律所保护或规制的利益具有直接利害关系①。

1964 年，美国的莫里斯教授指出，应当给予河流、鸟、花、池塘、野兽、露出地表的岩石、原始森林和甜美的乡村空气以法律上的权利。1973 年《美国濒危物种法》规定，任何人都可以针对侵害物种的行为提起诉讼。随后几年，美国出现了多起以河流、沼泽、海岸、树木为原告的诉讼。事实上，类似的诉讼在美国等西方国家已是见怪不怪的平常事。这种情况回应了马克思、恩格斯早年即曾对城市水污染发出的警告：工厂把水变成臭气冲天的污水，"黑得像柏油似的发臭"，成为"百病丛生的根源"，使"肺部的疾病、猩红热和伤寒等"到处蔓延。而治理水污染，无疑只是环境保护的冰山一角②。

国际应用系统分析协会 1972 年，国际应用系统分析协会（The International Institute for Applied Systems Analysis，IIASA）成立，意在成为连接以苏联为代表的东方和以美国为代表的西方两大阵营的桥梁。奥地利政府以一个先令的租金将维也纳市郊的一座皇宫租给了 IIASA，直至今日。IIASA 的发展经过了四个阶段。第一个十年侧重于发现和提高系统分析方法在所有社会面对的复杂问题中的应用，使其成为世界复杂性研究的领导者，一个重要代表作为 *Energy in a Finite World*，此书对全球长期能源做出了预测。第二个十年更多地转向环境领域，建立了区域酸雨模型（RAINS）。第三个十年正值冷战结束，IIASA 进行了战略性调整，重新确定了三大研究主题：全球环境变化；全球经济及技术转型；分析全球问题的系统方法。其间成功的研究有东欧经济转型；全球人口分析预测；土地利用等。IIASA 的发展进入了刚刚开始的第四个十年，中国的加入标志着 IIASA 开始从东西方桥梁转变为全球及南北问题的研究中心。现在的三大研究主题为：能源与技术；环境与自然资源；人口与社会③。

---

① 翻译文本取自 *Environmental Law Casenote Legal Brief*（中信出版社于 2003 年出版了该书影印版）与原案件判决进行的综合总结。必须指出的是，该案在国内环境法引文中非常混乱，事实与结论均难分辨。资料来源：环境法研究网，张一粟译，2006–05–11。
② 廖奕：《请替被污染的河流提起诉讼》，2008 年 11 月 16 日 A02 版《新京报》。
③ 韩建军：《达沃斯论环保，自己先消"碳足迹"》，2008 年 1 月 25 日《新华每日电讯》。

■ 1975年　分形，曼德尔布罗特

分形　分形（fractal），在数学中指通常具有非均匀性质的一类复杂的几何形状，不同于古典几何（欧几里得几何）中的简单图形，如正方形、圆、球等。它能够描述许多不规则形状的对象或在空间上具有非均匀性质的现象。这些恰是欧几里得几何图形所不能适应的。

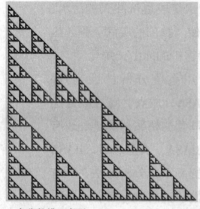

一个分数维三角形

这个三角形，是由一个方形分成四个小方形并去掉右上角而产生的，然后将剩下的每一块再分成更小的块并去掉各自的右上角，无限地重复这一过程。

图版来源：参见〔美〕E.N.洛伦兹《混沌的本质》，刘式达、刘式适、严中伟译，气象出版社，1997，第161页。

将近一个世纪以前的数学家就在处理分数维。1975年，波兰出生的数学家曼德尔布罗特（B.B. Mandelbrot）20世纪中叶识别带有分数维的集合，并且创造了新的术语分形（fractal，1975）来描述带有分数维的系统。他注意到拉丁字"fractus"，这是一个形容词，有断裂、破碎之意。来源于动词"frangere"，即破裂之意，英文中也有相对应的词，分裂、断裂、分数——于是他把这些形状，维数是分数的形状，叫"分形"（fractal）。分形几何，或称"分形分析"，是非线性科学的重要组成部分。英国海岸线和图中的三角形都是分形的（E.N.洛伦兹，1997）。从术语形成的角度看，"分形"一词值得关注：和其他许多创新的词汇不同，这个词立刻被广泛使用，而不像"混沌"（chaos）和"复杂性"（complex）那样引起分歧和争议，它似乎有一种内在的稳定含义[①]。

曼德尔布罗特　1924年曼德尔布罗特生于波兰华沙，1952年在巴黎大学获数学博士学位，1958年移居美国；成为国际商用机器公司（IBM）沃特森研究中心自然科学系的研究成员，后为哈佛大学应用数学教授。曼德尔布罗特建立分形几何理论，开创了20世纪数学的重要阶段。鉴于他对科学的杰出贡献，经美国国家科学院推荐，哥伦比亚大学授予他1985年度伯纳德奖（The Barnard Prize），这是一项特殊的荣誉。曼德尔布罗特是为数不多与爱因斯坦

---

① 〔美〕E.N.洛伦兹：《混沌的本质》，刘式达、刘式适、严中伟译，气象出版社，1997，第162页。

(Einstein，A.) 一样获得此项殊荣的人。有趣的是，大数学家黎曼（Riemann）早在 19 世纪就曾预言："在很大尺度或很小尺度下，人们所遇到的几何学可能与普通的欧几里得几何有很大的不同。"在大尺度方面，爱因斯坦的引力理论提供了弯曲的时空模型；在小尺度方面，情况会如何？曼德尔布罗特贡献的分形，恰好是关于小尺度条件下的几何问题。如此说来，以欧几里得为中心，爱因斯坦与曼德尔布罗特刚好构成了几何尺度的对称。

虽然不是所有的分形都是自相似，或至少不是精确自相似的，但大多数分形还是具有自相似性质。自相似性是指其组成部分与整体形状相似的图形。这种规则或不规则的图形细节还在更小的尺度上重复，而且在纯粹抽象实体的情况下可以无穷尽地重复进行。因此，部分的部分经放大后与对象的整体相像或基本相像。事实上，自相似的对象在尺度的变化下保持不变，也就是说，它具有缩比对称性。这种分形现象很容易在雪花、树皮这样一些对象上观察到。一切这种自然的分形以及一些数学上自相似的对象都是随机的，在统计意义下按比例扩大或缩小。分形对象在形状上通常是不规则的，所以不具有欧几里得图形的平移对称性（一条连续的花边具有平移对称性）。

分形的另一基本特征是一个被称之为"分维"即分形维数的数学参量。无论对象被放大多少倍或视角是否变化，分形维数均保持不变。与欧几里得几何的维数不同，分形维数一般不是整数，而是一个分数。分形维数可以通过考虑一条分形曲线来理解。如果在构成分形曲线的每一阶段，此曲线的周长按 4:3 的比率增长，则分形的维数 D 就是使 3 增加到 4 的幂次，即 $3^D=4$。于是，表示此分形曲线特征的维数就等于 log4/log3 或近似于 1.26。分形维数精确地揭示了非欧几里得图形的复杂性和形状上的细微差别。

分形几何及其自相似性和非整数维数的概念在统计力学中已有广泛应用，尤其在处理那些外观上具有随机特点的物理系统时更见功效。例如，分形模拟已经用于绘制全宇宙的星系团分布和研究有关流体的湍流问题。分形几何对计算机绘图也有很多用处。已经制定出一些分形算法，能够产生高度不规则的、结构复杂的自然对象的逼真图像，如高低不平的山区地形和错综复杂的树枝系统[1]。

---

①　参见《不列颠百科全书》（国际中文修订版）第 6 卷，中国大百科全书出版社，2007，第 434 页。

■ 1976 年　粲夸克，魅夸克，信息战争

粲夸克　1976 年《高能物理》创刊后，有一段时间，人们把 "charm quark" 译成 "魅夸克"。"charm" 有 "魔力" 的含义，也有 "娇媚迷人" 的意思，又可作 "美好" 解。"魅" 字只有前两个意思，但无 "美好" 之意，这将会引起不正确的联想。最后，由王竹溪先生建议，定名为 "粲夸克"，取自《诗经·唐风·绸缪》中 "今夕何夕，见此粲者" 句中 "粲" 字 "美物" 之意。不但语义确切，同时照顾到发音与 "charm" 近似，实为难得的好例子①。

魅夸克　粲夸克的旧称。

信息战争　第二次世界大战以后，信息技术迅猛发展，广泛应用于军事领域，军队指挥手段朝着现代化、自动化方向发展。美苏等军事强国在 20 世纪 70 年代基本实现了指挥自动化。精确制导炸弹等新式武器在越南战争中也显示出巨大的威力。1976 年，美国的汤姆·罗纳首次提出 "信息战争" 的概念。1979 年，以苏军总参谋长 H.B.奥加尔科夫为代表的一批军事理论家指出，以电子计算机为核心的信息技术在军事领域的广泛应用，以及精确制导武器的出现，将导致战争形态和军事理论的根本变革，从而引发一场军事技术革命。澳大利亚于 1996 年制定了以信息化为中心的 "塔卡利计划"，1999 年又成立军事革命办公室，专门筹划指导军队的信息化建设。韩国于 1999 年初颁布《2010 年信息化军队构想》，提出 2002 年建设 150 个信息化教育场所，争取到 2015 年将韩军建成信息化军队。俄罗斯专家预测，到 2020 年，世界发达国家与发展中国家在军事能力方面将有数十年的差距②。

■ 1976 年　四五运动，天安门事件

四五运动，天安门事件　四五运动又称 "天安门事件"，是 1976 年 4 月 5 日前后在中国境内掀起的悼念周恩来、反对以江青为首的 "四人帮" 集团的

---

① 赵凯华：《在全国自然科学名词审定委员会成立大会上的发言》，《自然科学术语研究》（成立大会专辑）1985 年第 1 期，第 22 页。
② 常巧章主编《军事变革中的新概念》，解放军出版社，2004，第 3 页。

群众运动。1976 年 1 月 8 日周恩来逝世，全国各族人民深为悲痛。3 月下旬，各地群众纷纷自发悼念。4 月初在北京，大批群众连续几天汇集天安门广场人民英雄纪念碑前，用花圈、诗词、誓言等形式悼念周恩来，声讨"四人帮"。在南京、太原、西安、郑州、杭州等地方，同时掀起了类似的群众运动。4 月 5 日，在天安门前的群众悼念活动被定性为"反革命事件"，遭到镇压。有群众伤亡。但这次运动表达民意，为此后粉碎"四人帮"、结束"文化大革命"奠定了群众基础。1978 年 12 月中共十一届三中全会为天安门事件（即四五运动）彻底平反。（《辞海》1999 年版音序缩印本，第 1590 页）

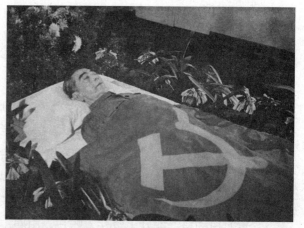

周恩来逝世，全国各族人民深为悲痛

"伟人长睡，巨星中天坠。" 1976 年 1 月 8 日 9 时 57 分，伟大的马克思主义者、无产阶级革命家、杰出的共产主义战士、党和国家的卓越领导人、全国人民衷心爱戴的好总理——周恩来同志的心脏停止了跳动。

图版来源：参见《人民的悼念》，北京出版社，1979，第 2 页。

■ 1977 年　发展权

发展权　发展经济、社会和文化的权利，是人权概念的新发展，并得到世界各国公认。1977 年由联合国人权委员会提出。1986 年 12 月 4 日联合国大会通

君以赤心育花开，我洒碧血染花红

1976 年 4 月，北京工业学院的十名工农兵学员从"四人帮"盘踞的教育阵地中勇敢地冲杀出来，为周总理献上一束鲜花，还有一首充满激情、感人肺腑的长诗——《请收下》，高挂在纪念碑前的旗杆上。诗旁的挽联上写着：君以赤心育花开，我洒碧血染花红。

图版来源：参见《人民的悼念》，北京出版社，1979，第 154 页。

过《发展权宣言》，确认发展权是一项不可剥夺的人权，强调发展机会均等是国家以及组成国家的个人的权利。发展权对于广大发展中国家来说更为重要，是最紧迫的人权问题。这些国家面临人的生存权利和经济、社会、文化发展的权利的形势尤为严峻，因此其发展权应优先受到重视。

■1978年　401K账户，退休储蓄

401K 账户　美国职工养老专用账户。尽管美国有比较完善的社会保障制度，职工在工作之年交纳社会保障税，到退休时即可领取养老金。但由于美国人没有储蓄习惯，政府为全面解决养老问题，鼓励个人和企业为职工储蓄养老金。美国《国内税收条例》在 1978 年增加了 "401K 条款"，对养老金存款给予特定的税收优惠。因此，养老金计划在美国又称 "401K 计划"。

401K 条款规定，职工可为养老设立专门的 "401K 账户"，职工在领取工资时自动将一部分工资存入账户，由雇主按照职工存款比例拿出一定资金存入职工 401K 账户。账户上的存款，由职工自己选择投资方式，可以购买股票、债券或进行专项定期存储等。

拨入此类账户的资金在一定限额内可列入企业和员工税前项目，抵免所得税，职工到 59 岁半时允许提取账户上的存款，在提取存款时交纳个人所得税。401K 账户存款如在退休年龄前提前支取，要支付较高的税额；而到退休年龄时领取则不需交税或税率很低。这样，除非有特殊情况，人们一般不会在退休前动用这笔钱。由于所投入的资金用于投资证券，因此它被理解为：允许纳税人通过特定证券投资账户进行证券投资时，不缴纳所得税。以在微软公司工作的美籍华人王磊先生为例，规定他每年放入 401K 账户的钱不能超过 15000 美金，微软为职工匹配再存入 2000 美金；存入时不交税，退休时取出，按当时的税率交税[①]。

退休储蓄　401K 账户是美国退休储蓄制度的一个组成部分。一般而言，退休时，社会保障提供的收入只有退休前的 40%左右，而大部分人至少需要70%才能维持其过去的生活方式。因而，有针对年满 18 岁以上国民的特别储蓄计划。由于复利效应，可能把 18 岁存入的 1000 美元变成 65 岁时的 15 万美元以上。而同样在 60 岁存入 1000 美元，到 65 岁时很可能不会超过 1700 美元。

退休计划的存款增值速度快于任何其他种类的储蓄计划，因为其任何收入和资本都无须纳税。退休计划的资金来自于税前收入，相当于降低了纳税额。退休计划是递延纳税的投资。人们支付的不是应税收入，所以无须纳税。

---

① 陈慰祖：《关于美国 401K 账户的情况》，私人通信，2009 年 2 月 22 日。

退休计划的投资资金是免税的，增值速度也更快，但是如果在到达期限前提取资金，就需要纳税。

在美国，所有的退休计划都由 1974 年颁布的《雇员退休收入保障法案》（ERISA）和其他法规监管。许多规则都非常复杂。对每次支付的数额、最高收入水平、受益的最高和最低年龄均有一定限制。对于个人计划还包括几种类型，其中最重要的是个人退休账户（IRA）、401K 计划以及基奥计划。几乎所有的退休计划都允许进行定期存款投资。虽然这些计划的缴款都来自税前收入，因而投资时仍没有缴税，但计划的过程则需要纳税。特种计划 RothIRA 提供免税收益，但必须具备申请资格，并具有其他特别的限制。

个人退休账户是针对那些雇主不提供退休计划和退休金的员工。达到标准的员工每年在该计划中缴款 2000 美元。基奥计划则针对那些自谋职业的国民，他们为该计划缴款为收入的 20%，而每年的收入上限为 3 万美元。401K 计划同时针对雇主和员工，他们都可进行养老金缴款，或雇主从利润分配计划的附加费中提供。401K 可以随身带走，即当员工变换雇主时，可以随身带走他的 401K 账户。在 ERISA 规则下，雇主也可能提供不同类型的退休计划，包括分配利润计划、储蓄计划、股票期权计划、员工养老建议计划以及 401K 计划。

如果账户持有人在退休前去世，退休储蓄计划的利益可提供给受赡养者，在某些情况下可能需要缴税。可以在 60 岁以前就从计划中提取部分资金，而不会受到惩罚的情况，仅仅限定在用于孩子教育，或者是第一次购买住房，对提款数额也有限制。退休计划不可用于贷款担保①。

■ 1980 年　假警报，颐和园讲习班

假警报　1980 年 6 月 6 日，美国北美防空联合司令部的计算机显示器突然发出警报：苏联向美国发射了洲际导弹。美国 150 架 B-52 战略轰炸机、1000 枚导弹进入一级战备状态。苏联导弹击中美国预计需要飞行 8 分钟。经过全球卫星监视网验证，在慌乱的 3 分钟内终于查明，全部雷达均未发现导弹，这是假情报。通信多路调制器中一个仅值半美元的集成电路出现故障，导致了这次

---

① 英国布朗参考书出版集团编《货币·银行·金融》，黄志龙译，中国财政经济出版社，2004，第 67 页。

误报。如果在 8 分钟内没有找到故障，美国可能回击，从而引发新的世界大战①。

颐和园讲习班　1980 年，以克莱因（Lawrence R. Klein）为团长的美国经济学家代表团与中国社会科学院合作，在北京颐和园举办了为期 7 周的"经济计量学讲习班"。在这个后来被称为"颐和园讲习班"的课程中，有 100 名中国经济学工作者接受了数量经济学，特别是（经济）计量学理论和应用方面的培训。讲习班对于刚刚诞生的中国数量经济学大规模发展起到了实质性的推动作用，成为中国数量经济学发展历程中的一个标志性事件，为中国培训了从事经济计量学的一批中坚力量，点燃了中国经济计量学和经济分析与预测研究、教学的"星星之火"②。

■ 1981 年　艾滋病，爱滋病，托福

艾滋病已经成为世界性问题
这是树立在赞比亚首都卢萨卡的关于艾滋病的巨幅海报。
图版来源：参见弗雷德里克·F.卡特赖特、迈克尔·比迪斯《疾病改变历史》，陈仲丹、周晓政译，山东画报出版社，2004，图20。

艾滋病　1981 年，美国同性恋群体中出现了一种被称为 GRID（与同性恋相关的免疫功能缺陷）的致命疾病的最早病例报告。这种疾病于 1982 年被重新命名为 AIDS（获得性免疫功能缺陷综合征）。1984 年，最早一批被诊断患有艾滋病的同性恋者中的 Gaetan Dugas 病死，并因此被称为"零病人"③。

爱滋病　即艾滋病，正名获得性免疫功能缺陷综合征。一种严重细胞免疫功能缺陷，且常合并多种机会性感染及恶性肿瘤的疾病，病原体是人类免疫缺陷病毒。主要通过性接触传染，也可经血液及血制品传播，以及围产期母婴传染。临床症状呈多样化，有发热、淋巴结肿大、咽炎、皮疹、肌痛、关节痛、恶心腹泻、头痛脑病、白细胞及血小板减少等表现。本病传播迅速，病情凶险，病死率高。治疗方法可采用抗逆转录病毒药物如叠氮胸苷

---

①　缪道期：《计算机安全的现状、问题和对策》，《软件产业》1990 年第 6 期。
②　彭战：《学术期刊的社会责任》，2008 年 12 月 4 日第 6 版《中国社会科学院报》。
③　〔英〕史蒂芬·贝利：《两性生活史》，余世燕译，中国友谊出版公司，2007，第 283 页。

（AZT）等。（《辞海》1999 年版音序缩印本，第 17 页）

托福 1981 年 5 月，中国教育部学生司负责人与美国 ETS 副董事长在美国某大学的一间教室里签署"托福入华"协议书。7 个月后，中国举行了首次托福考试。

■ 1982 年 简明社会科学词典

简明社会科学词典 《简明社会科学词典》于 1980 年初开始编写，上海辞书出版社于 1982 年 9 月出版了第一版，收词目 5182 条（此据《中国工具书大辞典》第 8 页）。至 1984 年 4 月已印刷四次，印数达 120 万册。因印数较大，纸型损坏，不能继续使用，只得重新排版，并借机修订。1984 年 12 月出版了第 2 版，共收词目 5219 条，包括哲学、经济学、社会主义学说、政治学、法学、社会学、军事学、国际关系、历史学、教育学、心理学、民族学、宗教学、语言学、文艺学等学科中基本的、常见的名词术语、学说、学派、任务等。对条目词义分项解释，但以属于哲学社会科学的义项为限。为便于读者检索，第 2 版书末增附了分类词目索引和汉语拼音索引①。

《简明社会科学词典》编辑委员会由主编（宋原放）、副主编（郭加复、巢峰）及编辑委员 31 人组成（按姓氏笔画为序）：王芝芬、王华良、王自强、王知伊、冯英子、任关华、阮智富、严霜、严庆龙、杨关林、杨荫深、杨祖希、宋存、宋原放、陈光裕、林克勤、欧阳仲华、郑炳中、杨肇瑞、贵畹兰、聂文辉、夏禹龙、徐庆凯、徐锡祥、徐新元、高暐、郭加复、谈宗英、盛天民、巢峰、潘敬选。

另列 54 位编写人名单（按编写条数为序）：杨祖希、徐庆凯、巢峰、谈宗英、杨关林、徐锡祥、潘敬选、柳肇瑞、贵畹兰、徐新元、严庆龙、郭加复、冯英子、唐荣智、周林妹、徐福荣、王芝芬、钱雪门、邝耀中、欧阳仲华、薛昌懿、王华良、陈炳、阮智富、周国朝、宋存、刘培德、汤高才、高暐、郑利平、杜正、林海鑫、于鹏彬、周中民、张家骏、郭雪萍、帅本华、胡国强、薄铁炼、夏禹龙、高友清、郭皎、盛天民、林益明、陆海龙、胡琴华、宋原放、荫深、毕兆崙、聂文辉、何满子、林烨卿、王聿祥、蔡才宝。

① 参见宋原放《简明社会科学词典》，上海辞书出版社，1984，凡例、第 2 版说明。

■ 1984 年　数量经济技术经济研究，圣塔菲研究所

数量经济技术经济研究　1984 年 1 月，由中国社会科学院数量经济与技术经济研究所编辑出版的《数量经济技术经济研究》杂志正式创刊，是当时国内唯一兼容数量经济、技术经济两个学科的经济类学术刊物。其前身是 1982 年创刊并内部发行的《技术经济研究》，以及 1983 年创办的《数量经济技术经济译丛》(双月刊)①。

圣塔菲研究所　在美国新墨西哥州首府圣塔菲，设有著名的圣塔菲研究所 (Santa Fe Institute，SFI)，开创并从事跨学科领域的交叉研究，是复杂性科学研究的创始地和前沿阵地。圣塔菲研究所是一个私有的、独立的、非营利的、包含各种学科的研究和教育中心。在这里汇集了一批不同领域的科学家，通过对不同学科之间的深入探讨，试图找出复杂系统之间的共性，即复杂性科学 (Complexity Science)。

圣塔菲研究所成立于 1984 年，乔治·考文 (Goerge Cowan) 是创始人之一，参与创办的还有诺贝尔物理学奖得主马瑞·盖尔曼 (Murray GellMann) 和菲利普·安德森 (Philip Anderson)，诺贝尔经济学奖得主肯尼思·阿罗 (Kenneth Arrow) 以及遗传算法的创始人约翰·霍兰 (John Holland) 等来自物理、经济、理论生物、计算机、数学、哲学等领域的科学家。该研究所的研究特色是跨学科性，培养和促进新生学科。SFI 的使命就是引导和培

坐落在美国新墨西哥州的圣塔菲研究所
图版来源：王小宽摄，2008。

---

①　彭战：《学术期刊的社会责任》，2008 年 12 月 4 日第 6 版《中国社会科学院报》。

养跨学科的、卓越的、最新的和具有催化作用的科学研究。研究的重点是简单性、复杂性、复杂系统和复杂适应性系统。SFI 的主要成员是来自欧美的短期访问学者（一年内接纳超过 100 名来访学者，另外将近 800 多名学者参加了研讨会），他们分别涉及物理学、生物学、计算学和社会科学等。SFI 为跨学科课题合作研究提供了一个良好的环境。SFI 的研究计划由科学顾问部监督，顾问包括诺贝尔奖得主、美国国家科学院成员等著名科学家。

■ 1986 年 疯牛病，牛海绵状脑病，羊搔痒病，克—雅氏病，痞朊

疯牛病（BSE），即牛海绵状脑病。1985 年 4 月在英国发现，是潜伏期很长的慢性传染病。病牛神经错乱，痴呆，离群站立，冲撞围栏，攻击人和牛，最终死亡。1986 年 11 月首次报道定名为 BSE。后 10 年迅速蔓延，波及法国、爱尔兰、加拿大、丹麦、葡萄牙、瑞士、阿曼和德国等进口英国牛肉的国家。BSE 病程一般为 14~90 天，潜伏期 4~6 年。多发于 4 岁左右成年牛，病牛中枢神经系统变化，行为反常，烦躁不安，对声音和触摸，尤其是头部触摸过分敏感，步态不稳，经常乱踢以致摔倒、抽搐，后期出现强直性痉挛，粪便坚硬，两耳对称性活动困难，心搏缓慢（平均 50 次/分），呼吸急促，体重下降，极度消瘦，以致死亡。解剖发现病牛中枢神经系统脑灰白质部分形成海绵状空泡，脑干灰质两侧对称性病变，神经纤维网有中等数量不连续的卵形和球形空洞，细胞肿胀成气球状，细胞质变窄，神经细胞变性坏死。

研究证实，牛患 BSE，是绵羊所患一种致命的慢性神经性机能病——"羊搔痒病"传染所致。"羊搔痒病"具有两百余年历史，但病因不明，故疯牛病原因也难以确定。英国专家称，有 10 例新发现的克罗伊茨费尔德—雅各布氏病，简称"克—雅氏病"（Creutzfeld-Jakob Disease, CJD）患者，系吃疯牛肉、牛脊髓引起，造成对疯牛病的全球性恐慌。克—雅氏病（CJD，人的纹状体脊髓变性病）是一种罕见的致命性海绵状脑病，起始表现症状为心情压抑、个性改变、难以控制运动，这个不可逆的进程导致严重痴呆[1]，视觉模

---

[1] 周筼梅：《蛋白质的错误折叠与疾病》，《生物化学与生物物理进展》2000 年第 6 期，第 579~584 页。

糊，平衡障碍，肌肉收缩，神经错乱致死。英国政府海绵状脑病顾问委员会的一位科学家曾警告：因疯牛病死亡的人数将以每年30%左右的速度逐年上升。

克—雅氏病高发于有食用死者内脏习俗的土著人群。后因欧美多用"牛肉骨粉"喂牛，牛群发生相同病症，克—雅氏病遂以"疯牛病"传名。其致病元凶为"朊毒体"、"朊病毒"，是有毒性的小团蛋白质，可令正常蛋白质仿照自己的形态发生错误折叠以致传染病变。由于结构简单，朊毒体的复制传播比细菌、病毒更快。由此说来，所谓朊病毒其实是一种具有教唆能力的"流氓蛋白质"，是一种"痞朊"①（prion）即"痞子蛋白"。

就传染途径而言，牛的感染过程通常是：被疯牛病病原体感染的肉和骨髓制成的饲料被牛食用后，经胃肠消化吸收，经过血液到大脑，破坏大脑，使其失去功能呈海绵状，导致疯牛病。

人类感染通常是因为下面几个因素：（1）食用感染了疯牛病的牛肉及其制品，特别是从脊椎剔下的肉（一般德国牛肉香肠都是用这种肉制成）。（2）某些化妆品除了使用植物原料之外，也有使用动物原料的成分，可能含有疯牛病病毒（化妆品所使用的牛羊器官或组织成分包括胎盘素、羊水、胶原蛋白、脑糖）。（3）有观点认为"疯牛病"在人类身上变异成克—雅氏病的病因，不是因为吃了疯牛肉，而是环境污染直接造成的。环境中超标的金属锰含量可能是"疯牛病"和"克—雅氏病"的病因。（4）现在还没有治疗疯牛病的有效办法，只能防范和控制其传播。一旦发现染病疯牛，只能坚决宰杀、焚化深埋。也有看法认为，焚化过程不能杀灭疯牛病毒，在其灰烬中的病毒仍可能继续散播。

2007年10月，欧洲陷入新一轮疯牛病危机，给经济和社会带来巨大压力。欧盟各国计划对所有30月龄以上的牛进行检测，这是因为疯牛病有潜伏期，一般只有超过30月龄的牛才能被确诊是否患有疯牛病。欧盟各国总共大约有700万头这种两岁多的存栏牛，检测任务十分繁重。据欧盟委员会估计，第一年只可能检测200万头牛。至于禁用动物骨粉作饲料的规定，欧盟委员会也承认有实施难度。有些成员国并不赞成这一决定，因而不可能保证牛农不继续使用动物骨粉。欧盟委员会对成员国执行新措施动作缓慢表示极大不满。

---

① 痞：其一，病症名。其二，痞子，坏人，如痞棍、文痞、地痞流氓。

经济负担也是巨大的问题。为应付疯牛病危机，欧盟各国动用 12 亿欧元用于收购被宰杀的牛、补贴牛农损失和检测疯牛病。但由于疯牛病持续蔓延，原定预算需要增至 30 亿欧元。疯牛病危机使欧盟及其各成员国面临多重社会压力。一方面，公众对疯牛病的恐惧一时很难消除，消费者的不满呼声越来越高，在一些成员国已经导致政府部长引咎辞职，迫使政府采取更加严厉的控制措施；另一方面，由于市场萎缩，牛农损失惨重，强烈要求欧盟及其成员国政府保护其利益，种田农户也提心吊胆，担心欧盟为应付疯牛病而减少对他们的贴补。2008 年 2 月 2 日，比利时农民向欧盟和比利时政府施加压力，将 1200 辆拖拉机停在欧洲高速公路上，一度使通往德国、卢森堡和法国的交通中断①。

■ 1987 年　雅思，可持续发展

雅思　全称为"国际英语测试制度"（International English–Langusge Testing System，IELTS），是留学英联邦国家的一种考试制度，主要用于留学、移民和各行业对英语水平的测试，是除托福之外另一项广为流行的出国留学、移民的英语水平测试途径。"雅思"考试成绩除得到英联邦国家认可外，也逐渐被美国等其他国家的学校、机构所接受，成为留学和移民签证的"敲门砖"之一。"雅思"在中国的第一次考试于 1987 年举行。当时只有不到 50 人参加考试。2001 年，4 万中国人报考"雅思"，北京成为全球最大的"雅思"考试中心。到 2008 年，报考"雅思"的中国考生已经逼近 30 万人②。

可持续发展　与自然环境相协调，经济社会的永续存在形式："既满足当代人需要，又不对后代人满足其需要的能力构成危害的发展"③。20 世纪 60~70 年代，人们逐渐认识到，把经济、社会、环境割裂开来谋求发展，会给人类社会带来毁灭性的灾难。1983 年 11 月，联合国成立"世界环境与发展委员会"。1987 年，该机构向联合国大会提交报告——《我们共同的未来》，正式提出"可持续发展"的概念和战略。1992 年 6 月，在巴西里约热内卢召开的联合国"环境与发展"全球首脑会议通过了促进可持续发展的《21 世纪议程》，

---

① 网络资料：百度百科，2008–11–23。
② 《那时流行雅思》，2008 年 12 月 17 日《新京报》。
③ 世界环境与发展委员会对"可持续发展"所作的解释。

成为世界各国共同确认的纲领性文件。"可持续发展"越来越成为一个涉及经济、社会、文化、技术、资源、生态、环境等众多方面的综合概念①。

■ 1989 年　拆除柏林墙

拆除柏林墙　1989 年 4 月，德意志民主共和国的基督教团体在德累斯顿举行的一次例行会议上，发出要求使选举更加民主、不要继续篡改选举结果的呼吁。此后，莱比锡及其他许多城市爆发示威活动，数百人被捕。德意志民主共和国政府对此表示支持。罗莎·卢森堡的名言——"自由，永远是有所区别的自由"也被当局看成是不能接受的言论。形势进一步恶化，德国统一社会党拒绝步戈尔巴乔夫后尘，像波兰和匈牙利等国一样开展改革。

1989 年 5 月 2 日，匈牙利开放了其与奥地利的边界。同年 8 月，180 名德意志民主共和国公民在联邦德国驻布达佩斯大使馆的空地上安营扎寨，在得到红十字会提供的文件后逃往联邦德国，引发寻求政治避难的浪潮。9 月 10 日，匈牙利允许德意志民主共和国公民自由通过其与奥地利的边境。到 9 月底，已有 2.5 万德意志民主共和国人利用这一通道逃往联邦德国。10 月 2 日，2 万人在莱比锡游行示威，要求实行政治改革。两天后，当运送 7600 名寻求避难者从捷克斯洛伐克开往联邦德国的列车驶经德累斯顿时，约有 3000 个德意志民主共和国人试图登上列车，遭到安全部队镇压。10 月 4 日，反对派呼吁在联合国监督下举行自由选举；次日，德累斯顿和马格德堡的游行示威遭到警察的暴力驱散。10 月 6 日和 7 日两天，超过 1000 名示威者遭到逮捕。

40 周年国庆纪念活动结束后，全国局势急剧恶化，成千上万人逃到德意志民主共和国。10 月 9 日，7 万人声称"我们就是人民"，在莱比锡游行。10 月 16 日，12 万人在莱比锡集会，最终促使政治局采取行动解除昂纳克的职务。10 月 18 日，昂纳克辞职，由埃贡·克伦茨接任统一社会党总书记职务，并兼任国务院委员会主席和国防委员会主席。10 月 23 日，莱比锡 30 万人举行"星期一大游行"，反对政治局的这一步骤，但人民议院仍然批准了由克

---

① 刘树成主编《现代经济辞典》，凤凰出版社、江苏人民出版社，2005，第 601~602 页。

伦茨大权独揽的决定。

　　克伦茨于 10 月 26 日与科尔通话，双方同意，两个德意志国家继续开展合作。五天后，克伦茨访问莫斯科，与戈尔巴乔夫一道宣布，德国统一问题"不在议程之内"。11 月 4 日，约有 100 万人在东柏林游行示威，其他地方也爆发了类似的示威活动。11 月 8 日，政治局开会，解除了一些重要人士的职务。次日，统一社会党开放了与西柏林的边界。至此，矗立了将近 30 年的柏林墙倒下。一时之间，整个柏林陷入狂欢状态。科尔总理、维利·勃兰特、西柏林市长汉斯·莫默帕加入狂欢人群，并发表讲话。12 月 6 日，在上台 50 天后，克伦茨宣布辞职，同他一起离开政治舞台的，还有统一社会党的整个政治局和中央委员会。德累斯顿市委书记汉斯·莫德罗接任部长会议主席一职。此人没有多少政治色彩，昔日曾因经常批评官方政策而被昂纳克赶出

拆除柏林墙
在这个重新确定历史的时刻，人们聚集在勃兰登堡门前，充当历史的见证人。
图版来源：参见英国布朗参考书出版集团编《经济史》，刘德中译，中国财政经济出版社，2004，第 111 页。

1989 年 11 月 9 日开放的只是东西柏林的边界
两个月后，边防兵把一个小孩拎到墙上，让他看一眼西柏林市景。说明 1989 年 11 月 9 日所开放的只是东西柏林的边界，建筑意义上的柏林墙至少直到两个月后依然存在。
图版来源：参见〔加拿大〕马丁·基钦《剑桥插图德国史》，赵辉、徐芳译，世界知识出版社，2005，第 321 页。

中央委员会。1990 年 2 月，统一社会党改名为民主社会主义党，承诺推行民主，保护环境①。

■ 1990 年　哈勃空间望远镜，生态足迹，生态痕迹，生态占用

哈勃空间望远镜　哈勃空间望远镜（Hubble Space Telescope）是一台巨大的太空望远镜，为纪念观测宇宙学创始人哈勃（Hubble）而命名。它在离地球表面 580 千米高空的轨道上运行。这台望远镜的重量达到令人难以置信的 1.1 万千克。1990 年 4 月，由美国"发现者号"航天飞机送入轨道。主要包括镜面直径达 240 厘米的望远镜、记录和导向设备（包括空间望远镜图像光谱仪、近红外照相机与多源光谱仪、暗源照相机、宽视场行星照相机和精密导星器）。另外，还有与地面建立通信联系、提供能源等的辅助设备。其中，精密导星器除用于确定望远镜指向，还可进行测定恒星位置、自行、视差和密近双星等天体测量工作。由于在大气外观测，不受大气干扰和吸收影响，因而具有成像质量好、灵敏度高、包括从紫外到红外的多波段覆盖范围等优点，已用于各种天体物理和天体测量的光学观测，并取得成果（《辞海》1999 年版音序缩印本，第 613 页）。它通过向地面上的天文学家们发送无线电波的方式提供了无数极有价值的图片。2008 年前后，"哈勃"似乎到了高产的时期，它发回的观测数据使科学家们对宇宙的研究不断取得突破性的进展，其中包括：哈勃望远镜拍到星系碰撞出的大量恒星似蓝色水滴（2008–01–10）；哈勃望远镜新发现幻影星系形似银河系（2007–12–01）；哈勃望远镜拍摄到罕见网状星云释放出绚丽光芒（2007–08–02）；哈勃望远镜观察到绚丽"宇宙烟花"可持续 10 亿年（2007–07–04）；哈勃望远镜传回最大小行星图像谷神星地核或存水冰（2007–06–21）。

生态足迹　自 20 世纪 50 年代以来，各国科学家一直在寻找能对国家或区域的发展状况进行定量描述和比较的指标与方法，从而为可持续发展提供决策分析工具。在这种大背景的推动下，加拿大生态经济学家 E.R.William 及其博士生 M.Wackemagel 于 90 年代提出并完善了生态足迹（Ecological

---

①　〔加拿大〕马丁·基钦：《剑桥插图德国史》，赵辉、徐芳译，世界知识出版社，2005，第 317~323 页。

Footprint，EF）的概念及分析框架。他们定义特定人口的生态足迹（EF）为：为生产这些人口消费所需的资源和同化其消费所产生的废弃物，而需要生态系统提供的生产性土地和水体，但不区分这些土地和水体在地球上的具体位置。EF的基本分析方法，把消费分为6种类型，包括食品、居住、交通等；把生产这些资源和吸收这些废弃物所需的土地和水体也分为6种类型，包括能源用地、建设用地、海洋、农用地、草地、林地等。EF方法具有较强的可操作性，可以用来描述社会单元对物质和生态资源的需求量以及资源占有量，开展资源评估，有利于测定生态系统服务的透支额，对生态实践具有指导意义。

生态痕迹，生态占用　中国学者在翻译EF概念术语的过程中，先后出现过"生态足迹"、"生态痕迹"、"生态占用"等不同选择。王利文认为，作为社会科学术语，非直译的"生态占用"更能够体现EF方法的价值和效果：把各种资源类型转换成"等效土地面积"之累加，揭示了概念的理论含义，并可保证术语定义体系的系统性。EF的下一个层次，还有"生态赤字"、"生态承载力"、"公平的地球份额"、"公平的海洋份额"等概念，而"占用"的外延与"权利"联系紧密。以"生态占用"描述EF概念，符合汉语逻辑①。

■ 1991年　俄罗斯历史分期，没有推理的智能，苏联解体，格鲁吉亚

俄罗斯历史分期　俄罗斯历史分期：（1）基辅罗斯，公元862年北欧瓦朗人在诺夫哥罗德建立政权，882年成立大公国基辅罗斯。（2）金帐汗国，1237年蒙古人成吉思汗的孙子拔都占领伏尔加河下游，建立金帐汗国；16世纪初斯拉夫人摆脱蒙古统治。（3）沙皇帝国（1547~1917年），1541年伊凡雷帝（1533~1584年在位）自称沙皇，1721年彼得大帝（1689~1725年在位）改称帝国，实行西化，扩张疆土。一次大战惨败，帝国覆灭。（4）苏联（1917~1991年），1917年成立苏维埃俄罗斯共和国（苏俄），1922年成立苏维埃社会主义共和国联盟（苏联），1991年苏联解体。（5）俄罗斯联邦，1991年独立，放弃专制，改行民主②。

没有推理的智能　1991年8月，美国麻省理工学院（MIT）年轻的教授

---

① 王利文：《关于Ecological Footprint的汉译》，2003年11月27日第3版《中国社会科学院院报》。
② 周有光：《苏联历史札记》（2003），载《朝闻道集》，世界图书出版公司，2009。

布鲁克斯（R.Brooks）在澳大利亚悉尼的人工智能学术会议上介绍了他的新观点，即"没有推理的智能"的概念，以及他长期研究的"人造昆虫"（六条腿的像蝗虫一样的自动机）的基本思想①。

苏联解体　1991年8月5日，苏联总统戈尔巴乔夫去克里米亚度假。8月19日，副总统亚纳叶夫、国防部长亚佐夫、克格勃主席克留奇科夫、内务部长普戈等8人，组成"紧急状态委员会"，宣布总统因健康原因不能视事，由副总统依法接替。软禁总统于克里米亚，切断电话和电视，总统不得不用他身边的小收音机偷听美国之音。在莫斯科方面，调动坦克师、摩托化步兵师、空降师和其他部队，包围俄罗斯政府办公大楼"白宫"。控制信息渠道，但是未能全部封闭。5万名群众聚集"白宫"广场，支持俄罗斯政府。坦克兵态度友好，叶利钦走出"白宫"，登上坦克，向群众发表演讲，坚持改革，反对政变，要求放回戈尔巴乔夫。电视实况转播将这些情况告诉了全世界，反响强烈。吉尔吉兹、乌克兰、白俄罗斯、乌兹别克等共和国总统宣布反对政变。美国总统布什起初观望，后宣布不承认政变政权。

8月20日，空军、空降、海军、战略火箭等司令，反对政变。莫斯科军区空降师奉命去逮捕叶利钦，不执行命令。塔曼摩托化师，掉转枪口，保卫"白宫"。8月21日，国防部给集合在"白宫"前的军队下达命令：凌晨攻占"白宫"。但是，负责领先进攻的特种部队"阿尔法"小组，不听命令，按兵不动。空降兵、内务部部队等，也都按兵不动。攻占"白宫"流产，政变三天失败。戈尔巴乔夫由叶利钦派人接回莫斯科。政变首犯8人，除内务部长自杀外，7人被捕，以叛国罪被起诉。戈尔巴乔夫辞去苏共总书记职务，苏共解散。1991年12月25日，戈尔巴乔夫宣布停止苏联总统职务。

苏联解体，俄罗斯联邦改用十月革命前的"三色旗"为国旗。列宁格勒改回旧名"圣彼得堡"。叶利钦声称："结束共产主义思想体系和实践的统治。"西欧记者问叶利钦："你搞垮了苏联，后悔不后悔？"叶利钦说："苏联的解体是俄罗斯前进的必要条件。"至此，俄罗斯1200年的历史可分为如下阶段：（1）游牧社会；（2）游牧—奴隶社会；（3）奴隶—封建社会；（4）封建—社会主义社会；（5）资本主义社会。社会主义解体之后发展资本主义②。

---

① 冯天瑾：《智能学简史》，科学出版社，2007，第9页。

② 周有光：《苏联历史札记》（2003），载《朝闻道集》，世界图书出版公司，2009。

俄罗斯的新共产党书记久加诺夫分析：苏联瓦解的原因是一党专政以及三大垄断——垄断政治、垄断经济、垄断真理。斯大林消灭全部革命元勋和陆海军官。苏联实际创造了"共产主义特权阶级"，有 70 万人，加上家属共 300 万人，掌握党政军、企业、农庄。1989 年苏联社会科学院发出调查问卷："苏共究竟代表谁?"认为代表劳动人民的占 7%；认为代表工人的占 4%；认为代表官僚的占 85%[①]。

格鲁吉亚　格鲁吉亚（Georgia），高加索小国，人口 464 万，原为苏联加盟国，1991 年独立，希望加入欧盟，可是国内有两个地区——阿布哈兹（Abkhazia）和南奥塞梯（Ossetia），居民中有许多俄罗斯人，要求独立。格军镇压南奥塞梯独立，俄军进入南奥塞梯支持独立，其国会决议承认南奥塞梯和阿布哈兹独立。欧美各国发表严正声明，维护格鲁吉亚领土完整。2008 年 8 月，北京举办奥运会期间，俄罗斯军队进入格鲁吉亚[②]。

■ 1993 年　文明冲突论，亨廷顿

文明冲突论　1993 年，政治学家、美国哈佛大学教授塞缪尔·亨廷顿（1927~2008 年）在《外交事务》上发表了《文明的冲突》一文，引起众多争议。亨廷顿认为，后冷战时期的暴力冲突，并非由于各国在意识形态上的分歧，而是出于不同文明之间的文化及宗教差异而造成。后以此文为基础的《文明的冲突》一书被译成 39 种语言，引起世界范围的激烈论争。在中国，亨廷顿的观点曾经受到严厉的批评。与此同时，也有学者认为，不能轻易否定文明冲突论：

> 总体来说，中国学者对这本书的正面价值认识不够，而批评则是过于严厉了。这本书其实有很多洞见，一些事实性的描述和分析，都是很精辟的。之所以会有这么多关注和批评，主要跟中国人特定的心理有关。因为中国人不愿意承认自己的文明与西方的文化是冲突的，不能以一种全面而平和的心态来看待它，因此做了很多否定。以一种政治现实主义

①　周有光：《人类历史的演进轨道》(2008)，载《朝闻道集》，世界图书出版公司，2009。
②　周有光：《多极化与一体化》，《群言》2008 年第 11 期。

态度来观察，文明的冲突实际上还是存在。即使我们不能赞同他的全部观点，但是，他提出的问题还是非常重要的。我们应该考虑的，是怎样化解这种文明的冲突而不是否定。

——徐友渔：《不能轻易否定"文明冲突论"》，2008 年 12 月 30 日 C10 版《新京报》。

亨廷顿　亨廷顿（Samuel Huntington，1927~2008 年），政治学家，哈佛大学教授，是他逝世之前半个世纪以来最具影响力的政治学家之一。1927 年 8 月 18 日出生于纽约一个中产阶级家庭，父亲是出版商，母亲是一位短篇小说作家。亨廷顿 16 岁进入耶鲁大学，两年半后提前毕业。服完兵役后，又在芝加哥大学获得政治学硕士学位。1950 年，年仅 23 岁的亨廷顿获得了哈佛大学博士学位，毕业后留校任教直到 2007 年退休，在大学执教 58 年，主要教学和研究的领域是美国政府、民主化、军事政治学、战略、民事与军事关系。从 1957 年到 2008 年，亨廷顿出版了 17 部专著，发表了一系列论文，是一位勇于独立思考并不断激起学术辩论的思想家。自 2007 年从哈佛大学退休后，亨廷顿一直住在马萨诸塞州波士顿马萨葡萄园岛。由于罹患中风、心脏病和糖尿病，卧床不起已有时日，2008 年 12 月 24 日在私人护理医院与世长辞。12 月 26 日，哈佛大学公布了亨廷顿逝世的消息[1]。

■ 1995 年　真实发展指标

真实发展指标　真实发展指标或 GPI 于 1995 年由旧金山经济智囊团 RP 的经济学家克里夫·柯布（Cliff Cobb）提出，他用这样一个指标作为经济福利与发展相对于 GDP 的选择性测度。GDP 是用来说明一个经济体中消费与生产的总体货币价值，GPI 则用于解释人们在生活质量和整个经济、社会与环境福利方面的真实发展状况[2]。

---

① 张弘、李健亚：《文明冲突论作者亨廷顿逝世》，2008 年 12 月 30 日 C10 版《新京报》。
② 〔加拿大〕马克·安尼尔斯基：《幸福经济学》，林琼、龚益等译，社会科学文献出版社，2009。

■ 1997 年　痘朊，城管

痘朊　早在 300 年前，人们已经注意到有绵羊和山羊患"搔痒病"。其症状表现为：丧失协调性、站立不稳、烦躁不安、奇痒难熬，直至瘫痪死亡。1947 年发现水貂脑软化病，与"羊搔痒病"相似。以后陆续发现马鹿和鹿的萎缩病（慢性消瘦病）、猫的海绵状脑病。20 世纪 60 年代，英国生物学家阿尔卑斯用放射处理破坏 DNA 和 RNA 后，发现其组织仍具感染性，因而认为"羊搔痒病"的致病因子并非核酸，而只有蛋白质。这种推断不符合当时的一般认识，也缺乏有力的实验支持，因而没有得到认同，甚至被视为异端邪说。1996 年英国爆发疯牛病，造成恐慌，引发了政治与经济方面的动荡。

1997 年，美国加利福尼亚大学旧金山分校的生物化学家斯坦利·普鲁辛纳因发现传染性蛋白（proteinaceous infections particle，缩写为"prion"，即痘朊、朊病毒）获诺贝尔生理或医学奖。"朊病毒"曾经有过许多不同的中文译名，如朊毒粒、朊毒体、蛋白感染子等①。朊病毒是不包含核酸、对各种理化作用具有很强抵抗力、传染性极强、分子量在 2.7 万~3 万的畸形蛋白质颗粒，能在人和动物中引起传染性脑病（TSE），是具有教唆能力的"流氓蛋白质"，故可称为"痘朊"（prion），即"痘子蛋白"或俗称"流氓蛋白质"。

普鲁辛纳及其同事的研究表明，导致疯牛病的这种畸形蛋白质不仅存在于牛的神经和淋巴组织，可能也存在于牛的肌肉中。他们在实验动物肌肉组织中收集到大量畸形蛋白质，但还不能确定它们是否是在动物肌肉中自然形成的。疯牛病可以通过食用被感染的病肉而被感染。将患疯牛病的牛脑注射到小鼠的脑中，250 天后小鼠就出现疯牛病的症状②。

痘朊的破坏表现为蛋白质的错误折叠。通过细胞中正常的蛋白质分子向疾病型蛋白质分子的转化而传播。已经发现有 15~20 种蛋白质能形成淀粉样沉淀，与克—雅氏病（CJD）、老年痴呆症（Alzhemer）、亨廷顿氏舞蹈病（Huntington）、帕金森氏病（Parkinson）和淀粉样蛋白病（Systemic

---

① 张友尚：《还是定名为"朊病毒"好》，《中国科技术语》2008 年第 5 期，第 24 页。
② 转引自周筠梅《蛋白质的错误折叠与疾病》，《生物化学与生物物理进展》2000 年第 6 期。

Amyloidoses）等疾病相关①，可以统称为"痓朊病"（Prion Diseases）。癌症（Cancer）也是由蛋白质稳定性改变引起的疾病。

城管 1997 年 4 月，经国务院法制办批准，北京市政府向宣武区政府发出《关于在宣武区开展城市综合执法试点工作的通知》。5 月 23 日，为适应城市扩张背景下管理的需要，"实施相对集中行政处罚权"改革试点，宣武城管大队成立，队员一百余人统一着装，在北京天安门广场举行授旗仪式，市领导刘敬民宣布宣武城管大队上岗，城管大队副大队长杜灵欣接过"宣武城管"大旗。这是中国第一支正式成立的城管队伍。

"宣武城管"正式成立前，"市容监察大队"有一百多人，属于事业编制。为转为"城管"，他们进行了统一考试，考试过关的又进行面试，经过筛选，刷掉了十多个人。随后又从工商局调来四十多个人，从园林部门和市征稽所调来十多个人，加上部分社（会）招（募）人员，一共有 200 人。这些人全部获得国家公务员身份。经过封闭一周的军训，5 月 23 日"宣武城管"正式上岗。宣武城管大队大队长张洪刚认为，随着改革开放后经济的发展，城市迅速扩张，大量的农民工涌入北京，而城市下岗工人也日益增多。这些人在城市需要自谋出路，无照经营的路边摊点及乱搭乱建大量出现。城管大队成立后，综合执法试点"效果非常好"，"效率高，问题解决得快"。

1998 年 12 月 1 日，北京城八区全部成立城管大队。随后是全国各地纷纷来"取经"：带走了宣武区行使城市管理相对集中行政处罚权的先进经验，一个个城市管理综合行政执法组织相继成立。城管扩张遂呈燎原之势。

宣武城管大队成立之初，有五项管理职能，分别是市容卫生、园林绿化、交通违章占道、城市乱搭乱建和无照经营。此后一些部门陆续把"收益"不大，而与市容环境相关的管理权切割给城管。城管职能开始膨胀。到 2005 年，城管执法职责扩大到 13 大项，拥有 292 项行政处罚权。成立 10 年来"一直 200 来个人，最近（2009 年 1 月）才刚刚拿到 43 个新编制"。

2003 年 1 月，北京市城管综合执法局挂牌营业。"城管系统千分制考核办法"开始实施，城管的工作压力越来越大。平时他们负责的区域内，随时可能有领导巡查，出现乱摆摊点、无照经营等问题，直接追究到责任人头上。

---

① 周筠梅：《蛋白质的错误折叠与疾病》，《生物化学与生物物理进展》2000 年第 6 期。

考核结果与职级升迁、工资待遇都有直接关系。"压力之下，失去耐心，工作方式简单粗暴"，表现为"执法态度恶劣"，但国务院法制办政府法制协调司司长青锋表示：不能因为个别的偶然现象，就否定综合行政执法体制改革的方向。截至 2005 年年底，全国共 308 个城市开展了城管综合执法体制改革。城管执法人员达数十万之众。

与暴力执法相伴生的是暴力抗法。2006 年 5 月 30 日，四川成都市青羊区城管与菜店店主肖桂秋发生冲突，肖桂秋提起一桶尿泼向城管科长李鹏。事后成都市领导纷纷慰问李鹏，城管局设立"执法委屈奖"，李鹏成为首位获奖人；肖桂秋先被处以 5 天治安拘留，后转为刑事逮捕，以妨碍公务罪获刑 8 个月，2007 年 1 月 29 日刑满释放①。2006 年 8 月 11 日，河北省保定市阜平县来京人员崔英杰在卖烤肠时，三轮车被城管没收，冲突中将 36 岁的副队长李志强刺死。2008 年 1 月 1 日实施《北京市实施城市管理相对集中行政处罚权办法》，规定对粗暴执法的城管人员将追究行政执法责任。2008 年 1 月 7 日，湖北省天门市郊湾坝村，50 多名统一着装的城管执法人员与当地村民发生冲突，将公路堵塞。17 时 20 分左右，恰好路过的天门市水利建筑公司总经理魏文华下车用手机现场录像，遭城管群殴致死②。

2009 年 3 月 12 日，吉林省江北数十城管围殴某店主一家三口致伤，两人面部流血。事发后城管撤离，执法车被愤怒的市民拦下。如此暴力的野蛮事件，却被当地城管行政执法局两名并不在场的官员定性为"双方有相互拉拉扯扯的情况"，"我们的执法队员并没有打人，那两个受伤的人是在阻拦执法的过程中自己不小心撞伤的"。然而，事实是受伤者头破血流，因抽搐导致处于半昏迷状态并住院③。

■ 1998 年　严密科学，精密科学

1998 年是化学史上划时代的一年。这一年的诺贝尔化学奖颁发给理论化

①　《成都城管被泼尿事件》，摘编自 2007 年 2 月 26 日《南方人物周刊》，2009 年 1 月 15 日《新京报》。
②　杨万国：《城管十年："城市女主人"从粗暴到温柔》，2009 年 1 月 15 日 A16/A17 版《新京报》。
③　但纯：《"不小心撞伤"是另一种"躲猫猫"》，2009 年 3 月 15 日 A02 版《新京报》。

学家美国人科恩（Walter Kohn）和英国人波普尔（John A.Pople）。瑞典皇家科学院发布的颁奖公告向全世界宣告："化学不再是纯实验科学了。"这是人类第一次在整个科学界都认可的文件中宣告化学正式进入了严密科学（exact science）①。由于种种原因，历史上人们有时将"exact science"译作"精密科学"，有时译作"严密科学"，都用以表达对自然科学的同一个认识。由于汉语中"精密"一词只代表了对物理量在数值上精确性的度量，而"严密"兼有表达该物理量在科学概念上的严格性和数值上的精确性两方面的含义，所以，"exact science"译作"严密科学"更为贴切②。

据说，19世纪初德国数学家高斯（C.F.Gauss）和意大利化学家阿伏加德罗（A.Avogadro）曾就"化学是不是一门真正的科学"激烈辩论。高斯说："科学规律只存在于数学之中，化学不在严密科学之列"。阿伏加德罗则认为，数学虽然是自然科学之王，但是没有其他科学，它就会失去真正的价值。高斯怒道："对数学来说，化学充其量只能当个女仆。"阿伏加德罗也不示弱，用实验事实来反击高斯，他将2升氢气在1升氧气中燃烧得到2升水蒸气。阿伏加德罗十分自豪地告诉高斯："请看！只要化学愿意，它就能使2+1=2。数学办得到吗？不过，遗憾的是我们对化学认识得太少。"

科学研究历来有两大传统模式：数理传统和博物传统。一般说来，研究对象越复杂，关于这类对象的学科就越难于定量化，人们对这门学科的研究往往采取分类、对比等方法，这是任何一门科学在初期往往采用的方法，称为博物学模式；研究的对象越简单，人们就越能将这门科学推向严密科学，这就是数理模式。自然科学的几大学科中，从数学、物理学、化学、地质学，直到生物学、医学，研究对象的复杂程度渐次提高，因而它们的研究模式也

① 20世纪50年代末，物理学家、量子力学的奠基人之一海森伯（W. Heisenberg）对比当时物理学与化学的现状认为"化学还不是严密科学"，而物理学是。他在《物理学与哲学》一书中写道："物理学最近的相邻学科是化学。"19世纪中叶时，"它们相隔很远，那时它们的研究方法完全不同，化学概念在物理学中没有对应的概念。原子价、活性、溶解度和挥发性这一类概念都具有比较定性的特性，因而化学很难说是严密科学。"而在后来，通过量子论，物理和化学这两门科学已经完全融合了。量子力学把化学带进严密科学。海森伯指出："物理学和化学的概念构成了一个闭合的前后一贯的集合，即量子论的概念集。"参见陈敏伯《走向严密科学：量子与理论化学》，上海科技教育出版社，2001。
② 陈敏伯：《走向严密科学：量子与理论化学》，上海科技教育出版社，2001，第3~5页。

就从数理传统过渡到博物传统①。

关于社会科学，至少目前阶段还在科学界的边缘徘徊，不可能成为"严密科学"，但它极有可能是不亚于生物科学的复杂学科。导致二者之间相通的结合点，在于构成这些复杂系统的最基本元素，自然人或蛋白质。正如量子力学是促成物理学与化学融合的基础，对自然人行为与蛋白质（量子）行为的研究，将会起到促进社会科学与生物科学走向严密科学的积极作用。

■ 1999 年　罪名词典

罪名词典　《罪名词典》于 1999 年 9 月由长征出版社出版。全书 1100 千字。主编：孙孝福、齐文远；副主编：魏涛、夏朝晖；撰稿人（以姓氏笔画为序）：丁友勤、王平、王良顺、兰飞、齐文远、孙孝福、辛忠孝、李群、明详、范华清、袁中毅、夏朝晖、魏涛。是书所列各种罪名，均根据中国刑法法典定断，兼收中国台湾、香港、澳门地区及世界主要国家现行刑法典所定罪名。一般包括定义、构成要件、处罚原则等内容，按中国刑法分则体系分类②。

■ 2000 年　行政过度

行政过度　行政过度（excessive administration, over–administrtive）指超过社会管理实际需要，在本质上无益于社会状态改善的各种行政措施、行政行为③。2000 年，龚益发表《行政过度是中国经济运行的潜在危险》指出，政府的行政措施是体现当前给定政策环境的最主要的表现形式。要想获得可持续发展的长远机会，就不能不考虑行政环节的作用。行政的作用应该是增加社会经济有序发展的稳定性，而过度膨胀的行政行为则是经济运行中不必要的阻力。在经济发展初期，愈演愈烈的行政过度现象对中国经济造成的危害更为严重。主要体现在以下方面：

第一，行政过度的最大危险在于使当权者丧失民心。行政过度增加社会

---

① 参见陈敏伯《走向严密科学：量子与理论化学》，上海科技教育出版社，2001，第 2~5 页。
② 孙孝福、齐文远：《罪名词典》，长征出版社，1999。
③ "过度"之英文对译，据网络统计，用"excessive"者 1251 例，用"over"者 734 例，另 294 例为"excess"，于 2008 年 11 月 1 日检索。

生活的不确定性，形成压力，减损公众对于政府机构的信任。其直接后果是公众心理环境逐渐恶化，转而影响社会和谐①。

第二，导致经济活动阻力增大，内耗严重。民众与各种管理机构、管理人员间的矛盾冲突，不同体系各种管理机构之间的矛盾冲突层出不穷，发生摩擦的几率上升。社会机器在缓慢节奏的低速下运行，货币流转机制也会受到影响。在这种情况下，货币沉淀或者沉积都不足为奇。

第三，增加社会创新活动中的非技术壁垒，其效果表现为全社会创新实现能力普遍降低，社会经济生活缺乏新意，无法提供或形成新的消费热点，于是市场清淡，人气不足，通缩不可避免。虽有鼓励和保障个人投资或独资经营的相关法律，但若那些无效的行政环节依然存在甚至加剧，以行政管理者身份凌驾于生产经营者之上的官僚习气不能得到克服，任何有效的政策都可能沦为无效。

为了真正实现中央政府提出的经济增长目标，首先要从经济运行的机制内部着手，简化程序，删除多余环节，为全社会提供轻松、简练的经济环境。换句话说，已经存在的那些无效的行政环节和（尤其是）正在不适当地过分扩张的行政行为是当前中国经济运行中的真正危险②。

在此之后，行政过度问题越来越引起社会关注。2008 年 10 月 30 日利用"搜狗"网站的搜索引擎检索，关注"行政过度"现象或探讨相关问题的网络内容超过 1300 万项（13132817 项），如表 2 所示，说明了现实生活中行政过

表 2   与"行政过度"有关的网络内容数目

单位：项

序号	搜索引擎	搜索结果	序号	搜索引擎	搜索结果
1	搜狗	13132817	7	有道	584000
2	中搜（中国搜索）	12700000	8	百度	339000
3	YAHOO 奇摩（全球网页）	6920000	9	搜搜（SOSO）	323000
4	YAHOO 奇摩（台湾网优先）	6890000	10	新浪	31953
5	谷歌	2950000	11	天网	405
6	Live Search	731000			

① 日益紧张、烦琐、低效率的社会生活会给社会大众造成种种压力。各级各种官僚机构、无良吏胥不明就里，东紧一扣，西拧半圈，压力越来越大，危机越来越深，到最严重的时候，两块冰相碰也会擦出火花，引起爆炸。参见龚益《小事搞成大事的辩证法》，《人民论坛》2008 年第 19 期（总第 235 期），第 14~15 页。

② 龚益：《行政过度是中国经济运行的潜在危险》，《数量经济技术经济研究》2000 年第 3 期。

度问题的严重性和普遍性。

季羡林先生也以阐释"渐悟"的曲折方式批评了行政过度现象：所谓"渐悟"指的是经过累世修行，费了极大的力量，受过极多的折磨，经过千辛万苦，最后才能获得解脱，跳出轮回。"其困难程度简直比我们今天在极少数官僚主义衙门里，盖上几百个图章，跑断了腿，事情还不一定办成还要困难。真能使意志不坚者望而却步，不敢再抱什么成佛作祖的幻想了。"①

---

① 季羡林：《中印文化交流史》，中国社会科学出版社，2008，第 38 页。

公元 2001 年至 2009 年间出现的术语

■ 2001 年 金砖四国，塔利班灭佛，企业社会责任，战国策词典

金砖四国 指巴西、俄罗斯、印度及中国四个有希望在几十年内取代西方七大工业国（G7），成为世界最大经济体的国家。来源于英文"BRICs"，由巴西（Brazil）、俄罗斯（Russia）、印度（India）和中国（China）四国英文名称首字母组合而成，其发音与英文中"砖块"（bricks）一词近似，故称"金砖四国"。其中，巴西被称为"世界原料基地"；俄罗斯被称为"世界加油站"；印度被称为"世界办公室"；中国被称为"世界工厂"[①]。

"金砖四国"（BRICs）一词最早由高盛投资公司（Goldman Sachs）首席经济学家吉姆·奥尼尔（Jim O'Neill）[②] 在 2001 年 11 月 20 日发表的《全球需要更好的经济之砖》（*The World Needs Better Economic BRICs*）报告中首次被提出。继而被广泛讨论。2003 年 10 月，该公司在《与 BRICs 一起梦想：通往 2050 年之路》（*Dreaming with BRICs：The Path to 2050*）的全球经济报告中预言，BRICs 将于 2050 年统领世界经济风骚。其中，巴西将于 2025 年取代意大利的经济位置，并于 2031 年超越法国；俄罗斯将于 2027 年超过英国，2028 年超越德国；如果不出意外，中国可能会在 2041 年超过美国，从而成为世界第一经济大国；印度可能在 2032 年超过日本；BRICs 合计的 GDP 可能在 2041 年超过西方六大工业国（G7 中除去加拿大）。这样，到 2050 年，世界经济格局将会大洗牌，全球新的六大经济体将变成中国、美国、印度、日本、巴西和俄罗斯。高盛的这份经济报告，使中国、印度、俄罗斯、巴西四国作

---

① 《G20：“金砖”四国 中国为重》，BBC 中文网（2009 年 3 月 31 日），于 2009 年 4 月 3 日查阅。

② 吉姆·奥尼尔（Jim O'Neill）自 2001 年起担任高盛投资公司（Goldman Sachs）首席经济学家。毕业于英国谢菲尔德大学（Sheffield University）和萨里大学（University of Surrey）。主要研究兴趣在外汇市场。前 BBC 的主席戴维斯（Gavyn Davies）评价他是在过去 10 年中世界上顶级的外汇方面的经济学家。吉姆·奥尼尔有两个孩子，他自己则是英国曼彻斯特联队（Manchester United）的球迷，并在 2004~2005 年间担任该球会的非执行董事。

为新兴经济体的代表和发展中国家的领头羊受到更多关注，由此 BRICs（译称"金砖四国"）的称谓风靡世界。2005 年 12 月 1 日，高盛发布的新报告《BRICs 有多稳固》（*How Solid are the BRICs?*）称，BRICs 看起来确实比其他发展中国家（无论大小）的进步要快。高盛由此调整预测：中国将在 2040 年超过美国（比 2003 年的预测稍快），而印度将在 2033 年超过日本（比早先的预测稍慢，原因是日本经济状况有所改善）。

2008 年，金砖四国的国内生产总值初步数据显示，四国 GDP 总计为 87902.8 亿美元，其中中国占 49.25%，俄罗斯占 19.06%，巴西占 17.89%，印度只占 13.79%。人均 GDP 方面，四国平均人均 GDP 为 3087.56 美元。由于 2008 年的国际油价长期处于历史高位，加上高达两位数的通胀率和卢布年平均汇率升值，俄罗斯人均 GDP 突破 1 万美元，达 11796.92 美元，高居四国之首，巴西以 8235.49 美元紧随其后，中国以 3263 美元排第三位，印度首次突破 1000 美元，以 1022.34 美元排在最后。中国人口继续保持世界第一位，总量达到 13.28 亿人，印度以 11.86 亿人紧随其后，巴西拥有 1.91 亿人口，俄罗斯人口继续负增长，2008 年达 1.42 亿人。在经济增长速度方面，中国以 9.0% 高居榜首，印度以 6.0% 紧随其后，俄罗斯达 5.6%，巴西只有 5.1%。

由于高盛这份研究报告被广为接受，"金砖四国"概念也被用来定义这四个国家所组成的一个市场，甚至更一般地用来定义所有新兴的工业国家。2008 年 5 月，四国外长在俄罗斯城市叶卡捷琳堡会谈，决定在国际舞台上全面合作。2009 年 6 月 16 日，"金砖四国"峰会在俄罗斯叶卡捷琳堡举行，成为"金砖四国"的首次峰会。中国国家主席胡锦涛于 6 月 14 日至 18 日出席了在俄罗斯叶卡捷琳堡举行的上海合作组织成员国元首理事会第九次会议和"金砖四国"领导人会晤。这是"金砖四国"领导人的首次正式会晤[①]。

塔利班灭佛　巴米扬原有石窟 6000 多处，其中傍山而凿的六尊大佛最为宏伟。一尊名沙玛玛，高 38 米，披蓝色袈裟，造于 1 世纪。一尊名塞尔萨尔，高 55 米，披红色袈裟，造于 5 世纪。4 世纪晋法显的《佛国记》，7 世纪唐玄奘的《大唐西域记》，对此均有生动描述。20 世纪 90 年代，其早已千疮百孔。1996 年，伊斯兰教学生军"塔利班"，占领喀布尔和阿富汗大部分地区，实行原教旨

---

① 新浪网，新闻首页，于 2009 年 6 月 16 日查阅。

主义的统治。剥夺妇女行动、求学、就业自由；不许看电视、听广播、打移动电话；用大炮轰毁两座巴米扬最大的石雕大佛；禁止伊斯兰教以外一切宗教；反对现代文化。2001 年 3 月，塔利班用大炮把剩下的佛像完全毁灭。

企业社会责任 2001 年 2 月，全球工人社会联盟公布了一份长达 106 页的由耐克（Nike）公司资助完成的报告。报告的内容是关于印度尼西亚 9 家耐克合约工厂的劳工调查。这份报告的新意在于它由耐克公司出钱完成，而耐克不能拒绝公布。

20 世纪 80 年代，企业社会责任运动在欧美发达国家兴

塔利班灭佛不遗余力

阿富汗塔利班新闻部长 2001 年 3 月 3 日透露，塔利班士兵已经炸毁了巴米扬两座世界著名的千年佛像的头部和腿部。这位部长向美联社透露说："那些佛像的头部和腿部昨天已经被毁掉，我们的士兵将更卖力地炸掉剩下的部分。那些部分很快就会被彻底摧毁。"当局决意摧毁境内所有佛教雕像，包括已经在悬崖峭壁上矗立了 1500 多年的巴米扬大佛。这两座佛像像分别高达 52.5 米和 36 米，其中高达 52.5 米的佛像是世界上现存的最高佛像。

图版来源：http://www.china.com/zh_cn/，2001-03-04。

起，包括环保、劳工和人权等方面内容，导致消费者的关注点转向产品质量、环境、职业健康和劳动保障等多个方面。绿色和平、环保、社会责任和人权等非政府组织（NGO）以及舆论也不断呼吁，要求社会责任与贸易挂钩。迫于日益增大的压力和自身发展的需要，很多欧美跨国公司纷纷制定对社会做出必要承诺的责任守则（包括社会责任），通过环境、职业健康、社会责任认证应对不同利益团体的需要。

20 世纪 90 年代初期，美国发生"反血汗工厂运动"。利用"血汗工厂"生产产品的美国服装制造商 Levi-Strauss 被曝光后，其为挽救形象，制定了第一份公司生产守则。迫于劳工、人权、消费者等 NGO 的压力，许多知名品牌公司相继建立了自己的生产守则，被称为"企业生产守则运动"，又称"企业行动规范运动"或"工厂守则运动"，敦促企业履行社会责任，但其实施状况

无法监督。后由"自我约束"（self-regulation）的"内部守则"逐步转变为"社会约束"（social regulation）的"外部守则"。

到 2000 年，全球共有 246 个生产守则，其中的 118 个由跨国公司自己制定，其余是由商贸协会或多边组织、国际机构制定的所谓"社会约束"的生产守则，主要分布于美国、英国、澳大利亚、加拿大、德国。2000 年 7 月《全球契约》论坛召开第一次高级别会议，50 多家著名跨国公司的代表承诺，在建立全球化市场的同时，要以《全球契约》为框架，改善工人的工作环境、提高环保水平。包括中国在内的 30 多个国家的代表、200 多家著名大公司参与了《全球契约》行动计划。2002 年 2 月在纽约召开的世界经济峰会上，36 位首席执行官呼吁公司履行社会责任，其理论根据是公司社会责任"并非多此一举"，而是核心业务运作至关重要的一部分。

2008 年中国国资委一号文件提出了中央企业履行社会责任的指导意见。国家电网、中远、联想、海尔、阿里巴巴等 60 余家企业发布了企业社会责任报告。

战国策词典　王延栋[①]编纂的专书词典《战国策词典》于 2001 年 7 月由南开大学出版社出版。全书 664 千字，2002 年 2 月第 2 次印刷，印数 3001~4000 册，平装定价为 35 元。正文后附部首、音序、笔画三种索引和《〈战国策〉单字用度表》，方便查用。在汉语史的研究中，词汇史是一个薄弱环节。《战国策》成书于秦汉之间，正是中国语言变化的关键时期。《战国策词典》的问世对词汇史特别是中国术语沿革历史的研究具有重要意义。

■ 2002 年　绝对安全，世界大学

绝对安全　美国布什政府提出 21 世纪国家安全战略所追求的主要目标是绝为安全（Absolute Security），其含义是美国要在没有任何威胁的条件下生活。为了寻求绝对安全，美国不仅要消除各种威胁，而且要消除可能威胁

---

① 王延栋自 1975 年开始从事《战国策》研究。与张清常合作编著《战国策笺注》(1993)，与夫人孙淑兰合作全译《战国策》(1994)，均由南开大学出版社出版。1993 年 8 月 10 日因脑栓塞致右半身瘫痪，言语不清，时年 44 岁。基本康复后他坚持于 1998 年 1 月正式启动编著《战国策词典》。在家人、好友支持下，终于 2000 年 6 月 6 日脱稿。

美国的能力，建立一个没有威胁的安全环境。冷战期间，建立在核威慑基础上的冷战遏制战略，最终导致美苏之间出现了核恐怖平衡。双方认识到，核战争打不得也打不赢，只有"相互确保摧毁"才能保证相互安全。随着冷战后国际战略格局的变化和世界新一轮军事革命的发展，美国认为，自己有能力凭借超强的综合国力和军事技术优势，谋求美国本土的"绝对安全"。2002 年 9 月 20 日发表的《美国国家安全战略》称，美国现在面临的不是舰队和大规模军事力量征服的威胁，而是不定的、零星的、小规模的军事冲突的威胁。布什政府否定了相互威慑的战略思想，提出"绝对安全"，就是要把威胁消灭在萌芽状态，在受到威胁之前就采取行动，消灭"威胁"。换言之，就是大大降低对外动武的门槛。但是，追求绝对安全必将面临诸多制约因素。绝对安全的本质是绝对优势力量，意味着巨额的投入。由于实行绝对安全战略，美国的国防开支已经接近冷战时期的最高水平。据统计，冷战时期发生的局部战争和武装冲突年均为 4 次，而冷战后年均却达10 次之多。以美国为首的西方发达国家认为，拥有绝对军事优势是处理国际危机的前提。自 1990 年以来，美国对外出兵达 60 次①。总之，只有一家独大，才可能绝对安全。随着世界形势的发展，越来越没有绝对的绝对安全。

世界大学 发明创造需要人才。人才是教育培养出来的。美国的小学和中学教育早已普及。美国有四年制大学 1400 所，两年制学院 900 所（《2002 世界年鉴》）。新闻时常报道，亚洲国家的青年争着到美国去留学，欧洲国家的青年也争着到美国去留学。美国成了一所"世界大学"。

美国教育突出发展是到 20 世纪后期才明显起来的。教育促进科学，科学促进教育。日本学者提出"科学中心转移说"。科学成果超过全世界总量的 25% 的国家就是科学中心。文艺复兴以来，科学中心不断转移。16 世纪在意大利（1540~1610 年）；17 世纪在英国（1660~1730 年）；18 世纪在法国（1779~1830 年）；19 世纪在德国（1870~1920 年）；20 世纪在美国（1920 年至今）。在世界知识的竞赛中，美国后来居上。

科学包括自然科学和社会科学（人文科学）。自然科学和社会科学在美国

---

① 常巧章主编《军事变革中的新概念》，解放军出版社，2004，第 11、126 页。

得到了同样重视。美国认为，其国家的建立得益于西欧在文艺复兴和启蒙运动之后发展起来的社会科学。后来，社会科学的高峰转移到了美国。政治学、法律学、经济学、教育学、社会学以及其他社会科学，都是使社会健全发展的必要知识。社会发展不健全，自然科学也难以发展。学术自由，科学平等，是美国发展教育的基本原则。

美国通过"世界大学"影响全世界。新科技改变了外国留学生的生活，新理论改变了外国留学生的思想。留学生回国以后又去影响他们的同胞。电视深入世界各个角落，电脑把全世界知识分子联系起来。美国除了吸收留学生之外，还到外国去办学。例如，美国以庚子赔款的一部分在中国办留美预备学堂，后来成为清华大学。"世界大学"是美国潜移默化改造世界的远大政策。

■ 2003 年　非典型肺炎，SARS，苏联历史札记

非典型肺炎，SARS　2002~2003 年，中国经历了正式名称为 "SARS" (Serious Acute Respiratory Syndrome，严重急性呼吸综合征) 的痛苦。中国政府坚持称其为"传染性非典"，并写入法律①。SARS 病毒的携带者或"超级感

---

① SARS (Serious Acute Respiratory Syndrome)，一种传染性极强的呼吸道疾病，其病原体是变异冠状病毒。2002 年 11 月起在中国和东南亚出现病例，并向世界各地蔓延。2003 年 1 月 22 日中国广东医生将此病例命名为"非典型肺炎"，世界卫生组织（WHO）也确认其医学名称简称 "ATP"。后发现其临床特点为急剧发生弥漫性肺炎及呼吸衰竭，较之过去由已知的病毒、嗜肺军团菌、支原体及衣原体所引起的非典型肺炎严重得多。世界卫生组织专家卡洛·多尔巴尼（Carlo Urbani）博士于 2003 年 3 月 16 日将其命名为 Serious Acute Respiratory Syndrome (严重急性呼吸综合征)，简称 "SARS"。多尔巴尼博士在越南不幸被感染 SARS 而以身殉职。后查清该病元凶病原体为冠状病毒。为纪念这位科学研究的先驱人物，WHO 正式采用他所命名的 SARS 病名，并将这种新型冠状病毒命名为 SARS-coronavirus，简称 SARS-Cov。唯有中国一直沿用 2003 年春临时称"传染性非典"的病名，并将其写入 2004 年 8 月 28 日第十届全国人民代表大会常务委员会第十一次会议修订的《中华人民共和国传染病防治法》中。参见朱万孚《医学微生物学某些术语的汉译名称之商榷》，《中国科技术语》2007 年第 1 期，第 37~38 页。因 SARS 命名也没有充分反映该病的本质特征，因此有人建议将其命名为"传染性冠状病毒肺炎"，尚未被社会和医学界接受。据称中国和欧盟的科学家目前已经找到至少 15 种能够有效杀灭 SARS-Cov 的化合物。早期认为果子狸是传播 SARS-Cov 的源头。另有香港大学的研究者认为，蝙蝠可能是 SARS-Cov 的野生宿主。

染者"使死亡扩散，却不是造成灾难的元凶。他们也是受害者，最终成为牺牲者。

2009 年 2 月 17 日，中国武汉大学①发布消息称已经找到 SARS 冠状病毒的"命门"②：一组"非结构蛋白 nsp14"的基因密码。发现该基因编码的是武汉大学生命科学学院病毒学国家重点实验室郭德银教授及其博士生陈宇，共同作者还包括中国科学院院士、现代病毒中心主任田波等，该项成果在国际权威综合性学术期刊《美国科学院院报》上发表。"非结构蛋白 nsp14"是将基因变成病毒蛋白的核心，没有这组编码，再多基因也变不成病毒。"非结构蛋白 nsp14"为病毒遗传信息"乔装打扮"，蒙蔽免疫系统，保护病毒传递。此前科学家对 SARS 病毒如何生存与繁殖的机理知之甚少，找到这个致命点，就有可能找出既能破坏该基因，又有效破坏病毒，且无害于人体的药物③。

SARS 病毒是现在发现最大的 RNA（核糖核酸）病毒，即其生命基因靠 RNA 传递。武汉大学生命科学学院研究组选择冠状病毒特有的多个 RNA 加工酶作为主要研究目标，通过酵母菌系统的功能筛选和体外生物化学分析，发现 SARS 病毒基因组 1b 区编码的一种"非结构蛋白 nsp14"同时具有两种 RNA 加工酶活性，并使用 SARS 病毒复制子系统证明这些酶活性是 SARS 病毒基因组复制所必需的④。

从疾病控制的角度来看，SARS 病毒虽然已得到控制，但自然界某些动物群体中还存在 SARS 样冠状病毒，SARS 病毒再次爆发的危险依然存在。

苏联历史札记 2003 年，周有光写成关于苏联历史的读书札记——《苏联历史札记》。此时距 1991 年苏联解体已经十多年。周有光认为，苏联既有成

---

① 2001 年，武汉大学田波院士提出重视新发、突发重大病毒性疾病研究，在该校生命科学学院建立了武汉大学现代病毒中心和当时全国高校唯一的三级生物安全实验室，使该校在 SARS 病毒研究方面具备了得天独厚的条件。

② 命门：原为中医学名词。其一，指两肾之间的一个部位，被认为是人体生理功能和生命活动的根源。《医贯·内经十二官论》："命门在人身之中，对脐附脊骨，自上数下，则为十四椎，自下数上，则为七椎……此处两肾所寄……中间是命门所居之宫。"其二，指右肾。《难经·三十六难》："肾两者，非皆肾，其左者为肾，右者为命门。"其三，指目。《灵枢·根结》："太阳根于至阴，结于命门。命门者，目也。"其四，针灸穴位名。见《针灸甲乙经》卷三，属督脉。位于后正中线上，第二腰椎棘突下凹陷中，主治腰痛、脊强、阳痿、遗精、便泄等。其五，引申为影响控制事物生灭的关节要害。

③ 鲍颖：《中国专家发现 SARS 命门》，2009 年 2 月 18 日 A04 版《新京报》。

④ 艾启平、王怀民：《武汉大学发现 SARS 冠状病毒命门》，中新社武汉 2009 年 2 月 16 日电。

功的记录，也有失败的教训。苏联历史是当代知识分子不能不读的必修课。周先生以百岁高龄，阅读关于苏联历史的著作十多种，包括周尚文等的《苏联兴亡史》（2002）、陆南泉等的《苏联兴亡史论》（2002）、曾严修的《半杯水集》（2001）、约翰根瑟的《今日俄罗斯内幕》（1958，英文）、美国驻苏大使马特洛克的《苏联解体亲历记》（中译本，1996）、纽约时报通信集《苏联帝国的衰亡》（1992，英文）等①。他的读书札记是一幅生动、全面的苏联素描。

■ 2004 年　强互惠，利他惩罚，长尾理论

强互惠，利他惩罚　强互惠（Strong Reciprocity）、利他惩罚（Altruistic Punishment）系指一种超越或突破"经济人"与"理性人"假说的人类行为模式。2004 年 2 月，美国《理论生物学杂志》发表萨缪·鲍尔斯②和赫伯特·金迪斯③撰写的重要论文《强互惠的演化：异质人群中的合作》，认为人类行为具有超越"经济人"和"理性人"假设④的"强互惠"行为模式，即超越"利

---

① 周有光：《苏联历史札记》（2003），载《朝闻道集》，世界图书出版公司，2009。

② 萨缪·鲍尔斯（Samuel Bowles），1965 年获哈佛大学经济学博士学位，历任马萨诸塞大学经济学教授（荣誉退休）、圣塔菲学院讲座学者（External Faculty）等。

③ 赫伯特·金迪斯（Herbert Gintis），1969 年获哈佛大学经济学博士学位，历任马萨诸塞大学经济学教授（荣誉退休）、哈佛大学访问教授、巴黎大学访问教授、西耶纳大学访问教授、圣塔菲学院讲座学者（External　Faculty）等。

④ 亚当·斯密 1776 年在《国富论》中把追求利润最大化的个人确定为经济分析的出发点，为新古典经济学和现代主流经济学奠定了分析生产者行为的基本范式。19 世纪 50~70 年代经济学的边际革命把追求效用最大化的个人确立为经济分析的另一个出发点，为新古典经济学和现代主流经济学奠定了分析消费者行为的基本范式。由于这两个范式可以统一于追求自身利益最大化，因此帕累托把具有这种行为倾向的人概括为"经济人"，并认为这是全部经济分析的前提假设。这种假设隐含着一种对人性自私的肯定，一经面世就引发了众多批评，包括来自经济学界内部的批评。

　　20 世纪 20 年代以后，经济人假设逐步被理性人假设替代，主要基于两个原因。第一是为了回避怀疑和争论，在表述时使用例如最大化行为、最优决策、理性选择等更为抽象的术语，给"经济人"戴上"理性人"的面具；第二，20 世纪 30~50 年代美国经济学家萨缪尔森出于经济学数理化的需要，对许多传统的经济学概念进行了重新表述，而效用的重新表述导致了对理性和理性人的再定义，并最终确立了其在现代经济学中的地位。根据现代经济学的解释，效用是偏好的函数，偏好只要满足完备性和传递性假设就可以体现为理性。而所谓理性人，简而言之就是约束条件下最大化自身偏好的人。"偏好"提供了"去伦理化"的可能和遁词，但是并没有解决在自利范围内使用这个术语的问题。叶航：《被超越的"经济人"和"理性人"》，载《走向统一的社会科学》，上海世纪出版集团，2005，第 23~24 页。

己"动机，为了公平和公正可以"路见不平，拔刀相助"，而不惜付出代价。2004 年 8 月出版的《科学》杂志，封面文章是圣塔菲学派重要成员恩斯特·费尔①等人撰写的《利他惩罚的神经基础》（*The Neural Basis of Altruistic Punishment*），以现代科学手段解释并验证金迪斯等人关于人类合作起源和演化假说。在这篇论文中，费尔教授把"强互惠"（Strong Reciprocity）直接指称为"利他惩罚"（Altruistic Punishment）。

强互惠假说是圣塔菲学派的贡献。他们的研究表明，合作以及由合作产生的剩余，可能是人类心智、社会行为包括人类文化和人类制度共生演化的最终原因。有效的合作规范和秩序，也许是人类这个物种在生存竞争中最大的优势。而"亲社会情感"，包括同情、歉疚、感恩、正义等，平衡了进化赋予人类的冷酷自私与理论算计。

强互惠和利他惩罚是具有正外部性的利他行为。费尔博士猜测，强互惠者可以从利他惩罚行为本身获得预期的满足。苏黎世大学国家经济实验室使用 PET 即正电子发射 X 射线断层扫描技术对这一行为的脑神经反应进行观察，证明位于中脑系统的纹体（striatum）包括尾核与壳核的神经回路，是人类及灵长类动物整合激励信息与行为信息的关键部位。利他惩罚行为发生时，这一脑区被激活，且利他惩罚行为的强弱与其活跃程度正相关，从而证实了费尔的猜想②。

20 世纪 80 年代经济学研究中兴起的圣塔菲学派借助计算机仿真技术，以交叉学科研究的方式探讨经济学据以立足的根本问题。他们通过实验方法寻找"理性人"，结果找到的却是在某种程度上超越了"理性"、具有"强互惠"行为模式的人。但是，从词语构成的角度看，"强互惠"与"经济人"和"理性人"并无类似，因此缺乏直接对照比较的条件。为解决这个问题，我们以"自然人"表示具有"强互惠"行为模式的人群。广义解释的"自然人"，可以涵盖"经济人"与"理性人"③。

---

① 恩斯特·费尔博士，苏黎世大学国家经济实验室主任。

② 叶航：《被超越的"经济人"和"理性人"》，载《走向统一的社会科学》，上海世纪出版集团，2005，第 8~25 页。

③ 龚益：《超越"经济人"与"理性人"假说的自然人假说》，2009 年 2 月 3 日第 10 版《中国社会科学院报》。

事实上，由于传统"经济人"与"理性人"假设的被超越，经济学必须重新考察其基以立足的理性假设的公理性质。正如金迪斯指出的："人们很早就发现这是肤浅和具有误导性的。理性行为者模型能成功地解释动物行为，尽管没人相信果蝇和蜘蛛在认知方面与人很相似。"

长尾理论 克里斯·安德森（Chris Anderson）2004 年 10 月在《连线》杂志上发表文章，首次提出长尾理论（The Long Tail），稍后成为商界焦点，获美国《商业周刊》"2005 年最佳创意奖"（Best Idea of 2005），美国流行时尚杂志（GQ）称其为"2006 年最重要的创见"。

长尾理论是网络时代兴起的一种新理论。长尾理论认为，由于成本和效率的因素，过去人们只能关注重要的人或事，即正态分布曲线的"头部"，如少数"VIP"客户，而将处于曲线"尾部"、需要投入更多分散成本的大部分忽略，如大量的普通消费者。进入网络时代，关注的成本大大降低，人们有可能以较低的成本关注正态曲线的"尾部"，关注"尾部"产生的总体效益甚至会超过"头部"。安德森认为，网络时代是关注"长尾"、发挥"长尾"效益的时代。仅仅关注与"长尾"相对之"短头"的时代已经过去。

长尾理论的基本原理是：当商品储存流通展示的场地和渠道足够宽广，商品生产成本急剧下降以至于个人都可以进行生产，并且商品的销售成本急剧降低时，几乎任何以前看似需求极低的产品，只要有人去卖，都会有人来买，说明需求的多样性与分散化。这些分散的需求和每一种单件的销量都不可能很高的产品所占据的共同市场份额，可以和主流产品的市场份额相抗衡，甚至来得更大。商业和文化的未来不在于传统需求曲线上那个代表"畅销商品"（hits）的头部，而是那条代表"冷门商品"（misses）的经常被人遗忘的长尾。例如，一家大型书店通常可摆放 10 万本书，但亚马逊网络书店的图书销售额中，有 1/4 来自排名 10 万以后的书籍。这些"冷门"书籍的销售比例正以高速成长，预估未来，可以占到整体书市的一半。这意味着消费者在面对无限的选择时，真正想要的东西和想要取得的渠道都出现了重大的变化，新的商业模式随之崛起。

长尾现象并非源自互联网，其真正源头可以追溯到 20 世纪，源自美国中西部的巨型仓储，与西尔斯（Richard Sears）和罗巴克（Alvah Roebuck）这两位经营的奇才有关。他们当年的很多创新举动，直到今天仍然令人耳目一新。利用大仓库的容量，他们创建了史无前例的邮购系统，向全国各地的人们寄送产品。西尔斯邮购目录本身，直到今天，在货物的丰饶和价格的低廉方面依然令人惊讶。

　　两位奇才的另一项创新是类似病毒传播方式的"直接营销"。1905 年这家公司要求其最好的客户在爱荷华（Ohio）派发 24 种目录给朋友和邻居；如果他们的朋友也因此成为顾客，扩散目录的人就会得到奖励。为了降低销售成本，他们要求一些供应商直接从工厂发货。西尔斯公司的经理们建立了一套系统，按照订单确定配发货物的时间，就像使用一系列的滑轮和杠杆那样，确保订单货物精确移动。随着汽车价格的下降和道路状况的改善，西尔斯公司"被迫"发明了"量贩式销售"，以便为消费者提供巨大的选择空间和最具吸引力的价格——远远低于传统商家。

　　西尔斯营销的又一大创新，是食品市场——超市。第一家叫 King Cullen，于 1930 年 8 月 4 号在纽约的皇后街开张，供应在当时来说种类和数目惊人的产品——超过 1000 种。特别需要指出的是，当时仍处在经济大萧条的时期。但是，超市的存在还需要依赖更多的创新，如果没有那些足以形成配套的创新，超市则无法做大，如在超市设置购物车、汽车、冰箱和免费停车场。到 1967 年，免费使用的 800 电话重新唤起了邮购营销方式的热潮。在此之前，西尔斯公司的决策者已经预见到了电话公司接线员的短缺。这种预见的额外好处，是吸引了新一代崇尚物质的、富裕的新顾客的消费热情，他们通过信用卡实现更积极的消费。

　　但是，此时此刻的西尔斯公司所要面对的，更多的却是"利基"产品而不是仓储库房中所能提供的大宗商品。"利基"一词，是英文"niche"的音译，意译为"壁龛"，有拾遗补缺或见缝插针的意思。菲利普·科特勒在《营

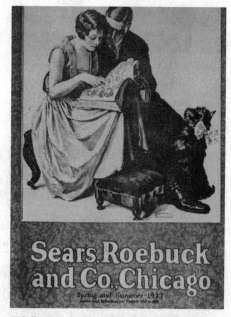

西尔斯·罗巴克（Sears Roebuck）邮购目录

这份目录从 1927 年开始编制，把美国农村与这个国家日益以城市为基础的经济联系起来，使任何人都能购买最时兴的商品。

图版来源：参见英国布朗参考书出版集团编《经济史》，刘德中译，中国财政经济出版社，2004，第 91 页。

销管理》中给"利基"下的定义为：利基是更窄地确定某些群体，这是一个小市场并且其需要没有被服务好，或者说"有获取利益的基础"。

个人电脑的使用与流行，导致几乎所有新系列购物目录黯然失色。在 20 世纪 90 年代早期，电子商务在这些目录的基础之上被构建出来，它提供了更加宽泛的选择和更低的价格，却省去了打印和邮递目录的费用。今天，在线购物占据了美国零售额的 5%，并且以每年 25% 的惊人速度持续增长。

长尾理论的盛行，同时引来了巨大的争议。争论的焦点，在于"长尾理论"是否构成了对于"二八定律"的颠覆。所谓"二八定律"，于 19 世纪末 20 世纪初由意大利经济学家帕累托发现，所以亦称"帕累托定律"（Pareto Theorem）。这个定律表明，在任何一组东西中，最重要的成分总是只占其中的一小部分，大约 20%，其余 80% 尽管是多数，却是次要的，因此又称"二八定律"。

生活中的"二八定律"普遍存在。例如，商家 80% 的销售额来自 20% 的商品，80% 的业务收入是由 20% 的客户创造的；在销售公司里，20% 的推销员带回 80% 的新生意。那么，在优化网络营销的时候，我们是应该按照"二八定律"把主要精力放在主要的"关键词"上，还是按照"长尾理论"，对"关键词"进行极尽其能的扩展？当然，我们首先要承认应用于搜索引擎优化（SEO）营销中的关键词策略非常有用，即少数核心关键词或通用关键词可以为网站带来超过半数的访问量，但那些搜索人数不多然而非常明确的关键词的总和——即长尾关键词同样能为网站带来可观的访问量。并且，这些长尾关键词检索所形成的顾客转化率更高，往往也大大高于通用关键词的转化率。巨大的微小市场，却占据了市场中可观的份额，这就是长尾的思想。

电子技术和互联网的发展使世界变得越来越小，人与人的联系越来越紧密。长尾理论将改变企业营销与生产的思维。长尾理论的本质，是使关于经济的讨论从单一的"规模经济"转化为充满多样性的"范围经济"。从文化意义上说，长尾理论不只影响企业战略，也将改变人们的思维方式与价值判断。短头长尾，主流分支，大众文化不再万夫莫敌，小众文化也将有越来越多的拥护者。非只经济，社会亦然，多样性已经越来越变得不容忽视。孰优孰劣，难分伯仲。善经营者，焉能不察？①

---

① 杨彤：《长尾理论》，《中国科技术语》2008 年第 5 期，第 61 页。

■ 2006 年 哈勃超深空，规划进村，饥荒纪念日

哈勃超深空 21 世纪初，美国科学家公布"哈勃超深空"（Hubble Ultra Deep Field，HUDF）宇宙图像，引起世人关注。

哈勃超深空是一张外太空照片，显示的是天炉座的一小部分。该照片是由哈勃空间望远镜于 2003 年 9 月 24 日至 2004 年 1 月 16 日期间得到的数据累积而成的，相当于 11.3 天的曝光，是截至 2006 年为止以可见光拍摄的最深远的宇宙影像，显示的是超过 130 亿年前的情况，当中估计有 10000 个星系。

哈勃超深空中所显示的范围为 3 平方角分，只有全天空 12700000 分之一的面积，位于赤经 3h 32m 40.0s，赤纬−27°47′29″（J2000）天炉座的一小片天区。而照片的左上角则指向天球的北方。选择这个范围的理由是因为附近（约为满月 1/10 大小的面积）没有较光亮的星体。虽然通过红外线，在地面望远镜也能观测到照片中大部分的物体，但只有在哈勃空间望远镜下才能以可见光观测这些遥远的目标。

随着哈勃空间望远镜在轨道运行共 400 圈，照片是由 800 次曝光合成，当中先进巡天照相机（Advanced Camera for Surveys）及近红外线照相机和多目标分光仪（Near Infrared Camera and Multi-Object Spectrometer）分别累积共 11.3 天及 4.5 天的拍摄时间。望远镜每分钟只接收到一粒来自星体的光子。根据大爆炸理论，宇宙的年龄有限；而因为远处星系的光线需要较长时间才到达地球，哈勃超深空望远镜有助于人类了解宇宙形成初期星系形成及合并的情况。另外，因为照片所呈现的星系都是较为年轻的，故亦发现其性质与地球附近较年老的星系有所不同。然而，有意见指出，部分的不同是出于拍摄的光波波长，因相对论性多普勒效应关系，照片实际上是拍摄光谱中紫外线部分。

哈勃超深空是一张外太空照片
图版来源：NASA，ESA，S.Beckwith(STScI) and HUDF Team，引用网络资料。

规划进村　2006年2月9日，《中国社会科学院院报》发表署名文章《规划进村是建设社会主义新农村的关键环节》。文章指出：

　　2006年，是中国建设社会主义新农村的高潮之年。实施惠农政策，关注农民生活，发展农业生产，改善农村条件，成为全社会关心的重点。为从根本上解决"三农"问题，实现整村推进，必须特别强调搞好规划，尤其是关系到广大农民家家户户的村落规划。"规划进村"，是建设社会主义新农村首屈一指的关键环节。但是在规划概念、规划水平、规划能力三个方面还有一些问题需要解决。

　　在规划概念方面，一些地方领导囿于知识局限，还没有真正理解现代意义上的规划概念，而仅从自己想象和理解的"规划"出发，把本应全盘考虑、综合协调的规划活动变成了拆房子、搬村子、改门脸、盖屋顶的简单建筑行为。不仅劳民伤财，更造成对历史文化传统遗存的建设性破坏。长期存在的城乡差异所导致的思维定式，也在影响对未来中国农村景象的描述与刻画。事实上，解决中国城市问题的关键在农村，只有逐步缩小城乡差距，建设起"让城里人向往"的社会主义新农村、让农民过上"令城里人羡慕"、"让乡下人自豪"的健康生活，中国的问题才能从根本上得到解决。其中的关键在于缩小城乡差距的方式：不是把农村城市化，而是让农村园林化，使农村生活现代化。

　　在规划水平方面，长期以来农村教育水平存在落差，缺乏规划专业人才。社会上从事规划的单位和专业人士为数不少，但是他们关注的焦点不在农村，所掌握的知识技能，也与新农村规划的需要存在差距。在这种局面下，工作在农村基层第一线的干部从责任出发，不得不以非专业的水平而从事"规划"实务。我们的专业机构和专业规划人才，应该考虑补上这一课，发挥专业所长，支持社会主义新农村的规划和建设。从整体上降低全社会解决农村问题的宏观成本，改善与增强新农村建设的质量和文化品位。

　　在规划能力方面，包括知识和财力两个方面的内容。建设社会主义新农村，规划首当其冲。农民有需求，但知识能力不足，短期内难以依靠自身力量得到解决。需要吸收智力、引入"外脑"，延请国内外专家来帮助农民完成规划。然而，经济活动需要有成本，规划进村也不例外。

农民缺乏足够的动力和实力聘请规划专家。为降低交易成本，专家们也需要组织起来，可持续地致力于农村规划。一方面，应安排组织农村干部进行关于规划以及规划实施的专业培训，开阔视野，提高知识水平；另一方面，建设部、农业部、中国工程院等应考虑组建或遴选针对农村、面向农民、从事农村规划的企业或机构，鼓励社会企业参与竞争，纳入规范管理，实行资格认证，为社会服务，为农民服务。

在初期，应考虑以政府为主导，选择试点，模拟政府采购，聘请规划机构和有关专家以及有相应能力的非营利组织深入农村，为基层服务，落实、完成新农村的新规划、参与新农村的建设过程。这是政府为农民谋求长远利益、建设城乡和谐小康社会的具体行动。

中央倡导建设的社会主义新农村，以"生产发展、生活富裕、乡风文明、村容整洁、管理民主"为目标，不仅包括美好的居住环境，还包括持久延续的生产发展和健康民主的社会生活。因此，为新农村建设所需要的规划应该具有更加广阔的视角：不仅包括村容村貌、包括自然村落的"市政基础设施"建设，还应涵盖经济社会环境的协调发展，论及农村生产和经济前景的展望和预期。社会科学界对此应该有所作为。换言之，真正社会主义新农村的规划，不仅需要建筑科学方面的规划专家，还需要社会科学领域专家、社会科学工作者的共同介入，需要规划目标所在地原住居民的关心、介入和城乡社会公众的广泛参与。

——龚益：《规划进村是建设社会主义新农村的关键环节》，2006 年 2 月 9 日《中国社会科学院院报》。

饥荒纪念日 2006 年，独立后的乌克兰将 11 月 22 日定为"饥荒纪念日"。近代苏联发生过三次大饥荒：第一次大饥荒（1921~1923 年），官方宣称死亡 520 万人。第二次大饥荒（1932~1933 年），1932 年冬，最大的饥荒来临，主要灾区为乌克兰、伏尔加河流域、高加索和哈萨克斯坦。这次饥荒超过 10 年前的大饥荒，尽管官方说根本没有这回事，但事实是"欧洲粮仓"乌克兰饿死 1000 万人，占总人口的 1/3。普京说："从最东的西伯利亚到最西的乌克

兰，各地都发生过吃人肉的事情。"① 第三次大饥荒发生在 1946~1947 年。

■ 2007 年　经济学名词审定，松鼠会，地球一小时，太湖蓝藻

经济学名词审定　据 2008 年第 1 期《中国科技术语》动态消息，经济学名词审定委员会成立。

> **本刊讯**　2007 年 11 月 3 日，经济学名词审定委员会成立大会召开，中国社会科学院经济所副所长王振中、全国科技名词委副主任刘青、原副主任潘书祥，以及经济学界知名专家顾海兵教授等近 30 位专家出席了会议。会议由王振中研究员主持。
>
> 经济学名词委主任王振中在发言中进一步指出，本次经济学名词审定工作对经济学学科建设具有非常重要的意义，并且是厘定经济学学科框架，澄清一些经济学新概念的重要工作，要按照全国科技名词委的统一部署和要求，做好这次审定工作。
>
> 在听取了王振中研究员对下一步工作的安排和部署后，与会委员经过认真热烈讨论，达成以下共识：(1) 中国经济学是一门发展很快的学科。特别是改革开放以来，产生了很多新概念、新术语，应注意处理好现用术语和以往术语的关系。(2) 鉴于现有的教育部确定的经济学学科体系形成较早，为保证经济学名词审定工作的权威性，有必要吸收学科发展前沿成果，拟定更科学的学科体系。(3) 注意做好与意识形态相关的经济学名词研究工作，为慎重起见，不甚成熟的术语暂不收录。
>
> ——温昌斌：《中国科技术语》2008 年第 1 期，第 36 页。

现代意义经济和经济学的概念产生于近代西方。"Economics"即"经济学"一词，系老凯恩斯（John Neville Keynes，1852~1949 年）所创。他于 1852 年 8 月 31 日出生在英国威尔特郡索尔兹伯里，1949 年 11 月 15 日在剑桥郡剑桥逝世。此人是英国哲学家、经济学家，先后受教于伦敦大学和剑桥

---

① 周有光：《苏联历史札记》（2003），载《朝闻道集》，世界图书出版公司，2009。

大学，1875 年在剑桥大学毕业后任该校道德科学讲师（1884~1911 年）和注册员（1910~1925 年），曾积极倡导建立剑桥大学经济学荣誉学位考试。他从逻辑学和方法论方面对经济学作出了贡献。他于 1884 年发表了《形式逻辑的学习与练习》，1891 年发表了《政治经济学的范围与方法》。老凯恩斯综合当时德国经济学派（强调演绎法）和奥国学派（强调归纳法）的两种对立的经济思想，采用了既有归纳法又有演绎的研究方法①。

老凯恩斯对经济学具有最大贡献的作品，是他的儿子——20 世纪最有影响的经济学家，凯恩斯主义的创始人凯恩斯（John Maynard Keynes，1883~1946 年）。这个凯恩斯 1883 年 6 月 5 日出生于英国剑桥郡剑桥，1946 年 4 月 21 日在苏塞克斯弗尔，先于他的父亲三年半去世。此人因针对长期失业提出革命性经济学说，即凯恩斯经济学而成为知名学者。1935~1936 年凯恩斯的专著《就业、利息和货币通论》问世，专业技术性很强，甚至玄奥难懂，却明确表达了两个强有力的论点。

第一个论点宣称当时流行的失业理论是毫无价值的胡说。根据凯恩斯的意见，工资非常低并不能消灭失业，因此将失业者困境归咎于失业者自身是居心险恶的。第二个论点是对失业萧条的起源应另有新的解说，这集中于总需求，即消费者、企业投资者和公共机构的总开支上。当总需求降低时，销售额和就业便萎缩；当总需求增高时，则万事大吉。凯恩斯理论认为，具有能动力的作用者是企业投资者和政府。在萧条之中，要做的事是增大私人投资或创造公共投资以代替私人投资之不足。在轻度经济萎缩之中，利用较宽松的信贷和较低利率的货币政策就可能刺激企业投资和恢复充分就业的总需求。在较严重的经济萎缩之中，需要利用公共工程或对受害群众进行补贴的周详的公共赤字的较严厉的补救措施进行医治②。20 世纪 20 年代末期的大萧条，以及 1932 年美国总统选举中 F.罗斯福大获全胜而 H.胡佛一败涂地，既证明了自由放任主义在政治上的破产，也为凯恩斯之星的照耀准备好了天空。

现代意义"经济学"当中的"经济"，系指国民经济或部门经济以及经济活动，包括生产、流通、分配和消费以及金融、保险等活动或过程③。亦将其

---

① 《不列颠百科全书》（国际中文修订版）第 9 卷，中国大百科全书出版社，2007，第 250 页。
② 《不列颠百科全书》（国际中文修订版）第 9 卷，中国大百科全书出版社，2007，第 249 页。
③ 李行健：《现代汉语规范词典》，外语教学与研究出版社、语文出版社，2004，第 689 页。

概括为"社会物质生产和再生产的活动"①。近代启蒙思想家、翻译家严复（1853~1921 年）早年在介绍英国古典政治经济学（《原富》）时，称"经济学"为"计学"②。当时也有人将其译作"生计学"等。按照《简明社会科学词典》的说法，"据现有资料，在中国，'经济学'一词最早是 1908 年朱宝绶翻译美国人麦克凡的《经济学原理》一书时使用的"③。

关于"经济学"的译名，清朝末年即以"富国策"定之。当时同文馆开设经济学课，定名为"富国策"，以英国人福西特（H.Fawcett，1833~1884 年，旧译"法斯德"）的《政治经济学提要》为教材。此书中译本即以《富国策》为书名，于 1880 年（清光绪六年）出版。1886 年英国杰文斯的《政治经济学入门》出版，中文译本取名《富国养民策》，书中将经济学译作"富国养民学"。1901 年严复在《原富》中译"经济学"为"计学"。次年梁启超在《生计学学说沿革小史》中改"计学"为"生计学"。同时日本译名"经济学"亦传入中国。除此之外，当时"经济学"的中文译名还有"理财学"、"平准学"、"资生学"等。当时以孙中山先生为首的资产阶级革命派一直使用"经济学"译名，后渐至推广，遂统一译为"经济学"④。

现代经济学似乎更加注重财务或物质财富的管理。然而，在严格的术语意义上，经济学与理财学之间，彼此个性的差异大于其共性。为此，了解希腊哲学家亚里士多德（Aristotle，前 384~前 322 年）对经济学（oikonomia）和理财学（chrematistics）所进行的重要区分是极其必要的⑤。"理财学"一词在今天的经济或商业论述中很少听到。然而，这一词汇来自希腊语，其含义为赚钱的艺术，其中字根"chrema"表示金钱、富有或有用的东西。生态经济学家赫尔曼·戴利（Herman Daly）和神学家小约翰·柯布（John Cobb Jr.）将理财学定义为"政治经济学的分支，涉及财产和财富的处理，以便使货币拥有者的短期交换价值最大化"。与此同时，戴利和柯布将经济学（oikonomia）定义为"家庭的管理，其目的是在长时间里增加其使用价值，使家庭里的所有成

---

① 《现代汉语词典》（第 5 版），商务印书馆，2005，第 717 页。
② 陈原：《张元济与蔡元培》，载《陈原散文》，浙江文艺出版社，1997，第 215 页。
③ 宋原放：《简明社会科学词典》，上海辞书出版社，1984，第 704 页。
④ 《辞海》1999 年版音序缩印本，上海辞书出版社，2002，第 1243 页。
⑤ 参见马克·安尼尔斯基《幸福经济学》，林琼、龚益等译，社会科学文献出版社，2009。

员受益",并指出了经济学和理财学之间的三个不同点。第一,经济学的观点是基于长期而非短期的。第二,经济学考虑的是整个社区的成本与收益,而不仅仅是交易各方的利害关系。第三,经济学关注有形的使用价值和其中的有限累积,而不是关注抽象的交换价值和其对无限累积的推动力。使用价值是具体的,它有一个物质衡量尺度,其需要能够客观地得到满足。这三个特点组合起来既能限制人类的愿望,又能对超出限制的累积使用价值的可能性进行约束。与此相比,交换价值是完全抽象的,它没有物质衡量尺度或任何自然满足的需要以限制其累积。无限累积是理财家的目标,也是人类行为背离自然表现的证据。真实财富因为实现了想象中的愿望而感到满足。对"经济"来说,足够即可。对"理财学"而言,总是"越多越好"①。

同文馆,亦称"京师同文馆",清末培养译员的学校。1862 年(清同治元年)由恭亲王奕訢(1832~1898 年)提议在北京开办,附属于总理各国事务衙门,外国人则称其为翻译学院或外语学院。先后开设英文、法文、俄文、日文、算学、天文等馆。该馆的创设,是为了回应《天津条约》中关于规定英语和法语文本为条约唯一正本的条款,中国因此需要训练精干的语言专家。1873 年,同文馆开设了一个小型印书处,此乃"大学出版社"的雏形,该处出版了 17 部有关国际法、政治经济学、化学、物理和自然哲学等领域的重要著作②。1902 年并入京师大学堂。

美籍奥地利经济学家熊彼特(Joseph Alois Schumpeter,1883~1950 年)在他那本千余页的巨著《经济分析的历史》中,提及一位中国经济学家 Huan Chang Chen,即陈焕章③,著有 *The Economic Priciples of Confucius and His School* 一书,于 1911 年由哥伦比亚大学出版,此书便是《孔门理财学》。按此书的主要内容收在香港孔教学院民国二十九年刊行的《孔教论》之中,题目改为《孔门理财学之旨趣》。作者陈焕章把儒家的"理财之学"译为英文并与西方学说进行比较,"本含有昌明孔教以发扬中国文明之意思。盖西人每多

---

① Herman Daly, John Cobb Jr., *For the Common Good*, Beacon Press, 1994, pp.138-139.

② 〔美〕徐中约:《中国近代史》,计秋枫、朱庆葆译,茅家琦、钱乘旦校,世界图书出版公司,2008,第 214 页。

③ 陈焕章,中国早年留美的经济学家,曾师从克拉克(John Bates Clark,1847~1938 年)。克拉克于 1895~1923 年为哥伦比亚大学政治经济学讲座教授,陈焕章在他的指导下完成了关于"孔门理财学"的论文。

鄙夷中国。几以为世界之文明。惟西方专有之。而中国从未占一席也"。此处陈氏所说之"理财学",便是老凯恩斯(John Neville,John Maynard 之父)所创的"Economics"。陈焕章认为,"日人(把此字)译为经济学。则兄弟期之以为不可也。经济二字。包含甚广。实括政界之全。以之代政治学尚可。以之代理财学或生计学则嫌太泛……"① 由此一段公案,可知日本人在使用中国语文资源的时候,并不介意"大材小用"。而在此旗下近代经济学名词的积累,大致起源于 20 世纪 30 年代国人对欧洲经济学著作的翻译,其中涉及经济学原理、经济史以及经济思想史、大学教材等。在这一时期的中国,曾经掀起一阵出版经济学辞书的热潮。在 20 世纪 30 年代,中国知识界始终紧紧跟随着世界发展的步伐。至少在"经济学"词汇的引进和传播方面,中国的学者前辈们并不落后。

松鼠会 又称"科学松鼠会",以普及传播科学知识为己任的群众团体。2007 年 11 月 20 日,其创始人——脑神经科学博士姬十三从上海来到北京,与在京的一批青年科学家、科普作家取得联系,尝试组建一个以科学写作为主题的电子邮件群,以方便联系。最初想以"胡桃夹子"为名注册,取意"它可以敲开科学的坚果"。可惜这个名字已被占用,于是临时改成了"松鼠会",成为"科学松鼠会"的雏形。一帮科学写手在这个平台上各自活动。冬去春来,为了"让科学流行起来",姬十三开始网罗拉拢作者。松鼠会规模迅速扩大,到2008 年 3 月底,会员已超过 40 人,在宇宙学博士研究生、计算机高手 Gerry自告奋勇的帮助下,很快建立了"松鼠会"的博客。自此"松鼠会"引来各路高手,有山东滨州医学院的教师瘦驼,在哈尔滨大学任职的企业信息化专业教师兼 IT 技术人员猛犸,英语专业出身的媒体人员小姬,以及一批"海外会员",如在芝加哥大学就读的桔子,还有食品工程学博士云无心等②。

关于团体的定义,姬十三形容为,科学是一枚枚美味但难啃的坚果,松鼠会的成员则是一个个敲开果子的松鼠,要通过最轻松幽默的方式传递科学的真谛。团队以博客为载体,辅以落地实体活动。2008 年 12 月,其博客以最高网友投票数获得"全球最佳博客"和"中文最佳博客"两项公众奖③。

---

① 林行止:《克拉克与陈焕章》,载《闲读偶拾》,上海三联书店,2003,第 11~12 页。

② 此部分内容涉及人名均为网名。

③ 金煜:《"不务正业"讲科学》,2008 年 12 月 7 日 B13 版《新京报》。

地球一小时　2007 年悉尼率先开展"地球时间"活动，有 220 万人参与，节省用电量达 10%①。2007 年 3 月 31 日晚，澳大利亚悉尼歌剧院熄灭主体灯光。当晚 19 时 30 分开始，悉尼数万商家和居民集体断电一小时，以引起人们对温室气体排放导致全球变暖的关注。

悉尼歌剧院的"地球时间"

2007 年 3 月 31 日晚，澳大利亚悉尼歌剧院熄灭主体灯光。当晚 19 时 30 分开始，悉尼数万商家和居民集体断电一小时，以引起人们对温室气体排放导致全球变暖的关注。

图版来源：参见《水与中国》2008 年第 6 期（下）。

2008 年，世界自然保护基金会再次组织"地球一小时"活动，澳大利亚、美国、加拿大、丹麦、以色列、菲律宾等 38 个国家的 371 座城镇，各自于当地时间 3 月 29 日晚 20 时起熄灯一小时。各地举办多种活动，享受黑暗，共度"黑暗时光"。美国旧金山、加拿大渥太华、泰国曼谷、爱尔兰都柏林等 26 座世界重要城市参与其中，届时关闭当地标志性建筑的主体灯光。意大利的罗马、英国伦敦和韩国首尔等城市没有正式参加，但同意在活动期间关闭一些景点和建筑物的灯光。悉尼是活动中第一个熄灯的城市。当地时间晚 20 时开始，悉尼歌剧院、海港大桥回归黑暗，摩天轮上的霓虹灯也被关闭，饭店以烛光照明。

"地球一小时"活动除景点、标志性建筑熄灯一小时外，还有丰富内容。人们在熄灯期间与家人和朋友享受烛光晚餐、棋牌游戏、邻里聚会，在灯笼下给心爱的人写信。人们在悉尼海滩举办聚会，提前半小时开始，用火把照明，鼓励居民携带食品和蜡烛参加。聚会上有精彩表演，著名歌手也来助兴。菲律宾首都马尼拉的志愿者在草地上围坐，点起蜡烛②。远在南极的凯西科考站也参与了"地球时间"活动，19 名成员关闭驻地灯光，在蜡烛的光亮下享受美餐。2008 年 6 月 21 日，中国郑州市关闭全市景观灯 4 小时，节电 9.6 万千

① 车宏亮：《地球时间：全球 371 城熄灯 1 小时》，2008 年 3 月 29 日第 4 版《新华每日电讯》。
② 刘华：《点燃蜡烛参加"地球一小时"》，2008 年 3 月 30 日第 4 版《新华每日电讯》。

瓦时，折合电费 5.42 万元[①]。

"地球时间"活动倡导减少用电，是因为发电过程中需要燃烧矿物燃料，产生二氧化碳，最终导致全球变暖。熄灯一小时不会对全球变暖产生明显影响，但可能成为催化剂，催生更大的变化，引导公众参与节能活动。组织者希望通过这项活动鼓励企业在节约用电方面更加用心，同时向世界各国政府传递公众要求采取行动、削减"碳足迹"的有力信息。

太湖水牛与蓝藻
图版来源：参见《水与中国》2008 年第 6 期（下）。

太湖蓝藻 蓝藻，即蓝藻门 (Cyanophyta，旧称"蓝绿藻门"）藻类，是藻类中最原始、最低级的一门。藻体为单细胞或群体，多为蓝绿色，也有红色或紫色。生长在江河湖海中或陆地的阴湿处。在水体中生长过多，则降低水中含氧量；或死后分解产生毒质，使鱼类致病或死亡。2007 年 5 月 29 日太湖蓝藻突然爆发，无锡城市自来水变得腥臭难闻，无法饮用。一场突如其来的饮用水危机袭击"太湖明珠"——无锡，市场桶装水、纯净水脱销。无锡市委、市政府紧急应对。6 月 4 日政府发布通告，声明无锡自来水出厂水质达到国家饮用水标准，供水恢复。2008 年 4 月初，新华社刊发文章——《南太湖提前 1 个月出现蓝藻》，一年前曾经遭受蓝藻袭击的无锡市民神经再度紧张[②]。

■ **2008 年 汶川地震，碳足迹，中国社会科学报，空气质量，问题奶粉，毒饲料，硅去来矽，孢子，蛋白质折叠**

汶川地震 2008 年 5 月 12 日 14 时 28 分中国四川省发生里氏 8.0 级地震，震中位于汶川县映秀镇（东经 103.4°，北纬 31.0°，深度 14 公里），最大裂度为 11 度，强震范围波及都江堰市西 21 公里（267°）、崇州市西北 48 公里（327°）、大邑县西北 48 公里（346°）、成都西北 75 公里（302°），是中国

---

① 单纯刚：《节能减排，其实是一种文明》，2008 年 6 月 25 日第 3 版《新华每日电讯》。
② 胡分清：《太湖水危机启示录》，《水与中国》2008 年第 4 期。

自 1949 年以来有记录的最大地震，直接严重受灾地区达 10 万平方公里。地震成因，系印度洋板块向亚欧板块俯冲，造成青藏高原抬升，导致逆冲、右旋、挤压型断层地震，属浅源地震（震源深度为 10~20 公里），破坏性巨大。全国多个省、区、市有明显震感，其中陕西、甘肃、四川三省灾情严重。截至 2008 年 10 月 8 日 12 时，计有 69227 人遇难，374643 人受伤，17923 人失踪；直接经济损失超过 1 万亿元。其中，中央企业损失超过 800 亿元；国家拨款几十亿元用于救灾；全国各界为救灾捐款 14 亿元。世界各国也捐款、捐物，派出搜救队、医疗队，参与救助。

为悼念汶川地震遇难同胞，国务院决定 2008 年 5 月 19~21 日为全国哀悼日。在此期间，全国和各驻外机构下半旗志哀，停止公共娱乐活动，外交部和我国驻外使领馆设立吊唁簿。5 月 19 日 14 时 28 分起，全国人民默哀 3 分钟，届时汽车、火车、舰船鸣笛，防空警报鸣响。全国哀悼日期间，奥运圣火暂停传递。

碳足迹　个人、家庭或公司日常释放的温室气体排放量，以二氧化碳为标准计算，以"足迹"为比喻，说明每个人都在天空不断增多的温室气体中留下痕迹。碳足迹（Carbon Footprint）可以分为第一碳足迹和第二碳足迹。第一碳足迹来自使用化石能源的直接排放。乘飞机出行消耗大量燃油，排出二氧化碳，有较多的第一碳足迹。第二碳足迹是使用其他产品间接产生的二氧化碳排放，比如饮用瓶装水，其生产和运输过程产生排放带来第二碳足迹。

2008 年 1 月 23 日，2500 多名官员和代表出席达沃斯世界经济论坛年会，探讨全球经济、能源环境对策以及气候变化等议题。众多高官名流向瑞士汇集，密集的交通产生大量温室气体。为此，主办者想方设法，试图削减或抵消会议本身的"碳足迹"。

碳足迹涉及许多因素，但不难计算。2007 年 6 月 20 日，英国环境、食品及农村事务部在官方网站上发布二氧化碳排放量计算器，公众可以上网计算自己生活中二氧化碳的排放量。2008 年，关于二氧化碳排放量的计算工具在中国国内的网站上开始流行。"计算碳排放，缩减碳足迹……"，许多网站提供专门的"碳足迹计算器"，输入相关情况，就可以计算碳足迹或全年的碳足迹总量。碳足迹越大，对全球变暖应承担的责任越大。比如，乘飞机飞行 2000 公里，将产生二氧化碳 278 千克；用 100 度电，等于排放大约 78.5 千克二氧化碳，需要种一棵树来抵消；自驾车消耗 100 公升汽油，大约排放 270

千克二氧化碳，需要种三棵树来抵消。

英国环境、食品及农村事务部统计显示，英国每年二氧化碳排放量为 6.1 万吨，其中 40% 直接来自个人及其家庭的活动。公众对于能否通过自身行为对抗气候变化，以及如何做存在困惑，提供这样的计算工具有助于帮助公众知晓、采取措施，减少二氧化碳的排放[①]。

二氧化碳是温室气体，是导致产生温室效应的主要因素。"温室效应"是指在一定空间内进入的能量高于逸出的能量，使系统内部温度增加。大气中的二氧化碳能够被太阳短波辐射穿透，使地表温度增加；同时，它吸收地面长波辐射，使气体温度升高，再以逆辐射形式射向地面，就像温室玻璃和塑料大棚上覆盖的薄膜一样，起到保温作用。

温室效应使全球气候异常，雨、雪、冰雹与气候分布情况紊乱，极端气象多发，导致灾害天气，平均气温逐渐升高，两极冰盖以及部分冰川融化，全球海平面升高，危及部分岛屿和大洲沿海低地安全。20 世纪，地球表面平均温度上升 0.3℃~0.6℃，海平面上升 10~15 厘米。大气中二氧化碳的浓度已由 1750 年工业革命之前的 $280×10^{-6}$ 增加到将近 $360×10^{-6}$。1996 年政府间气候变化小组发表评估报告：如果世界能源消费格局不发生根本性变化，到 21 世纪中叶，大气中的二氧化碳浓度将达到 $560×10^{-6}$，全球平均温度可能上升 1.5℃~4℃。2008 年，极地科学家警告：作为全球气候变暖的直接影响，极地平均温度正急剧上升，北极冰正在消融，并且很可能完全融化[②]。

温室效应危及地球环境，导致人类健康恶化。1957 年，科学家在夏威夷的冒纳·基亚（Mauna Kea）观象台进行常规观测，数据表明，1985~1995 年 10 年间产生的二氧化碳总量，已经高于自有人类文明以来至 1950 年的全部产生量。据 1994 年统计，全球每年燃烧矿物燃料释放到大气中的碳达到 60 亿吨，局势相当严重。

按照传统的知识概念，地球上的五带是根据天文因素，即按照地球公转时地轴与轨道面存在倾角而导致太阳直射点在赤道南北徘徊的这一特性而划分的。一般而言，热带是指地球上南回归线和北回归线之间的区域。但美国国家

---

① 《二氧化碳排放量计算器走入民间》，www.epi88.com。

② 《北极冰今夏可能全部消融，船只可直达》，2008 年 6 月 29 日《新华每日电讯》。

海洋和大气管理局实验室的科学家戴安·塞德尔等人在《自然—地球科学》上发表论文说，对于气候研究人员而言，他们研究的地球上的各带是根据地理因素划分的，即"地面上、水中、空气中发生了什么，或者有什么正在改变"。

热带快速扩张对地球生态环境影响深远。例如，将导致越来越多的风暴天气，现有的干旱区域可能更加干旱，农业资源和水资源也将受到巨大影响。根据全球变暖的趋势，科学家预测地球上的热带将会不断扩张，造成更多极端灾害天气。最新的研究显示，这种扩张的速度超过预期。科学家通过五种不同的气候测量方法确定，地球上的热带区域从 1979~2005 年已向南北方向总计扩张了 2~4.8 个纬度的距离，相当于 200~500 公里。而在此前科学家根据气候模型进行的估计，热带将在 21 世纪末期才完成这样的扩张[①]。说明近年来全球气候变暖的速度有所加快。与此同时，有科学家指出，根据现有技术能力建造的计算机模型，不可能十分精确地预知未来地球的变暖程度[②]。

作为应对策略，欧洲于 2005 年 1 月起推行排放交易计划，力图减少温室气体排放，二氧化碳排放交易价格已提高到每吨二氧化碳 29 欧元（35 美元）。日本也在推行相似的二氧化碳排放交易体系。欧盟议会要求其成员国在今后 10 年内提高能效 11% 以上。美国至少有 140 多个城市将执行《京都议定书》目标，到 2012 年将比 1990 年至少减少排放 5%；加州到 2010 年将减少温室气体排放 11%、到 2020 年将减少排放 25%，还通过法案，要求到 2016 年汽车减排 30%。

根据《京都议定书》要求，全球企业纷纷加大投入，致力于减少温室气体排放。《京都议定书》要求发达国家到 2012 年至少比 1990 年降低排放 5%。美国和澳大利亚未在《京都议定书》上签字，但减少温室气体排放的全球行动也使这些国家不得不置身其中。

事实上，正是人类毫无节制的浪费活动制造了不可忽视的"碳足迹"。以为期 5 天的达沃斯世界经济论坛活动为例，在这 5 天中，达沃斯将经历全年交通最繁忙的时段，大致估算会产生 6800 吨温室气体，相当于 1250 辆轿车或 900 个家庭一年的温室气体排放量。

为抵消温室气体排放的负面影响，主办者向与会代表提供免费的低排放车辆，呼吁代表自愿缴纳排放费。力度最大的一项举措是向中国西北部的陕

---

① 潘治：《地球热带区域加速扩张》，2007 年 12 月 5 日《人民日报》。
② 林小春、任海军：《科技是应对气候变化的重要手段》，2007 年 12 月 4 日《新华每日电讯》。

西省榆林地区赠送太阳能灶具，供 1.7 万个家庭使用。这样大约可以抵消论坛产生温室气体总量的 70%。论坛同时为代表免费提供 94 辆使用生态柴油燃料的奥迪 A8 高级轿车，其中 12 辆装备了防弹装甲。论坛还呼吁乘坐飞机的代表自掏腰包为温室气体排放埋单，价格为每吨二氧化碳气体付 28 美元。根据客机每公里飞行排放的温室气体重量，从伦敦抵达苏黎世的代表每人支付 25 美元，从纽约飞来的代表则要缴纳 168 美元①。

专家估算，2008 年北京举办奥运会期间，场馆和服务设施的建设与运行，运动员、官员、观众的活动，以及奥组委各项仪式及火炬传递等，会造成大约 118 万吨二氧化碳当量的温室气体排放。同时，专家也计算了北京奥运会期间各类环保措施能抵消的污染。例如，使用清洁能源交通工具减排 2 万吨二氧化碳当量；使用太阳能光伏等可再生能源产品将减排 1000 万吨；实行两个月的机动车单双号限行减排 85 万吨；企业关闭停产减排 14.6 万吨；城市园林绿化减排 6.5 万吨；一共减排 106 万吨左右，已经比较接近北京奥运会所产生的温室气体排放量②。

特别值得注意的是湿地对全球暖化的巨大影响。生态学家注意到，全球各地的湿地正受到人为开发、干涸和气候变化的威胁。这些湿地若受到破坏，可能释放出"碳炸弹"，加剧全球暖化。2008 年 7 月，国际生态学会在位于巴西广阔的潘塔纳尔湿地边陲的库亚巴市召开会议，来自 28 个国家的 700 多位科学家共聚一堂，讨论湿地保护问题③。

所谓"湿地"并非只是水洼地，还包括沼泽、泥煤沼、河流三角洲、红树林、苔原、潟湖及河流泛滥平原。这类地形约占地球陆地面积的 6%，储存了地球 20% 的碳。全球 25% 的粮食来自湿地，湿地还具备净化水源、补充地下含水层以及充当沿海地带暴风雨缓冲区等功能。全球湿地容纳了大约 7710 亿吨的温室气体，也相当于目前大气层中所含碳的总量。但是，这些湿地正因全球气温上升造成蒸发，加上受到人为破坏，其不断释放的碳正进入大气层，导致温室气体增加。

湿地对地球的健康非常重要。现在的问题是，如果全球所有的湿地释出

① 韩建军：《达沃斯论环保，自己先消"碳足迹"》，2008 年 1 月 25 日《新华每日电讯》。
② 《限行俩月，原来不开车上下班也能过得去》，2008 年 8 月 2 日第 6 版《新华每日电讯》。
③ 中新网，2008-07-22。

它们持有的碳，将会形成强大的温室效应，使气候暖化加剧，形成所谓"碳炸弹"。但是，按照以往习常的观点，人们却认为湿地妨碍文明的发展。过去一个世纪内，全球大约 60% 的湿地遭到破坏，其中大部分经过排水"治理"后变成农业用地，其他如污染、构筑水坝及运河、抽取地下水、都市发展和泥煤开采，则对湿地造成了进一步的破坏。

毋庸讳言，削减"碳足迹"的关键，在于减少非必要的人类活动。人类已经意识到温室气体排放对于地球环境变化的影响，努力"抵消"人类活动所造成的温室气体排放。但是，相对于不断增加的人类活动总量和强度而言，所有这些努力的结果，通常并不能使人类活动所造成的温室气体排放的总量实现削减。例如，在中国西北部陕西省榆林推广使用 1.7 万具太阳能灶具的行动，充其量只能"抵消"论坛产生温室气体排放总量的 70%。这就意味着由于达沃斯论坛的举办，人类排放的温室气体仍然有所增加。这种判断并非要否定达沃斯论坛为温室气体减排或抵消其影响所做的各种努力，却表明，要从根本上减轻温室气体排放对地球气候环境的负面影响，唯一的出路在于减少非必要的人类活动。

据法国生态学方面的杂志于 2008 年 10 月 23 日报道，总统尼古拉·萨科奇在过去 11 个月的"碳足迹"为 7061 吨二氧化碳，相当于 1000 名普通法国人一年内在运输、居住方面所产生二氧化碳的总量，这还是低估的数字。法国议会后来通过议案，要求采取措施从根本上减少温室气体排放。萨科奇表示，这是法国"绿色革命"的开始[①]。

中国科学院科学管理研究所、自然资源研究所、大气物理研究所三家研究单位联合提出的《关于我国碳排放问题的若干政策与建议》显示，1999~2002 年，中国城镇居民生活所用能源已占每年全国能源消费量的大约 26%，二氧化碳排放的 30% 是由居民生活行为及满足这些行为的需求造成的。虽然目前中国人均二氧化碳排放量仍然相对较低，约为亚太经合组织（OECD）国家的 1/8，但是正如中国气象局局长郑国光所指出的，"中国人均二氧化碳排放量的增长速度很快"[②]。

---

① 新华社：《萨科奇"碳足迹"一人抵千人》，2008 年 10 月 25 日 A21 版《新京报》。

② 《二氧化碳排放量计算器走入民间》，www.epi88.com。

在中共中央政治局于 2008 年 6 月 27 日下午进行的第六次集体学习中，中共中央总书记胡锦涛强调：必须以对中华民族和全人类长远发展高度负责的精神，充分认识应对气候变化的重要性和紧迫性，坚定不移地走可持续发展道路，采取更加有力的政策措施，全面加强应对气候变化能力建设。中国政府制定了应对气候变化国家方案，相关工作取得了明显成效①。

从本质上说，削减"碳足迹"是一个基于人类生活核心理念，即基本生活态度的实践问题。虽然很少有人会否认通过"减少非必要的人类活动"而达到"削减碳足迹"的必要性和有效性，但是，关于人类活动的"必要"与"非必要"，却总见仁见智、众说纷纭。这种尺度概念的漂移，极有可能使所有"削减碳足迹"的努力沦为空洞的口号。

例如，尽管 2008 年 7 月在日本举办的八国集团峰会竭力想要突出绿色环保的特点，会议主办国日本也在诸多环节上煞费苦心，但是，会议新闻稿的复印件散得到处都是，食品竟用塑料袋盛装。英国"碳足迹"网站的环保专家计算得出，八国首脑乘飞机赴日本参会，一往一返是上届在德国举行八国峰会造成污染量的 3 倍。计算结果显示，美国总统乔治·W.布什在本届峰会上产生的碳排放量最多。布什专机"空军一号"和随行官员、记者乘坐的另一架飞机往返大约 2.16 万千米，共计产生 1466 吨二氧化碳。由于路途最近，俄罗斯总统德米特里·梅德韦杰夫产生的碳排放量最少，大约为 500 吨。"碳足迹"网站专家约翰·巴克利估计，八国首脑此次日本之行，在三天的会期内，已经排放了 8403 吨二氧化碳②。说明要从根本上解决碳排放量过多的问题，实在是一件非常不容易的事情。

中国古代哲学家孔子曾率先提出"小康"概念，认为一个寻求达到真正和谐的社会，应该建立在小康的观念上，即中国所有家庭达到适度与物质充足的一种社会。基于小康哲学的概念，人们应该追求的，只是适度的而不是奢华的生活。八国集团首脑会议的事例告诉我们，这种适度，也应该包括对那些没有实际意义的大型宣传活动和"形象工程"的限制。因为所有这些活动的代价，至少要包括过量的温室气体如二氧化碳的排放。

---

① 《全面加强应对气候变化能力建设》，2008 年 6 月 29 日《新华每日电讯》。
② 卜晓明：《八国峰会"绿"得不够》，2008 年 7 月 10 日《新华每日电讯》。

总而言之，如果我们关于生活的追求和消耗，已经"更多"到超过"足够"的水平，或者我们所界定的"足够"已经远远超过因为生存所要求的"必须"——换言之，如果人类始终不肯检讨并且放弃各种冠冕堂皇借口下的"贪求"与放纵，那么今天人类关于削减"碳足迹"所作的任何努力都不过是一句口号或者一次作秀。这些毫无意义的举动，充其量，都只能是留给后人（假定人类还能继续存在）作为茶余饭后谈资的游戏。

中国社会科学报 2008 年 9 月 23 日（星期二），《中国社会科学院院报》（*CASS REVIEW*）①第 72 期（总 835 号）刊登了全国政协副主席、中国社会科学院院长陈奎元 2008 年 8 月 30 日为社科院研究生院题词："笃学慎思，明辨尚行"。

2008 年 10 月 9 日（星期四），《中国社会科学院报》（*CHINESE ACADEMY OF SOCIAL SCIENCES REVIEW*）②第 1 期第 1 版发表了《〈中国社会科学院报〉发刊词》。

2009 年 7 月 1 日（星期三），

陈奎元为社科院研究生院题词
在中国社会科学院研究生院建院 30 周年之际，全国政协副主席、中国社会科学院院长陈奎元 2008 年 8 月 30 日为研究生院题词："笃学慎思，明辨尚行"。
图版来源：2008 年 9 月 23 日《中国社会科学院院报》。

《中国社会科学院报》发刊词
图版来源：2008 年 10 月 9 日《中国社会科学院报》（第 1 期）。

《中国社会科学报》发刊词
图版来源：2009 年 7 月 1 日《中国社会科学报》（第 1 期）。

① 国内统一刊号：CN11-0823/(G)；邮发代号：1-287；中国社会科学院主管主办。
② 中国社会科学院主管主办，中国社会科学杂志社编辑出版。邮发代号：1-287；国内统一刊号：CN11-0823/(G)。2008 年 10 月 9 日（第 1 期）共 16 版，每周二、四出版。报名为郭沫若手书辑字。郭平英提供。

《中国社会科学报》（*CHINESE SOCIAL SCIENCES TODAY*）① 创刊号（总第1期）第1版发表了《〈中国社会科学报〉发刊词》。

空气质量 中国的空气质量分为5级，描述这些级别的词语却有7个，分别是：优（一级）、良（二级）、轻微污染（三级1）、轻度污染（三级2）、中度污染（四级1）、中重度污染（四级2）、重污染（五级）。这些词语非常学术化，以至于中国的空气质量播报从1998年算起至今虽已届10年，但绝大多数公众仍然不清楚媒体上报道的空气质量，对自己的健康到底是不是安全②。

相比之下，其他国家对空气质量的报告用语要简单得多。在美国，空气质量分为6级，其级别用词也是6个，排序为：良好（0~50）、中等（51~100）、对敏感人群不健康（101~150）、不健康（151~200）、很不健康（201~300）、危险（301~500）。括号中数字标明的是空气污染指数。指数越高，空气中污染物的浓度越高，对人们健康危害的可能性就越大。

在发展中国家——泰国，空气质量的分级与中国相同，也为5级，但其描述语言比美国更直观，以求让百姓更明白。按污染指数排序，分为良好（0~50）、中等（51~100）、差（101~200）、不健康（201~300）、危险（301~500）。使用准确、易懂的语言方式公布空气污染情况，是世界各国的普遍做法。在受教育程度较高的欧洲国家，空气质量报告通常更是直接向公众公开来自空气自动监测仪的数据。

中国在空气污染的监测技术上已经与世界接轨。各城市每日发布的空气质量报告也在使用与各国类似的空气污染指数分级方法：优（0~50）、良（51~100）、轻微污染（101~150）、轻度污染（151~200）、中度污染（201~250）、中重度污染（251~300）、重污染（300以上）。相比较可知，中国的"优"级对应于其他国家的"良好"；中国的"良"级对应于其他国家"中等"的空气质量，不仅误导民众，也容易在国际交流中造成误解。

以中国城市常见的主要空气污染物可吸入颗粒物（PM10）为例，当其污染指数在51~100时，我国规定允许的可吸入颗粒物在空气中的日均浓度为每

---

① 中国社会科学院主管主办，中国社会科学杂志社编辑出版。邮发代号：1-287；国内统一刊号：CN11-0274/。报名为手书汉字，"国"、"会"、"学"、"报"四字均为繁体。

② 李皓：《中国的空气质量报告需尽早与世界接轨》，2008年10月18日《新京报》。

立方米 51~150 微克，空气质量定级为"良"，给人以"对健康无害"的感觉。但据美国国家环保局对此发布的评语：可吸入颗粒物的污染指数为 51~100 时，特殊敏感人群应考虑减少过多的活动。世界卫生组织（WHO）也在网站上发布：可吸入颗粒物的浓度从每立方米 70 微克减少到 20 微克，则与空气质量有关的死亡数量就可减少大约 15%。针对空气污染程度仍然较高的发展中国家，WHO 建议：一年中至多允许有 3 天可吸入颗粒物的日均浓度最高为每立方米 150 微克①。伦敦规定空气中可吸入颗粒物的指标为：一年中，可吸入颗粒物的日均浓度高于每立方米 50 微克的天数不得超过 35 天。这一浓度要求等于中国定义的空气中可吸入颗粒物指标为一级。而从 2008 年 1 月 1 日到 10 月 31 日，北京空气中可吸入颗粒物指标达到一级的天数不到总数的 15%②。有鉴于此，中国应尽早调整空气质量报告用语，以增强空气质量等环境状况对于民众的透明度。

问题奶粉，毒饲料 2008 年中国部分地区发现食用三鹿牌③ 婴幼儿奶粉的儿童罹患结石。其原因是奶粉中含有大量三聚氰胺。嗣后发现许多"鲜奶"也含三聚氰胺，并有大范围涉及。再后一些厂家出售的鸡蛋中也检出三聚氰胺。《南方日报》2008 年 10 月 30 日报道，产自大连的鸡蛋在香港被检出三聚氰胺超标，多数专家怀疑是鸡饲料中被加入过量三聚氰胺。香港中文大学

① 李皓：《中国的空气质量报告需尽早与世界接轨》，2008 年 10 月 18 日《新京报》。
② 李皓：《奥运后，环境质量如何提高》，2008 年 11 月 15 日 B06 版《新京报》。
③ 石家庄三鹿集团公司曾经获得国家科技进步二等奖，该技术项目有五大领先创新技术：蛋白质重构技术、免疫活性物质保持技术、脂肪酸重构技术、关键生产工艺优化技术、重要营养元素检测技术。据该集团副总裁王玉良介绍，五大技术应用，使三鹿婴幼儿奶粉，尤其是高端产品，具有独特的高科含量：蛋白质重构技术，使婴儿过敏原发生率降低，氨基酸组成接近母乳，产品更易被婴幼儿消化和吸收；免疫活性物质保持技术，攻克了婴儿奶粉中免疫活性物质难于保活的难题，突破性地将免疫活性物质保持率提升到 90% 以上，达到国际领先水平；脂肪酸重构技术，对脂肪进行优化，改变被喂养婴儿的大便硬度，使之更加柔软，防止便秘，降低棕榈酸的排泄量，减少大便中钙皂化物的形成，提高脂肪和钙的吸收，提高婴儿骨生长量；在解决上述主要问题或达到上述目的的同时，使营养成分的全面性和精确性进一步细化（如在蛋白质方面，细化到婴儿必需的十种氨基酸）；开发了分离度世界领先的核苷酸检测技术，大大提高了产品中核苷酸的精确性；建立了国际先进的婴幼儿配方奶粉工艺优化集成生产线。三鹿婴幼儿奶粉获得国家科学技术大奖，是中国乳品企业首次荣膺此项大奖，这是三鹿人的骄傲，更是中国乳品业的骄傲。项目名称：新一代婴幼儿配方奶粉的研究及其配套技术的创新与集成；获奖等级：国家科技进步二等奖；主要完成人：田文华、生庆海、王玉良、邱泉若、徐丽、李朝旭、刘建光、张志国、贾晓江、魏鹏；主要完成单位：石家庄三鹿集团股份有限公司；推荐单位：河北省。

生化系副教授陈竟明表示，鸡只不断进食含三聚氰胺的饲料，体内会有残留，甚至聚积在鸡蛋中，估计饲料中的三聚氰胺含量"绝不会低"。据《南方日报》调查，饲料中加三聚氰胺是公开的"行业秘密"，五年前从水产养殖业开始，后逐渐向畜禽养殖等蔓延。加入动物饲料中的三聚氰胺，主要来自化工厂废渣。中国海洋大学教授麦康森在中国水产学会 2007 年学术年会上指出，国内水产饲料和其他动物饲料都存在添加三聚氰胺问题[1]，包括奶粉[2]。三鹿奶粉事件，受"污染"的都是最便宜的每袋 18 元的婴儿奶粉，厂家为占领农村奶粉市场采取低价战略，节省成本，以廉价大豆蛋白粉替代奶粉，又添加伪造蛋白质的三聚氰胺，最终成为轰动世界的毒奶粉。

此前在 2007 年 5 月，美国发生了"毒宠物食品"事件，其罪魁祸首就是三聚氰胺。美国 FDA 调查证实，中国江苏省徐州安营公司出口到美国的小麦和大米蛋白粉含有三聚氰胺，导致宠物中毒死亡。这是中国饲料行业添加三聚氰胺的首次曝光[3]。早在 2004 年，安营公司就在网上公开求购三聚氰胺废料生产"生物蛋白精"。由此三聚氰胺开始大规模流入饲料行业[4]。三聚氰胺废料由此变脸"蛋白精"，身价亦随之成倍增长[5]。2008 年 9 月中旬，三聚氰胺再次成为动物杀手：辽宁省一村庄数百只结石貉子陆续死亡，饲料中检出三聚氰胺，含量最高达 510 毫克/公斤，但仍未得到有关部门的重视。直到 10

---

① 麦康森教授认为，目前国内水产饲料中混有三聚氰胺，可能是三聚氰胺最大的非法添加市场。水产饲料需要的蛋白质含量最高，蛋白源又来自成本最贵的鱼粉，所谓"浓缩蛋白"里极可能含有三聚氰胺。

② 参见《晋"问题蛋"企业负责人被控制》，2008 年 11 月 3 日 A04 版《新京报》。农业部长孙政才到河北省调研鸡蛋生产，称鸡蛋检出三聚氰胺属个例；将开展饲料质量安全整治；承认"饲料存在掺杂使假问题"，要求维护蛋农利益。

③ 造假也是一种创新。据说当时美国人发现三聚氰胺后百思不得其解，因为找不到添加的理由，所以以为是老鼠药污染造成的。当时美国新闻媒体都怀疑中国粮食仓库看管不严，造成老鼠药污染。后来，终于有知情的中国人忍不住悄悄地告诉美国人在饲料中添加三聚氰胺的奥秘，高手云集的美国学术界才恍然大悟，明白了这一复杂的高科技造假过程。

④ 专家透露，五年前，国内三聚氰胺生产企业需要请专门的环保公司处理三聚氰胺废渣，是一笔不小的开支；而目前大多数企业都会选择低价销售，主要流向饲料行业。对此，三聚氰胺生产企业心知肚明。该专家表示，国内各大三聚氰胺生产企业废渣生意都很火暴，"基本没有剩余"。

⑤ 三聚氰胺废渣出厂价格 600~800 元/吨，包装成"蛋白精"后，市场流通价最高时可以达到 4000 元/吨。从工业废物到农业生产的假原料，三聚氰胺废渣身价暴涨。"蛋白精"在饲料中的应用，行话称之为"调蛋白"。

月下旬，大连韩伟集团生产的鸡蛋在香港被检出三聚氰胺超标 88%。10 月 28 日，韩伟集团董事长向媒体披露，该公司 9 月 22 日在作为部分饲料配方的 "玉米酒糟" 原料中发现含有三聚氰胺。这些饲料来自沈阳新民市明兴饲料加工厂，该厂法人代表高兴涛于 2008 年 7 月 6 日和 15 日分两次从外省购入含有三聚氰胺成分的生物蛋白饲料原料 45 吨，利用其中 40 吨按配比制成养鸡精饲料 287 吨，分四次销售给大连旅顺兴蓉饲料经销处共计 212 吨，再由兴蓉饲料经销处直接销售给韩伟集团，遂有输港鸡蛋检出三聚氰胺[①]。

资料显示，2007 年国内三聚氰胺有效产能 76 万吨，是 10 年前（1997年）产量的 6 倍多。随之而来的是大量的化工废渣流入饲料行业，尤其是在近年鱼粉、豆粕等饲料原料价格持续攀升的情况下，饲料生产企业和原料供应商纷纷寻找新的蛋白原料替代物，降低成本。三聚氰胺的废渣借此机会以 "蛋白精" 的身份混入各种原料中，提供可以应付检测的虚假蛋白含量[②]。其供应范围几乎涵盖整个饲料行业，牛羊饲料、禽饲料、猪饲料和水产饲料都或多或少地混有 "蛋白精"。一位饲料行业的专家表示，华南地区的水产饲料已经成为消化 "蛋白精" 的主要市场，尤其是甲鱼饲料和鳗鱼饲料。

"毒饲料" 事件发生后，农业部启动饲料质量安全专项整治行动，称坚决杜绝在饲料中违规添加三聚氰胺等有害化学物质。以往我国对饲料三聚氰胺含量的检测标准只是推荐性标准，意味着不需要作强制检测。目前，农业部正在紧急制定饲料的三聚氰胺含量标准。2007 年 7 月，农业部下发《关于严厉打击非法生产经营和使用 "蛋白精" 违法行为的通知》，明确指出，以三聚氰胺废料、羟甲基羧基氮等为原料的 "蛋白精" 是一类假蛋白饲料，未经农业部审定批准，是非法饲料添加剂，禁止在任何饲料生产中使用。新近完成

---

① 《大连三胺鸡蛋确系饲料惹祸》，2008 年 11 月 5 日 A26 版《新京报》。
② 在食品制作中规定要检查蛋白质含量，但是直接测量蛋白质含量技术比较复杂，成本也比较高，不适合大范围推广，所以业界常常使用一种叫 "凯氏定氮法"（Kjeldahl Method）的方法，通过食品中氮原子的含量来间接推算蛋白质的含量。也就是说，食品中氮原子含量越高，"蛋白质" 含量就越高。因此，三聚氰胺被派上大用场。三聚氰胺含氮量很高，生产工艺简单、成本低，可以给掺假、造假者带来极大的利益。有人估算在植物蛋白粉和饲料中使蛋白质增加一个百分点，用三聚氰胺的花费只有真实蛋白原料的 1/5。"增加" 产品的表观蛋白质含量是添加三聚氰胺的主要原因。三聚氰胺是一种白色结晶粉末，没有什么气味和味道，掺杂后不易被发现，有助于掺假、造假者蒙混过关。

第三次审议的《食品安全法（草案）》中规定，不得在食品生产中使用食品添加剂以外的化学物质或者其他危害人体健康的物质。按照新的规定，即使是无害的物质，目录中没有列出，也不允许添加到食物中①。

三鹿奶粉和毒饲料事件，从一个侧面反映了中国存在严重的食品安全问题。人们现在需要考虑：究竟还有什么东西可以安全地"吃"。三聚氰胺从最初的牛羊饲料市场开始蔓延，终于波及婴儿奶粉。而数以亿计的中国人，恐怕已经吃了若干年用三聚氰胺喂养出来的猪（肉）、牛（肉）、鸡（肉），喝了若干年富含三聚氰胺的牛奶或奶粉，受到了足够的污染。但是，有谁研究了三聚氰胺对人类健康的长期影响吗？恐怕还没有。因为谁都不会想到，竟然有人会去吃这种跟食品风马牛不相及的塑料工业的原料。为了避免大头婴儿、结石娃娃再次在中国出现，善良的、不是奴隶的人们，请正直地凭良心去做好自己的事情吧！常识和经验已经、正在并且还将继续告诉我们，"道高一尺，魔高一丈"，心鬼不去，邪魔难除。这不是"监管"所能解决的问题。

硅去来矽　查自然科学史，新中国成立后，化学元素周期表中第 14 号元素 Si（silicium）的中文名有改"矽"为"硅"的变化，令人费解。其实在此之前，还有从"硅"到"矽"的过程。个中细节及其读音演变，耐人寻味，亦鲜为人知。唯所知者，是海峡两岸的"硅"与"矽"尚未统一。

《现代汉语词典》解释，矽与矽肺、矽钢分别是硅与硅肺、硅钢的旧称。硅是非金属元素，在自然界广泛分布，普通的沙子就是不纯的二氧化硅（SiO_2）。硅有单向导电性，是重要的半导体材料，也用来制造合金。含硅量高于 0.4% 的合金钢称为硅钢。硅肺是职业病，由长期吸入含二氧化硅的灰尘引起，病状是呼吸短促，胸口发闷或疼痛，咳嗽，体力减退，常并发肺结核。

在现代科技中，硅及其化合物扮演了重要角色，是半导体材料、光电转换组件、大规模集成电路、光导纤维、硅橡胶、石英振子等高科技器材和设备的原料，也是玻璃、陶瓷、水泥等硅酸盐工业制品的原料。硅是地壳里除氧之外含量最丰富的元素。按规定，现在"硅"字念作 guī。

中国古代没有"硅"字。我们的祖先不知道硅这种元素的存在。汉字中的"硅"是民国初年创造的新字。当年适逢西学东渐，西方的化学知识传入

---

① 资料来源：新华网，2008-10-30。

中国，开始有了元素的概念。1932 年，中国化学会在南京成立，面临的一项重要任务就是把那些元素名称按照汉字的规律译成中文，从而建立中国人自己的化学词库①。为了把元素名从拉丁文译成中文，他们考虑到只能用造新字的办法来解决，并为此制定了构造新字的原则：气体元素用气字头；在室温条件下为液态的元素含水字（如溴、汞）；固态非金属元素用石字旁（如碳、磷、硒、碘等）；固态金属元素用金字旁（如钠、铝、锌、钡等）。造字原则还要求新创的元素名与拉丁名谐音，如有可能，要同时考虑会意。

关于元素名词，从 1908 年由清朝学部所编译的《化学词汇》中便可以知道，英国人傅兰雅（John Fryer，1839~1928 年）和徐寿（1818~1884 年）在 1873 年合作翻译《化学鉴原》②时所提出的元素名词，即以一个偏旁与一个西文第一音节造字而成，已经为中国化学界普遍接受③。

按照这些原则，中国化学会的学者把符号为 Si 的第 14 号元素设计为硅，要求的读音是 xī，为的是与 Si 音尽量接近。请注意，最初硅字并不念作 guī 而是读作 xī。当年学者们思考的出发点在于，硅是土壤的主要成分，土壤基本上就是混杂的硅酸盐。他们想到的是菜畦，把田字边换成石字旁，符合为元素造字的原则。畦是土壤，正好是由硅酸盐类组成，而这其中最为重要的因素，是当时"畦"字的读音并不是 qí，而是 xī。因此，约定让"硅 [xī]"读作"畦 [xī]"音，可以联想到土壤，兼有谐音与会意。不过现在"畦"字的字典注音改为 qí，那是后来发生了音变的缘故④。

中华书局 2000 年版《王力古汉语字典》第 744 页有"畦"字，标音 qí

---

① 邵清宇：《硅字的来历和变迁》，《中国科技术语》2008 年第 1 期，第 46~48 页。
② 徐寿是将西方近代化学系统介绍到中国的先驱者，他与傅兰雅合译的《化学鉴原》、《化学考质》、《化学求数》等书为西方近代化学在中国传播奠定了基础。他译订的 24 个元素名称如钡、铋、溴、碘、铱、锂、镁、锰、钼、钯、铂、硒等都已成为标准译名沿用至今。除化学元素名外，徐寿深感化学中还有许多繁难的译名需要推敲，晚年他自己编写了《化学材料中西名目表》和《西药大成中西名目表》，在他逝世后才刊行。徐寿翻译的化学书籍和其他技术书籍，所采用的原本基本上是西欧各国刊行不久的新书。如《化学鉴原》一书，可以作为徐寿所译化学书籍的代表。原著者是美国的韦尔斯（Wells），出版于 1870 年，当年即由徐寿和傅兰雅合作开译，这是相当及时的。《化学鉴原》在我国影响很大，30 年以后出版的《东西学书缘》还称道它为善本。杨根：《徐寿和中国近代化学史》，科学技术文献出版社，1986。转引自网络资料。
③ 张澔：《郑贞文与中文化学命名》，《中国科技术语》2006 年第 3 期，第 61~64 页。
④ 邵靖宇：《硅字的来历和变迁》，《中国科技术语》2008 年第 1 期，第 46~48 页。

(旧读 xī)。"畦"之字义，一是土地面积单位。《说文》："田五十畮曰畦。"《史记·货殖列传》司马贞《索引》引刘熙注《孟子》云："今俗以二十五畮为小畦，五十畮为大畦。"二是田间划分的小区。如桑畦、药畦、菜畦、花畦。乃为今人所常用。

硅〔xī〕字最初出现时发生的问题，是宣传与传播不及时。当时还没有今天的拉丁字母拼音来注释汉字的读音，1928 年公布的"国语罗马字"虽然正式采用国际字母，但没有得到认真推行，加之读作 xī 的硅字问世未久，只有少数关心当时《中国化学会志》的人才可能知道硅〔xī〕字来源于畦〔xī〕的正确读法，更加之"畦"字本身就容易读错，"秀才识字读半边"，使人们很容易想当然地按照圭、桂、闺、珪等字的读音，把硅〔xī〕字读作 guī。

这样说来，当年把硅读作 guī，是念错了读音。特别是一些教化学的中学教师，不求甚解，自己没有弄清读法却教了学生，造成谬种流传。这使得当年那些造就硅〔xī〕字的学者们深感遗憾。及至 1935 年前后，中国化学会再次集会时讨论了这个问题，学者们按照中文名应与拉丁名谐音的原则重又制造了一个新字——"矽"，一目了然。就这样，邵先生说："于是这种洋人教中国人知道的元素来中国没有两三年就有了两个不同写法的名字，硅与矽，不过都要求念作 xī。"

然而，此处另有问题需要澄清：化学在 17 世纪中叶被确立为一门科学；但在此前，1666 年在《医用化学》中定义"盐由酸和碱组成"的德国人奥托·塔沈纽斯（Otto Tachenius）就知道二氧化硅（硅石，silica）是一种酸[①]。1777年法国化学家拉瓦锡（A.L.Lavoisier，1743~1794 年）提交《燃烧理论》报告，随后发表《化学纲要》，提出了包括 33 种元素的第一张化学元素表；自学成才的英国化学家道尔顿（J.Dalton）于 1803 年提出了关于原子论的基本观点；1824 年瑞典科学家 J.J.贝采利乌斯首先分离出"矽"，并认为它是一种元素[②]。1868 年 12 月，德国化学家迈尔（J.L.Meyer，1830~1895 年）把 56 种元素列成一张表；1869 年 2 月，俄国化学家门捷列夫（Д.И.Менделеев，1834~1907年）制成包括 63 种元素的周期表，提出化学元素周期律，给未知的元素留下

---

① 〔英〕J.R.柏廷顿：《化学简史》，胡作玄译，广西师范大学出版社，2003，第 52 页。
② 《不列颠百科全书》（国际中文修订版），中国大百科全书出版社，2007。

4 个空位①。那么，第 14 号元素究竟何时来到中国？它在中国最早的名字究竟是什么？

英国人傅兰雅曾于 1875 年创办中国近代第一份科普刊物《格致汇编》，翻译过《国际法评注》等多部自然科学和社会科学著作。傅兰雅为了翻译科技名词，曾对设立新名提出三项主张，后人称之为"译名三法"，其中第一条涉及造字，所引例字中有"矽"②。

> 设立新名：若华果无此名，必须另设新者，则有三法。一、以平常字外加偏旁而为新名，仍读其本音，如镁、铈、矽等；或以字典内不常用之字释以新义而为新名，如铂、钾、钴、锌等是也。

采信这段引文，意味着早在清朝时候，傅兰雅和徐寿翻译化学名词的时代便已有"矽"之存在，并且很可能就是 Si 的中文指称。若其果真如此，则从矽到硅之间，便应存在另一缺失环节（Missing Link）有待发掘。历史总是由当事人写的。当事件发生时，伊人在水中央；时光与水流逝，声影今在何方？

话分两头。抗日战争时期，老师们在课堂上教的已是矽字，硅酸盐已写作矽酸盐。浙江大学医学院的邵靖宇先生著文回忆，1938 年，他因战乱随家人逃难到江津，师从曾经当过中学校长、任陶瓷厂厂长的硅酸盐专家章尧谟，并从章尧谟先生那里知道了硅字已废，代之以矽，以及硅字的创造与畦字有联系的过程。那时的邵靖宇，小学还没有读完，初见硅字，便猜想那字大概念蛙的音。

然而，硅和矽的故事，至此还没有讲完。1950 年初在北京召开各专业专家会议，重审国民党统治时期所制定的专业名词。正当中华人民共和国成立，百废待兴之际，学者们尽量表现积极，献计献策，贡献学识见解，作为自己受邀和被款待的回报。有学者提出化学名词中读作"xī"的字太多，譬如矽、锡、硒、醯、烯等，容易发生混淆……何不仍用以前的硅［guī］字而不要用

---

① 胡显章、曾国屏：《科学技术概论》，高等教育出版社，1998，第 20、33、42、44、45 页。

② 参见史有为《外来词——异文化的使者》，上海辞书出版社，2004，第 243 页。

矽字以减少误会……此人大约不知元素 Si 之读音与 guī 相去甚远，也不知硅字正音本该是 xī，而自己却是一位有学问的"白字先生"。

历史也荒唐。在那次会议上，无人反对这条"发扬白字"的建议，提议被通过：建议取消矽字改回作硅。这个结果，也许意味着中国早年第二代化学家和化学教师中把硅［xī］念成别字 guī 的倒是多数，当初造字要求中文元素名与拉丁名谐音的原则已无人记得。更为荒唐的则是中国科学院于 1953 年对此项改动予以正式肯定。学者一时乱语，行政推波助澜，贡献沾沾自喜，却使错讹相传。于是，今天有可控硅、单晶硅、硅酸盐、硅橡胶、硅化木等一整套堪称特例的术语名词。

中国民间有告诫学子的对联，上下联写出来都是"好读书不好读书"。其有趣之处，在于利用了读音的差别。"好"是多音字，可以读作三声（hǎo），还可读作四声（hào）。

上联：好［hǎo］读书不好［hào］读书

下联：好［hǎo］读书不好［hào］读书

读书人年轻时眼睛亮，精力足，身体条件好，好［hǎo］读书，但是贪玩，不好［hào］读书；后来上了岁数，老眼昏花，身体条件差了，却越发体会到书的重要，渴望多读书，所以，好［hào］读书不好［hǎo］读书。从硅到矽再到硅，也有读音的妙趣。应该读作"从硅［xī］到矽［xī］再到硅［guī］"。

硅矽命名演进变化的幕后故事值得玩味。幸亏第 14 号元素到中国来得早，如果是在"文化大革命"后期再来的话，说不定组织上会采纳"革命委员会"里造反派专家的建议，将硅字读作蛙，青蛙的蛙。然后，也可以改字典，定规范，让社会上流行"蛙酸盐"，还有蛙肺、蛙钢片、可控蛙、蛙橡胶、蛙化木，想来也是有趣——如果写剧本，蛙酸盐的故事，肯定好过硅酸盐。

《中国科技术语》2008 年第 1 期刊登了邵靖宇的文章《硅字的来历和变迁》，一石激起千层浪，反响强烈。语文界最为敏感，中国语言文字网立即在首页转载。亦有读者致函编辑部，发表见解，补充资料，探讨问题。如黄河清、侯迁关于"硅"、"矽"来历的来信和作者的回应。

《中国科技术语》编辑部：

贵刊 2008 年第 1 期上有邵靖宇先生的《硅字的来历和变迁》一文。此文有两个问题值得商榷：

一、该文说："汉字中的'硅'是民国早年创造的新字。"（见第 46 页左栏）其实"硅"字早在 20 世纪初就有了，如：

1903 年汪荣宝、叶澜《新尔雅·释动物》："其骨格为石灰质或硅酸质，其体为粘液，其外有突出之虚足，其收缩力能移动而采取食物也。"

1906 年顾琅、周树人《中国矿产志·导言》："以水成者，有砂硅粘板石灰等。"

二、该文说："大约 1935 年前后，中国化学会……因此又马上造了个新字'矽'（xi）。"（见第 47 页右栏）这话的意思是说，"矽"字的产生是在 1935 年前后。其实"矽"字的出现，要比"硅"字早得多，早在 19 世纪 70 年代就有了，如：

1871 年傅兰雅口译，徐寿笔述《化学鉴原》卷一："Silicon，矽。"

1875 年林乐知译、郑昌棪述《格致启蒙》卷一："非金类：一养气，一轻气，一淡气，一炭，一绿气，一硫黄，一燐，一矽……"

1879 年杨少坪《增广英字指南》卷四："矽，silicon。"

读者 黄河清，2008 年 3 月 24 日

《中国科技术语》编辑部：

贵刊 2008 年第 1 期刊登的《硅字的来历和变迁》一文，读后得益匪浅。

但该文认为"硅"是"民国早年创造的新字"的说法，则值得商榷。实际上，在古代汉字中是有"硅"这个字的。如宋代的《广韵》、辽代的《龙龛手鉴》、明代的《字汇》和《正字通》、清代的《康熙字典》，这些有名的古代字书均收有"硅"字，不过读音不是 xī 罢了。

据此，对"硅"的引入，似可表述为："在给 Si 定译名时，前辈们（他们的文学根底厚实，认识的汉字也多）考虑到古代汉字中有一个讹字'硅'，从字形上来看，比较符合对元素 Si 译成中文名的原则，便借用来作为该元素的译名。根据读音的要求，还赋予硅一个新的音 xī。"

读者 侯迁，2008 年 6 月 9 日

邵靖宇回复：

贵刊两位读者的意见，我都看了，感到很有得益。我的修改稿完全可以按侯迁先生的建议表述。实际上"硅"字早就有了，不过不念 guī 而念作 huò，是个很偏的字，偶尔用于人名，没有作为 Si 这一元素的意思。当时 Si 中文名读音为 xī，那是当年中国化学会作出的规定，而后又被改读为 guī 则是解放后 1953 年的事。1938 年我在江津中渡口章尧谟先生瓷厂办公室看见《硅酸盐工业》的书而见到硅字，那是我亲眼所见，表明硅字在那之前曾用于表示元素 Si。

我对黄河清先生提供的资料很感兴趣，按资料，"矽"用于表示元素 Si 的用法很早就有，"硅"字也很早就被使用。原文可改为："中国化学会只是在 1932 年商定用'硅（读作 xī）'来代表 Si，然而多数人将其读成 guī，于是中国化学会在大约 1935 年前后的第二次会上根据中文元素名与拉丁名谐音的原则又启用'矽'，以图纠正大众的错误读法。"

但当时的中国化学会作出了权威性的规定而使以前混杂的多种名称趋于统一，规范化为后来的化学名词，因此应该说是作出了历史性的贡献的。

作者从善如流，编者闻风而动。这些鲜活宝贵的消息，旋即与读者见面，成为一段佳话。学问就是讨论，相互补充，共同进步，争而不斗，辩而不驳。《中国科技术语》为学术讨论提供了一个充满和谐气氛的环境。善莫大焉。关于"硅"与"矽"来历与变化沿革的讨论，对推进中国术语工作会有很好的作用，机会难得。如果有可能，组织一个专题的讨论会也值得。

此前许多人一直困惑于化学元素周期表中第 14 号元素 Si（silicium）的中文名改矽为硅，画蛇添足，令人费解，不可思议；亦知海峡两岸硅矽晴雨，尚未统一；却不知在此之前，还有从硅［xī］到矽的桥段。经此一番讨论，陈列个中细节及读音演变，云散天开，拯危继绝，可以让后人了解一段鲜为人知的趣味历史，留一个发人深省的术语故事，也好推动学者进一步探究史实。

硅矽之辨说明，天下知识必有人知，有识之士不乏其人。无论何事，总有人知。这是哲学：所有的事都有人知道，但没有人知道所有的事。或者，尽管没有人知道所有的事，但所有的事都有人知道。

从硅［xī］到矽再到硅，化学界的前辈们始料不及。但是，矽字并未因此灭亡。大陆医生依然把石匠、开山采矿工人肺部吸入矽尘（siliceous dust; silica dust）而发生的职业病称为矽肺（silicosis）；工程师仍在使用矽钢（silicon steel）。大陆以外坚持沿用矽字，在台湾地区 Silicium 这种元素只有一个中文名：矽。至于"今后 Si 的中文名称如何统一，有待大陆与台湾专家协商后解决"，给人以"大陆沙文主义"的印象，倒不如借东晋诗人陶渊明①《归去来辞》中"归去来兮"的谐音"硅去来矽"。可以由"名词委"即全国科学技术名词审定委员会组织讨论、形成决议、正式公布，以第 14 号化学元素 Si 的中文名称为"矽"，矽为正字，"硅"是别称。嘴大不等于歌唱得好。与台湾一岛相比，大陆人多，更要服从科学的道理。中国科学界，尤其是术语学界，应该有这样的气魄和心胸，争取实现"硅去来矽"。此事需要沟通，但不用商量。学者应该有学者的心胸，科学的坦荡。错了就要改，不能拿着不是当理说。这是底线，不是协商讨论的问题。

两岸科技术语对照统一，始终是全国名词委工作的重点。2007 年，两岸开展对照统一工作的学科达到 14 个，出版了两个两岸科技名词对照本。两岸专家积极交流研讨，天文学名词研讨会完成了海峡两岸天文学名词对照本的终审工作，共同将矮行星 Eris 定名为"阋［xì］神星"②。说明现在海峡两岸和风缕缕，春光无限。以此为背景，在硅矽去留之间，大陆术语工作者应该主动作为，明确以台湾一直使用的"矽"作为第 14 号元素 Si 的中文正名，落实"硅去来矽"。这样做，既可以在纠正一个历史错误的同时，表达大陆学者和术语学界关注海峡两岸术语统一工作的诚意，又能起到让更多的普通人了解

---

① 陶渊明（365~427 年），字元亮，一说名潜，字渊明，浔阳柴桑（今江西省九江市西南）人。著名田园诗人。死后友朋私谥为"靖节"，世称靖节先生。东晋开国元勋官至大司马的陶侃，据说就是他的曾祖，祖父陶茂做过武昌太守，父亲陶逸做过安城太守。渊明八岁时，父亲去世，家境逐渐衰落，但还是给他留下了不少田园产业。他在青年时代怀有建功立业的壮志，曾几次出仕，先后做过江州祭酒、镇军参军、建威参军、彭泽令等官职。由于他不愿受官场拘束，四十一岁弃官归田，躬耕隐居。归隐后，对农村生活有所体验，写出不少描述美好田园风光和抒发恬静闲适心情的小说、诗歌及文学作品，反映了厌弃官场生活的思想感情。同时，也有抒发政治理想和关心政局的作品，对政治始终不能忘怀。作品内容丰富，感情真挚，语言质朴，形象鲜明，对后世创作有很大影响。著有《陶渊明集》。

② 《全国科学技术名词审定委员会召开 2008 年度常委会会议》，《中国科技术语》2008 年第 1 期，第 5 页。

语言知识、提高表达能力、增进科学兴趣的作用，体现科学的自觉。

考虑到语言惯性，在推进华文世界"硅去来矽"的过程中，要实现"软着陆"。既以法规形式明确态度，又坚持以宣传为主，普及科学常识、语文知识，如水般渗透，如风样怀柔，使其成为民众的自觉，而避免采用容易激发受众逆反心理的"硬性规定"。

"硅去来矽"，谐音归去来兮，是一项国家级别的活动。60年前在大陆发生从"矽"到"硅"的偏转；经一轮花甲，有两岸携手拨乱反正的回归；由此时计，可以再用60年，唱一曲中华民族的"归去来兮"。"硅去来矽"促进两岸术语统一，是活动，而不是"运动"，和风细雨，有的放矢：传播汉字文化，彰显水之德行，营造和谐社会，增强民族认同；对于促进中国术语事业发展，亦可有所贡献。作为学者的中国术语人，应该具有足够的政治智慧。"位卑未敢忘忧国"，以统一术语的形式促进祖国和平统一，显示中国古人为"士"者的风范遗存①。一团和气，乐在自得；硅去来矽，其善大焉。

孢子 《孢子》(Spore) 是 2008 年由美国艺电公司 (EA) 发行的进化游戏，有媒体称其为"游戏史的历史性突破"。《孢子》是游戏界大腕怀特(Will Wright) 8 年历练的成果。他在 1989 年开发出《模拟城市》，第一个将复杂社会系统简化成为游戏。在此基础上，怀特又相继推出《模拟蚂蚁》、《模拟火星》，并考虑"模拟一切"，开发了可以让玩家模拟从单细胞生物到文明出现的上百万年时间的游戏《模拟一切》，这便是《孢子》的原型。

《孢子》由"海洋微生物"、"陆地群落"、"陆地部落"、"陆地文明"、"太空起航"五个迷你模块构成，玩家充当"造物主"，可以通过选择交配，进入生物编辑器添加各种生物新特征，在不断的动物行为如捕食、社交中，玩家的生物可以消灭其他物种或选择与之为友，实现进化与淘汰。虽然有些玩家抱怨游戏过于简单，但许多科学家对《孢子》却持肯定、开放的态度。芝加哥大学的考古学家苏宾 (Neil Shubin) 认为这个游戏体现了进化的奥妙，利用简单的工具和原则即可创造出复杂的生物形态，得到充满各种生物、不

---

① 《论语·泰伯》："士不可以不弘毅，任重而道远。"皇侃义疏："士，通谓丈夫也。"古指已达结婚年龄的男子，兼指未婚与已婚而言。《荀子·非相》："处女莫不愿得以为士。"《诗·郑风·女曰鸡鸣》："女曰鸡鸣，士曰昧旦。"春秋末年以后，逐渐成为统治阶级中知识分子的通称。今士常不仕，仕则不士；自命清高，怀才不遇，呆狷二气，使之然也。

同行为和生态系统的复杂世界。生物并非简单地"杀"与"被杀"，还可以选择"食肉"或"食草"，选择攻击模式或社交模式，可以跳舞、唱歌、扭动腰肢等。总之，在任何层面都存在竞争与合作的平衡[1]。尽管《孢子》并不完善，却是一个开端。生物进化的细微与庞大，肯定超过任何可以设想的模拟，即便《孢子》不是绝对正确，也有助于提高科学兴趣，培养未来的科学家。

蛋白质折叠 《蛋白质折叠》（Foldit）是由华盛顿大学生物化学系和计算机工程系联合开发的非商业性分子游戏，注重教育功能，于 2008 年流行，主持人为博士生导师贝克（David Baker）。在 Foldit 里，玩家可以设计三维的蛋白质，而科学家则可以研究玩家所设计的蛋白质是否可以运用到新药当中。开发者 Popovic 表示，其目标是让任何人都能操作，即使他们根本不了解生物化学和蛋白质折叠。初期这个游戏只能使用那些已被研究人员解决的蛋白质，但不久之后便会引入人们还不知道解决之法的蛋白质。这个折叠游戏的玩家中有不少都是生物学专业的学生，或者至少要知道蛋白质的基本结构，即氨基酸通过氮键链接构成，中间的主干结构有着部分的折叠。玩家需要将这些超二级结构组合起来，使得能量越低越好，以便获得（游戏的）高分。折叠游戏给蛋白质预测提供了新途径，利用电脑 CPU 计算不同的可能性，而由人脑提供计算机没法预测到的更广阔的视野[2]。此即所谓"人脑与电脑结合，人脑为主；人机结合，以人为主"。电脑科学游戏的发展，有望成为人文社会科学研究和实验的模拟手段，成为未来"社科产业"的一个组成部分。

■ 2009 年　夏淑琴胜诉，灵活就业

夏淑琴胜诉 2009 年 2 月 5 日，日本最高法院就南京大屠杀幸存者夏淑琴状告《南京大屠杀的彻底检证》一书作者日本亚细亚大学教授东中野修道和该书出版单位"展转社"作出终审判决，认为被告侵犯了原告名誉权，第一小法庭审判长涌井纪夫判令被告赔偿原告 400 万日元[3]。多年以来，在有关中日历史遗留问题的诉讼中，夏淑琴是唯一获得彻底胜利的孤例。夏淑琴的

---

① 金煜：《可以玩的科学还是科学吗》，2008 年 11 月 2 日《新京报》。
② 金煜：《可以玩的科学还是科学吗》，2008 年 11 月 2 日《新京报》。
③ 按此时日元对人民币牌价（10000 日元=735 元人民币）折算等于人民币 294000 元。

胜诉，是针对东中野修道否认她为当年文献中记录的夏家幸存者，也就是说，夏淑琴诉东中野修道损害了她的名誉权。而至今尚无任何一个南京大屠杀的幸存者因为当年受到的日军伤害要求赔偿而胜诉①。

夏淑琴是南京大屠杀期间少数被外国人用电影、文字等确凿证据记录下来的幸存者。美国传教士约翰·马吉所拍摄的纪录电影中，夏家十余口被强奸、屠杀的惨状历历在目；德国、美国的档案馆中，有关夏家灭门惨剧的档案早已被发现，铁证如山。但是，当初联合国在东京审判甲级战犯，南京大屠杀单独作为一案审理。当时被告辩护律师采用"攻击一点，不顾其余"的策略，通过否定某一个证人或某一个证词来推翻全案。由于辩护方日籍证人集体作伪证，也因为当时中国处于内战状态，缺乏对审判的有效关心，日本战犯的辩护律师们取得了极大的成功。整个南京大屠杀案，仅有原上海派遣军、华中方面军司令官因为渎职罪被判死刑，原外相广田弘毅虽被认定有罪，但判处死刑却是因为其他犯罪行为，原上海派遣军副参谋长武藤章被认定在此案中无罪。一些检方证人，如许传音，在南京大屠杀期间做了很多有益的工作，在出庭中国籍证人中文化水平最高，曾获美国伊利诺伊大学博士学位，却因为疏于准备，被被告的辩护律师抓住漏洞，反复盘诘，困窘不堪，为日本右翼分子津津乐道。

基于历史的原因，长期以来，几乎所有否定南京大屠杀的人，都把东京审判中辩护律师的策略奉为智慧之泉。东中野修道也无非就是像当年的辩护律师一样，宣讲日军如何纪律严明，松井石根如何热爱和平，抢劫成性的中国军队才是制造南京大屠杀的元凶。所有对日军被告不利的证人，在东中野修道眼里，都是伪证者。夏淑琴并没有出席东京审判，当年东京审判南京大屠杀一案中检方证人已经全部作古，而夏淑琴因为完整无疑的证据链，已经成为为数寥寥的幸存者的代表。这一次夏淑琴胜诉，虽然体现了当今日本的公平法制，是在东京审判判明是非基础上的进步②，但离符合南京大屠杀本来面目的公正结论仍然有漫长的法律差距。这是需要以国家身份谋求的正义，

① 张生：《夏淑琴的胜诉，仅仅是名誉权的胜诉》，2009年2月8日《新京报》。张生，南京大学南京大屠杀史研究所副所长。
② 张生：《夏淑琴的胜诉，仅仅是名誉权的胜诉》，2009年2月8日《新京报》。张生，南京大学南京大屠杀史研究所副所长。

是中国政府与民间力量需要共同考虑解决的问题。

灵活就业　2009 年 3 月 7 日《新京报》刊登腾讯博主、全国政协委员张蕴岭的文章——《我支持灵活就业》，提出如何才能创造更多就业机会的问题。他的答案是：一靠观念更新；二靠更亲民的政策。观念更新，就是不要只承认正规就业（被公司正式录用），凡能创造财富、增进流通的经济活动，都是创造就业。这方面机会多多。以前城里的自由市场、早市等很红火，后来因为政府限制、管制、正规化，大多消失。

国外几乎每个城市都有周末市场（跳蚤市场），找一块空地，让人们来摆摊，热闹得很。像韩国首尔，就有好几个大市场，有的整天开着，有的晚上才开。在繁华的大街旁，也有合法的小摊。有的市场连接相邻区域，成为大片的街区夜市，琳琅满目，人山人海。亚洲和欧洲的城市，包括首府、大都市，历来有早市、夜市、跳蚤市场。可是，在中国，都被以整顿市容的名义统一搞掉了。有的地方政府为市场盖房子，强令小贩迁入，由于成本上升，不久也冷落凋零，帮了倒忙。

> 所谓更亲民政策，主要是指政府要对灵活就业给予支持和扶植，包括承认其合法地位、场地、免征税等。总之，政府部门要扶不要卡，要拉不要压，要救活不要打死。灵活就业不仅包括鼓励摆小摊、当小贩，还包括鼓励支持个人创新、创业，办小企业。现在个人办企业太难：管的人太多，帮忙的人太少。比如开个小餐馆，生意还没做起来，工商、卫生、税收、警察、城管等就都来了，白吃白喝不说，要是业主态度不好，还来个罚款，甚至勒令关门。显然，即便有亲民的政策，还要靠亲民的官来落实才行。
>
> ——张蕴岭：《我支持灵活就业》，2009 年 3 月 7 日 B08 版《新京报》。

主要参考文献

［1］〔法〕雅克·勒戈夫：《中世纪的知识分子》，张弘译，卫茂平校，商务印书馆，2002。

［2］〔加拿大〕马丁·基钦：《剑桥插图德国史》，赵辉、徐芳译，世界知识出版社，2005。

［3］〔加拿大〕马克·安尼尔斯基：《幸福经济学》，林琼、龚益等译，社会科学文献出版社，2009。

［4］〔美〕赫伯特·金迪斯、萨缪·鲍尔斯等著《走向统一的社会科学》，汪丁丁、叶航、罗卫东主编，上海世纪出版集团，2005。

［5］〔美〕D.格林沃尔德主编《现代经济词典》，翻译组译，商务印书馆，1983。

［6］〔美〕E.N.洛伦兹：《混沌的本质》，刘式达、刘式适、严中伟译，气象出版社，1997。

［7］〔美〕巴里·E.齐格尔曼、戴维·J.齐格尔曼：《危险的杀手：微生物简史》，武庆洁、蔡晔、迟少鹏译，文化艺术出版社，2003。

［8］〔美〕蕾切尔·卡逊：《寂静的春天》，吕瑞兰、李长生译，吉林人民出版社，1977。

［9］〔美〕曼昆（N. Gregory Mankiw）：《经济学原理》（第3版），梁小民译，机械工业出版社，2005。

［10］〔美〕斯塔夫里阿诺斯：《全球通史：1500年以后的世界》，吴象婴、梁赤民译，上海社会科学出版社，1999。

［11］〔美〕威尔·杜兰特：《历史中的英雄》，王琴译，中信出版社，2005。

［12］〔美〕徐中约：《中国近代史》，计秋枫、朱庆葆译，茅家琦、钱乘旦校，世界图书出版公司，2008。

［13］〔挪〕拉森（Knud Larsen）、〔挪〕拉森（Amund Sinding-Larsen）：《拉萨历史城市地图集》，李鸽、曲吉建才译，中国建筑工业出版社，2005。

［14］〔日〕阿辻哲次：《图说汉字的历史》，大修馆书店，1989。

［15］〔日〕阿辻哲次：《图说汉字的历史》，高文汉译，山东画报出版社，2005。

［16］〔日〕山口益著《般若思想史》，上海古籍出版社，2006。

［17］〔意〕L. 培戎克（Petech）：《扬州拉丁文墓碑考证》，《考古》1983 年第7 期。

［18］〔意〕贾姆皮埃洛·卡罗齐：《法西斯主义史》，徐映译，四川人民出版社，2000。

［19］〔英〕J. R. 柏廷顿：《化学简史》，胡作玄译，广西师范大学出版社，2003。

［20］〔英〕边沁（1776）：《政府片论》，沈叔平等译，商务印书馆，1995。

［21］〔英〕大卫·休谟（1757）：《宗教的自然史》，徐晓宏译，上海人民出版社，2003。

［22］〔英〕弗雷德里克·F. 卡特赖特、迈克尔·比迪斯：《疾病改变历史》，陈仲丹、周晓政译，山东画报出版社，2004。

［23］〔英〕史蒂芬·贝利：《两性生活史》，余世燕译，中国友谊出版公司，2007。

［24］〔英〕伊特韦尔等编《新帕尔格雷夫经济学大辞典》，陈岱孙等译，经济科学出版社，1996。

［25］〔英〕约翰·布克：《剑桥插图宗教史》，王立新、石梅芳、刘佳译，山东画报出版社，2005。

［26］《辞海》1999 年版音序缩印本，上海辞书出版社，2002。

［27］《宋会要辑稿·职官二十二之三十六》，中华书局，1957。

［28］《竹书纪年》，时代文艺出版社，2008。

［29］〔元〕陶宗仪：《南村辍耕录》，中华书局，1959。

［30］ Campbell R., McConnell and Stanley L., Brue, *Economics*：*Principles*,

Problems, and Policies（Twelfth Edtion），McGraw-Hill Inc.，1993.

[31] Douglas Greenwald，*Encyclopedia of Economics*，McGraw-Hill Book Company，1982.

[32] 乔治·简（Georges Jean）：《文字与书写》，曹锦清、马振聘译，上海书店出版社，2001。

[33] 简·威柯特（Jean Vercoutter）：《古埃及探秘——尼罗河畔的金字塔世界》，吴岳添译，上海书店出版社，1998。

[34] 艾华：《金匮要略词典》，学苑出版社，2005。

[35] 艾启平、王怀民：《武汉大学发现 SARS 冠状病毒命门》，中新社武汉2009 年 2 月 16 日电。

[36] 白烁：《假发意味着权威，英国独有》，2008 年 10 月 15 日 A03 版《新京报》。

[37] 鲍颖：《中国专家发现 SARS 命门》，2009 年 2 月 18 日 A04 版《新京报》。

[38] 《人民的悼念》，北京出版社，1979。

[39] 《新英汉词典》（增补本），上海译文出版社，1978。

[40] 中国保险学会：《中国保险史》，中国金融出版社，1998。

[41] 薄三郎：《亨廷顿的"死亡之舞"》，2009 年 1 月 18 日 B10 版《新京报》。

[42] 卜晓明：《八国峰会"绿"得不够》，2008 年 7 月 10 日《新华每日电讯》。

[43] 布鲁诺·恩斯特：《魔镜——埃舍尔的不可能世界》，田松、王蓓译，上海科技教育出版社，2002。

[44] 车宏亮：《地球时间：全球 371 城熄灯 1 小时》，2008 年 3 月 29 日第 4版《新华每日电讯》。

[45] 陈原：《在全国自然科学名词审定委员会成立大会上的讲话》，《自然科学术语研究》（成立大会专辑）1985 年第 1 期。

[46] 陈原：《张元济与蔡元培》，载《陈原散文》，浙江文艺出版社，1997。

[47] 陈家琪：《2002 年：可怕的是"习以为常"》，2008 年 11 月 15 日 B06版《新京报》。

[48] 陈可忠：《序》，载《经济学名词》，中华书局，1946。

[49] 陈奎元 2003 年 9 月 15 日在国史学术年会上的讲话，《中国社会科学院编年简史》，社会科学文献出版社，2007。

[50] 陈敏伯：《走向严密科学：量子与理论化学》，上海科技教育出版社，2001。

[51] 陈慰祖：《关于美国 401K 账户的情况》，私人通信，2009 年 2 月 22 日。

[52] 陈晓菲：《牛津大学的创立与发展》，载顾明远《世界教育大事典》，江苏教育出版社，2000。

[53] 陈学恂：《中国近代教育史教学参考资料·上册》，人民教育出版社，1986。

[54] 褚孝泉：《写成历史的罪责》，载《随笔》，转引自向继东《林家品小说的意义》，2008 年 11 月 21 日第 8 版《中国经济时报》。

[55] 大滨庆子：《日本近代化的"雁奴"——明治精英群体精神特质分析》，《文化纵横》2008 年第 12 期。

[56] 戴煌：《胡耀邦与平反冤假错案》，中国工人出版社，2004。

[57] 戴玮：《词语的变脸》，http：//blog. imedia. com. cn/star/daiwei/archives/2007/8139. html，2009。

[58] 单纯刚：《节能减排，其实是一种文明》，2008 年 6 月 25 日第 3 版《新华每日电讯》。

[59] 但纯：《"不小心撞伤"是另一种"躲猫猫"》，2009 年 3 月 15 日 A02 版《新京报》。

[60] 德范克主编《ABC 汉英大词典》，汉语大词典出版社，2003。

[61] 德尼兹·加亚尔、贝尔纳代特·德尚等：《欧洲史》，蔡鸿滨、桂裕芳译，海南出版社，2000。

[62] 邓伽：《三亚书记道歉，出租车复运》，2008 年 11 月 15 日 A05 版《新京报》。

[63] 邸永君：《汉语"同志"一词之由来与衍变》，2008 年 8 月 5 日《中国社会科学院院报》。

[64] 丁福保、孙祖烈：《佛学精要词典》，宗教文化出版社，1999。

[65] 段锡、王玊勋、余春泽：《锡映千秋》，中国文联出版社，2003。

[66] 段玉裁：《说文解字·叙》注。

[67] 范岱年：《科学哲学和科学史研究》，科学出版社，2006。

[68] 方铁：《边疆民族史探究》，中国文史出版社，2005。

[69] 冯基华：《以色列》，《世界经济年鉴 2008/2009》，中国社会科学院世界经济与政治研究所，2009。

[70] 冯天瑾：《智能学简史》，科学出版社，2007。

[71] 冯天瑜：《中国思想家论智力》，湖北人民出版社，1983。

[72] 冯天瑜：《新语探源》，中华书局，2004。

[73] 冯天瑜：《日本明治时期"新汉语"的创制与入华》，《中国科技术语》2007 年第 1 期。

[74] 高文风：《我国的第一所俄语学校——俄罗斯文馆》，《黑龙江大学学报》1979 年第 2 期。

[75] 耿继秋：《碎片金陵再无完颜》，2009 年 4 月 1 日《新京报》。

[76] 耿鉴庭：《扬州城根里的元代拉丁文墓碑》，《考古》1963 年第 8 期。

[77] 龚益：《关于可计算一般均衡模型的几个问题》，《数量经济技术经济研究》1997 年第 8 期。

[78] 龚益：《行政过度是中国经济运行的潜在危险》，《数量经济技术经济研究》2000 年第 3 期。

[79] 龚益：《封建王朝的更迭》，交流文稿，2005。

[80] 龚益：《个性无双，一脉相承，旧情有迹，两山商量》，《红河》2005 年第 11 期。

[81] 龚益：《规划进村是建设社会主义新农村的关键环节》，2006 年 2 月 9 日《中国社会科学院院报》。

[82] 龚益：《制度安排必须符合公序良俗的原则》，《中国风景名胜》2006 年第 8 期。

[83] 龚益：《削减淘汰持久性有机污染物的全球行动》，《世界经济年鉴 2006/2007》，世界经济年鉴编辑委员会，2007。

[84] 龚益：《关于服务型政府的定义》，《中国科技术语》2008 年第 3 期。

[85] 龚益：《小事搞成大事的辩证法》，《人民论坛》2008 年第 19 期（总第 235 期）。

[86] 龚益：《社科术语工作的原则与方法》，商务印书馆，2009。

[87] 龚益：《超越经济人与理性人假说的自然人假说》，2009 年 2 月 3 日《中国社会科学院报》。

［88］顾明远：《世界教育大事典》，江苏教育出版社，2000。

［89］《霍乱的流行与公共卫生建设》，2007 年 6 月 20 日《中国中医药报》。

［90］郭奕玲、沈慧君：《物理学史》，清华大学出版社，2005。

［91］常巧章主编《军事变革中的新概念》，解放军出版社，2004。

［92］哈耶克：《通往奴役之路》，王明毅、冯兴元等译，中国社会科学出版社，1997。

［93］韩涵：《城管改革应是思维的变革》，2009 年 1 月 15 日《新京报》。

［94］韩建军：《达沃斯论环保，自己先消"碳足迹"》，2008 年 1 月 25 日《新华每日电讯》。

［95］何晋秋、曹南燕：《美国科技与教育发展》，人民教育出版社，2003。

［96］河南博物院：《河南博物院精品与陈列》，大象出版社，2000。

［97］胡适：《先秦名学史》，安徽教育出版社，1999。

［98］胡分清：《太湖水危机启示录》，《水与中国》2008 年第 4 期。

［99］胡显章、曾国屏：《科学技术概论》，高等教育出版社，1998。

［100］环保局：《中国积极参与 POPs 公约 COP2 谈判》，2006 年 5 月 23 日《中国环境报》。

［101］黄章晋：《苏联大清洗 70 年祭》，《凤凰周刊》2008 年第 1 期。

［102］霍恩比：《牛津高阶英汉双解词典》（第四版），李北达译，商务印书馆、牛津大学出版社，1997。

［103］季羡林：《中印文化交流史》，中国社会科学出版社，2008。

［104］姜研：《再见，〈译文〉》，2008 年 11 月 15 日 C06 版《新京报》。

［105］焦维新：《罗塞塔飞船名称的由来》，《科技术语研究》2004 年第 6 期。

［106］金煜：《"不务正业"讲科学》，2008 年 12 月 7 日 B13 版《新京报》。

［107］金煜：《晚安，怪物粉丝！》，2008 年 12 月 14 日 B13 版《新京报》。

［108］金煜：《可以玩的科学还是科学吗》，2008 年 11 月 2 日《新京报》。

［109］金忠明：《中外教育史汇通》，上海教育出版社，2006。

［110］景爱：《皇裔沉浮——北京的完颜氏》，学苑出版社，2002。

［111］孔令纪、曲万法、刘运珍、刘锦星：《中国历代官制》，齐鲁书社，1993。

［112］黎难秋：《中国口译史》，青岛出版社，2002。

[113] 李皓：《中国的空气质量报告需尽早与世界接轨》，2008 年 10 月 18 日《新京报》。

[114] 《契丹王朝》，中国藏学出版社，2002。

[115] 李军：《世界文化与自然遗产》，大象出版社，2004。

[116] 李皓：《奥运后，环境质量如何提高》，2008 年 11 月 15 日 B06 版《新京报》。

[117] 李光强、朱诚意：《钢铁冶金的环保与节能》，冶金工业出版社，2006。

[118] 李贵鲜：《序》，载中国人民银行货币发行司编《人民币图册》，中国金融出版社，1988。

[119] 李健亚：《毛公鼎：台北故宫"镇馆之宝"》，2008 年 12 月 30 日 C14/C15 版《新京报》。

[120] 李行健：《现代汉语规范词典》，外语教学与研究出版社、语文出版社，2004。

[121] 李焱胜：《中国报刊图史》，湖北人民出版社，2005。

[122] 李咏梅：《国际商事主要仲裁机构》，2001 年 8 月 3 日第 7 版《人民日报》。

[123] 李咏梅：《仲裁小百科》，2001 年 8 月 3 日第 7 版《人民日报》。

[124] 李增勇：《重庆 8000 出租罢运，薄熙来座谈 3 小时》，2008 年 11 月 7 日 A28 版《新京报》。

[125] 利维坦：《1651》，2008 年 10 月 14 日第 6 版《中国社会科学院报》。

[126] 梁家勉：《徐光启年谱》，上海古籍出版社，1981。

[127] 廖奕：《请替被污染的河流提起诉讼》，2008 年 11 月 16 日 A02 版《新京报》。

[128] 林家品：《老街的生命》，解放军文艺出版社，2006。

[129] 林梅村：《楼兰：一个世纪之谜的解析》，中共中央党校出版社，1999。

[130] 林小春、任海军：《科技是应对气候变化的重要手段》，2007 年 12 月 4 日《新华每日电讯》。

[131] 林行止：《克拉克与陈焕章》，载《闲读偶拾》，上海三联书店，2003。

[132] 刘华：《点燃蜡烛参加"地球一小时"》，2008 年 3 月 30 日第 4 版《新华每日电讯》。

［133］刘旸：《降下那面霍乱之旗》，2008 年 12 月 21 日 B10 版《新京报》。

［134］刘铮：《别什么都怪达尔文》，2009 年 2 月 15 日《新京报》。

［135］刘树成：《现代经济辞典》，凤凰出版社、江苏人民出版社，2005。

［136］刘秀荣：《比利时首相再次向纳粹大屠杀受害者道歉》，2007 年 5 月 10 日第 5 版《新华每日电讯》。

［137］卢晓衡：《海峡两岸社科交流参考》，经济管理出版社，2000。

［138］吴长庆：《百年科技聚焦》，上海科学普及出版社，2002。

［139］陆锡兴：《汉字传播史》，语文出版社，2002。

［140］吕同六：《主编序言》，载《法西斯主义史》（"知识丛书"），四川人民出版社，2000。

［141］《POPs 公约历程简史》，2006 年 5 月 23 日《中国环境报》。

［142］玛法达：《中国姿态是种什么姿态?》，2009 年 6 月 25 日 C02 版《新京报》。

［143］莽萍：《残害动物有违中国文化精神》，2009 年 1 月 17 日 B07 版《新京报》。

［144］梅荣照：《徐光启的数学工作》，载《徐光启纪念论文集》，中华书局，1963。

［145］孟世凯：《商史与商代文明》，上海科学技术文献出版社，2007。

［146］闵宗殿、纪曙春：《中国农业文明史话》，中国广播电视出版社，1991。

［147］名词委：《全国科学技术名词审定委员会 2008 年度常委会会议》，《中国科技术语》2008 年第 1 期。

［148］缪道期：《计算机安全的现状、问题和对策》，《软件产业》1990 年第 6 期。

［149］穆扎法尔·巴赫蒂亚尔：《亦思替非考》，载《伊朗学在中国论文集》，北京大学出版社，1993。转引自《中国与西亚非洲文化交流志》。

［150］娜鹤雅：《细说清末就地正法程序》，2009 年 2 月 17 日《中国社会科学院报》，张芝梅、刘鹏摘自《清史研究》。

［151］南京博物院、山东省文物管理处：《沂南古画像石墓发掘报告》，文化部文物管理局，1956。

［152］南京中医药大学：《中医医史文献学科基本术语》，上海中医药大学出

版社，2005。

[153] 牛可：《"波士顿婆罗门"与美国政治传统》，2009年1月20日第12版《中国社会科学院报》。

[154] 潘治：《地球热带区域加速扩张》，2007年12月5日《人民日报》。

[155] 庞丽霞：《编辑手记》，载《冲突：科学的助力》，中国电力出版社，2005。

[156] 彭战：《学术期刊的社会责任》，2008年12月4日第6版《中国社会科学院报》。

[157] 齐如山：《同文馆之回忆》，载陈学恂《中国近代教育史教学参考资料》，人民教育出版社，1986。

[158] 钱临照：《释墨经中光学力学诸条》，载方励之《科学史论集》，中国科技大学出版社，1987。

[159] 钱三强：《序言》，载郭奕玲、沈慧君《物理学史》，清华大学出版社，2005。

[160] 钱学森：《致中国社会科学院郁文副院长信》，1990年1月9日。

[161] 钱学森：《致中国社会科学院郁文副院长信》，1990年4月11日。

[162] 乔英忍、曹国炳：《世界铁路综览》，中国铁道出版社，2001。

[163] 裘锡圭：《汉字形成问题的初步探索》，《中国语文》1978年第3期。

[164] 渠言：《汉字：从甲骨文到计算机》，文化部赴国外展览资料，2001。

[165] 荣宪宾：《中国名寺观赏》，金盾出版社，2006。

[166] 芮孝芳：《水文学原理》，中国水利水电出版社，2004。

[167]《商务印书馆百年大事记》，商务印书馆，1997。

[168] 邵建：《胡适与陈独秀关于帝国主义的争论》，《炎黄春秋》2008年第1期。

[169] 邵靖宇：《硅字的来历和变迁》，《中国科技术语》2008年第1期。

[170] 沈四宝：《现代国际仲裁制度》，2001年8月3日第7版《人民日报》。

[171]《大连三胺鸡蛋确系饲料惹祸》，2008年11月5日A26版《新京报》。

[172] 石嘉：《"希特勒橡树"要不要砍掉》，2009年6月25日A03版《新京报》。

[173] 史有为：《汉语外来词》，商务印书馆，2000。

[174] 史有为：《外来词——异文化的使者》，上海辞书出版社，2004。

［175］史志办：《泸州市志》，方志出版社，1998。

［176］史志办：《营口市志》，中国社会科学出版社，2004。

［177］瘦驼：《熊猫的另一个名字……》，2008 年 12 月 28 日 B10 版《新京报》。

［178］宋威：《完全图解哲学》，南海出版公司，2008。

［179］宋俊华：《岁末年初话年画》，2009 年 1 月 20 日《中国社会科学院报》。

［180］宋原放：《简明社会科学词典》，上海辞书出版社，1984。

［181］苏福忠：《译事遗墨》，生活·读书·新知三联书店，2006。

［182］苏培成：《信息网络时代的汉语拼音》，语文出版社，2003。

［183］苏渊雷：《国民经济实用辞典》，罗良能、陆圣标、黎明、苏渊雷编辑，上海春明出版社，1953。

［184］粟武宾：《术语学与术语标准化》，《标准·计量·质量》1990 年第 4 期。

［185］孙安邦、马银华：《荀子》译注，山西古籍出版社，2003。

［186］孙魁芳：《科技精英》，中国宇航出版社，2009。

［187］孙孝福、齐文远：《罪名词典》，长征出版社，1999。

［188］孙越生：《官僚主义的起源和元模式》（未刊稿），1997，丁东提供。

［189］汪丁丁：《何谓社会科学根本问题》，载《走向统一的社会科学》，上海世纪出版集团，2005。

［190］汪敬虞：《唐廷枢研究》，中国社会科学出版社，1983。

［191］汪修荣：《民国教授往事》，河南文艺出版社，2008。

［192］汪中求、王筱宇：《1750～1950 的中国》，新世界出版社，2008。

［193］王莉：《基础设施术语的由来》，《理论 探索 实践》（北京市平谷区委党校）2007 年第 4 期。

［194］王力：《王力古汉语字典》，中华书局，2002。

［195］王宏昌：《中国西部气候——生态演替：历史与展望》，经济管理出版社，2001。

［196］王宏源：《说文解字》（现代版），中国社会科学出版社，2005。

［197］王利文：《关于 Ecological Footprint 的汉译》，2003 年 11 月 27 日《中国社会科学院院报》。

［198］王钱国忠、钟守华：《上海科技六千年》，上海科学技术文献出版社，2005。

［199］王勤金：《元延祐四年也里世八墓碑考释》，《考古》1989 年第 6 期。

［200］王赛时：《山东沿海开发史》，齐鲁书社，2005。

［201］王伟营：《中学生论点论据金库》，朝华出版社，2009。

［202］王文锦：《礼记译解》，中华书局，2001。

［203］王晓川：《仲裁——与国际接轨》，2001 年 8 月 3 日第 7 版《人民日报》。

［204］王延栋：《战国策词典》，南开大学出版社，2001。

［205］王英志：《〈学桴〉百年感言》，2006 年 5 月 1 日《新民晚报》。

［206］吴凤鸣：《吴凤鸣文集》，大象出版社，2004。

［207］吴文俊：《出版贺词》（2004 - 11 - 22），载徐品方《女数学家传奇》，科学出版社，2006。

［208］吴文良：《泉州宗教石刻》，科学出版社，1957。

［209］吴幼雄：《福建泉州发现的也里可温（景教）碑》，《考古》1988 年第 11 期。

［210］夏鼐：《扬州拉丁文墓碑和广州威尼斯银币》，《考古》1979 年第 6 期。

［211］夏鼐：《两种文字合璧的泉州也里可温墓碑》，《考古》1981 年第 1 期。

［212］向继东：《林家品小说的意义》，2008 年 11 月 21 日第 8 版《中国经济时报》。

［213］项静恬等：《动态和静态数据处理——时间序列和数理统计分析》，气象出版社，1991。

［214］晓光、陈红：《15000 名波兰军官被杀的惨剧》，《百年潮》1998 年第 5 期。

［215］肖占中、宋效军、陈波：《新概念常规武器》，海潮出版社，2004。

［216］《北京香山慈幼院院史》（非卖品），1993。

［217］谢泳：《厦大学术传统：从王亚南到孙越生》，2008 年 10 月 16 日 C14 版《新京报》。

［218］《萨科奇"碳足迹"一人抵千人》，2008 年 10 月 25 日 A21 版《新京报》。

［219］《三亚市交通局长因罢运辞职》，2008 年 11 月 16 日 A15 版《新京报》。

［220］《薄熙来与的哥座谈停运事件》，2008 年 11 月 7 日 A01 版《新京报》。

［221］《三亚全部退还多收的哥份钱》，2008 年 11 月 17 日 A15 版《新京报》。

［222］信春鹰：《法律辞典》，法律出版社，2003。

［223］邢涛、纪江红：《世界重大发明发现百科全书》，北京出版社，2005。

［224］熊贤君：《中国女子教育史》，山西教育出版社，2006。

［225］《不列颠百科全书》（国际中文修订版），中国大百科全书出版社，2007。

［226］徐侗：《话说幽默》，上海社会科学院出版社，1991。

［227］徐仲可：《序》（1903），载《台湾通史》，华东师范大学出版社，2006。

［228］徐云：《绿色新概念》，中国科学技术出版社，2004。

［229］徐品方：《女数学家传奇》，科学出版社，2006。

［230］徐旭生：《中国古史的传说时代》，文物出版社，1985。

［231］徐友渔：《不能轻易否定"文明冲突论"》，2008 年 12 月 30 日 C10 版《新京报》。

［232］续建宜、刘亚林：《世界文明古国述略》，上海教育出版社，1998。

［233］亚当·斯密：《国富论》，郭大力、王亚南译，中华书局，1949。

［234］闫广林：《历史与形式》，上海社会科学院出版社，2005。

［235］严济慈：《在全国自然科学名词审定委员会成立大会上的讲话》，《自然科学术语研究》（成立大会专辑）1985 年第 1 期。

［236］颜惠庆：《颜惠庆自传》，吴建雍、李宝臣、叶凤美译，商务印书馆，2005。

［237］颜颖颛：《耶鲁学子吃单词纪念美语塑造者》，2008 年 10 月 19 日 B08 版《新京报》。

［238］杨彤：《长尾理论》，《中国科技术语》2008 年第 5 期。

［239］杨根：《徐寿和中国近代化学史》，科学技术文献出版社，1986。

［240］杨莲生：《哈佛遗墨》，商务印书馆，2004。

［241］杨牧之等：《中国工具书大辞典》（社会科学卷），黑龙江人民出版社，1993。

［242］杨万国：《城管十年："城市女主人"从粗暴到温柔》，2009 年 1 月 15 日 A16/A17 版《新京报》。

［243］杨衒之：《洛阳伽蓝记》（全文注音版），时代文艺出版社，2008。

［244］叶航：《被超越的"经济人"和"理性人"》，载《走向统一的社会科学》，上海世纪出版集团，2005。

[245] 叶其锋：《故宫藏八思巴字印及相关问题》，《文物》1987 年第 10 期。

[246] 叶永烈：《叶永烈讲述科学家的故事 100 个》，中国社会出版社，2007。

[247] 易南轩：《数学美拾趣》，科学出版社，2004。

[248] 殷筱龙：《氰胺类化合物》，《化工百科全书》第 13 卷，化学工业出版社，1997。

[249] 尹斌庸：《利玛窦等创制汉语拼写方案考证》，《学术集林》卷 4，上海远东出版社，1995。

[250] 尹玉吉：《特色不是大学学报的根本》，2008 年 10 月 23 日第 6 版《中国社会科学院报》。

[251] 英国布朗参考书出版集团编《货币·银行·金融》，黄志龙译，中国财政经济出版社，2004。

[252] 英国布朗参考书出版集团编《经济史》，刘德中译，中国财政经济出版社，2004。

[253] 于锦恩：《民国注音字母政策史论》，中华书局，2007。

[254] 《现代汉语词典》（第 5 版），商务印书馆，2005。

[255] 袁越：《达尔文继承的世界》，《三联生活周刊》2009 年第 6 期。

[256] 袁爱俊主编《北京师范大学附属实验中学校史》，长江文艺出版社，2007。

[257] 袁振东、朱敬：《在科学的入口处——30 位化学家的贡献》，湖北少年儿童出版社，2007。

[258] 曾菊新：《空间经济：系统与结构》，武汉出版社，1996。

[259] 张澔：《郑贞文与中文化学命名》，《中国科技术语》2006 年第 3 期。

[260] 张弘、李健亚：《文明冲突论作者亨廷顿逝世》，2008 年 12 月 30 日 C10 版《新京报》。

[261] 张觉：《今译荀子》，湖北人民出版社、外文出版社，1999。

[262] 张乐：《开心果引燃美伊经济暗战》，2008 年 10 月 19 日《新京报》。

[263] 张乐：《津巴布韦霍乱蔓延，医务人员罢工》，2009 年 1 月 13 日 A31 版《新京报》。

[264] 张宁：《爱尔兰召回二噁英猪肉》，2008 年 12 月 8 日 A20 版《新京报》。

[265] 张生：《夏淑琴的胜诉，仅仅是名誉权的胜诉》，2009 年 2 月 8 日《新

京报》。

［266］张斌贤：《坎特伯雷主教学校的兴盛》，载顾明远《世界教育大事典》，江苏教育出版社，2000。

［267］张登善：《从卡廷惨案说到为尊者讳》，《炎黄春秋》2007 年第 11 期。

［268］张国庆：《5 美元的繁荣》，2009 年 1 月 17 日 B06 版《新京报》。

［269］张千帆：《出租罢运凸现谈判机制缺失》，2008 年 11 月 15 日 B07 版《新京报》。

［270］张守一：《谁说数量经济学没有研究对象?!》，2008 年 12 月 25 日第 4 版《中国社会科学院报》。

［271］张树栋、庞多益、郑如斯：《简明中华印刷通史》，广西师范大学出版社，2004。

［272］张晓虎：《最新汉字趣味字典》，山西人民出版社，1996。

［273］张选农：《首都机场集萃》（宣传材料），2004。

［274］张永琪：《穿上防刺服城管就安全吗?》，2009 年 3 月 16 日 A02 版《新京报》。

［275］张友尚：《还是定名为"朊病毒"好》，《中国科技术语》2008 年第 5 期。

［276］张蕴岭：《我支持灵活就业》，2009 年 3 月 7 日 B08 版《新京报》。

［277］赵锦辉：《三位大师与经济学的破与立》，2007 年 9 月 3 日《中国发展观察》。

［278］赵凯华：《在全国自然科学名词审定委员会成立大会上的发言》，《自然科学术语研究》（成立大会专辑）1985 年第 1 期。

［279］赵可金：《政治营销学：跨学科的成长》，2009 年 6 月 23 日《中国社会科学院报》。

［280］赵鑫珊：《瓦格纳·尼采·希特勒》，文汇出版社，2007。

［281］照那斯图：《八思巴字》，《中国大百科全书》语言文字卷，中国大百科全书出版社，1988。

［282］中国历史博物馆：《中国通史陈列》，朝华出版社，1998。

［283］中国人民银行货币发行司编《人民币图册》，中国金融出版社，1988。

［284］《限行俩月，原来不开车上下班也能过得去》，2008 年 8 月 2 日第 6 版《新华每日电讯》。

513

[285] 周筠梅：《蛋白质的错误折叠与疾病》，《生物化学与生物物理进展》
2000 年第 6 期。

[286] 周有光：《文化传播和术语翻译》，《语文建设通讯》（香港）第 34 期，
1991 年 10 月号。

[287] 周有光：《世界文字发展史》，上海教育出版社，1996。

[288] 周有光：《人类文字的鸟瞰》（1996），载《朝闻道集》，世界图书出版
公司，2009。

[289] 周有光：《比较文字学初探》，语文出版社，1998。

[290] 周有光：《儒学的现代化》（2001），载《朝闻道集》，世界图书出版公
司，2009。

[291] 周有光：《中国安阳文字博物馆·序言》，2002 年 4 月 18 日，时年九
十七岁。

[292] 周有光：《周有光语文论集》，上海文化出版社，2002。

[293] 周有光：《美国社会的发展背景》（2002），载《朝闻道集》，世界图书
出版公司，2009。

[294] 周有光：《世界文字发展史》，上海教育出版社，2003。

[295] 周有光：《周有光语言学论文集》，商务印书馆，2004。

[296] 周有光：《语言文字学的新探索》，语文出版社，2006。

[297] 周有光：《资本主义的发展阶段》（2006），载《朝闻道集》，世界图书
出版公司，2009。

[298] 周有光：《人类历史的演进轨道》（2008），载《朝闻道集》，世界图书
出版公司，2009。

[299] 周有光：《多极化与一体化》（2008），《群言》2008 年第 11 期。

　　由于引用资料众多，来源渠道纷繁，虽仔细收录记载，犹恐挂一漏万。
书中或有一些参考文献未及列出，在此谨向这些文献的作者、译者、编者或
版权所有者表示深深的感谢以及由衷的歉意。此外，有少量图片的原始作者
没有找到，请这些图片的原始作者与我们联系。

汉语拼音索引

H

X

后　记

　　斗转星移，岁月如梭。从 20 世纪 80 年代初与全国名词委员会的粟武宾教授谈起社科术语问题，得到粟老师的明确支持，到后来得到《中国科技术语》杂志编辑部樊静老师指导，开始接触术语学研究；从 1996 年上书中国社会科学院领导，建议组建社科术语审定委员会，到 2006 年底完成《社科术语工作的原则与方法》著作初稿，请著名语言文字学家周有光先生撰写序言，再到 2009 年 1 月由商务印书馆正式出版，列入由中国科学院院长路甬祥先生担任总主编并为之作总序的"中国术语学建设书系"，我的"术语生活"筚路蓝缕，对于这一部《汉语社科术语记略》，同样敝帚自珍。

　　虽然"术语"是所有学问的基础，但是研究术语，特别是社科术语，至少到目前为止还是地地道道的"冷板凳"，并且在可以预见的未来，这种情况也不可能得到根本的改善。然而，正是在这种情况下，《汉语社科术语记略》（以下简称《记略》）得以出版。高兴之际，尤其感慨于"出版家是时代感知者"的至理名言。感谢社会科学文献出版社编辑，特别是周丽老师的慧眼相识，确定选题，才有这部《记略》的问世。这种感激，超过了通常意义上"语言"所能表达的程度。

　　除了达到为术语学研究积累资料、向普罗大众普及知识的目的，《记略》的写作，还为我提供了一次实现儿时梦想的机会。小时读书，偶尔会困惑于字典的编写方式。因为对于大多数的字典、词典来说，都只能查阅读者"已经认识或了解"的东西。于是，我希望将来有一种"宽容字典"，能够让人从错误的印象入手，查到正确的内容，同时纠正原来的错误。我称此种工具书的功能为"容错"。曾经向贺巍老师（是我单位同事贺贝的父亲，方言学家）、晁继周老师（中国社会科学院语言所所长）谈及这种想法，后来又向周有光先生请教。周先生对我说："错不能容，只能纠；但是宽容的想法很好。"

《记略》正文词条的编排，以时间为序。书末另附音序索引，其中尝试着采用了"宽容"和"纠错"的概念。例如，"神荼（shū）郁垒（lù）"、"身（yuán）毒"。身毒是印度旧称，但较少有人知道其中"身"字的正确读音。在本书的音序索引中，可以按照 shēn 的读音找到"身毒"。这种方式，直接得益于汉语拼音方案的恩惠，从中也可以体现出汉语拼音作为一种辅助标音符号，对于汉语推广和普及的意义。希望我这种关于"宽容"的努力，能够有助于提高《记略》的社会存在价值。

自始至终，周有光先生都是这部《记略》的重要支持者。作为汉语拼音方案的创造者之一，他不仅为我的著作撰写序言，还以 104 岁的高龄为《记略》题写书名。我把他的支持，看成一种民族精神的传承。在世界上曾经出现过的各种古老的语言文字体系中，只有汉语和汉字保持着持久旺盛的活力，并且伴随着一个民族的伟大文化与文明，在不断发展的历史中薪火不断，经久传承。我希望《记略》的问世，成为这种传承的一次证明。

《记略》初成，需要感谢的人犹如夜空里闪烁的繁星。囿于篇幅，我只能以短短的一句话作为结尾：感谢历史，感谢众生。为所有我爱和爱我的人。能把这样一部《记略》作为奉献，那是汉语的光荣。

龚益　谨识

2009 年 7 月 1 日，写于之水草堂

图书在版编目（CIP）数据

汉语社科术语记略/龚益著.—北京：社会科学文献出版社，
2010.4
ISBN 978 - 7 - 5097 - 1184 - 2

Ⅰ.①汉…　Ⅱ.②龚…　Ⅲ.①社会科学—术语　Ⅳ.①C61

中国版本图书馆 CIP 数据核字（2009）第 204973 号

汉语社科术语记略

著　　者／龚　益

出 版 人／谢寿光
总 编 辑／邹东涛
出 版 者／社会科学文献出版社
地　　址／北京市西城区北三环中路甲 29 号院 3 号楼华龙大厦
邮政编码／100029
网　　址／http：//www.ssap.com.cn
网站支持／(010) 59367077
责任部门／财经与管理图书事业部 (010) 59367226
电子信箱／caijingbu@ ssap.cn
项目经理／周　丽
责任编辑／王莉莉
责任校对／赵士孝
责任印制／董　然　蔡　静　米　扬

总 经 销／社会科学文献出版社发行部
　　　　　(010) 59367080　59367097
经　　销／各地书店
读者服务／读者服务中心 (010) 59367028
排　　版／北京宝蕾元科技发展有限公司
印　　刷／北京季蜂印刷有限公司

开　　本／787mm×1092mm　1/16
印　　张／36.25
字　　数／572 千字
版　　次／2010 年 4 月第 1 版
印　　次／2010 年 4 月第 1 次印刷

书　　号／ISBN 978 - 7 - 5097 - 1184 - 2
定　　价／79.00 元

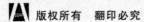